玄武年鉴

2011

XUANWU ALMANAC

南京市玄武区地方志编纂委员会办公室

方志出版社

图书在版编目(CIP)数据

玄武年鉴.2011/南京市玄武区地方志编纂委员会办公室编.
—北京:方志出版社,2011.10
ISBN 978-7-5144-0290-2

Ⅰ.①玄… Ⅱ.①南… Ⅲ.①区(城市)—南京市—2011—年鉴
Ⅳ.①Z525.34

中国版本图书馆CIP数据核字(2011)第213566号

玄武年鉴(2011)

编　　者:南京市玄武区地方志编纂委员会办公室
责任编辑:徐　宏

出 版 者:方志出版社
(北京市建国门内大街5号中国社会科学院科研大楼12层)
邮编　100732
网址　http://www.fzph.org
发　　行:方志出版社出版发行部
(010)85195814　85196281
经　　销:新华书店总店北京发行所
法律顾问:北京市大禹律师事务所
印　　刷:南京四彩印刷有限公司

开　　本:889×1194　1/16
印　　张:18
字　　数:776千字
版　　次:2011年10月第1版　2011年10月第1次印刷
印　　数:0001~1000册

ISBN 978-7-5144-0290-2/K·237　定价:200.00元

玄武区地方志编纂委员会

《玄武年鉴（2011）》编辑部

《玄武年鉴（2011）》审稿人

（按篇目先后排列）

5 月 19 日，全国政协副主席郑万通视察先声药业集团

12 月 9 日，国家发改委副主任彭森率领国务院市场价格调控督察组到玄武区调研

1月5日，中央第三巡回检查组副组长、广西壮族自治区人大常委会副主任吴恒在台城花园社区检查指导

9月7日，省委书记梁保华到九中看望教师

10月7日，省委常委、市委书记朱善璐检查指导玄武湖景区安保工作并亲切慰问执勤民警

4月8日，市长季建业检查玄武区街巷出新成果

12 月 17 日，市委常委、市总工会主席许慧玲慰问劳模

6 月 3 日，在上海老码头中心广场举行“对接世博 · 玄武之夜”专场活动

5月20日，区委书记单景南参加康定里小区被征地人员专场招聘会

4月15日，区长王海宏带团赴德国招商

9月13日，区人大代表视察兰园社区卫生服务中心，调研医疗改革新政策落实情况

12月16日，区政协主席会议组织委员视察重点项目安排落实情况

南京非物质文化遗产博物馆

改造后的碑亭巷

8 月 29 日,“青奥与文明同行”大型群众性广场健身演出

4 月 2 日,玄武区第十四届“玄武之春”广场文艺演出

编辑说明 BIAN JI SHOU MING

一、《玄武年鉴》是在中共玄武区委、区政府领导下，由区地方志编纂委员会主办，区地方志办公室编辑出版的综合性信息资料文献。旨在系统、科学、准确地记载玄武区域内政治、经济、科技、文化、社会、自然等各方面的年度资料，为各级领导的决策提供参考依据，为社会各界了解和研究玄武提供权威、翔实的信息，也为区志的续修积累资料。《玄武年鉴》自1985年创刊，逐年编辑出版一卷。2011年版《玄武年鉴》为第26卷。

二、《玄武年鉴》采用分类编辑法，主体内容分为类目、分目、条目3个层次（部分分目下设副分目）。根据2010年玄武区经济社会的发展情况和区机构改革实施意见，对《玄武年鉴（2011）》类目和分目架构作相应调整。一是重设“专记”类目，着重记述全区经济项目推进工作、和谐社区创新纪实及督查工作创新与发展。二是在“概览”类目中增加“文化遗产保护”与“机构改革”内容；三是撤销“产业”类目，将原“产业”类目中的“工业”分目改为“工业·信息化建设·农业”类目，增设“信息化建设”分目，将原“产业”类目中的“商务·商贸”、”旅游”分目改为“现代服务业”类目，在“旅游”分目中增设“玄武湖公园”、“总统府”、“南京1912街区”3个副分目；四是将原“经济管理”类目改为“经济管理与监督”并将其中的“财政”、“税务”分目改为“财政·税务”类目；五是将“劳动和社会保障”分目改称“人力资源和社会保障”，撤销“人事工作”副分目；六是在“中共玄武区委”分目中增设“保密工作”副分目、在“玄武区人民政府”分目中增设“编制工作”副分目；七是将原“党政”类目中的“民主党派与工商联”、“人民团体”分目改为“民主党派·工商联·人民团体”类目。

三、《玄武年鉴（2011）》精选区委、区政府及其各部门相关资料。对部分重要条目增加了链接资料，力求更全面、更充分地展示玄武的新发展。《玄武年鉴（2011）》选录玄武区域内重要企业、科研院所、高等院校及有关单位的重要信息资料，突出其参阅性，以增强年鉴的区域功能，为发挥区域资源优势服务。文中名称“区、全区、区内、区域、域内”均指玄武区。

四、《玄武年鉴（2011）》记载资料的时限为2010年1月至12月。为了提高年鉴的时效性，有些事件主体虽然发生在2010年，但其相关内容延伸至2011年，如劳动模范、科技成果的评选结果公布和颁奖均在2011年初；有些发生在2011年初的重要事件，如中央领导同志视察，都予以记载。部分条目涉及到2010年以前的情况，为了保持事件的连续性和完整性，也简略记载。

五、《玄武年鉴（2011）》收录的统计资料，均由区统计局和相关主管部门提供。凡全区性的统计数字，均以区统计局和相关主管部门的统计数字为准。年鉴引用的工作报告、文件、讲话和新闻报道中所涉及的观点、数据、称谓等，均按原件记载。所有统计数据，各级表彰的先进集体和先进个人及其相关情况，不包括驻区部队。

《玄武年鉴（2011）》的编辑出版，得到全区各部门、街道、单位和驻区有关单位的支持和帮助，在此深表谢忱。

目　录

特　载

专　记

概　览

大　事　记

党　政

民主党派·工商联·人民团体

法　　制

地方武装

财政·税务

经济管理与监督

现代服务业

工业·信息化建设·农业

城市建设与管理

教　育

文化·卫生·体育

社会生活

人物·光荣榜

统计资料

附　　录

索　　引

彩色专题图片

Contents

contents

特载

Special records

加快转变发展方式　全面提升竞争优势
奋力开创玄武特色的转型创新跨越发展新局面

——在区委九届二十九次全委(扩大)会上的报告

区委书记　单景南

2010年12月7日

同志们：

这次会议的主要任务是，深入贯彻落实党的十七届五中全会精神、省委十一届九次全会和市委有关决策部署，回顾总结今年工作，深入分析当前形势，全面部署明年任务，审议通过区委《关于制定玄武区国民经济和社会发展第十二个五年规划的建议》，动员全区各级党组织和广大干部群众，进一步解放思想，开拓创新，抢抓机遇，锐意进取，奋力开创玄武特色的转型创新跨越发展新局面！

下面，我代表区委常委会，向大会报告工作。

一、突出重点，扎实推进，经济社会全面协调发展

今年以来，在市委的正确领导下，区委常委会坚持以科学发展观为统领，团结带领全区人民，全神贯注促增长，全力以赴促转型，全心全意促民生，经济社会步入良性发展轨道。

推进转型升级，经济发展攀上新高点。加快推动集约型内涵式发展，速度与质量同步提升。预计全年实现地区生产总值275亿元、地方财政一般预算收入26.46亿元，同比分别增长13%和18%；完成全社会固定资产投资91.5亿元。坚持以项目促转型，苏宁总部基地及电子商务中心、长发羲和商务部分已封顶，凯润金城完成内外装修，德基二期裙楼主体工程、江苏软件园2号地块地下工程基本完成，创意中央、十朝文化园等一批都市产业园投入运营，农科院C地块、朝阳山地块等完成拆迁，全区高端服务业布局进一步优化。坚持以选资促转型，举办世博招商、主题招商、境外招商100余场，成功落户迪比信可、汉王科技、爱玛仕等名企名牌，引进注册资金千万元以上企业57户，预计完成实际利用外资8681万美元。坚持以创新促转型，大力发展创新型经济，南京物联网研究与产业化公司投入运行，在先联软件等6家企业建立院士工作站，达成40个重大产学研合作项目，建成2个产学研合作联盟，南京集成电路国际设计产业园被科技部授牌国际合作基地。

加快整体提升，民生工作迈上新台阶。将创业扶持政策向各类劳动者延伸，鼓励创业、促进就业，全年发放小额担保贷款426万元，扶持成功创业1350人，创业带动就业1万余人，居民人均可支配收入达30470元。落实各类老年居民养老补贴政策，积极发挥综合救助平台作用，共发放失业保险金、社保补贴、养老补贴、最低生活保障金、低收入家庭住房保障金等各类补贴救助7890.57万元，惠及15.31万人次。深入创建全国老年宜居社区，启动中医药特色社区卫生服务示范区创建，完成玄

武中医院改造工程，顺利通过"十一五"省人口协调发展先进区和残疾人基层组织规范化考核验收。完成第六次全国人口普查登记及复查、第二次全国科学研究与试验发展资源清查、国民体质监测国查和江苏省公民科学素质调查任务。建成仙鹤门幼儿园和半山园幼儿园教学楼，推进学校管理改革，我区被评为省教育现代化建设先进区。大力实施城市环境"三个提升"行动计划，完成4条干道、103条街巷综合整治和32个居民小区、65条街巷雨污分流改造工程，建成2条市政道路，提前两年达超全市绿化指标。启动麒麟科技创新园玄武片区征地拆迁，完成火车站北广场等项目拆迁，整治出新11个小区和303幢房屋，新增老旧小区物业管理350万平方米。认真实施"蓝天行动计划"，污染防治减排全面达标。完成沪宁高铁沿线环境专项整治，深入开展市容环卫责任区管理达标活动，在全市市容长效管理综合检查评比中名列第一。

*促进文明和谐，社会管理跃上新平台。*深入推进文明城市建设三年行动计划，建立公共文明指数创建工作责任体系，落实文化市场、医疗窗口、环境卫生等常态长效管理机制，开展"迎世博、讲文明、树新风"等系列活动，顺利通过全国公共文明指数测评。举办"鼓韵玄武"等群众性文化活动，组织"驻宁重要媒体玄武行"，推出《魅力玄武2010》特刊。以基层民主自治为重点，以全面知情、全程参与、全体受益、全域满意为内容，启动新一轮和谐社区建设。深入开展信访热点难点问题、安全事故隐患和基层基础工作薄弱环节"三项排查"，加强情报信息预警研判和重点区域监测，实施社会稳定风险评估，建立安全隐患举报奖励机制和一次整改到位的问责制，信访积案攻坚活动取得积极成效，有力维护了世博会等重要时期的安全稳定。扎实开展社会治安重点地区排查整治，健全政法综治部门、社会、家庭"三位一体"的帮教矫正机制，积极创建平安宗教活动场所和无邪教地区，校园及周边的安全稳定有效加强。

*突出基础工作，党的建设取得新进展。*圆满完成深入学习实践科学发展观活动，得到中央和省市巡回检查组的充分肯定。召开全区人大、政协工作会议，出台《加强和改进人大工作的意见》和《政治协商规程》，举办市区两级人大代表论坛，成立政协街道工作委员会。开展民族工作示范社区创建，不断深化社区侨台工作，社区统战工作进一步加强。深入开展国防教育，科学拓展民兵组织，推进兵员征集、基层正规化建设，提升后备力量遂行非战争军事任务能力。组织"万岗百企工资协商服务行动"，加强社区工会联合会建设，广泛开展青年志愿活动，我区被评为省妇联基层组织建设示范区。深入排查基层基础薄弱环节，切实提高基层党群组织服务群众、加强管理、维护稳定的能力。完成政府机构改革，用改革创新的方法优化干部配置，选优配强党政"一把手"，区管班子结构进一步优化、素质进一步提升。实施年轻干部导师制培养，加大党外干部使用力度，推行科级干部跨部门竞争上岗，引导年轻干部到基层一线锻炼成长。举办招商策略、党外干部培训班等主体班次，组织干部到党校培训、参加在线学习、到高校听讲座。大力引进培育高层次创新创业人才，3人入选"国家千人计划"，1人获得省创新创业人才奖。开展以"满意先锋"为主题的创先争优活动，梳理出百项惠民实事，努力打造群众满意工程。完成余粮村、沧波门村党组织和村委会换届选举。组织全区非公企业争创"五型"党组织，组建义工服务专业团队，党员远程教育平台的作用得到充分发挥。加强区管领导班子和领导干部日常监督管理，开展"学习廉政准则，争当勤廉表率"主题教育等系列活动，强化权力阳光运行机制常态监察，扎实推进机关作风建设"五服务深化年"活动，党风廉政建设网络平台安全高效运行。人防、双拥、工商联、老干部、关心下一代等工作取得新成绩。

回顾2010年，我们取得了三个发展的重要阶段性成果，也积累了推动又好又快发展的重要经验，主要是：

*必须坚持顾全大局、着眼长远的政治意识和责任意识。*一年来，我们紧扣建设标志区的目标定位，用更宽的视野审视玄武工作，自觉讲大局顾大局，主动为全市三个发展、全省两个率先作贡献、作表率，各项建设取得明显进步，各项工作得到充分认可。我们立足抢占发展的制高点，用更高的眼界辨析形势机遇，狠抓结构调整，加快转型升级，三个增长极加速发展，现代服务业高端攀升，新兴产业超前布局，把握了未来竞争发展的主动权。我们始终保持强烈的历史责任感，用更大的力度推动科学发展，坚定不移地抓项目增后劲，抓民生促和谐，经济增长动力勃发，群众生活更加幸福。正是得益于始终以大局为重、发展为重、长远为重，玄武发展的空间才更加广阔、后劲才更加充足。

*必须坚持筑牢基层、夯实基础的工作导向和工作方法。*一年来，我们继续强化街道的战略主体地位，进一步推进工作重心下移、优质服务前移，最大限度激发基层工作活力，筑牢了发展基础。建立区委常委会集体调研和现场办公制度，实行区委常委分管街道制度，面对面指导基层工作，实打实破解发展难题。紧扣群众需求的新特点新趋势，广泛开展党员义工服务活动，强势推进新一轮和谐社区建设，努力服务群众解难题、创先争优促发展。坚持对基层工作高看一眼，对基层干部厚爱三分，选派大批干部进入街道社区、项目拆迁等一线开展工作，支持帮助基层干部开阔视野、磨炼意志、增长才干，街道自我发展、自我壮大的能力不断提升，基层"两委"班子的凝聚力战斗力不断增强。正是得益于重视基层、关心基层、强化基层，玄武发展的根基才更加坚固、脚步才更加坚实。

*必须坚持勇于破难、善于攻坚的拼搏精神和进取精神。*一年来，我们面对异常繁重、异常艰巨、异常紧迫的任务，斗志昂扬拼搏，集中力量攻坚，创新实干破难。面对开放型经济指标缺口大、进展慢的被动局面，及时完善相关政策，精心策划组织招商，周密安排对接外资，全程代办服务企业，提前完成了全年目标任务。面对特殊时期安全稳定的严峻形势，集中开展"三项排查"，实行最严格的整改问责，强力保证了社会和谐稳定。面对文明创建初期意外落后的不利局面，大力弘扬实干作风，勇于拼搏、勇挑重担、勇敢破难，胜利实现了首位领先。面对环境整治资金趋紧、任务倍增的双重压力，不计得失抓落实，创造条件快推进，不折不扣地完成了"三个提升"的年度任务。正是得益于坚持不懈拼搏、锲而不舍攻坚、矢志不移实干，我们才破解了一个又一个难题，迈上了一个又一个新的台阶！

在肯定成绩的同时，也要清醒认识到，玄武发展还存在一些困难和不足，主要是：影响力大、带动力强的项目还不够多，转型升级尚未取得决定性成效；改善民生、加快民富还需要付出艰苦努力，一些不和谐不稳定因素依然存在；干部的能力水平还不能很好地适应三个发展的需要。对此，必须高度重视，切实加以解决。

二、再接再厉，锐意进取，全面提升综合竞争力

2010年取得的显著成绩，既是一年来辛勤工作的成果，也是过去多年、特别是“十一五”时期全区上下自加压力、负重拼搏、奋力开拓的结晶。今年是“十一五”的收官之年，回顾过去的五年，是玄武发展史上极不平凡的五年，我们经历了重大挑战，经受了重大考验，取得了重大成就，在科学发展道路上迈出了坚实步伐。这五年，是玄武思想更解放、理念更先进、思路更清晰的五年。我们坚持把解放思想作为永恒主题，推动思想真解放、针对性解放、全过程解放，形成了“坚持四个超常规”的共识，打破了影响和阻碍玄武发展的思维行为定式、机制体制束缚，打牢了全区团结拼搏的思想基础。我们确立了建设现代化国际性人文绿都标志区的新坐标，及时提出推动经济社会建设向发展型、民生型、生态型转变的新道路，正确选择了玄武特色三个发展的新战略，指引玄武始终在科学发展的道路上阔步前行。这五年，是玄武经济质量更好、结构更优、活力更强的五年。我们坚持黄金资源产出黄金效益的发展理念，推进“一点两轴”的发展模式，紧扣较快增长、结构优化与产业升级三个重点，抓牢资源整合、项目运作与招商选资三个关键，充实项目带动、投资促动与创新驱动三个动力源，三大区域竞相发展，三个增长极加快集聚，产业高端特色更加鲜明，进入了又好又快的良性上升通道。这五年，是玄武发展更协调、城市更文明、群众更幸福的五年。我们把保障和改善民生放在首位，坚持群众参与、群众评价、群众受益“三位一体”，积极响应群众的新需求新期待，社会事业高位提升，多项工作全省率先全国领先。我们率先实施文明城市建设三年行动计划，加快推进城市环境“三个提升”工程，创新数字化、智能化、精细化管理，城市功能品质与文明程度不断提升。我们把社区作为社会和谐的主阵地，软件与硬件建设“五年任务三年完成”，和谐社区建设“四全”新模式扎实推进，群众的满意度和幸福感明显提升。这五年，是玄武拼搏士气更强、做事氛围更浓、发展信心更足的五年。我们坚持责任、督查、考核“三位一体”，创造性实施区四套班子领导、街道、部门“三方同责”，“1+8”常态督查，“基础+专项”考核等一系列工作机制，建立了无缝衔接、传导有序、科学高效的责任链，最大限度地激发了广大干部的积极性、主动性和创造性，强化了各项工作的执行力和落实力。我们把克难奋进作为一以贯之的要求，始终保持清醒的头脑，始终保持强烈的危机感，工作重心全方位向街道转移，职能服务全方位向基层延伸，最大限度地释放了发展潜力与活力。这些创新的理念、科学的思路、成功的实践，为玄武“十二五”的新发展新突破奠定了坚实基础。

为继续保持良好发展势头，全面推动“十二五”又好又快发展，区委深刻学习领会党的十七届五中全会精神，紧密结合实际，认真总结经验，广泛征求意见，集中各方智慧，研究提出了《关于制定玄武区国民经济和社会发展第十二个五年规划的建议》。区委提出，“十二五”期间，要努力把玄武建成具有国际水准的高端服务业集聚区、充满活力的科技创新领先区、古今交融的历史文化彰显区、秀美和谐的生态宜居示范区。

——具有国际水准的高端服务业集聚区。大幅提升对外开放水平，积极承接国际服务业转移，加快形成顶级品牌、领先业态与总部企业集聚发展的态势，打造以高端服务业为支撑的城区服务经济体系，显著提升经济集聚辐射能力和竞争力。

——充满活力的科技创新领先区。以抢占新一轮发展制高点为战略取向，以整合创新资源、优化创新环境为突破口，充分利用南京建设创新型城市的政策优势、市场优势和制度优势，完善以企业为主体、以市场为导向的产学研创新体系，形成科教资源、高端人才、创新载体和高新企业集聚融合的格局。

——古今交融的历史文化彰显区。深入挖掘深厚的历史人文底蕴，充分利用丰裕的现代文化资源，精心保护历史风貌和传统肌理，大力繁荣文化事业和文化产业，全面提高区域文明程度，建设全国文化先进区，打造文化软实力。

——秀美和谐的生态宜居示范区。以清新生态、精致空间、人性管理、幸福宜居为方向，充分发挥山水城林集中、公共服务优质、社区和谐幸福的优势，建设资源节约型、环境友好型、社会和谐型城区，显著提升城区功能品质，实现经济发展与环境改善相得益彰，人与自然和谐相处。

区委提出，要力争通过五年努力，全区地区生产总值突破500亿元，地方财政一般预算收入突破50亿元；现代服务业增加值占全区GDP比重达65%以上；科技进步贡献率达60%，科技综合实力和创新能力居全国同类城区前列；居民人均可支配收入达54000元以上，为2016年实现翻番奠定基础；城区功能、景观环境和文明形象明显提升，率先基本实现现代化，为建设现代化国际性人文绿都标志区打下具有决定性意义的基础。

围绕以上目标，我们必须坚持被实践证明行之有效的思路、战略和举措，大胆创新符合时代要求、发展趋势和群众期待的新思路、新办法，全面提升玄武的综合竞争力。

综合竞争力关系当前和未来的发展能力，是超越现实和潜在对手，取得“十二五”期间领先优势的决定性因素。抢抓新机遇、抢占制高点，迫切需要提升综合竞争力。竞争力具有系统性，集中体现了经济、社会、科技、环境等发展能力，是各种力量共同作用的结果。当前，经济发展已经从基本生产要素驱动的低成本竞争，转向以高级创新要素为动力源的高层次竞争。区域一体化、经济全球化既增强了区际合作，也加剧了区域竞争，各地对技术、人才等稀缺资源的争夺更加激烈。只有不断提升综合竞争力，玄武才能深度融入全球价值链，把握后危机时代的新机遇，更多分享一体化全球化的现实收益。转化比较优势、推动特色发展，迫切需要提升综合竞争力。竞争力具有差异性，建立在比较优势的基础上，贯穿于特色发展的战略中。独特的资源禀赋是玄武特色发展的重要比较优势，是竞争的筹码、跨越的根基，但没有创新的思路与运作、有效的整合与利用，丰裕的资源禀赋终将是“零优势”。我们必须加快促进比较优势向竞争优势转化，把潜优势转化为显实力，为推进玄武特色的三个

发展增添动力。转变发展方式、走在时代前列，迫切需要提升综合竞争力。竞争力具有动态性，伴随外部环境、内部实力的变化而不断消长，没有一成不变、一劳永逸的优势。随着加快转变经济发展方式成为主线，各地区竞相创新机制制度，加速提升发展质量，形成更加激烈的全方位竞争格局。我们必须紧跟形势发展与环境变化，推进战略路径的适应调整和发展模式的适时转型，保持更强的动态竞争力。

城区竞争力是以资源整合能力为核心、以服务配套能力为支撑、以协同发展能力为扩展的系统合力。"十二五"时期，我们必须从"三个能力"着手，全面增强持续竞争优势、环境竞争优势与合作竞争优势。

——提升资源整合能力，增强持续竞争优势。遵循要素流动的规律和趋势，充分利用优势资源和要素组合，着力提升集聚、配置、转化各种资源的能力。全方位集聚发展资源。充分释放中心城区对高级要素的吸收承接能力和对外围片区的辐射带动作用，以项目运作汲取优质资源，以创新系统集聚稀缺资源，不断充实壮大玄武核心资源体系。高水平配置战略资源。进一步完善增长极政策支持平台和新兴产业区项目投入机制，加强产业功能板块与重点项目的内在联系，导引资源要素在产业布局中的流向，整体包装策划，联动捆绑开发，推动总部企业向核心区域集中，先进资本向潜力板块流动，创新要素向产业园区汇聚。大力度转化黄金资源。主动借鉴国内外先进经验和运作模式，积极借助市场平台、创新平台和智慧平台，高效连通外部资源与内部资源，有机融合传统资源与创新资源，深度挖掘产业链、价值链、创新链关联资源，确保产出黄金效益、钻石效益。

——提升服务配套能力，增强环境竞争优势。突出企业的竞争主体地位，优化服务方式、服务内容和服务策略，营造极富吸引力、凝聚力和亲和力的环境，打造营商成本"盆地"、资源汇流"洼地"和产业发展"高地"。推进政务服务深度化。积极为企业搭建高端化、国际化发展的桥梁，鼓励和支持企业引进吸收国外先进技术、资本和人才，在海外设立研发中心和生产基地，帮助企业赢得更大的市场份额，获得更多的发展机遇。推进商务服务专业化。大力发展高端消费性服务业与先进生产性服务业，扩大高品质商务载体规模，构建更完善的专业服务平台，健全符合国际通行规则的市场竞争环境，激发企业创新力、人才创造力、社会创富力。推进社会服务品质化。以"青奥时代"为新起点，完善城区功能，健全服务体系，彰显生态特色，厚植文化底蕴，营造人文化、便捷化、生态化的城区环境，努力将玄武丰富的要素"流量"转变为跨越发展的"留量"。

——提升协同发展能力，增强合作竞争优势。广视角、立体式开展合作性竞争，在更大空间、更深层次借势借力。分享都市圈优势，从适应调整转为主动融入。充分利用南京都市圈乃至长三角的政策、资本、资源等综合优势，调整发展重点，优化产业布局，通过重组资源、创新运作，放大城市对城区的带动力，实现相互促进、共同提升。推动产业链整合，从分工外围切入分工核心。主动对接制造业基地、物流业枢纽和服务业中心，通过政策引导、行业联盟、资本纽带等方式，提升主导产业的组织化、专业化、规模化水平，努力在价值分配中赢得更大份额。把握全球产业链重构的机遇，利用顶级中介搭桥、国际企业推荐、自主合作洽谈等渠道，通过组团外包嵌入全球产业链分工，带动城区经济加快转型升级。构建跨区域平台，从松散协作走向战略联合。把握区域发展相互依存、相互渗透、共生互补的新趋势，推动与一线城市和同类城市中心城区的战略合作，探索与发展异质地区的互补合作，构建技术交换、人才交流、市场交融的平台，实现资源的区际流动和发展的共振共赢。

立足区情实际，必须着重提升五种竞争力：

一是深化"一点两轴"模式，提升战略竞争力。"十一五"期间，区委构建经济建设"一点两轴"发展模式，拉开了玄武战略转型、产业升级的框架。未来五年，既要紧扣发展新形势，优化经济建设"一点两轴"模式，更要紧贴群众新需求，构筑社会建设"一点两轴"模式，推动经济社会全面协调可持续发展。要以特色发展为总揽，以集成集约为原点，纵向推进产业高端攀升，横向推进创新要素集聚，全面提升发展品质和综合实力。要主动抢抓后危机时代技术革新、要素重组、结构调整的机遇，放大我区高端产业先行、优质资源丰富和服务功能完善的叠加优势，完善从思路、模式、措施到机制的创新链条，大力发展以高附加值、高知识含量、高带动力、高开放度为特征的现代服务业和新兴产业，努力把资源整合到最佳、要素配置到更优、潜力发挥到极致。要以和谐发展为总揽，以民生民本为原点，纵向不断提升群众富裕度，横向不断增强居民幸福感，最大限度地满足群众日益增长的新需求新期待。要把以人为本、执政为民内化为具体的实践行动，更加注重人均发展指标，更加注重群众现实需求，更加注重居民实际收入增长，建立健全民生工作的普惠机制和长效机制，使民富成为经济社会发展的根本标尺。整体提升民主法治、平安稳定、和谐社区、生态文明等各项建设的水平，不断满足群众的精神文化需求、宜居生活需求、民主参与需求，切实增强幸福感、安全感、舒适感，促进社会公平正义和人的全面发展。

二是加快"三极两环"发展，提升产业竞争力。经过多年强力推进，新街口地区占据全区经济的"半壁江山"，徐庄基地成为软件名城的重要支撑，孝陵卫地区开始提速前进，环玄武湖和环紫金山产业带初显成效。未来五年，要继续大力推进三个增长极率先发展、"两环"产业带联动发展。着力放大新街口地区核心增长极的功能，努力集聚国际顶级的消费品牌、国际一流的生产性服务业企业、国内外一线企业的总部分部，加速向周边区域扩散辐射，打造开放度高、支撑力强的"核心引擎"。着力提升徐庄基地的品牌效益和规模效益，深化与苏宁集团的战略合作，突出苏宁总部的集聚作用，吸引关联企业的区域总部和研发中心等落户徐庄。深化与江苏软件园、仙林大学城等的合作，深入推进徐庄—珠江路"园街一体"发展，建设资源共享、功能互补、产业配套的供给链，打造贡献率高、竞争力强的"核心明珠"。把东部地区振兴放在全区总体布局的优先位置，着力加快孝陵卫增长极的跨越发展，发挥资源、生态、人才等比较优势，连通主城与麒麟科技创新园的区位优势，精心培育总部经济、绿色经济和特色经济，打造新的高端现代服务业集聚区，实现由城市化向产业现代化的跨越。着力打造环玄武湖和环紫金山产业带，坚持环状整体布局、带状分段开发、园区提档升级、楼宇精雕细琢的发展路线，建设一批低密度、生态型、个性化的高端载体，布局一批高端项目、总部企业，打造融山水城林于一体、经济与生态和谐共生的新兴产业带。

三是强化“创新驱动”战略，提升核心竞争力。创新企业众多、服务平台完善、科教资源丰富、人才工作领先，是玄武的鲜明特色、显著优势和重要潜力。未来五年，要继续坚持以企业为主体，以市场为导向，把科技与人才作为核心要素，全方位推进政产学研合作，加快提升创新能力和创新实力。实施“百企计划”，重点扶持和培育100家创新型骨干企业和成长型科技企业，促进创新型经济和新兴产业快速发展。充分发挥政府引导作用，健全支持政策，完善创新平台，壮大创新载体，深入推进科研院所、专业促进机构、企业园区的技术合作与协同创新，形成比较完善的城区创新系统。坚持把人才战略作为创新驱动的主导战略，与时俱进地更新人才工作理念，以更大力度推进人才升级、人才开发和人才共享，拓宽国内外领军人才、拔尖人才和创新团队涌入玄武的渠道。坚持人才优先发展、优先投入，提供更优质的创业融资、创新扶持、创优推荐等全景式服务，构建与国际接轨的人才环境。

四是坚持“常态长效”路径，提升环境竞争力。环境优美、生态优良、城市文明，是玄武的宝贵资源，也是实现可持续发展的重要基础。未来五年，要坚持以群众需求为导向，更加重视人居环境、生态环境、市容环境的常态长效管理。要进一步优化城市功能，加快完善城郊结合地区基础设施，全面修缮和整治街巷道路、老旧小区，加大河道、淹水片区改造和整治力度。加强绿色玄武、生态玄武建设，打造广覆盖、立体式、多样化的城市绿色生态系统，提升城市景观品位。继续探索城市精细化、智能化管理新模式，及时把上级要求、群众意愿与成功做法转化为标准、固化为制度，确保各项管理保持高水平、各项工作保持高水准，打造更精致、更舒适、更宜人的城市空间。

五是凸显“基层基础”重心，提升社会竞争力。促进社会和谐，关键在于强化基层协调矛盾、为民办事的能力，夯实社会运行的基础。未来五年，要围绕高水平实现“五有”，紧贴群众的实际需要、迫切愿望，把财政增量的主要部分用于民生，把公共财政支出的重点向解决群众身边的事倾斜，以大投入、小项目、真实惠让群众更满意。坚持街道的战略主体地位，加强社区党组织、居委会和民间组织建设，为基层发展提供更宽松的环境、更广阔的舞台。创新社会管理，大力发展社会保障、就业创业、文化卫生等民生事业，进一步提升公共服务的软硬件建设水平，确保社会和谐稳定、群众安居乐业。

三、乘势而上，开拓奋进，努力实现“十二五”良好开局

明年是“十二五”的第一年，开好局、起好步，具有十分重要的意义。立足未来的竞争发展，以更开阔的视野研判当前形势，有三大趋势不容忽视。一是开放与融合的一体化趋势。世界经济在调整中逐步恢复增长，经济全球化使得国际国内经济联动效应越来越大。国家积极支持东部地区率先发展，长三角区域一体化进入资源要素和体制机制并行整合阶段，对外开放与跨区域融合纵深发展。南京迈入更加开放、充满活力的“青奥时代”，城市首位度和国际影响力加快提升，政策聚焦效应更加突出。这些为我们提供了广阔的发展空间和难得的历史机遇，有利于参与到更广范围、更高层面的经济合作之中。二是调整与转型的高度化趋势。伴随全球产业结构调整和新技术革命，国际分工和产业转移呈现出多层次、多梯度和多向性。我国加快经济结构战略性调整，现代服务业和战略性新兴产业成为新一轮发展的重点。省市加快推动产业由传统向现代转型、由低端向高端提升，南京中国软件名城和国家创新型城市试点、科技体制综合改革试点、服务业综合改革试点等重大制度创新活动全面推进，资源整合、产业升级将在更高层次上展开。这为我们走创新驱动道路，发展接轨国际、占据高端的优势产业提供了重要契机。三是竞争与挑战的多元化趋势。进入科学发展的新阶段，城区之间的竞争方式由注重速度、总量向注重质量、效益、环境和服务转变，竞争对象由一般生产要素向人才、技术、管理等高级要素转变，竞争范围由周边竞争向更广区域竞争转变，各地对优质资本、一流企业、先进技术和高端人才的争夺更加激烈。同时，玄武还面临着全市发展提质、增长提速、工作提标的传导压力，面临着资源空间受限、发展成本上升等现实难题，面临着优化环境提升品质、改善民生实现民富、化解矛盾促进和谐等诸多挑战。我们必须科学辨识形势，在顺应趋势中捕捉新机遇，在激烈竞争中创造新优势。

基于以上分析，区委确定明年全区工作的指导思想是：全面贯彻落实党的十七大和十七届五中全会精神，以坚持科学发展、奋力走在前列为主题，以加快转变经济发展方式、推进玄武特色的转型创新跨越发展为主线，抓项目促结构转型，抓创新促产业升级，抓民富促和谐稳定，抓文明促品质提升，全面加强和改进党的建设，进一步提升综合竞争力，努力为玄武率先基本实现现代化、建设现代化国际性人文绿都标志区奠定坚实基础。

明年全区经济和社会发展的主要预期调控目标是：地区生产总值增长12%，第三产业增加值增长12%，地方财政一般预算收入增长13%，社会消费品零售总额增长15%，全社会固定资产投资、实际利用外资等指标完成市下达数，城镇居民人均可支配收入增长12%。政治建设、文化建设和党的建设按有关目标实施。

围绕上述指导思想和主要预期调控目标，明年全区将重点抓好以下工作。

（一）加快转型升级，切实增强内生动力

精心运作重点项目。全力优化新街口地区项目的层次结构。围绕高端商贸、现代商务的定位，加快推动德基广场扩容升级，建成二期工程，实现裙楼开业，推进三期建设，开工建设雨花巷总部经济商务楼，积极谋划运作汇文里商业地块，促成凯润金城商务中心、华利国际裙楼、长发羲和商业设施开业，推动轴向组团式联动发展，积极培育珠江壹号等“千万元楼宇”、“亿元楼宇”。启动圣和文化广场建设，推进中电熊猫地块进入实质运作，建成北京东路都市经济园、华山饭店商务综合楼等项目，确保曼度嘉年华全面开业。大力提升徐庄基地项目的业态能级。推动苏宁总部基地尽快投入使用，依托苏宁电子商务中心

拓展网上商城业务，建设苏宁信息中心和研发中心，提升苏宁总部基地的规模效应。加快建设南京物流网研究与产业化中心，建成江苏软件园孵化研发中心和福中高科技产业园三期工程，开工建设苏盐软件研发中心、徐庄软件产业基地独立研发区，确保地豪总部大厦投入使用。着力提高孝陵卫地区项目的效率质量。抓住麒麟科技创新园开发建设的契机，全力推进沧波门余粮地区拆迁建设，完成紫金时代商业设施、双拜岗147号综合楼等主体工程，规划建设南机所地块、724所产业园、民国风情园等项目，推动省农科院地块整体开发，推进博爱园、卫桥地铁商业设施等项目投入运营，加快培育一批新的增长点。"两环"产业带要善于挖掘和利用山湖资源，加快建设红山商贸地块和王家湾特色总部园区，建成创意中央都市产业园二期，打造国展中心都市商业综合体，精心运作华飞、南汽等地块，形成一批业态领先、功能互补的特色项目。

全力促进产业升级。强化现代服务业的高端优势。把握全球产业调整和长三角服务业梯度转移的机遇，精心策划三个增长极、金融服务示范园、特色楼宇等专题招商活动，进一步提高经济开放度和利用外资水平，加快传统服务业态向高端消费性服务业和先进生产性服务业转型，确保德基二期引进国际一线品牌30家，长江路9号二期完成金融产业招商。强化新兴产业的先发优势。把握国家、省市加快培育和发展战略性新兴产业的机遇，以徐庄基地为龙头，以专业园区为拓展，大力发展软件信息、生物医药、物联网、节能环保等新兴产业，力争中科院宽带物联网、智能医疗等项目落地。瞄准业内领军企业，加大开放式招商力度，积极引进一批海内外先进资本、先进技术和知名企业，支持埃森环境等企业获得战略融资，扶持智达康和华海上市。强化创新要素的集聚优势。把握南京建设国家科技创新中心的机遇，把创新平台搭建、创新载体建设、创新人才引进全部纳入项目运作，落实项目的效益评估、推进引导和全程动态管理，实现利益共享、发展双赢。强化企业创新主体地位，开展"两化融合"试点(示范)企业培育和千企创新升级行动，实施企业技术创新工程和知识产权战略推进工程，加快培育一批创新型龙头企业、骨干企业和成长型创新企业。建设区成果转化服务中心，建成科技金融服务中心和重点产业专门人才培训中心，完善徐庄国家级博士后工作站运行机制。成立高级专业技术人才联谊会，加强与海外人才协会、留学生联谊会等组织的合作，选聘一批招才引智联络员，引进培养一批高层次、创新型、国际化的人才队伍。

(二)聚焦民富民生，全面提升发展品质

着力提升群众生活水平。支持和鼓励全民创业，建立创业项目征集制度，强化创业培训后续服务，让更广泛的社会成员在参与发展中致富。及时发布工资指导线、劳动力市场工资指导价位和企业人工成本，落实最低工资标准和企业工资集体协商制度，建立区域性、行业性平等协商和工资专项集体合同机制，完善事业单位奖金福利二次分配集体合同制度，努力提高居民收入的增长速度。进一步加强就业困难人员、低保及边缘人群、老年居民和失地农民等特殊群体的社会保障与救助工作，实施低保边缘人群医疗援助工程，探索适龄被征地农民养老保险与城镇居民接轨。扩大经济适用住房、中低价商品房的供应渠道，确保余粮一期北区工程项目封顶，全面开工建设小营村项目，落实低收入家庭住房保障。

着力提升公共服务水平。建设"12345"政府呼叫中心二级平台，努力为群众提供各类政务信息咨询和便民服务。完成校安工程三年计划，开工建设月苑小学教学楼，成立区教师发展中心。建设区公共卫生事件应急处置中心，完成玄武医院病房楼(二期)和锁金村社区卫生服务中心改造出新工程，深入开展中医药特色社区卫生服务。实施幸福家庭"五好"工程，建设社区流动人口计划生育管理服务平台，扎实推进惠老实事项目，全面完成街道残疾人托养服务中心建设。加强街道社区文体基础设施建设，开展迎青奥健身活动和百场文化惠民活动。深入推进和谐社区建设"四全"模式，启动区级社区服务信息平台建设，组织实施社区服务公益创投试点项目，建立健全社会工作职业制度，新增10个以上特色社区服务项目，完善康定里、仙鹤门地区公共活动、养老、集贸、警务、环卫等设施。

着力提升区域文明水平。高质量完成文明城市建设三年行动计划，整合三级文明单位创建资源，健全区域性共建平台和社会动员机制，确保顺利通过全国公共文明指数复查。深入开展"道德模范进社区、进机关、进学校"系列宣讲活动，广泛开展形式多样的志愿服务活动，进一步提升公共文明素养。认真落实城市环境"三个提升"行动计划，积极实施雨污分流工程，深入推进背街小巷和旧住宅区综合整治，完成柳营路、墨香南路等道路改扩建工程。加快明城墙(神策门—玄武门段)环境综合整治，规划建设傅厚岗—百子亭民国文化风情区，保护好全区近代优秀历史建筑、历史遗迹和名人故居。加强水环境综合整治和空气污染综合治理，推进河道清淤和雨污分流，新增绿地面积1万平方米，环境质量综合指数80分以上。充分发挥数字城管平台功能，加强网格化、精细化常态长效管理，加强环卫机械化作业，构建城郊结合部和农村生活垃圾收运体系，进一步优化市容环境。

(三)促进协调发展，全力维护和谐稳定

深入推进民主政治建设。积极支持区人大、区政协依法履行职能，加强法律监督和民主监督，充分发挥人大代表、政协委员的重要作用。召开区人大、政协党外常委研讨会，创新党外知识分子联谊会活动载体。成立民族团结进步社团组织，做好少数民族流动人员服务管理工作，加强对台交流交往和社区统战、社区侨务工作。加大基层商会组织建设力度，完成区工商联(商会)和区青联换届。依法推动企业普遍建立工会组织，争创省级"妇女儿童之家"建设示范点。深化辖区国防科技潜力调查，加强民兵应急队伍建设，开展经常性的实战化演练，加快各类人防设施工程建设，完善疏散预案和应急指挥机制，提升全民国防意识。

深化法治平安玄武建设。全面开展法治玄武绩效评价，深入推进"法治玄武先进街道(单位)、民主法治村(社区)"系列创建活动，积极争创"全国法治县(市、区)创建活动先进单位"。深入推进社会矛盾化解、社会管理创新、公正廉洁执法三项重点工作，扎实开展街道、社区政法综治规范化建设达标创建，加强和改进对流动人口、特殊人群、虚拟社会、两新组织的服务管理。积极探索矛盾纠纷源头预防、源头化解的方法，开展集中清理涉法涉诉信访积案、案件评查和联合接访工作，坚持领导接访和包案制，做好信访老户终结工作。加强社会治安重点地区综合治理，依法打击各类刑事犯罪活动，加大打击邪教力度，织密社会治安防控网络。加强食品药品监督检查，完善安全生产责任网络，升级改造安全生产监管系统，排查治理安全生产隐患，切实增强突发事故应急救援能力，确保不发生重特大安全生产责任事故和突发公共事件。

四、巩固基础，创先争优，全面加强和改进党的建设

推进玄武特色的三个发展，建设现代化国际性人文绿都标志区，关键在党、关键在人。要以改革创新的精神，全面加强和改进党的思想、组织、作风、制度和反腐倡廉建设，努力使全区党建工作走在全市全省前列。

切实加强思想政治建设。深入学习贯彻党的十七届五中全会精神，以"回顾'十一五'、展望'十二五'"为主题，广泛开展玄武讲坛、专题研讨、专家辅导等宣教活动，为玄武"十二五"发展提供强大的思想动力。以建党90周年为契机，组织开展多层次、多形式的系列纪念活动，教育引导广大党员干部增强宗旨意识、执政意识、大局意识和责任意识，时刻保持政治上的清醒与坚定。以增强党性为核心，以提高能力为重点，深入开展学习型党组织建设活动，不断提高促进发展、解决问题、为民办事的能力和水平，更好地适应组织领导科学发展的新要求。

切实加强干部队伍建设。全面贯彻干部人事制度改革规划纲要，推行重要岗位领导干部差额选拔，探索区管党政正职全程差额产生的办法，加大竞争性选拔干部工作力度，形成科学的干部选用机制。成立青年党政人才协会，深化年轻干部导师制培养，加强后备干部动态管理，探索转员干部管理的新途径，合理使用各个年龄段的干部，做好党外干部、女干部和老干部工作。创新干部培训方法和形式，满足干部多样化、个性化、差异化学习需求，努力形成以需求为导向，组织调训为主、自主选学为辅，激励与约束相结合的培训机制，打造能够担当发展重任的干部团队。

全面加强基层党组织建设。以"满意先锋行动"为统领，以为民办实事为载体，有计划、有步骤地推进创先争优活动，深入挖掘、大力宣传涌现出的先进典型，集中解决一批群众关注的重点难点问题，使创先争优活动成为党员和群众认可的"满意工程"。不断深化"五型"党组织创建，创新社区党组织和党员联系服务群众的工作载体，提高社区党组织整合协调社会资源和为民办实事的能力，探索非公企业党组织发挥作用的有效途径。深化党内民主，推进党务公开，尊重党员主体地位，落实党员的知情权、参与权、选择权、监督权。巩固扩大机关、事业单位党建工作成效，充分发挥党员远程教育平台的作用，探索符合时代要求的党员教育管理新模式。

不断加强党风廉政建设。严格落实干部监督四项制度，进一步加强区管领导班子和领导干部日常监督，认真落实党政领导干部问责规定，加大治懒治庸治散力度。实行"五服务"实事项目公开承诺制，定期开展区党政班子和部门"一把手"信任投票，组织开展重点科室、重要窗口机关作风评议活动，完善群众评议人联系点机制，进一步提高评议工作的科学性。认真落实党风廉政建设责任制，扎实推进惩治和预防腐败体系建设，加强廉政文化建设，严格执行党内监督制度，加大案件查办和专项治理工作力度。推进行政权力网上公开透明运行，深化街道政务公开。加强对重点项目、拆迁建设及重大事项的督察，规范专项督察的工作流程，完善菜单式常态督察，切实增强执行力和落实力。

明年，玄武区第十次党员代表大会将要召开，并选举产生区委新一届领导集体。这是全区党员和广大群众政治生活中的一件大事，对于加快推进玄武特色的三个发展，必将产生重要而深远的影响。全区各级党组织和每位党员干部都要站在讲政治讲大局的高度，严格遵守党的纪律，正确行使民主权利，确保市委意图得到准确全面的落实，确保广大党员的共同意愿得到充分实现。有关部门要严格按照党代会的组织规程，提前筹备，精心组织，密切配合，把区第十次党代会开成一个继往开来、民主团结、务实奋进的大会。

同志们，事业任重道远，责任光荣艰巨。让我们以改革创新的精神、求真务实的作风、攻坚破难的行动，永不满足，永不止步，永不懈怠，奋力开启"十二五"科学发展的新征程，开创玄武特色的转型创新跨越发展的新局面！

山水城林南京城

南京市玄武区人民政府工作报告

区　长　王海宏

2011年1月4日

各位代表：

我代表区人民政府，向大会作工作报告，请予审议，并请区政协各位委员和大会列席人员提出意见。

2010年和“十一五”期间工作回顾

过去的一年，在中共南京市委、市政府和区委的正确领导下，区政府坚持以邓小平理论和“三个代表”重要思想为指导，深入贯彻落实科学发展观，坚持不懈巩固和扩大应对金融危机冲击的成果，坚定不移推动经济社会建设转型升级，较好地完成了区十六届人大三次会议确定的目标任务。

（一）经济运行趋稳向好。紧紧把握宏观政策动向，顺势而为，真抓实干，全区经济呈现增长趋稳、后劲增强、质量提升的良好态势。预计实现地区生产总值275亿元，按可比价比上年增长13%；地方一般预算收入26.46亿元，同口径增长18%；全社会固定资产投资91.50亿元；社会消费品零售总额256亿元，同比增长17%。重点项目建设取得新进展，苏宁总部基地及信息中心、南京商厦（二期）、现代农业服务基地公共服务中心等基本建成，德基广场（二期）工程过半，江苏软件园2号地块、钟鼎山庄商业配套等扎实推进，凯润金城、卓越SOHO等商业设施完成招商，创意中央、君临紫金商业配套等投入运营。分赴京沪、台港、欧美等地招商，成功举办“对接世博·玄武之夜”、“苏台文化·创意玄武”等活动。引进迪比信可、东华软件、爱马仕等名企名品，落户国电江苏、中广传播等注册资金1000万元以上企业64家。在全球经济艰难复苏的情况下，实际利用外资8758万美元，同比增长17.63%。实现软件产业销售收入78亿元、服务外包执行额4.10亿美元。产学研合作迈出新步伐，与中科院微电子所共建南京市物联网研究与产业化中心。集成电路设计产业园被科技部授牌国际科技合作基地。新增省级院士工作站2个、授权专利1400件、高新技术企业9家。达成重点产学研合作项目40个、重大成果转化项目4个。

（二）人民生活切实改善。城镇居民人均可支配收入达30470元。以就业为民生之本，全面实施《就业失业登记管理办法》，建立用人单位就业登记备案制度，在街道、社区全面设立创业指导服务中心（站），全年新增就业岗位2.90万个，实现再就业1.80万人，扶持成功创业1400人，创业带动就业1.05万人。扩大社会保障覆盖面，企业职工基本养老、失业、生育保险净增1.10万人，工伤保险新增1.80万人，城镇职工、居民基本医疗保险新增1.30万人。实行向困难群体倾斜的政策，认真实施社会救助“三项工程”社会救助“三项工程”：一是民生暖心工程，为低保家庭发放“慈善超市爱心券”，每户每月50元。二是免费血透工程，为低保尿毒症患者实施免费血透。三是生命健康工程，为低保癌症患者每日免费定购牛奶1瓶。发放最低生活保障金、失业保险金、老年被征地农民生活补贴等各类政策性补助5707万元，安排临时救助及各类慰问资金1370万元，募集慈善款807.20万元。落实经济适用住房、中低价商品房和廉租房861套。落实稳物价、保供应举措，及时为困难家庭发放价格补贴107.44万元。较好地完成了年度十二件为民办实事项目。积极帮扶六合区、重庆市万州区、淮安市淮阴区、西藏墨竹工卡县、新疆伊宁市。

(三)公共服务更加完善。建成仙鹤门幼儿园，教育教学质量继续保持全市领先，高分通过省督导考核评估，被评为省教育现代化建设先进区，7门社区教育课程被评为全国首批社区教育特色课程。开展“低碳生活”等主题科普活动，科普宣传被评为省先进。全面实施基本药物制度，新增、改造社区医疗卫生服务用房1.55万平方米，建成中医馆6家。我区被评为省药品“两网”药品“两网”：药品供应网和药品监督网。建设示范区。打造人口计生工作示范点16个，省“十一五”人口协调发展先进区创建通过验收。推行群众“全面知情、全程参与、全体受益、全域满意”社区建设新模式，完成第九届村委会换届选举。社区服务项目化、专业化、社会化水平进一步提升，推行社工持证上岗制度，聘请专业社工督导社区服务项目，新增社区特色服务项目10个。制订《居家养老服务规范》，新增老年福利机构床位161张。建成博爱勤善残疾人服务发展中心。6863名企业退休人员纳入社会化管理服务。举行“长江路文化艺术节”等百场群众文化活动。出新30个全民健身点，举办区第五届运动会，在十七届省运会中金牌数位列全省区(县)第一。

(四)城区环境有序提升。统一规划、分步实施市容环境、功能品质、人居质量“三个提升”工程。进一步提升城区功能，新建丰收路(东段)等市政道路，建成5项排水防汛工程，完成55个小区和65条街巷雨污分流工程。实施火车站北广场等项目拆迁，共拆除房屋35万平方米。进一步提升城市品质，改造整治干道10条、街巷103条、小区11个、房屋303幢，成贤街、估衣廊等各具特色，碑亭巷与江宁织造府相映成景。完成土城头路(仙鹤门段)、龟山遗址公园等绿化工程，新建市级绿色社区1个、省级和市级绿色学校各1所。进一步强化城市管理，完成沪宁城际铁路(玄武段)沿线环境综合整治。八个街道均成立物管“两站一中心”。新增老旧小区物管面积347.75万平方米。拆除违法建筑2.80万平方米，评定市容环卫责任区三星级管理单位45家，东大影壁创成餐饮油烟污染控制示范街，市容长效管理综合考评全市第一。认真落实区长环保目标责任制。以“走进世博、迎接青奥”为主题，宣讲文明，共建文明，顺利通过全国公共文明指数测评。

(五)安全稳定全面强化。以开展“三项排查”为契机，针对信访热点难点问题，深入了解社情民意，化解信访积案44件。完成牌楼北路等10个项目社会稳定风险评估。针对安全事故隐患，建立举报奖励制和一次整改到位问责制，检查生产经营单位1.30万家，整改隐患1.50万处。加固校舍1.08万平方米，校舍抗震鉴定率达100%，组建区校园保安大队，校园及周边的安全稳定有效加强。针对基层基础工作薄弱环节，推动安全稳定工作重心进一步向街道、社区转移。认真实施拆迁、改造等项目公示、听证制度。积极发挥人民调解作用，成功调处医患、交通等矛盾纠纷827起。加强劳动监察，劳动争议结案率为92%。建成区司法行政服务中心、浮桥法治文化长廊，创建省级优秀司法所3家，被评为全国首批法治区创建活动先进单位。全面加强基层应急工作，正式组建区综合应急救援大队，建成全省首家社区消防工作站。开展“迎高铁、护世博”等治安整治行动，实施“千幢万户平安门”工程，平安社区达标率为90.48%。

(六)政府建设得到加强。顺利完成本轮政府机构改革，行政管理体制和运行机制进一步优化。结合机构改革，精减行政权力事项25项，按照规定对规范性文件进行清理。机构改革涉及单位档案全部移交进馆。完成第六次全国人口普查入户登记工作。全面完成“五五”普法。建成财政专网，区监察局、审计局等7家单位试行国库集中支付。以民生资金等为重点加强审计工作。规范领导信箱办理，强化现场督查，办结群众反映问题172项。深化国防教育，科学拓展民兵组织、征集优质兵员，统筹加强非战争军事行动能力和人防工程建设。认真落实民族政策，宗教、对台、侨务等工作扎实推进。完成《玄武区国民经济和社会发展第十二个五年规划纲要(草案)》编制。认真接受人大法律监督和政协民主监督，办理人大代表建议92件、政协提案106件，办成率分别为80.43%和84.91%，满意(含基本满意)率均为100%。

各位代表，2010年是“十一五”规划目标的收官之年。经过全区人民艰苦努力，我们较好地完成了“十一五”规划既定目标，在全面小康社会的基础上向基本现代化迈出坚实步伐。这五年，是玄武产业结构更优、经济总量大幅提升的五年。建成产业项目70余个，累计增加产业设施面积240余万平方米，打造出德基广场、徐庄软件产业基地等一批高端项目，引进了百思买、毕马威等一批知名企业，集聚了宝格丽、路易·威登等一批国际一线品牌，现代服务业、高新技术产业呈现强劲发展态势。预计“十一五”末的地区生产总值(按可比价)、地方一般预算收入(同口径)分别比“十五”末增长87%和127.32%。这五年，是玄武社会保障基本实现全覆盖、社会事业保持领先的五年。最低生活保障做到应保尽保。“五大保险”覆盖率均达99%以上。城镇居民基本医疗保险参保率达97%。义务教育入学率达100%。创成全国首批和谐社区建设示范城区，共35项(次)工作被评为全国先进。这五年，是玄武城区功能品质提升、区域面貌显著改观的五年。新增城市道路面积10.75万平方米，实施防洪排涝工程26个。完成红山地区“城中村”改造。出新整治道路街巷228条、老旧小区49个。绿化覆盖率达60.74%。数字城管、智能环卫、网格管理实现全覆盖。

过去的五年，面对罕见的复杂环境和严峻挑战，区政府在区委的坚强领导下，依靠全区人民，坚持以科学发展观统领全局，以思想解放引领发展，以转型升级提升素质，以改革创新增添活力，将幸福和谐贯穿始终，取得了来之不易的成绩，积累了弥足珍贵的经验。在实践中，我们深刻体会到：

必须立足区情实际，优化发展路径。玄武的发展过程，是科学发展观在玄武实践化、具体化的过程。五年来，我们坚持以科学发展观为指导，从玄武特殊区位、资源禀赋、发展现状出发，坚持特色与高端共同引领，推动经济建设向发展型转变；坚持普惠与创先相辅相成，推动社会建设向民生型转变；坚持人文

与自然相得益彰，推动城市建设向生态型转变。回顾过去，展望未来，我们要不懈探索和丰富符合玄武实际、具有玄武特色的发展道路，努力在形势变化、激烈竞争中沉着应对、脱颖而出。

必须坚持项目带动，壮大发展支撑。项目是发展的生命线，是一切工作的抓手。五年来，我们坚持工作项目化、项目目标化、目标刚性化，倾力推动"三极两环"竞相发展，全面实施文明城市建设行动计划，提前完成社区硬件建设五年目标，加快了发展进程，增强了发展后劲。回顾过去，展望未来，我们要把转变发展方式落实到更好更多的项目上，同步提升发展的经济效益、社会效益和生态效益。

必须夯实基层基础，增强发展内力。越是在发展较快时期，越是要重视基层基础工作。五年来，我们秉持"先理后管"、"理好理活"原则，全面推进各级各类基础制度的规范和实施，系统强化各条各块基础数据库的建立和应用，大力突出街道、社区基层组织的战略地位和作用，在固本强基、常态长效方面做了大量扎实有效的工作。回顾过去，展望未来，我们要坚持不懈把基层基础做得更实更强，让玄武发展得更好更快。

必须推动改革创新，激发发展活力。困难和挑战面前，尤显改革创新的强大力量。五年来，特别是国际金融危机以来，我们通过新模式、新平台、新领域的建立和开辟，整合政府和社会力量，实施体制和机制改革，盘活区内和区外资源，协同制度和技术创新，克服空间、资金、政策等瓶颈和制约，有效保证了目标任务的实施和完成。回顾过去，展望未来，我们要进一步将改革引向深入，不断解放思想，向创新要动力、要潜力、要发展空间。

必须坚持以民为本，践行发展宗旨。发展为了人民，发展依靠人民。五年来，我们坚持以民为本，围绕群众所需所盼明确政府工作轻重缓急，建立健全群众有序参与、监督、评价政府工作的机制，不遗余力让全区人民拥有较好的保障水平，享受优质的公共服务，生活在优美的环境之中。回顾过去，展望未来，我们要始终满怀爱民挚情，通过勤勤恳恳、脚踏实地的工作，让玄武人民的生活每年都得到实实在在的改善。

各位代表，"十一五" 期间经济社会发展所取得的成绩，是全区上下、社会各界共同努力的结果。在此，我代表区政府，向在各个领域和岗位上辛勤劳动、做出贡献的全区广大人民群众，向区人大各位代表、区政协各位委员、离退休老同志，向关心、支持我区发展的各民主党派、社会团体、各界人士，向为我区建设做出贡献的驻区机关、部队、高等院校、企事业单位，向来我区发展兴业的海内外朋友，致以崇高的敬意和衷心的感谢！

在看到成绩的同时，我们也清醒地认识到，政府工作还存在一些薄弱环节。主要是：对照经济转型要求，经济运作能力有待进一步提升，科教资源优势发挥不够充分，一些项目建设周期偏长，规模企业引进不够多，企业培育成果不够大；对照社会转型要求，社会管理有待加强和创新，公共服务社会化水平不高，化解社会矛盾、协调各方利益的压力依然较大，基层管理平台需进一步建立健全；对照玄武特色的转型创新跨越发展要求，政府履行职能的理念和方式需进一步转变，能力和成效需进一步提升。对此，我们将保持清醒头脑，采取有效措施，在今后的工作中认真加以解决。

"十二五"发展的总体思路和目标要求

各位代表，"十二五"是玄武率先基本实现现代化的重要时期。党的十七届五中全会，对转变经济发展方式、保障和改善民生提出了更高的要求。全球新一轮科技创新和产业创新孕育新的突破，我国内需市场不断扩大升级，国家、省、市出台一系列政策加快发展现代服务业、新兴产业，南京筹备青奥会、建设地铁网等重大工程和项目，为我区经济社会发展提供了广阔空间。同时我们也应该看到，宏观环境存在着不确定因素，我区资源空间、发展成本等瓶颈制约更加突出，改善民生实现民富、化解矛盾促进和谐等任务重大而艰巨。我们要增强机遇意识和忧患意识，科学把握发展规律，主动适应环境变化，有效化解各种矛盾，更加奋发有为地推进全区经济社会建设发展。

"十二五"期间全区国民经济社会发展总的指导思想是：以邓小平理论和"三个代表"重要思想为指导，深入贯彻落实科学发展观，以坚持科学发展、奋力走在前列为主题，以加快转变经济发展方式、推进玄武特色的转型创新跨越发展为主线，以促进民富区强为主旨，大力实施项目带动、创新驱动、高端攀升、品质提升、优质均衡五大战略，促进经济长期平稳较快发展和社会和谐稳定，全面提升玄武综合竞争力，力争通过五年左右时间的努力，率先基本实现现代化，为建设现代化国际性人文绿都标志区打下具有决定性意义的基础。

"十二五"期间经济社会发展主要预期目标和要求是：力争通过五年努力，全区地区生产总值突破500亿元；地方财政一般预算收入突破50亿元；现代服务业增加值占全区GDP比重达65%以上；科技进步贡献率达60%以上，科技综合实力和创新能力居全国同类城区前列；城镇居民人均可支配收入达54000元，为2016年实现翻番奠定基础；城区功能、景观环境和文明形象明显提升，努力把玄武建成高端服务业集聚区、科技创新领先区、历史文化彰显区、生态宜居示范区。

2011年主要工作安排

今年是中国共产党成立90周年，也是"十二五"时期开局之年，做好经济社会发展工作具有十分重要的意义。我们要全面贯彻党的十七大、十七届五中全会和中央经济工作会议精神，认真落实区委九届二十九次全委(扩大)会议要求，开拓创新，扎实工作，全力为"十二五"发展起好步、开好局，奋力推动玄武综合竞争力实现大提升、新跨越。重点把握好三个方面：一是民生导向促转型。坚持把保障和改善民生作为加快转变经济发展方式的根本出发点和落脚点，主动适应积极稳健、审慎灵活的宏观经济政策取向，把稳定物价水平放在更加突出的位置，进一步明确发展重点、优化发展路径、加大发展力度，保持经济平稳较快发展，更好地满足人民群众不断增长的物质文化需求。二是优质均衡筑和谐。推进基本公共服务均等化，加大向困难群众、特殊群体、薄弱片区政策倾斜的力度，扩大优质公共服务资源覆盖面，逐步建立符合和谐社会要求的社会公平保障机制。三是常态长效上水平。进一步加强制度机制建设，发动社会群众力量,利用信息智能手段,努力构建人人遵循、处处覆盖、阶段性成效显著、长期效果良好的城市建设管理模式,为人民群众提供安全舒适的工作生活环境。

建议2011年全区经济社会发展的预期目标是：地区生产总值增长12%;地方一般预算收入同口径增长13%;社会消费品零售总额增长15%;全社会固定资产投资、实际利用外资等指标完成市下达数。

围绕上述目标,着重做好以下五个方面工作：

一、加快项目建设,推动产业转型

以“三极两环”为核心推动产业转型升级,重点实施40个经济项目,现代服务业增加值占全区GDP比重达50%以上。

*新街口核心经济区进一步加速高端产业集聚。*按照高端商贸、现代商务定位,加速德基广场扩容升级,全面建成二期工程,裙楼实现开业。不断丰富商业业态,推动羲和高端品牌旗舰店等开业,以途牛网、美立莱网等电子商务项目促进珠江路科技街产业升级,完成化建大厦等项目招商,建成凯润金城城市综合体、碑亭巷商务楼、北京东路都市经济园、东泉经济产业园等项目。推动产业成熟片区扩展延伸,曼度嘉年华休闲街区全面开业,开工建设雨花巷总部商务楼,推进青石街、刘军师桥等地块开发,积极运作714厂、汇文里等资源。提升高端项目打造水平,着力培育“亿元楼宇”。

*徐庄软件产业基地进一步构筑产业特色。*抢抓创新型经济发展机遇,重点发展软件、集成电路设计、电子商务、物联网等四个特色领域。开工建设苏盐连锁公司软件研发中心等项目,建成江苏软件园孵化研发中心、福中高科技产业园(三期)等项目,新增软件载体面积18.80万平方米。加大成果转化项目、海归创业项目引进培育力度,推动集成电路设计产业园加快发展,实现集成电路设计销售收入2.80亿元。适应消费者多元化需求,积极支持苏宁电器销售B2C:英文Business-to-Consumer(商家对客户)的缩写,电子商务的一种模式。业务做大做强。加大南京市物联网研究与产业化中心实体运作力度,力促物联网产业化项目落地。挂牌出让研发六区,建设独立研发区,建成苏宁培训中心等项目。

*孝陵卫地区进一步加快产业步伐。*以创新型产业为导向,按照麒麟科技创新园整体部署推进沧波门、余粮地区开发,挂牌出让技工学校地块、农科院C地块,加速运作724所总部经济园、民国风情园、南机所创意设计园等项目。大力发展旅游商业,完成农科院紫金时代、双拜岗147号综合楼等主体工程,建成晏公庙、小卫街、钟鼎山庄等商业配套项目,尽快完成招商、实现开业。积极发展地铁商业,推动博爱园、卫桥地铁商业等项目投入运营。

*“两环”地区进一步提升产业层级。*依托得天独厚的自然禀赋,定位创意、研发、总部等环节,盘活闲置楼宇、老旧厂房、储备地块等资源。精心打造环湖项目,建成创意中央都市产业园(二期)、南京商厦影视中心等精品文化项目,推进新隆基大酒店、新庄汽配地块等精品商业项目。高标准运作环山项目,积极推动华飞地块开发,完成兴贤佳园配套商业设施招商,把红山商贸项目打造成高档商业综合体,快速推进王家湾特色总部园、钟山云蝶旅游配套等特色产业项目。

二、集聚优质要素,提升经济素质

发挥中心城区的吸引与辐射效应,推进优质企业集聚、技术集成、人才集中,进一步提升经济发展的综合竞争优势。

*培育引进优质企业。*完善产业政策,加速培育一批龙头企业、骨干企业。建设金融服务示范园,助推华海等公司上市,引进优质中介服务组织,为企业融资、管理等提供帮助。打造市商标品牌培育基地,争创省著名商标2个、市著名商标4个、市以上品牌产品5个,积极鼓励企业培育拳头产品。借助软博会等平台促进中小企业与大企业合作,重点面向南京都市圈推进商贸企业扩张,与制造业发达地区合作培育工业化信息化融合试点(示范)企业。创新招商引资模式,加强产业链招商,重点引进注册资金1000万元以上优质企业、世界500强企业(分支机构)、国内行业百强企业。

*加快科技成果转化。*完善公共技术服务,探索建立生物医药服务平台,进一步提升集成电路设计技术平台服务功能和成效。以南京实施国家创新型城市试点、科技综合体制改革等为契机,支持高校、科研院所等与企业联办研发机构、科技实体,着力提升科技成果就地转化率,重点推进40个产学研合作项目产业化、4个重大成果转化项目。引导企业加大研发投入,力争全区规模以上科技企业研发投入占销售收入的比重达5%以上。抢抓“智慧南京”、“三网融合”、南京国际技术转移大会等契机,积极帮助创新型企业拓展市场。

*建设高端人才队伍。*加大产业紧缺人才引进和培训力度,把玄武打造成创新创业人才集聚区。引导校企合作,推动人才和企业对接,建设国家级博士后工作站,加大实训基地人才培养和输送力度。围绕产业转型升级,成立高级专业技术人才联谊会,加强与海外人才协会、留学生联谊会等合作,重点引进带技术、项目、资金的人才和团队。完善人才政策,积极推荐优秀人才入选市“紫金人才”计划、省高层次创新创业人才计划、国家“千人计划”。引进服务外包行业高层次管理人才15名、专业技术人才150名。

*优化产业发展环境。*以环境引资引智,借鉴发达国家、先进地区模式,促进政务、商务环境与国际接轨。加强知识产权保护,积极培育知识产权贯标企业、示范企业,培养企业知识产权管理工作者100名、工程师10名、高级管理人员5名。打造诚信环境,深化“质量兴区”工作,争创市以上质量奖3个。发挥社会事业高位运行优势,按照国际化标准建设企业、人才公共服务体系。举办第十三届珠江路电脑节,创建市级文化产业示范基地,提升园区、街区、楼宇知名度和美誉度,塑造玄武产业环境整体品牌形象。

三、全力富民惠民,改善群众生活

顺应广大居民的期盼和呼声,采取切实有力措施,让人民群众过上更好的生活。

*促进居民收入增加。*以就业促民富,坚持实名援助、托底安

置、公益岗位相结合，统筹推进低保对象、被征地农民、高校毕业生等群体就业，援助困难人员就业1500人。依托现代服务业、新兴产业项目开发岗位、开展培训、组织招聘，着力提高就业质量。新增就业岗位1.82万个，实现再就业1.12万人。落实最低工资标准，建立健全行业性平等协商和工资专项集体合同机制，促进职工工资稳步增长。以创业促民富，实行创业项目征集制度，强化创业培训后续服务，着力提高创业成功率，培育创业者950名，创业带动就业6000人。城镇居民人均可支配收入增长12%以上。

加大社会保障力度。认真落实价格调控和治乱减负目标责任制，实行困难家庭临时生活补贴与物价联动机制，将农贸市场优惠政策、减免摊位费、降低菜价相挂钩，切实保障居民的“菜篮子”。努力提升保障的层次和水平，实施低保边缘人群补充医疗援助，城镇居民基本医疗保险覆盖率达97%以上，“五大保险”覆盖率均达99%以上。建设余粮、红山地区经济适用住房，落实低收入家庭住房保障。建成街道残疾人托养服务中心8个。积极有序提高被征地农民、企业托管退休职工、老军工、老知青等特殊群体生活保障水平。突出重点加大投入，完善康定里、仙鹤门地区社区服务中心、农贸市场、警务工作站、环卫收运设备等设施，同步开展就业帮扶、法律援助、惠民演出等服务进社区活动。力争通过三到五年努力，把我区安置房、经济适用住房小区打造成同类小区中的和谐示范社区。

完善养老服务体系。在人口老龄化加速的背景下，加快多元化养老服务体系建设，更好地满足老年人需求。出台尊老金发放办法，资助困难独居老人购买居家养老服务，打造精品居家养老服务站8个，新增老年福利机构床位170张。大力弘扬子女孝敬赡养老人的传统美德。引导社会资本投入老年事业，积极发挥老年人协会、老年大学、志愿者等作用，组织老年人开展丰富多彩的活动，让老年人老有所乐、老有所为。全年建成老年宜居社区32个。

深化科教文卫事业。推进电子科普画廊、社区科普大学建设。开工建设月苑小学教学楼。制定实施中长期教育改革和发展规划纲要，推进义务教育优质均衡发展，优化配置教学设施、师资力量。坚持实施素质教育，深化课程改革，强化学校民主管理和依法治校。以创建全国文化先进区为契机，推进五星级文化站、文化示范社区建设，开展“文博之夏”等百场文化活动。开展迎青奥全民健身活动，举办区第六届运动会。开工建设区公共卫生事件应急处置中心大楼，继续推进社区卫生服务中心提档升级。普及群众健康档案，落实基本药物制度，推广中医特色门诊，推进家庭医生试点，努力为群众提供方便、安全、廉价、有效的医疗卫生服务。推进人口计生综合改革，促进人口长期均衡发展。

协同社会管理运行。增强社会自我管理服务功能，认真实施民生、市政工程公示和听证等制度，加强专业调委会建设，重点培育公益服务、慈善资助类组织，进一步完善社会组织承接政府购买服务的机制，建设公益创投公益创投：把市场经济领域的创业投资模式引入到社区服务领域，用于社区公益服务项目。试点项目2个。完善利益诉求协调机制，着力化解信访积案，依法推进信访终结。运用数字信息技术优化公共服务和管理，筹建“12345”政府服务呼叫中心二级平台，提升教育、卫生等工作信息化水平，药品零售企业计算机远程监控覆盖率达99%以上。深入开展安全综合治理，争创省级安全工作先进单位、省级餐饮服务安全示范区，平安社区创成率达90%以上。

四、提升功能品质，建设宜居城区

加快实施“三个提升”工程，为人民群众提供更美好的生活环境。

完善基础设施。改善群众居住出行条件，新建墨香南路、柳营路等市政道路，推动藤子村、红山村道路改造，完成10个旧住宅区综合整治工程，出新房屋200幢，实施一批楼道亮化工程。进一步增强排水防汛能力，完成内秦淮河北段、孝陵卫东沟清淤工程，建成仙鹤门排洪沟护坡。建设区地下人防指挥所。完成麒麟科技创新园（玄武片）、地铁三号线（玄武段）等项目拆迁。

强化精细管理。建立健全区域性文明共建平台，开展全民环保、文明创建等活动，确保顺利通过全国公共文明指数复查。全面推进街道环境管理中心建设，综合履行市容、环保等管理职能。建成环卫新停车场，构建城郊结合部生活垃圾收运体系。加大网格精细管理力度，全面推行市容环境责任区星级化管理，确保新违法建筑零增长。继续推进老旧小区物管化建设，新增老旧小区物管面积100万平方米。

推进生态建设。以城市中央公园建设为契机，整体提升全区生态建设水平。完善坛、园、廊、带绿色立体体系，增强美化、环保、交通控制等综合功能，建成岔路口绿地，推进绿色学校、绿色社区等创建活动，新增绿地10万平方米。持续改善区域水环境，有序实施小区、街巷雨污分流工程。着力改善空气质量，严格管治工地扬尘，创建餐饮油烟污染控制示范街。加强噪声控制，建设安静小区、环境噪声达标工地。倡导低碳生活方式，推行节能新材料、新工艺，开展清洁能源改造。区域环境质量综合指数达80分以上。

提升文化品位。充分考虑自然、人文、产业等因素，明确风格特色，对广告、立面、绿化、亮化等进行专业创意设计，分类分层出新街巷50条，打造墨香山庄、锁金四村等精品社区，因地制宜建设一批文化墙、文化小品。规划建设六朝建康都城遗址博物馆、傅厚岗—百子亭民国文化风情区，扩大历史文化片区整体连片效应。积极挖掘民间文化资源，建设金陵竹刻博物馆。对接江苏大剧院工程，加强配套建设，带动周边环境品质同步提升。

五、加强自身建设，转变政府职能

建设法治型、服务型、效能型政府，为经济社会转型升级提供保障。

依法行政。积极主动运用法治思维、法律手段解决矛盾和问题，优化经济社会发展环境，促进社会公平正义，增强政府公信力。建立健全公众参与、风险评估、合法性审查、集体讨论决定等重大决策必经程序。全面推进政务公开，加大政府采购、基建工程等行政事务公开力度。深化权力阳光运行机制建设，进一步细化、量化自由裁量权。启动“六五”普法。加大依法开展人民武装工作力度。主动接受人大及其常委会的法律监督和工作监督，认真接受政协的民主监督，广泛听取民主党派、工商联、无党派人士和各人民团体的意见。认真办理人大代表建议和政协提案，进一步提高办理质量。

科学行政。以职业能力培训为导向，进一步增强公务员培训工作的针对性和实效性。大力开展调查研究，提高问题分析、思路创新、重点突破能力。充分发挥区专家咨询委员会作用，与战略咨询机构、专业公司加强合作，落实专家论证制度，提高政府工作专业化水平。认真实施“十二五”发展规划，修编《玄武区控制性详规》和《玄武区重点区域近中期用地实施规划》，编制现代服务业、商贸流通业、旅游业等专项规划，切实增强工作前瞻性和可持续发展能力。

高效行政。继续加强基层基础工作，建成全区信息化平台(三期)数据采集系统。创建国家三级综合档案馆。完成第六次全国人口普查后期工作，积极运用人口、经济、文物等普查成果促进相关工作。全面推进国库集中支付，逐步建立预算绩效评价体系，不断提升公共财政管理水平。领导信箱信件实行限时办结、及时反馈。切实精简会议、文件，大力改进会风、文风。进一步加强目标管理，优化分工合作，强化一线督查，创新平台机制，努力实现增效执行。

廉洁从政。严格实施《党员领导干部廉洁从政若干准则》、《公务员管理监督与廉洁从政行为规范》，建立健全廉政风险防范机制。认真执行述职述廉、经济责任审计等制度，继续强化民生、市政等领域的监督检查，严格责任追究。始终保持人民公仆的良好形象，反对铺张浪费，提倡勤俭节约，严格控制一般性财政支出，把有限资源更加集中地投入到民生保障和改善之中。

各位代表，我们已经踏上新的历史征程，肩负着更加光荣而艰巨的使命。让我们在中共玄武区委的坚强领导下，紧紧依靠全区人民，乘势而上，开拓创新，扎实工作，为顺利实现“十二五”发展目标、率先基本实现现代化，书写玄武特色的转型发展、创新发展、跨越发展新篇章而努力奋斗！

中山陵音乐台

南京市玄武区国民经济和社会发展第十二个五年规划纲要

《南京市玄武区国民经济和社会发展第十二个五年规划纲要》根据《南京市国民经济和社会发展第十二个五年规划纲要》、《中共南京市玄武区委关于制定玄武区国民经济和社会发展第十二个五年规划的建议》编制，主要阐明"十二五"期间(2011—2015年)玄武区国民经济和社会发展的主要目标、重点任务和政策措施，是未来五年政府履行经济调控、社会管理和公共服务职能的工作指南，是编制各类专项规划和制定相关政策的重要依据，是全区人民共同奋斗的行动纲领。

第一部分　规划背景

一、发展基础

"十一五"期间，全区坚持邓小平理论和"三个代表"重要思想，深入贯彻落实科学发展观，围绕"建设现代化国际性人文绿都标志区"的目标，切实转变发展方式，提高发展潜力，增强发展活力，经济社会各项事业取得了长足进步。

——经济实力快速提高。预计全区地区生产总值年均增幅13%以上，2010年达到275亿元。财政地方一般预算收入年均增幅17.8%，2010年达到26.46亿元。累计完成全社会固定资产投资426亿元，是"十五"期间的2.1倍。社会消费品零售总额年均增幅16.7%，2010年达到256亿元。

——产业结构明显优化。五年来，我区重点发展科技信息、文化旅游、商贸商务三大产业，先后建成1912街区、德基广场、珠江壹号等一大批高端、高品质项目。引进了拜耳医药、特易购、百思买、毕马威等一批世界500强和国外知名企业(或分支机构)，以及路易·威登、宝格丽等一批世界顶级品牌，以现代服务业为主导的产业发展格局已经形成。全区不断优化产业布局，加快要素集聚，形成了"三极两环"的产业空间布局，以新街口核心区和徐庄软件产业基地为核心的高端服务业发展格局初具雏形。

——城市品质大幅提升。五年来，累计完成70余项城建重点工程，建成双拜岗路等10条道路，2010年人均拥有道路面积达8.86平方米，地铁2号线建成通车，居民出行更加便捷。累计新增绿地127.38万平方米，人均公共绿地面积29.7平方米。累计拆除"破、小、旧、违"建筑47.9万平方米，完成228条主次干道和街巷支路，985幢居民楼整治出新工程。完成26项防洪排涝工程，玄武湖、前湖、紫霞湖水质100%达标，水环境明显改善。建立数字城管平台，配置智能移动垃圾压缩系统，彻底解决垃圾压缩车占道作业产生的二次污染，城市管理信息化、智能化水平进一步提升。

——公共事业协调发展。五年来，社会事业继续保持高位快速发展，和谐社区建设、教育、老龄、计生等多项工作保持全国领先水平。实现九年义务教育课本费和杂费全免，高中阶段毛入学率达到99%以上，教育教学质量在全市持续保持领先，外来务工人员子女义务教育入学率、社区教育覆盖率达到100%，基础教育、职业教育、社区教育均衡优质协调发展。启动国家基本药物制度改革，社区卫生服务机构药品全部实现网上采购。建成区中医馆，完成玄武医院、同仁街社区卫生服务中心等单位1.88万平方米医疗卫生用房改(扩)建工程。建成区体育活动中心、文化艺术中心，社区健身点体育设施覆盖率达100%，人均体育场地面积达2平方米。

——社会环境日趋和谐。2010年城镇居民人均可支配收入预计达到30470元，比“十五”末增加13970元。社会保障体系逐步健全，在全市率先实现城乡低保同标。五年累计新增就业岗位11.8万个、实现再就业5.5万人次，城镇登记失业率由3.1%降低到2.5%，率先建成南京市充分就业区。累计新增社区用房面积3.5万多平方米，社区平均面积达771平方米；构建了“一口受理、一网协同”的新型社区服务模式，被评为首批全国和谐社区建设示范城区。累计新增养老床位983张，每千名老人拥有床位数达到24张，为全区7万多60岁以上老年人提供了各类居家养老服务。完成仙鹤门、仙鹤茗苑、兴贤佳园等经济适用住房和保障性住房建设，全区人均住房建筑面积约31.55平方米。建成各类电子视频监控平台2700个，形成网络化监控格局，公众安全感始终保持在97%以上。建立区、街两级调解服务中心，完善各类突发事件应急处置预案，严格落实安全生产责任制，无重大、特大突发事件和安全责任事故发生。

——体制机制不断健全。建立责任、督查、考核“三位一体”的工作机制，按“大部制”要求，完成政府机构改革工作。深化行政审批制度改革，简化审批程序，优化审批流程，建成玄武区行政服务中心。成立玄武区专家咨询委员会，建立健全了产业规划、项目建设、招商引资、企业培育等一整套工作机制，推进经济又好又快发展。完成公务用车改革，完善绩效预算管理制度，健全财政风险预警防范制度，加大监察审计，强化内外监督，推行领导干部勤廉公示，全面深化防治腐败工作。

“十一五”以来各项事业的快速发展，是全区人民在区委、区政府的正确领导下，面对国内外环境的复杂变化和各种压力挑战，以科学发展观为指导，解放思想、抢抓机遇、攻坚克难的结果，为“十二五”时期各项事业全面实施转型发展、创新发展、跨越发展奠定了雄厚的物质基础，创造了稳定的社会环境，提供了坚实的体制保障。

二、发展环境

“十二五”时期，我区将进入产业转型升级全面攻坚、城市建设全面加速、人居环境全面优化、人民生活实现跨越的关键时期。处在新的历史起点，面临更加复杂多变的国际、国内环境，发展机遇与挑战并存，但机遇大于挑战。

(一)发展机遇

——现代服务业加速发展。当前全球经济缓慢复苏、国内经济快速回升，新一轮国际资本和技术加速向我国长三角等发达地区转移。我国人均GDP突破3000美元之后，居民消费结构升级、城镇化进程加快、内需增长步入新的上升周期，扩大内需成为转变经济发展方式的重要战略，有利于全面推动我区现代服务业又好又快发展。

——新兴产业快速崛起。生物科技、新能源、新材料和信息技术、物联网、环保节能等产业已经成为未来产业变革的兴奋点，国家和省市先后出台了新兴产业发展规划和扶持政策，战略性新兴产业迎来黄金发展时期。中国软件名城、国家创新型城市试点、“两化融合”和“三网融合”试点城市等南京市重大制度创新活动全面推进。良好的新兴产业发展环境，有利于我区将科教优势转化为竞争优势，加快发展新兴产业。

——城市建设全面提速。火车站南站、禄口国际机场二期、龙潭深水港等重大工程将全面建成，高速路网迅速扩容，南京将进一步接轨大上海、融入长三角；为迎接2014年青奥会，南京将进一步加快地铁等城市重大基础设施建设，全面优化城市景观环境，打造以紫金山和玄武湖为主体的城市“中央公园”。南京城市建设的全面提速，有利于我区进一步凸显区位优势和“山水城林”环境优势，打造生态宜居城区。

(二)严峻挑战

“十二五”期间，我区资源约束问题将更加突出，各种结构性、深层次矛盾将进一步凸显，主要面临以下严峻挑战：

——破解空间难题的要求更加迫切。随着《南京历史文化名城保护条例》、《南京市玄武湖景区保护条例》等法规的出台，传统开发建设模式受到规划和法律法规严格限制，产业发展空间严重不足。而周边兄弟城区都在积极利用后危机时代的倒逼机制，全力打造新平台新载体，紧抓一切有利因素抢占新的发展制高点，竞争相当激烈。

——推动创新转型的压力不断增大。我区高校、科研院所众多，高层次科研人才集聚，但科技成果平均转化率、科技进步对经济的贡献率不高，科技成果产业化的数量、质量和速度较低，已经成为我区产业结构调整、加快发展创新型经济的关键制约因素。

——维护和谐稳定的任务依然艰巨。我区下岗失业、征地拆迁、贫富差距拉大等社会矛盾依然尖锐，人口老龄化加剧，养老、社会保障等社会问题将面临严峻挑战。随着公民社会逐步形成，群众民主意识不断觉醒、利益诉求日趋强烈，对政府依法行政能力提出更高要求。

第二部分　发展要求

一、指导思想

“十二五”期间，玄武区国民经济和社会发展要以邓小平理论和“三个代表”重要思想为指导，深入贯彻落实科学发展观，以坚持科学发展、奋力走在前列为主题，以加快转变经济发展方式、推进玄武特色的转型创新跨越发展为主线，以促进民富区强为主旨，大力实施项目带动、创新驱动、高端攀升、品质提升、优质均衡五大战略，促进经济长期平稳较快发展和社会和谐稳定，全面提升玄武综合竞争力，力争通过五年左右时间的努力，率先基本实现现代化，为建设现代化国际性人文绿都标志区打下具有决定性意义的基础。

二、发展目标

“十二五”时期，紧紧围绕提升综合竞争力的战略目标和建设现代化国际性人文绿都标志区的总体定位，加快打造具有国际水准的高端服务业集聚区、充满活力的科技创新领先区、古今交融的历史文化彰显区、秀美和谐的生态宜居示范区。

——经济综合实力显著增强。区域经济综合竞争力和集聚辐射能力显著提升，对外开放水平不断提高，财政实力实现倍增。初步形成以高端服务业为支撑的现代服务业体系，新兴产业规模迅速扩张。地区生产总值年均增长13%以上，2015年突破500亿元，其中，现代服务业占地区生产总值的比重达到65%以上。财政一般预算收入年均增长15%以上。实际使用外资五年累计突破6亿美元。

——创新驱动格局基本形成。健全科技创新机制，建成一批高品质的创新产业发展基地、都市科技园区等创新型经济发展载体。政产学研合作深度推进，科技型企业集群，创新型人才辈出，创新驱动作用显著增强。2015年全社会研发投入占GDP比重达到6%，科技进步贡献率达到60%，专利申请量达到4000件，其中，发明专利比重达到55%以上。

——城市功能品质全面优化。城区功能日臻完善，景观环境全面优化，重要历史文化片区保护性改造和形象出新稳步推进，建成一批历史文化景观标志性空间。2015年全区绿化覆盖率达到62%，人均拥有道路面积达到10平方米，环境质量综合指数达到85分以上。

——居民生活水平大幅提升。居民收入较快增长，就业和社会保障机制基本健全，社区硬件和软件建设同步提升，群众满意度和幸福感普遍提高。2015年城镇居民人均可支配收入达到54000元。每年新增就业岗位20000个，企业职工基本养老、城镇职工基本医疗保险、失业保险、工伤保险、生育保险五大保险覆盖率达到99%。

三、战略取向

“十二五”时期，我区经济发展要以集成集约为原点，全面推动产业高端攀升，努力促进创新要素集聚；社会发展要以民生民本为基点，大力提升群众富裕度，不断增强居民幸福感。为此，必须坚持和突出以下五大战略取向：

——项目带动战略。把项目作为实现又好又快发展的关键，坚持工作项目化、项目目标化、目标刚性化，突出抓好事关长远发展的龙头项目，积极抓好事关民生民富的重点项目，以项目促进转型升级、改善民生质量、提升发展水平。

——创新驱动战略。完善创新型经济发展机制，以科技创新引领产业转型升级。强化理念创新和手段创新，以新技术新理念深刻改变传统城市建设模式和社会管理模式。全面实施人才发展战略，引进和培育一批创新型高端人才。

——高端攀升战略。继续坚持产业高端攀升的发展战略，坚持总部经济、特色经济两大主攻方向，重点发展辐射广、附加值高、效益好的高端服务业，大力发展战略性新兴产业，加快发展外向型经济，抢占未来产业发展的制高点。

——品质提升战略。以山水城林和历史文化遗迹为本底，进一步完善城市功能，突出文化内涵，全面提升城市品位和宜居品质，建设与最佳人居环境城市要求相一致、历史文化与现代文明交相辉映的现代城区。

——优质均衡战略。全面提升教育、卫生、社区建设等社会事业建设标准和发展目标，加快推进优质基本公共服务在不同区域、不同人群之间的均等化，逐步实现社会事业优质均衡发展。

四、工作思路

“十二五”时期，必须坚持不断强化资源整合、基层基础、常态长效、执行能力四大关键环节，奋力实现发展新跨越。

——强化资源整合。以资源集约高效利用为原则，进一步优化重要产业功能板块及重大项目之间内在联系，提高多个项目围绕一个主题进行包装策划的能力。充分利用玄武地铁线路最多、站点最密集的独特优势，合理规划地铁站点周边产业布局，加快开发利用地下空间，实现地上地下资源有机整合。强化整合协调，促进区域内各级机关、学校、企业，甚至部队的各类资源最大程度为我区群众服务。吸纳民间资本进入社会公共服务领域，使民间资本和政府财力“两个轮子”共同推动公共服务事业的发展。

——强化基层基础。围绕高水平实现“五有”，紧贴群众的实际需要和迫切愿望，把财政增量的主要部分用于民生，把公共财政支出的重点向解决群众身边事倾斜。加强和谐社区建设，重视各类社区组织的建设和管理。提升平安法治玄武建设水平，全面提升危机管理能力。更加重视流动人口管理和服务，正确处理新形势下人民内部矛盾，加强源头治理。着力健全政府主导的群众权益维护机制、群众利益救济和诉求机制。构建重大社会决策、重大工程社会稳定风险评估机制。

——强化常态长效。坚持以群众需求为导向，更加重视人居环境、生态环境、市容环境的常态长效管理。进一步优化城市功能，加快完善城郊结合地区基础设施，全面修缮和整治街巷道路、老旧小区，加大河道、淹水片区改造和整治力度。加强绿色玄武、生态玄武建设，提升城市景观品位。继续探索城市精细化、智能化管理新模式，及时把成功做法转化为标准、固化为制度，确保各项管理保持高水平、各项工作保持高水准，打造更精致、更舒适、更宜人的城市空间。

——强化执行能力。以全面提升政府执行力建设为目标，进一步加快政府职能转变，加强干部队伍建设，积极开展素质能力培训，完善教育、监督和约束机制，全面提升全区干部的领会力、计划力、服从力、组织力、创新力。高度重视细节对发展全局的重要价值，以强化细节为抓手，进一步提升政府执行力建设，建立健全以节点控制为核心、以量化标准为内容的数字化、精细化、智能化管理模式。

第三部分 发展任务

一、加快高端攀升，大力推进经济转型升级

加快发展现代服务业，着力培育战略性新兴产业，构建“4+4”高端产业发展格局，实现产业结构明显优化、总量持续扩张。

1、加快发展现代服务业。大力实施现代服务业提速计划，加快优化提升传统服务业，大力发展知识型服务业，打造以高端商贸业和现代商务业为核心，金融服务业、文化创意业为特色的现代服务业体系。

——高端商贸业。抓住南京及周边区域消费全面升级的机遇，重点发展高端商业综合体和各类精品店、奢侈品店等高端商贸业态，加快推进与观光旅游、商务会展、休闲度假相关的特色餐饮、娱乐等业态。支持电子交易平台建设，鼓励发展连锁经营、专业化配送、大型批发采购分销网络。加快新街口商贸商务核心区和红山商贸地块、聚宝山商业项目、农科院地块等核心区域和重大项目建设。

——现代商务业。依托珠江壹号、置地广场、德基大厦、长江路九号（三期）等一批已建和在建高品质楼宇，充分发挥毕马威等知名中介机构的影响力和带动作用，提升商务业国际化水平。大力发展金融、物流、信息和商务办公等现代商务服务业，吸引国内外知名企业的地区总部、研发中心、采购中心、营销中心入驻玄武。

——金融服务业。加快洪武北路金融产业集聚发展，积极引进银行、保险、证券等各类金融机构，培育一批保险代理、典当行、租赁公司等非银行金融机构。大力发展民营投融资机构，逐步健全中小企业担保体系，切实解决中小企业融资难的问题。积极探索资本市场融资运作方式，扶持有发展潜力和有实力的企业上市。

——文化创意业。加快建筑与规划设计、广告与咨询策划、文艺创作与表演、知识产权服务等领域的发展。加快传统文化创意产业和互联网等高新技术的融合，发展数字动漫、网络游戏、网络出版等产业。加强老旧工业厂房的改造提升，打造一批特色鲜明的创意产业园区。

2、着力培育新兴产业。大力实施新兴产业倍增计划，紧跟高新技术产业发展趋势，积极培育扶持战略性新兴产业。

——软件与信息服务业。依托徐庄软件产业基地和一批软件骨干企业，形成嵌入式软件、工业应用软件、软件服务外包等相关领域的企业集群优势，大力发展软件服务、电子商务、信息增值服务和网络服务等信息服务业。2015 年软件收入达 200 亿元，销售收入超亿元的软件企业达 10 家以上。加快建设徐庄国际集成电路设计产业园，形成具有自主知识产权的集成电路设计企业集群发展的格局。

——生物医药业。依托先声药业、柯菲平医药等龙头企业的带动作用，重点引进化学药物、生物制品、现代中药、医疗电子设备研发和销售类企业，培育一批具有自主知识产权的生物医药企业，2015 年生物医药产业销售收入达 60 亿元。充分发挥省农科院、南农大等高校和科研院所的研发优势，加大生物农业产品研发和品牌推广力度，开发一批高附加值的生态农业新产品。

——物联网产业。依托中科院、东南大学、南京理工大学等高校和科研院所的重点实验室，形成以中科院南京物联网研究与产业化中心为核心的物联网产业发展格局，争取一批重大产学研项目落地。紧盯三网融合契机，及时跟进广电和电信、联通等网络运营企业，做大做强物联网产业，2015 年全区物联网产业销售收入达到 30 亿元。

——环保节能产业。依托现有骨干企业和东南大学、南京理工大学和南京环境科学研究所的技术优势，在环境监测、水污染治理、噪声控制等领域形成特色优势，2015 年环保节能和低碳产业销售收入达到 15 亿元。

3、突出发展总部经济和特色经济。积极引导业主开发建设智能化程度高、配套设施全的高档商务楼宇和临山滨湖的生态型总部办公区，打造一批产业特征鲜明的科技型特色园区，提高全区产业发展载体整体品质，吸引总部型企业入驻。加大企业扶持力度，培育一批龙头型、骨干型本土总部企业。2015 年全区总部型企业超过 150 家，具有市级以上资质的都市科技创新创业园达到 10 个以上。依托我区文化、旅游优势，打造 3 条以上具有一定影响力、引领潮流的时尚文化休闲、商贸旅游特色街区。全力优化现有特色街区(园区)交通组织，完备设施配套，提升景观风格，改善消费环境，实现珠江路等传统街区提档升级。

4、加快发展外向型经济。提高利用外资的技术层次，积极引进与我区产业升级相关的国外研发机构、高技术企业和高端服务业企业。充分发挥徐庄软件产业基地和孝陵卫科技创新基地的科技创新孵化器作用，促进优质企业在与世界先进技术的对接与合作中迅速成长，培育一批具有国际竞争优势的本土企业。建立规范化、国际化的招商服务体系，注重发挥中介机构和行业协会的招商作用，着力提升对外开放水平，在更大范围、更广领域和更高层次上参与国际国内经济合作。

二、强化统筹联动，全面优化产业空间布局

根据资源环境承载能力和发展基础、发展潜力，进一步明确重点区域功能定位和发展目标，继续做精做深“三极两环”，构建集聚度较高、辐射作用更强的产业空间布局和特色功能区块，形成统筹协调、联动发展的良好格局。

1、打造三大增长极。在统筹区域发展的基础上，继续加快发展新街口核心经济区、徐庄软件产业基地和孝陵卫科技创新基地，加速资本、技术和人才向三大增长极集聚，形成产业集群和规模经济效益。积极拓宽核心增长极辐射扩散通道，打通关键节点，充分发挥其对周边区域带动作用，使三大增长极成为支撑玄武经济增长的核心引擎，2015 年对全区经济发展的贡献率达到 80%以上。

——新街口核心经济区。加快推进德基(二期)、凯润金城等在建项目，规划建设德基(三期)、汇文里地块等项目，打造以德基为核心的南京最高端、最国际化的商贸商务核心区，2015 年入驻的国际一线品牌达到 60 个以上，成为南京都市圈高端消费的首选目的地。加快钟岚里-逸仙村、圣和文化广场、碑亭巷文化旅游特色街的建设，规划建设毗卢寺西侧地块，实现和 1912、江宁织造府等已建项目的有机串联，形成国内外知名的历史文化展示区。加快珠江路、丹凤街、成贤街等特色街区提档升级和产业转型，打造一批高端特色街区。2015 年新街口核心经济区对全区经济发展的贡献率达到 60%以上，累计新增 100 万平方米以上高端产业发展载体。充分利用新街口核心经济区辐射作用，重点推进中电熊猫龙蟠路厂区项目、先正电子产业园的规划建设，有机串联黄埔大厦、东鼎大厦、总参 60 所等项目，建设龙蟠中路-黄埔路商务办公副中心。

——徐庄软件产业基地。着重发展软件研发、物联网应用、电子商务、集成电路设计四大主导产业。加快推进苏宁总部建设，开工建设研发五区、研发六区、苏宁研发中心等项目。到 2015 年，全面完成园区 200 万平方米物理载体建设，企业入驻率达到 90%以上，实现软件年产值 120 亿元，从业人员 5 万人，出口 2.5 亿美元以上，园区对全区经济发展的贡献率达到 15%以上。实施“园街一体化”战略，放大徐庄软件产业基地创新辐射效应，加快建设一批徐庄软件产业基地“城中园”。

——孝陵卫科技创新基地。抓住麒麟科技创新园建设的契机，加快建设孝陵卫地区主要路网以及生态廊道、中央公园，全面启动产业载体建设。强化与南理工、南农、省农科院等高校和科研院所的深度合作，围绕新兴产业和国际前沿产业，集聚高端产业、高端人才。加大现代农业高新生物创业园、现代农业服务基地、724 所、南机所东区等园区开发建设和招商引资力度，五年累计新增产业发展载体 35 万平方米以上。将孝陵卫地区建设成为玄武区生态环境一流的科技创新基地、新兴产业孵化基地和府校合作示范基地。

2、加快"两环"建设步伐。充分利用紫金山-玄武湖环境优势,以湖山为心,营造"亲水亲山"氛围,加快重点功能板块和重大项目建设,大力发展软件和服务外包、生物医药、物联网、环保节能、文化创意等新兴产业和特色产业,形成融山水城林于一体、经济发展与生态环境和谐共生的特色产业带。

1)环玄武湖特色产业带。借助明城墙和玄武湖综合整治、江苏大剧院建设等机遇,主动承接新街口核心区和鼓楼-湖南路商贸商务集聚区的辐射,重点建设玄武湖东西两侧以文化、旅游、娱乐为特征的创意休闲板块和北侧以高端商贸为特色的车站经济板块,五年累计新增产业发展载体60万平方米以上。

——车站经济板块。对火车站周边地区进行总体规划,加快红山商贸地块、新庄高端都市综合体(国展中心)等项目建设,发展商业、办公、大型休闲娱乐等车站经济业态,五年累计新增产业发展载体25万平方米以上。

——创意休闲板块。加快建设明城汇(二期)、创意中央等项目,规划建设百子亭民国文化风貌区,开发玄武门、鼓楼地下空间,形成以明城墙为背景的玄武湖西侧文化创意休闲板块。推进锁金一号地块、南都水乡等项目建设,提高江苏文化产业园辐射能力,形成玄武湖东侧依山傍水的文化休闲特色板块,到2015年创意休闲板块累计新增产业发展载体20万平方米以上。

2)环紫金山新兴产业带。依托钟山风景区环境优势和徐庄软件产业基地、孝陵卫科技创新基地两大增长极,加快玄武大道特色商贸商务板块、红山高端生产性服务业板块建设,五年累计新增产业载体50万平方米,使环紫金山新兴产业带成为我区科技创新和新兴产业发展的核心区域。

——玄武大道特色商贸商务板块。整合聚宝山公园、王家湾物流园区、长途汽车东站、污水处理厂等沿线资源,加快聚宝山商业项目建设步伐,做强环保科技产业园,放大汽贸汽配特色。

——红山高端生产性服务业板块。抓住南汽生产基地外迁的契机,加快道路等基础设施建设,充分利用南汽、华飞等企业的花园式工业厂房,发展科技研发、工业设计等生产性服务业,使之成为玄武未来发展的重要支撑点。

3、构建地铁经济板块。结合南京市地铁建设和地下空间发展规划,加强我区地下空间利用研究,加快开发新街口、火车站、鼓楼广场、玄武门广场等地下空间,整合孝陵卫、红山、玄武湖等街道地铁站点周边资源,推动精品商贸、餐饮、休闲、旅游、文化等地铁经济相关业态的全面发展,构建一批以地铁站点为中心的新兴经济板块。

三、突出科教强区,努力提升发展智慧水平

充分发挥玄武科教优势,加快发展教育事业,全面实施人才发展战略,为"十二五"期间各项目标完成提供坚实的科技和人才基础。

1、完善科技创新体制。充分发挥玄武丰富的科技、智力资源的重要作用,深化科技体制改革,大幅提升自主创新能力。

——实施"百企创新计划"。重点扶持和培育100家创新型骨干企业和高成长性企业,建立和完善以企业为主体的新型政产学研相结合的创新体系。到2015年,全区按新标准认定的高新技术企业达到100家以上,鼓励和扶持创新型企业上市,形成以龙头企业和骨干企业为支撑的新兴产业快速发展格局。

——构建府校合作机制。充分发挥政府引导作用,建立府校高层联席会议制度,推进高校和科研院所与科技、经济的紧密切合。构建校企信息交流平台,定期发布技术供需信息。引导高校和科研院所与各类专业园区开展合作和交流,加快建设一批府校共建载体,为入驻企业提供便捷高效的技术支持。

——完善科技创新平台。构建"产学研"合作平台,鼓励科研院所与企业开展各类技术合作,共建一批面向市场的开放式实验室。推进企业与科研院所、专业中介机构的协同创新,形成各类标准联盟、技术联盟和产业联盟。加快完善并充分发挥软件、传感等专业性公共技术平台的作用,为企业提供设计、测试、检验等专业化服务。

——优化创新服务环境。规范和完善自主创新政策、各类奖励制度,为提高自主创新能力和建设创新型城区提供保障。构建技术交易、企业融资、信息交流等平台,形成比较完善的创新基础设施体系。整合专业服务资源,围绕科技研发、企业融资、信用担保、孵化转化、法律服务等环节,健全社会化、市场化的中介服务体系。加强知识产权保护,建立评估制度,鼓励发展知识产权中介服务机构。

2、率先实现教育现代化。"十二五"期间,大力推进我区教育现代化、国际化、人本化、品牌化,加快建成全省乃至全国的全面实施素质教育的引领区、教育现代化建设先进区和义务教育优质均衡发展示范区,到2015年,提前5年完成《江苏省中长期教育改革和发展规划纲要2010-2020》的发展目标,在全省率先实现教育现代化。

——实现优质均衡发展。逐步实现义务教育阶段的学校配置标准统一、教师队伍配置标准统一。组建多形式的教育集团,实行区域内教师和校长定期合理流动。积极探索以政府购买服务的方式发展学前教育,建立幼儿园生均公用经费拨付制度。到2015年,100%的公办幼儿园建成江苏省优质幼儿园,100%的小学和初中均建成现代化学校。坚定不移地推进素质教育,进一步提升教育教学质量,义务教育公平度、满意度不断提高,让更多学生享受高质量教育,让广大人民群众共享教育改革发展成果。

——提升劳动者素质。加强玄武中等专业学校的特色化建设,发挥规模化办学优势,形成品牌效应,把玄武中等专业学校创建成国家级高水平示范性职业学校。完善教育资源服务与应用系统,促进全社会学习资源的整合与共享,建设开放、灵活、方便的全民学习、终身学习平台。新增户籍劳动力的人均受教育年限达十六年以上,同龄人口高等教育毛入学率达75%,从业人员继续教育年参与率达75%。

3、集聚创新人才。围绕我区高端产业发展需求,建立玄武创新人才统计调查制度,编制创新人才开发目录,定期向社会发布。进一步拓宽人才引进绿色通道,以高端项目为载体,主动深入欧美、香港等海外人才集中地,积极引进拥有自主知识产权、掌握尖端高技术的专业人才。鼓励我区重点产业园区、科研机构和企业创办博士后科研流动站、工作站、高新技术研发中

心、企业技术中心。鼓励高校和科研院所的高层次人才“创新在高校、创业在玄武”。完善人才引进政策和激励机制，为高层次人才落户玄武提供住房保障、医疗保障及子女入学等服务，切实解决人才工作生活方面遇到的困难，为创新人才营造舒适、舒心的工作和生活环境。

四、提升城市品质，整体改善区域人居环境

坚持建管并举、常态长效的方针，全面实施数字化、精细化、智能化管理模式，进一步注重细节，完善城市功能，彰显环境优美、功能完善、管理科学、运行高效的现代都市品质。

1、加强基础设施建设。全力配合地铁3号线等工程建设，到2014年，全区基本形成网络化轨道交通格局。进一步完善孝陵卫、红山地区道路路网，完成五百户立交匝道、钟学路、柳营路、红山南路等道路建设。整治主城区交通瓶颈节点，增加支路密度，完成龙宫路、黄泥岗路、尖角营、墨香南路、长江路东延等道路改扩建工程。完成主干道、街巷道路全面修缮和市容整治，提升公共交通人性化水平。增加公共停车设施，积极推进错时停车。加大城市防汛排涝设施、污水收集处理系统、雨污分流工程建设和改造力度，全面完成淹水片区整治工程，消除秦淮河玄武段、唐家山沟、友谊河等河流污染严重现象，前湖、紫霞湖达到Ⅴ类水体标准。

2、优化城市宜居环境。按照建设生态型城区和南京“城市中央公园”的总体要求，整体提升我区生态环境。完成东杨坊等城市门户地区绿地、绕城公路两侧防护林、麒麟科技创新园中央公园(玄武段)等工程建设。建成以“一山一湖”为核心，以广场为节点，以道路为主线，多小区连片的城市绿色生态系统。全面完成玄武湖等城市公园的环境综合整治工程，建成余粮河带状公园，使滨河地区成为生态宜居城市的集中展示区。加快老旧小区整治出新，累计完成约1000幢房屋整治出新工程，全区90%以上老旧小区实施物业化管理，实施小区亮化工程，全面消除黑小区和黑楼道。

3、提升城市人文内涵。严格执行《南京历史文化名城保护条例》，保护好全区现有100多处各级文物保护单位和22处近代优秀历史建筑和遗迹、名人故居。高水平规划建设南京六朝建康都城遗址博物馆、傅厚岗-百子亭民国文化风情街。结合总统府景区、1912街区等重点区域的提档升级，加快梅园新村历史街区改造，打造经典人文景观片区。依托众多历史文化遗迹，建设一批开放式人文活动空间。

4、大力倡导节能环保。积极倡导绿色交通出行和绿色消费等低碳生活观念，加快建筑节能技术的推广和应用，推进绿色楼宇绿色办公。减少工业污染物排放，加强各类废弃物的分类回收和循环利用，全区三级医院和三星级以上宾馆全部完成清洁生产审核。全区规模以上餐饮企业100%达到污染控制标准，90%实现油烟排放远程监控，危险废物无害化集中处置率达到100%。完成省市下达的各项节能减排指标。

五、推进优质均衡，着力提升公共服务质量

进一步强化政府服务责任，优化公共资源配置，创新服务模式，提高服务效率，着力提升基本社会公共服务质量和品质，形成惠及全民的、优质的基本公共服务体系。

1、千方百计扩大就业。把充分就业作为经济社会发展的优先目标，强化政府促进就业的公共服务职能，完善公共就业服务制度。建立用人单位岗位流失情况、失业动态、人力资源市场供求变化监测制度。建立就业援助长效机制，实施实名援助、托底安置，预留一批政府投资的公益性岗位，优先安置就业困难人员，确保在就业年龄段内，有就业能力和就业愿望的残疾人就业率稳定在85%以上。每年新增城镇就业岗位2万个以上，全面动态消除零就业家庭。深入开展“四创”活动，以创业带动就业，帮助自主创业人员用足优惠政策，提高初始创业成功率和稳定运营率。

2、完善社会保障体系。加强社会保险、社会救助、社会福利的衔接和协调，不断提高社会保障水平。稳步推进社会保险扩面征缴，企业职工基本养老、城镇职工基本医疗保险、失业保险、工伤保险、生育保险五大保险覆盖率均达到99%以上，城镇居民基本医疗保险覆盖率达到97%以上。建成余粮一期、小营村等经济适用房项目，进一步扩大廉租房覆盖面和受益面，较好地解决全区拆迁安置房需求和低收入家庭住房难题。

3、完善卫生服务体系。全面实施国家基本药物制度，健全基层医疗卫生服务体系，强化全科医师规范化培训，全面推行责任医生制度，形成以全科医生为骨干的社区卫生服务队伍。建立健全居民健康档案，实行动态规范化管理，实现居民小病不出社区，慢性病干预在社区，居民对社区卫生服务机构知晓率和满意率分别达到95%和90%。加快推进中医药继承与创新，各社区卫生服务中心开设中医馆。继续深化人口与计划生育管理综合改革，稳定低生育水平，提高人口素质，保持人口、资源与环境的可持续发展。

4、发展文化体育事业。构建玄武区、街、社区三级公共文化服务网络，2015年全区人均拥有文化设施水平达到每万人1000平方米。深入贯彻《全民健身条例》，在住宅小区、绿地、广场等公共服务场所合理设置健身器材，形成功能较完备、布局较合理的区、街道、社区三级群众体育设施网络体系，人均公共体育场地面积达到2.2平方米以上。实现非物质文化遗产保护的科学化、规范化和制度化。继续加强和改进未成年人思想道德建设，弘扬中华传统美德，加强新伦理新道德建设。按照国家二级综合档案馆标准，进一步加强区档案馆硬件建设，加快档案管理信息化、数字化、规范化建设，全面提升档案服务水平。

六、坚持民生为本，纵深推进和谐社会建设

按照“民主法治、公平正义、诚信友爱、充满活力、安定有序、人与自然和谐相处”的要求，将和谐社会建设向更高层次推进。

1、推进和谐社区建设。以建设具有玄武特色的“幸福社区”为抓手，打造“全面知情、全程参与、全体受益、全域满意”的玄武和谐社区建设“四全”模式，继续完善社区配套设施，确保社区硬件设施在城区处于领先地位，社区管理和服务居于全国领先水平，不断提升居民的幸福感和满意度。

——强化社区自治。完善以社区党组织为领导、以居委会为主体的多层次、多结构社区自治体系，建立政府与社区合作型的社区治理模式。理顺居委会与公共服务站的关系，实现社区的议事决策与执行分离，真正实现“居委会定事，公共服务站做事,居民评事”。推行社区事务公开,提高基层自治组织的公信力,群众参与率、知晓率、满意率达到90%以上。加快社区工作者职业化、社会化进程,专职社区工作者(经选举产生的除外)100%通过全国社会工作职业资格考试。

——充分发挥社区组织作用。积极培育和发展各类民间公益性社区组织,通过政府购买服务等各种方式,增强中介组织的自我造血功能。加大对业主委员会指导和扶持力度,加强对物业公司的管理和监督,妥善处理小区业主、业主委员会和物业公司三者之间的关系,探索业主委员会、物业公司参与社区管理的途径。积极倡导社区志愿服务,推动区、街、社区“三级志愿服务”网络建设,社区志愿者人数达总人口12%以上。

2、切实维护群众合法权益。认真解决群众最关心、最直接、最现实的利益问题,切实维护群众合法权益,努力减少社会不和谐因素。

——发展和谐劳动关系。深化收入分配制度改革,推进集体合同制度,劳动合同签订率达98%以上,百人以上企业集体合同签订率达85%以上,集体合同报审率100%。大力开展集体协商,促使职工工资与企业利润同步增长,严格落实并不断提高最低工资标准。指导企业加强企业文化建设,创造团结、和谐的工作环境,增强劳动者归属感和企业软实力。

——维护特殊群体权益。贯彻男女平等基本国策,保障妇女在政治、经济、文化、社会和家庭生活等方面享有与男子平等的权利。坚持儿童优先原则,依法保护儿童生存权、发展权、受保护权和参与权,将残疾儿童少年教育纳入“普九”义务教育体系,外来进城务工人员随迁子女基本享受同城待遇。加快发展老年社会福利机构,2015年达到每千名老人拥有30张床位的标准,构筑全方位的社区为老服务网络,打造“老年人宜居社区”示范区。

——提升社会救助水平。做好城镇老年居民生活补贴发放工作,提高企业退休人员养老金标准和各类困难人员补贴标准,对被征地农民、残疾人等困难人群,做到即征即保、应保尽保、应救尽救。建立全区各类困难群众数据库,构建跨部门的综合性社会救助体系,加强对特殊群体和困难群众的综合救助。加快发展慈善和福利事业,加大福彩公益金募集力度,鼓励和扶持社会力量举办公益性福利设施,积极引导社会各方面参与慈善和公益事业。

——深化双拥优抚。进一步完善优抚对象补助办法、优待工作管理办法和优抚对象定期抚恤补助自然增长机制。全面落实优抚对象医疗保障办法,提高优抚对象医疗保障水平。加大对转业士官、退役士兵劳动技能和专业技术培训,应训率达到90%以上。进一步深化安置改革,建立城乡一体的“经济补偿、政策优待、技能培训、中介服务”市场就业模式。

3、平安法治玄武建设。深入推进社会矛盾化解、社会管理创新、公正廉洁执法三项重点工作,着力解决影响社会和谐稳定的源头性、根本性、基础性问题,确保我区社会长治久安,人民群众安居乐业。建立群众诉求表达、利益协调、权益保障渠道,切实把不稳定因素化解在基层和萌芽状态。进一步扩大法律援助覆盖面,不断提高法律援助质量和效率,基本满足困难群众法律援助需求。完善“大防控”、“大调解”、“大综治”、“大信访”等工作网络,优化资源配置,实现“四位一体”,真正做到社会矛盾及时发现、及时上报、及时处置。加强流动人口、特殊人群、虚拟社会、两新组织服务管理,加大经济适用房小区、老旧小区管理技防建设,加强社会治安重点地区综合治理,到2015年,平安社区创建达标率超过95%。稳妥推进司法体制改革,强化政法队伍建设,提升社会治安和公共安全驾驭能力,促进文明执法、廉洁执法,提高群众对法治建设的满意度。

七、创新体制机制,不断提高政府行政效能

进一步完善考评、监督机制,加强政府行政执行力建设,提高政府行政效能,加快建设服务型政府。

1、改革行政管理机制。深化政府机构改革,理顺政府职能分工,增强部门合力,加大电子政务建设和应用力度,强化行政审批流程管理,努力提高行政效率。科学界定区级政府的具体行政职能,切实减少对市场行为的干预,进一步强化社会管理和公共服务两大职能。健全问责制,实行专家论证制,发挥社会各方面在政府决策中的作用。加大政府投入,积极引导中介组织、行业协会和民间公益组织的发展。推进国库集中支付改革,健全绩效预算管理和财政风险预警防范制度。强化经济责任审计,加强投资审计,加大跟踪审计的力度。

2、优化干部队伍建设机制。健全领导班子和领导干部考评体系,提高领导班子和领导干部驾驭全局、推动科学发展、应对复杂局面的能力。加大干部培训和教育力度,注重实践锻炼,不断提高各级干部的思想政治水平和综合素质。进一步深化干部人事制度改革,完善干部选拔任用机制,建设清正廉洁、群众满意的干部队伍。构建科学合理的人才开发体系,调整优化人才结构,重点培养、引进符合时代要求和我区发展需要的高层次、高素质人才。

3、完善危机管理机制。健全社会稳定风险评估、预警、研判机制,完善卫生、安全生产、突发性群体事件等公共危机“预防、应急、善后”管理体制,从情报信息、指挥机制、力量建设、装备配置、现场处理、舆论引导等方面,全方位提高应对各种风险和突发公共事件的能力,最大限度地保障人民群众生命财产安全,防止各类矛盾激化和事件升级。

4、健全民主协商机制。积极支持人大、政协履行职能,发挥街道“人大代表、政协委员之家”、社区人大代表工作室、政协社情民意联系点的作用。做好民族、宗教、侨台和工商联工作,协助民主党派加强基层组织建设,组织统战成员深入基层、社区、企业,了解社情民意,踊跃参与发展。进一步扩大政务公开,强化信息引导,面向企业和公众,及时披露相关政策和信息,确保群众知情权和参与权。发挥新闻媒体和群众社团的桥梁和监督作用,健全政府与企业、市民的信息沟通和反馈机制。

第四部分　规划实施

一、实施进度

“十二五”时期,区政府必须围绕《玄武区国民经济和社会发展第十二个五年规划纲要》(以下简称《纲要》)确定的发展目标和主要任务,制定年度发展计划,明确责任人和进度要求,确保各项目标任务有计划、按步骤落实。

二、规划体系

专项规划。"十二五"规划包括规划纲要和若干专项规划。区级专项规划作为"十二五"规划体系的重要组成部分，是《纲要》的细化和延伸，突出反映了政府在特定领域的政策意图和导向，区政府各有关部门要依据《纲要》编制实施好专项规划。

规划衔接。要按照国家、江苏省和南京市关于中长期国民经济和社会发展的要求和部署，促进国民经济和社会发展规划与南京市城市规划、土地资源利用规划、环境保护规划、《玄武区总体规划 2010-2030》相互衔接，确保在总体要求上指向一致，在空间配置上相互协调，在时序安排上科学合理。加强对重大战略问题的研究，不断探求解决问题的新思路、新机制、新办法。

三、保障机制

政策保障。认真落实各项有利于规划实施的现行政策，并根据新形势和新任务，研究制定新政策和配套细则。加强新老政策、相关政策之间的衔接，遇到矛盾和问题时，及时协调，确保各项政策真正发挥实效。积极组织财政收入，优化财政支出结构，提高公共支出占财政总支出的比重，增强公共资源配置的实效性，确保《纲要》的顺利实施。

制度保障。进一步丰富法律、行政、舆论等监督手段，完善责任、督查、考核"三位一体"工作机制，强化《纲要》执行的过程控制。改革考核评价指标体系，突出对政府履行社会管理和公共服务两大职责的评价。完善各类管理运作机制，促进基层基础工作常态化和长效化。

项目保障。进一步加快在建项目推进速度，加大规划建设项目推进力度，建设和储备一批对全区经济社会发展具有较强带动性的新项目和标志性大项目。坚持高起点规划、高标准建设、高效能管理，将每个项目打造成精品。

民主监督。建立健全重大事项报告制度，定期将规划目标和主要任务的进展情况向区人大报告，向区政协通报，听取人大代表、政协委员的意见和建议。积极广泛地组织好规划宣传，形成全社会关心规划、参与实施和共同监督的良好氛围。

规划评估。围绕《纲要》提出的主要目标、重点任务和措施，区政府要组织有关部门定期开展规划评估，全面检查《纲要》落实情况及实施效果，提出改进意见，保证《纲要》目标实现。

四、规划调整

本规划一经批准，必须贯彻实施。规划实施期间如有特殊原因确需调整，必须按照有关程序报批。

总理陵园纪念馆

玄武区2010年政治建设和党的建设工作目标

中共南京市玄武区委员会

2010年1月22日

2010年全区政治建设和党的建设工作的指导思想是：坚持以邓小平理论、"三个代表"重要思想和科学发展观为指导，认真贯彻落实党的十七大和十七届四中全会精神，坚持和改善党的领导，深化民主政治建设，加快依法治区进程，全面加强干部、人才、党员三支队伍建设，为走玄武特色的转型发展、创新发展、跨越发展之路提供政治保证、组织保障和智力支持。

一、充分发挥人大政协作用，保证人民当家作主

1、保障地方国家权力机关依法开展工作监督和法律监督。支持区人大及其常委会依法行使监督权、重大事项决定权和人事任免等法定职权，通过开展视察调研、听取专项工作报告、执法检查等形式，支持和督促"一府两院"依法行政、公正司法。组织人大代表检查有关法律法规的实施情况，加强规范性文件的审查、备案工作。落实代表接待选民制度，邀请代表列席常委会会议、公民旁听人代会，组织代表向选民述职并接受评议，确保年内述职的代表达代表总数的90%。优化代表建议办理督办机制，加大督办力度，确保建议办结率达100%，满意和基本满意率超过98%，建议办成率超过75%。

2、支持人民政协围绕团结和民主两大主题履行职能。设立政协街道工作委员会，加强组织建设和制度化、规范化、程序化建设。加强街道政协委员之家和社区社情民意点建设，着重围绕群众关心、关注的热点、难点问题，组织委员做好调查研究、反映民意和维护稳定的工作。完善政协委员管理办法，充分调动政协委员参政议政的积极性，切实发挥好政协委员主体作用。完善政协委员提案办理工作机制，提高提案办理质量与水平，确保办结率达100%、满意率和基本满意率达100%。

二、大力发展基层民主，保障人民享有更多民主权利

3、进一步健全基层民主机制。落实《江苏省企业民主管理条例》，确保企事业单位民主管理制度建制率达85%，独立建会企业劳动关系和谐企业创建率达80%。深化街道"四位一体"职工维权机制建设。加大工会组织组建力度，净增独立工会组织10%。完善劳动关系三方协商机制，构建和谐劳动关系。贯彻《劳动争议调解仲裁法》，妥善处理劳动争议，维护职工合法权益。落实《玄武区共青团代表常任制规则》，有效发挥团员代表在团代会闭会期间的作用。建立女企业家、女创业者、区妇联执委与社区任职女大学生的结对帮扶制度。积极开展民主法治社区（村）创建活动，完成第九届村委会换届选举，提高居委会自治能力。

4、有效保障公民的各项权利。加强党委、政府与群众的密切联系，进一步完善联系群众制度，创新联系群众方式，下移机关工作重心。健全维护群众权益机制，认真解决群众反映强烈的教育医疗、环境卫生、食品药品安全、征地拆迁等方面的突出问题。完善矛盾纠纷排查化解机制，引导群众依法表达合理诉求，切实维护群众权益。坚持和完善区领导接访制和包案制，做

好信访老户终结工作。继续加强新闻发言人队伍建设，做好网络舆论引导和舆情分析。加强社会主义民主政治建设宣传，营造良好的民主政治氛围。

三、做好新时期统战工作，团结一切可以团结的力量

5、巩固壮大爱国统一战线。落实政情通报制度，坚持民主党派季度联席会，引导各界人士积极建言献策，发挥民主监督作用。召开民主党派基层组织与社区结对共建工作推进会，办好党外领导干部季度联席会、党外知识分子联谊会，加大党外干部培养力度。落实民族政策，维护民族团结，创建民族团结进步示范社区，做好少数民族流动人员服务和管理工作。积极组织对台交流交往，为促进宁台关系发展多做贡献。举办第八届“月是故乡明”活动，做好困难侨台眷属帮扶。依法加强宗教管理，继续推进“平安宗教活动场所”创建工作，举办宗教界爱心助学活动。整治私设基督教聚会点，做好宗教反渗透工作。加大基层商会组织建设力度，吸收会员企业 100 家以上。

四、积极推进依法治区，完善制约和监督机制

6、深化行政管理体制改革。切实转变政府职能，提高行政效率，规范行政行为，做到合法行政、合理行政、程序正当、高效便民、诚实守信、权责统一。加快推进政企分开、政资分开、政事分开、政府与市场中介组织分开，进一步减少和规范行政审批。稳步实施事业单位绩效工资改革，形成合理收入分配秩序，促进社会事业发展。积极探索机构改革后区级机关运行机制。加强政府社会管理和公共服务职能，稳步提高公共教育卫生、就业服务、社会保障等方面财政支出占全区经济总量的比重。加强财政性资金和社会公共资金管理，彻底清理“小金库”。

7、提升“法治玄武”和“平安玄武”建设水平。深入推进社会矛盾纠纷大调解机制建设、社会治安大防控体系建设和基层基础建设，实现全区社会治安持续稳定。深化依法治区工作，积极争创“法治江苏合格区”。深入推进执法规范化建设，加强执法督查，维护社会公平正义。深化社会主义法治理念教育，加强法官、检察官职业道德建设，不断提升司法能力。加大普法教育力度，坚持区管干部任前法律知识考试制度。扩大法律援助覆盖面，实现应援尽援、应援优援。加大反邪教警示宣传教育，着力教育解脱涉邪群众，深化“回归社会工程”，2009–2010 年各街道无邪教地区创建达标率全面达超省考核验收标准。落实安全生产责任制，做好重大活动、敏感时期的维稳工作，全力维护安定团结的政治局面。认真做好机要保密和国家安全工作。

8、改进领导作风和工作作风。纵深推进“五服务”工作，不断提高机关的工作效能和服务水平。开展群众评议机关作风活动，加大评议结果运用力度，限期整改评议中反映的问题，健全机关作风连带责任追究制度。开展行风评议工作，坚决纠正行业不正之风。整治文风会风，切实精简会议活动和文件简报，提倡开短会、讲短话、讲管用的话。清理检查评比达标表彰活动。加快工作落实，认真办理领导督办件、批示件。坚持公务回执制度，定期开展区党政班子和机关部门“一把手”信任度投票。

9、完善对权力运行的制约和监督机制。认真贯彻落实中央《建立健全惩治和预防腐败体系 2008–2012 年工作规划》，全面落实领导干部廉洁自律各项规定，在街道、机关部门推广运用党风廉政建设网络平台。严肃查处各类违纪违法行为，全年纪检监察案件结案率达 100%。完善督查体系，围绕重点目标任务，开展全程监督检查。选择 1–2 个行政执法部门进行执法检查。按照上级部署，实施区管党政正职选人用人责任审查、机构编制责任审核、任期经济责任审计。加强反腐倡廉制度执行情况监督检查，提高制度执行力，维护制度权威性。

五、深化干部人事制度改革，建设善于推动科学发展、促进社会和谐的区管班子和干部队伍

10、完善干部选拔任用机制。坚持德才兼备、以德为先用人标准，树立注重品行、科学发展、崇尚实干、重视一线、鼓励创新、群众公认的用人导向，使选拔出来的干部组织放心、群众满意。规范干部选拔任用提名工作，进一步明确提名主体、提名形式、提名程序、提名责任。科学分析民主推荐结果，把尊重民意和不简单以票取人辩证统一起来，着重看干部综合德才素质和一贯表现。加大竞争性选拔干部力度，探索运用“两推一述”产生区管党政干部人选，全面推行科级干部竞争上岗，健全竞争性选拔不同职位干部的制度体系。

11、切实加强区管领导班子。开展“实践科学发展、创建五好班子”活动，健全区管领导班子和领导干部考核评价体系。改进干部考察方式，定期实施民意调查、实绩分析、量化考评，落实领导干部任用延伸考察办法。抓好区管干部培养培训，按照“三化一自主”模式，举办招商工作培训班、新闻发言人培训班、党外干部培训班等主体班次，强化领导干部在线学习，积极组织领导干部到高校参加菜单式自主选学。选派工作经验丰富的区管干部和优秀科长，担任新招录公务员和选调生的导师。研究制定年轻干部竞争性晋级制度，拿出部分科级岗位，面向全区开展跨单位竞争上岗，加快年轻干部成长。

12、健全干部监督激励机制。制定出台加强区管领导班子和领导干部日常监督管理的意见，推行任前个人重大事项申报等举措。加大治懒治庸力度，认真落实《关于实行党政领导干部问责的暂行规定》，健全干部退出机制。匡正选人用人风气，定期开展“一报告两评议”工作，广泛接受党员、群众和舆论对干部选用工作的监督。关心干部的身心健康，帮助干部缓减压力、调整情绪。坚持精神鼓励与物质奖励相结合，用事业鼓舞人、用关怀感动人。

六、加快推进“人才强区”战略，切实让高层次人才引得进、留得住

13、加强人才引进培养。建立人才工作部门和招商部门联席会议制度，从源头上实现以项目引才、以人才引才。积极参加“留交会”等活动，定期召开高层次人才座谈会，面向海内外引进一批拥有自主知识产权、技术水平达到国际先进或国内领先、产品有较大市场潜力和预期效益，以带技术、带项目、带资金形式来我区创新创业的高层次人才和团队。支持教育、卫生系统引进、培养名医、名师等紧缺的专业技术人才。办好科技信

息产业人才协会、旅游人才联盟、商贸商务经营管理人才协会，建立徐庄软件园区企业人力资源部长联席会，组建珠江路IT人才沙龙，加强重点人才的培养和联系。

14、充分发挥人才作用。深化与东南大学等驻区高校合作，经常举办校企项目对接会，放大东南大学科技园等载体效应，建成玄武区产学研项目转化中心、国际技术转移中心和科技金融服务中心，促进科技创新成果就地转化、快速转化。发挥区域生物医药产业龙头企业集聚优势，依托江苏先声药业集团院士论坛，召开高层次生物医药产业人才峰会。建成徐庄高层次人才服务中心，健全园区企业人力资源部长联席会制度，规范博士后工作站运行机制，打造徐庄人才高地。召开全区人才工作大会，表彰杰出人才和突出贡献专家。

七、充分发挥基层党组织和党员的先进性作用，进一步夯实基层基础

15、持续深入开展学习实践科学发展活动。按照“党员干部受教育、科学发展上水平、人民群众得实惠”的总体要求，认真组织开展第二批深入学习实践科学发展观活动，紧紧围绕“破解发展难题，奋力走在前列”主题，紧密联系“保增长、促转型”这一首要任务和工作主线，牢牢把握“坚持解放思想、突出实践特色、贯彻群众路线、正面教育为主”的原则，着力解决基层党组织影响和制约科学发展的突出问题，党员干部党性党风党纪方面群众反映强烈的突出问题，以及基层党建方面的突出问题，建立健全学习实践科学发展观的长效机制，努力把基层党组织建设成为贯彻落实科学发展观的坚强堡垒，把党员队伍建设成为贯彻落实科学发展观的骨干力量。

16、推进党建工作区域化。统筹抓好机关、事业单位等各领域党建工作，积极探索建立区域内各类党组织共同参与的开放性、区域化大党建模式。调整完善区社区党建工作指导委员会成员单位，完善运作方式，出台《玄武区关于深化社区党建联席会议制度的指导意见》，推动区域资源共享、优势互补、协调发展，提升社区党建工作承载力。增强社区党员议事会、在职党员联席会等载体的生机和活力，有效发挥社区党组织兼职委员的作用。

17、扩大“两新”党组织的有效覆盖。以软件园区、商务楼宇和特色街区为重点，着力增强非公党建工作的有效性，确保“有组织、有影响、有活力”。探索灵活多样的党组织设置形式，扩大党在中介机构、行业协会、地区商会和社团组织等新社会组织中的覆盖面。紧扣企业特点和党员需求，深化“菜单式”活动计划，积极开展助推发展、和谐友好、集才引智、文化指引、情系社会等类型主题实践，努力形成开展活动、发挥作用的长效机制。探索建立区级层面规模企业党建联席会议制度，加大非公党建工作政策落实和经费保障力度。

18、建设高素质党务干部队伍。建立科学、规范、合理的管理制度，激发党务干部的内在动力。出台《社区党务干部管理考核办法》，建立基层党务干部后备人才库，培育专兼职结合的党务干部队伍。实行村、社区党组织书记调整、任用及考核评议结果报区委组织部备案制度。建立基层党组织书记初任培训和专职党组织书记年训制度，选派部分优秀基层党务干部到高校或先进地区培训锻炼，开展新老党务干部“结对帮带”活动。建立专兼职党务工作者激励保障措施，增强队伍活力。

19、健全党员经常受教育、永葆先进性的长效机制。健全党员教育、管理和服务长效机制，切实加强党员队伍建设，增强党员队伍活力。出台提高新党员质量、改善党员队伍结构的党员发展工作指导意见，推行发展党员“一推荐两测评”和党员承诺制，加大在新经济组织和新社会组织发展党员的力度。充分发挥梅园先锋论坛作用，进一步深化党员义工服务，完善党员义工项目基地申报评比和资金扶持制度，努力形成一批服务群众的特色项目。健全党内激励、关怀、帮扶机制，引入社会力量运作“玄武党员爱心基金”，加强对老党员和生活困难党员的关怀帮扶。普遍开展创先争优活动，深化组织工作创新创优项目建设，引导基层党组织精心塑造特色品牌。

20、推进党建工作信息化。坚持面向基层、面向党员、面向群众，办好玄武党建网站，健全三级党建网络，积极探索“网络党建”运行机制，使党建网站成为工作展示的窗口、党员交流的平台、干部学习的园地、领导决策的参考。规范流动党员三级管理工作机制，把服务贯穿流动党员教育管理全过程，努力做到急其所需、固其所依、扬其所长。建成组织系统专网，健全党员远程教育站点的管理、考核和评价机制，充分发挥党员信息管理系统、党员远程服务平台的作用，完善党员教育、服务、议事、监督功能，不断提高党建工作信息化水平。

21、积极发展党内民主。积极推进党务公开，尊重党员的主体地位，着力落实党员的知情权、参与权、选择权、监督权，进一步提高党员对党内事务的参与度。指导村党组织通过“公推直选”完成换届工作，总结“公推直选”的成功经验，择机推广到非公、学校等其它基层党组织。深化党代会代表任期制，组织代表对重大工作、重点人员和重要部门实施监督。广泛发动代表提出提案并认真办理，继续组织代表列席每年半年和年底的全委（扩大）会等党内重要会议，探索代表参与重大决策的有效途径。积极组织党代表巡视督查组、舆情民意组、理论研究组等专业活动组开展活动。

玄武山水城林

玄武区2010年国民经济和社会发展计划

中共南京市玄武区委员会
南京市玄武区人民政府

2010年1月18日

2010 年是实施“十一五”规划的决战之年，也是全面贯彻市委、市政府“三个发展”要求的关键一年。2010 年全区国民经济和社会发展要以党的十七大精神为指引，全面贯彻落实中央经济工作会议精神和省、市委的重要部署，深入分析国内外复杂多变的经济发展形势，进一步巩固扩大学习实践科学发展观活动的成果，抓住“世博会”召开契机，全力破解发展难题，努力抢抓机遇、增创优势，紧紧将特色发展贯穿于玄武转型发展、创新发展、跨越发展的全过程，毫不动摇地推动经济社会建设向发展型、民生型、生态型转变，实现促增长、调结构、惠民生，圆满完成“十一五”规划制定的各项目标任务，确保国民经济和社会事业平稳、协调、可持续发展。

一、经济建设计划

围绕落实市委、市政府“三个发展”的要求，把保持经济平稳较快发展和加快经济发展方式转变有机统一起来，突出结构调整，强化产业引导，优化产业布局，推进项目建设，努力做到在发展中促转型、在发展中图创新、在发展中谋跨越。

(一)综合指标(9 条)

1.地区生产总值增长 12%，其中三产增加值增长 12.5%

2.地方一般预算收入同口径增长 13%

3.社会消费品零售总额增长 15%

4.全社会固定资产投资完成市下达数

5.实际到帐注册外资完成市下达数

6.引进注册资金 1000 万元以上规模企业 20 家，引进世界 500 强企业(分支机构)2–3 家

7.新增个体私营企业完成市下达数

8.服务外包执行额完成市下达数

9.软件产业销售收入完成市下达数

(二)重点项目(43 条)

10.建设徐庄软件产业基地苏宁总部办公和电子商务中心

11.建成徐庄软件产业基地创业孵化中心

12.建设徐庄软件产业基地研发五区(一期)

13.建设徐庄软件产业基地集成电路设计园平台(二期)

14.建设江苏软件园 2 号地块

15.完成德基广场(二期)主楼主体建设，裙楼筹备开业，并启动三期建设

16.打造凯润金城城市综合体

17.完成长江路九号(二期)招商，推进三期开工建设

18.完成华利国际大厦商贸商务设施招商

19.完成长发囊和商贸商务设施招商

20.完成同创大厦招商

21.建设碑亭巷地块

22.建成化建大厦主体工程

23.建成小营商务综合楼

24.完成卓越SOHO大厦招商
25.完成东大科技园孵化楼招商
26.建设北京东路都市经济产业园
27.改造钟岚里、建设逸仙村民国特色街区
28.建设华山饭店商务综合楼
29.建设钟灵街商业配套街区
30.建设钟鼎山庄商业配套设施
31.完成卫桥地铁商贸配套设施招商
32.完成君临紫金商业配套设施招商
33.现代农业服务基地公共服务中心建成开业
34.完成金银房地产综合楼招商
35.建设红山商贸地块
36.创意中央都市产业园开园
37.建成傅厚岗都市产业园
38.推进明城汇(二期)招商
39.完成锦盈大厦招商
40.建设中央路70号商务综合楼
41.完成御湖国际大厦商务设施招商
42.开工建设新隆基广场
43.建设新庄汽配城地块
44.建设南京邮政枢纽商务综合楼
45.建设中铁二十四局江苏分公司总部大楼
46.北安门都市产业园开园
47.莫泰168酒店开业
48.在水一方休闲会所开业
49.完成原新大世界楼宇招商
50.建设花园路休闲特色街区
51.推进聚宝山公园商贸配套设施地块和捆绑用地项目运作
52.建设钟山山庄东侧地块旅游服务配套设施

(三)主要工作(20条)

53.完成"十二五"规划编制
54.建设南京金融服务平台
55.完成市级都市产业园培育和考核验收
56.推进红山商贸、污水处理厂等一批地块挂牌
57.规划建设原714厂厂区等一批项目
58.建成玄武区财政业务专网
59.完成第二次全国R&D(研究与实验发展)资源清查工作
60.开展第六次全国人口普查
61.建设全区信息化平台
62.建成徐庄软件产业基地博士后工作站
63.创建下马坊市级文化产业示范园区
64.建设玄武区科技成果转化中心(一期)
65.实施玄武区企业技术创新工程
66.实施玄武区企业知识产权战略推进工程
67.以"休闲玄武"为主题，举办第五届玄武休闲旅游节，开展"精彩世博、魅力玄武"旅游市场促销
68.举办第十二届珠江路电脑节
69.建成徐庄软件产业基地分园1-2家
70.落实安全生产责任制，推进安全生产"三化"建设
71.实施名牌和标准化战略，开展"质量兴区"活动
72.实施价格调控和治乱减负目标责任制

二、社会建设计划

围绕更加注重保障和改善民生来谋划发展，突出和谐玄武、绿色玄武建设，切实做好《玄武区文明城市建设三年行动计划》中年度计划安排的有关项目，同时进一步关注民生、以人为本，重点解决一批与老百姓息息相关的、群众关心的热点、难点问题和身边事，保持社会和谐稳定。

(一)综合指标(7条)

73.城镇居民人均可支配收入同比增长10%
74.计划生育率99.5%；流动人口管理服务率85%以上
75.企业职工基本养老、医疗、失业、工伤、生育保险覆盖率均达到98%以上，完成社会保险扩面征缴10000人，征缴金额1500万元
76.城镇居民基本医疗保险覆盖率达95%以上
77.义务教育巩固率100%
78.市容卫生长效管理责任制签约率达100%，履约率达95%
79.社会治安满意率达96%以上

(二)重点项目(17条)

80.完成丰收路(东段)道路建设工程
81.完成晏公庙路道路拓宽改造工程
82.完成东方城路道路整治出新工程
83.完成一批背街小巷改造出新工程
84.完成经五路立交东侧绿地建设工程
85.完成2-3个住宅小区雨污分流工程
86.开展旧住宅区综合整治工作
87.开工建设余粮经济适用房(一期)
88.完成小营村、火车站北广场等地块拆迁
89.建成区级军休活动中心，筹建军休五所军休干部活动用房
90.建设廖家巷社区公共服务中心
91.完成仙鹤门地区居民自来水抄表到户工程
92.建成仙鹤门幼儿园，建设九中学生宿舍等配套设施项目
93.开展中小学校舍安全工程
94.完成玄武湖卫生服务中心改造出新工程
95.完成玄武医院病房楼(一期)、玄武区中医院中医馆建设
96.完成农村水利设施加固改造工程

(三)主要工作(24条)

97.深化"平安玄武"建设，开展系列平安创建活动，80%的社区达到"平安社区"标准
98.深化"法治玄武"建设，争创"省法治区创建工作先进单位"
99.发挥街道社会救助服务平台作用，对困难群众实施项目化救助

100.深化和谐社区创建成果,实施社区服务品质提升工程

101.新增老年福利机构床位数 150 张

102.开展残疾人"居家托养"服务,发放残疾人护理补贴

103.开展国家级"老年人宜居社区"试点

104.新增就业岗位 2 万个,实现再就业 1 万人

105.开展创建创业型城市工作,创建市级示范创业园 1 个、区级创业园 3 个

106.实施新南京人综合服务工程,为外来务工人员提供就业培训、法律维权、文化教育、党团管理等公共服务

107.完成各类职业指导、培训、鉴定 1 万人次,完成各类岗位培训 25000 人

108.继续做好低收入家庭住房保障工作

109.创建市级优质幼儿园 2 所

110.举办玄武区第五届(综合)运动会,参加十七届省运动会比赛

111.出新区全民健身工程点,完成体育强区目标

112.巩固创绿成果,新建市级绿色社区 1 个,省市级绿色学校各 1 所,新建餐饮业污染控制示范街 1 条。实施区长环保目标责任制,环境质量综合指数达到市政府考核要求

113. 做好第四届世界历史文化名城博览会等节庆工作,开展"玄武之春"等百场文化惠民活动

114.创建省级药品"二网"建设示范区、市级食品安全示范街道

115.完成国家级社区服务业、省级和谐社区建设标准化试点工作

116.新建法治文化广场

117.创建省级优秀司法所 3 家

118.实施"和谐家园"工程,创建"十一五"省人口协调发展先进区

119.完成全区市容环卫责任区星级化管理

120.完成社区商业示范摊点群建设

1912 街区夜景

玄武区2010年文化建设工作目标

中共南京市玄武区委员会

2010年2月5日

2010年全区文化建设工作，要以党的十七大、十七届四中全会精神为指导，深入贯彻落实科学发展观，大力普及社会主义核心价值体系，巩固文明城市创建成果，强化舆论引导和社会氛围营造，不断增强城区文化软实力，为推动玄武经济社会转型发展、创新发展、跨越发展提供强大的思想保证、智力支撑、精神动力和良好的人文环境。

1、强化理论武装工作。学习宣传十七届四中全会精神，成立区级讲师团，开展“玄武讲坛”、“领导干部走上讲台、宣讲理论”及专题研讨、专家辅导和基层宣讲等活动，研究制定《学习型党组织考核评价要素指标》，不断推进学习型党组织和领导班子建设。落实领导干部下基层宣讲、理论学习考核和基层中心组旁听等制度，完善区委中心组学习制度。充分发挥基层党（政）校、党员教育点、社区学校等教育主阵地作用，抓好基层党（政）校建设；把科学发展观列入基层党（政）校培训内容，分层次、分主题开展各类培训、轮训，加深党员对科学发展观的理解。加强玄武党建网站建设，巩固网上党员教育平台，结合全区第二批科学发展观学习实践活动，发挥好远程教育站点的作用。认真贯彻落实中央《建立健全惩治和预防腐败体系2008-2012年工作规划》，将《工作规划》纳入党员干部培训内容，深化党风廉政宣传教育，促进廉政文化建设。以学习贯彻党的十七届四中全会精神为主题，举办一期区机关党务干部理论培训班，不断深化区级机关干部理论学习和实践活动。

2、深化文明城市创建。做好《玄武区文明城市建设2009-2011年行动计划》推进和落实工作。进一步完善市容市貌、农贸市场、文化市场、物业管理等长效管理措施，落实文明城市建设各项指标，在文明城市建设长效性、常态化管理上取得新进展。完善责任体系，做好全国、省、市、区各级公共文明指数测评工作。加强人大代表、政协委员等社会各界人士对文明城市建设情况的跟踪监督，进一步强化驻点督查工作机制。建立区级大城管体制，努力实现大城管、大联动和综合执法；扩建数字平台，接入公安、交警的视频信息，初步建成区级城市管理数字信息中心；驻区单位签订责任区管理协议书达100%；加大辖区内所有物管小区的监管力度，加大老旧小区的管理，完善生活垃圾压缩箱密闭化收运系统。深化“平安玄武”建设，扎实推进社会矛盾纠纷大调解、社会治安大防控和综治基础建设，提升居民群众的满意率。深化“法治玄武”建设，推进执法规范化建设，加强执法督查，积极争创省“法治区创建工作先进单位”。深化“文明单位文明社区牵手促和谐”活动，各街道建立区域性共建平台，整合地区创建。坚持提升区机关“五服务”能力水平，完善和推进区机关“文明科室”创建评比活动。

3、繁荣先进文化发展。加快文化基础设施建设，每个街道均建有多功能小剧场，每万人文化活动场所不少于500平方米。举办第十四届“玄武之春”、第七届长江路文化艺术节、第九届社区文化艺术节等群众性系列文化活动，开展文化进社区

"百场文化惠民"及"文化拥军"活动，举办第四届"金陵五月风"文学艺术节系列展演活动。开展书画笔会、外出采风等活动，多出精品力作，积极参加省、市各级赛事。开展纪念"三八"国际劳动妇女节100周年系列活动。落实文化管理体制改革，组建区文化综合执法队伍，启动文化事业单位内部改革。落实文化市场长效管理措施，强化文化市场监管，加强对校园周边环境的整治，做好文化经营户(单位)和执法人员的法律法规培训，提高依法经营意识和执法水平。加强对"民国文化"的研究、宣传和推广工作，扶强做大体现玄武人文特征和地方民俗风情的文化产业，做好南京市第五届文化产业交易会参展工作。

4、推进学习型城区创建。以学习型党组织建设不断拓展"学习型玄武"的内涵，推进学习型城区建设向纵深发展。加强学习型机关、学习型企业、学习型社区等创建活动深入开展，开展好"社科知识进社区"、"社科知识普及周"等活动，提升居民社科水平。继续办好社区学堂，举办"第九届社区学习节"，提高社区居民的学习能力。进一步培育全区及各街道的特色课程，在全区八个特色课程的基础上继续引导区社区进修学院、街道社区学校的课程建设上水平、创特色。推广梅园街道数字化学习社区建设经验，打造全区数字化学习社区，升级社区教育网站，推进社区进修学院"玄武学习在线"和各街道社区教育网站建设，进一步开发网络课程资源，为居民网上学习提供优质服务。办好第七届珠江路学习创新节，举办一场学习创新论坛，培育一批学习创新型组织和个人，表彰一批学习创新成果和人物。深入开展学习创新大讲堂活动，定期邀请专家、学者和资深业内人士，为珠江路IT企业"传经送宝"。推进"职工书屋"建设，发挥劳动模范引领和示范作用，实施全区劳模、班组长创新创造学三年培训计划，今年培训100人。广泛深入开展"同舟共济保增长、建功立业促发展"立功竞赛等技术活动，举办全区第十二届职工技术大练兵大比武活动，力争职工参与率达65%以上。开展群众性法制宣传活动，加强"18法制广场"、"法律夜校"、"月月送法进社区"等群众性法制宣传教育主阵地建设。深入开展以爱国主义为核心的全民国防教育和双拥宣传教育，强化军地联席会议制度，加大优抚安置政策宣传落实力度，继续强化玄武特色拥军。努力为驻地部队和官兵排忧解难，做好走访慰问、优军优属等工作，全力支持军队建设。

5、开展公民道德实践活动。以公共交往、公共秩序、公共卫生、公共观赏、公共参与等为重点内容，组织开展丰富多彩的居民参与活动，引导市民自觉纠正和克服不文明习惯，推进"有序候车，文明让座"、"交通文明我先行，志愿服务一小时"、"假日文明行动"和"清洁家园"等活动不断深化；利用新闻媒体、短信平台、网站、社区宣传栏等多种渠道展开宣传，普及礼仪知识，倡导文明行为，着力提高市民公共文明意识。继续做好全国、省、市"道德模范"、"我评议、我推荐身边好人"及南京市"第九届好市民"评选推荐工作，健全"可爱玄武人"选树制度。加强对区志愿者协会的管理，完善志愿服务月报制度。大力开展志愿活动，全年志愿服务不少于15000人次。充分发挥"双结对、双促进"、"党员义工服务"等活动平台的作用，组织区机关党员干部走进社区，开展义工和志愿者服务活动。开展星级义工评选活动，评选表彰一批优秀义工；开展党员义工特色服务项目大赛，表彰奖励一批义工服务项目。组织民兵预备役队伍开展"学雷锋、树新风"活动。以"我们的节日"为主线，利用清明、端午、中秋、春节等传统节日，组织丰富多彩的社区文化活动，弘扬中华传统文化精华，倡导健康文明生活方式。深入开展"迎世博、讲文明、树新风"志愿服务活动，宣传世博知识、倡导文明风尚。继续以社区邻里节和文化节为载体，打造健康向上、生动活泼的群众性精神文明创建活动品牌，增进邻里互助和团结友爱。不断完善"四进社区"、"三下乡"活动的长效机制，组织开展全区性"四进社区"、"三下乡"活动。

6、加强未成年人思想道德建设。对照《全国未成年人思想道德建设工作测评体系》，积极构筑学校、家庭、社会"三位一体"的未成年人思想道德建设网络，努力净化社会文化环境。以"七彩假日"、"未成年人思想道德建设宣传周"等活动为载体，不断深化"做一个有道德的人"主题活动。积极培育"未成年人思想道德建设创新案例"，倡导富有吸引力的青少年思想教育和文体活动。组织各校积极开展"读书节"、"我们的节日"等系列活动。开办好家长学校，扎实做好"家长学校课程系列"推进工作，形成各自学校每个年级段家长学校课程系列体系。继续发挥"陶老师"热线(玄武分站)的服务功能，开展对学生心理疏导及面询工作，使"陶老师"热线为更多的家长、师生所接纳，解决家长、师生的实际困难，为学生的心理健康教育服务。继续强化阵地建设，积极参加"南京市学校示范心理咨询室"的创建。继续培养一批具有心理咨询教师资格的班主任。加强青少年校外辅导站的建设，每个社区均建立校外辅导站，各街道抓好1-2个重点校外教育辅导站建设。发挥"小蜜蜂"品牌效应，将服务向文化薄弱地区和特困学生延伸，少儿图书馆完成第四次全国公共图书馆评估定级工作。继续开展"雏鹰助学"、"春蕾计划"等系列行动，帮助困难青少年不少于3000人次。引导市民参与"争做合格家长，培养合格人才"系列家教实践活动。开展"文明上网"和校园周边环境整治工作，大力整治违法违规经营的网吧、游艺经营场所，社区网吧协议书签订率100%，提高监督质量，营造教育、引导、影响青少年成长的良好环境。

7、营造良好的社会舆论环境。紧扣全区工作大局，围绕"重洽会"、"金洽会"、"软博会"等重大经济活动，开展主题宣传，突出我区发展建设的重大举措和重要成效的宣传，加大和谐社区建设中的典型培育和宣传力度，进一步增强玄武的凝聚力、影响力、辐射力。不断完善新闻发言人制度和新闻报道预告预警制度，积极开展舆论引导和舆论监督。健全区级舆情采集网络，定期开展舆情调查和分析。加强社会公益广告投放和社区宣传载体利用，营造积极向上的社会氛围。做好年度"好新闻、好舆情、优秀信息员"评选工作。整合资源，拓宽渠道，强化对外宣传和网络宣传，加强宣传部网站建设。

8、实施信用城区建设。积极推进政务诚信、商务诚信和社会诚信建设，加强诚信实践活动和诚信制度建设。深化权力阳光运行机制建设，进一步完善政府信息公开，加强窗口行业行风建设。开展诚信宣传月活动，开展放心消费城区、星级文明诚信市场等创建工作，积极推进"12315"服务进社区，加强证照管理，畅通投诉举报渠道，树立一批诚信经营典型。加强企业物价员培训、明码标价服务指导以及价费公示，全面提高明码标价水平、推进明码实价进程。开展“价格服务宣传咨询社区行”活动，年内覆盖全区 62 个社区。动员珠江路广大企业参与，凝集各部门力量，以“建设珠江路诚信街区”项目为抓手，以建设珠江路诚信体系为重点，规范市场秩序，打击失信行为，推动珠江路科技街的品牌建设。创建省级和谐社区建设标准化示范区，开展“百城万店无假货”创建活动。

9、提升和谐社区创建品质。以创建全国和谐社区建设示范区为契机，深入推动全区和谐社区建设工作，完善社区民主自治机制和社区公共服务机制。实施社区服务项目化、社区人才、创先评优三大工程建设，依法进行第九届村委会换届选举。积极鼓励社会力量参与养老事业的发展，开展养老机构规范化建设，确保完成年度新增养老床位数目标的实现。不断增强全区为老服务水平，开展国家级“老年人宜居社区”试点。实施社会救助三大工程，完善以低保制度为核心，医疗、住房、重残生活补助等专项救助和临时救助相配套，政府救助和社会慈善共同发挥作用的社会救助工作体系。加强基层劳动保障平台的软、硬件建设，加大对街道劳动争议调解中心的指导和服务，及时就近就便处理辖区内发生的劳动争议，发展和谐劳动关系。开展有针对性的就业服务，深入开展“零就业家庭”清零活动，确保全区就业形势的总体稳定。深入开展“四创”和创业工作“个十百千万”工程，完善区、街、社区三级创业服务体系。深入开展婚育新风进万家活动、关爱女孩行动，深化婚育同步管理服务项目，完善“婚、孕、生、养、育、教”服务体系。落实贫困残疾人康复救助工作，为全区 0–6 岁残疾儿童实施抢救性康复训练。全面启动残疾人护理补贴发放工作。继续扩大法律覆盖面，提升法律援助办案质量，做到应援尽援、应援优援。

10、提高市民健康素质和科学素养。深入开展健康社区、健康家庭创建活动，创建健康社区 10 个、健康家庭 400 户。加强经营性公共场所的长效管理，卫生许可证持有率达 100%，从业人员健康证达 98%以上。深化社区卫生服务内涵，打造 3 个社区卫生服务精品团队，提升社区卫生服务水平，提高服务质量。举办玄武区第五届（综合）运动会，出新 30 处区全民健身工程点。深化“青春通”网络教育，推进青春健康教育工程。结合“防震减灾日”，做好防震减灾知识的宣传和普及，推动应急避难场所建设。建立区级职工心理咨询服务室，对全区职工进行人文关怀和心理疏导，提升职工心理健康素质。组织开展“玄武区第十届科技活动周暨第二十二届科普宣传周”系列活动和“全国科普日”系列活动。强化社区科普大学建设，坚持以中长期班为主体，开办实用性、群众喜爱的课程，注册学员不少于 1000 人。加强青少年特色科技活动阵地群建设，组织青少年开展科技活动和竞赛，组织青少年参加科技夏（冬）令营活动。开展“牵手”活动，发挥老科技工作者和志愿者作用，带动青少年开展科技、科普活动。整合资源，充实反邪教志愿者队伍，完善反邪教大宣教工作格局，不断深化无邪教地区创建活动，无邪教社区创建合格率达 85%以上。举办“6·5”世界环境日环境宣传周活动，开展环保进社区活动，促进绿色家园建设。

玄武区市政设施综合养护管理所

“迎七一”支部开展活动

2010年，玄武区市政设施综合养护管理所以全市综合环境“三个提升”为重点，坚持以市政设施长效管理办法为抓手，提升市政设施的功能品质，加大管理力度，提高管理标准，坚持把人民群众得实惠作为工作的根本出发点，奋力拼搏、攻坚克难，圆满完成各项任务，市政设施管理工作取得了新进展。获得南京市市政设施维护管理先进单位、南京市绿化先进单位、“梅花杯”绿化养护竞赛三等奖、玄武区“巾帼文明示范岗”等荣誉称号。

攻坚克难，保质保量，改善城市环境。在工程规范操作，前期手续严谨完善的前提下，我所克服资金难、程序难、工期紧、任务重的压力，保质保量地完成以新街口为中心的街巷示范工程、沪宁城际铁路绿化带的建设工作、北京东路景观路改造工程。绿色长廊、绿色景观相结合，积极实施土城头路绿化带（玄武段）建设。城市空中花园，大力推进屋顶绿化建设。统筹规划，规范管理，提升城市品质。紧扣确保市政设施完好率这一目标，加大巡查力度，提高养护标准，严格考核、并将每月考核情况以长效管理通报的形式下发给各养护公司，督促其整改。根据全年养护计划，对辖区设施维护精心组织、周密计划，全面开展精细化维护活动，完成全年市政设施养护任务。紧扣“三个提升”任务目标，把人民群众得实惠作为城市建设根本出发点，重点解决事关老百姓切身利益的道路、环境等突出问题，以主次干道病害集中整治、园林景观路长效管理、河道大中修、汛前准备等工作为中心，紧抓工程质量和工程进度，完成各项任务。严格监管，服务为民，保障人居环境。不断加强行政监管力度，狠抓重点项目监管工作，做到全程跟踪监管，文明施工、严把质量关。认真积极处理人大代表、市长信箱等市民投诉问题，共接收处理投诉报修173件，人大代表提案16份，市长信箱阅件8份。为提升城市管理水平，进一步巩固和深化文明城市创建成果，自《南京市城市管理考核办法（试行）》正式实行后，我所高度重视、明确责任，认真学习，要求相关人员按照考核标准和细则，对所有问题菜单逐一现场查看，指导养护公司在规定的时间内对问题菜单进行整改。全年共处理市城市长效综合管理考评办公室下发的菜单2977条。

省级道路优质养护片——长江路

“热再生”环保沥青路面养护

万盆鲜花贺盛会—鼓楼广场

专记

Major Events

坚持项目带动促进全区经济又好又快发展

“十一五”期间,玄武区坚持工作项目化、项目目标化、目标刚性化,全力推进重点经济项目建设,稳步推进环境整治和基础设施建设。在项目实施过程中,立足于保护、利民、发展相结合,着眼于提升发展质量和效益,致力于资源整合和项目运作,夯实基础,增强后劲,较好地促进了经济与社会、现代文明与历史文化、人与自然和谐发展。

“十一五”期间项目建设成效显著

玄武区山峦起伏、气势恢弘,玄武湖、明城墙交相辉映,融山水城林于一体;历史文化底蕴深厚,历史遗迹众多,塑造了独一无二的玄武,但也在一定程度上制约了玄武的项目建设。为了破解项目建设的难题,玄武秉着“螺蛳壳里做道场”的理念,转变思路、精心策划、大胆创新,做成了一批具有重大影响的项目。

浓缩南京城市人文精华和民国历史风采的城市休闲名片——南京1912街区,2006年全面建成,占地近四万平方米,日均客流量1.5万人次,年营业额超2亿元,2008年被命名为中国著名商业街;首开南京顶级购物中心之先河的南京德基广场,2006年6月26日开业,主要国际一线品牌的销售额进入全国前五名,成为江苏高端商贸的标志;珠江壹号,2008年建成,是名副其实的地铁物业,全市最高端写字楼,也是南京首幢只租不售的甲级写字楼……“十一五”期间,全区累计建成70余个投资千万元以上产业项目,新增产业载体300余万平方米,引进投资亿元以上项目40多个,固定资产投资总额累计达到426亿元。

随着一个个重大项目的先后建成,LV、宝格丽等世界一线著名时尚品牌纷至沓来,拜耳医药、特易购、百思买、毕马威等世界500强企业和知名中介机构纷纷入驻,先声药业、智达康等高成长型科技企业先后落户……新街口高端商贸商务业快速集聚,徐庄基地科技园区的品牌效应日益凸显,孝陵卫第三增长极的框架逐步拉开。

创新举措为重大项目推进保驾护航

“十一五”期间,玄武区坚持每年精心策划和推进一批重大产业项目,列入当年的区国民经济和社会发展计划目标,并不断创新工作举措,完善工作机制。

2006年,玄武区建立了重大项目推进会机制和重大项目联审联办制度。几年来,区四套班子领导、相关部门和街道主要领导,坚持集中开会与现场办公相结合的方式,对全区重大项目进展情况、存在问题及下一步打算逐一过堂,共同研究,严格时间节点抓落实。一个个项目推进中的难题迎刃而解,改变了部分单位的“等、靠、要”现象,有力地加快了重大项目的建设步伐。按照服务先行、超常规办理的原则,玄武区将审批、核准、备案三制并行,加快办理。以重大项目联席会议制度,协调市、区和有关部门,研究年度重大项目计划、联审工作方案、解决推进中的问题;以《玄武区重大项目联审联办通知书》形式,解决基本符合办理条件的重大项目并联审批问题;以《重大项目申请承诺书》的形式,解决需前置审批、条件暂不具备的项目的并联审批问题;以超时默许制度,杜绝无正当理由未在规定期限办结的现象,切实提高了重大项目审批的办理时效。

2008年,玄武区成立了区委督查组,构建了责任、督查、考核"三位一体"工作机制，保障发展的健康有序。一是责任传导机制。通过更加全面彻底的责任分解模式，明确责任主体，建立责任链条，层层抓落实；二是工作评议机制。进一步加大企业、街道、群众三类评议主体的权重，让他们的意见能更直观、更鲜明地体现在评议结果中；三是成果运用机制。逐步公开评议结果，促进各级干部工作思想的创新、工作态度的改善和工作方法的优化；四是督查考核机制。加大督查力度，跟踪项目进展，及时反馈情况，督促落实整改。

2010年，玄武区建立和完善了重大项目（重点企业）审批代办制度。对区域内重大投资项目和经认定的重点企业，重点就立项、规划、用地、注册、环保、消防等行政审批事项实行专人全程代办。一是构建了代办网络。在区级层面增设玄武区重大项目（重点企业）审批代办中心，并在各街道和徐庄软件产业基地设立相关代办点，同时在全区抽调40名项目专兼职代办员具体从事代办工作；二是规范了工作制度和流程。对项目审批代办实施一单通、优先办理、联审联办，并加大考核奖惩和督查问责力度。玄武区始终坚持把服务作为推进项目建设扩容提速的关键举措，树立为项目服务就是为玄武发展服务的理念，把服务项目转化为全区干部的自觉行动。

靶式招商让黄金资源产生黄金效益

玄武区抓住有限的空间资源，提出了"黄金资源产生黄金效益"的招商理念，解放思想，从大处着眼、小处着手，走出了一条特色化、精品化"靶式招商"的招商选资路线，为玄武经济发展积蓄了一批高品质项目和企业。

首先是转变招商理念。玄武区通过高起点高水准制订区域经济发展规划、产业发展规划，对全区重点发展的商贸商务、科技信息、文化旅游"三大产业"产业链深入研究。以产业链分析为基础，明确产业链的优势环节和薄弱环节，按照做强优势、弥补弱势的思路，确定了一批国内外知名的目标企业，作为"靶式招商"的重点客商，变传统招商为产业招商、战略招商。

其次是维护与目标企业畅通的信息渠道。一是构建了信息发布平台。和戴德梁行、高力国际、第一太平戴维斯等国际知名地产顾问公司建立了紧密的联系；委托毕马威会计事务所编制了《玄武区投资环境报告》，利用他们的品牌优势和客户网络，全球推介玄武资源和项目，以商引商；二是实施小分队招商。"十一五"以来，玄武充分发挥小分队精干、灵活、准确、高效的优势，赴国外和广州、北京、上海等地，和目标客户进行深入的"一对一"交流。通过小分队拜访、联系和沟通，与目标客商建立了良好的关系，吸引了一大批企业到玄武考察和投资，促成了一大批国内外知名企业成功落户玄武。

运筹帷幄再写"十二五"项目推进新篇章

展望"十二五"，玄武提出了大力实施创新玄武、文化玄武、品质玄武、绿色玄武、幸福玄武战略，在"两个率先"中带好头，在转型升级中当标兵，在建设人民幸福城市中争第一，努力把玄武建成现代化国际性人文绿都标志区的宏伟发展目标。为此，"十二五"期间，玄武将以产业为支撑，以项目为抓手，精心运作、倾力打造"四纵四横"特色街区，实现高端资源高效利用、优质空间精致开发、特色区域特色发展。

"四纵"：中山路（玄武片）突出高端商业、顶级品牌的特色，打造国际名品街区；洪武北路—丹凤街发挥金融机构、科技创业企业、通信产业相对集中的优势，打造科技金融街区；台城路（解放门—神策门段）依托得天独厚的环境，打造创意休闲商业街区；红山路充分利用居民密集、潜在资源相对丰富的优势，打造北部新城商业大街。

"四横"：中山东路—中山门大街突出交通、载体、人文、科教等集合优势，打造科技商务产业带；长江路突出文化遗存丰厚的优势，打造民国历史文化街区；珠江路突出科技品牌和电子商务企业相对集中的优势，打造电子商务集聚区；玄武大道以徐庄基地为龙头向两侧拓展，打造创新大道。

把"四纵四横"的发展落实到具体项目上，加大沿线载体和企业的"双提档、双升级"力度，加快建设雨花巷地块、王家湾特色园等一批在手项目，大力推进汇文里地块、原中电熊猫地块等待建项目，策划规划香铺营、居安里等开发项目，有效扩大发展容量。

为将全区发展蓝图落实到具体项目上，2011年8月，区委、区政府出台了《关于加快推进"1+8"重点产业项目的实施意见》，明确了紫金（玄武）科技创业特别社区和"四纵四横"8条特色产业街区重点产业项目推进的组织领导和工作制度，以更加强有力的举措保障项目建设，推动全区经济不断实现新跨越。

（区发改局）

江宁织造府一角

玄武区和谐社区建设创新纪实

社区建设从1984年开展社区服务起步，首创《和谐社区千分制评价准则》、《幸福指数评价准则》；率先构建“一口受理一网协同”的社区“网格化”管理服务模式；率先建立以“群众满意度第三方测评”为核心内容的督查、考核、责任“三位一体”的绩效评估体系；率先开展“幸福社区”评比，将“幸福感”、“人文指数”纳入幸福指数测评体系，逐步形成了“城区工作社区化，社区工作社会化”的工作路数，在全市、全省甚至全国有一定的知名度和影响力。先后获得了首批全国社区服务示范区、全国社区建设示范区、全国和谐社区建设示范城区等荣誉。

2010年，全区贯彻落实以人为本、全面协调可持续的科学发展观，紧扣人民群众的新期待和新需求，整体推进、全面提升和谐社区建设水平，加快推动社会建设向民生型转变。

高点定位，以落实“五有”带动新一轮和谐社区建设

坚持“在全市、全省甚至全国发挥引领示范作用”的定位，高水平落实学有所教、劳有所得、病有所医、老有所养、住有所居的“五有”要求。全面落实好市委市政府《关于切实改善民生、落实“五有”要求的工作意见》，切实把发展重点转到以人为本、关注民生上来，积极破解影响社会和谐的矛盾和问题，实现较高水平的“五有”要求：即学有优教、劳有多得、病有良医、老有怡养、住有宜居。教育、卫生、养老、助残等各项事业都获得全国先进荣誉。

努力实现学有优教。按照中等发达国家的标准，大力提升教育现代化的内涵和品质，实施高位发展、内涵发展、错位发展、均衡发展四大战略，基础教育、职业教育、特殊教育、社区教育协调发展，构建了比较健全的国民教育体系、终身教育体系和优质教育体系，教育水平全省领先，特别是高中阶段和义务阶段的教育教学质量一直处于全市领先地位，中高考成绩近些年连年保持城区第一。涌现出一大批学有所长、术有专攻、师德高尚的人师楷模，仅2010年就有十三中校长王军在首届全国教育改革创新奖评选活动中获优秀校长奖，长江路小学校长宋红斌当选全国先进工作者，北京东路小学附属幼儿园园长吴绍萍当选全国教书育人楷模(全国共10名)。先后荣获全国幼教先进区、全国特教先进区、全国社区教育示范区等国家级称号，囊括江苏省教育工作“七个先进”(即：江苏省普及高中阶段教育先进区、江苏省幼儿教育先进区、江苏省师资队伍建设先进区、江苏省规范教育收费示范区、江苏省义务教育均衡发展先进区、江苏省全面实施素质教育先进区、江苏省县级人民政府教育工作省级督导评估考核先进单位)，2010年又被评为江苏省教育现代化建设先进区。

努力实现劳有多得。坚持创业富民、就业富民、保障惠民，积极构建民生投入与财力增长相适应的自然增长机制。广泛开展创建创业园、创业街、创业社区、创业家庭的“四创”活动，积极举办创业节活动，近年来每年审核办理小额担保贷款约500万元，投入顾家营创业孵化资金50万元，2010年底已有初具规模的创业园6个、创业街7条、创业社区3个、创业家庭1000多户、创业组织2000多个，创业带动就业1.4万余人。打造“天天有岗位、周周有招聘”、“就业岗位超市社区行”等就业品牌，近几年每年援助就业困难人员就业2000余人，每年审核发放困难人员灵活就业社会保险补贴2000万元，每年援助新生劳

动力就业近2000人，每年培训外来农村劳动力并促进就业1000余人。遵循“双维护、五服务”的方针，延伸劳动保障维权触角，建立劳动保障监察建议书制度，建立企业工资集体协商例会制度，实施劳动监察网格化管理，构建劳动争议大调解格局，全区五大保险覆盖率均达98%以上。

努力实现病有良医。坚持以群众健康需求为导向，以提高全体居民的生命质量为核心，完善公共卫生体系建设，深入推进社区卫生服务。打破行政隶属关系和所有制界限，整合驻区厂矿职工医院、大学医院的办医力量，先后建成10个社区卫生服务中心、7个社区卫生服务站，基本建成以社区卫生服务中心为主体，社区卫生服务站及其他社区特色的专业服务机构为补充，融疾病预防控制、卫生监督和妇幼保健为一体的社区卫生服务体系，逐步形成“十五分钟健康服务圈”。按照社区卫生服务机构达标要求，投入2000多万元，升级改造社区卫生服务中心，新增社区卫生服务用房4410平方米。率先启动社区卫生服务运行机制改革工作，自2006年下半年开始试行药品网上集中采购，对206种基本用药实行零差率销售，从根本上解决“以药补医”机制，有效缓解了居民“看病贵”问题。对低保人员、失地的老年人看病就诊，实行“五免五减半三优惠”等优惠政策补助，惠民医疗机构从原来的一家调整为全区所有社区卫生服务机构共同承担。

努力实现老有怡养。针对全区老龄人口比重上升，且独居老人较多的情况，以“星光老年之家”为平台，积极探索政府购买服务、社区互助服务、市场有偿服务和义工志愿者服务“四位一体”，“区、街、居”居家养老服务中心“三点一线”运行模式，居家养老社会化服务第三方评价机制在全国推广。玄武区率先引入“标准化”的养老服务理念，在社区卫生服务机构中拓展为老服务，设立老人护理院，开设老年家庭病房，实行临终关怀等工作，深受社区老年人及家庭欢迎。全面开展企业退休人员社会化管理服务，确保“四个100%”：即高龄老人政策性补贴发放准确率100%，离退休人员养老金社会化发放率100%，特困老人帮扶率100%，60岁以上居民健康档案建档率100%。

努力实现住有宜居。建立廉租住房和经济适用住房制度，初步形成了以经济适用住房为主要渠道、以中低价商品房和廉租住房及发放租赁补贴为补充渠道的多层次住房保障体系。截至2010年底，已建成“三房”261幢、12627套，住宅面积581626.78平方米。组织供应经济适用房约13822套，落实中低价商品房源322套，申请安置廉租房252户，发放城镇最低收入家庭(低保)住房困难租金补贴1244.67万元，老职工住房补贴7936.88万元。先后建成仙鹤门一、二期经济适用住房小区、仙鹤茗苑小区、城中村改造管家村经济适用住房小区。投资24亿多，正在实施建设余粮一期和红山小营村项目，可提供保障安置房约6500套。采取“政府主导、政策扶持、市场运作”的方式，探索建立公益性物业管理模式，接管老旧小区物管107个，面积约354.5万平方米，超额完成市政府要求年底完成80%老旧小区的托管任务，明年底将完成100%托管。从2006年起对1995年前建成2万平方米以上的旧小区实施出新改造，已整治房屋984幢，出新小区48个，涉及81866户327464人。

找准目标，以夯实“根基”助推新一轮和谐社区建设

以构建“样板社区”为引领的玄武区社区建设“一点两轴”发展模型为目标，坚持打造全国和谐社区建设样板区，以《关于深入推进和谐社区建设的意见》、《建设和谐社区行动计划》及《和谐社区建设指导意见》等一系列规范性文件为指导，着力夯实基层基础。和谐社区建设进程全面提速，社区软硬件建设“五年任务三年完成”。加大财政投入。财政安排5000万元用于社区建设，明确街道当年新增财力70%用于社区事业，社区工作经费列入街道刚性支出。安排300万元专项资金，用于奖励和谐社区建设示范街道、示范社区及先进民间组织。加快社区基础设施建设。出台《玄武区关于加快社区基础设施规范化建设的实施办法》累计新增社区用房面积3.5万多平方米，社区平均面积达771平方米，63家社区服务中心中，400平方米以上的社区服务中心有58家，占总数的92%，63个社区中，社区面积在1000平方米以上的有20个，占所有社区比重的31.7%。百户30平方米的35个，占所有社区比重的55.6%，所有社区均已达到百户20平方米的要求。提前两年达超市定“十一五”目标。深化社区民主自治建设。不断深化社区管理体制改革，构建以社区党组织为核心，以社区居委会为主体，以社区社会组织为纽带，以社区居民自治为目标的新型社区管理模式。继续健全“社区党委~楼栋支部~楼道小组”的组织框架，深化社区党建联席会议制度，增强社区层面党员议事会、在职党员联系会等载体的生机和活力，坚持以扩大党内基层民主带动社区居民民主。深化民意收集“三个一”机制，深化社区党务、事务、财务“三公开”，继续做好“三会一审议”、“社区民主日”等社区居民自治的基础性工作，推行“社区开放议事”、社区议员制、“网上e社区”等新型民主协商议事模式，充分发挥社区居委会的自治主体作用，加大推进社区基层民主建设的力度。促进社会组织建设。有登记、备案的民间组织1308个，其中各种服务类民间组织有629个，占51%。2010年10月，由玄武区民政局倡导，江苏创业者服务集团投资公司举办，玄武区新兴社会组织孵化中心正式成立，其性质为社会组织支持服务性组织，主要致力于社会组织能力培育、资源协调与对接、项目策划等，以提高社会组织的能力。加强社区队伍建设。以“铸魂、强质、暖心、圆梦”为理念，以“社区工作者成长行动”为平台，率先将社区社会工作者的概念引入工作，探索建立以培养、评价、管理、使用、激励、保障为主要内容的社工人才成长之路。连续三次提高社区工作者待遇，完善社工选聘制度，实行“社工准入制”，建立专职社区工作者绩效考核机制，确立“全员全科”培训理念和“学分制”培训制度。目前，全区社区工作者已达210户配备1名的比例，平均年龄34岁，大专以上学历占74%。为促进玄武区和谐社区建设均衡、优质、可持续发展提供了强有力的人才支撑。推进标准化体系建设。在《和谐社区评价标准》的基础上，在全国率先制定实施《和谐社区幸福指数评价标准》，每半年组织专家组和居民代表按照《标准》为“幸福”打分，这一做法荣获2007年“中国城市管理进步奖”。2009年，玄武区被评为全国和谐社区建设示范区，台城花园社区被评为全国和谐社区

建设示范社区、8个社区被评为江苏省示范社区、61个社区被评为南京市示范社区，在全省、全国都产生了广泛影响。

积极探索，以“四全模式”引领新一轮和谐社区建设

率先启动新一轮和谐社区建设，积极探索民生导向型和谐社区建设新模式。在深入调研的基础上，2010年，区委区政府出台《关于深入推进新一轮和谐社区建设的意见》，积极探索全面知情、全程参与、全体受益、全域满意的民生导向型“四全”新模式，率先启动了新一轮和谐社区建设。畅通利益诉求渠道，努力实现全面知情。建立民意收集“三个一”的工作机制，深化社区党务、事务、财务公开，社区“三会一审议”、社区民主日、社工民情日记、部门进社区的工作、街道为民办实事项目以及群众满意度测评结果等全面公开，扩大群众的知情权，提升群众的知晓率。完善民主决策平台，努力实现全程参与。建立区和谐社区建设咨询委员会，试行政府先咨询后决策，构建政府、社区组织与居民共同参与的民主决策机制。实行社区民主议事制度，对社区群众迫切需要解决的问题，由社区居民代表议事，社区居委会通过“社区议事园”、“社区开放空间论坛”、“社区民主日”等民主平台定事，社区公共服务站用公益金做事，社区居民评事，使群众真正成为社区建设的参与者。积极满足群众需求，努力实现全体受益。完善社区功能，扩大居民活动空间，大力培育行业协会，加强社区服务项目的标准化、职业化、品牌化建设。搭建社区互助服务平台，推行“社工+义工”、“项目+基地”、“动态+常态”相结合的志愿服务，逐渐形成社区服务主体多元化格局。高度重视群众评价，努力实现全域满意。以群众满意度作为和谐社区建设工作的考核依据，健全第三方测评机制，深入开展“居民评议社区居委会，社区居委会评议机关部门”的双评议活动，建立机关进社区干部考核制度，建立以广大群众为评价主体、以群众满意度为评价标准的考评机制。经过近半年的实践，“四全模式”初现成效，为新一轮和谐社区建设奠定了良好基础。

锁金村片区街巷综合整治问需于民，问计于民座谈会

链接

玄武和谐社区最新“数字表情”

9855名——

全区共有9855名社区党员，分布在32个社区党委，20个社区党总支，10个社区党支部，346个楼幢党支部，617个楼道党小组中，无论是引领发展、还是凝聚群众，他们是不可替代的中坚力量。

5000万元——

区财政安排5000万元奖励资金，用于社区硬件提升工程。

771平方米——

社区用房面积总和从“十五”期末的1.5万平方米，增长到现在的4.9万多平方米，平均每个社区达771平方米。

127名——

全区共有127名在职社区工作者通过全国社会工作师职业资格考试。

1308个——

全区现有各类登记、备案的社会组织1308个，数量和质量在全市名列前茅。

5万人——

全区注册志愿者达到了53000多名，志愿者累计服务10余万人次。

6个率先——

率先完成社区基础设施建设；率先提高社区工作者待遇；率先制定居家养老服务标准；率先实施“一口受理、一网协同”社区管理服务模式；率先开展“幸福社区”评比；率先将幸福感、人文素质纳入群众满意度测评。

32个——

连续3年开展“和谐社区建设品牌创新奖”评比，全区街道、部门、社区共有32个项目获奖，其中“和谐社区幸福指数评价标准”项目荣获“中国城市管理进步奖”。

20个——

采取“自上而下”的方式让社区居民“晒幸福、夸社区”，20个社区被评为“幸福社区”。

98%——

全区98%以上的社区达到市和谐社区标准，8个社区被评为“江苏省和谐社区建设示范社区”，1个社区被评为“全国和谐社区建设示范社区”。

（马　凌）

玄武区督察工作创新与实践

2010年10月，玄武区在全市区县中率先成立"督察工作办公室"，实施常态督察工作，这是玄武区委关于完善"责任、督察、考核"三位一体工作机制的制度创新，也是保障玄武区委、区政府重大决策和中心工作贯彻落实的重要举措。玄武区自开展督察工作以来，坚持一切服从、服务于中心工作的理念，以协调、解决存在问题为着力点，全方位开展常态督察工作，取得了显著的成效。

坚持督察实践　勇于创新发展

玄武区督察工作主要经历了，从2008年围绕文明城市创建和奥运维稳两项工作的应急督察，到2009年的"1+8"和2010年成立督察工作办公室后"1+4+8"常态模式三个阶段。

2008年7月，针对玄武区在"文明城市创建"检查中排名靠后、"奥运维稳"进京上访率居高不下的严峻形势，从全区抽调40名干部，成立"玄武区文明城市创建和维稳工作专项督察组"，下设1个综合督察组和8个驻街道督察组，开展督察工作。对奥运维稳工作，督察组深入一线，通过听、看、查、报，及时掌握各类重点人员动态和维稳工作责任落实情况，督促各责任单位完善机制、落实责任；对文明城市创建工作中涉及多部门、难协调以及一些整改难度大的问题，督察组召集有关部门负责人进行现场协调，明确整改期限，并定期查看，协调、督促问题整改到位。同时，以《督察通报》的形式向区委、区政府通报存在问题和整改情况，对整改不到位、措施不得力的相关责任人，及时启动问责机制，实行责任追究。通过两个多月的共同努力，为玄武区在文明城市创建检查中取得优异成绩、实现奥运维稳进京"零上访"目标起到极大的推进作用。

2009年元月，玄武区委在总结应急督察成功做法的基础上，通过广泛研讨和论证，成立"玄武区委督察组"。督察组作为区委直属特设机构，由区委授权履行督察职责，与区纪委合署办公。对全区经济社会建设、民生工作、和谐社会建设、安全稳定工作等实施常态督察。督察工作由区委副书记负总责，区委常委、区纪委书记兼任督察组组长。督察组成员由组织人事部门从各系统、部门中选调33名干部组成，除进驻8个街道外还进驻14个部门（系统），全脱产开展常态督察。督察组拥有调查权、督办权、协调权、参会权、表扬权、批评权、建议权，可参与区管领导班子及领导干部绩效考核，向组织、人事部门提出干部选任、调整和奖惩建议。2009年，督察组充分发挥"责任、督察、考核"三位一体工作机制的作用，围绕税收、拆迁、重点项目建设、城市管理、防汛救灾、国庆维稳等方面的工作，采取现场督察、例会督察、约谈督察、督办转办等形式，开展全面督察，有力地推进了全区各项工作责任的落实和目标任务的完成。

2010年，在南京市成立"督察工作办公室"后，我区随即成立了"玄武区督察工作办公室"。随着督察办公室的成立，督察工作的机制更加健全、程序更加规范、形式更加合理，督察工作办公室的人事、财务、后勤等事务得到保障，为督察工作的长效、常态、制度化奠定了更坚实的基础。督察工作办公室下设1个综合组、4个专项督察组（既重大事项、重点项目、拆迁工作和部门工作督察组）和8个驻街道督察组，对区委、区政府重大决策的贯彻落实情况和全区中心工作、重点工作推进、完成情况进行全方位、全过程跟踪督察，为重大决策部署的落实和各项目标的完成起到了有力的保障作用。

三年来，共编发各类督察文书585份，其中，《督察专报》102期、《督察通报》218期、《督察内参》17期、《督办通知单》及《督察转办单》196份、督察情况汇报52份，有效推进了全区重点、难点工作的落实。

注重实效　强化督察作用发挥

为更好地发挥督察在"责任、督察、考核"工作机制中的作用，进一步强化工作责任链、量化工作内容、细化工作过程、链接工作环节，玄武区督察工作办公室实施了"菜单化督察法"。即，对重点工作推进中的具体任务、工作措施、完成时限以工作菜单的形式进行明确和量化，并对推进情况逐条进行跟踪。工作菜单既开给责任单位，也呈报区分管领导，保证区分管领导及时掌握重点工作推进情况，便于责任单位把握工作进度，从根本上改变了以往责任不清、推诿扯皮等老大难问题，有力推进了各项工作的落实。

对重点项目推进的督察。根据全区重点项目推进工作要求，突出对责任单位推进工作过程的组织程度、工作内容和责任落实的督察，坚持以工作菜单的形式，量化工作内容、细化工作过程、链接工作环节，以菜单为依据查问题、反映问题、督促整改问题。既一方面要求全区承担重点项目的责任单位，每季度提出推进工作计划菜单和每月落实工作菜单，督察办对工作菜单落实情况进行跟踪督察。实施"菜单化督察"后，工作菜单的制定、落实得到各责任单位领导的高度重视，为项目立项科学化、前期准备精细化、组织实施责任化起到了较好地推进作用；一方面，通过对工作菜单落实情况的督察，准确掌握重点项目推进中存在的困难、问题，及时组织协调和督察督办，为重点项目按序时进度推进提供了有力保障。如：仙鹤门幼儿园、碑亭巷地块等项目，在督察办的强力推进和协调下，责任单位及时调整方案、强化举措，确保了项目的有效推进。

对经济工作的督察。围绕区委、区政府关于首季开门红、"双过半"等工作要求，坚持对重要指标完成情况开展全程跟踪督察。特别是对欠进度的经济指标实施重点督察，要求相关责任单位定期上报工作菜单，明确工作责任和工作举措，督察办对各责任单位菜单落实情况进行通报。既保证了区领导及时掌握目标任务完成情况，也实现了责任、压力纵向传导的目的。同时，对目标任务完成中存在的问题，通过召开督察协调会，协调相关职能部门和责任单位共同分析原因，制定解决办法，强力推进了工作责任的落实和目标任务的完成。

对"区委常委会集体调研和现场办公会"议定事项落实情况督察。通过工作菜单的形式，列出工作事项清单，对区四套班子领导负责的事项通过《议定事项落实情况跟踪单》的形式向相关领导报告，并及时进行跟踪；对相关责任单位负责的事项，以《议定事项落实情况督察跟踪单》的形式，进行督察，为及时掌握议定事项推进情况，督促相关事项的落实起到了促进作用。同时对推进滞后的事项，及时发出《督察催办单》，并以现场或专题会议等形式进行跟踪督促，为"区委常委会集体调研和现场办公会"议定事项按时、保质落实起到了积极作用。

突出重点　确保重点工作落到实处

面对玄武转型升级、跨越赶超的新任务，督察工作始终围绕区委决策部署，坚持以区委、区政府的重点工作为督察重点，实施专项督察，全方位、全过程进行跟踪，做到发现问题、通报问题、协调和督促整改问题相结合，全力服务保障区委、区政府重大决策部署的贯彻落实和重点工作的圆满完成。

对全区拆迁工作的督察。根据全区拆迁工作年度计划，安排专门力量实施全程跟踪，随时发现问题、协调解决问题，全力保障拆迁工作按序推进。督察工作既督察责任单位、又督察具体承办人，既在工作例会上点评存在的问题、又提出督察建议推进工作落实，力求督察事项件件有着落、事事有回音。如对推进滞后和久推不进的柳营地块拆迁遗留问题，督察办采取督察例会、约谈询问等形式，进一步明确责任主体、时间节点，推进工作落实；在违法用地整改工作督察中，督察办与区监察局联合下文，责成相关单位明确责任领导、整改计划和措施等，进行全程跟踪督察，有力推进了问题整改。

对信访维稳工作的督察。每逢重大节日、重要时段和重大活动，督察办都集中力量进行跟踪督察，全力保障维稳工作责任落实到位。驻街道督察组对街道稳控工作预案制定、工作责任分解和人员履职情况等进行全过程跟踪督察，督促街道进一步落实信访维稳工作责任机制，深入细致地排查梳理各类不稳定因素，责任明确到人，确保工作责任落实到位。同时，由督察办牵头协调相关部门解决了一些难点问题，从源头上化解、钝化上访矛盾，有力保障了全区信访维稳工作责任的落实。

对安全生产工作的督察。根据市、区关于开展安全生产隐患排查、整改的要求，2110年7、8月份，督察办集中全部力量，对8个街道和32个单位排查出的212个安全隐患及整改工作进行跟踪督察，梳理并通报了区域内安全隐患排察及整改情况。并对需要进一步协调的36个安全隐患，以《督办通知单》的形式，责成责任单位落实问题整改；结合省市"三项排察"的统一部署，联合区安监局，对8个街道安监站及其安全员落实情况、辖区工企单位进行了现场督察，确保安全隐患的消除。

对校园周边安全防范工作落实的督察。近年来，校园周边安全防范工作要求不断加强，2010年督察办对辖区内90%的公办中小学、幼儿园及部分社会办学机构安防工作的落实情况，以及区综治办、教育局、公安玄武分局等职能部门和各街道的相关工作进行了多次专项检查。一方面发现问题，通报问题，跟踪问题整改；一方面针对集体幼儿园的安全隐患以及三管部门、责任单位与园方相互推诿扯皮现象，向相关单位及时发出《督察意见书》，促使相关单位拿出相应的整改措施，确保了全区校园安全无事故。

公共文明指数测评迎查工作。文明城市创建及复查工作始终是督察的重点。几年来，区督察办采取综合组面上巡察抽查，驻点组深入现场全面督察，每月分专题组织督察，以及各驻点组交叉督察等形式进行重点督察，在现场督办、当场协调解决问题的同时，对需要多部门共同协调解决的问题，通过《督察转办单》明确责任单位、整改时限，全力督察问题整改。2010年，在现场督促解决一大批问题的同时，根据梅园、后宰门、锁金村、玄武湖、红山等街道提出19个需多部门共同协调解决的难点问题，督察办及时进行转办督办，并跟踪督察落实情况，为存在问题在较短时间内得到整改提供了有力保障。

立足服务　搭建督察服务平台

搭建督察服务平台就是在区领导和街道、部门三个层面之间建立工作联系纽带，合力推进工作落实。今年以来我们按照“五服务深化年”的要求，始终坚持寓督察工作于服务推进工作落实的之中，围绕区四套班子领导、职能部门和责任部位三个层面的服务需求事项，通过督察协调会、转办单、督办单等形式，为各个层面提供协调服务，促进服务需求事项的落实。如，玄武门街道提出的“尽快出台对创意中央的扶持政策”、“‘明城汇二期’相关工程配套费用减免事宜”和区教育局提出的“仙鹤门幼儿园教学楼工程中‘土地证移交问题’”等要求，相关区领导及时召集专题工作会议进行研究部署和协调推动，为相关问题的快速解决起到了关键作用；区旅游局、区体育局在收到督察组转办的孝陵卫街道关于“卫桥地铁商业配套设施”的服务需求事项后，按照各自的职能，立即与营运商联系，及时上门服务，并对项目的主体定位提出专业性建议，得到了街道和南京钟山文化发展有限公司的好评。2010年共召开督察协调会16次、发出《督察转办单》52份，有效解决了部分长期难以解决的困难和问题，为提升全区上下的工作合力起到了积极作用。

（俞　杰）

玄武湖一角

南京市玄武中等专业学校

NAN JING SHI XUAN WU ZHONG DENG ZHUAN YE XUE XIAO

省教育厅副厅长杨湘宁（右二）、南京市教育局局长吴晓茅（左二）到校指导工作

石瑞璇（前排左一）、郑美玲（前排左三）分获 2010 年全国技能大赛金、银奖

“桂子月中落，天香云外飘”。2010 年，玄武中专人在学校核心文化——桂文化的引领下，以香吸人、以香诱人、以香引人，吸引了众多学子的关注、众多媒体的青睐、众多领导的关心，在江苏省、南京市享有越来越高的知誉度，学校的各项事业取得了优异成绩：被江苏省教育厅表彰为“江苏省职业教育创新大赛最佳组织学校”、“江苏省职业教育德育特色学校”，学校被省教育厅确定为“江苏省课程改革实验学校”，学校学生会被共青团南京市委表彰为“南京市优秀学生会”等。特别是在 2010 年全国及江苏省职业学校技能大赛中取得“十金十银四铜”佳绩，总分在全省 500 多家职业学校中排名第十一，金牌数在南京市职业学校中排名第二，被省教育厅表彰为“2010 年江苏省职业院校技能大赛先进学校”，学校获得“江苏省职业院校技能大赛特别贡献奖”。计算机网络实训基地成功创建了省级优秀实训基地，承担了南京市职业学校计算机技能大赛的 4 个大项比赛项目。休闲体育运动与管理专业被认定为“江苏省中等职业教育示范专业”，使得学校省级示范专业达到 4 个，在全市中等职业学校中处于领先地位。由于学校的办学成绩突出，具有相当的社会影响力，2010 年，学校迎来南京艺术学院米如群书记、韩国釜山外国语大学国际学院权五庆院长、中国体操协会副主席、原国家体育总局训练局局长刘文雄先生、太仓职教中心周新源校长、浙江省德育骨干教师培训班全体学员、浙江湖州艺术与设计学校、辽宁省东港市教育局等参观交流。

地　址：玄武区花园路 6 号（花园路校区）
　　　　玄武区樱驼花园 100 号（樱驼花园校区）
电　话：85411919、85286705
网　址：www.njxwzz.com

计算机网络实训基地核心实训室——广域网模拟实训室

优美的校园环境、一流的育人场所

概览

Overview

- 综述
- 组织机构及负责人名录

综　述

【自然地理】 玄武区位于南京市区东北部，是南京市的中心城区之一，也是南京市市委、市人大常委会、市政府、市政协机关所在地。东、北与栖霞区相接，南与白下区为邻，西与鼓楼区接壤，西北、东南分别与下关区、江宁区交界。域内面积75.46平方公里，户籍人口51.49万人。

地势 山峦起伏丘陵环抱，山川形胜，气势恢宏。多种多样的地貌形成"十山八河十二湖"，与蜿蜒而过的明城墙交相辉映，构成山、水、城、林于一体的园林风光。

地貌 低山、丘陵、岗地、平原交错分布。林木葱郁，植被良好。大部分岗地、平原用于城市建设开发，其余大多辟为菜地和果园。

气候 属北亚热带湿润气候，冬寒、夏热、春温、秋暖，四季分明。年平均气温为17℃。冬季以东北风为主，1月份平均最低温度为-1.6℃；夏季以东南风为主，7月份平均最高温度为30.6℃。年平均降雨1106.5毫米，相对湿度76%，无霜期237天。6月下旬到7月中旬为梅雨季节。

自然资源 铁矿分布在红山森林动物园；煤矿分布在灵谷景区；硫磺矿分布在钟山北麓岔路口；黄铜矿分布在钟山西北蒋王庙，至今留有20世纪50年代开掘的矿井。钟山植被，陆地面积2930.7公顷，水域面积78.1公顷。现有维管植物157科506属1217种，特、稀、危植物50余种；鸟类生物14目42科140种；昆虫1200多种；蝶类9科73属120种，其中"虎凤蝶"缘起紫金山，是比"猿人"更为古老的生物，有"活化石之称；真菌类生物246种。

【古迹名胜】 六朝宫阙、明初紫禁城、太平天国天王府、孙中山临时大总统府和国民政府总统府均坐落区内。钟山风景区以雄伟壮丽的钟山与碧波千顷的玄武湖为核心，山水相依，雄秀兼具，在新评比的"金陵四十八景"中，这里就占有10席。境内拥有5座城门、总长9.37公里的明城墙，是南京市幸存明城墙的主要部分，其两侧聚集甚多名山、名水、名胜。丰富厚重的历史人文资源和钟灵毓秀山水生态风光，描就玄武精美而又独特的都市画卷。

【文化遗产保护】 区内有南京市唯一一处世界文化遗产——明孝陵，有国家、省、市、区各级各类文物保护单位100处，在2007年第三次全国文物普查工作中新发现文物点167处。建立区非物质文化遗产保护名录，其中国家级1项、省级2项、市级5项、区级3项。区域内南京工艺美术总公司，现为世界和国家级"非遗"南京剪纸、省"非遗"金陵竹刻、仿古牙雕，市"非遗"仿古木雕、瓷刻5个项目的责任保护单位，有国家、省、市"非遗"传承人8位。2009年，成贤街设置非物质文化遗产地名标志。

【区政沿革】 6000多年前，玄武湖畔有原始村落。战国时，为金陵邑辖地。秦、汉时，南部属秣陵县，北部属江乘县，后又隶属会稽郡、鄣郡、丹阳郡。东汉建安十七年(212)改秣陵为建业县，区境南部属之，区境北部改设典农都尉。

西晋太康元年(280)，复改建业为秣陵县。太康二年，以淮水为界北置建业(次年改称建邺)，南为秣陵县，恢复江乘县建置。建兴元年(313)，愍帝司马邺即位，为避帝讳，改建邺为建康，直至陈朝末年。

隋朝统一南北后，建康、江乘、秣陵县并为江宁县，区境隶属蒋州。唐上元二年(761)，改江宁为上元县，至清末，区境均属上元县。

民国元年(1912)，临时政府废上元、江宁两县，建置南京府，区境属南京府。民国2年，撤南京府，以旧上元、江宁两县复置江宁县。民国16年，改江宁县城区为南京市，区境城内部分属南京市。

民国22年3月，建区之始。中山路以东，中山门以西，九华山以南，中山东路以北属区范围，为南京第一区。

民国23年9月，今孝陵卫街道地区和玄武湖街道的仙鹤门行政村(仙鹤乡)属孝陵区；中山陵园区域属国民政府直接管辖；今锁金村街道、玄武湖街道(仙鹤门除外)和红山街道地区属燕子矶区。

民国27年1月，原一区改属第三区。民国34年9月，恢复抗日战争前第一区建置，辖区则向中山东路以南、逸仙桥以东一带扩展。

1949年6月，沿用第一区建置称第一区人民政府。1950年6月，以一区为基础，中山东路以南地区划出，建为新一区。今红山、锁金村街道地区和玄武湖街道部分地区改属新八区；今孝陵卫街道地区和玄武湖街道部分地区，改属中山陵园区。

1955年6月，第一区人民政府改称第一区人民委员会。同年8月，第一区改称玄武区。今境内分属玄武区、燕子矶区和中山陵园区管辖。1960年5月，成立玄武人民公社。1962年8月，玄武人民公社名称撤销，恢复玄武区人民委员会。

1967年3月，玄武区改称要武区，实行军管，设南京市军事管制委员会要武分会。1968年3月，成立要武区革命委员会；1973年11月，改称玄武区革命委员会。

1980年9月，玄武区革命委员会复称玄武区人民政府，至今。

【区划调整】 1951年5月，建立居民委员会。1955年9月，设立新街口、大行宫、香铺营、四牌楼、丹凤街、玄武门、太平门、太平桥8个街道办事处。1957年10月，香铺营街道办事处撤销。1960年4月，街道办事处合并并改建为新街口、丹凤街、梅园新村3个人民公社分社。5月，市级机关及周围单位成立北极阁分社。65个居民委员会合并为19个街道委员会。1961年，新街口、丹凤街、梅园新村3个分社改为3个街道办事处，19个街道委员会调整为54个居委会。1962年8月，人民公社、分社撤销，恢复新街口、香铺营、梅园新村(原大行宫)、太平门、丹凤街、四牌楼、玄武门7个街道办事处。

1967年1月，各街道实行军管。1968年3月，街道成立革命委员会。同年8月，7个街道革委会合并为长江路、梅园新村、丹凤街、太平门、要武门5个街道革委会。1978年9月至10月，撤销街道革委会，恢复7个街道办事处。

1980年12月，因后宰门住宅小区人口增加，原太平门街道办事处撤销，改为后宰门和兰园2个街道办事处。1984年2月，锁金村地区划归玄武区管辖，增设锁金村街道办事处，全区街道办事处增加至9个。

1987年12月，新街口与香铺营办事处合并为新街口街道办事处，丹凤街与四牌楼街道办事处合并为丹凤街街道办事处。

1995年4月，全市区划调整，栖霞区的孝陵卫、玄武湖镇及小营、藤子、红山等3个行政村和原属鼓楼区管辖的玄武门路以北、中央路以东、沿城墙以西地带划归玄武区。1996年3月，设立红山街道办事处，管辖小营、藤子、红山3个行政村。同年12月，撤销孝陵卫镇、玄武湖镇建置，改设孝陵卫办事处和玄武湖办事处。

2000年，社区管理体制改革，原有的居民委员会和家属委员会调整组合为86个社区居民委员会。2001年，在孝陵卫街道办事处辖区内增设卫岗街道。全区共有11个街道、84个社区、12个行政村。2005年，丹凤街街道、兰园街道、卫岗街道分别与新街口街道、梅园新村街道、孝陵卫街道合并，全区调整为8个街道、75个社区、11个行政村。2007年调整为8个街道、64个社区、6个行政村。2009年底调整为8个街道、63个社区、4个行政村。2010年未变。因城市建设发展，2010年由市民政局地名办对区内7处地名进行了命名、更名和调整。

【机构改革】 2010年5月20日，市委、市政府正式批复玄武区政府机构改革方案。7月20日，区委召开全委会，研究出台《南京市玄武区政府机构改革实施意见》，对全区机构改革工作进行全面实施。机构整合与调整具体内容：(1)组建区住房和建设局。将区建设局的相关职责、区房产管理局的职责，整合划入区住房和建设局。区住房和建设局承担推进城市基础设施建设和住房保障的责任。不再保留区建设局、区房产管理局。(2)组建区人力资源和社会保障局。将区人事局、区劳动和社会保障局的职责，整合划入区人力资源和社会保障局，挂区公务员局牌子。区人力资源和社会保障局承担人才管理、公务员管理、促进就业、劳动权益保护和完善保障体系的责任。不再保留区人事局、区劳动和社会保障局。(3)区统计局由与区发展和改革局合署改为单独设置，为区政府工作部门。(4)组建区城市管理局。将区市容管理局职责、区建设局部分城市管理的职责，整合划入区城市管理局，挂区城市管理行政执法局牌子。不再保留区市容管理局。(5)按照食品药品监督管理机构由省以下垂直管理改为由地方政府分级管理的要求，将南京市食品药品监督管理局玄武分局的职责划入区卫生局，区卫生局挂区食品药品监督管理局牌子。不再保留南京市食品药品监督管理局玄武分局。(6)组建区投资促进局。承担对外来投资的促进、管理和服务的责任。(7)区政府法制办公室由与区政府办公室合署办公调整为单独设置，为区政府工作部门。(8)区政府办公室挂区政府外事办公室牌子。(9)区发展和改革局挂区经济和信息化办公室牌子。(10)区科学技术局挂区知识产权局牌子。(11)区商务局挂区旅游局牌子。不再保留区旅游局。(12)区人民防空办公室不再挂区民防局牌子。

【国民经济和社会事业发展】 2010年，按照区委、区政府工作部署，坚持科学发展观，紧紧把握宏观政策动向，顺势而为，真抓实干，全区经济呈现增长趋稳、后劲增强、质量提升的良好态势。

经济指标向好：实现地区生产总值281.54亿元，按可比价比2009年增长13.2%；地方一般预算收入26.57亿元，同比增长18.5%；全社会固定资产投资91.6亿元；社会消费品零售总额262.24亿元，同比增长17.3%。实际到账注册资金8757万美元，同比增长59.5%。实现软件与信息收入102.2亿元，服务外包执行额4.231亿美元。

项目稳步推进：苏宁总部基地及信息中心、南京商厦(二期)、现代农业服务基地公共服务中心等基本建成，德基广场(二期)工程过半，江苏软件园2号地块、钟鼎山庄商业配套等扎实推进，凯润金城、卓越SOHO等商业设施完成招商，创意中央、君临紫金商业配套等投入运营。分赴京沪、台港、欧美等地招商，成功举办“对接世博·玄武之夜”、“苏台文化·创意玄武”等活动。引进迪比信可、东华软件、爱马仕等名企名品，落户国电江苏、中广传播等注册资金1000万元以上企业64家。产学研合作迈出新步伐，与中科院微电子所共建南京市物联网研究与产业化中心。集成电路设计产业园被科技部授牌国际科技合作基地。新增省级院士工作站2个、授权专利1400件、高新技术企业9家。达成重点产学研合作项目40个、重大成果转化项目4个。

人民生活改善：城镇居民人均可支配收入达30495.35元。以就业为民生之本，全面实施《就业失业登记管理办法》，建立用人单位就业登记备案制度，在街道、社区全面设立创业指导服务中心(站)，全年新增就业岗位3.22万个，实现再就业1.97万人，扶持成功创业1400人，创业带动就业1.05万人。扩大社会保障覆盖面，企业职工基本养老、失业、生育保险净增1.10万人，工伤保险新增1.80万人，城镇职工、居民基本医疗保险新增1.30万人。认真实施社会救助“三项工程”：一是民生暖心工程，为低保家庭发放“慈善超市爱心券”，每户每月50元。二是免费血透工程，为低保尿毒症患者实施免费血透。三是生命健康工程，为低保癌症患者每日免费定购牛奶1瓶。发放最低生活保障金、失业保险金、老年被征地农民生活补贴等各类政策性补助5707万元，安排临时救助及各类慰问资金1370万元，募集慈善款807.20万元。落实经济适用住房、中低价商品房和廉租房861套。落实稳物价、保供应举措，及时为困难家庭发放价格补贴107.44万元。

公共服务完善：建成仙鹤门幼儿园。7门社区教育课程被评为全国首批社区教育特色课程。开展“低碳生活”等主题科普活动，科普宣传被评为省先进。全面实施基本药物制度，新增、改造社区医疗卫生服务用房1.55万平方米，建成中医馆6家。区被评为省药品“两网”即药品供应网和药品监督网。打造人口计生工作示范点16个，省“十一五”人口协调发展先进区创建通过验收。推行群众“全面知情、全程参与、全体受益、全域满意”社区建设新模式，完成第九届村委会换届选举。社区服务项目化、专业化、社会化水平进一步提升，推行社工持证上岗制度，聘请专业社工督导社区服务项目，新增社区特色服务项目10个。制订《居家养老服务规范》，新增老年福利机构床位161张。建成博爱勤善残疾人服务发展中心。6863名企业退休人员纳入社会化管理服务。举行“长江路文化艺术节”等百场群众文化活动。出新30个全民健身点。

城区环境提升：统一规划、分步实施市容环境、功能品质、人居质量“三个提升”工程。进一步提升城区功能，新建丰收路(东段)等市政道路，建成5项排水防汛工程，完成55个小区和65条街巷雨污分流工程。实施火车站北广场等项目拆迁，共拆除房屋35万平方米。进一步提升城市品质，改造整治干道10条、街巷103条、小区11个、房屋303幢，成贤街、估衣廊等各具特色，碑亭巷与江宁织造府相映成景。完成土城头路(仙鹤门段)、龟山遗址公园等绿化工程，新建市级绿色社区1个、省级和市级绿色学校各1所。进一步强化城市管理，完成沪宁城际铁路(玄武段)沿线环境综合整治。八个街道均成立物管“两站一中心”。新增老旧小区物管面积347.75万平方米。拆除违法建筑2.80万平方米，评定市容环卫责任区三星级管理单位45家，东大影壁创成餐饮油烟污染控制示范街，市容长效管理综合考评全市第一。认真落实区长环保目标责任制。以“走进世博、迎接青奥”为主题，宣讲文明，共建文明，顺利通过全国公共文明指数测评。

安全稳定强化：以开展“三项排查”为契机，针对信访热点难点问题，深入了解社情民意，化解信访积案44件。完成牌楼北路等10个项目社会稳定风险评估。针对安全事故隐患，建立举报奖励制和一次整改到位问责制，检查生产经营单位1.3万家，整改隐患1.5万处。加固校舍1.08万平方米，校舍抗震鉴定率达100%，组建区校园保安大队，校园及周边的安全稳定有效加强。针对基层基础工作薄弱环节，推动安全稳定工作重心进一步向街道、社区转移。认真实施拆迁、改造等项目公示、听证制度。积极发挥人民调解作用，成功调处医患、交通等矛盾纠纷827起。加强劳动监察，劳动争议结案率为92%。建成区司法行政服务中心、浮桥法治文化长廊，创建省级优秀司法所3家，被评为全国首批法治区创建活动先进单位。全面加强基层应急工作，正式组建区综合应急救援大队，建成全省首家社区消防工作站。开展“迎高铁、护世博”等治安整治行动，实施“千幢万户平安门”工程，平安社区达标率为90.48%。

江宁织造府

组织机构及负责人名录

【中共南京市玄武区委员会】
书　记:单景南
副书记:王海宏　张　萍
　　　杨晓阳(援疆,6月以后)
常　委:宋晓辉(12月以前)
　　　杨晓阳(6月以前)
　　　邱小凡　汤　政　易　兵
　　　杨乐华　孙康龙(12月以前)
　　　刘显平　曹　曙(9月以后)
　　　许　恺(援藏,6月以后)

【南京市玄武区人民代表大会常务委员会】
主　任:陆必坤
副主任:李永革　井祥和(1月以前)
　　　吴为民　杨冬梅

【南京市玄武区人民政府】
区　长:王海宏
副区长:杨晓阳(6月以前)
　　　孙康龙(12月以前)
　　　张　蓬　苏宇红　曹　曙
　　　王　静　胡士宁
　　　张连春(10月以后)
　　　王　东(10月以后)
副巡视员:傅根辉　顾建华(4月以后)
助　理:张连春(10月以前)
　　　王　东(10月以前)
　　　毛　军(挂职,5月以后12月以前)

【中国人民政治协商会议南京市玄武区委员会】
主　席:梁广宏
副主席:张　发　刘显平
　　　何建敏(不驻会)
　　　王连安(不驻会)
　　　冯小仙(不驻会)
秘书长:罗　军

【中共南京市玄武区纪律检查委员会】
书　记:邱小凡
副书记:于唯唯(7月以前)　丁　璇
　　　丁晓祥(7月以后)
常　委:林　朗　胡全康(7月以前)
　　　刘　康(7月以后)

【南京市玄武区人民武装部】
第一书记:单景南
政　委:汤　政
部　长:厉健康(6月以前)
　　　宗在卿(9月以后)

【南京市玄武区人民法院】
院　长:姚正陆
党组副书记:李传松(12月以前)
副院长:李传松(12月以前)
　　　李　明　郭　强　张　赟
　　　李静勤(7月以后)
　　　张泽想(兼职聘用)
纪检组长:李静勤
政治处主任:李静勤(7月以前)
　　　高　伟(7月以后)
专职审委会委员:孙郸中(7月以后)
　　　吴小晗(7月以后)
执行局局长:王海城(9月以前)
副处级审判员:高　伟(7月以前)
　　　王海城(9月以后)
调研员:王柱琴　朱国雄(5月以前)
副调研员:朱殿根(5月以前)

【南京市玄武区人民检察院】
检察长:王少华
党组副书记:卜云国(7月以后)
副检察长:卜云国　樊　凌　陈玲伟
　　　乔明达(7月以后)
纪检组长:刘锦华(7月以前)
　　　宋　晖(7月以后)
政治处主任:刘锦华(7月以前)
　　　涂　彪(7月以后)
专职检委会委员:张　前(7月以后)
　　　蔡　宁(7月以后)
副处级检察员:乔明达(7月以前)
调研员:吴立冬(11月以前)
副调研员:刘锦华(7月以后)

反贪局
局　长:卜云国(兼)

【区委工作机构】
区委办公室
主　任:滕　涛
副主任:粟　红(7月以前)　刘　云
　　　张　晖
副调研员:郭振国(6月以后)

区委、区政府政策研究室(9月以后)
主　任:刘　云(9月以后)

保密委员会办公室
主　任:粟　红(7月以前)

组织部
部　长:杨乐华
副部长:黄栋林
　　　许　恺(兼)(10月以前)
　　　夏桂萍(10月以前)
　　　张　杰(10月以后)

直属工委
书　记:黄栋林(兼)(10月以前)

组织员办公室
主　任:张　杰(7月以后)

党史工作办公室
主　任:栾　震(7月以前)
　　　宋洪兵(7月以后)
副主任:乙维清
调研员:栾　震(7月以后)

宣传部
部　长:宋晓辉(12月以前)
副部长:胡圆圆　孙　光(兼)(7月以前)
　　　杨雯懿(兼)(7月以后)
　　　汤　浩　朱海峰

精神文明办公室
主　任:胡圆圆(兼)

统战部
部　长:刘显平
副部长:甄再跃　蒋　俊　陈　俊
　　　陈　思(挂职,6月以前)
调研员:徐　婕
副调研员:何青新

台湾工作办公室(侨务办公室)
主　任:陈　俊(兼)
副主任:唐希忠(7月以后)

民族宗教局
局　长：甄再跃（兼）

政法委
书　记：易　兵
副书记：刘　勤（7月以前）
　　　梁　静（7月以后）　刘立青
　　　顾一兵（挂职）

综合治理委员会办公室
主　任：刘　勤（兼）（7月以前）
　　　梁　静（7月以后）
副主任：赵杉春

依法治区办公室
副主任：席　晨　曹　静

防范和处理邪教问题领导小组办公室
主　任：杨玉林
副主任：杨　超（7月以前）
　　　杨长伦（7月以后）
邵　兵（3月以前，挂职）
副调研员：刘秀泽

机构编制委员会办公室
主　任：王　莉（7月以后）
副主任：张训宝

机关工委
书　记：徐翠茹（7月以前）
　　　夏桂萍（7月以后）
副书记：孙良青　钱钦民
调研员：徐翠茹（7月以后）
副调研员：周　辉　余汉文

老干部局
局　长：赵锡榕（7月以前）
　　　陈秀芝（7月以后）
副局长：陈秀芝（7月以前）
　　　周　励（9月以后）
李正才（9月以后）
调研员：林德琴（3月以前）
　　　赵锡榕（7月以后）
副调研员：陈雅夏

关工委
副秘书长：周　励

督察工作办公室（9月以后）
常务主任：顾建华（9月以后）
副处级督察员：李晓青（9月以后）
　　　俞　杰（9月以后）
　　　张　坤（9月以后）

党　校
校　长：杨乐华
常务副校长：李正云
副校长：李福松（7月以前）
　　　杨承龙（7月以后）　曾　艳
调研员：刘金代　李福松（7月以后）
副调研员：王和鸣（6月以后）
　　　窦唐进（12月以后）

【区人大工作机构】

人大办公室
主　任：石　磊
副主任：刘必军
副调研员：徐国新　刘　虹
　　　钱铁军（6月以后）

【区人大各专门委员会及工作部门】

内务司法工作委员会
主　任：彭庆安

财政经济工作委员会
主　任：杨春宝
副主任：李　宇（7月以后）

人事代表工作委员会
主　任：徐龙海

环资城建工作委员会
主　任：张志荣
副主任：王　强

教科文卫工作委员会
主　任：肖　红

【区政府工作机构】

办公室
主　任：汪风华（7月以前）
　　　李大海（10月以后）
副主任：杨　杰（兼）
　　　郭　镛（7月以前）　张　军
　　　李大海（10月以前）
　　　杨耀灿（9月以后）

副调研员：孙祥希　吕　明（6月以后）

信访局
局　长：杨　杰
副局长：蔡保国（9月以前）
　　　杨长伦（7月以前）
　　　陈玉荣　高　炜（7月以后）
　　　陈　东（7月以后）
　　　周　彪（7月以后）
调研员：蔡保国（9月以后）　马晓玲

发展和改革局
局　长：王　东（兼）（10月以前）
　　　张仲金（10月以后）
副局长：陈　瑞（兼）　陈若谷
　　　魏　超（7月以前）
　　　陈如祥（7月以后）
　　　田文明（9月以后）
　　　杜景南（9月以后）
　　　徐力行（挂职，6月以后）
调研员：冯兰英（9月以后）
　　　赵武林（9月以后）
副调研员：陈如祥（7月以前）
　　　王建国（6月以后）　李成忠
　　　张宏娜

经济和信息化建设办公室（7月以后）
主　任：陈若谷（7月以后）

住房和建设局（7月以后）
局　长：刘宁旗（7月以后）
副局长：吴士建（兼）（7月以后）
　　　刘　高（9月以后）
　　　于永斌（9月以后）
　　　常本华（9月以后）
　　　张地宝（9月以后）
　　　史庆锋（9月以后）
总工程师：王继宁（9月以后）
工委书记：吴士建（7月以后）
副书记：刘宁旗（兼）（7月以后）
　　　潘全明（7月以后，9月以前）
调研员：于永斌（12月以后）
　　　黄才俊（7月以后）
　　　潘全明（9月以后）
　　　赵深泉（7月以后）
　　　沈豪（7月以后）
副调研员：胡国清（9月以后）
　　　林光亮（9月以后）

乐　伟(9月以后)
周柏贤(7月以后)
张建春(7月以后)

建设局(7月以前)
局　长:刘宁旗(7月以前)
副局长:于永斌(9月以前)
史庆锋(9月以前)
总工程师:王继宁(9月以前)
工委书记:潘全明(7月以前)
副书记:刘宁旗(兼)(7月以前)

房产局(7月以前)
局　长:吴士建(7月以前)
副局长:刘　高(9月以前)
李　安(9月以前)
常本华(9月以前)
张地宝(9月以前)
工委书记:卢爱民(7月以前)
副书记:吴士建(兼)(7月以前)
调研员:黄才俊(7月以前)
赵深泉(7月以前)
沈　豪(7月以前)
副调研员:胡国清(9月以前)
林光亮(9月以前)
乐　伟(9月以前)
周柏贤(9月以前)
张建春(9月以前)

教育局
局　长:张利明
副局长:李玉鹏　高前进　陈发山
黄子亮(9月以后)
冯小仙(兼)(7月以后)
工委书记:陈　燕
副书记:张利明(兼)
调研员:刘　水(8月以前)
副调研员:章芳华　石美芳(12月以后)

科技局
局　长:徐劲松
副局长:张玲玲　卢　洪
戚　军(9月以后)
何　勇(挂职,6月以后)
彭文峰(挂职,6月以后)
副调研员:张瑞宏

监察局
局　长:于唯唯(7月以前)
丁　璇(7月以后)
副局长:吕秀兰　胡全康(7月以前)
刘　康(7月以后)

民政局
局　长:袁　芳
工委书记:袁　芳(兼)(9月以前)
李　安(9月以后)
工委副书记:袁　芳(兼)(9月以后)
副局长:王　荣　张家华　吴成林
汪拥政(挂职,6月以后)
调研员:马静波(12月以后)
王素梅　刘晓天　王生清
朱克民(7月以后)
副调研员:曾爱玲　唐德敏

老龄委办公室
主　任:朱克民(7月以前)
袁　芳(7月以后,9月以前)
李　安(9月以后)
副主任:马静波　王　莉(7月以前)
副调研员:侯　军　黄红权(4月以前)
成丽坚

司法局
局　长:周晓波
副局长:汪传东　濮素晖
戴　健(7月以后)
调研员:曹克俊
副调研员:张鉴富

财政局
局　长:王敬玲
副局长:陈小玲　张兴保
余莉萍(7月以后)
调研员:陈小玲(12月以后)

国有资产监督管理办公室
主　任:王敬玲(兼)
副主任:黄跃峰

人力资源和社会保障局(7月以后)
局　长:马千山(7月以后)
副局长:张　栩(9月以后)
李晓娟(9月以后)
欧运祥(挂职,6月以后)
谢义忠(挂职,6月以后)
调研员:王广义(7月以后)
戴炉水(7月以后,10月以前)
副调研员:成年喜(7月以后)

人事局(7月以前)
局　长:许　恺(7月以前)
副局长:张　栩(9月以前)
李晓娟(9月以前)
调研员:王广义(7月以前)

劳动和社会保障局(7月以前)
局　长:马千山(7月以前)
副局长:沈金华(7月以前)
曹承柱(9月以前)
调研员:戴炉水(7月以前)
副调研员:成年喜(7月以前)

审计局
局　长:杨发宝
副局长:王　莉(7月以前)　龚庆亚
梅　雪(7月以后)
调研员:朱保和
副调研员:冯　旭(12月以后)

统计局
局　长:陈　瑞
副局长:钟文舟(7月以后)
副调研员:刘成斌

物价局
局　长:林　宁
副局长:董新宁(7月以前)
李运湘(7月以后)　问海燕
调研员:杨卫国
副调研员:苏立军　董新宁(7月以后)

安全生产监督管理局
局　长:王彦兴
副局长:沈　原　杨艳婷
调研员:华树平
副调研员:李联民(6月以后)

投资促进局(7月以后)
局　长:张连春(兼)(7月以后,10月以前)
魏　超(10月以后)
常务副局长:魏　超(7月以后,10月以前)
副局长:曾丽萍(7月以后)

薛剑春(7月以后)

贸促会

常务副会长：张丽娜

招商局(7月以前)

局　长：王　东(兼)(7月以前)

副局长：周长俊(兼)(7月以前)

吴开芬(7月以前)

环境保护局

局　长：顾建华(7月以前)

刘　勤(7月以后)

副局长：钱厚宁　钱丽明(7月以后)

调研员：顾建华(7月以后)

钱厚宁(12月以后)

副调研员：周　强　李勇宁　任井义

城市管理局(7月以后)

局　长：王宜湧(7月以后)

副局长：庄佳峰(兼)(7月以后)

周光银(9月以后)

周朝俊(9月以后)

刘　密(9月以后)

陈锦国(兼)(9月以后)

章　凯(7月以后)

工委书记：庄佳峰(7月以后)

副书记：王宜湧(兼)(7月以后)

工委委员：周建国(7月以后)

调研员：魏亚非(7月以后)

杨鸿新(7月以后)

副调研员：赵仁斌(7月以后)

颜秉珍(12月以后)

石志余(7月以后)

韦继红(7月以后)

高学宏(7月以后)

城市管理行政执法局(7月以前)

局　长：王宜湧(7月以前)

副局长：徐宝富(7月以前)

周光银(9月以前)

周朝俊(9月以前)

陈锦国(兼)(9月以前)

刘　密(9月以前)

工委书记：杨鸿新(7月以前)

副书记：王宜湧(兼)(7月以前)

调研员：魏亚非(7月以前)

副调研员：石志余(7月以前)

韦继红(7月以前)

高学宏(7月以前)

赵仁斌(6月以后,7月以前)

商务局

局　长：周长俊

副局长：张丽娜(兼)　袁胜宁(9月以后)

王明林(9月以前)　林生华

张　巍　单伯平(7月以后)

工委书记：刘鲁卫(7月以前)

王玉兰(7月以后,9月以前)

周长俊(9月以后)

副书记：周长俊(兼)(9月以前)

曹承桂(9月以后)

调研员：郑佩琴　王建中(3月以前)

副调研员：李业明(9月以后)

杨慧娟(12月以后)

刘建明(12月以后)

万荣华　王明林(9月以后)

旅游局

局　长：王玉兰(9月以前)

曹承桂(9月以后)

副局长：郭志芹(7月以前)

副调研员：李业明(9月以前)

文化局

局　长：孙　光(7月以前)

杨雯懿(7月以后)

副局长：肖海林(9月以前)　樊姝玉

张朝学(9月以后)

调研员：孙　光(7月以后)

肖海林(9月以后)

副调研员：张朝学(9月以前)　花小青

卫生局

局　长：蒋　健

副局长：黄云霞　奚建彬(兼)

工委书记：蒋　健(兼)

调研员：徐秀兰

副调研员：张建国　王筱菊(12月以后)

食品药品监督管理局(9月以后)

局　长：李　力(9月以后)

副局长：魏德华(9月以后)

副调研员：张秀红(9月以后)

人口和计划生育局

局　长：徐力跃

副局长：姜凤梅(7月以前)

吴　鹏(7月以前)

孙丽萍(9月以后)

冯会章(9月以后)

调研员：薛丽娟

副调研员：周晓光　金晓凤(5月以前)

张　宁　姜凤梅(7月以后)

吴　鹏(7月以后)

人防办

主　任：陈宁伟

副主任：沈金华(7月以后)　陶瑞和

李正坤(7月以前)

调研员：王延照　朱传华

副调研员：李建新(6月以后)

李正坤(7月以后)

法制办公室

主　任：郭　镰(7月以后)

副主任：郭　镰(兼)(7月以前)　陈　静

顾大松(挂职,6月以后)

体育局

局　长：张义斌

副局长：黄大志　叶　丽

调研员：王　强　蒋金平

档案局

局　长：刘苏宁(7月以前)

王　莉(7月以后)

副局长：袁茵茵

调研员：杨丽江　刘苏宁(7月以后)

副调研员：苏　成　吴丽萍(12月以后)

王　亚

地方志编纂委员会办公室

主　任：刘苏宁(兼)(7月以前)

王　莉(兼)(7月以后)

副主任：宋洪兵(7月以前)

徐庄软件产业基地管理委员会

主　任：王　旭

副主任：丁　诚(兼)

姚　雁(兼)(7月以前)

李　莹(兼)(7月以后)

吴义杰　程伟明(挂职)

胡建军　潘毓洁(7月以后)
刘冬梅(挂职,6月以后)
工委书记:丁　诚
纪工委书记:刘天树
人武部部长:刘天树(7月以后)
组织员:高　洁(9月以后)
工委委员:陆丛林(7月以前)
副处职:厉　宁　潘毓洁(7月以前)
副处级:张培友(7月以后)

珠江路科技街管理委员会
办公室主任:王　旭(兼)
办公室常务副主任:姚　雁(7月以前)
李　莹(7月以后)
办公室副主任:汪小文
工委书记:张连春(兼)(7月以前)
姚　雁(7月以后)
组织员:吴苡静
副调研员:刘言田

农　办(7月以前)
副主任:袁胜宁(9月以前)
田文明(9月以前)
调研员:冯兰英(9月以前)
赵武林(9月以前)

东部发展工作领导小组办公室
副主任:陆丛林(7月以前)

【区政协工作机构】
政协办公室
主　任:罗　军(兼)
副主任:付传年　吕　俊
调研员:陈世群(9月以后)
副调研员:胡学芳　杨发国(6月以后)

【区政协各专门委员会及工作部门】
学习文史委
主　任:夏洁诚

提案法制委
主　任:陈世群(9月以前)
黄大志(兼)(10月以后)

经济科技委
主　任:程永才(7月以后)
副主任:程永才(7月以前)

社会事业委
主　任:陶巧明

祖国统一委
主　任:蒋　俊(兼)

人口资源环境委
主　任:黄云霞(兼)
副主任:吴雄雄

【区纪委工作机构】
办公室
主　任:刘　康(7月以前)

宣传教育室
主　任:王　茜(7月以前)

信访室
主　任:黄爱华(7月以前)

纪检监察室
主　任:王育民(7月以前)
黄爱华(7月以后)

案件审理室
主　任:丁晓祥(7月以前)
王育民(7月以后)

执法监察室
主　任:胡全康(7月以前)
刘　康(7月以后)

党风廉政室
主　任:黄燕明

效能监察室
主　任:王　茜(7月以后)
调研员:于唯唯(7月以后)
副调研员:钟　悦

【南京市玄武区各群众团体】
总工会
主　席:杨冬梅(兼)
副主席:尹　征　杨　超(7月以后)
胡　静(9月以后)
调研员:朱久英(6月以前)
副调研员:颜焕琪

团区委
书　记:杨雯懿(7月以前)
孙　荟(9月以后)
副书记:孙　荟(9月以前)
张丽霞

妇　联
主　席:丁小禾(7月以前)
方志秀(7月以后)
副主席:卢　惠(7月以前)
潘丽云(9月以后)
调研员:丁小禾(7月以后)
副调研员:刘永玲

工商联
主　席:张　蓬(兼)
党组书记:甄再跃(兼)
常务副主席:陈竞赛(7月以后)
副主席:甄再跃(兼)　张海宁
副调研员:白俊禄

残疾人联合会执行理事会
理事长:卢卫东
副理事长:王向东　汤晓滨
调研员:徐毓兰
副调研员:刘有禄

红十字会
常务副会长:奚建彬(7月以后)
副　会　长:颜晓民(9月以后)

【南京市玄武区各街道】
新街口街道
工委书记:张金柱(7月以前)
蓝　军(7月以后)
工委副书记:蓝　军(兼)(7月以前)
吴开芬(兼)(7月以后)
王礼铭
组织员:赵厚富(7月以前)
叶海阳(9月以后)
统战员:郑宏伟(7月以前)
人大工委主任:郭　民
办事处主任:蓝　军(7月以前)
吴开芬(7月以后)
办事处副主任:钟文舟(7月以前)
邱　健　盛　莉
郑宏伟(7月以后)
唐　谧

政协工委主任：王礼铭（7月以后）
人武部长：李坚明
调研员：史爱进　张金柱（7月以后）
副调研员：吴瑞堂　陈金玉
　　潘　翔（6月以后）
　　储玲仪　马长康（12月以前）
　　路家才　戴洪宁　汪宗寿
　　赵厚富（7月以后）

梅园新村街道

工委书记：张仲金（10月以前）
　　黄栋林（10月以后）
工委副书记：张铁波（兼）　鲁　中
组织员：韩春云（7月以前）
　　陆　中（7月以后）
统战员：王　丽
工委委员：马义兵（7月以后）
人大工委主任：陈光辉（7月以前）
　　徐宝富（7月以后）
办事处主任：张铁波
办事处副主任：马绪彪
　　李运湘（7月以前）
　　李希平　吴　恒
　　韩春云（7月以后）
　　陈　明
　　杨爱军（挂职，6月以后）
政协工委主任：鲁　中（7月以后）
人武部长：吴锦友
调研员：杨意中　夏宇华（11月以前）
　　陈光辉（7月以后）
副调研员：严小平　陆红霞（6月以后）
　　张敦凤　唐意珍
　　官秀芬　邓　霞　濮伟华

玄武门街道

工委书记：徐晓洁
工委副书记：姚晓晖（兼）
　　粟　红（9月以后）
组织员：王颖川（7月以前）
统战员：吴　民
人大工委主任：唐凯举（7月以前）
　　刘鲁卫（7月以后）
办事处主任：姚晓晖
办事处副主任：陈竞赛（7月以前）
　　刘思承
　　周建国（7月以前）
　　刘艳军
　　左　斌（7月以后）
　　成之福（12月以前）
　　邵　伟（12月以后）
政协工委主任：徐晓洁（兼）（7月以后）
人武部长：彭家全
调研员：张纯如　唐凯举（7月以后）
副调研员：张玉增　韩　峰　吴　萍
　　聂德俊（6月以后）
　　张占荣（12月以前）
　　马圣明　万巧姣

后宰门街道

工委书记：张可道（7月以前）
　　汪风华（7月以后）
工委副书记：郭建军（兼）
　　方志秀（7月以前）
　　卢　惠（7月以后）
组织员：秦丽华
统战员：姚长青
人大工委主任：司马杰（10月以前）
　　邓志林（10月以后）
人大工委副主任：邓志林（10月以前）
办事处主任：郭建军
办事处副主任：梁兴贵
　　庄佳峰（7月以前）
　　王鲁威
　　郑　宁（7月以后）
　　石苏连（12月以前）
　　李　军（12月以后）
政协工委主任：汪风华（兼）（7月以后）
人武部长：臧中平
调研员：郝昌喜　司马杰（9月以后）
副调研员：张忠义　杨珍梅（12月以后）
　　邵连友　蒋保仁（3月以前）
　　倪建国　赵佳进（5月以前）
　　宋依海

锁金村街道

工委书记：刘汉明
工委副书记：刘秀娟（兼）
　　张　杰（7月以前）
　　王颖川（7月以后）
组织员：杨承龙（9月以前）
　　陶　勇（9月以后）
统战员：张玉军（9月以前）
　　宋兴平（9月以后）
人大工委主任：吴天荣
人大工委副主任：倪学金
办事处主任：刘秀娟
办事处副主任：韩以海（7月以前）
　　朱明勇　邹德勇
　　朱　骏
　　滕　军（12月以前）
　　郑宁兵（12月以后）
政协工委主任：刘汉明（兼）（7月以后）
人武部长：朱国宾
调研员：孙玉华
副调研员：唐德明　赵　辉　杨永平
　　张国祥　章福财（6月以后）
　　赵元敬　邢国兰　曾裔萍
　　韩以海（7月以后）
　　张玉军（7月以后）

孝陵卫街道

工委书记：徐　春（9月以前）
　　戴康顺（9月以后）
工委副书记：戴康顺（兼）（9月以前）
　　王玉兰（兼）（9月以后）
　　梁　静（7月以前）
　　戴修成（7月以后）
组织员：王守祥（9月以前）
　　郝洛元（9月以后）
统战员：陈晓君
人大工委主任：刘德林（7月以前）
　　卢爱民（7月以后）
人大工委副主任：王守祥（10月以后）
办事处主任：戴康顺（9月以前）
　　王玉兰（9月以后）
办事处副主任：梁耀顺（9月以前）
　　郭志芹（7月以后）
　　解　军　陈建志
　　戴修成
　　张　云（12月以前）
　　李建华（12月以后）
　　潘　苏（挂职，6月以后）
政协工委主任：戴康顺（兼）（7月以后）
人武部长：汤永锦
调研员：胡纯刚　刘德林（7月以后）
副调研员：戴伟华　顾汇英（12月以后）
　　杨苏燕　赖龙英
　　梁耀顺（9月以后）

玄武湖街道

工委书记：杨伟俊（7月以前）
　　张可道（7月以后）
工委副书记：杨　宁（兼）
　　李　莹（7月以前）

任　钰(7月以后)
组织员:方明城
统战员:赵良华
人大工委主任:张　瑜
办事处主任:杨　宁
办事处副主任:池宝平
任　钰(9月以前)
孙宝银(7月以前)
赵　宁　陶志龙
方明城(9月以后)
徐国平
政协工委主任:任　钰(7月以后)
人武部长:丁正富(7月以前)
陆丛林(7月以后)
调研员:池宝平(12月以后)
杨伟俊(7月以后)
副调研员:陆建新　谢福明
宗岳奇　穆顺明(6月以后)
王　玲(6月以前)　江东云
邹国兴　卢道华
孙宝银(7月以后)
丁正富(7月以后)

红山街道

工委书记:王冬梅
工委副书记:王昌荣(兼)
胡全康(7月以后)
组织员:刘盘铭
统战员:陈红飞
人大工委主任:梁建东
人大工委副主任:徐其和
办事处主任:王昌荣
办事处副主任:施时萍　章　川
雷修强(7月以后)
徐向军(12月以前)
鲍　瑞(12月以后)
人武部长:贺国华
政协工委主任:王冬梅(兼)(7月以后)
调研员:李宗明　张洪南
副调研员:包进堂　陶保玖
陆重阳　苏国保

【区直属企事业单位】

玄武区国有资产投资管理控股(集团)有限责任公司

董事长:王　旭(兼)
董　事:郝晓京　刘　高
总经理:王　旭(兼)
副总经理:连　钢
监事会主席:郝晓京
监事会副主席:黄跃峰(兼)
财务总监:刘全庆

玄武区房屋拆迁安置办公室

主　任:刘　高(7月以前)
周秋云(7月以后)
支部书记:周秋云
副主任:周秋云(兼)(7月以前)
陈建明(9月以后)

玄武区房地产开发总公司

经　理:李　明
副经理:张玉兰　商明明(7月以后)

南京宁武房地产开发总公司

经　理:刘　高
副经理:黄建宁　郭文胜　黄立新
曹　静(9月以后)
胡佳平(9月以后)

玄武区商业网点建设办公室

主　任:刘　高
副主任:黄建宁　郭文胜　黄立新
曹　静(9月以后)
胡佳平(9月以后)
支部书记:刘　高

玄武区劳动就业管理中心

主　任:李　艳

玄武医院

院　长:徐正海
总支书记:杨龙海

火车站综合管理办公室

主　任:王宜湧(兼)
副主任:陈锦国　周建国(7月以后)
黄寿鹤　张洁光

【垂直管理部门】

公安分局

局　长:胡士宁
政　委:杜浦生(8月以前)
蒋虻芒(9月以后)
副局长:吴晓马　李国保(9月以前)
梅中亚(8月以后)
纪检室主任:苗　满(9月以前)
解冠华(10月以后)

工商分局

局　长:王志坚
副局长:韩建国(正处级)　郝志坚
刘革新　孔祥盛
纪检组长(调研员):陆　辉
调研员:房新中
副调研员:谈伏初　陈晋勇
杜　梅　张　虹

国税局

局　长:刘许鹰
副局长:曹雨晴　张建国　曲　霞
副调研员:许文新　夏广余　华　晶

地税分局

局　长:王冬明
副局长:林　斌　虞　华
钱宏根(11月以前)
副调研员:钱宏根(11月以后)　许晓燕
鲍　平　王　玲　戴敬瑞
来振春　王小洪

质量技术监督分局

局　长:周　洁(6月以前)
薛华珍(7月以后)
党组书记:孔祥建
副局长:聂　猛(7月以后)
(兼任党组副书记)
毛建新
调研员:陈　贵
副调研员:朱龙明　赵长春　谷杭刁

2010 年玄武区街道、社区、行政村一览表

街道办事处		社区居民委员会		村民委员会	
名称	驻地	个数	名　称	个数	名称
新街口	大石桥 19 号	6	香铺营、长江路、北门桥、唱经楼、大石桥、成贤街		
玄武门	天山路 5-2 号	6	台城花园、百子亭、大树根、高楼门、天山路、廖家巷		
梅园新村	太平北路 120-1 号	7	花红园、东南大学、兰园、公教一村、大影壁、梅园新村、大行宫		
后宰门	富贵巷 18 号	6	半山园、佛心桥、富贵山、北安门、清溪路、太平门		
锁金村	锁金村 67 号	8	锁一、锁二、锁三、锁四、锁五、新庄、紫鑫城、南林大		
孝陵卫	罗汉巷 119 号	11	小卫街、孝陵卫、晏公庙、沧波门、钟灵街、农科院、南农大、铁匠营、理工大、康定里、银城东苑	2	余粮、沧泀门
玄武湖	板仓街 98 号	10	板仓、花园路、蒋王庙、樱驼花园、东方城、樱铁村、仙鹤门、仙居雅苑、仙居茗苑、聚宝山		
红山	营苑南路 58 号	9	北苑、月苑、营苑、红山公园、曹后、藤子、墨香山庄、红山、阳光嘉园	2	红山、藤子

2010 年玄武区地名命名、更名、销名表

地　名	类　别	所在位置
峨嵋公寓	住宅区	安仁街东侧、峨嵋路北侧
德基广场(调整)	综合性建筑群	东至青石街、西至中山路、南至工商银行、北至长江路
臻园	内组团	阳光聚宝山庄　芙蓉街区、樱花街区、米兰街区合并更名
芙蓉街区(销名)	内组团	阳光聚宝山庄二期
樱花街区(销名	内组团	阳光聚宝山庄二期
米兰街区(销名)	内组团	阳光聚宝山庄二期
中山博爱路	道路	南起中山门大街、北至中山陵(东沟)停车场

大事记

Chronicles

1 月

5 日，中央第三巡回检查组副组长吴恒一行 3 人调研视察玄武门街道台城花园社区学习实践科学发展观活动进展情况。

5~8 日，区十六届人民代表大会第三次会议召开。会议听取审议了区十六届人大常委会、区政府、区法院、区检察院等工作报告。会议期间代表共提出批评、意见和建议 95 件。

△区政协召开第十届三次会议。区四套班子和"法检两院"领导，全体政协委员、列席人员，区政协历届正职老领导和区机关部门负责人近 300 人出席大会。

11 日，徐庄重点项目集中开工仪式举行，区四套班子主要领导等 200 多人参加。当日玄武门街道中央路 266 产业园举办开园仪式。

△余粮一期经济适用房建设项目举行奠基仪式。区四套班子主要领导及丰盛集团领导等参加。

13 日，区长王海宏主持召开玄武区城市环境"三个提升"暨 2010 年城建城管工作会议。区建设局、房产局、市容局、环保局和新街口街道分别发言。

14 日，团中央权益部副部长卢国慧，全国政协委员陈凯、梁丽萍，团中央维权工作处副处长王尔东及省市区团委领导一行 15 人到珠江路小学考察"互联网时代的青少年生活方式"。

19 日，在全市 13 个区县政府和市级行政执法机关 2009 年度依法行政工作综合考核中，玄武区在全市区县政府综合排名第一位。

22 日，2009 年全区三个文明建设总结表彰暨 2010 年奋斗目标签字大会召开。

26 日，AMD(超威半导体)全球高级副总裁及 AMD 大中华区总裁郭可尊女士、全球软件工程副总裁 BenBar~Haim 先生、软件工程副总裁 AngelaNeill 女士、AMD 上海研究院软件工程高级总监 DarwinLi 先生及 AMD 中国公司政府关系高级顾问齐鸣先生等一行 7 人考察玄武区徐庄软件产业基地。市委副书记陈绍泽、市政府副秘书长、南京高新技术产业开发区管委会主任施卫国、玄武区委书记单景南、江苏省经济和信息化委员会副主任龚怀进等参加接待。

△玄武区第一届文化创意产业发展论坛暨文化企业联席会召开。省市区有关领导，以及区文化产业相关部门、街道和 26 家文化企业参加。

28 日，玄武区委组织部、统战部和区科技局共同举办归国留学人员新春联谊会。

2 月

5 日，世界五百强德国 DB－SCHENKER 集团在中国的首家研发中心迪比信可(南京)信息技术服务有限公司在徐庄基地举行开业庆典。

9 日，区长王海宏率区政府办公室、发改局、科技局、财政局、人事局和孝陵卫街道主要领导到南京农业大学，开展"科技创新高校院所行"活动，南京农业大学校长郑小波等陪同。

14 日，市委常委、常务副市长沈健、区长王海宏等领导检查指导火车站地区扫雪除冰工作。近百人扫雪应急保障队和南京军区临汾旅 410 名官兵参与扫雪除冰。

20 日，玄武区机关作风建设暨重点工作项目推进会召开。徐庄软件园、孝陵卫街道、区民政局等 3 个单位发言。

△区劳动和社会保障局联合锁金村街道在南京市火车站开展以"保障民工权益、促进城乡和谐"为主题，为进城务工农村劳动者服务的"2010 春风行动"广场咨询招聘活动。

26 日，全区党建工作会议召开，区委书记单景南出席会议并讲话。区委常委、宣传部部长宋晓辉对全区宣传思想文化工作进行全面部署。

27 日，全区重点项目推进会召开，区四套班子全体领导、各街道党政主要负责人、承担目标任务的相关部门主要负责人、区委督查综合组和驻点组组长出席会议。

3 月

1 日，区委、区政府召开 2010 年度安全生产暨消防工作会议。

3 日，区委书记单景南在徐庄软件产业基地接待中科院微电子研究所叶甜春所长一行。

16 日，市委常委、政法委书记杨植到玄武区调研，区委书记单景南陪同。

17 日，玄武区召开"五五"普法依法治理考核验收动员大会。

23 日，经全国社区教育专业委员会批准，梅园街道成为全国首批"全国数字化学习实验街道"。

26 日，玄武区举行小区院落环境卫生精细化管理工作会议。副区长曹曙、市市容局环卫处处长毛华俊到会并讲话。

30 日，人民日报社江苏分社入驻徐庄软件产业基地签约仪式举行。

△玄武区政府、市旅游局、市台办、市餐饮商会主办，玄武区旅游局和区台办共同承办的"第二届南京玄武民国时期美食节"活动在黄埔大酒店举行。

31 日，玄武区深入学习实践科学发展观活动总结大会召开，区委书记单景南作总结报告。

△玄武区"童心迎青奥"亲子运动会开幕式在成贤街小学分校举办，300 余人参加。

4 月

2 日，区委常委、宣传部部长宋晓辉、副区长王静陪同国家计生委副主任赵白鸽视察玄武区社区计生工作。

△区委统战部、区劳动和社会保障局、区工商联和红山街道共同举办"玄武区部门联动援助重点项目就业专场招聘会"，现场为失业人员提供近千个工作岗位及多项免费培训项目。

△区文明办、区文化局主办，玄武湖街道、锁金村街道、后宰门街道协办的玄武区第十四届"玄武之春"广场文艺演出

在白马湖公园北广场举行。

7日，区政协举办“转型发展、创新发展、跨越发展”学习报告会，并邀请市委党校教育长王玉珍教授作专题辅导。

9日，省老龄办主任张建平一行3人在市区有关领导陪同下，到锁金村街道调研“老年宜居社区”创建和居家养老服务工作。

13日，玄武区召开“2010年珠江路中小企业融资对接会”。南京银行、民生银行、宁波银行、浦发银行、中国银行、光大银行、国发担保、鑫凯担保、鑫信担保等12家金融机构负责人及企业代表80多人参加。

18日，副省长史和平检查沪宁城际铁路绿化和环境整治工作，副区长曹曙参加。

22日，区委、区政府和区综治委组织召开社会管理创新暨信息网络安全管理工作推进会。市委政法委副书记、市综治办主任徐福华，区四套班子有关领导等100余人参加。

24日，区委宣传部、区总工会、区劳动和社会保障局、区科技局、团区委联合组织，历时3个月、万余名职工参加的玄武区第十二届职工技能大练兵、技术大比武活动，当日在南京第五十四中学进行技术大比武决赛，区委书记单景南出席。

25日，省知识产权局、版权局和市知识产权局等10家单位联合主办，市版权局、玄武区知识产权局承办的“隆重纪念第十个世界知识产权日”广场宣传活动在浮桥市民广场开幕。

27日，2010年南京·玄武重大项目投资洽谈会暨台湾企业家走进玄武专场活动在南京维景国际大酒店举行，台湾电机电子工业同业公会副理事长郑富雄先生、中华两岸连锁经营协会副会长、和成卫浴董事长邱士楷先生、台湾新竹科学园区工会总干事张致远先生等台商以及各类知名客商约200多人参加活动。活动由玄武区政府主办，南京市政府台湾事务办公室协办

30日，玄武区非公企业“五型”党组织创建暨项目化菜单式活动推进会召开。区委组织部长杨乐华、中科集团董事长王连安出席。

21~23日，区委组织部、统战部、党校共同举办的党外干部培训班在江苏省社会主义学院开课。来自区机关部门以及中学的党外干部20余人参加培训。

5　月

5日，玄武区召开第六次全国人口普查动员部署会。

6日，玄武区第五届综合运动会开幕式在区体育活动中心举行。

8日，玄武区教育系统召开“向劳模学习、做学生爱戴、人民满意的教师”大会。

11日，省人大常委会副主任柏苏宁、市人大常委会副主任李福全一行11人来玄武区调研区人大常委会加强制度建设、发挥代表主体作用、强化“家、室”平台建设等工作情况。

△区委书记单景南在区信访局接待康定里居民8名代表。区委政法委书记易兵等参加。

12日，玄武区召开第九届村委会换届选举动员会。

15日，区科协、社科联、民政局、科技局、人口计生局、新街口街道、梅园新村街道、玄武门街道联合在浮桥广场举办2010年全国科技活动周暨玄武区第二十二届科普宣传周、2010年全国“防灾减灾日”活动。

19日，全国政协副主席郑万通率全国政协常委视察团视察徐庄软件产业基地入园企业先声药业集团，调研园区发展战略性新兴产业工作情况。张连珍、张九汉、包国新、缪合林、沈健、钱继红、王建华、孙惟勤、单景南、王海宏等省、市、区领导陪同。

23日，玄武区文联在北极阁广场举办“鼓韵玄武·金陵五月风”第三届社区文艺团队大赛暨第九届社区文化艺术节活动。

26日，国家国民体质监测中心王主任率领国家国民体质监测检查组到玄武区检查和指导第三次国民体质监测工作。

28日，新街口街道“纳税人之家”网络服务平台启动仪式隆重举行。副区长杨晓阳点击启动“纳税人之家”网络服务平台。

6　月

1日，由区委组织部、宣传部、区社教办联合主办，玄武门街道协办的以“学习，让党组织充满活力”为主题的玄武区第九届“社区学习节”启动仪式暨“四面八方对话玄武门”学习型党组织建设主题论坛在台城花园社区举办。

△新加坡贸工部兼人力部政务部长李奕贤一行到徐庄软件产业基地进行交流考察，省科技厅副厅长曹苏民、市科委副主任郑加强、玄武区副区长张蓬等陪同参观考察。

3日，“对接世博·玄武之夜”专场活动在上海老码头中心广场举行，部分欧洲国家的驻沪领事和海外客商等近百人参会。区委书记单景南、区政协主席梁广宏、区委副书记张萍、区委常委、宣传部长宋晓辉、区委常委、常务副区长杨晓阳、区人大副主任李永革、区政府副区长王静、区长助理王东等区领导出席；玄武区友好城区——上海黄浦区党政领导也应邀出席当晚的活动，并和本区进行友好对接。

13日，玄武区在大行宫广场举办以“安全发展、预防为主”为主题的“安全生产咨询周”启动仪式及广场咨询活动。

30日，北京国际饭店举行的南京科技创新与新兴产业发展推介会上，区长王海宏与中科院微电子所所长叶甜春正式签定共建“南京物联网研究与产业化中心”合作协议。

22~23日，省政府参事、国家督学、省政府教育督导团副总督学、原省教育厅副厅长祭彦加带领的省政府教育督导考核组一行8位专家，对玄武区教育工作进行全面督导考核。

7　月

7日，省人大常委会副主任、省总工会主席张艳在南京市委常委、市总工会党组书记、主席许慧玲及省、市总工会相关部门领导的陪同下，到玄武区非公企业先声药业集团进行调研。

8 日，市长季建业到玄武区调研，区委书记单景南做汇报。区领导王海宏、陆必坤、宋晓辉、张蓬等参加。

14 日，在省委、省政府召开的全省法治县（市、区）创建工作总结表彰大会上，玄武区被表彰为“江苏省法治县（市、区）创建工作先进单位”。

27 日，玄武区在锁金村街道召开“推进新一轮和谐社区建设现场会”。

8 月

2 日，区政协在锁金村街道举行政协街道工作委员会成立及揭牌仪式，标志着政协街道工作委员会正式成立。市政协副主席徐立新及区四套班子主要领导等 100 余人参加。

4 日，市委书记朱善璐调研玄武区安全生产工作，区委书记单景南陪同调研。

24 日，玄武区召开区委常委（扩大）会暨公共文明指数测评迎查再推进大会。

27 日，市人口计生信息化建设暨阳光政务推进会在玄武区召开，省人口计生委副主任张春延、市人口计生委主任姬桂玲、副主任刘贵春、玄武区政府副区长王静等领导及 13 个区县的人口计生局局长等参加。

29 日，玄武区政府、市级机关工委、南京体育学院主办的“青奥与文明同行”群众性广场体育活动在南京火车站站前广场举行，区委常委宣传部长宋晓辉、副区长王静参加。

9 月

5 日，国家民政部社区建设司司长王金华到后宰门街道调研。

7 日，玄武区隆重召开“庆祝第二十六个教师节暨斯霞百年诞辰纪念大会”。全区各中小学、幼儿园、直属单位负责人、教师代表、受表彰教师代表，退休教师代表近 600 人参加。

△省委书记梁保华在副省长曹卫星、省教育厅厅长沈健、玄武区区长王海宏、副书记张萍等领导陪同下到南京市第九中学慰问教师。

9 日，北京东路小学附属幼儿园园长吴邵萍当选全国十大“教书育人楷模”。在北京受到胡锦涛总书记亲切接见。

15 日，“苏台文化·创意玄武”在垠坤·创意中央科技文化园召开。

16 日，市人大常委会副主任杨植等视察玄武区法律援助中心，区人大常委会副主任吴为民陪同。

26 日，玄武区委、区政府主办，华海电脑数码通讯广场股份有限公司、南京市珠江路商会、徐庄软件产业基地管委会、珠江路管委会办公室联合承办的 2010“华海 3C”杯第十二届珠江路电脑节在珠江路华海 3C 广场开幕。

28 日，区政府、区政协和南京市科协联合主办的第十二届“玄武科技与发展论坛”在徐庄软件产业基地举行，论坛以“探讨政产学研合作新机制，促进玄武创新型经济发展”为主题，100 余人参加。

10 月

13 日，玄武区委、区政府主办，区民政局、老龄办共同承办的“敬老月和谐情——玄武区庆祝南京市第 24 个老人节暨老龄工作表彰会”召开。省市区有关领导及全区 300 名老年人代表等参加。

20 日，江苏省统计局、国家统计局江苏调查总队、南京市统计局、国家统计局南京调查队和玄武区统计局联合在鼓楼广场举办庆祝联合国确定的“世界统计日”大型广场宣传活动。

23 日，玄武团区委在 1912 浦发广场举行“青春律动炫彩人生”玄武青年形象展示秀暨 2010 年玄武区青年文化体育节开幕式，区委副书记张萍、区人大副主任吴为民、团市委副书记李世峰等出席。

29 日，副市长徐珠宝、市城管局局长许卫宁带领“三个提升”指挥部及相关部门工作人员，在副区长王东的陪同下视察玄武区街巷整治及雨污分流工程。

31 日，中共中央政治局委员、全国政协副主席王刚视察南京火车站及站前广场。省市区领导梁保华、罗志军、朱善璐、季建业、王海宏等陪同。

26~27 日，玄武区被省教育厅评为“江苏省学生阳光体育运动先进区”。

11 月

4~6 日，区人大第四届理论研究会 2010 年年会暨理事会在江苏省泗洪县举行。市人大常委会副秘书长顾善祥参会。

12~13 日，国家科技部国际合作司司长靳晓明来南京参会期间向徐庄国际集成电路设计产业园颁发“国家国际科技合作基地”牌匾。13 日，靳晓明一行到徐庄考察了迪比信可、博兰得、埃森环境、先声药业等企业。

13 日，南京国际技术转移大会集成电路设计国际合作专场论坛在徐庄成功举办。

14 日，市委书记朱善璐在市物价局长徐宁、区长王海宏以及相关部门领导陪同下，视察玄武区进香河集贸市场经营和农副产品价格情况。

15 日，江苏省“十一五”期间人口和计划生育目标管理责任制终期评估检查组在省人口计生委孙燕丽主任的带领下，对玄武区贯彻落实省“十一五”期间人口和计划生育工作目标任务及创建省“十一五”期间人口协调发展先进区工作进行考核验收。市委副秘书长张强、市人口计生委主任姬桂玲、区政府区长王海宏等参加座谈会。

△全国政协离退休干部局局长郑燕军一行 10 人在省委老干部局副局长王爱国、市委老干部局副局长严建华等陪同下来到玄武区台城花园社区，参观指导社区老干部“四就近”服务工作。

25~26 日，“全国创造自己的高效教育经验研讨会”在玄武区召开。

12 月

1 日，省价格督察组一行在市政府副市长陈刚、市物价局局长徐宁和玄武区副区长张蓬、区物价局领导等陪同下，走访视察进香河农贸市场和小营华润苏果超市。

6日，省质监局批准发布的83项省地方标准中，《居家养老服务规范》名列其中。该标准由江苏省老龄委提出，南京市质量技术监督局玄武分局、玄武区老龄委、玄武区民政局共同起草。

7日，区委召开九届二十九次全委(扩大)会，单景南书记出席会议并做《加快转变发展方式，全面提升竞争优势，奋力开创玄武特色的转型创新跨越发展新局面》主题报告。

10日，玄武区被评为首批"全国法治县(市、区)创建活动先进单位"。

22日，玄武区首届"双十佳"社区工作者评选活动拉开帷幕。全区8个街道40名社区工作者参加评选。省、市、区相关领导以及社区群众200余人参加活动。

28日，玄武区2010年"三大增长极"联会召开。区委书记单景南、区长王海宏及分管各增长极单位的区委常委等领导，处于"三大增长极"的新街口街道、梅园新村街道、后宰门街道、徐庄管委会和孝陵卫街道的党政领导参加会议，玄武湖街道党政领导列席会议。

△ 司法部副部长郝赤勇一行，在省司法厅副厅长姜金兵、市司法局副局长孙小忠，区委常委、政法委书记易兵等领导的陪同下视察玄武区社区矫正管理教育服务中心。

台城风光

余粮村

YU LIANG CUN

村党支部、村委会开会研究征地拆迁善后工作

南京麒麟科技生态创新园的建设，加快了我们余粮村的农村城市化进程，我村所辖的余粮庄、五百户和小庄三个自然村全部整体拆迁。在整个征地拆迁过程中，村党支部、村委会坚决贯彻执行市、区、街道的各项决定，积极配合南京麒麟科技生态创新园玄武区拆迁指挥部开展的征地拆迁工作，目前，各项工作基本完成，有力的促进了科技园工程项目建设的全面开展，得到各级领导的充分肯定。

村党支部、村委会围绕征地拆迁善后事务开展工作，坚决执行党和政府的各项决定，保障广大村民的合法权益，为村民排忧解难，稳定失地村民的思想情绪，引导他们适应从农民到城市居民的转变，维护本地区的社会稳定，发挥村委会这一最基层组织的战斗堡垒作用，为促进余粮农村城市化，城市现代化建设做出贡献，向党和政府、向社会交出满意的答卷。

建设中的综合治理办公楼

党政

Party and government

- 中共玄武区委员会
- 玄武区人民代表大会
- 玄武区人民政府
- 玄武区政协

中共玄武区委员会

【全区机关作风建设暨重点项目推进大会】 2月20日，区委召开全区机关作风建设暨重点项目推进大会，总结2009年机关作风建设情况，部署2010年机关作风建设任务。会议要求全区各部门进一步增强做好"五服务"工作的责任感和紧迫感，认真贯彻市委关于"五服务深化年"的总体要求，切实强化"六种意识"(即：宗旨服务意识、履职尽责意识、锐意创新意识、奋勇争先意识、效率至上意识和务实干事意识)，重点在服务"三个发展"上赢得更大成果，在长效机制建设上取得更大实效，在满足现实需求上投入更大精力，在增强服务能力上实现更大突破。同时，把作风建设落实到工作实践之中，做到"两加快、三突出、三强化"(即加快项目实施，加快工作节奏；突出发展高端现代服务业，突出打造三个核心增长极，突出做强特色经济；强化项目管理，强化项目运作，强化项目服务)，努力实现全区项目工作大提速大发展。会议号召全区广大党员干部迅速把思想和精力集中到重点项目上，以更高的标准要求自己，以更扎实的作风开展工作，为玄武勇当全市转型发展的引领者、创新发展的排头兵、跨越发展的先行军作出更大贡献。区四套班子全体领导，各街道、系统、区机关各部门科以上干部，各社区居民委员会、行政村党支部书记、主任以及区机关干部代表共628人参加了会议。

【区委党建工作会议】 2月26日，区委召开全区党建工作会议，总结2009年全区党建工作情况，部署2010年党建各项工作。会议要求紧扣发展、形势和民意谋党建，为玄武经济社会更好更快发展提供坚强保证；持续推进思想解放，持续推进社会和谐，持续推进队伍建设，持续推进效能提升，当好推动"三个发展"的领导者、组织者和实践者；高度重视、不断改进和继续夯实党建工作的基层基础。会议号召全区各级党组织和广大党员干部振奋精神，锐意进取，扎实工作，不断开创党建工作的新局面，为推动玄武特色的转型发展、创新发展、跨越发展而努力奋斗。

【区委九届二十七次全委(扩大)会议】 7月9日，区委召开区委九届二十七次全委(扩大)会议，深入贯彻落实中央和省市有关决策部署，回顾总结上半年工作，研究分析当前形势，全面部署下半年任务，进一步动员全区各级党组织和广大党员干部，开拓创新，奋力拼搏，确保圆满完成年度目标任务，为推进玄武特色的转型发展、创新发展、跨越发展奠定坚实基础。会上，区委书记单景南代表区委常委会，作了题为《开拓创新，奋力拼搏，确保圆满完成全年各项目标任务》的工作报告，会议要求聚焦创新驱动战略，全力增创竞争优势；巩固回升向好势头，加快产业转型升级；坚持民生基本导向，促进社会和谐稳定；切实加强党的建设，不断提升执政能力。会议号召全区上下继续保持敢为人先的创新精神、昂扬向上的拼搏斗志、克难奋进的实干作风，确保圆满完成全年各项目标任务，为走在新一轮科学发展前列作出新的更大的贡献。区四套班子全体领导；区委委员、候补委员，区纪委委员；各街道党工委、人大工委、办事处负责人，各系统党政主要负责人，机关各部门及人大各工委、政协各专委会主要负责人；全体党代表共215人参加会议。

【区委工作(务虚)会】 11月22日，区委组织四套班子领导以及各街道、区机关各部门和各系统主要负责人共128人在浦口召开区委工作(务虚)会议，回顾总结"十一五"期间经验得失，研讨"十二五"期间和2011年工作，明确未来战略、目标、主攻重点。会议全面贯彻落实党的十七届五中全会精神，重点就"十一五"期间的发展成就与宝贵经验、2011年及"十二五"期间发展形势分析、"十二五"

期间的总体思路和发展战略、2011 年的各项重点工作等方面进行了深入研讨，客观深入地分析了存在问题，研究提出一系列具有很强针对性的对策措施，初步确定了“十二五”期间的总体思路和发展战略以及 2011 年全区工作的重点、思路和目标。

【区委九届二十九次全委(扩大)会议】 12 月 7 日，区委召开九届二十九次全委(扩大)会议，深入贯彻落实党的十七届五中全会精神，回顾总结 2010 年工作，深入分析当前形势，全面部署 2011 年任务。会上，区委书记单景南代表区委常委会，作了题为《加快转变发展方式，全面提升竞争优势，奋力开创玄武特色的转型创新跨越发展新局面》的工作报告。会议审议通过了区委《关于制定玄武区国民经济和社会发展第十二个五年规划的建议》，明确 2011 年工作以坚持科学发展、奋力走在前列为主题，以加快转变经济发展方式、推进玄武特色的转型创新跨越发展为主线，抓项目促结构转型，抓创新促产业升级，抓民富促和谐稳定，抓文明促品质提升，全面加强和改进党的建设，进一步提升综合竞争力，努力为玄武率先基本实现现代化、建设现代化国际性人文绿都标志区奠定坚实基础。会议动员全区各级党组织和广大干部群众，以改革创新的精神、求真务实的作风、攻坚破难的行动，永不满足，永不止步，永不懈怠，奋力开启“十二五”期间科学发展的新征程，开创玄武特色的转型创新跨越发展的新局面。区四套班子领导；区委委员、候补委员，区纪委委员；各街道党工委、人大工委、办事处负责人，各系统党政主要负责人，机关各部门及人大各工委、政协各专委会主要负责人；全体党代表共 232 人参加会议。

【保密工作】 2010 年，结合新《保密法》的实施，积极做好全区干部保密宣传教育，强化干部职工保密观念。有针对性地对涉密人员开展防窃密培训教育。开展保密检查。不定期检查区属网站，确保涉密信息不上网。抽查区机关非涉密计算机，检查区机关涉密计算机，规范各部门计算机、涉密载体、计算机网络的使用和管理。帮助和指导相关部门做好保密工作。做好技侦人员管理。走访、调查全区从事过技侦工作的专业干部，实时动态掌握他们思想状况、工作表现，并向上级汇报。及时解除脱秘期满技侦干部的工作和出国限制。对全区 7 家涉密载体印刷厂逐一进行审核，掌握定点单位的生产状况。 (刘心林)

链接

紧扣三个发展，努力实现全区项目工作大提速

当前全区最主要的工作、最重要的实践就是紧紧围绕“三个发展”的总体战略，牢牢把握项目这个根本抓手，以重大项目带动产业升级，以机制创新促进环境优化，以项目工作的提速增效推动玄武发展的转型跨越，具体做到“两加快、三突出、三强化”。

两加快，即：加快项目实施。紧紧抓住当前宏观政策微调前的有利时机，进一步加快经济项目的招商、落地和建设步伐，力争多上项目、上大项目，为今年以及未来一段时期发展争夺先手、争取主动。四套班子领导要按照责任分工，把主要精力用于指导推进项目工作，及时有效地解决项目难题、扫清发展障碍；各街道和责任部门要握紧拳头、集中力量、紧密协作，细化项目实施的各个环节、节点，明确专人专岗专责，确保项目早启动、早开工、早达效。加快工作节奏。做到：会议快决。今年各类经济工作、项目工作会议都要缩短议程、少开会议、提高效率，腾出更多时间用于抓落实、抓推进。问题快清。对于项目推进中遇到的矛盾问题，一经发现就要速办速结。特别在解决问题的过程中，从责任领导到经办人都要站在玄武发展的全局，不争论、不评论、不议论，集中精力以最快速度把问题解决、把事情办好。流程快走。项目实施涉及多个流程、多个环节、多个部门，凡是区里明确的重点项目，无论是区本级可以解决的还是需要上级主管部门协调解决的，各相关部门绝不能有丝毫延迟，一律走绿色通道，有条件的一律做到刚性化。区委督查组要加强跟踪督查，切实做到刚性化、常态化。

三突出，即：突出发展高端现代服务业。要充分发挥我区高端产业先行、优质要素集聚和服务功能完善的叠加优势，利用现有资源存量做最优组合，大力引进占据产业链两端、直接接轨国际的高端现代服务业项目，努力汇集国际顶级的消费品牌、国际一流的生产服务企业、跨国集团的总部分部，成为代表全市全省现代服务业发展水平的重要标志。今年，德基二期、凯润金城、华利国际、长发義和等重点楼宇的商贸项目将密集推出，这些都是事关我区高端服务业发展的重点中的重点。突出打造三个核心增长极。当前，要聚全区之力推进新街口、徐庄和孝陵卫三个增长极的发展，集中

中共南京市玄武区委务虚会

更多的干部力量和经济要素，使增长极的资源利用更优、产业能级更高、引领功能更强。突出做强特色经济。今年将集中实施明城汇二期、创意中央都市产业园、红山商贸地块、新庄汽配城地块、聚宝山公园商贸配套等一批特色产业项目，不断提升项目的含金量与附加值，形成推动玄武科学发展的若干区域增长源。

三强化，即：强化项目管理。进一步明确组织领导责任。实行重大项目全程监控和精细管理，继续推行区领导分包责任制，区委、政府领导负总责，实施单位具体负责，确保每个环节都有人管、有人抓，形成无缝对接的工作环和责任链。进一步完善常态督查机制。要坚持在项目一线开展工作，全面、准确掌握制约项目推进的突出问题，着力提升督查工作的针对性、实效性。进一步加大责任追究力度。要实行"一把手"工程，严格落实考核奖惩，对工作不力、进度滞后、贻误发展机遇的责任人和责任单位，按照三方同责有关规定严肃追究责任。强化项目运作。一是更加注重项目策划。二是更加注重项目经营。要强化多元化的经营理念，认真做好项目分析评估，根据项目情况和业主实际确定经营模式。强化项目服务。重点树立一个理念、构建三项机制。一是牢固树立超常规的服务理念。二是积极构建项目代办机制。三是积极构建项目联动机制。建立由发改、招商、财政、工商、税务、城建、环保等部门共同参与的项目运作联动机制，为业主提供并联式、一体化服务。四是积极构建投融资服务机制。

[单景南在全区机关作风建设暨重点项目推进大会上的讲话(节录)]

·纪检监察·

【概况】 2010年，区纪委、监察局紧紧围绕全区中心工作，认真履行纪检监察职能，积极推进区党风廉政建设和反腐败工作。3月19日开展"做党的忠诚卫士、当群众的贴心人"主题实践活动和"模范履职、文明执纪"集中学习教育、"学习廉政准则，争当勤廉表率"主题教育活动。结合"百企走访"，对驻区8家企业进行了走访，听取和征求企业对机关作风建设及投资发展环境的意见建议，并对企业反映的问题进行逐项核实，督促责任单位进行整改，提高群众、企业的满意度。全年共开展执法监察、专项检查8项，对区劳动局、总工会、妇联及全区8个街道，自2009年10月至2010年2月底期间的救助救济资金和慈善募捐款管理使用情况开展专项监察，共检查救助救济资金399万元。共受理各类效能投诉22件，按时办结率100%。对全区25个限额以下工程进行跟踪监察，节余资金413万元。

廉政书法展

【312名处以上干部参加《廉政准则》知识测试】 2月，《中国共产党党员领导干部廉洁从政若干准则》颁布，区纪委专门召开常委会研究贯彻措施，及时将《廉政准则》学习读本发至全区领导干部，组织全区312名处以上干部参加《廉政准则》知识测试。邀请省市纪委领导和党校教授分别对纪检监察干部、全区副处级以上领导干部、公检法系统干部开展《廉政准则》学习专题讲座。开展各单位主要负责人上廉政党课活动，选出3篇优秀教案参加全市评比。

【开展岗位廉政风险教育】 5月份，区纪委下发了《关于开展反腐倡廉分类分层次教育的意见》，在全区开展了"按职务分层展开、按时机分段组织、按岗位分类实施"的"三分教育"。7月，在区住建局、区教育局和孝陵卫街道开展岗位廉政风险教育试点工作，通过查找岗位廉政风险点，制定个性化教育方案，有针对性地开展教育。

【举办廉政书法展】 8月18日，区纪委、区机关工委、红山街道党工委共同举办了"坚持廉洁从政，促进三个发展"廉政书法作品展。参展的40幅作品，充分展现了全区党员干部在区委、区政府的领导下，深入开展反腐倡廉建设的精神风貌，参观的党员干部深受教育。

【推进权力阳光运行机制建设】 按照市阳光办对行政监察监控系统实行绩效考核的要求，区纪委、监察局结合机构改革对全区808项行政权力事项进行重新梳理，将全区23个行政执法部门运行的808项行政事项精减到505项，缩减37%。5月，玄武区作为唯一的区县代表在全市权力阳光推进会上作了经验交流；9月，江苏省对南京市行政权力网上公开透明运行进行考核验收，玄武区代表南京市接受考核，此次考核验收南京市被考核组评为优秀等次。

【推进基层党风廉政建设】 2010年区纪委收集汇总全区区管领导干部重大事项申报表370份，并纳入电子廉政档案实施动态管理。继续深化基层党风廉政建设网络平台工作，系统新设置了信息录入、公告管理、论坛审核、科室测评结果数据收集等后台管理权限，全年网上点击次数近16万人次；年中年末分别在全区8个街道领导班子和91名领导干部中进行网上勤廉测评，测评结果纳入区“四个建设”考核和街道班子、干部考核中，不断促进基层干部勤政、廉政、善政。

【落实责任制做好接信办案工作】 2010年，共收到来信来访96件（次），同比上升32%。立案调查15件15人，同比上升50%，审理案件12件12人。针对信访量大、维稳任务重的特点，区纪委、监察局坚持领导接待日制度和预约接访制度，信访举报统一由信访室归口管理，严格按工作流程受理、办理和反馈每一件信访件。通过自办联办督办，提高初信初访办理质量和一次办结率，努力把问题解决在基层，较好地控减了重复、越级、集体访。在两会和世博会前，及时下发维稳方案和应急预案，在全区范围内梳理排查不稳定因素，实施委局干部24小时值班制度，切实做好稳控工作。 （沈　雷）

·组　　织·

【概况】 2010年，中共玄武区委派出工委18个、区委所属党组9个。全区共有基层党委44个、党总支63个。全区8个街道工委，下属党委35个、总支33个、支部570个、党员13542名。全区共有党员22211名，较2009年增加1823名，上升8.9%，其中正式党员21898名，预备党员313名。其中：男党员13071名，占党员总数的58.8%；女党员9140名，占党员总数的41.2%。汉族党员21887名，占党员总数的98.5%；少数民族党员324名，占党员总数的1.5%。35岁以下的党员5541名，占党员总数的24.9%。大专以上文化的12155名，占党员总数的54.7%。2010年，全区共发展新党员200名，其中：女党员122名，占发展党员总数的61%；少数民族党员1名；35岁以下的新党员140名，占发展党员总数的70%；高中以上文化的新党员198名，占发展党员总数的99%；共青团员53名，全部经过共青团组织推优。

【“公推直选”完成沧波门、余粮村党组织班子换届选举】 6月，沧波门、余粮2个村党组织通过“公推直选”方式产生了新一届党组织班子。新班子平均年龄49.2岁，书记平均年龄45岁，均为街道机关下派干部；班子中大专以上文化5名、大学以上文化1名。主要做法：把好提名关，深层次发扬党内民主。扩大初始提名权，鼓励党员积极报名参选村党组织班子成员，在民主推荐环节，发动党员、村民代表、驻区单位代表及“两代表一委员”参与民主推荐。把好程序关，高标准开展充分竞争。书记候选人均为街道机关下派干部，从民主推荐开始就全程差额，给党员以更大的选择权。把好选举关，探索更高效的选举方式。精心做好会前宣传发动，确保参会率。在选举大会上，统一制作选票样式、选举办法、大会主持稿和工作问答供基层参考，确保会议程序不出偏差。

9月，区委组织部在香港生产力促进局深圳基地举办“玄武区经济形势与招商策略专题培训班”

【在1086个基层党组织22211名党员中开展创先争优活动】 2010年6月起，根据中央和省、市委的部署安排，玄武区正式启动创先争优活动，全区共有1086个基层党组织、22211名党员参加。在创先争优活动中，区委以“服务群众解难题，创先争优促发展”为主题，积极开展“满意先锋行动”、“牵手行动”、“双树双比”等主题争创活动，引导全区各级党组织和党员比学赶帮、履职尽责、争创一流。各党工委坚持把创先争优活动作为当前党的基层组织建设的一项重要任务，作为推动改革发展的有力抓手，切实加强组织领导，推动活动深入开展。全区各级党组织和广大党员还坚持把创先争优有机融入发展大局和中心工作之中，充分运用公开承诺、领导点评、群众评议等方法，激发党员干部的创争动力，着力把党组织和党员的干劲凝聚到履职尽责上来，凝聚到干事创业上来。全区共有991个党组织、17862名在职党员作出公开承诺，其中91%的党组织和98%的在职党员接受了点评。

【干部优化配置 24个岗位采用“两推一述”产生区管正职】 2010年政府机构改革干部优化配置中，积极推进干部人事制度改革，拿出区投资促进局长、区法制办主任等24个岗位，通过采用“两推一述”产生区管党政正职。在首轮推荐环节，召开由区四套班子领导、区委（候补）委员、区管正职等112名干部参加的全区负责干部会议，会上对24个岗位实行署名推荐；根据首轮推荐结果，对初始提名得票靠前的干部，到其所在单位开展群众推荐；组织拟提拔的区管正职人选在全委会上做竞职演讲，经全委会票决后产生任用人选。通过署名推荐、群众推荐、竞职陈述等环节，使整个干部优化配置工作较好地树立了提拔任用干部以德为先、德才兼备、注重实绩和群众公认的用人导向。

【举办经济形势与招商策略专题班】 2010年，玄武区积极整合社会资源开展干部教育培训工作。8月底至9月初，与香港生产力促进局密切合作，在深圳举办了“2010年玄武区经济形势与招商

南京生物医药高端人才创新研发沙龙

策略专题班”。全区招商、产业相关部门，各街道分管经济负责人共 23 人参加培训。培训中邀请了太平绅士、香港理工大学刘佩琼教授、香港特别行政区驻粤经济贸易办事处投资推广总监朱镇龙、香港生产力促进局驻广办事处首席代表孙海峰等特区政府官员、专家学者为学员授课，讲授了后金融危机时代全球经济大环境、香港政府架构及其在经济发展中的作用、香港招商引资策略等课程。9 月 3 日，组织全体参训人员前往深圳福田区政府接受现场教学，与深圳当地招商部门座谈交流，并参观了设计之都创意产业园、华强北都市产业园等当地招商成果。通过培训使参训学员受到了国际先进发展与经营理念的启发，也为玄武区与国际知名企业合作、赴港招商等工作搭建了桥梁和纽带。

【举办生物医药高端人才创新研发沙龙】

2010 年 10 月，玄武区成功举办南京生物医药高端人才创新研发沙龙。该沙龙作为第三届中国留学人员南京国际交流与合作大会的分会活动，是此次“留交会”规模最大的一个沙龙活动。沙龙邀请了中国科学院院士陈洪渊教授、瑞典中华医学会副会长顾丰教授等国内外专家介绍行业最新发展趋势，还邀请到杰出留学归国人员代表介绍回国发展的经验心得，为海外留学人员坚定了回国发展的信心。市委组织部、市药监局、玄武区委、玄武区委组织部等有关领导出席了沙龙活动，并和与会人员进行互动交流。100 名来自南京市、玄武区优秀医药企业的负责人和高级研发人员代表出席了沙龙，与 50 名生物医药领域的海外留学人员进行了深入沟通。沙龙活动中，有关领导为玄武区生物医药产业 3 家企业院士工作站授牌，为玄武区入选首批“江苏省科技创新团队”计划的先声药业人才团队颁发了荣誉证书。10 家玄武区优秀生物医药企业在活动现场拿出了 27 个高层次研发、管理岗位，面向海内外人才发出引才邀请。沙龙还安排与会企业与留学人员参与互动，深入交流人才需求，为企业引进和储备海内外高层次人才提供机会。

【全区学习实践科学发展观总结大会】

3 月 31 日，玄武区深入学习实践科学发展观活动总结大会召开。区长王海宏主持，市委学习实践活动巡回检查组组长王德春、区委书记单景南、区委副书记张萍、区委常委、组织部部长杨乐华等出席。单景南书记在总结报告中指出，学习实践科学发展观活动开展以来，全区扎实推进学习实践活动，高标准、高质量完成规定动作，并实现自选动作的创新突破。市委巡回检查组组长王德春充分肯定玄武区学习科学发展观实践活动成绩。　（曹　阳）

·宣　　传·

【概况】 2010 年，宣传部以深化文明城市建设为总揽，深入推进“三年行动计划”，大力开展“迎世博、讲文明、树新风”、“文明单位文明社区牵手促和谐”、“与青奥同行，与文明同步”、义工志愿服务月等系列活动。建立《玄武区公共文明指数创建工作责任体系》，出台《关于深化文明城市建设提高地区公共文明指数工作的意见》，完善高位协调、每日报告、交通协勤等工作机制。加强公共文明指数测评标准培训，实施区文明和谐社区建设第三方季度测评，以扎实举措提升群众满意度。当年顺利通过全国和省市公共文明指数测评。加强公民道德建设，参与编撰《身边楷模——南京市道德模范风采录》，组织道德模范、道德模范群体进学校、进机关、进社区宣讲，放大先进典型的感染力和影响力。

组织“青奥与文明同行”大型广场活动

【"凡人善举"专题推介会及主题活动】 2010年，创新"我推荐、我评议身边好人"的方式，召开"凡人善举"专题推介会，与新闻媒体深度合作，大张旗鼓地培育、推荐、宣传身边好人，上半年推出好婆婆、好媳妇、好邻里近40人，成息红、李养明当选为本年度中国好人。成立"玄武区家长学校讲师团"，推动"五老宣讲"走进校园。开展"校园周边环境"专项整治行动。北京东路小学"娃娃快乐日"、梅园中学"三级心理辅导模式"作为全市"未成年人创新案例"，代表南京在全国推广。春节、清明、端午、中秋、七夕和重阳等传统节日大力开展"我们的节日"系列主题文化活动，举办"玄武之春"歌会，"四进社区、三下乡"等活动，为社区群众送去文化盛宴。

【对外宣传卓有成效】 2010年，全区新闻宣传工作围绕中心、服务大局，抓住重点、整体推进，在舆论引导、对外宣传、网络舆情等方面，做了大量卓有成效的工作。舆论引导能力持续加强，"三个发展"、特色发展的宣传有力有效。坚持在实践中培养和锻炼网络新闻发言人队伍，毫不动摇地树立正确舆论导向，创造性地组织重大主题、重大事件、重要活动的宣传，高密度、大篇幅宣传各街道各部门创造的好经验好做法，积极引导社会热点问题，努力营造乘势而上、奋勇争先的良好舆论氛围。高起点拍摄玄武形象宣传片，与《金陵画报》合作推出《魅力玄武2010》大型特刊，全面彰显玄武创新优势和特色魅力。组织"驻宁重要媒体玄武行"，充分报道玄武"三个发展"、特色发展的新成就、新亮点、新形象。南京电视台《东升有约》播出两档《区委书记话民生》专题访谈，十八频道播出《新春第一步——玄武科学发展》，南京广播电台《城市对话》邀请玄武区市民走进直播间《共话幸福社区》，《南京日报》连续刊发《玄武环卫创新之路》等6篇系列报道。一年来，全区召开新闻发布会11次，发布各类新闻4630篇次，其中头版、头条及专栏160多篇次，用稿量位居城区前列。"迎接世博会、对接青奥会"，在全区开展30余场群众性宣传活动，制作发放宣传画万余张，运用大型户外广告、电子屏、社区宣传栏等进行全方位、立体式的社会宣传。加强新闻应急处置和社会舆情把握，切实提升网上舆论引导的能力，突发公共事件舆论引导机构得到完善。调整充实区街两级新闻、网络新闻发言人队伍，形成上下贯通、横向联动的舆论引导格局。各级各部门新闻发布与应急工作一起部署一起实施的意识明显增强，有效提升了突发公共事件舆论引导能力。全年共处置媒体网络突发事件180起，其中重大新闻事件48起，积极处置南京市政府网络发言人论坛和龙虎民生网贴150余起，为玄武发展提供坚实有力的舆论保障。玄武区新闻和网络舆情工作被国务院新闻办选录《中国的互联网时代》电视专题片。

【创新理论学习方式】 把理论学习与"三个发展"的特色实践紧密结合起来；把常规教育与探索教育、体验教育、实践教育紧密结合起来；把学习调研与改革创新、破解难题、推进工作紧密结合起来，党员干部与普通群众同频共振，推动了党的理论创新成果大众化、普及化，取得了一批认识成果、实践成果和制度成果。加强区委中心组学习，全年共安排各类学习活动9次。把学习党的十七届四中全会《决定》作为党员干部培训的重要内容，成立宣讲团，开展有声势、有深度的学习活动。加强学习型城区建设，学习型党组织、学习型领导班子和学习型干部队伍建设扎实有效，举办以学习型党组织为主题的专题调研会，总结提炼基层形成的鲜明特色和鲜活经验，并在第八届全国学习型城区论坛上做重点推广，进一步推进和加强学习型党组织建设。发挥社区教育网络平台作用，提供终身教育服务。积极整合社区教育和市民学习资源，让更多市民就近学习，市民参学率大幅提高。构建"玄武讲坛"精品课程体系，评比表彰一批"精品社区学堂"。举办以"学习，让党组织充满活力"为主题的玄武区第九届"社区学习节"，命名了一批玄武区精品社区学堂，为学习型玄武注入了源源活力。

【举办1912"华彩乐章"大型广场演出推进文化产业发展】 成功举办第四届南京历史文化名城博览会1912"华彩乐章"大型广场演出，圆满完成第五届南京文化产业交易会布展任务。全区文化产业综合实力、核心竞争力跃上新平台。制定实施骨干企业扶持计划，落实企业自主创新扶持政策，培育"航母型"骨干文化企业。凤凰新华书业有限公司进入上市准备期，企业利润冲刺3亿元，幸福蓝海影视文化集团有限公司、江苏现代快报传媒有限公司、江苏盛世宝玉有限公司等启动上市计划，人民网、人民日报社江苏分社等一批重点文化产业项目成功落地。文化产业增加值约占全区GDP10%以上、文化产业增速达20%以上，成为玄武经济支柱产业，走在全市前列。玄武区连续两年获得全市文化产业推进奖。

区委宣传部举办学习型党组织建设学习研讨会

【全区“三个文明”建设总结表彰大会暨2010年奋斗目标签字仪式】 2010年1月22日上午，玄武区举行2009年玄武区“三个文明”建设总结表彰大会暨2010年奋斗目标签字仪式。区四套班子领导、机关和街道科级以上干部，以及教育、民政、卫生等系统负责人，各社区书记、主任参加会议。会议由区委副书记张萍主持，会议进行了表彰及奋斗目标签字等4个议题，区委书记单景南作总结讲话。 (叶冬梅)

·统 战·

【概况】 2010年，玄武区统战工作，在中共玄武区委、区政府的领导下，以服务玄武特色的转型发展、创新发展、跨越发展为主旋律，以深化“五服务”(即服务企业、服务群众、服务基层、服务项目、服务人才)为抓手，围绕全区的中心工作和重点工作，强化执行力、提升服务力、增强凝聚力，较好完成了全年的工作任务。

2010年，坚持和完善中国共产党领导的多党合作和政治协商制度，认真贯彻落实中发〔2005〕5号和宁委发〔2005〕42号文件精神，进一步提高玄武区多党合作和政治协商制度化水平。(1)举办党外干部培训班。与区委组织部、党校共同举办了党外干部培训班，20多名来自机关、学校的党外干部参加了为期3天的集中培训，促进了党外干部理论素养的提高和履职能力的提升。(2)加大党外干部实职安排。以大部制改革为契机，按照要求在政府应配部门全部配齐了党外干部，其中正处级5人。党外干部队伍建设得到了加强。(3)开展结对共建活动。组织辖区内部分高校、科研院所、区各民主党派基层组织与街道社区签定结对共建协议。截止2010年底，22个社区分别与各民主党派基层组织结对共建。

【协调金融机构为10家民营企业贷款3000多万元】 2010年，始终把促进全区经济又好又快发展作为统一战线围绕中心、服务大局的重中之重，帮助民营企业融资。与工商联协同，协调珠江路商会与珠江路管委会、南京银行、鑫信担保等12家金融机构和80多家企业代表进行对接活动。南京银行和珠江路商会签署战略合作协议，为珠江路商会提供3亿元授信，先后为10余家民营企业贷款3000多万元，缓解了企业发展中资金的危机。

【协办“第二届玄武民国时期美食节”】

2010年，协同区旅游局举办“第二届南京玄武民国时期美食节”活动，丰富玄武民国文化旅游内涵；吸引广大海内外游客通过民国时期美食关注玄武、了解南京；为举办青奥会增添文化内涵，南京中旅和中北友好国际旅行社与示范商家签署了合作推介协议。

【组团赴台湾招商】 7月，由区领导带队，区招商局、台办、街道等部门参与的赴台招商小组，考察了台湾工业技术研究院、台元科技园等，推介宣传了玄武的招商项目、投资环境等。邀请客商推介玄武。邀请了台湾电机电子工业同业公会副理事长郑富雄先生、中华两岸连锁经营协会副会长邱士楷先生、台湾新竹科学园区工会总干事张致远先生等50多家台商以及各类知名客商约200多人，参加2010年南京·玄武重大项目投资洽谈会暨台湾企业家走进玄武专场活动；邀请了台湾工业总会副理事长潘俊荣等20余人考察红山商贸地块、火车站北广场商务等项目；邀请了30多名台商参加金秋经贸洽谈会“苏台文化创业”玄武专场活动。

【联谊会专家学者到社区调研统战工作】

11月，组织人大代表、政协委员、民主党派、知识分子联谊会中的专家学者，深入基层和广大统战成员中，采取问卷调查、实地考察、召开座谈会等形式展开调研，全面、客观、准确地掌握基层的有关情况，在反复研讨的基础上形成调研文章、形成调研报告29篇。召开社区统战座谈会，研讨新时期加强社区统战工作的方法、途径，出台《进一步加强社区统战工作意见》。突出社区的主体地位，突出社区统战工作重点，突出新的社会阶层人士着力点，指导各街道、社区紧密结合各自实际，围绕中心、服务大局，完善机制、健全网络，创新载体、彰显特色。

【走访慰问贫困侨台胞眷属家庭】 2010年利用传统节日，区侨台办、侨台联与街道社区一道，深入侨台眷属家庭，登门拜访，走访了40余户贫困侨台胞属，送去慰问金2万余元；及时足额向46名享受企业退休待遇归侨发送生活补贴5500多元。 (卓旭红)

区委统战部召开民主党派基层组织与街道社区结对共建推进会

·党 校·

【概况】 2010年，区委党校坚持以科学发展观为指导，以十七届四中、五中全会精神的学习宣讲为主线，积极开展各项工作。全年举办各类培训班7期、培训干部505人次；140名函授学员注册，66名本科学员通过论文答辩，99名本科、大专学员毕业。完成调研课题11项；编印《玄武党校调研》7期，公开发表文章4篇。区委党校获得了“迎青奥盛会创和谐党校”全市党校系统第三届联谊活动三等奖，被区委、区政府评为防范和处理邪

玄武区委党校举办党外干部培训班

教工作先进集体,被区档案局评为2008~2009年度档案工作先进集体,并通过档案工作二星级测评。

【探索培训项目外包模式】 2010年,党校积极整合优质培训资源,探索并实践了项目外包的培训模式。举办党外干部培训班,尝试把课程教学外包给江苏省社会主义学院,利用该院的师资对全区20名党外干部进行了为期3天的集中培训,成效显著。举办"经济形势与招商策略培训班"时,将课程外包给香港生产力促进局深圳基地,利用深港的国际化培训资源,让学员领略了深圳与香港的发展特色和成功经验,开阔了工作视野。培训项目外包拓展,丰富了党校的培训资源,探索了一条在现有条件下搞好干部专题培训的新路子。在外包课程的同时,党校积极做好相关事务的协调、总体课程的设计和参训学员的管理,做到了"外包不扔包、不为更有为"。在实施项目外包的过程中,为了进一步提高培训的针对性,党校还千方百计地做好按需施教和教学创新的文章。在按需施教方面,社区党务干部培训班突出了和谐社区建设的主题,强化了社区书记在密切联系群众、创新社区网格化管理等工作层面综合素质的有效提升;3期入党积极分子培训班根据各期学员的特点,分别突出了非公企业党建、机关党建和社区党建3个不同的主题。在教学创新方面,以典型示范为引领,在不同班次实行了多层次互动式现场教学,使得教学内容有效转化为学员自己的思想和行为。

【66名函授本科学员通过论文答辩】 2010年,党校函授教育已接近收尾阶段。党校善始善终,切实加强班务管理,稳定办学质量。在授课方面,以学员为主体、双向互动的"案例式"教学与"研讨式"教学得到了普遍推广;在班级管理方面,班主任认真履职,注重细节,全程跟踪式的管理制度得到了有效坚持;在考务管理方面,各班级主动进行了考前辅导和纪律教育,并强化考场的实时监控,严肃规范的考风考纪得到了上级党校和学员的一致好评;在论文答辩方面,指导老师从论文选题、撰写提纲、初稿写作、文章修改、格式调整以及论文打印等环节对学员进行了全程指导,规范严谨的答辩流程使得66名学员顺利地通过了论文答辩。

【4篇论文在市以上刊物上发表】 2010年党校在调研工作中坚决贯彻落实"培训出题目、科研出文章、成果进课堂"的新模式,不断加快培训、调研与教学一体化的步伐。在调研主题方面,党校把社区建设作为全年的重点研究领域,集中力量深入社区进行了驻点调研、跟踪调研和比较调研;在调研形式方面,把集体课题和个人课题相结合,使得人人有任务、个个有压力。党校精选了社区党建和学习型党组织建设两个总课题,并让每位同志负责其中1个子课题。各科室同志在分管领导的带领下深入到徐庄基地、锁金村街道、新街口街道和唱经楼社区等有关单位进行了实地调研,掌握了大量的第一手资料。同时,加强了与秦淮、江宁等党校的教研交流。为了充分发挥调研成果对区委、区政府的决策参考作用,党校编印了《玄武党校调研》第5至11期(每期一篇文章)。有部分文章引起了区委、区政府有关领导的重视,有的建议直接被区里采纳。另外,党校全年有4篇论文分别在《经济学家》《经济地理》和《中共南京市委党校学报2010增刊(第二辑)》上发表。 (周 行)

·党 史·

【概况】 2010年是贯彻落实全区党史工作五年规划的最后一年。区党史办根

区党史办认真利用档案资料编写党史专著

据区委和上级党史部门的要求、部署，以科学发展观为指导，积极开展工作，全面完成了五年规划确定的各项目标任务，为实施下一个五年规划打下了基础。完成了区域革命遗址普查工作。共普查出革命遗址总数14个、其他遗址13个。编印出版了《中共南京市玄武区历次党代会文件汇编》，为有关部门了解和研究玄武区历次党代表大会情况提供权威和翔实的资料。启动了玄武区党史三卷本(1978~2008)的编纂工作，组建了编写队伍，进行了专业培训。组织开展全区党员干部学党史活动，并为区四套班子每位领导干部和各党工委、总支、机关支部配发新出版的《中国共产党新时期简史》《中国共产党建设简史》和《中国共产党历史大事记》3本书。

【完成区域革命遗址普查工作】 2010年，区党史办按照市党史办的要求，完成区域革命遗址普查工作。区党史办工作人员在进行面上普查的同时，深入中山陵园管理局、梅园新村纪念馆、南京理工大学和南京军区编研室等重点单位调查革命遗址的情况，对遗址原有资料进行拾遗补缺，并配摄照片和录像。普查革命遗址14个，其他遗址13个。玄武区现存革命遗址分三类：一是重要历史事件和重要机构旧址，有国立东南大学操场、国立东南大学梅庵、大沙帽巷10号联络点、南京珍珠桥、中国共产党代表团办事处旧址、新生小学(现长江路小学)、吉兆营24号和26号联络站、解放军第二野战军军事政治大学校址；二是重要历史事件及人物活动纪念地，有刘伯承元帅部分骨灰安葬处；三是纪念设施，有南京“五二〇”广场。经普查的其他现存遗址分四类：一是重要历史事件和重要机构旧址，有国立中央大学大礼堂、老虎桥监狱、南京励志社、国民大会堂、侵华日军投降签字仪式旧址（南京军区军史馆）、总统府（南京中国近代史遗址博物馆）；二是重要历史事件及人物活动纪念地，有国立东南大学图书馆、中山陵墓、侵华日军南京大屠杀遇难同胞北极阁纪念碑、侵华日军南京大屠杀遇难同胞东郊丛葬地、侵华日军南京大屠杀遇难同胞太平门纪念碑；三是烈士墓，有航空烈士公墓、国民革命军阵亡将士纪念公墓、廖仲恺墓、邓演达墓；四是纪念设施，有孙中山纪念馆、南京抗日航空纪念馆。

【编辑《中共南京市玄武区历次党代会文件汇编》】 2010年，区党史办基本完成《中共南京市玄武区历次党代会文件汇编》资料收集和编辑工作。玄武区委自1950年8月正式成立以来，共召开九次党员代表大会。为了更好地供有关部门了解玄武区历次党代会的情况，为研究玄武经济社会发展提供详尽的、权威的原始资料，区党史办根据现有馆藏档案，汇集历次党代会文件，进行系统编纂。汇编内容包括第一次至第九次代表大会的开幕词、区委工作报告及大会通过的相应决议、纪律检查委员会工作报告及通过的相应决议、区委和纪律检查委员会组成员名单、大会闭幕词等，近30万字。

【启动玄武区党史三卷本编纂工作】

2010年，区党史办按照中央党史研究室提出的党史工作重点转移到社会主义新时期的要求，着手编写《中共南京市玄武区地方史（1978~2008）》(3卷本)，并将其列为下一个五年党史工作规划的重点项目。按计划完成了组建编写队伍、开展专业培训、查阅档案资料、集体讨论写作框架等工作。至当年年底，初步确定了三卷本的写作提纲。

【2项成果获市特别奖】 11月15日，市党史办召开表彰2006~2010年度南京市党史系统优秀成果大会。优秀成果评选由各区、县委党史申报，市党史系统优秀成果评选办公室对所有的申报项目进行评选。经评选，决定授予玄武区委党史办《抗日时期中国人口伤亡和财产损失课题调研成果卷》和《南京革命遗址普查成果分卷》为特别奖。 （乙维清）

·老干部工作·

【概况】 2010年，玄武区老干部工作按照胡锦涛总书记关于“在政治上尊重老干部、在思想上关心老干部、在生活上照顾老干部，进一步把中央关于老干部工作的各项政策措施落实到实处”的指示精神，全面贯彻落实党和国家有关离退休干部工作的方针政策，以“让党放心、让老干部满意”为标准，切实履行老干部工作部门职责，整体推进了老干部工作创新，全面提升了管理服务水平，圆满地完成了区下达的目标和专项工作任务，全区老干部服务工作水平和老干部满意度均得到明显提升。玄武区委老干部局获2010年度“江苏省老干部工作者协会调研论文二等奖”“南京市老干部工作调研成果一等奖”“南京市老干部工作政策业务知识竞赛三等奖”等荣誉。至2010年12月31日，全区共有老干部240人(其中市管退休干部23人)。年内有13名老干部因病去世。

【全面落实老干部的政治待遇和生活待遇】 区委老干部局坚持通报、走访慰问和考察制度。1月，召开全区老干部情况通报会，全区近200名离退休老干部参加会议。常务副区长杨晓阳通报2009年全区经济、社会发展情况及2010年工作目标。8月份，召开原四套班子领导情况通报会，区政府副区长曹曙通报全区上半年经济和社会发展情况及下半年重点工作任务，区委常委、组织部部长杨乐华介绍机构改革和干部变动情况，区委书记单景南与老同志进行座谈，增进了新老领导的感情，老领导们对玄武的建设和发展，积极献言献策。5月和11月，分别举办玄武区老干部“走进世博”“十七届五中全会精神”主题报告会。全年共举办主题专题讲座和报告会6次，组织外出参观考察5次；为全区老干部订阅《南京日报》、《中国老年报》和《银潮》杂志732份，满足了老干部的精神文化需求。春节、夏季高温时节，以及纪念抗战胜利65周年之际，区四套班子主要领导都走访慰问了老领导，以及抗战老战士。各单位分别走访慰问了其他老干部、老同志。全年走访慰问老干部900余人次，走访慰问抗战老战士及遗属52人。认真落实好老干部的生活待遇。严格按政策规定实报实销老干部医药费。妥善处理好老干部身后事，安抚老干部的遗属。为移交地方的2名军队离休干部发放了2008年、2009年度服装费。9月下旬，安排了全区150多名老干部健康检查。积极做

1月14日，区领导走访慰问区四套班子老领导

好易地安置老干部工作。定期走访慰问，组织参观考察。

【开展抗战胜利65周年系列活动】 区委老干部局在全区组织开展了抗战胜利65周年系列活动。6月，召开抗战老干部座谈会，举办“上海世博会、抗美援朝六十周年”主题画展，展出书法、绘画作品84幅。举办玄武——白下老干部棋牌赛。5月和11月分别举办“玄武杯”和“老干部杯”门球邀请赛，32支门球代表队300余名离退休老干部参加了比赛。9月，区委老干部局陪同区委副书记张萍、区委组织部部长杨乐华走访了抗战时期参加革命的区四套班老领导。各街道和系统党工委走访了本单位抗战时期参加革命的老干部。全区共走访了52名抗战老战士及遗属。

【捐助玉树灾区人民和溧水白马中学贫困生】 4月，玉树地震消息传来，玄武区机关离退休干部党支部立即组织了“大爱无疆、情系玉树”捐款活动，老干部们积极捐款，一些卧床不起、行动不便的老干部委托子女前来捐款，共捐款近2万元。玄武区机关离退休干部党支部连续12年资助革命老区南京溧水县白马中学贫困学生9万余元。每年两次组织部分支部老干部党员到学校开展捐助活动。11月，区委老干部局将8名贫困学生接到南京，组织他们参观中山陵和海底世界，玄武区机关离退休干部党支部书记、区政协原主席朱鼎川代表老干部们给每个孩子送上了助学金和学习用品。

【老干部“四就近”服务工作取得成效】 区委老干部局在全区开展为老干部提供就近学习、就近提供关心照顾、就近活动、就近发挥作用的“四就近”服务工作，取得明显成效。区委老干部局撰写的“四就近”服务工作调研论文被江苏省委老干部局评为二等奖；《搭建离退休干部服务“四就近”平台》被南京市委老干部局评为老干部工作创新创优成果。区委老干部局依托社区资源优势，将老干部工作向社区延伸，形成区、街、社委会三级服务网络，全方位开展为老干部服务工作。把离退休干部的服务工作与推进社区党组织“三有一化”(社区党组织有人管事、有钱办事、有场所议事，构建区域化党建格局)工作有机结合起来。围绕“四就近”，逐步建立和完善了家庭、单位、社区“三位一体”的服务管理体系，就近关心照顾、服务离退休干部的各类需求；全力打造“十五分钟健康服务圈”；建立“双卡双待”(便民服务联系卡”和“邻里守望卡”，双卡的背后是社工和党员，一年365天待机守望)服务模式。深化社区老干部服务工作内涵，融老干部文化娱乐、医疗保健、生活照料、精神慰藉为一体，形成了比较完善的社区老干部服务网络。通过网格化管理实现了社区老干部服务全覆盖，为老干部“四个就近”提供了有力保障。今年还先后接待了国家财政部、全国政协、宁夏回族自治区、四川绵竹市等省、市老干部局老干部工作学习参观团。

【全国政协离退休干部局领导到玄武指导工作】 11月15日下午，全国政协离退休干部局局长郑燕军一行10人，在省委老干部局副局长王爱国、市委老干部局副局长严建华等陪同下到玄武区台城花园社区，参观指导社区老干部“四就近”(就近学习、就近提供关心照顾、就近活动、就近发挥作用)服务工作。郑燕军一行参观了社区小花园、老干部活动室、老人照料中心和心理慰藉咨询室等，听取了台城花园社区老干部“四就近”服务工作情况汇报。郑燕军对玄武区社区老干部服务工作，以及社区老干部活动场所、老干部精神家园建设给予充分肯定，同时认为玄武区社区老干部“四就近”服务工作贴近老干部的实际，亮点多，为“两高期”的老干部提供了方便、快捷、优质的服务。 (陈雅夏 全晓静)

11月6日，离退休支部给溧水白马中学特困学生发放资助的学习用品

·机关工委·

【概况】 2010年，区机关工委以邓小平理论和“三个代表”重要思想为指导，深入贯彻落实科学发展观，围绕“建设现代化国际性人文绿都标志区”的战略部署，充分发挥基层党组织战斗堡垒作用和共产党员先锋模范作用，坚持继承与创新相结合，在立足“服务”、推动“发展”上科学定位，加强组织建设、服务人民群众、促进社会和谐，为玄武“三个发展”提供坚强的政治和组织保证。正式成立“五服务”议事会，设立“五服务”项目基金和“牵手行动”爱心基金。开展以“深化五个服务、争做满意先锋”为主题的创先争优活动。组织市、区两级群众评议机关活动，全区机关作风评议满意和比较满意率历史性地达到100%。巩固和发展“双结对、双促进”活动成果，《机关——社区牵手行》项目获得“玄武区2010年二星级党员义工服务项目(基地)”称号。对大部制改革涉及到的机关党组织进行新建、撤销、合并和改选、增选、补选，组织9名入党积极分子参加培训；申报10名党员发展计划并建立健全“一人一档”；完成6名预备党员转正审批；成立玄武区首届机关工会联合会；开通“玄武区机关党建工作手机信息平台”；评选“2010~2011年度区机关文明科室”15个；向党务干部发放政治理论学习书籍500余本；号召机关党员干部向青海玉树地震灾区捐款26万余元。被区委、区政府评为文明创建工作先进集体、老龄工作先进单位。

【开展创先争优活动】 2010年，在中央、省市区的统一部署下，机关工委在区机关党组织和广大党员中开展创先争优活动，成立区委常委、纪委书记邱小凡担任组长、机关各党建片区牵头单位负责人担任组员的区级机关创先争优活动领导小组，具体领导和指导区机关创先争优活动的开展，以及检查督促各项工作的落实。按照“走出机关、重心下移、三级一体、服务全区”的总体工作思路，以“深化五个服务、争做满意先锋”为主题，以“1+3+5”的机关党建一体化组织结构为活动载体(“1”——确立一个“服务全局”的党建工作理念；“3”——机关党建的三级管理，即，区级层面机关工委、街道层面8个片区五服务议事会、社区层面63个共建对子的“三位一体”的机关党建工作组织架构；“5”——以服务群众、服务企业、服务基层、服务项目和服务人才五个服务为落脚点和归宿)，坚持一手抓机关作风建设，一手抓“五服务”的深化，以优良的作风促进“五服务”的开展，以“五服务”的成果来检验作风的成效，使两者相辅相成、相互促进。11月，组织机关各基层党(总)支部召开“创先争优”活动推进大会，启动了以“五服务”为主要内容的创先争优三项评选活动：一是“五服务”实事项目评选；二是先进基层党组织、优秀共产党员和优秀党务工作者评选；三是共产党员先锋岗创建。在区机关范围内初步形成了比学赶超、争做先锋的积极向上氛围，增进了党组织的生机和活力。

区机关党代表与作风监督员共话机关作风建设

【机关社区结对帮扶困难群众“牵手行”】 2010年，机关工委围绕市、区委关于开展以结对帮扶困难群众为主要内容的“牵手行动”的部署要求，确立了《机关——社区牵手行》项目。将区机关51个机关党组织和全区63个社区结成共建对子，开展帮教维稳、法律援助、就业指导、医疗保健等多种形式的牵手帮扶活动。区机关千名机关党员助学、助困、助老、助残，捐款达43万元，为基层办实事百余件，实现了从党组织集体到党员个体，从区管领导干部到机关一般干部，从机关党员到机关团员青年和非党群众全员、全方位参与结对帮扶、参与社区建设，使机关党建工作重心不断向基层延伸和拓展，机关发展资源不断向基层集聚和靠拢。11月，该项目获得了“玄武区2010年二星级党员义工服务项目(基地)”的称号。

【成立“五服务”议事会】 2010年11月，区机关工委结合大部制改革，对全区51个机关党组织和63个社区“双结对、双促进”活动进行梳理、调整，按照街道区域整合划分为8个服务片区，正式成立区机关“五服务”议事会，机关“五服务”议事会与作风办合署，在区作风建设领导小组的统一领导下，接受区委组织部和机关工委的指导协调，对全区“五服务”工作的深入开展、实现机关作风根本转变以及区域“三个文明”建设的协调发展负有重要职责。议事会设立了两个基金：片区“五服务”项目基金和机关社区“牵手行动”爱心基金；成员单位推荐产生议事会会长，会长实行轮值制，任期内主持日常工作，街道分管领导担任副会长，机关工委、街道工委和成员单位各指定一名联络员，负责相互沟通。定期召开工作例会，通报工作、组织活动等。议事会成立后，红山片区立即以“迎新春送服务进社区”为主题在红山街道开展了今年以来的第一次大型联合服务活动。

【机关工会联合会开展系列文体活动】 2010年，机关工委成立了首届机关工会联合会，健全和完善工会组织，成立机关青年工作部、文化宣传工作部、体育活动工作部，开展丰富多彩的文体活动，促进工会群团建设。3月8日，组织区机关400余名女干部、职工开展了庆百年“三八”攀登紫金山比赛活动；3月29日，举办2010年度玄武区机关党务干部理论培训班，努力推进学习型党组织建设，提高区机关党的建设科学化水平和广大党务干部政治理论素养，区机关51个党(总)支部的书记或副书记、组织委员、学习宣传委员和部门工会分会主席等共计200余名同志参加；4月20日，举办“玄武区第十二届职工技术大比武”竞赛，组织信息化电子政务项目比赛活动，来自全区8个街道、8个系统、机关部门和驻区企业的18名选手参加电子政务的学习、培训和比赛，推选区检察院周杰参加市总工会比赛，荣获南京市“五一创新能手”和市机关电子政务竞赛三等奖；5月1日，举办玄武区机关庆“五一”个人收藏品图片展览活动，展览汇集广大机关干部职工精心收藏的21类物品，包括：钱币、烟标、火花、邮票、奇石、粮票、公园门券、索道票、扑克牌、书刊、名人书画、毛主席像章、战争军功章、糖果包装纸、筷子套、充值卡、陶器、玉器、印章、南京云锦、蝴蝶标本等有纪念意义的收藏品图片数百件(套)。5月21日，与科技局联合组织开展了“走进古生物博物馆，提倡低碳生活方式”的主题活动，机关代表团党代表一行10余人，参观中国科学院南京地质古生物研究所；8月18日，举办了“坚持廉洁从政，促进三个发展”廉政书法作品展，共收到区机关党员干部和全区书法爱好者书法作品60余幅，区委书记单景南题词“挥毫颂廉、促进和谐”，展览在全区营造了学习贯彻《廉政准则》，推进反腐倡廉建设的良好氛围；11月16日，区委、区政府主办的玄武区第五届综合运动会胜利闭幕，区机关八个党建代表团共200余人了参加全部项目的比赛，包揽了乒乓球团体、男单、女单三个项目的前四名，羽毛球男单、女单和男女混合团体项目的冠、亚军，趣味运动和射击比赛等项目也都取得了满意成绩。

【全区机关作风评议满意和比较满意率达到100%】 11月底，启动了2010年市、区两级机关作风建设群众评议联动工作，区作风办结合机关大部制改革对区级作风评议方案进行修订，经作风建设领导小组专题会议讨论研究、审定下发。12月7日，区作风办组织召开机关作风评议动员大会，布置评议任务，各街道工委副书记、机关各部门负责人及协助组织评议工作的相关单位参加了会议，评议工作全面展开。截至12月13日，共发放《南京市市级机关作风建设评议表》836份，回收835份，回收率99.9%。发放《玄武区区级机关作风建设评议表》1212份，回收1204份，回收率99.3%，评议表的发放数和回收率较2009年提高1.7个百分点，全区机关作风评议满意和比较满意率历史性地达到100%。

(张　伟)

·关工委·

【概况】 2010年，全区各级关工委和广大“五老”(老干部、老战士、老教师、老专家、老模范)坚持以科学发展观为统领，认真学习贯彻党的十七届四中全会和中共中央、国务院8号文件精神，在区委、区政府的领导和市关工委的指导下，围绕全区工作中心，积极开展青少年思想道德教育、法制教育、科技教育等活动，努力做到“急党政所急、想青少年所需、尽关工委所能”，为青少年的健康成长做出了新贡献。全区建三级关工委组织184个(其中：区1个、街道8个、社区63个、系统11个、学校45个、民企56个)，万余名老同志积极参与关心下一代活动，受到广大青少年及其家长的欢迎和好评。

【围绕主题教育开展百场万人宣讲和读书活动】 2010年，各级关工委结合上海世博会、南京申办青奥会、抗美援朝60周年等重大活动，充分发挥“五老”宣讲员的优势，编写宣讲材料160篇，组织宣讲活动254场次，参与人数达4.7万余人次。同时，各街道、社区关工委以“学双百、争三好”为重点，积极组织青少年参加各种读书、讨论、征文和知识竞赛活动。梅园街道关工委在网上征集青少年学“双百”人物心得体会千余篇。锁金村街道关工委举办多期“中华古诗文经典诵读班”，将现代教育与传统文化相结合。红山街道关工委组织200余名中小学生参加读书活动，其中151名孩子写了读后感，24名孩子获奖。后宰门街道富贵山社区发挥金陵图书馆分馆的优势，举办了6期读书论坛，让未成年人与“五老”共享读书乐趣。据统计，全区各级关工委共组织读书活动177场次，收到征文2858篇，参与人数6104人。

【举办“我与青奥共成长”青少年书画展】 10月，由市关工委、市文联等部门组织的视力佳杯·我与青奥共成长——南京少儿书画展活动中，玄武区推荐少儿书画作品74幅，其中20幅正式入选市

“六一”前夕，市关工委老领导，90岁高龄的徐智(左二)到如意里花红园幼儿园看望小朋友

少儿书画展。后宰门街道推荐的宇花小学于雯露同学获少儿组一等奖，玄武门街道推荐的中央路小学周茎同学获少儿组三等奖。12 月 3 日至 10 日，区文明办、关工委在区政府大楼一楼大厅举办“我与青奥共成长”少儿书画展，展出 74 幅少儿书画作品。各街道关工委都围绕主题教育开展了形式多样、丰富多彩的书画摄影展。全年全区共举办书画摄影展 83 场次、1200 余名中小学学生参加活动。

【80 个校外教育辅导站建成】 全区 8 个街道 63 个社区和 17 所中小学校已建校外教育辅导站 80 个，其中科技小阵地 36 个，近千名“五老”参与校外辅导站的工作与活动，辅导学生 7300 余人次。校外教育辅导站已成为关心下一代工作的主要载体、未成年人校外活动的乐园。4 月份，区关工委先后举办模拟飞行、无线电测向科技实践操作培训班，40 名科技辅导员参加了培训。各街道、社区关工委的校外教育辅导站活动逐渐形成了各自的特色。未成年人参与科技实践活动的积极性不断高涨。在全市科技“四小”(小制作、小发明、小创造、小论文)竞赛活动中，全区报送“四小”作品 124 件，其中 28 件获奖。

【全区 56 家民营企业关工委成立】 2010 年，按照省、市关工委的有关要求，结合本区实际，区委组织部、关工委、工商局下发了《关于民企成立关心下一代工作委员会的意见》。3 月，6 家民企在全市率先集体挂牌成立关工委。市关工委领导汪正生、姚志炳、周福龙、区委组织部长杨乐华和各兄弟城区关工委负责人参加了挂牌仪式，《南京日报》等新闻媒体对此作了专题报道。到 2010 年年底，全区已成立民企关工委 56 家，实现了全覆盖。　（周　玮）

暑期红山街道北苑社区的模拟飞行活动吸引了众多未成年人参与

玄武区人民代表大会

【区十六届人民代表大会第三次会议】 1 月 5 日下午至 8 日，区十六届人民代表大会第三次会议召开，会期三天半。会议主要听取审议了区人大常委会、区政府、区法院、区检察院等工作报告，并通过了相应的决议。会议期间代表共提出批评、意见和建议 95 件。

【区人大常委会会议】 2010 年，区十六届人大常委会共举行会议 8 次（即第十六次至第二十三次），听取和审议区政府和区法院、区检察院(以下简称“一府两院”)专项工作报告 8 项，开展执法检查 1 项，作出决议决定 21 项，发出审议意见书 7 份，依法任免国家机关工作人员 94 人次，较好地发挥了地方国家权力机关的作用。

2 月 4 日，区十六届人大常委会举行第十六次会议，会议主要议题：(1)听取区十六届人大常委会 2010 年度工作要点和主要议题安排；(2)审议通过关于全面推动玄武特色的转型发展、创新发展、跨越发展的决议；(3)有关人事任免。

4 月 20 日，区十六届人大常委会举行第十七次会议，会议主要议题：(1)听取和审议区政府关于实施“转型发展、创新发展、跨越发展”开局情况的报告；(2)听取和审议区检察院关于预防职务犯罪工作情况的报告。

6 月 24 日，区十六届人大常委会举行第十八次会议，会议主要议题：(1)审查和批准区政府 2009 年度财政决算及对同级财政审计情况的报告；(2)听取和审议区政府关于人民调解工作及街道司法所建设情况的报告。

7 月 27 日，区十六届人大常委会举行第十九次会议，会议主要议题：(1)听取区政府关于机构改革方案有关情况的说明；(2) 审议通过有关人事任免事项；(3)补选市十四届人大代表 1 名。

8 月 20 日，区十六届人大常委会举行第二十次会议，会议主要议题：(1)听取和审议区政府关于 2010 年上半年国民经济和社会发展计划及重点项目建设、财政预算执行情况的报告；(2)听取和审议区人大常委会执法检查组关于《江苏省未成年人保护条例》实施情况的执法检查报告；(3) 听取和审议区政府关于实施72 万平方米老旧小区物业管理和158 幢居民楼楼道亮化工作情况的报告。

10 月 9 日，区十六届人大常委会举行第二十一次会议，会议主要议题：有关人事任免事项。

10 月 28 日，区十六届人大常委会举行第二十二次会议，会议主要议题：(1) 听取和审议区政府关于余粮村一期和红山地块经济适用房建设情况的报告。(2)听取和审议区政府关于推进义务教育均衡发展情况的报告。(3)有关人事任免。

12 月 22 日，区十六届人大常委会举行第二十三次会议，会议的主要议题：(1)审查和批准 2010 年区国民经济和社会发展计划、财政预算调整方案。(2)听取和审议区第十六届人民代表大会第四次会议各项筹备工作情况的报告。(3)有关人事任免。　（曹晓莉）

【区人大常委会主任会议】 2010年,区十六届人大常委会共召开主任会议13次(即第三十一次至第四十三次),除研究和处理人大日常工作中的重要事务之外,还听取区政府和区法院、检察院专题汇报14项。内容主要包括区政府关于档案利用服务、推进老龄事业发展、居民小区排涝防淹基础设施建设、物价调控与监管工作、落实医改新政策、加强社区卫生服务、推进城市环境"三个提升"(提升城市现代化程度、提升城市文化品质、提升城市环境质量水平)、"十一五"规划完成和"十二五"规划编制、社会治安、背街小巷出新和雨污分流管网改造、发展生物医药产业、2010年为民办12件实事项目、2010年国民经济社会发展计划和财政预算执行情况及2011年国民经济社会发展计划和财政预算(草案)制定、区十六届人大第三次会议代表建议办理、司法应对宏观经济形势变化等工作情况。 (姚宇军)

【各工作委员会工作】 2010年,区人大常委会内务司法、财政经济、人事代表、环资城建、教科文卫五个工作委员会,根据区人大常委会年度工作要点及议题安排,认真履行宪法和法律赋予的职权,围绕发展中心,突出民生重点,全年组织人大代表开展50余项视察、评议和调研活动。各工委除了对常委会、主任会会议议题进行调研外,内务司法工委还对社会救助工作、财政经济工委对区第三经济增长极(孝陵卫)规划建设情况、人事代表工委对如何进一步加强人大代表与群众联系、环资城建工委对区老旧小区出新后续管理情况、教科文卫工委对加强社区卫生服务人才队伍建设等进行了调研,为常委会审议议题和科学决策提供有效的智力支持。 (李和华)

【街道人大工委工作】 2010年,各街道人大工委围绕中心,服务大局,充分发挥职能作用,紧紧围绕常委会年度议题和主要工作,切实提高代表活动的组织程度。深入开展"服务企业、服务群众、服务基层、服务项目、服务人才"的活动,并出台了具体措施,全力推动区、街经济社会又好又快发展。围绕市、区人大代表论坛的召开,组织代表深入开展调研论证,新街口、孝陵卫、玄武湖等代表组结合区域特点、功能定位,形成了一批优秀调研成果,较好地发挥广大代表在区委科学决策、政府有效实施方面的支持服务作用。"一个载体、两项制度"(街道人大代表之家和社区人大代表工作室;代表接待选民制度,代表向选民述职、接受选民评议制度)是人大在街道、社区倾力打造的品牌,也是服务群众、反映民意的主渠道。各街道人大工委组织代表定期走进"家、室"平台,开展代表联系选民、向选民述职活动,实现"家、室"活动的经常化、规范化、制度化,达到常态长效。玄武门、后宰门街道人大工委在开展代表述职评议过程中,对代表述职的工作流程各个环节的基本要求进行规范,增强了述职工作的可操作性和实效。梅园、锁金村、红山等街道人大工委不断强化代表接待选民、提出建议的办理力度,通过组织协调、督促检查和责任考核,有效促进一批关系群众切身利益民生问题的解决。 (沈　阳)

人大常委会举办市区人大代表论坛

【人大代表工作】 2010年,区人大常委会围绕年度议题和主要工作安排,积极组织代表开展持证视察、专题调研、执法检查、行风评议、旁听庭审等活动,一年来共组织代表活动110余次,参加的代表达1300余人次。积极探索代表专题询问的开展形式及范围,在审议落实医改新政策、推进义务教育均衡发展等议题的前期调研中,专门组织常委会组成人员、人大代表,同政府有关部门负责人进行互动对话,通过这一监督方式的有效行使,摸清情况,找准问题,为进一步提高常委会会议审议质量奠定扎实基础。成功举办市、区人大代表论坛,以打造"三大增长极"、推进玄武特色"三个发展"为主题,组织代表深入开展调研论证,形成了一批优秀调研成果,较好地发挥了广大代表在区委科学决策、政府有效实施方面的支持服务作用。把代表建议办理工作首次纳入全区"四个建设"目标考核,建立责任明确、科学有效的办理考核体系,切实强化"一府两院"办理责任。进一步完善闭会期间代表建议办理工作程序,细化办理流程,分解办理责任,切实加强建议办理情况的跟踪问效。深化"一个载体、两项制度"建设,继续把"代表之家、代表工作室"作为代表了解民情、收集民意、集中民智的主渠道,深入落实人大代表接待选民办法,组织代表分批走进"家、室"接待选民,确保选民提出的意见和建议事事有答复,件件有回音。区十六届人大三次会议期间及会后,共收到代表建议95件,已全部办结,办成77件,办成率达81.1%,再创历史新高。 (姚宇军)

【区人大理论研究工作】 8月27日,区第四届人大工作理论研究会召开常务理事会,会议研究确定了理论研究会的年度研究课题,并对理论研究会部分常务理事、理事进行了改选。11月4日至11月6日,区人大工作理论研究会在江苏泗洪举行2010年年会暨论文研讨会。市人大常委会副秘书长顾善祥，区人大常委会党组书记、主任、研究会名誉会长陆必坤，区委副书记张萍，区人大常委会党组副书记、副主任李永革，区人大常委会副主任、研究会会长吴为民，区人大常委会副主任杨冬梅以及区人大工作理论研究会理事、常务理事、各团体会员单位成员共46人出席了会议。会议以科学发展观为指导，深入学习贯彻党的十七届五中全会精神，围绕"创新人大工作、服务科学发展"这一主题，深入研究探讨如何在具体方法和途径上，进一步加强和改进"一府两院"专项工作报告审议、经济监督、预算监督、司法监督、代表建议办理、人事任免、街道人大工作和人大机关队伍建设以及科学编制玄武区"十二五"规划等九个方面问题，为进一步提升人大监督实效和促进"十二五"规划科学编制起到了积极的推动作用。 （李和华）

【宣传工作】 2010年，区人大办公室不断加强信息宣传工作，将宣传信息工作纳入办公室二级考核的重要内容，并加以量化考核。通过各种渠道，积极宣传报导人民代表大会制度、宣传人大常委会的各项工作和重大活动，宣传人大代表依法履职、服务发展的风采。全年共有13篇宣传稿件、59篇信息被《新华日报》、《人民与权力》等省、市报刊、杂志采用。同时，编发《玄武人大》期刊10期，对"玄武人大"门户网站进行改版和内容扩充。积极参加省、市人大举办的人大知识电视竞赛，获得全市二等奖。 （沈 阳）

【办理来信和接待群众48件次】 2010年，区人大把做好信访工作作为联系人民群众的桥梁和纽带，始终把热情接待和认真办理群众来信来访，作为倾听百姓呼声、延伸监督渠道、促进社会稳定的一项重要工作来抓。全年共办理来信和接待群众来访48件次，维护了人民群众的合法权益，有效地促进了"一府两院"依法行政、公正司法。 （吴九林）

【规范性文件备案审查】 2010年，区人大常委会根据《监督法》的要求和省、市人大常委会规定，将规范性文件备案审查工作写入年初人代会的常委会工作报告，将其作为一项重点工作向全体人大代表报告。经过区编制办公室批准，在办公室设立备案审查科，具体承担规范性文件备案审查工作。按照《玄武区人大常委会规范性文件备案审查工作流程》的要求，分别对《玄武区法律援助管理办法》、《玄武区安全生产事故隐患整改责任制实施办法》2件规范性文件实施备案，有效地维护了国家法制的统一和人民群众的合法权益。 （沈 阳）

【省人大常委会副主任柏苏宁到玄武调研】 5月11日下午，省人大常委会副主任柏苏宁、人代联委副主任孙庭兆等在市人大常委会副主任李福全陪同下，来玄武区就南京市学习贯彻省委人大工作会议精神及2005年中央9号文件落实情况开展专题视察和调研。市人大常委会副主任李福全、区人大常委会主任陆必坤及4个街道人大工委主任就各自的人大工作先后做了汇报。柏苏宁在听取相关汇报后，对南京市和玄武区人大常委会的工作给予充分肯定，对玄武区关于人大代表接待选民所反映意见处理的流程等相关制度表示赞赏。

玄武区人民政府

【区长办公会】 1月4日，召开第一次区长办公会，研究上报市2010年区重点考核目标及有关工作。

2月1日，召开第二次区长办公会，研究2010年工作安排及目标任务（奋斗目标、工作目标及招商、拆迁等专项目标）分解有关事宜。

4月10日，召开第三次区长办公会，研究部署二季度工作。

6月13日，召开第四次区长办公会，研究国库集中支付改革有关事宜，并部署当前工作。

8月6日，召开第五次区长办公会，就贯彻落实《党员领导干部廉洁从政若干准则》情况征求对区政府班子及个人意见和建议。

9月29日，召开第六次区长办公会，研究2011年度国民经济和社会发展计划目标有关事宜。

10月11日，召开第七次区长办公会，研究部署有关工作。

【全区信息化建设取得阶段性成果】 2010年，全区信息化建设，遵循"审慎规划，小步快走"的建设原则，按照玄武区电子政务发展三步走的方略，从信息发布平台的改造、"四库一平台"（四库：人口基础信息库、法人单位基础信息库、自然资源信息库、宏观经济数据库；一平台：建立数据交换平台）二期项目、安全支撑平台建设、基础数据源管理系统建设这四大工程着手，对全区的应用系统和数据进行有效整合，取得阶段性成果，在全市保持领先水平。完成门户网站升级改造。进一步对网站栏目梳理、分类，

玄武区机关作风建设暨重点项目推进会

更加注重与民互动，更加突出为民办事，拓展服务范围，延伸服务触角，获得2010政府网站政民互动精品栏目奖，全年采用信息16875条，比去年提高20%，在全市区县网站排名第一；完成“四库一平台”二期建设。重点建设“数据交换平台”和人口库。采用IBM的MB、MQ消息中间件为底层应用，完成与OA、档案、即时通信系统、短信系统、权力阳光等多个系统的对接，有效提高工作效率、降低行政成本。在人口库的建设中，首次采用了“人立方”的新观念，建立了人口数据的关联，打破信息壁垒，实现数据共享；完成电子政务应用安全密码支撑平台建设。采用密码安全技术，建立完善玄武区政务应用系统信任体系，构建电子文档的安全电子签章解决方案，完成了身份认证、信源加密、数字印章、数字签名等四大功能的安全支撑平台建设，解决了电子公文归档、公文传输的安全性，以及公文流转中公文的有效性、确认性等问题，为实现无纸化办公提供了技术保障；完成街道社区综合管理系统建设。该系统与区“四库一平台”对接，有效实现数据共享，推动绩效考核电子化，有助提高工作效率。

【行政服务中心规范运行】 2010年，区政府行政服务中心，坚持“便民、高效、廉洁、规范”的服务宗旨，全力提升服务水平和服务质量。积极配合全区机构改革，完成部分窗口整合、整建制进驻等工作，窗口办件能力显著提高；制订了《玄武区行政服务中心窗口单位和窗口工作人员考核办法》，坚持月度综合考评和通报制度，设立投诉意见簿、投诉电话，广泛听取社会各界政务监督员的建议和意见，主动接受监督；组织窗口业务志愿者服务队，对需要提供现场咨询、现场办理的企业和群众上门服务。对8小时内办件没有完成的，提供延时服务；需在工作时间以外办理业务的企业，可以通过电话、传真、网络等方式要求预约服务，最大限度方便办事企业和群众。全年受理业务6万余件，办结率100%，满意率99.8%。

（薛惠艳）

【玄武区城市环境“三个提升”暨2010年城建城管工作会议】 1月13日上午，区长王海宏主持召开玄武区城市环境“三个提升”暨2010年城建城管工作会议。副区长孙康龙、曹曙分别就城市建设和城市管理方面落实市“三个提升”计划和做好2010年工作进行了动员和部署。区建设局、房产局、市容局、环保局和新街口街道分别发言。王海宏强调玄武区是市委、市政府所在地，作为中心城区、窗口地区，城建城管工作应走在全市前列：一是高标准。玄武的区位特点，决定玄武工作标准必须是第一流；二是重责任。在“三个提升”中，每名干部都要知道自己承担什么责任，应该履行什么职责；三是做好人。要正确对待手中的权力，确保工程建设廉洁；四是干实事。各街道、系统，要全面盘整、分析辖区资源，统筹安排各项工作，争取早日完成各项任务；五是严要求。要全员发动，排出工作菜单，严格落实责任链传导机制，确保各项要求落到实处。

【玄武区召开“三大增长极”联会】 12月28日上午，玄武区2010年“三大增长极”联会召开。区委书记单景南、区长王海宏，分管各增长级单位的区委常委，区委、区政府相关部局领导，处于“三大增长极”的新街口街道、梅园新村街道、后宰门街道、徐庄管委会和孝陵卫街道的党政领导参加，玄武湖街道党政领导列席会议。会上，分管各增长极单位的区委常委进行了讲评；王海宏区长从增强自信心和要有危机感两个方面分析了“三大增长极”的优势和不足，要求在质量拓展上要有所突破；单景南书记号召全区要形成共识，而作为“三大增长极”，必须做到在经济总量上占到玄武区的七、八成，成为真正的核心，其次在业态上做到核心产业在“三大增长极”中要扎堆，第三是“三大增长极”必须实行统筹联动，整体发展，走集成集约化的和高端化的发展趋势。

· 编制工作 ·

【概况】 2010年，根据《中共南京市委、南京市人民政府关于印发〈南京市玄武区人民政府机构改革〉的通知》（宁委〔2010〕165号）和《中共南京市玄武区委、南京市玄武区政府关于南京市玄武区人民政府机构改革的实施意见》（玄委字〔2010〕68号），玄武区机构编制委员会办公室由与玄武区人事局合署办公调整为独立设置，列区委工作机构序列，既是区委工作机构，又是区政府工作机构，负责全区行政管理体制和机构改革以及机构编制的日常管理工作。区编办现人员编制8名，其中领导职数2名、内设机构3个。

【2010年政府机构改革工作】 2009年底及2010年初，区编办在市编委的指导和区委、区政府、区编委的领导下，对区政府机构运行情况及存在的问题进行梳理，报区机构改革和干部优化配置领导小组讨论并经区委研究，提出《南京市玄武区政府机构改革方案》（草案）并报省

7月29日，玄武区召开机构改革动员大会

编办备案。2010年5月20日,市委、市政府正式批复玄武区政府机构改革方案。7月20日,区委召开全委会,研究出台《南京市玄武区政府机构改革实施意见》,7月29日,全区召开区政府机构改革动员大会,对全区机构改革工作做出全面部署。政府机构改革主要内容:一是转变政府职能。二是理顺职责关系。三是明确强化责任。四是优化组织结构。实行职能有机统一的大部门体制,综合设置政府机构。区政府工作部门由原来的28个调整到现在的22个,精简了21.4%。五是完善管理体制。六是严格控制机构编制和领导职数。

【机构编制管理工作】 党群部门(含参照管理部门)内设机构和人员编制适度调整:(1)区法院审判管理办公室由在民事审判庭第三庭挂牌改为独立设置,并增设知识产权审判庭。(2)区委办公室增设综合科;(3)区信访局增设督查督办科;(4)区委组织部增设人才工作科;(5)区委宣传部增设舆情信息科;(6)区委机关工委增设机关作风管理科;(7)区纪委(监察局)增设区政府纠正行业不正之风办公室(纠风办)、效能监察室(挂效能投诉中心牌子),区纪委(监察局)办公室增挂监察综合室牌子;(8)区人大办公室增设备案审查科;(9)区检察院技术科由挂牌机构调整为独立设置;(10)区档案局增设地方志编研科。

【事业单位法人网上登记及年检】 按照《事业单位登记管理暂行条例》、《事业单位登记管理暂行条例实施细则》文件规定,出台《玄武区事业单位登记管理局关于2009年度事业单位法人年检的通知》(玄编办字〔2010〕1号)文件及《玄武区“事业单位法人年检”材料填写说明》材料,布置年度法人登记及年检工作,严格按照“自查—受理—审查—核准”程序和“时间、要求、进度“三统一”要求,重点审查《事业单位法人年度报告书》、《资产负债表》和“事业单位法人证书”等“一书一表一证”,确保年检质量。完成全区145家事业单位法人年度检验工作任务,年检率和合格率均达到100%。变更登记21家。 (冯 艳)

·信访工作·

【概况】 2010年,区信访局认真学习实践科学发展观,紧紧围绕科学发展这一主题,以“高举旗帜、围绕大局、服务群众、改革创新”为实践载体,将解决信访突出问题、促进和谐稳定,作为保增长、创和谐、促发展的重要手段。集中力量开展信访热点难点问题排查,着力解决信访突出问题。以“深化五个服务、争做满意先锋”活动为载体,提高工作效率和服务水平。综合利用行政资源分类处理矛盾纠纷,提高依法处理信访问题的效能和质量,提高接访效率。出色完成了上海世博会及省、市及全国“两会”等重要敏感时期的信访稳定工作。全年共受理群众来信629件(含电子邮件),接待群众来访1111批,3394人次,其中重复访1045批3074人次,分别占来访总量的94%和来访总人次的90%。全年信访总量比去年同期下降9.6%。编写各类信访信息周报、专报等71期,及时向领导提供全区信访信息动态、重大信访问题及有关建议。圆满完成了上级交给的年度工作任务。被南京市评为“上海世博会信访工作”先进集体、被区委、区政府评为年度信访工作先进单位。

【排查信访热点难点问题加大解决力度】 8月2日,全省“三项排查”(即集中排查解决信访热点难点问题、全面排查安全事故隐患、深入排查基层基础工作薄弱环节)工作会议后,玄武区成立了“三项排查”工作领导小组,区委单景南书记、区政府王海宏区长为组长,并成立了五个集中排查化解信访热点难点问题专项工作组:改革改制问题小组由区长助理王东牵头,涉法涉诉问题小组由区委常委、政法委书记易兵牵头,民生问题小组由副区长王静牵头,征地拆迁和城市建设问题小组由区委常委、副区长孙康龙牵头,全市重点人员稳控及部分涉军问题小组由副区长、区公安分局局长胡士宁牵头。下发了《关于在全区开展信访热点难点问题集中排查化解活动的实施意见》。针对省、市交办的63件信访热点难点案件,进行了逐一核查,同时,又通过多种形式、多种渠道对全区信访不稳定因素进行全面再梳理、再排查,又自查出57件存在不稳定因素的案件。对上级交办和自查案件落实领导包案,明确责任主体,强化集中会办,取得阶段性成果。省、市交办及自查的共120件案件中,已解决44件,已答复、复查或经省、市复核37件。积案化解和办结率达67.5%。确保信访热点难点问题排查工作落到实处。

【开展“五服务”提升信访服务质量】 围绕“服务群众、服务企业、服务项目、服务人才、服务基层”五服务内容,结合职能定位,提高服务质量和水平。以“矛盾纠纷排查化解活动”为抓手,创特色服务。全国“两会”、上海世博会召开前,各街道、部门对矛盾纠纷进行一次拉网式排查,对查出的不稳定因素,制定相应措施,信访局挂钩领导及时予以指导服务,

区委书记单景南(左二)接待上访群众

将矛盾纠纷化解在基层，信访问题解决在基层；以“信访积案化解年”为契机，提高服务水平。信访案件随着时间的推移，人员及政策的变化，解决的难度和成本越来越大，一直困扰着基层单位、公司企业，牵扯着领导的精力。2010年，信访局结合信访热点难点问题的排查，按照区委单书记提出的“既要讲究方式方法，又要坚持原则”指导思想，积极出谋划策，创新工作思维，寻找解决问题的突破口，解决了44件积案。做到案结事了，息诉停访；转变工作作风，把工作重心下移，到基层一线协调解决问题。把过去在信访局接访，变为带着问题下访。信访局领导成员按照工作分工，分片包干，带领工作人员分别到各街道、部门及社区接访和会办。

【“三心合一”整合接访平台】 2010年，区信访局根据区委常委扩大会精神，积极协调有关部门，整合资源，将人民来访接待中心、社会矛盾纠纷大调解中心、法律援助中心进行整合，综合利用行政资源分类处理矛盾纠纷，形成住建、人社、民政、城管、纪检、公检法等部门参与日常接待的联合接访机制，构建联合接访、依法分流、直接调处、多方联动、全程督查的综合性信访工作平台，提高依法处理信访问题，特别是初信初访问题的效能和质量。提高接访效率，将信访矛盾化解在初始状态。进一步整合基层信访维稳力量，依托各街道政法综治工作中心建设，整合综治、司法、信访、调解等各类组织力量，集中行政资源，提高基层解决信访问题、调解各类矛盾的能力。

（冯桂新）

玄武区政协

【区政协十届三次会议】 1月5日至8日，中国人民政治协商会议南京市玄武区第十届委员会第三次会议在玄武中心大厦举行。区四套班子和法院、检察院领导，全体政协委员、列席人员，区政协历届原正职领导和区机关有关部门负责人近300人出席本次大会。中共玄武区委书记单景南在开幕式上作了重要讲话，区政协主席梁广宏代表区政协常委会作了工作报告，区政协副主席张发作了提案工作报告。政协委员、列席人员列席了区人大十六届三次会议开幕式，听取并讨论了区长王海宏所作的政府工作报告，以及区2009年国民经济和社会发展计划目标执行情况及2010年国民经济和社会发展计划草案的报告、区2009年财政预算执行情况和2010年财政预算草案，区人民法院、区人民检察院工作报告等。会议期间，区委召开了民主党派、界别人士部分委员座谈会，听取和征求民主党派、无党派人士、界别委员对区委、区政府工作的意见建议；举行了献计献策大会，听取区政协一年来的重点调研成果；审议并通过了政协玄武区第十届委员会第三次会议决议。会议还对2008~2009年度“两先四优”进行了表彰。

【区政协常委会议】 2010年区十届政协共召开5次常委会议。

2月26日，区政协召开十届十五次常委会议。协商通过区政协常委会2010年工作要点、协商议题、调研课题及主要活动安排等；协商通过区政协十届三次会议提案审查立案工作情况的报告。区政协主席梁广宏，区委常委、区政协副主席刘显平，副主席张发、何建敏、王连安、冯小仙，秘书长罗军出席了会议。区人大副主任吴为民，区政府副区长张蓬应邀列席了会议。会议由区政协主席梁广宏主持。

5月26日，区政协召开十届十六次常委会议。协商讨论区政府关于徐庄软件产业基地招商引资和管理服务、公共卫生服务项目推进与落实情况。会议对区委、区政府高度重视和大力推动徐庄软件产业基地招商引资、管理服务工作以及加强公共卫生服务项目落实与推进工作给予充分肯定，并提出了建议。区政协主席梁广宏，区委常委、区政协副主席刘显平，副主席张发、何建敏、王连安、冯小仙，秘书长罗军和19名常委出席了会议，区人大副主任吴为民，区政府副区长张蓬、王静应邀列席了会议，列席会议的还有区政协副秘书长赵宁和办公室、各专委会负责同志。会议由区政协主席梁广宏主持。

7月27日，区政协召开十届十七次常委会议。协商讨论区政府关于2010年上半年国民经济和社会发展计划执行、城市环境“三个提升”行动计划落实情况。区政协主席梁广宏，区委常委、区政协副主席刘显平，副主席何建敏、冯小仙，秘书长罗军和21名常委出席了会议。区委常委、区政府副区长孙康龙，区长助理王东应邀列席会议，列席会议的还有区政协副秘书长、特邀政协委员和办公室、专委会负责同志。会议由区政协主席梁广宏主持。

10月28日，区政协召开十届十八次常委会议。协商讨论玄武区“十一五”规划完成及“十二五”规划编制情况、区政府提案办理工作情况，协商通过了区政协相关人事任免并通报了近期全区干部调整情况。区政协主席梁广宏，区委常委、区政协副主席刘显平，区政协副主席张发、王连安、冯小仙，秘书长罗军及18名常委参加了会议，区政府副区长王东、副巡视员傅根辉应邀列席了会议。列席会议的还有区政协副秘书长、各专委会、政协街道工委负责同志。会议由区政协主席梁广宏主持。

12月21日，区政协召开十届十九次常委会议。协商讨论区政府关于2010年国民经济和社会发展计划实施情况以及2011年国民经济和社会发展计划制订情况（草案）、2010年财政预算执行情况和2011年财政预算编制情况；全区2010年度政治建设、党的建设工作目标实施情况及2011年政治建设、党的建设工作目标制订情况；全区2010年度文化建设目标实施情况和2011年文化建设奋斗目标制订情况。会议还协商通过了区政协常委会工作报告和提案工作报告、区政协常委会工作报告和提案工作报告的报告人、部分政协委员调整及关于召开区政协十届四次会议有关事项。区政协主席梁广宏，区委常委、区政协副主席刘显平，区政协副主席张发、何建敏、王连安、冯小仙，秘书长罗军及25名常委出席了会议，区政府副区长王东应邀列席了会议，列席会议的还有区政协副秘书长、政协街道工委主任、办公室及各专委会领导。会议由区政协主席梁广宏主持。

【区政协主席会议】 2010年区十届政协共召开7次主席会议。

1月25日，区政协召开十届二十次主席会议，协商讨论区政协常委会2010年工作要点、协商议题、调研课题及主要活动安排等（草案）、区政协十届三次会议提案审查立案工作情况的报告（草案）、2010年各委组活动计划、调研课题安排情况。

3月19日，区政协召开十届二十一次主席会议，协商讨论2010年玄武区财税目标安排与落实情况。

4月23日，区政协召开十届二十二次主席会议，协商讨论玄武区重点建设项目安排落实和“五五”普法工作完成情况。

6月21日，区政协召开十届二十三次主席会议，视察了玄武区宗教文化宣传年活动开展情况。

8月23日，区政协召开十届二十四次主席会议，协商讨论玄武区行政监察工作和“法治玄武”建设情况。

9月17日，区政协召开十届二十五次主席会议，协商讨论玄武区关于预防职务犯罪工作和见义勇为基金会工作开展情况；讨论通过了《区政协民主监督员工作暂行办法》（试行）。

11月26日，区政协召开十届二十六次主席会议，协商通过区政协常委会工作报告（讨论稿）、提案工作报告（讨论稿）、关于召开区政协十届四次会议、调整部分政协委员等有关事项。

【高层协商会议】 1月13日，玄武区召开高层协商会议。就2010年区政协常委会工作要点、协商议题、调研课题及活动安排等与区委、区人大、区政府和“法检”两院领导进行协商讨论。区委、区人大、区政府、区政协及区法院、区检察院全体领导出席了会议。区委副书记张萍主持会议。

【民主监督】 3月16日，玄武区召开人大建议案、政协提案交办会。区政府常务副区长杨晓阳总结了办理工作，部署了工作任务。区政协副主席张发宣读了表彰决定，区市容局、民政局等单位作了交流发言，区委副书记张萍同志提出了要求。会议由区人大副主任杨冬梅主持。

5月21日，区政协召开社情民意信息工作会议。会议传达了市政协社情民意信息工作会议精神，总结表彰2009年区政协社情民意信息工作先进个人，孝陵卫街道等4家单位作了交流发言。市政协副秘书长、办公室主任张国庆，区政协主席梁广宏分别就加强社情民意信息工作提出了要求。区政协副主席张发、秘书长罗军，市政协宣传信息处领导，各街道分管领导、各信息员，区政协各专委会和委组负责同志出席了会议，区委常委、区政协副主席刘显平主持会议。

7月至9月，区政协组织部分委员围绕现代农业科技服务基地公共服务中心建成开业、建设南京金融服务平台、建设全区信息化平台、发挥街道社会救助服务平台作用和对困难群众实施项目化救助、创建“省十一五人口协调发展先进区”、完成全区市容环卫责任区星级化管理、完成社区商业示范摊点群建设等八个项目，开展了“政协委员察效能”活动。委员们通过听取汇报、察看现场、查阅资料、座谈讨论等形式了解全区社会公共服务建设情况，并针对发现的问题及不足提出了意见建议。

9月20日，区政协召开民主监督员工作会议。会上，聘用单位及监督员代表进行了交流发言，区政协主席梁广宏对近年来民主监督工作所取得的成绩给予肯定，同时，对进一步推进民主监督工作提出要求。区委副书记张萍，区委常委、区政协副主席刘显平，区政协副主席张发，区政协秘书长罗军和全区19个民主监督员聘用单位领导以及各民主监督员参加会议。

【调研视察】 8月12~13日，围绕政协街道工作委员会各项建设和工作开展，区政协组成三个调研组，分别在主席梁广宏，区委常委、副主席刘显平，副主席张发带领下，赴8个街道开展专题调研活动。调研着重围绕政协街道工委的组织建设、运行机制、活动安排、制度建设和保障措施等工作，并就当前政协街道工作中面临的问题及解决办法，与街道主要负责人交换了意见，提出了要求。

2010年，区政协充分发挥“人才库、智囊团”的重要作用，成立2个重点课题调研和8个委组专题组。重点调研组着重围绕加快孝陵卫地区第三经济增长极发展与建设、加快引进培育和扶持区域骨干企业，尽快形成一批骨干企业群等课题开展调研。8个委组分别围绕加强街道法治建设、公共文化设施建设、政府如何促进中小企业发展、加快玄武区经济发展方式转型、玄武区社会化养老服务现状及对策、进一步加强中小学教师人才队伍建设、转变观念，完善机制，预防控制重大疫情，保障公共卫生安全、仙鹤门经济适用房片区创建和谐示范社区等课题开展调研。区委常委、区政协副主席刘显平，区政协副主席张发分别领衔一个重点调研课题。

9月20日，区政协召开民主监督员工作会

【区政协举办“第十二届玄武科技与发展论坛”】 9月28日，区政府、区政协和南京市科协联合主办的第十二届“玄武科技与发展论坛”在徐庄软件产业基地举行，论坛以“探讨政产学研合作新机制，促进玄武创新型经济发展”为主题，围绕加快玄武科技创新示范区建设步伐，探寻适合玄武发展的政产学研合作新机制，促进科技成果转化，推动玄武创新型经济发展。区政协主席梁广宏，区委副书记张萍，玄武区创建国家科技进步示范城区顾问、原江苏省科技厅副厅长詹世平研究员，市科委副主任黄榕，市科协副巡视员周金京，区委常委、区政协副主席刘显平，区人大副主任吴为民，区政府副区长张蓬，区政协副主席张发、王连安，相关专家学者、科技园区、企业、中介机构代表，区政协部分企业家和委员以及上海杨浦区科委，玄武区各街道、相关部门领导100余人参加了本次论坛。

【成立政协街道工作委员会】 8月2日，区政协在锁金村街道举行政协街道工作委员会成立及揭牌仪式，标志着区政协在8个街道成立了工作委员会。市政协副主席徐立新、区委书记单景南、区政协主席梁广宏分别在会上作了讲话，锁金村街道党工委书记、政协工委主任刘汉明在会上作了发言。区长王海宏，区人大主任陆必坤，区委副书记杨晓阳，区委常委、区政协副主席刘显平，区政协副主席张发、王连安、冯小仙，秘书长罗军，各街道党政主要负责人，街道人大工委、政协工委主任，区政协全体常委、委组长和区政协机关人员共100余人参加了仪式。

【区委政协工作会议】 11月3日，区委召开全区政协工作会议。会议回顾总结了2006年区委政协工作会议以来，区政协工作取得的成绩和经验，并对下一步开展好政协工作提出了明确要求。区委书记单景南代表区委在会上作了重要讲话。区委副书记、区长王海宏主持会议，就贯彻落实会议精神提出了要求。区政协主席梁广宏对区政协如何开展好下一阶段工作提出了具体要求。会上，区委下发了《中共玄武区委政治协商规程》、转发了区政协《关于加强政协街道工作委员会建设的实施意见》；区发改局、新街口街道两家单位进行了交流发言。四套班子领导单景南、王海宏、陆必坤、梁广宏、张萍、宋晓辉、易兵、杨乐华、刘显平、曹曙、吴为民、张蓬、王静、张连春、张发、王连安、冯小仙、傅根辉，各街道、机关各部门（系统）主要负责人，政协街道工委主任，各街道党工委副书记，区政协常委、委组长参加了会议。

（姜海平）

9月28日，区政协举办第十二届南京玄武科技与发展论坛

长发地产

18载高端地产磨砺，领舞城市中央

南京长发房地产开发有限责任公司成立于1993年，隶属于长江经济联合发展（集团）股份有限公司。注册资金为一亿元人民币，国家一级开发企业资质，位列中国房地产开发企业100强之列。公司共有员工约100人。经济实力雄厚、信誉卓著，是以“敬业、创新、务实、高效”为企业精神的现代型房地产开发企业，长发人的经营方略以诚信为本，品质至上，讲究诚信和社会责任。

长发地产在长期的开发历程中，逐步确立了以城市中央版块开发为核心业务的开发理念，立志做城市中央版块建设专家。成立以来在南京城市中央版块和黄金地段的开发总量近100万平方米。先后开发了长发公寓、成贤公寓、长发科技大厦、长发数码大厦、汉府雅苑、圣淘沙花城、都市公社、长发银座、长发中心、木马公寓、蜂巢、无庶、羲和项目等，无一不是追求完美、挑战巅峰之作。同时长发地产与江苏五星投资控股集团、宜兴兰山房地产开发有限公司联合开发的宜兴龙背山项目——宁宜·九龙依云，更成就了企业里程碑式的跨越，将业务成功拓展到长三角地区。目前长发地产在市区黄金地段仍有多处项目土地储备，为企业的持续健康发展奠定了坚实的基础。

经过十余年的发展和磨砺，长发地产已经成长为南京地产界一面引领创新潮流的旗帜和中国地产界的知名品牌之一。秉承一贯的创新理念，长发地产专注于品质的精雕细琢，追求永不间断的自我超越，以激情引领时代，用创新昭示未来！

曾经的专注　现在的经典

体验式经济时代来临

一个高度精神消费的场所

一个前进式的生活态度和生活观念

距离最繁华的商业中心不远不近

一处能够提供生活新知、精神补给的地方

最理想的工作生活形态

子时以前在CFC商业街顾盼流连

子时以后在1912、钱柜摩挲暧昧

透明的白天，更真实的黑夜

都暗含着某种属于你自己的情愫

CFC CHANGFA CENTER 商业广场

长发中心CFC商业广场采用欧洲下沉式广场设计，充满了浓郁的德国简约风情，广场中闪烁变幻的玻璃灯光地面，俨然成就一个现代梦幻的世界，居中的玻璃水池又为下沉广场增加了一种流动的元素和纯净的艺术美感。整个广场均显示着这是一个精心打造的情趣无限的高档商业街。

游走于场景的体验式主题文化生活，是CFC商业广场所提倡的商业概念。消费不仅仅止于消费，所有的生活乐趣均溶于消费行为过程中，这就是这个商业广场能带给您的不同凡响的感受。CFC商业广场，满足餐饮，娱乐，休闲，购物等所有消费商业基本要素，一步一景的街区小品，亦将普通消费行为更深地导入到体验式主题文化生活中去。

CFC商业广场商业面积18852.7平方米，目前已有多家知名商户进驻，为打造一个最时尚、最小资、最舒适、最生活……的商业广场，我们仍在努力着。

九龙依云，地处宜兴城区南侧，总占地面积1212亩，依托龙背山国家4A级森林公园，将建成全国唯一城市森林公园别墅社区。距市中心仅5分钟车程，是真正意义上的城市中心别墅，项目规划中的400多套纯别墅物业不乏千万级独栋，这在宜兴高端别墅市场上是前所未有的，即便放眼整个长三角地区也并不多见。项目致力于打造宜兴对话世界的城市名片，倡导多元化居住方式，构建宜兴人居生活新典范。

九龍依雲 得山 得水 得天下 KOWLOON EVIAN

民主党派·工商联·人民团体

Democratic Parties
Association of Industry and Commerce
Mass organizations

- 民主党派 · 工商联
- 人民团体

民主党派·工商联

· 民主党派 ·

【概况】 截至2010年年底,全区有8个民主党派基层组织,设有7个总支,44个支部,1个小组,共有成员802人,比2009年同期增加31人。

分布情况:

1.民革总支1个,支部6个,106人。

2.民盟总支1个,支部9个,175人。

3.民建总支1个,支部3个,77人。

4.民进总支2个,支部16个,220人。

5.农工民主党总支1个,支部6个,146人。

6.致公党总支1个,支部3个,47人。

7.九三小组1个,6人。

8.台盟支部1个,25人。

【民主党派负责人政情通报会】 12月15日下午,玄武区委统战部召开全区民主党派基层组织负责人会议。会上,区发改局局长张仲金、副局长徐力行分别通报了玄武区"十二五"规划建议说明、2010年国民经济和社会发展计划执行情况及2011年国民经济和社会发展计划(草案)制定情况。各民主党派负责人就通报情况进行交流发言,对2010年政府工作给予充分肯定,对取得成就给予高度评价。同时,就进一步改善民生和编制"十二五"规划提出意见和建议。近50人参加了会议。

12月15号,区委统战部召开玄武区民主党派通报会

【服务"三个发展"建言献策】 11月12日下午,玄武区召开统一战线围绕"十二五"规划编制、服务"三个发展"建言献策大会。参加会议的有党外领导干部、各民主党派基层负责人、工商联、侨台及宗教界人士代表,各街道统战员;区委统战部机关全体干部。会上,民主党派基层组织代表、党外领导干部代表、宗教界代表分别从区域发展规划、新兴产业集团建设、投资促进工作策略、教师流动问题以及如何发挥佛教优势等方面进行发言,并对群众关心的城市建设、城市管理、社会事业等问题提出意见和建议。会议由副区长张蓬主持,共收集建言献策材料33篇。

【区知联会理事考察重点企业】 5月14~15日,玄武区委统战部组织区知联会理事考察江苏宿迁市、沭阳县重点企业。应邀参加这次考察的还有南京林业大学统战部。考察组听取了沭阳县有关领导介绍,随后实地考察了苗圃养殖基地、速兰丰产林基地,木材加工等。在宿迁市有关领导陪同下考察了宿迁市部分龙头企业。知联会理事对宿迁市沭阳县社会主义新农村建设的认识有了新的提高。

【市民革医卫二支部在太平花园开展义诊活动】 3月3日下午,太平门社区和南京市民革医卫二支部在太平花园联合开展以"弘扬雷峰精神、服务社区百姓"为主题的医疗服务进社区义诊活动。来自全市医院的儿科、外科、口腔科、心血管科等专家,为社区居民免费检查诊断、解疑释惑,进行健康咨询,宣传医学科普知识。活动共接诊居民100余人次,受到社区居民好评。 (闵 捷)

·工商联·

【概况】 2010年,玄武区工商业联合会、玄武区商会所属街道商会8家、行业商会6家,以及异地商会2家、社区商会8家,共有会员1272名。全部建立健全了商会台账和会员资料库。新街口、后宰门、梅园街道商会和新伊汽配城商会、南京永康商会通过市工商联的五星级商会验收。2010年玄武区工商联被南京市工商联授予市先进集体称号。玄武区社区商会工作,受到市工商联的肯定,锁金三村社区商会被市工商联授予"南京市工商联社区商会建设示范点",为促进全市工商联社区商会试点工作顺利进行做出应有的贡献。

【开展上规模民营企业调研和统计工作】 2010年,玄武区工商业联合会、玄武区总商会开展上规模民营企业的调研和履行社会责任的统计工作。对先声、福中、新华海、东来、钢加、广厦、南京TCL、南京惠达、柯菲平等10多家企业,开展上规模民营企业调研。做好对56家执委企业进行履行社会责任的统计调查,为区委、区政府分析民营经济发展,制定民营经济发展相关政策提供参考。组织街道商会对企业进行全国第九次私营企业的入户调查,对20家企业进行了全面摸底调查。先后走访南京十朝文化产业园、新伊汽配商城商会、富士达公司、精艺印刷公司、金海设计公司、华东医药公司、金昆鹏、新街口、后宰门、红山等街道商会、异地商会,以走访、座谈等形式了解企业和行业商会的发展状况,了解会员企业在"三个发展"中的需求、想法、实情,倾听企业家心声,及时向区有关职能部门反映民企发展最新动态,帮助企业寻求转型发展商机,促进企业加快产业结构调整。

【拓展工作服务领域】 3月15日,与区工商、物价、质监局等部门在新伊汽配商城商会举办了"3·15"大型广场宣传活动。与区人社局、区总工会开展"构建和谐的劳动关系"为主题的宣传和协商活动。完善融资平台,为企业提供支持。在为企业融资担保服务上强化区、商会、企业三方对接,"玄武区融资公共服务平台"优先为企业转型发展服务,"融资信息员"主动加强与鑫信担保公司的沟通与联系。通过银企对接,为15家中小企业融资贷款3500万元。

【强化商会建设】 2010年,在市区工商联的帮助下,成立了第二家异地商会——南京慈溪商会,有会员企业80家。10月30日,成立了南京工商联通信商贸商会、南京丹凤街通信行业商会,发展会员120家。促使商会活动常态化。组织街道统战员和街道商会、行业商会、社区商会的会长定期、适时开展专题研讨学习,组织执委企业参加各种政策解读、法规培训。协助商会会员以商招商,以情招商,支持企业发展,促进经济建设。发挥商会的作用。积极组织会员企业先后参加了市工商联组织的重洽会、民营企业家峰会、紫金山峰会等经贸合作洽谈活动,帮助企业寻求商机。加强与友好商会的联系与合作。先后与阜宁商会和南京慈溪商会建立了友好商会,沟通信息,加强合作。年初,就社区商会的组织架构、工作范畴、活动内容和形式等进行了研讨,彰显社区商会的活力。

【开展社会公益事业活动】 2010年,在区光彩事业促进会的统一领导和协调下,区工商联在非公企业人士中,大力提倡"致富思源、富而思进、扶贫济困、乐善好施、义利兼顾、德行并重、回馈社会"的光彩精神。积极投身光彩事业。支持非公经济企业积极吸纳下岗职工,参与捐资助学,对口扶贫济困等,先声药业、福中集团、新华海公司、东来集团被市委统战部评为支持新农村建设先进单位。中科集团投资百万元建设了六合金牛湖小学。城镇开发公司、十朝文化产业园等积极参与"一日捐"活动。支持重点项目。区工商联与区委统战部、区劳动保障局和红山街道针对因沪宁城际铁路北广场扩建工程而失业的人员和被征地农民举办了"玄武区部门联动援助重点项目就业专场招聘会",向失业人员提供近千个工作岗位,其中:区工商联组织13家民营企业提供287个就业岗位。还为有培训意愿的就业困难人员提供多项免费培训及各项优惠政策咨询宣传服务。热心公

社区商会试点工作汇报交流会

益事业，青海玉树发生灾情后，民营企业积极为玉树灾区捐款捐物达400多万元，其中：先声药业向灾区捐赠100万元救灾款及总价值200万元的药品，用于救灾和受伤群众的治疗；福中集团向玉树灾区捐赠价值100万元的专门对伤口愈合具有很好疗效的微波治疗仪，动员在南京总部的100多名党员、员工捐款十余万元；江苏龙者科贸公司捐赠了棉被等物品；新伊汽配商城商会组织众多商户、员工和保安人员捐款8万多元，红星美凯龙中央路店举办了“双倍爱心援助玉树”大型慈善募捐活动，将“五一”3天家具赈灾义卖款10万多元捐赠给了区慈善协会。　　（张　晨）

人民团体

·区总工会·

【概况】 2010年，全区各级工会围绕“走玄武特色的转型发展、创新发展、跨越发展之路”为目标，以“推动发展、改善民生、促进和谐”为工作理念，团结带领全区7万职工，推动玄武“保增长、促转型”起到关键性作用。至年底，全区有基层工会组织571个，基层工会涵盖独立法人单位5031个，新增工会基层组织43个；职工70491人，其中女职工30901名，进城务工人员14891名；工会会员70075名，其中女会员30730名，进城务工人员入会14871名。区总工会全面完成市总工会年初下达的各项目标任务，共获得各项表彰4项，省级2项、市级2项；各基层工会获得全国总工会表彰1项、省级表彰4项、市级表彰4项。全年区总工会先后6次在省、市总工会有关会议上分别就劳务公司建会、工会法律援助、工资集体协商、社区工会建设等工作做经验介绍。玄武门街道获全国“2010年度全国百家示范乡镇(街道)工会”称号；后宰门街道获“江苏省工会工作模范街道”称号。

【推进平等协商工资集体合同制度】 区总工会加强了独立建会企业工资协商工作，新签续签工资专项集体合同238份。积极推进事业单位二次协商，取得明显实效。区卫生系统在经济利益、政治待遇上实现了在职干部职工与“劳务工”、“聘用制合同工”二次分配一视同仁。调研了教育系统绩效工资分配方案的实施工作，重点进行了社区层面二次工资协商的指导和推进工作，签订补充工资合同500余份。选树了花红园、佛心桥社区两种二次协商版本为典型，在全区推广。区总工会工资集体协商工作的做法还在全市工资协商推进会上做经验介绍。5月，作为南京市的唯一代表在省总工会向全国总工会副主席、书记处书记张鸣起汇报了推进工资集体协商工作的经验和做法，受到全国总工会和省总工会领导的好评和肯定。

玄武区第十二届职工技能大比武——数控车工比赛

【深化和谐劳动关系创建工作】 全区健全了劳动关系矛盾纠纷预警机制，建立了劳动争议信息员制度、重大案件分析例会制度，及早发现苗头性问题，及时做好预警、预防工作。大力推进企业行政与工会签订《创建和谐劳动关系企业责任书》活动的工作力度。以“规章合法、制度文明”为主题，开展了和谐劳动关系企业推荐活动。转发省市《劳动关系和谐企业创建的实施细则》，积极开展和谐企业、和谐园区创建工作，徐庄软件产业基地等8家企业被推荐为市级和谐企业和和谐园区。积极参与、指导和处理部分企业改制的遗留问题。开展劳动法律法规宣传咨询、劳动争议仲裁、法律援助，完善工会劳动法律监督检查机制，督促有关部门依法查处侵犯职工权益的行为。

【举办第十二届职工技能大比武活动】 4月24日，区总工会、区委宣传部、区劳动和社会保障局、区科学技术局、团区委在南京第54中学共同举办玄武区第十二届职工技能大练兵、技术大比武活动。历时3个月，在全区万余名职工参加业务学习、岗位培训、技能练兵、技术比武的基础上，举行了大比武决赛。决赛分设技能竞赛、技能鉴定考级考证和技能表演展示三种形式。全区各街道、系统的700多名技术尖子、业务能手参加了十字绣、花色拼盘、软件编程等19个项目(工种)的技能竞赛。447名选手参加了4个考级考证项目的竞赛，并全部取得了劳动部门颁发的国家职业资格等级证书。78名35岁以下的选手获区“青年岗位之星”称号。

【工人先锋号创建活动成为玄武工会工作的文化品牌】 区总工会把“创一流工作、一流服务、一流业绩、一流素质、和谐团队”的理念融入到创建班组每个职工心中。形成了以北京东路小学为代表的全国领先的“情智教育”语文教研组、“你休息我服务”的房产服务班组、学“周”(周恩来)育人梅园中学德育班组、“创灵性空间”长江路小学心理咨询班组、创建“七型”(创新、建设、技能、服务、节能、安全、和谐）班组的东方装饰程美华班组等。工人先锋号的创建理念新，工作扎实，业绩突出。

【推进职工素质提升工程】 玄武区实施“两争一树”(争创学习型组织、争做知识型职工，树新时代职工形象)为主题的职工素质提升工程，开展了第二届职工读书节活动，参加市总工会组织的“阅读伴我成长，奉献实现价值”读书征文活动，全区精选出48篇征文，获二等奖1个，三等奖2个；组织参加市总工会职工读书演讲比赛，获优秀奖1个。开展争创“五一巾帼标兵岗”、争当“五一巾帼标兵”等活动。积极推进职工书屋建设，全年被评为省市级“职工书屋”2个。培育和评选产生出全国劳动模范宋红斌，省、市五一劳动奖章获得者3人，玄武医院获市五一劳动奖状。开展了向全国劳动模范宋红斌学习的活动，举办劳模典型事迹报告会和系列宣传活动3次，致力培植先进典型，培树“劳模创新工作室”3个。

【10所女职工周末学校挂牌】 10家单位女职工周末学校获市总工会挂牌。学校以提升女职工的思想道德、科学文化、业务技能、健康素质、业余爱好为主要内容，为广大女职工创造提升技能、提高素质的课堂，切实维护她们的学习权、受教育权和发展权。在组织领导上力求做到“三有”即有组织、有计划、有阵地。在培训方式上推进“四个延伸”，即从教室内授课向教室外延伸；从一个单位为主向对外联合延伸；从课堂教学向家庭读书延伸；从传统教学向多媒体教学延伸，不断提高女职工培训的覆盖面，让更多的女职工在教育中受益。培训内容注重根据女职工需求，如开设女职工技能提升、保健养生、女性修养、文明礼仪、家庭成员相处艺术、职场人际交往、时事政治、职业礼仪等内容，以提高女职工综合素质。

【送温暖进万家】 元旦、春节两节期间，区总工会筹集慰问金近30万元，慰问了大病、伤、残困难职工和困难农民工近400人；区各级工会组织筹措慰问金及慰问品，对困难职工、病残职工走访慰问。2010年，区总工会还先后慰问了创业和再就业女职工、市级特困职工子女、“白衣天使”、部分中小学教师。8月底，在学校开学前夕开展了金秋助学活动，全区各级工会组织广泛开展以帮助困难职工解决子女就学困难为宗旨，精心组织实施，建立长效机制，通过全社会的参与，不断扩大受助面，提高助学标准。仅区总工会就为全区101名大中小学生提供助学金达7.34万元，并完成2011年市、区两级特困职工建档任务。

【强化安全生产监督检查】 区总工会开展“安康杯”、“安全生产零点目标”竞赛活动，加大职工安全生产监督管理力度，督促企业特别是非公企业加大安全生产投入，不断改善职工劳动环境和生产条件。区总工会与区安委会密切合作，全年多次检查企业、经营场所、大卖场等重点防范单位。南京“7·28”事故发生后，区总工会积极组织志愿者服务队到现场开展服务活动，发文要求各基层工会加强安全生产工作，扎实开展形式多样的安全检查，责改多处事故隐患，为全区安全生产形势平稳做出了努力。

【开展创建“五型”党工组织活动】 区委组织部、区总工会紧紧抓住全面开展创先争优活动的契机，联合开展在非公企业中创建“五型”党工组织活动，以此增强非公企业党工组织活动，提升党工共建工作整体水平，创先争优活动取得扎实成效。

链接

“五型”党工组织

助推发展型：一是党工组织班子成员的交叉任职，企业制定远景规划、实施重大决策前能够征求党工组织意见和建议；二是党工组织形成围绕企业的中心工作，形成助推企业的生产经营、加快企业发展、创造经济效益的重要提议，并发起相应的主题活动；三是党员要在开拓市场、技术创新、突击生产等方面切实发挥模范带头作用，工会要组织广大职工广泛开展群众性经济技术创新活动，助推企业创新发展；四是党工组织主动协调各方，为企业发展创造良好的外部环境；五是党工组织负责人要精通业务，是生产经营和管理方面的行家里手，工会主席要发挥桥梁纽带作用，做职工的贴心人。

和谐稳定型：一是党工组织定期组织开展形式多样的文体活动，进一步增强凝聚力、号召力；二是党工组织促进企业认真执行《劳动合同法》，切实维护工的合法权益，企业劳动关系和谐稳定；三是党工组织定期开展谈心活动，与职工交流沟通思想，帮助职工排忧解难；四是工会组织积极参与企业管理，引导企业关心职工的待遇，推进企业工资集体协商，职工工资收入逐年增长；五是企业内部关系融洽，职工和睦相处，领导层团结协作，全年无纠纷事件发生。

吸才引智型：一是企业高度重视人才工作，具备相关优惠扶持政策；二是每年引进一批懂技术、会管理、擅经营的能手，为新进人才搭建干事创业的平台，提供良好的工作和生活条件；三是加强职工技能培训，定期举办各类专业培训班或选派优秀职工参加社会机构培训；四是实施人才培养计划，建立人才结对帮促机制、人才培养基金、优秀人才选拔机制等措施；五是企业享受到区级以上人才扶持政策，培养的职工被推荐为区级以上杰出人才。

文化指引型：一是党工组织主动承担企业文化建设的工作任务，总结和提炼具本企业特点的使命与愿景、精神与价值观、运营理念及管理制度等；二是企业文化符合追求卓越、支持创新、坚持不懈、创造利润、尊重人才、提升质量和服务、尊重和凝聚职工等主流方向；三是企业的愿景及精神理念转化为全体职工的价值追求；四是依法召开职工(代表)大会，通过职工手册加强宣传，搭建展现企业文化的平台；五是党员发挥模范带动、头作用，以自身影响力和人格魅力引领带动职工自觉接受企业文化。

爱心助困型：一是善待职工，安抚职工情绪，为特困职工提供帮扶和救助，情系社会，积极投身公益和慈善事业；二是建立诉求机制，及时、快速、有效地调解劳动争议；三是党员、职工带头参加捐资助学、扶困帮困、援建灾区等活动；四是积极参与爱心企业联盟，党员年均参加义工活动不少于20小时；五是优先招录困难家庭大中专毕业生、退伍战士和其他困难人员。

【会员代表评议区总工会】 2010年，区总工会深化开门办会制度。为进一步扩大工会组织的影响，增强工会组织的吸引力，提高工会决策的民主化、科学化水平，加强工会自身民主制度和内部监督制度建设，区总工会在做好基层工会会员“评家”的基础上，开展了对街道、系统工会领导班子和工会工作的民主测评工作。在区工会五届三次代表大会上又探索对区总工会工作的民主测评工作。参加测评的代表有工会工作者、党政领导干部、工会工作积极分子、一线职工、社区工会代表、先进模范人物、农民工等，测评结果满意率达98%以上。

【深化基层工会“职工之家”建设】 7月，省人大常委会副主任、省总工会主席张艳在南京市委常委、市总工会党组书记、主席许慧玲的陪同下，对先声药业集团进行调研，并对先声药业集团的工会工作给予了充分肯定。后宰门街道工会联合会被省总工会授予省街道工作模范职工之家称号，曙光大酒店等4家单位被南京市总工会授予“南京市模范职工之家”称号。2010年，全区非公企业法人单位建会率达86.6%，所属基层工会农民工入会率达99%，全面超额完成市总工会下达的年度组建任务。区总工会组建工作连续两年在全省组织工作会议上做经验介绍。

【社区工会工作实现标准化】 社区工会已成为玄武工会工作的特色品牌。区总工会与区委组织部、区财政局、区民政局联合下发《关于加强社区工会联合会建设的意见》，会同区技术监督局联合制定了《社区工会联合会建设评价总则》，南京市总工会以文件形式转发，并在玄武区召开社区工会建设成果现场展示会。社区工会工作初步实现由最先向最优转化，组织由单一向复合转化，维权由提速向提质转化，工作由封闭向开放转化，社区工会工作品牌的影响力不断增强。《社区工会联合会建设评价总则》被全国总工会评为组织工作创新成果二等奖。

区总工会启动“号岗联动，牵手助困”党群共建创先争优活动

【区三级工会联合举办职工法律宣传活动】 12月4日上午，区总工会、梅园街道总工会和花红园社区工会联合会三级工会组织在花红园社区共同举办“弘扬法治精神，促进社会和谐”的法律宣传咨询活动，受到了社区职工群众的欢迎。这次以劳动法为主要内容的法律咨询宣传活动，直接在社区搭建宣传平台。让劳动法知识与社区职工零距离接触，并向前来咨询的职工分发职工维权手册和相关的劳动法律知识手册，职工还就一些劳动试用期合同和工伤赔偿等问题展开详细咨询。

【区总工会启动“号岗联动、牵手助困”活动】 10月30日，区总工会启动创先争优暨“号岗联动、牵手助困”活动，面向建档困难家庭子女，开展以捐资助学为主要形式的结对帮扶活动，帮助困难家庭解决实际困难。活动中，来自全区5家单位已获省市“工人先锋号”和5家争创市“工人先锋号”的班组分别与10户困难家庭牵手结对，每年分别给予结对家庭中的高中生800元、大学生1000元的资助。牵手结对单位代表向困难家庭孩子发放了资助款。区人大常委会副主任、区总工会主席杨冬梅希望通过这个活动，使困难职工群众能够生活得更好，使资助的学生更好地完成学业，使创先争优的成效真正体现在群众利益及时维护、群众困难得到帮助上。她勉励已荣获和正在创建“工人先锋号”的班组，要充分发挥工人先锋号的先锋作用和示范效应，为玄武加快经济发展方式转变、奋力走在新一轮科学发展前列继续作出新的更大贡献。

【南京华厦门诊部工会成立】 8月20日，南京华厦门诊部工会成立。这是玄武区规模较大的一家民营医疗诊所。根据《工会法》和《中国工会章程》的有关规定，华厦门诊部召开了工会成立大会暨第一次职工大会。按照民主程序，经过门诊部52名会员讨论、投票、表决，选出了南京华厦门诊部工会第一届委员会、经费审查委员会、女职工工作委员会和劳动争议调解委员会。

【举办全国劳模先进事迹报告会】 6月9日下午，在玄武区政府大楼会议室隆重召开学习全国先进工作者宋红斌模范事迹报告会。区四套班子领导出席了会议，区各街道、各系统、区机关各部门主要领导，各基层工会主席、劳模代表、职工代表等200余人参加了会议。会议由区人大常委会副主任、区总工会主席杨冬梅主持，区政府副区长王静宣读国务院表彰全国劳模和先进工作者的决定，区委常委、区委宣传部长宋晓辉宣读中共玄武区委、玄武区人民政府《关于开展向全国先进工作者宋红斌同志学习活动的决定》。会上传达了国务院"2010年全国劳模和先进工作者表彰大会"盛况，介绍了宋红斌模范事迹。区委副书记张萍作了重要讲话。（梁 菁）

·共青团玄武区委员会·

【概况】 2010年，共青团玄武区委员会，紧紧围绕区委中心工作，坚持服务党政大局、服务社会发展、服务青年需求，把实现"两个全体"（力争使团的基层组织网络覆盖全体青年，使团的各项活动影响全体青年）作为奋斗目标，深入开展创先争优活动，努力争当学习实践科学发展观的表率，着力在青年思想引领、服务青年就业创业、维护青少年合法权益、未成年人思想道德建设上下功夫，团的自身组织建设不断加强，全面完成区委、团市委下达的各项目标任务，共获得省市区各项表彰13项。

截至2010年年底，全区有团员11639名，其中：女团员6887名，少数民族团员465名；新发展团员1941名。各级团组织521个，其中：基层团委20个，团总支16个，团支部470个，基层团工委15个。

【预防青少年违法犯罪工作领导小组会议召开】 1月19日，玄武区预防青少年违法犯罪工作领导小组会议在南京市检察院侦察指挥中心办案大楼召开。团区委副书记、区预防办主任张丽霞，对2009年全区预防青少年违法犯罪工作做了总结；区法院、区公安分局及区妇联作为成员单位代表进行了交流发言；区政法委副书记刘立青对2009年全区预防工作进行了点评，并对2010年的预防工作提出两点要求：一是要进一步整合资源，形成合力；二是要进一步打造特色，创建品牌。与会者还参观了市检察院的办案基地，现代化的办案设施及高效率的办案程序，让大家感触很深。

【开展青年联谊活动】 1月30日，玄武团区委联合雨花台团区委在南京师范大学附属小学举办了"我们约会吧"青年联谊活动，近100位单身男女青年参加了此次活动。为了能圆满举办这场联谊活动，主办方玄武团区委筹备了近一个月的时间，精心安排了一系列娱乐性、参与性很强的趣味游戏活动。通过参与丰富的游戏节目，青年们相互配合，互动交流，尽情展现自我、传递情感，促进了沟通和交流，也充分体现了年轻人互助合作的团队精神和年轻人时尚、活泼、幽默的一面。活动现场气氛热烈，充分发挥了新形势下共青团组织服务青年的职能，为加强辖区乃至邻区青年之间的交流、交往和交友创造了条件。

【举办大学生社工联欢会】 1月28日，玄武团区委在梅园中学大礼堂举办了大学生社工联欢会，共同欢庆祖国新年的到来。区委副书记张萍、区民政局、人事局及各街道相关领导出席了联欢会，辖区共100多位大学生社工参加。大学生社工们通过自编自导自演的形式，准备了一台既朴实又精彩的演出，共同庆贺新一年的到来。大学生社工这支队伍，是经过层层选拔聘用到社区，整个队伍思想素质好、文化层次高、年龄结构轻，是一支充满朝气、活力和希望的队伍。他们的加入，为社区注入了新鲜血液。团区委为增强大学生社工之间的沟通交流，牵头成立了大学生社工联谊会，增进了大学生社工间的友谊，促进了他们相互交流经验，共同进步。

【召开非公团建推进会】 3月9日，玄武区非公团建推进会在徐庄管委会召开。会议首先由区委组织部部长杨乐华和团市委副书记李世峰分别为非公企业智达康公司党总支和团委成立揭牌。此次会议还特别邀请了智达康公司和珠管办两家单位分别作了交流发言。会上，李世峰分别从对非公团建的认识、非公团建应遵循的原则和路径等方面作了重要指示；团区委书记杨雯懿布置了推进非公团建实施意见；最后，杨乐华就进一步加强和推进非公团建工作提出了几点要求：一是坚持统一思想，充分认识加强非公经济组织和社会组织团建工作的重要性和紧迫性；二是坚持"党建带团建"的原则，把非公团的建设纳入党的建设整体格局；三是把握基本目标，切实发挥非公有制经济组织团组织的作用；四是着力打造一支高素质的团干部队伍。此次会议的召开旨在进一步推进玄武区非公团建工作的健康有序开展，为最终实现全区非公团建工作的全面活跃打下了良好的基础。

【举办玄武区青奥志愿者形象大使选拔赛】 4月29日，由玄武团区委、玄武区少工委和玄武区志愿者协会共同举办的"迎青奥盛会扬志愿精神展青春风采"玄武区青奥志愿者形象大使选拔赛决赛在南京市老干部活动中心隆重举行，活动邀请了南京市著名主持人孟非主持。自南京成功申办2014年夏季青奥会以来，玄武团区委开展了一系列迎青奥活动。此次

3月9日，区委组织部部长杨乐华（右一）和团市委副书记李世峰（左一）分别为非公企业智达康公司党总支和团委成立揭牌

比赛活动自3月份拉开帷幕，比赛设置三个组别，分别为青年组、青少年组和少儿组。经过前期的宣传发动、报名和初赛几个环节，每组选出5名选手参加此次决赛。决赛共分为二轮，第一轮为自我介绍和即兴演讲(或情景模拟)，第二轮为综合才艺展示。整个比赛过程中，选手们全身心投入，本着友谊第一、比赛第二的原则，相互鼓励，互相支持，无论是即兴演讲还是才艺展示，都充分展示了玄武青年的青春风采。经过精彩地角逐，最终每组评出冠、亚、季军，其余6名选手均获得玄武区青奥志愿者形象大使称号。

【举办青商交流座谈会】 5月21日，团区委在南京市环保科技园举办了“助力青商成长促进区域发展”青商联谊会。会上由江苏苏源律师事务所的陆军律师为青商会员们讲授了关于诉讼风险的规避与防范。陆军律师结合多年的工作实际，以生动的案例向青商会员们讲述了在工作、生活中如何对诉讼风险进行规避和防范，受到了大家的一致欢迎。杨雯懿向各青商会员介绍了2010年上半年团区委开展的各项工作情况，并就下半年的工作打算作了重要阐述。杨雯懿希望各位青商会员能够结合团区委的工作重点，发挥各自的资源和优势，为全区的青年及少年儿童的成长成才贡献自己的力量。会后大家一同参观了南京市科技环保产业园内的重点项目。联谊会是团区委为青商会员之间的合作与发展提供的平台，通过会员联谊，促进了相互交流，实现了信息互通和资源共享。

【“青年就业创业见习基地”揭牌暨2010年暑期见习签约仪式】 7月19日，玄武团区委在江苏银行有限公司举行“青年就业创业见习基地”揭牌暨2010年暑期见习签约仪式。团区委书记杨雯懿对开展“青年就业创业见习基地”工作的背景和重要性做了阐述，呼吁有更多的企业参与这项活动，为大学生提供更多见习机会，同时对参加见习的各位大学生朋友提出了殷切的希望。随后，杨雯懿书记和江苏银行党群工作部部长助理何敏共同揭开了青年就业创业见习基地的铜牌，并签署了结对共建项目书。江苏银行团委副书记宋勤致辞，对大学生表示欢迎的同时还表示将在今后为更多的大学生创造更多的就业创业见习机会。最后，学生代表发言，向为他们搭建见习平台的玄武团区委和提供见习岗位的江苏银行表示衷心的谢意。

【开展区青年文化体育节活动】 10月23日，团区委在1912浦发广场举行“青春律动炫彩人生”玄武青年形象展示秀暨2010年玄武区青年文化体育节开幕式。玄武区青年文化体育节是玄武团区委、区文化局、区体育局共同开展的集文化体验、体育竞赛等项目为一体的综合性大型活动，包含了“墨客”行动、“读客”行动等多项文化类活动和3人篮球赛、乒乓球赛、电子竞技等4项体育类活动。此次开幕式以“青春律动炫彩人生”玄武青年形象展示秀的形式展现了玄武青年朝气蓬勃的青春风采。10月30日，玄武区青年文化体育节顺利闭幕，闭幕式上进行了此次青年文化体育节之“绿客”行动的成果展示——环保时装秀。这些很具创意的环保时装是少先队员们用生活中一些废弃的物品，结合他们丰富的想象手工制成的。玄武区青奥志愿者形象大使冠军获得者，以及玄武区礼仪志愿服务队也登台进行了展示，对青奥志愿服务进行了一次成功的宣传与动员。玄武区青年文化体育节16项文体类活动最终产生一等奖32名、二等奖40名、三等奖74名，优胜奖100名。通过此次玄武区青年文化体育节活动的开展，丰富了青年业余文化生活，为全区的青年搭建一个沟通、交流和竞赛的平台，增强了共青团组织对青年的影响力和凝聚力，也在全区青年中形成了宣传青奥、文明青奥的良好氛围。

【开展“分享阅读之乐”图书漂流活动】 12月2日，区少工委一行3人在团区委副书记、区少工委主任张丽霞的带领下来到红山外来工子弟学校，为学校的外来工子女带来了600余本优秀课外读物，梁玉亭校长代表学校接受了捐赠。此次捐赠书籍是玄武团区委、玄武区少工委组织的“读客”行动——“分享阅读之乐”图书漂流活动之一。该活动针对当前有条件的家庭图书富余而“沉淀”在家中；家庭条件较差的外来工家庭子女仅仅能得到最基本的教科书，其他精神食粮贫乏的现状。通过中小学少先队组织的发动，将富余的优秀课外读物捐赠给外来工家庭子女，使图书“漂起来”、“流出去”，达到在少先队员中分享知识、培养优秀品质的目的。此次活动区少工委还在红山外来工小学图书阅览室设立了玄武区“分享阅读之乐”图书漂流站，藉此将图书漂流活动长效化、常态化坚持下去，打造成为玄武区少先队活动的品牌项目。

玄武区“分享阅读之乐”图书漂流站成立

【未成年人保护委员会成立大会召开】

12月8日，玄武区召开了区未成年人保护委员会成立大会。会议明确了未保委构成单位及各成员单位职责，制定了未保委工作制度，设立了未保委办公室。未保委办公室设在团区委，由团区委副书记张丽霞兼任未保办主任。会上，未保办主任对未保委的运作机制进行了说明，与会的未保委各成员单位也纷纷表示发挥职能、协调一致，形成合力，共同促进未成年人保护工作，为玄武经济社会发展做出贡献。会议的召开和未保委这一专门机构的成立标志玄武区未成年人保护工作体系正式形成。（卢　星）

3月4日，玄武区各界妇女隆重聚会，纪念国际劳动妇女节100周年。会上表彰了一批为玄武区建设作出积极贡献的区“三八”红旗集体和“三八”红旗手

· 区妇女联合会 ·

【概况】 2010年，区妇联在区委、区政府的正确领导下，在市妇联的关心指导下，隆重召开了“巾帼竞风流，辉煌写百年”“三八”百年歌舞联欢会。全面做好“十一五”妇女儿童发展规划各项指标完成的监测工作。着力开展巾帼建功活动，实施“妇女素质提升”“妇女创业创新”和“自身队伍建设”等工程。举行“真情手拉手，爱心献春蕾”资助活动。积极开展禁毒活动，组织全区中小学生参观禁毒展。认真参与“五服务”（即服务企业、服务群众、服务基层、服务项目、服务人才）工作。全面推进基层妇女组织建设，使妇女儿童事业再上新台阶。获江苏省妇联基层组织建设示范区等多项荣誉。

【“三八节”百年纪念会】 3月4日，在南京军区总医院的礼堂里，玄武区各界妇女1200余人隆重集会，纪念“三八”国际劳动妇女节一百周年。市妇联主席霍慧萍，区委书记单景南，区人大主任陆必坤，区政协主席梁广宏，区委副书记张萍，区委常委、宣传部部长宋晓辉等市、区以及驻区单位领导与大家共度佳节。大会隆重表彰了一批在改革开放和社会主义现代化建设中作出积极贡献的玄武区“三八”红旗集体、“三八”红旗手。玄武区委常委、宣传部部长宋晓辉宣读表彰决定；区委分管副书记张萍致词；区委书记单景南激情演讲，他满怀豪情地回顾妇女运动发展史，赞美妇女同胞在社会事务管理和国家经济发展中发挥了不可替代的独特作用，鼓励女性继续发扬“四自精神”（自尊、自信、自强、自立），与时俱进做时代新女性。大会还特别邀请了分别在20世纪80年代、90年代和跨世纪时期，担任玄武区妇联主席的三位领导莅临现场参加访谈。年轻的妇联主席向她们献花致意，表达传承接力棒将妇女事业进行到底的愿望。联欢会现场呈现一片歌舞的海洋。

【爱心资助】 8月26日，区妇联召开玄武区2010年“真情手拉手，爱心献春蕾”资助见面会。辖区内10名家庭困难、品学兼优的春蕾女童代表接受了爱心人士的资助，共计10000元。此举是继往年爱心援助的又一延续。多年来，区妇联充分发挥组织优势，积极搭建爱心救助平台，动员各级妇联组织，联合部门、企事业单位及社会各界爱心人士，大力开展形式多样的“春蕾助学”活动。值此，已向全区568名贫困女童发放助学金43.77万元。同时，为确保让真正贫困的学生得到资助，区妇联在全区各街道、社区进行了摸排，对上报的申请表进行了审核把关，并进行电话回访，以保证资助款及时、准确发放到贫困女童的手中。

【参观禁毒展览馆】 7月2日上午，玄武区妇联高举“禁毒大业，匹夫有责”的旗帜，带领全区三级妇联干部、禁毒志愿者、禁毒社工、区中小学生和家长及群众代表100余人参观了江苏省禁毒展览馆。参观者通过对馆内“识别毒品，认清危害”、“牢记历史，勿忘国耻”“形势严峻，任重道远”“全民参与，坚决禁毒”“预防毒品，关爱未来”等六大展区的参观，充分了解了馆藏100多件实物、600多张图片以及多块浮雕的真正内涵，认识当前毒品问题的严重性及其危害，并表示严正立场和坚定远离毒品的决心。参观结束后，区妇联领导及区、街道、社区妇联干部、禁毒志愿者和禁毒民警一起，共同向群众宣传《中华人民共和国禁毒法》，并发放了《家长网校家庭教育系列讲座》光盘，包含名师一百二十讲，受到了群众的欢迎。

【社区任职女大学生联谊会成立】 3月18日下午，玄武区妇联举行玄武区到社区任职女大学生联谊会成立暨大学生演讲决赛。活动内容：一是成立大学生联谊会；二是大学生以“我与社区……”为主题演讲决赛。联谊会会长由区妇联丁小禾主席担任，梅园新村街道大行宫社区党委书记郝晴晴和梅园新村社区党委副书记程雯担任副会长。市妇联组联部部长魏群与区委组织部副部长夏桂萍为社区任职女大学生联谊会成立揭牌。随后举行“结对帮带”签字仪式。签字仪式上共有十位在社区任职女大学生与妇联执委互换联系卡，结成帮带对子。“我与社区……”为主题的演讲会将联谊会成立仪式推向高潮。来自玄武区八个街道的女大学生社工的演讲让大家看到了社区工作者的艰辛与不易，对大学生们的工作、生活、心理等状况有了进一步的了解，为今后如何充分发挥妇联组织的优势，教育和培养到社区任职女大学生，鼓励和支持她们立足基层开创事业，激励和助推她们成长成才。联谊会将秉承“联络交流、服务基层、互帮创业、共同成才”的宗旨，使在社区任职的女大学生实现自我教育、自我管理、自我服务和自我发展。此举深得社区大学生社工的赞誉！

玄武区10名春蕾女童与玄武区妇联主席、玄武区残联副理事长汤晓滨亲切合影

【举办专场招聘活动】 3月8日，区妇联同区劳动保障局，在区人力资源市场联合举办“庆三八·架金桥·促就业”专场招聘活动。针对下岗失业女性就业创业特点，采取区、街、社区三级联动的方式，采集有效空岗信息和优质创业项目，发动各社区委员会动员下岗失业女性前来应聘。当天有肯德基有限公司、上海谷博投资管理有限公司、无锡市日全食餐饮有限公司、南京大观园酱菜制品有限责任公司等32家用人单位进场招聘，涉及会计、营业员、收银员、服务员、保洁员在内的800多个岗位。招聘活动吸引了400余名女性求职者进场，其中127名女性与用人单位达成初步就业意向。此次招聘活动主题鲜明，区劳动保障局、区妇联在现场开设了服务窗口，将“送岗位、送培训、送政策”带到广大下岗失业女性的身边，服务面对面。

【获“江苏省妇联基层组织建设示范区”称号】 在江苏省妇联实施强基固本工程暨“妇女儿童之家”项目现场推进会上，区妇联主席方志秀，作为获得“江苏省妇联基层组织建设示范区”的代表，接受了省妇联张京霞主席的授牌。同时，玄武区锁金村街道、后宰门街道北安门社区、新街口街道香铺营社区分别被命名为江苏省妇联基层组织建设示范街道、示范社区。

玄武区妇联荣获“江苏省妇联基层组织建设示范区”称号

【实现社区“家庭驿站”全覆盖】 玄武区妇联按照省妇联提出的创建“妇女儿童之家”示范点和市妇联提出的“家庭驿站”目标要求，全年按照三级创建模式，完成在社区100%建立“家庭驿站”的目标任务。区妇联利用会议、调研向街道、社区(村)宣传创建工作的指导思想、目标任务、标准要求；带领全区8个街道的妇联主席和部分重点社区妇联主席、妇联干事赴雨花台区实地参观考察家庭驿站建设，交流工作经验；认真拟定“家庭驿站”创建情况评估表和制定“家庭驿站”检查工作时间表，督促社区尽快落实创建工作。为激发基层妇女干部工作积极性，区妇联从办公经费中抽出专项资金用于扶持“家庭驿站”的建设。经过区妇联和街道、社区妇联的共同努力，截至2010年年底，在全区63个社区实现了形象标识、功能定位、工作台账三个统一，出色完成了任务。将妇联家庭关系调处、就业创业服务、家庭教育指导、家庭文化建设四项服务下移到社区，让街道社区进一步明确社区妇联工作定位、职能、要求，为社区妇联开展妇女儿童工作寻找到好的途径和好的方式方法，促使基层妇女儿童工作整体水平全面提升。

(邓小琳)

法制

Legal system

- 社会治安和综合治理
- 法治建设
- 法制工作
- 公安
- 检察
- 审判
- 司法行政

社会治安和综合治理

【概况】 2010年，区委政法委以深入推进社会矛盾化解、社会管理创新、公正廉洁执法和综治基层基础建设为重点，着力解决影响社会和谐稳定的源头性、根本性、基础性问题，为玄武特色“三个发展”创造和谐稳定的社会环境。健全社会稳定风险评估机制，全面推进社会稳定风险评估工作。认真做好世博会期间的各项安全稳定工作，为世博会营造平安稳定的社会环境。围绕“三项重点”工作，积极构建信息网络安全管理工作平台。有效整合资源，打造以“新南京人服务中心”为核心的“五分钟服务圈”，红山街道的经验做法得到省、市领导肯定。强化社会治安防控体系建设，全方位提升社会治安动态管理水平，取得显著成效，创新开展“千幢万户平安门”、共建“千门百院联动网”、推出“千人千店公约行”工作，使老旧小区发案下降、管理提升、群众满意。科学实施社区治安防范监测与评估工作，切实提高社区治安防范管理工作公正性、客观性。扎实开展社会治安重点地区排查整治活动，进一步落实治安重点地区“打、防、管、治、建”等各项措施，切实将常规整治与重点整治相结合，有效地维护了全区治安秩序。扎实开展“校园安全整治月”活动，确保校园及周边安全稳定。全区刑事发案率同比下降0.09%，全区未发生重大恶性案件和安全责任事故，未发生重大有影响的群体性事件和进京集访事件，社会治安秩序持续好转，人民群众安全感进一步提升。玄武区被省综治委表彰为“社会治安安全区”，同时被市委、市政府表彰为“平安南京建设先进区”

【推进社会稳定风险评估工作】 2010年，区政法委全面推进社会稳定风险评估工作，进一步健全社会稳定风险评估机制，确定南京火车站北广场拆迁和玄武湖珍膳舫酒店拆迁等11个稳评项目。全年实施评估项目10个，涉及金额22.6亿元，未发生群体性事件、极端事件和矛盾激化，玄武区《开展社会稳定风险评估，为重大项目建设保驾护航》经验材料，在4月7日全省深入推进社会稳定风险评估工作会议上交流。

【维护上海世博会期间安全稳定】 2010年，区政法委认真贯彻落实中央和省、市关于做好世博会期间维护社会稳定工作各项要求，4月15日，区委召开常委扩大会议，专题研究部署全区“环沪护城河”维稳安保工作，进一步完善应急处置预案，采取针对性、实效性措施，认真做好世博会斯间各项安全稳定工作。4月2日上午，公安玄武分局在南京国展中心举行“迎世博、强巡防、千名保安护治安”誓师大会，围绕世博会安保工作，进一步加大奖惩激励机制，充分调动民警和保安队员积极性、主动性，确保“时空化”巡防工作不留盲区、不留死角，为世博会营造平安稳定的社会环境。

【构建信息网络安全管理工作平台】 2010年，区政法委围绕“三项重点”工作，在政法部门、职能部门以及各系统和各街道中，广泛开展信息网络安全管理工作调研活动。及时成立区综治委信息网络安全管理工作领导小组及办公室，制定实施《玄武区关于加强信息网络安全管理工作的实施意见》，建立网络监控、侦查和网络舆情引导队伍，健全沟通协调、阵地管控等六项机制。先后破获涉及《永恒之塔》网络游戏的非法经营案件和“壹贰博”网络赌博等案件，抓获犯罪嫌疑人35人，涉案金额1300多万元，有效维护信息网络安全。4月22日，区综治委组织召开社会管理创新暨信息网络安全管理工作推进会，全面部署和推进信息网络安全管理工作，市委政法委副书记、市综治办主任徐福华参加会议，并对玄武区积极探索信息网络安全管理工作做法给予充分肯定。

【打造“新南京人五分钟服务圈”】 积极

推进红山街道“新南京人五分钟服务圈”经验做法，有效整合街道行政服务中心、公安派出所办证大厅、社区卫生服务中心等资源，打造以“新南京人服务中心”为核心的“五分钟服务圈”，使外来人口在五分钟路程内便可享受就业服务、政策咨询、法律援助、文化娱乐和公共卫生等便捷服务。同时，积极推进社区新南京人服务管理模式——李养明新南京人服务站，推广社区民警李养明“全面覆盖、一般管理、重点控制”的流动人口分层次管理法。2010年1月11日，全国人大常委会农业和农村委员会副主任尹成杰、孙文盛一行6人到红山街道“新南京人服务中心”进行专题调研，对“新南京人五分钟服务圈”予以充分肯定。3月16日，杨植等市领导一行16人到红山街道“新南京人服务中心”进行视察，对“新南京人五分钟服务圈”给予高度评价。

【强化社会治安防控体系建设】 强化基础治安管控，全方位提升社会治安动态管理水平，取得显著成效。抓住区政府老旧小区改造出新契机，创新开展“千幢万户平安门”、共建“千门百院联动网”、推出“千人千店公约行”工作，使老旧小区发案下降、促老旧小区管理提升，让小区群众满意。全年投入老旧小区治安防范设施改造专项经费近100万元。8月11日，在玄武门街道红星美凯龙家具广场举行“千幢万户平安门工程暨社区大设防现场推进会”。创新“治安消防双走进”的安全监管模式，将社区民警全部纳入社区消防监管网络，建立社区消防工作站，进一步夯实社区消防基础。5月28日，南京市副市长、市公安局局长徐珠宝和省消防总队政委陈益新等领导为全市首家“社区消防工作站”揭牌。开展治安防范星级小区(大厦)创建活动，对43家物业管理小区(大厦)治安防范工作进行星级验收评定和表彰奖励。稳步实施老小区公益物管，通过构建公益性质的“洁安序”物管平台，有效解决老旧小区物业管理“老大难”问题。

【规范社区治安防范监测与评估工作】 2010年，区综治办针对社区治安防范监测与评估中出现的问题，规范监测与评估工作流程，进一步明确街、居综治办和公安派出所职责任务，在“主观感受指标”监测与评估方面，采取第三方每季度适时测评方式，切实提高社区治安防范管理工作公正性、客观性。7月8日，玄武区《建立社区治安防范监测与评估系统，促进社区平安创建工作良性互动》的经验做法，在全市“平安村居”创建工作经验交流会上作介绍。

【排查整治社会治安重点地区】 2010年，区政法委扎实开展社会治安重点地区排查整治活动，成立区综治委社会治安重点地区排查整治活动领导小组及其办公室，设立打击整治、社会管理和综合协调3个科室，制定《玄武区社会治安重点地区排查整治方案》，对全区10个区级社会治安重点整治地区，逐一制定整治方案，落实责任人和整治时限。全年组织专项清查整治行动百余次，查处各类治安案件1073起，查获涉娼人员733名、涉赌人员1830名、涉毒人员416名，关闭洗头房20余家，查处黑车12辆，取缔黑旅馆7家。同时解决一枝园洗头房，珠江路扒窃，火车站、长途东站非法拉客营运等问题。7月1日，区综治委会同区铁路护路联防工作领导小组在站前广场举行“迎高铁、护世博、严打整治再提速”治安整治行动，组织公安派出所、铁路派出所、特巡警大队、城市综合执法队、社区保安等专门力量，对火车站地区及铁路沿线，开展社会治安集中清理整治行动，有效维护南京火车站地区及铁路沿线的治安秩序。9月29日，区委常委、政法委书记易兵在全省社会治安重点地区排查整治现场推进会上，作关于《依法管理，重点打击，全力打造平安南京“第一窗口”》的经验发言。

【维护校园及周边安全稳定】 2010年，区政法委及时研究部署校园及周边安全稳定工作。5月25日，下发《关于进一步加强全区中小学、幼儿园及周边安全工作的实施意见》，从优化教书育人环境，保障师生人身安全高度，切实加强全区中小学、幼儿园及周边安全稳定工作。7月13日，区委书记办公会专题研究校园保安和技防建设等问题，明确校园保安工资每人每月2140元（含保险等费用），校园技防建设经费按一次性建设费126.68万元和每年维护费12.6万元进行投入，并纳入财政预算，校园安全经费投入达300多万元。8月30日，在南京市小营小学隆重举行玄武区校园保安大队成立暨校园保安上岗仪式，经过培训的112名校园保安分赴全区55所中小学、幼儿园，认真履行上学、放学期间校门口秩序维护、突发性事件处置，以及课间安全巡查、人员出入、车辆管理、值班登记、报警服务等九项职能。 （谢　波）

【启动“无邪教校园”创建活动】 2009年12月，区委610办联合区教育、科技、司法、体育以及区综治办、文明办、团区委等成员单位在梅园中学共同举办“无邪教校园”创建活动启动仪式。“爱党爱国、爱团爱队、崇尚科学、反对邪教”是玄武区创建

玄武区在梅园中学举办创建‘无邪教校园’活动启动仪式——授书仪式

“无邪教校园”活动的主题。2010年，创建“无邪教校园”活动领导小组在全区42所中小学、42000余名中小学生中开展“玄武区首届中、小学生反邪教公益动漫大赛”活动和“小手拉大手，家校共创建——玄武区《家庭反邪教公约》签约”校园系列反邪教宣传教育活动。通过正面宣传教育，提高广大青少年学生主动识别和自觉抵御邪教能力，同时提升辖区群众对创建无邪教地区活动知晓率。

【推进“四明工程”筑牢世博安保防线】

2010年，全区防范和处理邪教工作突出世博安保重点，以“四明工程”为抓手，坚持“四抓四推进”，即：突出重点抓防控，着力推进“明净工程”，世博安保防控有力；彰显特点抓宣传，全面推进“明天工程”，宣传教育成效明显；把握难点抓攻坚，深入推进“启明工程”，转化巩固迎难而上；选准支点抓基础，积极推进“明星工程”，基层建设不断增强。全年现行抓获外来作案邪教类人员数量居全市第一，有效策应全市防控工作，有力维护全区社会政治持续稳定。2010年，区委610办被市委610办评为“全市防范处理邪教工作先进集体”，获区社会治安综合治理先进单位。（潘建珍）

法治建设

【概况】 2010年，全区法治工作以争当法治江苏建设标志区为目标，以创建“法治区”活动为载体，以实现法治建设服务新一轮科学发展为突破，围绕“六个提升”的发展路径，不断深化法治玄武建设，依法执政、依法行政、公正司法、依法办事等能力和水平得到全面提高。2010年玄武区被全国普法办授予“全国法治县（市、区）创建活动先进单位”、被省委、省政府表彰为“省法治县（市、区）创建工作先进单位”、玄武区人社局被南京市依法治市领导小组表彰为“2010年度法治南京建设为民办实事先进单位”、新街口街道、孝陵卫街道被南京市依法治市领导小组表彰为“2010年度法治建设先进街镇”、板仓社区被表彰命名为江苏省“民主法治示范社区”，长江路社区等13个社区、南京市玄武区妇幼保健所被命名表彰为南京市“民主法治社区”和“民主法治单位”。

【法治建设水平提升】 2010年，区委在推进玄武特色“三个发展”的首要任务中坚持依法执政、科学执政，明确对拟列入全区奋斗目标的民生类项目、为民办实事项目，由区、街主要领导在决策前与社区组织、居民代表对话，构建政府、社区组织与居民共同参与的民主决策机制；瞄准法治政府建设目标，依法行政水平保持领先。结合机构改革对全区808项行政权力事项重新梳理，将23个行政执法部门行政事项精减到505项，缩减37%。加强规范性文件管理，对2007年以前制定的33件规范性文件进行清理，保留13件。依法处理行政复议和行政应诉。推行行政执法责任制，将基层执法评议纳入纪委年度行风评议，同部署、同推进；围绕群众新期待，法治为民工作保持领先。始终坚持群众参与、群众评判、群众受益“三位一体”工作方法，努力维护群众利益、贴近群众需求、增进群众福祉。强化领导干部和公务员法治意识，对59个区管领导班子和323名区管领导干部实施了述法考评，优秀率分别为89.83%、82.3%，分2次对拟提拔的78名区管干部进行了任前法律知识考试，合格率100%。加大法治文化阵地建设力度，后宰门法治文化墙、浮桥法治文化长廊全面建成。

【法治建设成效彰显】 2010年，紧密结合中央政法委提出的社会矛盾化解、社会管理创新、公正廉洁执法三项重点工作，对11项重大事项开展稳评，已完成8项，涉及住户、工企单位1500余户，涉及金额19.6亿元。玄武区工作经验在省、市社会稳定风险评估工作推进会上分别进行了交流。积极构建信息网络安全管理工作平台。制定了《玄武区信息网络安全管理工作的实施意见》，建立与网络发展相适应的网络监控、侦查和舆论引导队伍，健全沟通协调、信息研判、舆情导控、阵地管控和快速反应等机制。深入推进集中清理涉法涉诉信访积案、开展案件评查和联合接访三项工作，深入开展公正廉洁执法、争做时代先锋争创示范支部两项主题实践活动。在区信访接待中心设立了涉法涉诉联合接访室。

【法治建设日趋完善】 落实市委创建法治城市的目标任务，起草了《关于进一步深化法治玄武建设工作意见》，科学谋划法治玄武绩效评估工作。与东南大学合作，成立了“区法治绩效评价体系课题组”，组织法学研究、绩效管理、社会管理等领域的专家共同研究探讨。初步建设了具有“四新”特点的绩效体系，即评估方法新。采用层次分析法(AHP)和专家

深入推进法治玄武建设工作

打分法建立指标体系和确定指标权重，这是全国首个运用该方法的地方法治评价体系。评估体系新。确定了关联性指标、职能性指标、评估性、主观性指标、调节性指标五个指标体系。评估机制新。采用360度反馈法(被评价者的上级、同级、下级和客户)对法治工作进行评价，确保评价的科学性。评估手段新。建立法治玄武绩效评估系统，利用电子化的手段，实现在线评估、在线结果反馈和电子化存档，并建立数据库，实现评估结果和过程的统一。　（杨学彬）

法制工作

曹曙副区长(左一)、区法制办主任郭镰(左二)视察行政执法人员培训考试现场

【概况】　2010年7月，区政府法制办公室由区政府办公室合署机构调整为区政府工作部门，行政职能由原先的六大类调整为十大类，新增法律咨询委员会、行政执法监督员、政务公开、行政权力阳光运行等4项管理职能。2010年，先后被市法制办评为南京市政府法制信息工作先进集体、省法制办命名为“县级政府法制工作规范化建设示范单位”。

为更好宣传行政法律法规相关知识，贯彻区领导依法行政工作思路，密切与各行政执法单位联系，及时掌握各行政执法单位工作动态，树立依法行政先进单位典型，宣传推广依法行政工作先进经验，区法制办在全市首创《依法行政》电子杂志。2010年电子杂志发出8期。作为全市首创的依法行政宣传新模式，玄武区《依法行政》电子杂志得到上级领导好评并被链接到市级相关网站。

【推进全区依法行政工作】　2010年开展2次依法行政报告工作，按时向市政府和区人大予以报告。12月，区法制办依据玄武区依法行政考核办法及实施细则对全区各街道、系统、区政府各部门进行依法行政年度考核工作，组建考核班子，通过上门听取汇报、查看纸质台账和抽查平时电子文书形式，全面获取各单位依法行政工作推进情况，并形成书面考核通报意见，表彰先进、指正不足。在全区开展评选“依法行政先进单位”和“依法行政先进个人”活动，积极推进依法行政进程，提升依法行政水平。2010年，共有区环境保护局、人口和计划生育局、民政局、物价局、城市管理局、卫生局、人力资源和社会保障局、玄武门街道办事处、锁金村街道办事处9个单位被评为“依法行政先进单位”，15名同志被评为“依法行政先进个人”。

【实行规范性文件备案审查制】　玄武区规范性文件制定和备案办法明确规定全区制定规范性文件的主体为区政府，政府工作部门只作为起草和执行单位，不得自行制定规范性文件。对于新制定的规范性文件，明确设置“玄府规字”文号，规范审查程序，执行区政府法制办前置审查、区政府常务会议研究制度，2010年6月，根据市政府规章和规范性文件清理工作要求，对涉及区政府规范性文件29件进行清理，保留13件、废止16件。截至2010年年底，全区共有规范性文件15件。

【完成执法证件换发工作】　2010年，是江苏省“行政执法证”和“行政执法监督证”三年一度换发年，区法制办结合机构改革后区政府部门的职能调整，依照法律法规和相关规定，对全区行政机关、法律法规授权组织、受委托组织进行全面梳理，对全区所有申领执法证件的人员严格审查，对申领行政执法证件的人员，建立专门的电子档案，实现实时动态调整。全区22家行政执法单位分3批7场次参加了南京市法律知识统一考试，共计772名行政执法(监督)人员领取了新证，其中领取执法证723人、监督证49人。

【政府法律顾问工作突出服务与管理】

2010年区法制办突出服务与管理两个重点，切实承担好法律顾问工作。全年承办向区政府提出的行政复议4件，均在法律法规规定的期限内依法做出决定。积极探索行政复议新思路，在复议双方自愿的前提下，运用调解的方式解决双方争议。全年代理区政府行政诉讼案件1件，区政府胜诉；代理区政府行政被复议案件4件，均在法定的时限内向南京市政府做出答复，所涉及的具体行政行为都合法有据，均被复议维持。全年多次组织区政府法律咨询委员会对政府重大决策及相关文件进行论证，并提出有效意见及建议。按照上级部门要求，完成行政复议资格换证工作。

【规范行政执法监督工作】　坚持“先示范、后推开”原则，认真落实市法制办《深化重大行政处罚备案审查登记工作通知》要求，在全区建立起横到边、纵到底的重大行政处罚备案监督体系。严格按照行政处罚的主体、适用法律标准、事实、证据等9个方面内容进行审查，按照4个等次评定案件质量。2010年12月集中时间和力量对全区各行政执法单位的23件处罚案件逐一进行审查，审查结果在政府网站上向社会公示，并将考核结果纳入各单位依法行政绩效考核。同时，聘请行政执法监督员参与执法监督，提升监督的说服力和公信力。

【推进全区政务公开工作】 区法制办负责区政务公开办公室日常管理工作。2010年对全区政务公开情况集中考核2次。经统计，2010年全区主动公开各类信息4551件；收到网上依申请公开件7件，答复率100%。

【"权力阳光"运行机制通过省考核验收】 2010年江苏省行政权力网上公开透明运行考核验收工作小组对玄武区进行考核验收。区法制办积极组织人员，制定具体工作方案，明确工作职责和时间节点。对迎接考核验收工作进行动员部署。同时，组织各行政执法单位对全区808项行政权力原有的公开信息内容进行修改，对新增加的内外部流程图、自由裁量基准、法律依据等内容进行补充。按照省数据标准新制作内外部流程图282张，录入维护1592张；对670项行政处罚的自由裁量基准按照情节轻微、一般、严重三个档次进行优化修改和录入；对全区808项行政权力所涉及的260余部法律法规重新进行查阅，补充和录入法律法规的公布机关、公布实施时间、修订情况等信息；协助区公安分局、工商分局、质监分局、地税分局4家单位735项行政权力的公开信息进行录入维护。9月10日，玄武区以"优秀"成绩通过江苏省行政权力网上公开透明运行考核验收。（陈　静）

公　安

【概况】 2010年，公安玄武分局以上海世界博览会安保工作为重头，围绕"调结构、促转型、抓创新、上水平"工作大局，抓住"社会管理创新、社会矛盾化解、公正廉洁执法"三项重点工作，立足维护稳定、治安防控、社会管理、队伍建设等主业，着力破解源头性、根本性、基础性难题，为全区社会经济跨跃发展提供良好的综合环境。人民群众安全感显著提高，分局在机关作风评议中得到98.8%的满意度。全年圆满完成"两会"、上海世博会"环境变化与城市责任"主题论坛等大型活动以及各类警卫安保任务478批次。全年破获各类现行案件3518起，破八类案件141起，八类案件破案率91.6%。抓获刑事作案成员2051人，逮捕475人，比2009年分别上升21.3%、5.1%，直诉172人，劳动教养257人，打击恶势力团伙3个，摧毁涉恶团伙14个。全年查处各类治安案件5288起，查处涉赌、涉娼、涉毒人员3321人次，进一步严密治安阵地管控。分局被评为玄武区平安建设和信访工作先进单位，刑警大队荣立集体三等功，涌现出南京市第八届好市民唐万东，春风使者白光银、献血救人"110"标兵民警王勤等一批先进典型。中央、省、市级新闻媒体224篇次报道分局的业绩和经验。

【营造和谐稳定社会环境】 2010年，公安玄武分局紧扣上海世博会安保中心任务，借鉴2008年北京奥运安保和2009年国庆60周年安保成功经验，把握安保工作重点环节。围绕政治、宗教、民族、社会、家庭、个人等综合因素，全面加强信息收集与研判，加强重点排查和管控，将上海世博会安保工作落到实处。深入开展"大调解机制建设提升年"活动，完善公调对接机制，强化矛盾纠纷源头化解和缓解，确保矛盾不激化不上交。全年调解各类矛盾纠纷8312起，成功率98%。分局通过"钟山2010"、"关城门"等实战演练，提高各警种应急反应、组织指挥、协调配合与综合保障能力。

【提升社会治安防范与打击能力】 2010年，玄武公安分局启动"'迎世博、强巡防'千名保安护治安"行动，推行警牌车辆"亮灯"上路、勤务自行车"亮灯"进社区、骨干卡点和警务岗亭的亮灯值守以及"红袖标"工程建设，组织"冬季行动"、"社会治安重点地区排查整治"、"2010严打整治专项行动"、反盗抢"一〇行动"等阶段性专项行动，完善武装巡逻、便衣侦控等工作机制，延伸防范打击的触角。成功侦破韶山路"2·11"故意伤害案、玄武湖"2·21"持刀抢劫案、红山系列"飞镖"伤害案等一批省、市有影响的大要案件；成功侦破全国首例甲流原材料诈骗案、"节油器"诈骗全市串案等一批手段罕见、性质恶劣的新型犯罪案件；成功侦破公安部挂牌督办的"4·7"特大跨省贩卖海洛因团伙案，为维护南京城市平安品牌做出贡献。

【推进科技强警建设】 2010年，公安玄武分局在玄武区委、区政府支持下，投入500万元对原有监控系统进行数字化升级改造，新建103个监控探头，将60公里千兆光纤网从4芯光纤升级到12芯光纤，

4月2日公安玄武分局举行"迎世博 强巡防 千名保安护治安誓师大会"

可以满足今后较长时间监控建设需要。分步推进校园、便利店等重点区域监控网络覆盖，与道路监控形成互补，有效提升全区科技防控能力。分局以深化情报主导警务战略为抓手，完成以24小时值守、多警种专业人员兼顾的情报信息分中心以及派出所、市政府民警办、特巡警大队警务调度室组建任务。情报信息分中心成立以来，配合侦查破获市局挂牌的“5·6”系列撬盗保险箱案件、“6·25”南京长途汽车东站系列拎包案等串案40余起，抓获在逃人员27名，刑事拘留犯罪嫌疑人15名，情报信息服务实战效果显著。

【发挥公共安全监管作用】　公安玄武分局着眼于文明城市创建，深化派出所治安民警、特巡警参与交通管理工作。2010年，强化对易堵路口早晚交通高峰时段的交通疏导和景观路沿线路口的交通维护。认真落实南京市公安局“校园五进”措施（保安进校园、监控进部位、报警进门厅、联网进所队、稳控进社区），全力为在校学生和幼儿园儿童健康成长创造良好环境，确保校园绝对安全。开展不安全隐患、不稳定因素排查整治专项行动，通过“五查”（查源头、查生命线、查场所、查车辆、查人员）及时发现存在的隐患问题，督促落实整改到位，全方位提升公共安全监管水平。将社区民警全部纳入社区消防监管网络，建立起社区消防工作站，夯实社区消防安全基础。

【打造“新南京人”警务服务站品牌】
2010年，公安玄武分局推出全市首家以社区民警李养明命名的“新南京人”警务服务站，全力打造流动人员满意的公共服务品牌。成立仙鹤门经济适用房小区警务工作站，实行24小时警务运转模式，及时处置各类报警，有效钝化矛盾纠纷。针对老旧小区防范难、管理难、群众满意难的问题，分局创新开展“三千工程”：安装“千幢万户平安门”、建立“千门百院联动网”、推行“千人千店公约行”，提升老旧小区管理效能。2010年10月1日玄武湖景区免费开放，分局决定有针对复建玄武湖派出所，11月8日，南京市公安局《关于玄武分局内设机构的批复》[宁公政]209号文件明确玄武湖派出所建制，11月18日，新玄武湖派出所正式成立，在维护景区及环湖路治安秩序、服务救助游园群众等方面发挥重要作用。　（陈　全）

6月25日，区委常委、政法委书记易兵（右）和副区长胡士宁（左）为红山派出所李养明“新南京人”警务服务站揭牌

链接

“2·21”玄武湖持刀抢劫案告破

2月21日晚20时许，玄武湖公园发生一起持刀抢劫案。受害人汪某及其女友在环湖路被5名男性案犯持刀拦住威胁，抢走汪某的摩托车、手机、现金等物品，并将汪某大腿捅伤。公安部门接报后，随即成立了专案组开展侦破工作。经过连续三个昼夜的紧张奋战，专案组民警获取线索，成功锁定了5名案犯的真实身份，迅速将5人缉拿归案。经审查，犯罪嫌疑人甘袁刚、张继辉、周笑、姜勇、李杭交待了2月21日晚在玄武湖环湖路，持刀拦路抢劫并捅伤受害人的作案经过。

侦破“2·11”故意伤害案

2月11日晚18时，两名男子在南京火车站公交站台因争抢乘坐136路公交车与周围群众发生争斗。混乱中，一人持刀捅伤受害人张某左腿大动脉，张某昏倒在136路车厢内，犯罪嫌疑人随即逃窜。接到报警后，韶山路派出所民警火速赶赴现场，将张某送往东南大学附属医院进行抢救。由于张某失血过多，各项生命症状不断消失，医院多次下发了病危通知书。得知张某急需的A型血液库存告急，分局于当晚组织A型血民警赶往南京血液中心，为张某献血1200毫升，及时挽救了张某生命。案发后，公安部门迅速成立了专案组，通过大量工作最终明确掌握了两名犯罪嫌疑人的身份和行踪。3月11日，犯罪嫌疑人刘龙飞和蒋全辉相继在浦口区和秦淮区落网，倍受关注和“2·11”故意伤害案历时29天终告破。

（刘　文　庞　晓）

·交通管理·

【概况】　2010年，市交警一大队围绕服务“三项建设”（公安信息化建设　执法规范化建设　和谐警民关系建设）创建“和谐交通”总体目标，以缓解城市交通拥堵，提高道路通行效率为重点，以大力创建一等模范交通管理水平大队为方向，基本实现“路通车畅、秩序规范、事故下降、群众满意”总体要求。全面开展城市交通综合整治，强化酒后驾车治理，规范停车秩序管理，加大不规范车辆整治力度。为完善巡防机制，在交管局领导下成立夜间交通秩序巡管整治中队，加强夜间秩序管控力度。以关键路口和重点路段为重点，大力开展酒后驾驶专项整治。加大对过往车辆盘查力度，在全区形成严查严控酒后驾车交通违法路面管控网络。大队现场处罚各类

交警一大队召开“警民恳谈”会

交通违法行为265246起，其中非机动车79403起，行人113119起，机动车72724起；查处酒后驾车191起，其中饮酒173起，醉酒18起；查处渣土车违法1586起；查处不规范车辆3651起；机动车违停现场处罚4501起，非现场查处28799起；查处机动车不按规定使用号牌497起；查处违鸣11072起，查处不系安全带34991起，处罚货车闯禁区4281起，取缔不礼让斑马线17344起，查处不按规定使用灯光1482起；处罚行人违法行为情况29030起；处罚非机动车违法行为情况17311起；查处残疾车违法8561起，其中安装搭载人员设备144起，其他1746起。查处助力车违法43124起，进一步改善交通秩序环境。

【开展道路安全隐患排查治理工作】 2010年，交警一大队以坚持“五类客车”(公交车、公路长途车、旅游车、校车、单位自备车)和“三类货车”(危险品车、混凝土车、槽罐车)为重点，加大监管力度。全年共检查客运车辆5万辆次，危险品运输车辆2万辆次，校车680辆次；督促运输企业停驾125人，整改运输企业单位 30余家。严格按照“不放过一个漏洞，不丢掉一个盲点，不留下一个隐患”要求，开展道路安全隐患排查治理工作，全年排查出事故多发、易发点5段，落实整改5处，安装曝闪灯22处，并设置醒目标牌，警示过往驾驶人和群众安全通行。

【开展警营文化建设提升队伍素养】 大队深入开展警营文化建设，开辟警营文化宣传廊，悬挂宣传标语，展示警句格言及民警个人摄影、书法、绘画等作品，建立具有交警特色的“笑脸墙”，推进和谐警营、快乐警营建设。以“公正廉洁执法、纪律作风教育”整顿活动为着力点，组织民警学习《廉政准则》、《纪律条令》等，开展公正廉洁执法主题教育和纪律作风教育整顿活动，从严落实“五条禁令”、“三条铁规”等禁令铁规，扎实推进警车和涉案车辆专项治理。

链接

公安部五条禁令

一、严禁违反枪支管理使用规定，违者予以纪律处分；造成严重后果的，予以辞退或者开除。

二、严禁携带枪支饮酒，违者予以辞退；造成严重后果的，予以开除。

三、严禁酒后驾驶机动车，违者予以辞退；造成严重后果的，予以开除。

四、严禁在工作时间饮酒，违者予以纪律处分；造成严重后果的，予以辞退或者开除。

五、严禁参与赌博，违者予以辞退；情节严重的，予以开除。

江苏省公安厅机关严禁收送礼金三条铁规

一、违反规定收受礼金者，不论数额多少，给予党内警告或行政警告以上处分，扣除其当年廉洁从警退休金的全额；其中一次收受礼金2000元以上或收受礼金两次者，给予撤销党内职务、撤销行政职务处分，扣除其累计廉洁从警退休金的50%；一次收受礼金4000元以上或收受礼金三次者，给予留党察看或开除党籍处分，予以辞退，扣除其累计廉洁从警退休金的全额。

二、利用职权办人情案者，不论有无产生后果，给予党内警告或行政警告以上处分，扣除其当年廉洁从警退休金的全额。收受礼金办金钱案者，不论数额多少，给予党内严重警告或行政记大过以上处分，依照其收受礼金的数额扣除廉洁从警退休金。违反规定办人情案、金钱案，情节严重、造成严重后果的，给予留党察看或开除党籍处分，予以辞退或开除，扣除其累计廉洁从警退休金的全额；触犯刑律的，依法追究刑事责任。

三、违反规定赠送礼金者，根据数额、情节比照违反规定收受礼金行为处理；属于下级公安机关赠送的，在全省公安机关通报批评，并责成有关单位作出严肃处理；对外省公安机关和不属于公安机关赠送的，通报其所在地区、单位纪检、监察部门。

【加强交通安全宣传】 2010年，大队根据交通安全宣传工作部署，积极开展交通宣传活动。开展“五进”(指道路交通安全教育必须“进社区、进农村、进学校、进单位、进家庭”，即创建“交通安全村”、“交通安全学校”、“交通安全社区”、“交通安全单位”、“交通安全之家”)宣传400余场次，“双争当、双走进”活动230场次，媒体报道1500余篇次。增设信号灯5处，增设标志168块，施划复划标线2100公里。大队对全区内的大中小学校周边的交通设施进行梳理，及时增补设施；对7家大专院校、49台校车、50名驾驶员的台账，进行疏理及完善；在抓源头管理时，大队抓住重点车辆、重点人头不放松，对259辆客运车辆262名驾驶员，229辆危险品车辆226名驾驶员，做到见车见人，逐一检查车辆，每人受到教育，疏理和完善每台车及每一名驾驶员登记台账，以便发现问题及时通知来队处理。

交警一大队组织交通安全监察

【抓源头管理加大整治力度】 2010年“7·28事件”后，大队延续安全大检查工作，着重围绕辖区内管的危化品运输车、渣土车、工程车、客运车辆、出租车、自备客车等重点单位和车辆开展检查监管工作。召开单位法人、驾驶员安全会议300余场，对重点单位下发整改通知书5000余份，与单位签订责任书500余份，驾驶员个人签订1200余份。加大对无牌无证、超车超速、违法装载等不规范车辆上路等严重交通违法行为的整治力度。

（韩质箐）

检　察

【概况】 2010年，区检察院以服务全区转型创新跨越发展为导向，努力践行“强化法律监督，维护公平正义”检察工作主题，认真履行检察职能，大力加强队伍建设，积极推动各项检察工作取得新进展。充分发挥刑事检察职能，始终保持对刑事犯罪的高压态势，全力维护社会和谐稳定。深入查办和预防职务犯罪，努力推动反腐倡廉建设。强化诉讼法律监督，切实维护司法公正。综合运用打击、监督、教育、预防、保护等检察职能，促进区域经济平稳较快发展。狠抓思想作风建设、干警能力建设和内外监督机制建设，执法公信力进一步提高。获南京市检察机关“社会治安综合治理、平安南京建设”先进集体、玄武区文明创建工作先进集体、玄武区法治玄武建设先进单位、玄武区平安玄武建设先进集体等称号，34人次获得区级以上表彰。

【推进中央政法委三项重点工作】 2010年，区检察院认真贯彻中央政法委部署的“社会矛盾化解、社会管理创新、公正廉洁执法”三项重点工作，成立以检察长为组长的三项重点工作领导小组和日常工作机构，制定《玄武区人民检察院深入推进三项重点工作实施细则》，先后召开党组会、检委会专题研究，强化组织领导确保推进三项重点工作取得实效。在社会矛盾化解方面。建立健全涉检信访排查化解、矛盾纠纷化解、执法风险评估和预警处置三项机制，有效化解矛盾纠纷30余起，成功化解3起缠诉缠访案件，刑事案件和解结案6件9人，民事行政案件息诉41件，和解结案32件。在社会管理创新方面。推进针对南京火车站等治安重点区域的专项整治，依法打击一批贩卖假发票的犯罪团伙。加强青少年维权工作，坚持社会危害性风险评估、合适成年人介入以及污点有限封存等未成年人犯罪办案制度，完善对不捕不诉未成年犯罪嫌疑人帮教转化措施。发挥检察建议在参与社会管理中作用，发出检察建议14份均被采纳落实。深入开展“恪守检察职业道德、促进公正廉洁执法”主题实践活动和“反特权思想、反霸道作风”专项教育活动，切实转变工作作风。坚持实施服务大局能力、科学决策能力、执法办案能力和发展创新能力的“四力提升工程”，进一步提高队伍综合素质。制定《案件监督管理工作暂行办法》和《涉案款物工作制度》，突出内部监督的针对性和实效性，同时，推行“阳光检务”，自觉接受外部监督，以公开促公正。

【出台救助特困刑事被害人办法】 2010年，区检察院为尊重和保障人权，维护社会公平正义，探索刑事被害人救助机制，出台《南京市玄武区人民检察院特困刑事被害人救助实施办法》，对因犯罪行为遭受人身伤害，无法得到及时赔偿和其

区检察院检察长王少华（右二）陪同省检察院徐安（右一）检察长调研三项重点工作开展情况

他社会救助，导致被害人在生活和医疗救治上陷入困境，区检察院代表国家给予适当经济资助，以暂时缓解被害人生活困难等。该《办法》对救助原则、条件、金额、责任部门、程序和资金来源等做了详尽规定。突出两个特点：一是救急，主要解决被害人急迫性困难。在办理刑事案件过程中，任一环节发现符合条件的特困被害人即迅速启动救助程序。二是救困，对因犯罪行为生活陷入困境，确需救助的被害人给予必要的经济救助。《办法》实施后，全年共救助刑事被害人18人，发放救助金1.51万元。

【保障政府重大工程建设项目投资安全】

2010年，区检察院深入辖区在建或即将开工重大工程建设项目中开展专项预防活动，主动与项目建设单位和实施单位加强联系，协助并督促他们加强教育、健全制度、强化监督、规范管理，努力遏制和减少职务犯罪发生，确保政府投资安全。全年共围绕312国道快速化改造工程等9个总投资为117.02亿元的重大工程开展专项预防，实现"工程优质、干部廉洁、资金安全"总体目标。

【"阳光检务"得到社会各界肯定】 2010年，区检察院创新手段、丰富内容，努力打造阳光检务，得到社会各界充分肯定。精心组织了"举报宣传周"和"法制宣传月"活动，检察长王少华带领控申、反贪、反渎、民行等部门干警深入基层巡回接访，现场接受群众举报和咨询。与熊猫集团、南京理工大学等大型企业和高校开展共建活动，深入江苏凤凰新华书业股份有限公司等职务犯罪案发单位，开展举报宣传座谈和廉政警示教育等活动。4月和9月，区检察院就开展预防职务犯罪工作情况分别向区人大常委会会议和区政协主席会议做专题报告。全年共办理人大代表建议案1件，人民监督员监督"三类"案件1件2人，立案侦查职务犯罪案件无一例外纳入监督范围。

【延伸执法监督配备专职社区矫正检察官】 2010年，区检察院为延伸法律监督触角，加强对基层执法的监督，在区司法局社区矫正管理教育服务中心和梅园街道专门设立检察官办公室，配备专职社区矫正检察官，对社区矫正人员进行检察监督，全年在矫正的208名人员无一重新犯罪。9月，中央政治局委员、中央政法委副书记王乐泉视察玄武社区矫正管理教育中心，对玄武区社区矫正工作给予充分肯定。5月，区检察院制定《关于在派出所设立检察官办公室的暂行办法》，派出专职检察官深入基层派出所开展执法监督，努力做到"监督零时空、衔接无缝隙"。全年要求公安机关说明不立案理由8件，监督公安机关立案8件8人；对不应当立案的，督促公安机关撤案2件13人。对应当逮捕而未提请逮捕、应当起诉而未移送起诉的，追加逮捕5人，追加起诉19人；对侦查工作中的违法行为提出纠正意见22件。

【严肃查处征地拆迁等民生领域职务犯罪】 7月7日，区检察院以涉嫌贪污罪对原玄武区建设局职工戴红霞(女，46岁)立案侦查。经依法侦查查明，2006至2009年期间，戴红霞在区建设局实施的本市老宁栖路、农场巷道路拓宽改造工程中，利用负责动员拆迁、与被拆迁户签订补偿协议、为被拆迁户办理延期过渡费等职务之便，以其母亲胡某、姐夫朱某以及被拆迁户陈某名义，虚构拆迁补偿协议，虚增领取延期过渡费的户数，骗取拆迁补偿款941910.20元、延期过渡费9600元。11月24日，区检察院以戴红霞涉嫌贪污罪提起公诉，区法院对上述指控事实全部予以认定，以贪污罪判处戴红霞有期徒刑10年。

【公诉嵇某等2人出售非法制造发票罪】

2010年7月，区检察院以出售非法制造发票罪对嵇友虎(男，46岁，农民)、王立珍(女，43岁，农民)2名被告人提起公诉。2006年2、3月间，被告人嵇友虎2次在本市向徐某出售伪造的发票共计112份，得款500元。2009年10月，被告人嵇友虎以出售伪造的发票牟利为目的，经与阮某(另案处理)联系购买总价款为6000元的假发票，后指使被告人王立珍与阮某交易。被告人王某在本市中央北路南京饭店南门口与阮某交易时被查获。公安机关搜缴赃款5800元及伪造的发票19775份。区法院根据区检察院的公诉，以出售非法制造发票罪，判处被告人嵇某有期徒刑2年6个月，罚金5万元；判处被告人王某有期徒刑2年，罚金5万元。由于被告人嵇友虎长期在火车站地带从事假发票违法活动，其被依法惩处后，火车站这一窗口地区的区域环境得到有效净化。作为玄武区近年来所办最大的出售假发票案，本案成功办理，对从事假发票违法活动的其他人起到警戒作用。 (周 杰)

反贪局干警落实"五服务"要求，积极维护企业合法权益，全力为企业挽回经济损失，赢得案发单位的尊重与感谢

审 判

【概况】 2010年，区法院围绕全区工作

市委常委、政法委书记刘志伟（右二）等领导视察锁金村法庭

大局，深入贯彻落实科学发展观，紧紧围绕“社会矛盾化解、社会管理创新、公正廉洁司法”三项重点工作，充分发挥审判职能作用，服务经济社会发展。全年共受理各类案件9097件，审结8411件，同比分别上升1.9%、2.7%，结案率92.5%，较2009年同期上升0.8个百分点。其中，审结刑事案件594件，判处犯罪分子803人；审结民商事案件5909件，解决争议标的约9.5亿元；审结行政案件64件；执结各类案件1543件，执结率98.6%。区法院被评为全省法院系统新闻宣传工作先进集体；孝陵卫法庭被评为全省廉洁司法示范庭；审管办主任兼审监庭庭长王翔飞被省委政法委授予全省十大“杰出人民法官”称号，并被省法院记一等功，锁金村法庭法官李伟被评为南京市十佳法官。

2010年9月，区法院开展中层领导职位缺位竞争上岗工作，竞岗采用自愿报名和组织资格认定、民主推荐测评和组织考察相结合，通过口头演讲，16名同志走上新的领导岗位。

【开展“涉诉矛盾纠纷集中化解年”活动】 2010年，区法院出台《关于建立重大涉诉矛盾纠纷风险评估机制的实施意见》，认真排查梳理涉诉信访案件，逐案建立工作台账，定时间、定人员、定领导、定责任，包案处理；对疑难复杂、矛盾尖锐、社会影响较大的案件，综合运用法律、经济、行政、教育手段，协调相关部门合力化解。全年办结各类涉诉信访案件185件，办结率98.4%。

【推进知识产权审判“三审合一”试点工作】 区法院调配刑事、行政、民事法官组成合议庭，共同审理各类知识产权案件，提升专业化审理水平，全年审结各类知识产权案件101件；6月，在徐庄软件产业基地挂牌成立知识产权巡回审判法庭；7月，区编委正式发文批准该院设立具有独立建制的知识产权审判庭。

【推进初任法官导师制】 区法院推进初任法官导师制，选聘“五好法官”担任12名初任法官的导师，通过“一对一”、“师徒式”传帮带，有效弥补初任法官在裁判思维、实践经验和群众工作能力上的不足，尽快实现知识型向能力型转变。4月27日，经南京市中级人民法院院长周晖国批示，南京中院下发文件要求全市两级法院学习推广该制度。全国多家兄弟法院专程到该院学习初任法官导师制工作经验。该做法还被区委借鉴，已在全区推行年轻干部导师培养制度，对近年新到玄武工作的、年龄在30周岁以下的年轻干部选定具备一定条件的导师进行一对一培养。

【首推“限高令”破解执行难】 区法院积极开展集中清理执行积案专项活动，充分发挥执行威慑机制作用，率先在南京市法院系统推行“限制高消费令”。10月13日，区法院根据最高人民法院《关于限制被执行人高消费的若干规定》的司法解释，在南京市首发“限制高消费令”，送达10起案件的13个被执行人，明令禁止被执行人可能发生的乘飞机、软卧、高铁，出入酒店、夜总会等高档消费场所，购买非经营必需车辆等多种高消费行为，并告知其违反限制高消费令的后果。“限制高消费令”发出后迅速起效，在一周时间内，共有3起案件、4个被执行人主动履行义务或签订和解协议。

【加强司法作风和廉政建设】 2010年，区法院深入推进“人民法官为人民”主题实践活动、向陈燕萍同志学习活动、执行

玄武法院深入推进初任法官导师制工作

作风专项整顿活动，教育和引导干警坚守法官职业道德准则，牢固树立宗旨意识，弘扬“公正、廉洁、为民”的司法核心价值观，树立人民法院、人民法官的良好形象。5月上旬，组织两期初任法官12人到靖江法院实地学习陈燕萍法官先进事迹和工作方法。开展“遵章守纪、廉洁司法”主题教育活动，孝陵卫法庭被评为全省法院系统廉洁司法庭。

2010 年各类案件收结案情况

	2009 年旧存	新收案件	已结案件	未结案件	结收案比(%)
刑事案件	19	594	594	19	100.00
民事案件	422	2441	2429	434	99.51
商事案件	119	3351	3377	93	100.80
涉外、知识产权案件	11	114	103	22	90.35
行政案件	3	66	64	5	96.97
执行案件	67	1498	1543	22	103.00
申诉复查案件	0	3	3	0	100.00
其他	96	293	298	91	101.71

（邵小波）

司法行政

【概况】 2010年是全国司法行政系统恢复重建30周年，是“五五”普法最后一年。全区司法行政工作突出基层基础建设、自身建设和长远发展建设，深入开展社会矛盾化解、社会管理创新及公正廉洁执法三项重点工作，努力实现司法行政工作新提升，在服务发展、服务稳定方面提供优质高效的法律服务和法治保障。9月8日上午，玄武区司法行政服务中心正式揭牌成立并启动，区政法委书记易兵和市司法局局长孙绵琪共同揭牌。中心总面积1200平米，设有80平米接待大厅，是法律服务和社区矫正等多功能综合性服务窗口。包括区法律援助中心、公证处、区社区矫正管理中心以及律师事务所4个服务单位，有效整合全区司法行政各项法律服务资源。中央政治局委员、中政委副书记王乐泉9月到服务中心视察，对区司法局在社会管理创新方面给予高度评价。2010年开展法律服务活动60余次。推进系统信息化建设，不断提高权力阳光、办公自动化系统和业务管理信息系统的应用水平。积极开展勤廉示范单位创建活动，提高党员干部的勤政廉政意识。坚持典型引导工作，在基层司法所、人民调解员、矫正社工、律师及法律服务人员中，开展创先争优活动。

【推进法治文化建设】 2010年，区司法局在已建成的后宰门法治文化墙基础上，投资20万元在浮桥建设法治文化长廊，以中国法制史为主题，全长800米，集中展示我国历史上有代表性的29部重要法典。12月4日区委常委、政法委易兵书记及市司法局王淑琴副局长为长廊揭牌。坚持做好18法律广场和法律人在行动的品牌效应，不断提高“法律服务夜市”的影响力；整理汇编《玄武法制宣传》宣传册，扩大法制宣传的覆盖面。坚持以民主法治村（社区、单位）的创建为载体，提高基础民主法治建设水平。

【排查化解社会矛盾纠纷】 2010年，区司法局充分发挥人民调解在化解社会矛盾纠纷中第一道防线作用，扎实开展“大调解机制建设提升年”活动，认真做好矛盾纠纷专项排查、专项攻坚等工作。全年全区共调解纠纷3419件，调解成功3368件，调处成功率98.5%，无一起因调处不

区委常委、政法委书记易兵（左）和市司法局局长孙锦琪（右）共同为区司法行政服务中心揭牌

及时而导致的民转刑案件发生。在玄武湖司法所试点矛盾纠纷网格化管理基础上，对全区矛盾纠纷预警网络进行完善，利用社区信息平台，及时收集反馈纠纷信息，提高纠纷预警能力；坚持在春节、两会以及世博会等重大节日和社会敏感期，专题布置矛盾纠纷排查调处工作，对排查出的不稳定因素认真进行梳理，及时化解事故苗头，把矛盾纠纷化解在萌芽状态；每月对社会矛盾纠纷进行分析，每季度进行汇总并写出书面分析报告，对调处成功的一些典型案例及时总结宣传。依托大调解各成员单位和各专业调解小组力量，对一些短期内难以化解的重大、疑难复杂纠纷联合区有关部门成立纠纷专项攻坚小组，组织专门力量进行调处，确保全区纠纷调处成功率稳中有升。

【开展社区矫正风险评估活动】 2010年，区司法局依托区司法行政服务中心，加强社区矫正管理教育服务中心建设。开展社区矫正风险评估，确定管理等级，建立评估档案。严格做好日常监管工作，坚持计分考核和奖惩制度，年内对5名表现好的矫正对象予以表扬奖励，对1名不服从管理的矫正对象予以治安拘留处罚。加强对矫正对象教育矫治力度，在全区设立10个公益劳动基地、2个警示教育基地和2个劳动技能培训基地，定期组织矫正对象参加公益劳动和警示教育。中央政治局委员、中央政法委副书记王乐泉9月到玄武区视察时，充分肯定了玄武区社区矫正工作在社会管理创新方面发挥的作用。

【做好刑释解教人员帮教安置工作】 2010年，组织开展为期两个半月的刑释解教人员排查摸底专项工作，加强对回归人员衔接管理，确保帮教对象不失控、不脱管；加强安置帮教队伍建设，组织开展安置帮教软件和基层工作信息管理平台培训，提高规范化和信息化工作水平；加大过渡性安置帮教基地建设力度，培植建立新伊汽配商城商会、孝陵卫农贸市场等5个就业基地，安置刑释解教人员21人次。全年全区接收刑释解教人员236名，帮教率100%，就业安置率98.9%。

【扩大法律援助覆盖面】 2010年，区司法局与困难群众生活和生产密切相关的假冒农资、环境污染、拆迁等事项纳入法律援助范围，确保低保线边缘经济困难群体能享受到法律援助。建立了农民工法律援助绿色通道。建成仙鹤门经济适用房小区援助站、筹建红山街道兴贤佳园法律援助站。与南京广播电台城市频道合作，举办为期一个月的法律宣传活动。

【提升法律服务水平】 2010年，区司法局参与研究并制定《玄武律师业发展五年规划纲要（征求意见稿）》，扶持、引导玄武区律师事务所向专业化、品牌化、规模化方向发展。加大法律服务进社区工作力度，全区10家律师事务所与8个街道，以及63个社区、2个行政村分别建立服务共建联系制度。在巩固"双千百日"活动成果基础上，扎实开展"双促双助"法律服务专项活动。全区律师在服务经济发展同时，认真做好维护社会稳定各项工作，坚持参加政府信访接待工作，参与处理各类重大群体性纠纷，并成功化解梅园街道房屋租赁纠纷、省农科院久拖未决的敏感案件等，依法维护社会稳定。

【推进公证机制改革】 2010年，区司法局在广泛吸收各区县经验基础上，结合玄武区实际，引入竞争机制，实行绩效考核，最大限度调动各方面人员积极性，为长远发展奠定基础。公证处办证数及创收数分别比上年同期增长23%和25%。在做大做强公证业的基础上，围绕区委区政府中心工作，做好法律服务和法律保障，为行政强拆办理证据保全62件，上门办证30次，为困难群众减免费用4.2万余元。

【完成"五五"普法工作任务】 2010年，区司法局落实领导干部和公务员学法计划，坚持干部任前考试制度，按计划举办年度法律培训班和中心组学法会。加强青少年法制教育，在全区中小学开展"大手拉小手、全家文明走"活动，在南京师范大学附属小学成立交通安全馆及青少年法制宣传教育基地。召开驻区大型企事业单位法制宣传教育工作座谈会，提高企业经营管理人员依法经营水平。利用"18"法制广场、"法律六进"、"农民工学法周"、"法律服务夜市"等普法平台，加大对社区居民、农民工、流动人口的法制宣传教育和法律服务力度，培养居民学法守法用法护法的观念。全面完成"五五"普法检查考核的各项工作，区青少年普法宣传工作被推荐为全国先进。

【司法部副部长郝赤勇视察区社区矫正管理教育服务中心】 12月28日下午，司法部副部长郝赤勇一行在省司法厅副厅长姜金兵，市司法局副局长孙小忠，区委常委、政法委书记易兵等领导陪同下视察区社区矫正管理教育服务中心。郝

赤勇一行听取了社区矫正管理教育服务中心工作介绍，观看了社区矫正移动管理平台操作演示，并对玄武区积极整合全区资源，创新社区矫正管理模式予以肯定。

【市人大领导视察玄武区法律援助工作】

9月16日上午，市人大常委会副主任、党组副书记杨植率市人大代表对玄武区法律援助工作情况进行视察，市司法局副局长李华、区政法委书记易兵、区人大副主任吴为民、副区长曹曙等陪同视察。市人大代表听取了区法律援助中心工作情况汇报，实地查看了法律援助办公场所、接待窗口、办公设备、档案管理、便民公示板等硬件建设情况，调阅了来电来访咨询、申请法律援助记录，并与区委、区政府领导以及法律援助工作人员就法律援助工作的运行机制、办案质量、经费保障等方面情况座谈。杨植副主任充分肯定玄武区法律援助工作所取得的成绩，认为区委、政府高度重视和支持法律援助工作，法律援助已成为司法行政工作的一个特色和亮点。在徐庄、交警一大队以及经济适用房小区等处设置法律援助工作站，拓宽了法律援助范围；特别是区司法行政服务中心整合了全区公证、律师等法律服务资源，为法律援助工作提供支持和保障，充分体现社会管理模式的创新。 （周艳红）

鸡鸣寺

地方武装

Local Militants

- 人民武装
- 消防
- 人民防空

人民武装

【概况】 2010年，区人武部坚持高起点谋划，高标准建设，扎实抓好以完成多样化军事任务为龙头的各项工作落实，全面建设呈现良好发展势头。区委书记、区人武部第一书记单景南被江苏省军区推荐为“全国国防动员建设年度人物”；区长、区国动委主任王海宏被警备区推荐为南京军区“人民武装委员会好主任”。后勤管理被警备区授予全区“后勤管理先进单位”称号，部党委班子建设、军事训练、双带双扶等工作受到上级表彰。6月，人武部原部长厉健康调任南京警备区后勤部长。

【完成民兵组织调整改革任务】 2010年，为优化民兵队伍专业结构，推进后备力量核心能力建设，南京警备区赋予玄武区2668名基干民兵整组任务。区人武部在掌握详实情况的基础上，按照应急、防卫作战、勤务保障等分类合理编组。整组中，撤并通用专业队伍16支，新建高技术对口专业分队6支、新编应急分队8支。全区基干民兵中退伍军人占56%，经训人员达87%，专业对口率达80%，民兵应急队伍科技含量和整体素质有较大提高。

【基层规范化建设水平整体提升】 2010年，在区、街道武委会规范化建设做法得到警备区推广后，区人武部进一步协调相关企事业单位，将有关负责人编为街道武委会成员，同时各街道先后投入经费继续完善“四网一中心”（光缆传输网、程控交换网、计算机通信网、视频会议网、信息处理中心）和“三室一库”（值班室、作战室、保密室、弹药库）建设，做到野外生活作业器材够用，抢险救灾、应急维稳物资器材齐全。初步做到“能作业、能机动、能生存”的要求，得到上级部门领导的充分肯定。红山街道武装部被省军区授予“基层武装部规范化建设先进单位”称号。

【战备训练取得成果】 2010年，区人武部为适应军事斗争准备转变的需要，结合辖区实际，修订完善《应付突发事件行动方案》、《抗洪抢险方案》、《防冻扫雪预案》等非战争行动预案。区现役军官在参加省军区首长机关网上战役集训，以及警备区“三实”训练考核中，均取得优异成绩。全年组织各类各专业训练8批728人次，在省军区组织的民兵双25高炮实弹射击考核中，区双25民兵高炮连命中拖靶，成绩优秀，被省军区评为“高炮实弹射击优胜单位”。区人武部党委班子成员按照军事训练大纲和指挥军官考评纲要要求，组织开展以“学理论、练指挥、练智能、练技能、练

玄武区民兵在全省双25高炮实弹射击考核中被评为优胜单位

体能”为主要内容的岗位练兵活动，在警备区组织的全区党委班子岗位练兵考核中，区人武部多项成绩名列前茅。

【和谐社会建设中民兵队伍发挥作用】2010年，区人武部继续按照建用一致原则，把参与全区经济社会建设当做练兵强兵的重要途径。年初，抗击雨雪冰冻灾害，区武装干部和民兵应急分队行动迅速，大年初一出动民兵1200余人次，并协调驻区部队投入兵力4500余人次，圆满完成南京窗口地区和交通枢纽路段扫雪任务。汛期，组建近700名民兵的防汛抢险队伍和1600人的预备力量，24小时不间断对辖区内防汛重点地段进行巡堤护堤。在栖霞区“7·28”燃爆事故现场建筑垃圾清理工作中，组织民兵应急队伍200余人次，战高温顶酷暑，出色完成任务，受到军地领导一致好评。

【征兵工作顺利开展】 2010年，区人武部紧紧围绕兵员质量这个核心，狠抓体检、政审和定兵关，努力为部队输送优质兵员。区政府、人武部与公安、卫生、教育、各街道签订责任书，落实责任制。全区共征集兵员177名，圆满地完成了兵员征集任务。

【国防教育持续开展】 结合民兵整组、军事训练、考核比武、战备值班、重大节日等时机，采取集中上课、下发教育提纲、组织瞻仰革命先烈等教育活动，教育引导广大专武干部和民兵预备役人员履职尽责，献身国防。各街道和驻区企事业单位积极开展军事日活动，全年共组织各类习武活动23批1000余人次，保障子弹13000余发。通过组织群众性的国防知识竞赛、主题演讲活动，营造全社会关心、支持国防的浓厚氛围，扩大了国防教育的覆盖面和影响力。　　　（何　文）

玄武区征兵工作会议

消　防

【概况】 2010年，玄武区消防大队以构筑社会消防安全“防火墙”工程为抓手，认真组织开展火灾隐患排查整治、建筑消防设施专项治理等系列活动，深化消防监督执法规范化建设，有效地维护了全区消防安全形势的稳定，圆满完成世博会期间安保任务。2010年，全区共发生火灾31起，直接财产损失62.78万元，与2009年同期相比下降了80.02%。建立全市首家社区消防工作站。玄武消防大队先后被省公安厅评为“四级同创”先进单位、省消防总队评为“十佳基层大队”、省消防总队评选为年度执法示范单位；监督执法先进单位；执勤岗位练兵先进单位；宣传先进集体。富贵山中队党支部被省消防总队评为先进党支部。玄武消防大队被玄武区政府评为年度安全生产工作先进集体、年度“平安玄武”建设先进集体。

【建立红山街道社区消防工作站】 2010年5月，玄武消防大队率先开展社区消防工作试点，在社区成立消防工作领导小组，实行“治安、消防双走进”，把城管队员、社区社工、社区居民整合成一支志愿消防队伍。建立了消防咨询区、模拟体验区、教育培训区、灭火演练区，制订一整套管理措施，达到了“火灾隐患早发现、群众有险早救助、消防宣传早开展、居民办事早接待”的工作目标，实现了社区消防工作自治。建立并落实“消防安全自查、火灾隐患自除、法律责

区委书记单景南(左一)和消防大队领导共同为红山街道社区消防工作站揭牌

任自负”的消防安全责任体系，全面开展消防安全标准化管理工作，严防火灾事故发生。

【全面构筑社会“防火墙”工程】 2010年，玄武消防大队统筹兼顾，全面推进构筑社会面消防安全“防火墙”工程，大力推进火灾隐患排查整改。采取召开重点单位工作例会、实地检查指导、分析研判消防安全形势、发放“消防安全告知书”、签订责任状，把隐患整改时间和方案落实到隐患单位、单位法人、职能部门和分管参谋。重点部署开展系列排查整治专项行动。结合消防安全标准化管理和构筑“防火墙”工程，狠抓社会单位“四个能力”(消除火灾隐患的能力、组织扑救初起火灾的能力、组织人员疏散逃生的能力、消防宣传教育培训的能力）培训指导，积极开展“五类十家”试点建设工作，全力推进社会单位消防安全管理水平。确定了国信大酒店、新世界百货、米乐星等九类十家单位为“四个能力”建设试点单位。率先在1912街区实行“红马甲”疏散引导员及派驻消防保安制度，利用员工熟悉场所环境的优势，遇到紧急情况及时疏散顾客，受到各界好评，并在全市娱乐场所推广。2010年南京文化艺术中心、新元托斯卡拉酒店重大火灾隐患整改完成。对香槟岛、越秀产业园等19家隐患整改不到位单位、场所进行了临时查封。对过失引起火灾的电焊工季某依法给予行政拘留10日的处罚。

【完善考核办法】 2010年，提请区公安分局修订完善了《玄武分局派出所消防工作绩效考核细则》，从消防监督执法、社会化巡防、消防宣传教育和火灾调查等6个方面，对派出所全年消防监督管理工作进行绩效考评，考评结果纳入派出所全年综合考评之中，并与派出所领导和民警的晋职晋衔考核挂钩。各所还将消防宣传“六进”、保安联防消防队管理、监督检查、行政处罚、火灾事故调查、信访处理等基础工作一一量化，提高了派出所消防工作责任意识。 (薛玲玲)

人民防空

【概况】 2010年，区人防办完成奋斗目标2项，工作目标3项。与江宁区对口居民疏散演练工作目标未开展。为配合市人防“准军事化”建设达标考核，新修订各项规章制度，更换办公设施，整体面貌得到改变。积极推进区地下指挥所建设。2010年区人防办安排专人负责指挥所建设前期筹备工作，经与省、市人防办及徐庄软件产业基地多次沟通协调，至9月，指挥所的土建、指挥通信系统、防核磁脉冲等所有设计工作全部完成，并经有关部门审核通过，待开工建设。全面落实价格调控和治乱减负工作，坚持持证亮证收费。2010年获得“江苏省人防工作先进单位”的荣誉称号。

【工程维护管理严格有序】 2010年“7·28”爆炸事故发生后，区人防办于7月30日举办人防工程管理单位负责人参加的工程维护和安全管理培训班，邀请区安监局和人防工程专家等进行辅导。按照区委、区政府及市人防办要求，成立2个检查组，对区域内328个工程进行全面检查，重新与工程管理单位签定安全责任书。检查中对安全隐患，立即进行整改。根据市人防办要求，对9个老旧工程实施报废，封堵洞口31处。

【防空警报建设不断完善】 认真抓好防空警报器维护管理，对全区19台警报器做全面普查，克服区人防办专业人员少，警报器分布点多、线长、面广、管理难度大等不足，调动基层管理人员工作热情，注重提高基层管理人员对防空警报建设、维护、管理、信号发放业务水平和管理素质，提升全区防空警报管理队伍能力。组织工程使用和警报器维护单位的人员参加市人防办组织的专业培训，分管领导亲自带队参加，管理人员的业务水平和能力得以提高。

【人防知识宣传教育多元化】 2010年，区人防办在继续做好常规性的教育外，在区教育局支持下，所有公办初级中学配齐人防教师，玄武外国语学校也配备了人防教师。上半年，人防办组织人防教师参观省地震局高淳监测站，增强对地震及防震知识的了解。为提高人防教师教学能力，组织全体人防教师轮流举行公开课，互相学习，互相促进，不断提高人防知识教育水平。9月9日，在孝陵卫街道武装部支持配合下，对南京理工大学参加军训新生，举办一期人防、民防知识教育专题讲座。 (徐美英)

组织南理工大学生学习人防知识

财政·税务

Finance Revenue

- 财政
- 税务

财 政

【概况】 2010年，区财政局继续将扩内需促增长、调结构促转型、保民生促稳定作为全年工作主线，拓展经济发展空间，把握公共财政方向，坚持深化财政改革，完善公共财政体系，切实提高财政科学化精细化管理水平。建立了国库集中支付无纸化系统，稳妥推进国库集中支付改革，研究、制订并出台玄武财政资金管理内部控制制度，建成区财政业务专网。将区国税局、地税局和财政局数据共享平台向街道延伸，拓宽数据共享平台覆盖面，加强政府采购预算编制和计划执行管理。政府采购管理范围进一步拓展，完成区财政结算中心岗位设置工作。

2010年度，全区实现国内生产总值281.54亿元，比2009年增长13.2 %，其中第一产业0.13亿元、第二产业25.05亿元、第三产业256.36亿元；实现规模以上工业总产值40.24亿元，同比下降4.7 %；全社会固定资产投资总额91.6亿元，同比增长13.4%；实现社会消费零售总额262.24亿元，同比增长17.3%，全年完成地方一般预算收入26.57亿元，较2009年同口径增长18.5%，实现了区委、区政府下达的必成指标。按照现行财政体制计算，当年实现财力16.04亿元(不包含市专项及补助)，安排一般预算支出15.78亿元，比2009年增长14.42%。

【财政收支平衡略有结余】 全年完成地方一般预算收入26.57亿元，较2009年同口径增长18.5%。主体税种保持增长态势，区增值税(地方口径)完成3.64亿元，同比增长22.2%；营业税完成12.16亿元，同比增长34.7%；企业所得税(地方口径)完成2.96亿元，同比增长31.9%；个人所得税(地方口径)完成4.57亿元，同比增长34.7%；房地产业税收收入2.96亿元，同比增长20.1%。2010年，按照现行财政体制计算，当年实现财力16.04 亿元(不包含市专项及补助)，安排一般预算支出15.78亿元，比上年增长14.42%。其中主要是，全年预算内社会保障和就业支出18,236万元，较2009年增长4.68%；教育支出49890万元，较2009年增长18.69%；医疗卫生支出10149万元，较2009年增长16.47%;科学技术支出5290万元，同比增长14.05%，环境保护支出1046万元，较2009年增长12.26%。

【创新举措培植税源】 2010年，区财政局为拓展经济发展空间，税收工作始终

区财政局领导集体商讨财政改革方案

咬定收入目标不放松，一着不让抓指标分解；认真贯彻国家产业政策调整，充分发挥财税政策作用；联合相关部门和街道做好企业扶持评估工作，支持街道培植壮大税源；拓宽扶持资金渠道，实行扶持资金区街共担和转移支付资金配比。全年扶持企业82家，兑付区本级产业专项补助扶持资金7000万元，切实帮助有潜力、符合要求的企业做大做强，促进经济转型。

【科学分析注重税收质量】 2010年，区财政局注重税收质量，建立纳税大户税收预测直报制度，力求税收预测分析更加准确客观；建立全区百万元以上重点企业税收台账，每月对比分析企业的成长性和缴税增减原因。及时掌握重点企业纳税情况，完善收入预警机制；跟踪监控街道税收完成进度，并将国地税掌握的大户税收变动情况及时通报相关街道。

【严格控制预算管理】 2010年，区财政局继续实行零基预算，推进基本支出预算标准化编制，细化项目预算，控制预算追加，全区地方一般预算支出完成15.78亿元，同比增长14.42%，实现收支平衡，略有结余。加强人员基础信息数据库及项目库的建设，创新项目经费拨付方式。执行全区机构改革方案，根据“费随事转”和“费随人转”原则做好涉及机构改革部门的部门预算调整工作。

【落实政策惠及民生】 2010年，区财政局多方筹集资金，全年投入教育、卫生、社保、城市建设等资金近9亿元。巩固义务教育阶段教师绩效工资改革成果，支持校园安全工程建设和事业单位工资改革。执行国家基本药物制度，健全基层医疗卫生服务体系。贯彻各项就业优惠政策，保障岗位补贴、职业培训、职业介绍等就业再就业补助经费。扩大社会保险、全民医保覆盖面，提高养老补助标准。设立和谐社区建设引导资金，提升社区整体环境。以“三个提升”工程为核心，加大综合性、公益性城市基础设施建设投入，重点对旧住宅小区、背街小巷和城区道路进行整治。

区财政局召开上半年经济分析会议

【加大资金统筹力度】 2010年，区财政局加大对专项经费、往年结余等各类财政性资金的统筹力度，集中财力办大事、办实事。根据国家有关规定，将各单位预算外收入（不含教育收费）纳入预算内管理。按政策要求及时申报教育、卫生、文化等多项专项资金2.5亿元，用于支持全区社会事业发展，缓解区级资金压力。参与各项体制改革及事业单位收入分配制度改革，制定财政配套保障政策。

【区街财政体制调整】 2010年，区财政局组织区机关相关部门和街道分别到鼓楼、白下、建邺、秦淮等区就区街财政体制进行交流调研。结合对全区现行区街财政体制的分析，总结提炼调研成果，提出切实有效的区街财政体制调整方案：即按照“基本经费财政统包，专项经费开展建设，超收分成统筹使用，转移支付促进均衡”的思路，进一步完善现行区街财政体制，促进财政资源在区街之间、街街之间实现科学、合理、均衡分配。

【完成财政专网建设任务】 2010年初，区财政局制定财政专网建设工作计划，加强与网络、软件、硬件三方供应商的联系，进行设备购置、调试和网络铺设等工作。财政业务专网建成后，全区有232家单位使用财政专网，涵盖国库集中支付等7项财政业务管理系统在专网上运行，为国库集中支付制度改革、推进财税系统向街道延伸、保障财政信息安全，提供可靠稳定的技术支持。

【规范国有资产监管】 2010年，区财政局对全区140个行政事业单位房屋出租出借进行清查核实工作，提出规范行政事业单位房屋出租出借管理方案，拟定相关管理文件。在全区推广国有资产动态管理系统，完成系统填报工作。加强企业国有资产管理，聘请中介机构对国资公司经营绩效进行评价，编制全区国有企业合并会计报表。对全区融资平台进行清理规范，加强融资和担保管理，搞好融资平台建设。拓展融资渠道，依托融资平台，帮助企业做好贷款融资。防范融资风险，建立融资风险预警防范机制，设立融资项目台账，动态反映和分析融资项目的资金使用、项目建设、营运情况和还款责任情况，提升融资能力，为全区重点项目建设发挥重要作用。

【深化“小金库”专项治理】 2010年，区财政局制定全区社会团体和国有及国有控股企业“小金库”重点检查方案并有序展开重点检查工作，加强对自查自纠和重点检查发现问题的整改落实，完善街道和机关各部门财务规章制度，建立长效机制，从源头上杜绝“小金库”的发生。认真组织开展“小金库”专项治理“回头看”工作，及时召开全区“小金库”专项治理“回头看”工作动员大会。通过自查自纠，追缴区部分学校违规收费结存24.27万元。

【强化财政监督检查工作】 2010年，区财政局落实区人大通过的2009年各项收支预算及其审计意见，完成2009年度财政决算区级“同级审”提出的建议和意见。会同纪检、审计等部门，对2009年度城乡低保资金使用、教师绩效工资、区房产局执法监察等情况进行专项监督检查，维护财政资金安全和财经秩序规范。开展结算中心工作质量监督检查，着重检查财政资金管理和收支是否合理规范，进一步强化专管员责任意识，提高业务规范化水平，确保资金安全。

（石初和）

区国税局、区地税局和新街口街道联手搭建“纳税人之家”网络服务平台启动仪式

税　务

·国家税务·

【概况】 2010年，区国税局围绕“凝心聚力、振奋精神、开拓进取、再创辉煌”工作目标，更新治税理念，创新工作机制，圆满完成全年各项工作任务。全年组织区级收入22.19亿元。积极探索、完善专业化管理方法，通过实施重点行业分类管理、职能部门实体化运作、重点项目团队化运作，提升税源管理水平，积极联合政府多部门开展珠江路专项整治，维护区域税收秩序。通过整合现有资源、依托信息手段、拓展办税功能、创新服务手段入手，优化纳税服务。在珠江路区域举办“诚信兴商 依法纳税 和谐共赢”电台直播活动，与地税、新街口街道联手搭建“纳税人之家网络服务平台”等活动，切实服务纳税人。以文化建设稳步推进队伍建设，开展“四个再如何认识”系列主题教育活动，与全国“先进基层党组织”锁金村街道工委联手同创学习型党组织，切实提高税务干部的综合素质，推动各项工作开展。在市局系统年度考核中位列先进，获南京市国税系统“争创无职务犯罪先进单位”等多项称号。

【税收收入首次突破22亿元】 2010年，区国税局以组织收入为中心，着力提升收入质量，将税收监控抓“深”，实时掌握税收变动信息，进一步提高收入预测准确率，切实把握组织收入的主动权；将重点企业握“牢”，强化重点行业、重点税源和重点项目的“三重”监控；将纳税服务做“优”，针对不同层面纳税人的不同需求，为纳税人度身订做各式服务套餐，帮助企业解决问题，促进企业发展；将税源潜力挖“足”，加强与地税等相关部门协作与联动，及时发现和堵塞税源监控上的漏洞，优化税收环境。全年组织市级收入170709万元，同比增收24868万元，增长17.05%，超年度计划8.73个百分点；组织区级收入221875万元，同比增收42651万元，增长23.8%，首次突破22亿元大关，并超额完成区政府下达的期成指标。

【开展珠江路税收专项整治】 2010年，区国税局联合地税玄武分局、珠江路管委会，在上年整治基础上，对珠江路开展重拳整治。利用网络、电子屏幕、报刊、电台等媒体加大宣传力度，对珠江路区域所有商户发放《进一步强化珠江路税收管理通知书》，举全局之力对珠江路区域876户纳税人发票明细品名开具、实物账簿设置健全等情况进行专项检查。对352户发票开具不规范、446户库存商品明细建账不规范的企业进行整改并实施后续规范管理。将计算机、软件行业及辅助设备批发行业中低税负的企业列为2010年行业管理重点评估对象。使该行业增值

区国税局针对虚开发票专项整治开展的“税法宣传直播间”活动

税税负同比增长16.18%，所得税贡献率同比增长9.21%，珠江路区域经济发展环境和税收秩序有较大改观。

【探索税源专业化管理的有效途径】2010年，区国税局针对税收征管风险点、难点、热点，积极探索和不断完善专业化管理方法。实现规模企业集中管理，重点行业分类管理，确定5个高风险行业和5个高风险事项，在局内部实行分科室专业化管理。在此基础上，对区内总分机构、同一法人、同一投资人的513户纳税人进行调整集中管理，建立3459户关联税户数据库。同时强化代账机构、代账会计管理，建立电子信息库，形成全程监控、联合管理格局。实行职能部门实体化运作，政策法规科、收入核算科负责对企业所得税、发票管理等重点事项进行监管；实行重点项目团队化运作。对关联企业征管、所得税汇算清缴、非居民企业税收等重点项目进行团队化管理。通过专业化团队运作，汇算清缴审核查补所得税174万元，查账征收企业亏损申报、零申报和微利申报面为34.3%；实现非居民企业所得税收入1660万元，同比增加1180万元，翻了两番。

【拓展办税厅服务功能】2010年，区国税局先后从人员配置、窗口整合、制度考核等几方面入手，拓展办税厅服务功能，提升纳税服务水平。将“申报纳税”与“综合受理”合并为“综合服务”窗口。延伸“24小时纳税自助服务区”功能，增设自助认证设备4台，报税认证一体机2台。开通自助认证、自助抄税等业务。全年实现9556户次自助申报、6072户次自助认证、8858户次自助抄税。与地税玄武分局和各街道共建“纳税人之家”网络专版，搭建网上虚拟办税厅，公布最新税收政策，在线即时解答各类涉税问题，实现与纳税人的实时互动。积极开展个性化“贴近式”服务，专家团队上门为企业办理相关业务，将办税厅拓展至纳税人办公地，方便纳税人。

【多项服务举措方便纳税人】2010年，在辖区内展开纳税户调查，案头调查与实地走访相结合，建立辖区内企业数据库，并定期对数据库进行更新维护，确保服务措施做到位。通过纳税人之家、办税大厅、职能科室及税收管理员多个渠道对纳税人进行分层、分类服务。设立创新企业服务团队上门服务，定期对企业财务人员进行培训。局领导定期对相关企业、街道进行走访，了解企业需求，调查服务效果。全年落实税收优惠免税收入17828万元、减免所得额1401万元、减免税款3635万元。

【创新税收宣传形式动漫片获奖】2010年，区国税局注重税收宣传与征管工作的结合，先后联手南京经济电台，在华海3C广场开展以“诚信行商、依法纳税、和谐共赢”为主题的大型直播活动。4月，与地税玄武分局在1912广场开展“税企联手谈诚信，税收惠民促发展”的税收宣传主题活动；联手南京市局创作宣传纳税人权利与义务税收动漫短片3部、税收动漫系列剧1部。其中，3部动漫短片被税务总局采用，在中央电视台及全国税收工作会议上播出，并在全国税法动漫大赛中获3个特别奖、2个二等奖。

【政风行风建设获省级先进】2010年，区国税局以申报省级文明创建先进单位为契机，全面系统推进政风、行风建设。通过召开行风建设动员会和经验交流会、组织编写印发《行风评议、文明创建应知应会》、开展“揭短找差”活动、成立系统内首家外部“智囊团”，走访企业，发放意见调查表、与建邺区局联手互评互查等多项举措，取得良好成效。区国税局被授予江苏省“精神文明建设工作先进单位”。在全区召开的政风行风评议会上，区国税局作为13个执法评议重点单位唯一代表汇报发言并获肯定。

（张留营）

·地方税务·

【概况】2010年，地税玄武分局各项工作以“服务发展，勇争一流”为主题，组织收入为中心任务，强化税源监控、规范税收执法、创新纳税服务和激发队伍活力为重点。开展“服务发展铸品牌，阳光团队争一流”年度系列主题活动，统筹推进各项工作完成。全年实现税收收入353603万元，同比增长21.25%。其中入库省级收入40339万元，同比增长8.69%，完成年度计划的100.27%；入库市区级税收收入313264万元，同比增长23.08%，完成年度计划105.8%；入库市区级一般预算税收242716万元，增长19.05%；入库市级一般预算收入税收53562万元，同比增长24.1%，全面完成区政府税收收入任务。地税玄武分局被评为“南京市文明单位”“南京市巾帼文明岗”、“南京市残疾人工作先进单位”“全市统计工作先进集体”等；获得“玄武区预防职务犯罪先进单位”“全区人口和计划生育工作先进集体”称号。征收所解成龙被授予第九届“南京好市民”称号。

地税玄武分局开展税收宣传进社区活动

【社保基金费征缴工作获市先进】 2010年，地税玄武分局强化社保基金费征收工作，科学分解征缴任务，层层落实征缴责任，继续扩大征缴面，加大征缴力度，实行税费同征、同管、同查。全年共代征社保费13.43亿元，征缴率达98.04%，清欠率达33.57%。征收各项基金3325万元，其中防洪保安资金783万元，义务植树统筹费、绿化费160万元，工会经费及筹备金1015万元，残疾人就业保障金1302万元。被评为“南京市社保费扩面征缴先进单位”。

【国地税联合征管得到加强】 2010年，地税玄武分局继续深化国地税联合征管，建立国地税企业所得税税户管辖沟通机制，加强与国税的登记户信息比对，与国税、工商等多部门共同开展珠江路地区电子商贸企业的专项治理，在18个工贸市场建立委托代征关系，实现个体共管户定额信息、征收信息、发票信息、征收方式信息共享，同时做到适时、无障碍。在区国税局临门窗口设置国地税合署征收窗口，堵塞各类征管漏洞。

【推进行业管理专业化】 2010年，地税玄武分局积极探索、有效推进行业管理专业化工作。强化建筑业项目属地化跟踪管理工作，严格建筑业自开票纳税人认定管理，做好自开票纳税人100万元以下项目汇总简易登记工作，提高建筑项目登记质量。分局1~12月通过项目登记入库营业税2331万元，建管处代征营业税8230万元。加强货运业管理。结合货运业自开票纳税人资格年审，重点对联运的抵扣发票和自有车辆、租用车辆进行严格审查，分局共有56户货运业自开票纳税人全部通过年审。开展国地税联合企业所得税行业风险控管。为提高对房地产业、建筑业、餐饮业三大行业控管水平，分局对8户企业进行重点核查，共入库税款4993.68万元，滞纳金145.5万元。探索娱乐业、美发业长效管理。细致分析KTV行业特点和各项税收指标，编写娱乐业KTV行业纳税评估指南，指导行业长效管理；抽样采集美发行业成本、利润等相关行业指标，通过对企业、个体不同类型的调研，形成美发行业管理案例，探索建立美发行业管理办法。

【优化纳税评估机制】 2010年，地税玄武分局深入优化纳税评估机制，提高纳税评估水平，建立“管评互动、深化行业管理”的评估模式。从餐饮和KTV两个行业入手，开展专项评估，验证指标公式，探索行业评估指标公式和方法，优化行业评估模型和指南，促进对重点行业的长效管理。探索交叉评估和疑点复评制度。对5户存在重度差异的企业采用交叉评估，提高评估质量和效果；对1户评估结论有疑问户进行复评，加强对纳税评估工作的日常检查与考核。全年分局共完成评估1223户，查补税款滞纳金合计5852.21万元。

【加强高收入者非劳动所得跟踪管理】 2010年，地税玄武分局做好个人所得税征收工作同时，突出强化高收入者非劳动所得跟踪管理。加强限售股个税管理，对证券公司限售股扣缴情况进行实时监控，及时掌握税款扣缴情况及清算退税中可能出现的问题，制定出详细的限售股清算退补税工作流程，扣缴限售股个人所得税2791.26万元，清算退税583.67万元。加强非上市公司股权转让所得征收管理，补征评估股权转让所得个人所得税330万元。做好拍卖所得个人所得税征管工作，组织对8家拍卖公司个人物品拍卖情况开展评估核查，扣缴个人所得税31.53万元。把握注销检查环节，加强自然人投资者利息股息红利所得管理清算，评估入库个人所得税91.95万元。加强对房地产、中介代理、金融等高收入行业的评估检查，评估个人所得税308万元。

【土地增值税清算26638.17万元】 2010年，地税玄武分局建立土地增值税常态化管理制度，落实国家总局、省局关于加强土地增值税征管工作意见。全年共清算土地增值税项目13个，清算补税26638.17万元，其中应清算项目6个、重点清算项目2个、可清算项目5个。加强对土地增值税清算审核环节的规范与管理。深入开展房地产企业反避税摸底调查，通过对外资房地产企业的调查发现，存在房产产权低价转让1户，共补征营业税及附加1026.93万元、土地增值税5999.94万元。

【正式推开一类窗口服务】 2010年，地税玄武分局根据系统一类窗口全面推开要求，进行为期两个月办税服务厅改造。改造后的办税服务厅，全面满足一类窗口设置需求，完善格局，更新软、硬件配备。9月20日，地税玄武分局完成全功能窗口设置，正式推开一类窗口，进入办税服务厅办理的所有涉税事项一律通过“综合服务”窗口办理。纳税人不再需要针对不同业务排队取号，通过一个窗口就可以解决纳税人办理所有的涉税事项。年内一类窗口服务运行比较平稳。

【成立省内首个网上“纳税人之家”】 5月28日，“纳税人之家”网络数字化服务

地税玄武分局与区国税局联合开展“税企联手谈诚信税收惠民促发展”—税收宣传月活动

平台在新街口街道正式启动，是江苏省首家以政府官方网站形式建设的“纳税人之家”，也是南京地税致力于推进数字化纳税服务的重要举措。“纳税人之家”网络服务平台框架由“纳税人之家”网站和高级QQ群两部分构成，成员主要由玄武国地税税务干部、新街口街道涉税服务人员和各会员单位组成，采用互联网与企业交流，真正实现政府部门与企业单位及时互动，创新纳税服务形式。纳税人只需简单登陆网络服务平台，即可享受更加快捷便利的服务。

【开展“税企联手谈诚信税收惠民促发展”系列主题活动】 2010年，地税玄武分局积极发挥税收作用，开展“税收惠民促发展”系列主题活动。4月税收宣传月期间，围绕诚信主题，与区国税联合开展“诚信兴商、依法纳税、和谐共赢”和“税企联手谈诚信、税收惠民促发展”1912广场宣传活动。参与全区“创业导师进校园”活动，组织干部走进南京林业大学解读税收优惠政策，助推大学生创业。分局领导走进直播室进行税收政策宣传。分局组织开展中小企业税收优惠政策宣传辅导，对特定单位提供上门宣传服务；积极落实各项税收优惠政策，鼓励高新技术产业、现代农业、现代服务业和现代制造业更好发展，认真落实下岗职工、残疾人等低收入群体就业税收优惠政策，为惠民解困提供税收政策支持。全年办理各类减免税951户次，减免税金7233.76万元；税前扣除12户，金额3913.44万元。　（李明明）

石象路

南京中科天文仪器有限公司

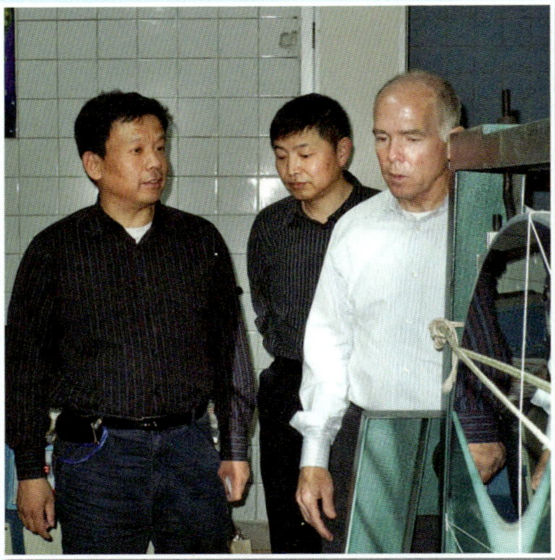

美国 MEADE 公司总裁参观南京中科天仪公司

南京中科天文仪器有限公司(NAIRC)(以下简称天仪公司)是中科院直属的科技型企业,成立于2001年11月27日。其前身为1958年12月成立的中国科学院南京天文仪器厂,1991年10月更名为中国科学院南京天文仪器研制中心,2000年10月根据国家和中科院科技体制改革政策整体转制为企业,启用现名。

公司注册资本3856万元,法人资产2.18亿元,占地面积240.5亩,总建筑面积8.9万平方米。下设耐尔思、天富、盛业、物业公司等4个全资或控股子公司和9个研发、销售、生产、管理等部门。

天仪公司是国内唯一的以研制大中型天文仪器为主,兼研制和生产其他光机电、计算机一体化仪器、设备的技术研发基地,主要研制生产三大类产品:大精专仪器设备:大型天文专业仪器、空间观测仪器、大气环境监测仪器、大中型系列平行光管、军用光电仪器、光学制品、轻量化主镜、高精度大口径光学冷加工、离轴非球面光学加工、大中型转台等;天文科普仪器设备:天文科普望远镜、天文圆顶、光学天象仪系列产品、数字天象仪、天幕、球幕影院、古典天文仪器模型及产品等;专用电子产品:系列圆光栅编码器、系列燃气灶具电子脉冲点火控制装置等。

截至2010年底,天仪公司共有在职职工232人,其中科技人员80人,包括中国工程院士1人,副高级以上专业技术人员39人。天仪公司是国务院学位委员会批准的我国博士、硕士学位培养单位之一,现设有天体物理学科博士、硕士学位培养点,共有在读研究生6人。

天仪公司加大产品研发力度,在大型光电检测仪器上不断开拓,使传统产品得到了有效的外延,以大口径光学制造为核心技术的相关仪器群正在形成。研制成功了1m级离轴平行光管、850mm口径20m焦距双焦点离轴RC平行光管、710mm口径碳化硅非球面、用于低温真空环境下的650mm平行光管等。

2010年,天仪公司及公司光学部分别被评为"江苏省厂务公开民主管理先进集体"和"江苏省工人先锋号"等称号。

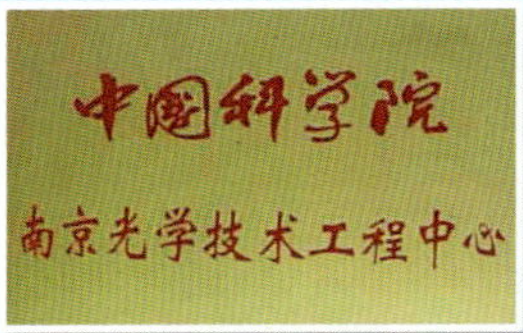

厂务公开先进单位授牌仪式

公司接待大学生天文爱好者暑假实习团

团结合作、奋力拼搏的光学部

经济管理与监督

Economic Management and Supervision

- 宏观经济管理
- 国有资产管理
- 工商行政管理
- 物价管理
- 质量技术监督
- 审计
- 统计
- 安全生产监督
- 食品药品监督

宏观经济管理

【2010年全区经济运行情况分析】 2010年，玄武区委、区政府以科学发展观统领经济社会发展全局，审时度势，科学决策，紧紧围绕“十一五”发展规划确定的基本方针和目标任务，统筹规划、精准布局，加快经济转型发展，加强和改善产业结构，全年经济运行态势良好，地区生产总值稳定增长。全区实现地区生产总值281.54亿元，可比价同比增长13.2%，相较三季度提高0.4个百分点，完成全年目标进度的104.3%，超进度4.3个百分点。从三大产业构成来看，一、二、三产比为0.04:8.90:91.06。其中：第一产业增加值0.13亿元，可比价同比下降10.7%；第二产业增加值25.05亿元，可比价同比增长12.5%；第三产业增加值256.36亿元，可比价同比增长13.3%。财政收入再上新台阶。全区累计完成财政总收入487832万元，同比增长22.6%，完成人代会指标进度的107.2%，其中：地方一般预算收入265721万元，同比增长18.5%，增收41543万元，完成人代会指标的104.9%。从地方一般预算收入各税种构成来看：增值税36361万元，同比增长22.2%；营业税121565万元，同比增长11.8%；企业所得税45705万元，同比增长34.7%；个人所得税29647万元，同比增长31.9%；房产税15838万元，同比增长20.1%；印花税4633万元，同比增长32.4%；车船税2216万元，同比增长1.1%；国有资源（资产）有偿使用收入6350万元，同比下降12.1%；罚没收入1666万元，同比下降4.9%；行政事业性收费收入1740万元，同比增长20.9%。批发零售贸易业繁荣稳定。2010年，区累计实现社会消费品零售总额262.24亿元，同比增长17.3%，完成年计划目标102.46%。其中：批发业累计实现零售额60.40亿元，同比增长48%；零售业累计实现零售额151.51亿元，同比增长5.6%；住宿业实现零售额6.16亿元，同比增长15.5%；餐饮业累计实现零售额14.24亿元，同比增长34.1%。近期居民消费热点较为突出，受季节性消费影响，12月份消费热点主要集中在食品类、化妆品类、金银珠宝类、儿童玩具类、家用电器和音响器材类及日用品类。其中：儿童玩具类消费持续升温，12月份实现零售增幅达673.2%，成为本月我区批零业分类销售各项增幅之最，远远高于该项消费的全年零售增幅的232.1%。另金银珠宝类本月也实现增幅216.2%，远超今年来累计零售增幅的109%。而随着年底热门贺岁大片的层出不穷，人们更愿意选择去电影院观影，电子出版物和音像制品类本月增幅仅为8.4%，远低于今年累计增幅的325%。固定资产投资持续增长。全区完成固定资产投资91.6亿元，同比增长13.4%。其中，城镇固定资产投资完成36.51亿元，同比增长2.5%；房地产开发完成投资55.08亿元，同比增长22%。主要特点：一是工业投资增长迅速，服务业投资占据主导。今年全区工业投资累计完成6.36亿元，同比增长75.7%，公用水务公司、先声药业、福中、港华燃气贡献较大；服务业累计完成投资85.24亿元，占全社会投资总量的93.06%，同比增长10.5%，房地产开发、城市基础设施建设、文化设施建设占服务业投资的主要成分。二是房地产投资后劲不足，商品房销售下滑明显。由于城区开发建设接近饱和，土地资源有限，房地产开发显现后劲不足的态势，房地产投资主要依靠土地购置费用拉动增长，从地块的分布看，九成以上的新拍土地不在玄武区，如果房地产统计口径调整为按照项目所在地上报，将对玄武区投资造成极大的影响。从市场角度看，全年累计销售商品房43.78万平方米，同比下降40.8%，销售额68.35亿元，同比下降21.1%。工业产值跌幅收窄。全区规模以上工业企业完成产值40.24亿元，同比下降4.7%，降幅相较上月收窄3.7个百分点；完成工业增加值10.79亿元，同比下降3.3%；完成利润4.00亿元，同比下降11.2%；完成利税5.14亿元，同比下降6.6%。2月以来，由于“宏图三胞”的停产，相较于去年的基数，我区

今年工业生产总体呈现负增长态势。一是重工业占据主导。2010年，全区轻工业完成产值4.73亿元，占全区规上工业总产值的11.75%，同比增长2.0%，高于全区工业产值增幅6.7个百分点；重工业完成产值35.51亿元，占到产值总量的88.3%，同比下降5.6%。全区生产总量中，重工业产值占总量的近九成，全区工业呈重型化结构。二是三资企业经济结构比重攀升。今年全年全区外商及港澳台商投资企业完成工业产值17.29亿元，同比增长14.5%，比全区规模以上工业产值平均增幅高19.2个百分点，外商及港澳台商投资企业总产值占到全区规模以上工业产值总量的43.0%，比上年同期提高16个百分点，拉动全区工业发展。三是产销衔接较好。2010年全区规模工业企业完成销售产值39.80亿元，工业产品销售率达98.91%，高于全市平均水平0.66个百分点。城市居民生活情况不断改善。2010年，区经济的持续稳定发展，居民家庭收入稳步增长，从而促进了居民消费水平不断提高，生活质量明显改善。据城市住户抽样调查结果显示，2010年我区城市居民人均可支配收入30495.35元，同比增长10.1%；人均消费支出21835.25元，同比增长26.2%。一是城市居民人均收入持续增长。居民家庭收入渠道逐步拓宽，收入多元化趋势明显，从收入分类看，人均工薪收入19526.6元，同比增长8.2%；人均经营性净收入973.94元，同比下降0.3%；人均财产性收入348.45元，同比增长9.1%，其中：出租房屋收入191.19元，同比增长26%；人均转移性收入为12652.33元，增长13.3%，其中：人均养老金或离退休金收入为11688.83元，同比增长15.6%。二是居民支出稳步提高，消费结构继续改善。2010年城市居民人均家庭总支出为27672.87元，其中，消费性支出为21835.25元，同比增长26.2%。城市居民在收入增长的同时，消费热情、消费信心较为充足，构成居民消费支出的八大项目呈全升的态势。具体分析，2010年城市居民人均购买食品支出7148.1元，同比增长16.4%，恩格尔系数（食品消费比重）为32.7%；人均衣着消费支出为1634.16元，同比增长10.8%，其中，服装类支出同比增长19.1%；人均居住支出为2087.06元，同比增长79.2%；人均家庭设备用品及服务支出1745.46元，同比增长24.1%；人均家庭医疗保健支出1632.22元，同比增长26.4%；城市居民交通支出2604.05元，同比增长31.6%；城市居民教育文化娱乐支出为3929.26元，同比增长24.4%；其他商品和服务支出1054.93元，同比大幅增长54%。三大产业税收收入高幅增长。2010年，全区三大产业累计完成税收总收入242945万元，占税收收入的50.8%，同比增长23.01%。其中商贸商务业完成123258万元，同比增长27.47%；文化旅游业完成43200万元，同比增长19.38%；科技信息业完成76487万元，同比增长18.37%。

经济运行中存在的问题和建议。区社零市场发展到现今的规模，地域已成为制约我区高速发展的瓶颈。我们应当一是找准突破点，存量挖掘，扩大限上企业数量；二是对已定报的单位做好培育、扶持、跟踪、服务工作，提供适合企业茁壮发展的政策及优质的经营环境。

在日用消费品涨声四起的现今，贫富差距问题更显突出。在居民整体收入水平提高的同时，高低收入家庭的差距依然很大。从相对收入分五组的情况看出：20%低收入家庭人均可支配收入为13352.4元，20%高收入家庭人均可支配收入为60205.1元，高低收入绝对值差额高达46852.7元，高低收入之比为4.5:1。要缩小高低收入家庭之间的收入差距关键在于提高就业人口的比重。从目前情况看，首先要发挥政府的行政职能，在积极发展高新科技产业的同时，合理调节社会资源的配置，从解决就业的角度，有针对性地发展一些劳动密集型产业，鼓励和扶持中小企业的发展，既要抓好顶天立地的大企业、大集团，又要扶持和发展好铺天盖地的中小企业。其次，要努力开拓社区就业新领域，拓宽第三产业的就业渠道，使居民收入渠道向全方位多领域发展。再次，还要做好群众的思想教育工作，引导困难群众树立新的就业观念，打破那种完全依赖政府安排的传统观念。

在提高居民收入的同时，还要让百姓敢于把钱用于消费，其前提是要进一步健全社会保障体系，要全面推进国有企业下岗职工基本生活保障向失业保险并轨的转变，早日建立起全社会人员参加的社会保障体系，使百姓老有所养，病有所医，居有其屋，同时运用经济和社会保障手段进行调节，有意识的将居民部分物质消费需求转向非物质消费领域。完善信贷消费政策，加快社会信用体系建设步伐，进一步扩大信贷消费的规模和领域。探索扩大居民最终消费的新方式新途径，刺激即期需求，以引导和拉动消费需求的增长。

链接

六城区主要经济运行情况比对分析

六城区主要经济指标比对表

单位：亿元

六城区	地区生产总值		社会消费品零售总额		全社会固定资产投资		规模工业企业总产值	
	总　量	可比价±%	总量	同比±%	总量	同比±%	总量	同比±%
玄　武	281.54	13.2	262.2	17.3	91.6	13.4	40.24	-4.7
白　下	284.25	13.0	409.6	17.1	94.23	10.7	80.42	24.6
鼓　楼	323.20	13.2	289.9	17.3	83.09	10.5	45.67	12.7
秦　淮	103.16	13.1	157.8	21.3	68.18	12.5	116.51	28.5
建　邺	97.17	13.7	92.6	21.2	175.89	30.0	35.76	9.9
下　关	183.10	13.1	140.1	17.2	102.45	50.9	126.47	16.4

1、地区生产总值。从总量上看，全年玄武区共完成地区生产总值281.54亿元，列六城区第三，比排名第一的鼓楼区少41.66亿元，白下区以284.25亿的总量居六城区第二；从可比价增幅来看，玄武区和鼓楼区以13.2%的增幅并列六城区第二，排名第一的建邺区增幅13.7%。

2、社会消费品零售总额。玄武区累计实现社零总额262.2亿元，同比增长17.3%，总量与增幅均列六城区第三。增幅方面，玄武区略超白下、下关两区，与鼓楼区并列第三，秦淮区以21.3%的增幅居六城区第一。总量方面，白下区以409.6亿元的社零总量雄居六城区之首，鼓楼区与玄武区分列二三位。

3、全社会固定资产投资。从六城区看，玄武区投资总量居第四位，增幅列六城区第三位。建邺区在去年高平台的基础上仍保持高速增长，其投资总量遥遥领先于其他五城区，河西大开发对其促进作用还在延续。

4、规模工业企业总产值。从产值完成情况看，玄武区总量位居六城区第五位；从产值增幅来看，玄武区产值同比继续下降。2010年，玄武区工业经济发展整体呈负增长态势，总量与增幅分别为六城区五、六位，下关区以126.47亿元的总量居第一，秦淮区以28.5%的高增幅领跑六城区。

【科学编制“十二五”规划和区总体规划】 区发改局根据党的十七届五中全会和省、市相关会议精神，结合玄武区情和发展实际，以“坚持科学发展、奋力走在前列”为主题，以“加快转变经济发展方式、推进玄武特色的转型创新跨越发展”为主线，以“民富区强”为主旨，对“十二五”产业发展、社会民生、区域发展、空间布局等重大问题，在调查研究，深入分析，广泛征求各方意见的基础上，顺利地完成了“十二五”规划纲要的编制工作。为了更好地发挥城市规划对区域发展的引领和推动作用，发改局在市规划局等上级部门的指导下，多次走访街道，调研重点部门，深入项目地，全面了解全区经济社会发展情况，牵头编制玄武区总体规划。

【加强经济运行情况预测】 2010年，区发改局运用经济形势分析制度，加强对各经济指标运行情况的预测、分析、研判，每月定时监控指标动态，掌握主要指标在全市13区县的位次。加强监控预警分析，准确把握经济运行态势，跟踪推进各项目标任务进度。认真做好各主要经济指标季度、月度分解工作。建立倒逼机制，责任分解到各部门，落实到具体责任人。全区上下形成合力，做大经济总量。认真分析全区经济运行形势，主动查找问题研究解决办法，对照差距采取有力措施。针对经济运行中存在的矛盾和问题，提出对策建议，为领导决策提供依据，确保主要经济指标的顺利完成。不断强化项目意识，责任介入，全程参与，全方位服务，强化跟踪管理，及时、准确把握项目最新动态。经常深入责任单位和项目现场，及时了解项目进展情况和存在问题，实实在在把工作着力点放在项目推进上，根据项目时间节点和进展，全年召开拆迁类、建设类、招商类、重要经济指标等主题型推进会，解决矛盾交错、职责不清、屡推不进的项目20

2010年8月12日区长助理、发改局局长王东主持召开区总体规划评审会

多项。德基二期裙楼已封顶，长江路九号二期招商完成；徐庄软件产业基地苏宁总部办公楼、电子商务中心已封顶，创业孵化中心建设已完成；创意中央都市产业园已开园，新隆基广场和红山商贸地块拆迁已完成。

【加大中小企业扶持力度】 2010年，为了解和掌握区域内企业动态，及时做好跟踪服务工作，促进企业尽快做大做强，区发改局对玄武区域内中小企业进行了全面梳理，共梳理出区域内龙头型、骨干型、成长型企业153家。认真落实《南京市千企升级计划工作纲要》，把促进科技信息业创新升级作为企业创新升级的重之中重，重点发展生物制药、节能环保、软件和服务外包、物联网等新兴产业，出台《玄武区加快新兴产业发展的实施意见》，结合千企升级计划，确定50家企业为千企创新升级重点企业，以点带面，促进全区企业全面创新升级。帮助企业积极争取政策扶持资金。协助企业积极申报省级现代服务业（软件产业）发展专项引导资金、市创新转型20条政策各类专项扶持资金，帮助企业获得省市专项扶持资金近4000万元。积极为企业构建良好的金融服务环境。为解决中小企业融资难问题，玄武区成立了区金融办公室，专门协调解决企业债务融资等实际问题，帮助企业拓宽融资渠道，并加快企业的上市进程。主动做好企业与银行及金融机构对接工作，为中小企业融资牵线搭桥。南京智达康无线通信科技有限公司、华海电脑数码通讯广场连锁股份有限公司进入上市辅导期。

【深化企事业单位改革】 2010年，区发改局以加快转变经济发展方式为主线，深入推进国有企业改革，医药卫生改革，社会事业领域改革与企业管理创新等。在推进企事业单位改革和处理改制企业遗留问题中，始终坚持稳中求进、科学发展的理念，不断提升改革共识，增强改革动力，本着积极稳妥、成熟一个推进一个的原则，把握工作主动权。积极稳妥协调组织南京艺风摄影器材公司办理完善了产权制度改革、工商、税务、劳动登记变更等相关手续，完善了法人治理结构，推动企业发展。认真贯彻落实区委建设“平安玄武”、“法治玄武”的要求，积极开展信访热点难点问题集中排查化解，研究制订了《玄武区企业改制工作信访热点难点问题集中排查化解方案》，切实增强改革的科学性、指导性和实效性，注重跟踪服务，积极做好企业稳定工作。全年接待企业职工政策咨询30余次，协调处理改制矛盾问题6件，钝化了矛盾，维护了稳定，对玄武区经济发展起到了积极作用。（徐力行　张　建）

国有资产管理

【概况】 2010年，全区国有资产规模不断扩大，经济效益显著，较上年增长30%。全年利用国资平台融资10亿元，总量已达26亿元。区国资办积极做好国资公司董事会、监事会建设和外派监事会工作，落实区国有企业监事会暂行办法及监事会工作细则，对国资集团公司的财务活动和企业负责人经营行为实施监督检查。加强国资集团公司财务管理，指导国资公司建立各项报告制度和内部控制制度，对企业融资担保和资金拆借状况实行监督。推进全区国有企事业单位改革进程，完成区内国有企业改制工作，做好资产核实、产权界定和资产处置等相关工作。加强资产审计评估监督管理，规范改制工作程序，进一步做好国有企事业单位改制资产评估审计机构招投标工作，严把资产审计评估关，对审计评估结果实行公示制度，评估项目实行备案制度。规范产权交易行为，在国有股权转让全面进入南京市产权交易中心交易的同时，做好转让信息披露工作，合理选择产权交易方式，规范操作程序，维护国有资产权益；加强国有企事业单位改制的后续管理，做好职工备用金管理工作，维护改制企业职工利益。

【全区国资企业资产达到30亿元】
2010年，区国资办落实国务院、省、市关于清理融资平台公司的要求，对全区国资平台管理情况进行清理，规范国资平台管理。区国资集团公司经济实力得到加强，国有资产实现保值增值，全区国有企业及控股企业资产总额达到30亿元，较上年增长30%；所有者权益12亿元，较上年增长20%。国有经济的快速发展，促进徐庄软件园建设规模的扩大，推进全区大项目平稳建设，其中一批道路建设项目、商务楼宇项目、老年公寓、中南里等特色街区建设项目正在建设，有的已竣工。

【全年利用国资平台融资10亿元】
2010年，区国资办依托区国资平台融资10亿元，融资总量达26亿元，解决徐庄产业基地、碑亭巷等区大项目资金困难问题。在融资方式和渠道上，整合融资方式，拓展融资渠道，清理区内国有资源，解决产权关系，以实物资产和国有企业资产在银行进行抵押担保，帮助企业贷款融资；在融资风险防范上，设立融资风险预警防范机制，建立全区融资项目台账，动态反映和分析融资项目的资金使用、项目建设、营运情况和还款责任情况，建立还贷资金催缴责任制和用款单位签订责任书制度，协调相关单位做好融资工作。通过建立融资风险预警防范机制，不断提升融资能力，为全区重点项目建设发挥重要作用。

【提升国有资产基础管理水平】 2010年，区国资办做好国有资产统计和评价工作，完成国有企业财务年度报表统计和上报工作，聘请中介机构对国资公司等国有企业进行审计，出具年度审计报告，对国资公司2009年经营绩效进行评价，编制全区国有企业合并会计报表，综合反映国有企业综合经济财务状况。进行国有资产产权登记和年度检查工作，为全区国有企业办理“国有资产产权登记证”，明确国有资产产权关系。加强行政事业单位资产管理，对全区130个行政事业单位资产全部实行“国有资产管理系统”管理。落实行政事业单位国有资产管理暂行办法，出台全区行政事业单位国有资产管理处置暂行办法，规范行政事业单位国有资产处置行为。（石初和）

工商行政管理

工商玄武分局以服务玄武"三个发展"为己任，加大市场巡查力度

【概况】 2010年，南京市工商行政管理局玄武分局以服务玄武"三个发展"为己任，优化投资环境。3月19日出台《关于发挥工商职能优势助推全区"三个发展"的意见》，对接街道园区发展项目，全面深化"五服务"工作。引进南京格林兰德房地产开发有限公司、江苏博斯腾担保有限公司等一批重大项目，为"垠坤创意中央科技文化园"等357户涉及政府重大投资项目和重点扶持项目的企业开辟"绿色通道"，为南京绕越高速公路东南段有限责任公司等500多家申请特事特办的企业提前办结登记手续，最大限度扩充市场主体；以履行执法监管职能为重点，营造公平和谐的市场环境，整顿规范市场秩序。全年查处商业贿赂、环保标识、无照经营等各类经济违法违规案件745件，先后组织"打假保节日"，以及网吧、电动自行车、军服管理、农资市场等整治活动，抽检各类商品90个批次。制定《玄武工商分局打击侵犯知识产权和制售假冒伪劣商品专项行动实施方案》，并查处多起侵犯"大众"、"现代"、"起亚"、"五粮液"、"茅台"等注册商标专用权的案件，被韩国现代摩比斯株式会社誉为"文明执法先锋、打假保优楷模"。全年新增私营企业2271户，新增个体工商户2738户，新增注册资本60亿元。在区机关作风评议中提升三个位次，2010年，分局被评为全国个体私营经济监督管理调研工作先进联系单位、全市工商系统党风廉政建设先进单位、文明城市创建立功单位、法治玄武先进单位、食品安全工作先进集体、争创预防职务犯罪先进单位。

【助推中小企业融资】 2010年，区工商分局为落实好"千企成长工程"三年工作规划，主动走访摸底，排出帮促计划，从5月开始对全区60家帮促企业，实行"跟踪督办、限时快办、主动协办、预约办理"等服务举措，帮促成长型民营企业发展。积极实施"三押一推"措施，利用股权质押、动产抵押、商标专用权质押，向银行推荐信用好且有融资需求企业。帮助企业盘活存量资本，切实帮助企业解决发展中遇到的资金"瓶颈"问题。全年为南京华中房地产开发有限责任公司等23家企业办理股权质押登记57起、办理动产抵押17件，帮助企业融资5.3亿元。

【商标品牌战略稳步推进】 11月17日，区工商分局制订出台《玄武区商标战略实施意见》，同时提出六项实施措施，并将玄武区商标品牌发展规划纳入《国民经济和社会发展计划目标》，是全市十三区县中第一份由政府转发的区县商标战略实施意见。连续两年拨出专款50万元对省市著名商标企业给予奖励。全年新发展及再认定省著名商标企业8家、市著名商标企业13家，全区新认定"重守"企业23家。由区政府拨出专款20万元对4家南京市著名商标企业给予奖励。5月28日，市工商局局长马和欣为江苏苏美达集团公司颁发南京市著名商标企业铜牌，并奖励企业5万元。

2010年玄武区新发展、再认定著名商标

序号	商标名	类　别	所属企业	级　别	备　注
1	苏美达	7	中设江苏机械设备进出口集团公司	江苏省	2010年新发展
2	名邦及图	25	南京名邦服饰研究设计有限公司	江苏省	2010年新发展
3	1912及图	36	南京东方三采投资顾问有限公司	江苏省	2010年新发展
4	桂冠及图	5	金陵药业股份有限公司	江苏省	2010年再认定
5	PANDA	9	南京熊猫电子股份有限公司	江苏省	2010年再认定
6	宏图三胞	42	宏图三胞高科技术有限公司	江苏省	2010年再认定
7	中人氟安	5	江苏先声药业有限公司	南京市	2010年新发展

续表

序号	商标名	类 别	所属企业	级 别	备 注
8	苏美达	7	江苏苏美达集团公司	南京市	2010年新发展
9	易事达及图	16	南京易事达现代办公用品有限公司	南京市	2010年新发展
10	钟山及图	37	南京中山园林建设(集团)有限公司中山陵茶厂	南京市	2010年新发展
11	TACH	9	江苏天技科技事业有限公司	南京市	2010年再认定
12	天技	9	江苏天技科技事业有限公司	南京市	2010年再认定
13	PANDA	9	南京熊猫电子股份有限公司	南京市	2010年再认定
14	英太青	5	江苏先声药业有限公司	南京市	2010年再认定
15	桂冠	5	金陵药业股份有限公司	南京市	2010年再认定
16	精宁	7	南京轴承有限公司	南京市	2010年再认定
17	耐尔思	9	南京中科天文仪器有限公司	南京市	2010年再认定
18	澳宝	32	南京澳宝饮品有限公司	南京市	2010年再认定
19	龙蟠及图	4	江苏龙蟠石化有限公司	南京市	2010年再认定

注:商标类别为《商标注册用商品和服务国际分类表》、《类似商品和服务区分表》中的分类号。

2010年玄武区个体私营企业发展情况

指标	项 目	计量单位	年末实有	当年登记	同比±%
发展总数	私营企业	户	13719	2271	-0.9
	注册资本100万元~500万元	户	2232	483	11.8
	注册资本500万元~1000万元	户	211	158	56.4
	注册资本1000万元以上	户	157	104	44.4
	个体工商户	户	15095	2738	-21
注册资本	私营企业	万元	1081369	580707	68.7
	个体工商户	万元	64006	18631	3.5
从业人数	私营企业	人	93270	16634	-1.6
	个体工商户	人	32658	8450	-2.7

【保障流通领域食品安全】 区工商分局按照市工商局管面、分局管线、工商所管点要求，全年对流通领域食品快速检测800个批次，食品质量抽检300个批次，检查食品经营单位3202户。11月27日，分局举办《食品安全法》培训会，对区域内新设立的食品经营企业代表300余人进行集中培训和考试，考试合格者颁发结业证书；举办3期食品流通远程监管系统应用培训会，鼓励食品经营主体逐步实行计算机网络化管理。

【维护消费者合法权益】 2010年，区工商分局受理各类申投诉、举报、咨询1415件，办结率91%；清理"三乱"2854处；为消费者挽回经济损失84万元。深化放心消费

区工商局在珠江路小学设立12315联络站和青少年维权教育基地

创建工作，在做好企业创建、行业创建的同时，推进放心消费进社区、进校区、进景区、进军营活动，联合珠江路管委会和市邮政局，召开"创建放心消费城市暨诚信经营户座谈会"，邀请11家知名企业参会，引导企业诚信经营。以"消费和服务"为主题，联合23家单位在珠江路、1912街区、新伊汽配城等5个商贸区开展3·15现场咨询服务活动，发放宣传资料3000多份。11月4日，分局与珠江路小学联合开展"放心消费伴成长"主题班会活动；在中山陵景区开展"共建放心消费城市、共享消费成果"系列活动。全区已建立12315联络站106家，建立恢复消费维权投诉站61个，实现大型商贸区全覆盖。（王小飞）

区四套班子领导检查市场主副食品价格稳定情况

物价管理

【概况】 2010年，区物价局针对以农副产品为主的生活必需品价格持续上涨，坚持"稳价格、促发展、惠民生"为工作主线，落实国家及省市政府稳物价、保民生各项政策措施。加大农贸市场价格管理力度，落实"摊位费三个月减半征收"政策，对30多个主副食品价格实行日测日报监测制度，建立价格联席会议和市场巡查机制，规范农贸市场明码标价，公布主要副食品全区平均价，为群众的"菜蓝子"提供良好、有序、透明的价格环境。全面落实价格调控和治乱减负目标责任制，细化目标任务和考核办法，区物价局与16家责任单位一把手签订目标责任书，与区发改、财政、纪委等部门协作，建立目标推进每周汇报制度，实施常态化、全方位监管。开展行政事业性收费年审，规范收费行为，对街道市容管理、社区医疗服务、教育(街道幼儿园、私立学校)、养老等方面的经营服务性收费，以及涉及企业收费较多的建设、交通、环保等部门进行收费专项检查，清理收费项目，取消不合理收费或降低过高的收费标准。配合有关部门组织开展行业协会、市场中介组织收费检查，规范行业协会和中介组织涉企收费秩序。开展节假日价格专项检查，在春节、五一、中秋、国庆等传统节假日期间，集中力量规范食品、交通、旅游、商业价格促销等方面的价费行为，运用调查、劝导、提醒、告诫等多种手段，引导经营者加强价格自律，保持市场价格稳定。重点抓好大商场、大市场，珠江路、火车站、长途汽车站、1912等窗口地段的明码标价，确保辖区大型商场、超市、药店及商业主干道100%明码标价率。打造"珠江路价格诚信街区"，推动区价格诚信建设。深化价格公共服务，开展企业价格培训，举办百货商城、物业、老年公寓及成本监审方面等各类培训班23期，培训6000多人。围绕"依法行政、文明执法、优质服务"文明行业创建主题，找准"服务发展、关爱民生、促进和谐"基层价格工作定位，抓学习、抓活动、抓作风、抓制度，全面加强队伍建设，提高价格服务水平和能力。

2010年，区物价局获省价格工作先进单位、省文明行业、市文明单位、市价格调控和治乱减负目标责任制优秀单位、市"三信三优"竞赛活动先进集体等称号。

【积极应对价格波动】 2010年，区物价局贯彻落实国家、省市政府及上级价格部门关于"稳定物价、保障群众生活"的政策和意见，做好稳价保供工作。区政府成立以分管区长为组长，相关部门领导为组员的玄武区价格工作领导小组，建立市场价格调控联席会议制度，召开有关部门和农贸市场工作会议，传达上级要求，细化工作措施，强化责任分解。区物价局与相关职能部门签订落实减费政策责任书，实行政府补贴与减费实效挂钩，全区符合规定的13家农贸市场摊位费3个月减半征收以及相关收费减免政策全部得到落实。全区当年新增设70个菜农直销摊位。区内苏果、金润发、家乐福等超市每天推出不少于5个品种的"一元菜"、"惠民菜"。对高于周边价格的主要农副产品经营者及时给予提醒和警示。开展联合执法检查，对恶意囤积、变相涨价等违法行为严肃查处。增设明码标价牌1000余个，完善全区22家农贸市场明码标价。每周2~3次公布蔬菜、肉、蛋等主要品种的全区综合平均价和批零价，在玄武物价网发布全市农贸市场主副食品价格对比信息，方便群众"价比三家"，指导经营者合理定价。全区落实各项临时性价格补贴290多万元，其中，摊位费减半政策性补贴176万元，困难家庭临时生活补贴107万元。

【国家发改委和省市领导到玄武区调研】 12月9日上午，国家发改委副主任彭森率领国务院市场价格调控督察组到玄武区调研。副省长张卫国、副市长陈刚、市政府副秘书长穆耕林，以及省物价局局长周卫国、市物价局局长徐宁，玄武区副区长张蓬、副区长王静与区相关部门领导陪同调研。中央电视台随同进行采访。督察组一行到集贸市场了解近期农副产品价格变化及保障供应等情况，并走访新街口街道两户居民家庭。11月14日上午，南京市委书记朱善璐在市物价局局长徐宁、玄武区区长王海宏以及相关部门领导陪同下，视察进香河集贸市场经营和农副产品价格情况，和部分商户及群众交谈。12月1日下午，省价格督察组一行在副市长陈刚、市物价局局长徐宁，玄武区副区长张蓬，区物价局局长林宁等陪同下，先后对进香河农贸市场和小营华润苏果超市进行走访视察，了解农贸市场经营管理、农副产品价格以及保障供应情况，并给予肯定。

【规范行政事业性收费】 2010年，区物价局强化行政事业性收费管理，为群众和企业减负，优化经济社会发展“软环境”。会同区财政和纠风办，按照国家和省《收费目录》以及市物价局收费年审要求，首次与市物价局开展联网收费年审工作。全区收费单位由210家减少到153家，注销57家“收费许可证”，取消涉及区的收费项目23项，降低收费标准5项，为企业和群众减轻负担1800多万元。年审收费总额为22802.3万元，同比增加777.82万元，增幅为4%。其中：行政性收费1428.04万元，同比减少194.95万元，减幅12%；经营性收费2796.09万元，同比减少511.19万元，减幅15.5%；事业性收费18578.17万元，同比增加1483.96万元，增幅8.7%。全区现有一级收费项目30项，含行政性收费项目12个、事业性收费项目16个、经营性收费项目2个。全区建立收费“一证一档”和公示管理制度，将行政事业性收费项目及标准在服务大厅、政府网站、各收费场所以及社区宣传橱窗实行公示，明确未列入公布目录的一律不准收费。在全区十大行业中全部建立收费监测点，及时掌握企业和群众意见。

【抓好三项特色标价】 2010年，区物价局为抓好规范“菜篮子”标价工作，在全区22家农贸市场推广“四统一”管理措施，即统一明码标价牌、统一公布主要副食品全区平均价、统一实行市场收费“一费制”、统一建立农贸市场价格工作网络，对保持市场价格稳定起到平抑作用。为抓好规范旅游市场标价工作，在旅游景点推进规范统一优惠价格公示，在三星级以上宾馆推进客房住宿明码实价，要求在公布客房挂牌价格的同时，公布当日实价。在旅行社着重解决低价揽客、高价消费等价格行为不规范问题，强化事前约定事项，提高诚信经营水平。为抓好规范珠江路电子行业标价工作，按照区政府建设诚信珠江路要求，联合区珠管办开展建设“珠江路价格诚信一条街”活动，在“面”上全面推进“一条街”明码标价，消除不标、错标价盲区，打击“低价揽客，高价转配”宰客行为；在“点”上，开展“买电脑、先查价”的“货比三家”活动，在雄狮、宏图三胞、百老汇、新华海四大商场建起“四个一”服务平台，即一个触摸屏、一支导购员队伍、一个价格投诉站、一个物价员工作网络。

区物价局组织开展价格政策宣传与咨询服务

【强化收费价格管理】 2010年，区物价局认真履行管理与服务职能，积极做好民生价格工作，加强物业、幼儿园、老年公寓收费及社会办学备案等价格管理。举办一期行政事业性收费员培训班，新发收费员证15个；一期28家幼儿园成本监审人员培训班，对27家公办幼儿园的成本进行监审。坚持“一讲二送三看四定”（即政策宣讲、送宣传手册、现场查看、监审认定）服务举措，核准45家物业收费标准。服务指导和规范8家楼盘的商品住房“一套一标”明码标价工作。完成社会办学备案21家、审核民办幼儿园收费标准45家、接受价格咨询90人次。组织全局干部开展行政事业性收费优惠项目、基本药物价格政策等专题业务学习，提高价格执法水平。

【价格服务进社区到企业】 2010年，区物价局全面抓好价格公共服务，完善物价干部价格服务“管片”负责制、进社区服务“回执制”等责任机制，实现价格服务“网格化”管理，定点、定人、定时、定任务、定责任。深化“价格政策宣传咨询社区行”活动。局领导和各科室负责人组成宣讲团，以信息服务、政策服务、疏导矛盾、化解纠纷为主要内容，到街道社区和企业巡回宣讲，现场咨询、解难答疑，把社区群众最关心的小区物业收费、停车收费、医疗收费、教育收费、老年公寓收费等10个价格问题，以及企业需要的价格政策解读，及时送到身边，活动覆盖全区62个社区。开展街道片区创特色服务，每个街道重点突出一个社区、创新一个服务项目，实现“人员队伍进社区，政策法规进社区，信息咨询进社区，接访受理进社区，监管服务进社区”的工作目标。

【做好价格认证服务】 为司法机关提供涉案财产价格鉴证服务。全年区价格认证中心受理行政执法机关、司法机关和仲裁机构各类涉案财物价格鉴证240件，标的额564.32万元，为司法活动提供科学、公正的执法依据。为群众做好价格争议调解服务，区物价局新成立价格争议调解庭，成功调解3例群众价格矛盾，2010年7月9日《金陵晚报》对其中一例作了宣传报道。5月1日，配合全市物价系统“贯彻《价格

法》,服务千万家"大型宣传活动,在新华海广场发放"价格争议调解,便民利民惠民"宣传册500多份。（沈　斌）

质量技术监督

【概况】 2010年,质监玄武分局强化食品、特种设备"两个安全"监管工作,努力打造服务型质监。组织专家上门宣传、辅导,培育、帮助企业争创省、市质量奖和名牌产品;设立"质监工作站",开辟"绿色通道",为企业提供全方位服务。积极创新办案"全程说理"和"三堂初审"机制。在行政执法中,创新案件初审制度,在案件审理中从"查处分离",到"查审分离",再到"公开审案"形成案审"三步曲",提高办案质量,强化执法规范性、严肃性,全年没有出现一起行政复议案件。

【开展"素质提升主题教育"活动】 2010年,质监玄武分局为全面贯彻落实市质监局《关于开展素质提升主题教育活动的实施意见》精神,努力提升分局干部职工综合素质,开展"素质提升主题教育"活动。按照市局主题教育学习计划认真组织学习,结合干部实际情况,制定《2010素质提升教育工作计划》,在计划中,将公文写作、计算机应用、提高中层干部独立工作能力和执法人员文书制作等实战演练纳入培训考核范围,考核成绩与年终评比和职务晋升相结合,对参加市局组织的各种取(换)证考核、业务培训、学历培训人员,提供良好学习条件,同时要求考核成绩应名列市局第一方阵,成绩在前三名者予以奖励。

【注重质量培育名牌】 全区2010年新增名牌产品9个,新获质量奖企业7家。全年质监玄武分局组织专家上门宣传、辅导,培育区域9家企业申报并通过省（市)名牌产品评审、7家企业申报并通过省(市)质量奖评审。形成国家、省、市名牌及质量奖培育三个梯度,累计创中国名牌1个,省名牌19个、市名牌42个,省质量奖4个,市质量奖25个。名牌和省、市质量奖数量均位居全市前列。

质监玄武分局与区相关部门联合执法取缔非法使用小锅炉行动

【设立"质监工作站"形成"绿色通道"】 2010年,质监玄武分局在徐庄软件园、各街道均设立"质监工作站",开辟"绿色通道",从标准、质量管理、安全、打假等方面入手,为徐庄软件园和新兴产业、龙头企业提供全方位服务。质监玄武分局协助南京福中电脑有限公司、南京智达康无限通讯科技有限公司等5家企业取得生产许可、计量许可等市场准入资质,发挥质监部门服务企业发展助推器作用。

【《居家养老服务规范》通过省局评审】 8月25日,质监玄武分局组织起草申报的国家标准《居家养老服务规范》通过省局评审会评议并发布,2010年11月25日该"标准"正式实施。分局对该"标准"作进一步跟进、完善,会同相关部门对该"标准"进行提档升级,为国家标准的修订、报审工作作好准备。

【开展特种设备安全应急演练】 2010年,全区共有压力容器、压力管道、电梯、游乐设施、起重机械等特种设备5169台(套),其中游乐设施在全市最为集中。6月11日、6月29日,质监玄武分局会同相关部门分别在中山陵游乐园、锁金村街道开展客运索道、住宅小区电梯安全应急救援现场演练观摩活动,以提高快速反应和应急处置能力,同时进一步完善应急预案。

【14台非法使用的小锅炉被取缔】 2010年"7·28"爆燃事故发生后,质监玄武分局依据职责认真分析排查全区特种设备的安全状况,并立即采取相应措施,健全安全监管和应急处置体系,开展执法大检查,对安全隐患坚决予以取缔。孝陵卫街道沧波门、余粮地区分布在居民区中7家豆腐作坊非法使用的14台小锅炉,生产和食品安全隐患一直未得到根治。"7·28"事故发生后,质监玄武分局将该地区隐患检查、整改作为大检查、大排查重中之重,分管两个安全(食品安全、特种设备安全)的局长分别5次带队开展安全执法检查,并将隐患情况迅速报告区政府。8月12日,在分管区长带领下采取联合执法行动,8天时间,7家14台无证锅炉已全部拆除和搬迁,一举解决多年来未决的隐患。

【完成公共信息标志标准化试点工作】 2010年,质监玄武分局组织重点景区、街区开展《公共信息图形标志标准》达标试点工作。为使试点工作达到预期效果,分局利用质监讲堂、3·15广场咨询活动等形式大力开展《公共信息图形标志标准》宣传,同时印制大量公共信息图形宣传画组织张贴,让百姓、企业了解《公共信息图形标志标准》相关知识和要求。对试点单位,邀请标准化专家上门辅导、讲解，解决实际问题和困难。2010年7月，中山园陵管理局；2010年12月，南京火车站、1912休闲街区3家单位先后通过南京市《公共信息图形标志标准》试点达标验收，成为首批南京市公共信息标志标准化示范单位。（张孝明）

审　计

【概况】 2010年，区审计局完成审计项目162项，其中：财政审计1项，经济责任审计26项，审计专项调查5项，固定资产投资审计130项。核减工程造价18310.41万元，人均963.7万元，平均核减率为20.11%。提出审计建议32条，发表审计信息51篇。注重审计队伍建设，坚持标本兼治、惩防并举、注重预防的方针，进一步建立健全审计局内部预防和惩治腐败体系；建立健全权力阳光运行机制；建立健全评议考核机制。认真落实执法责任，推进依法行政。结合审计工作特点，强化服务意识，积极为被审计单位做好服务，做到一审、二帮、三促，努力创建和谐的审计环境。在2010年的机关行风评议中，审计局在第二组排名第三，受到区委、区政府的表扬。

【财政审计重点调查民生资金安排】 2010年，区审计局按“三三”原则推进财政预算执行审计，构建财政审计大格局。采取“重心下移，重点延伸”方法，做好“三个结合，三项调查”。即：以预算执行和其他财政收支审计为中心，与经济责任审计、投资审计、专项资金调查相结合；重点开展街道预、决算情况分析调查，民生资金安排使用情况和教师绩效工资政策落实情况审计调查。民生资金审计点面结合。在财政支出层面上重点分析民生资金安排情况。在此基础上，同时结合当前社会关注热点，开展对全区最低生活保障资金延伸审计调查。

【推进经济责任审计工作】 2010年，区审计局探寻经济责任审计先进方法，确保经济责任审计与时俱进。开展经济责任审计项目中，做到OA、AO的100%交互，从项目的下达、资料的收集、档案的整理，均利用计算机。通过AO和OA系统信息交互，为审计人员根据审计进展情况调整审计重点，对审计发现重要问题定性和决策提供第一手材料。发挥电子档案特性，审计档案规范化、科学化等方面取得明显成效。不断探索制度创新，强化审计回访制度，促进落实整改，要求每位审计人员对自己主审项目审计建议落实情况进行回访，综合分析回访了解的情况，绝大多数被审计单位积极采纳审计建议，整改效果显著。按照“揭露问题、规范管理、促进改革、提高绩效”的总体思路，积极推进绩效审计，把绩效审计贯穿于每个经济责任审计项目中。

区审计局召开固定资产投资项目审计工作会议

【把好政府建设资金使用关】 2010年，区审计局做好工程决算审计。徐庄管委会决算审计项目涉及分项工程众多，在审的32个项目(52项分项工程)，审计决算资金1.64亿元，完成45%，核减工程造价1210.82万元，核减率16.43%。为政府节约了建设资金。研究制定《玄武区审计局关于政府投资项目竣工决算审计操作规范（试行)》、《中介机构参与玄武区政府投资项目审计服务管理办法(试行)》、《玄武区审计局关于入库中介机构考核办法》，明确政府投资项目审计范围、内容，细化审计环节，使建设项目审计工作更加规范。扎实做好有关民生审计项目。2010年，完成关系民生的区仙鹤门经济适用房项目审计。该项目建筑面积37.74万平方米，建有141幢房屋，审计资金8.46亿元，核减工程决算1.73亿元，为政府与委建单位结算、委建单位与施工单位结算提供真实可靠依据。（刘凌峰）

统　计

【概况】 2010年，区统计局认真履行统计职能，以数据质量为中心，以专项调查为主题，以分析研究为重点，强化干部队伍建设、统计法制建设和基层基础建设。区统计局承担地区生产总值、第三产业增加值、社会消费品零售总额、全社会固定资产投资5项指标统计工作。按照区经济建设和社会发展目标管理要求，区统计局加强对指标项目进行摸排与跟踪，关注企业新动态、挖掘投资新项目，狠抓工业、投资、社零、服务业报表的数据收集、审核、汇总、评估等各个环节，完善GDP核算方法，提高源头数据质量，全力保障主要经济指标的完成。玄武区第六次全国人口普查工作，按既定的目标完成了任务。截至2010年底，全区顺利完成普查试点、两员选调、业务培训、前期摸底、现场登记、快速汇总、复查补漏、质量验收等工作，普查工作取得阶段性成果。

【人口普查取得阶段性成果】 2010年5

区统计局召开区第六次全国人口普查工作推进会

月5日，玄武区召开第六次全国人口普查工作推进会。各街道人普办主任、联络员以及区人普办全体成员参加。会上传达了市人普办第三次主任会议精神，对下一阶段人普工作进行了重点部署，强调继续抓好街道、社区普查机构"五落实"：即确保基层一级普查机构、人员、经费、条件和责任落实到位。根据"全区统一领导、部门分工协作、街道分级负责、各方共同参与"的原则，设立区、街、居三级人口普查专门机构，建立区主要领导亲自抓，分管领导经常抓，街道、部门领导具体抓的组织机制。区政府投入490万元作为区人口普查专项经费。全区选调指导员、普查员3000多人，抽调15名专职人员充实区人口普查办，安排250平方米办公用房及相应办公设备。区人普办充分利用辖区内户外宣传资源，在浮桥、太平北路以及区内移动网点等人流量大、位置好、群众关注多的户外电子显示屏宣传人口普查；通过发放中小学生一封信向家长、学生宣传人口普查；通过"人口普查倒计时10天"广场活动向社会宣传人口普查。同时街道、社区通过张贴公告、宣传画、挂横幅向社区居民宣传人口普查，通过开展编辑人口普查"红短信"、宣传人口普查中好人好事，发放《致居民一封信》等活动，让群众了解、参与和配合人口普查工作。全年编印简报33期，向省市人普办报送信息300余篇，编辑"红短信"400余条，报导"两员"好人好事40余篇；严把绘图编码、户口整顿、登记、清查和摸底各环节关口，抓实试点工作，深化督察跟踪、质量抽查和考核验收。在普查登记最为关键的核心阶段，区、街、居人普办按市人普办统一要求，全部建立24小时值班制度，建立登记工作日报告制度以及突发事件应急预案。重点核查摸底数据与已掌握的人口信息数据的衔接情况；重点核查"出生人口、死亡人口"等主要数据；重点确保人口普查内部数据结构匹配，要求普查员100%入户，做到区不漏房、房不漏户、户不漏人、人不漏项，严防"坐登、抄登、估登"，确保人口普查数据真实、准确、完整。

【完成专项调查工作】 2010年，区统计局精心组织统计队伍，科学开展业务培训，加强部门沟通协调，有效实施质量监控。全面推进工业和投资、建筑、贸易等行业年定报工作；认真实施服务业以及劳动工资、工业品价格和城镇住户大样本、城镇居民生活状况、月度劳动力情况等抽样调查工作；积极开展单位基本名录库维护和第二次全国R&D资源清查等专项统计工作；完成2009年安、检、法调查，江苏省公民科学素质调查和2010年全国公众气象评估入户调查等4项临时调查工作。各项统计调查结果为党政领导和有关部门了解群众生活，研究经济发展，制定政策措施，提供真实有效统计调查数据和相关信息。

【规范服务业统计调查工作】 2010年，区统计局为进一步加强和规范服务业统计调查工作，确保服务业统计调查时效性和数据质量，切实调动街道服务业统计人员工作积极性，专门召集8个街道及徐庄软件园服务业统计工作人员，召开统计调查考核评比会议，会上传达市统计局就下半年服务业和劳动工资统计工作相关精神和要求，宣讲了《南京市服务业统计调查工作考核办法》。对各街道2010年前两个季度的服务业及劳动工资订报工作进行了数据质量分析及讲评，指出存在的问题并提出相应解决办法。

【统计执法大检查】 2010年，区统计局贯彻落实市局法制工作计划和国家、省、市统计执法大检查会议精神，进一步推动《统计法》和《处分规定》的贯彻执行，全方位、多角度开展统计法宣传活动，围绕"依法治统"的中心任务，坚持法制教育与严肃治理相结合，专项整治和平时检查相结合，积极开展统计监审和专项检查工作。完成了12家企业的统计监审，对5家监审对象发出统计整改建议书。同时根据市局58号文件要求，抓住今年统计执法大检查的契机，加大严肃查处统计违法行为的力度，对6家统计违法单位依法给予行政处罚，达到了查处一批，教育一片的效果，有效推动了全区统计法制建设再上新台阶。

【开展"世界统计日"大型广场宣传活动】 10月20日为"世界统计日"。区统计局联合江苏省统计局、国家统计局江苏调查总队、南京市统计局，共同在鼓楼广场举办庆祝联合国确定的"世界统计日"大型广场宣传活动。省统计局副局长夏心旻，江苏调查总队总统计师仲柯，市统计局局长徐翠华等省市区领导和玄武区统计调查部门工作人员，参加了广场活动。广场宣传活动重点放在对广大群众宣传统计调查工作，讲解统计知识和统计法律法规，同时让更多老百姓了解第六次全国人口普查工作。

10月20日，江苏省统计局、国家统计局江苏调查总队、南京市统计局、国家统计局南京调查队和玄武区统计局联合在鼓楼广场举办庆祝联合国确定的"世界统计日"大型广场宣传活动

【统计服务水平不断提高】 2010年，区统计局进一步把握统计服务需求导向，增强服务意识、服务层次和服务时效，加强部门协作，拓展统计服务领域。切实做好三大产业税收划分、汇总和分析、小康和妇儿统计监测、"四库一平台"宏观经济及企业法人数据库建设等重点工作。同时，深入挖掘统计数据内涵，积极开展课题研究，不断提高统计分析水平。进行经济普查数据开发、经普数据概要和资料汇编编写工作；开展原材料购进价格、工业能耗情况、固定资产投资数据质量评估、全区劳动工资情况等课题调研。全年共撰写全区经济运行分析报告12篇、经济普查数据分析12篇、月度或季度专业分析11篇、各类专题调研分析8篇。

【完成妇女儿童统计监测工作】 2010年4月，根据市统计局和市妇女儿童工委有关文件精神，按照区妇女儿童发展规划进行监测评估的工作要求，玄武区统计局和玄武区妇联联合召开了妇女儿童规划监测统计工作会议，区妇女儿童工委各成员单位分管领导及联络员约40人参加了会议。区统计局就妇女儿童监测的具体统计指标进行了讲解，强调了数据收集渠道的统一、数据监测口径的比对和与历史数据的衔接等重要问题。本次会议的召开，将有利于各成员单位2009年妇女儿童监测统计数据的及时、准确上报，为2010年迎接妇女儿童监测终期评估的到来奠定坚实的基础。

（黄国庆）

安全生产监督

【概况】 2010年，区安全生产监督管理局以预防为主，加强监管、落实责任为重点，继续深化、拓展和落实好安全生产宣传教育、安全生产执法及安全生产治理"三项行动"与安全生产体制建设、安全生产能力建设及安全生产监管队伍建设"三项建设"等措施，实现全年生产安全责任事故零起数、零死亡。全年区域共发生火灾事故28起，死亡2人，直接经济损失30.51万余元；发生交通事故6156起，死亡10人，伤16人，直接经济损失947.12万元；生产经营单位无人员伤亡责任事故发生。区财政落实安全生产专项经费110万元。

2010年，玄武区政府在市安委会组织的安全生产目标考核中获南京市安全生产目标考核一等奖。

【2010年度安全生产暨消防工作会议】 3月1日下午，玄武区委、区政府召开2010年度安全生产暨消防工作会议。会议由常务副区长杨晓阳主持，区委副书记张萍、区政府副区长胡士宁及安委会成员单位负责人、各街道主任、分管主任、安监站工作人员、社委会主任和全区重点监控单位负责人参加会议。会上总结了2009年工作、部署2010年任务；区房产局、锁金街道、新伊汽配城管理有限公司负责人分别发言；表彰了2009年度全区安全生产达标单位、先进单位和先进个人，并授予奖牌和证书；责任单位代表分别与区政府领导签订2010年度安全生产责任状和消防责任状。

3月31日至4月2日组织全区安全生产监管人员培训班，努力提高全区安全生产监管人员业务素质和依法行政水平

【市委书记朱善璐带队检查玄武区安全生产工作】 8月4日下午，市委书记朱善璐率市委副秘书长王为崧、市委办公厅主任黄永祥、市纪委常委周鲁宁、市政法委副书记徐福华，以及市委督查组一行到玄武区检查安全生产工作。区委书记单景南、区长王海宏、区纪委书记邱小凡、区政法委书记易兵、副区长曹曙以及区公安分局、区安监局、区消防大队等相关单位领导陪同检查。朱善璐书记一行先后来到德基大厦建筑工地、米乐星KTV、南京火车站等处检查安全生产工作。在米乐星KTV，朱善璐书记详细听取场所负责人关于消防安全措施落实情况以及开展消防安全知识宣传提示的汇报，高度评价了消防部门采取制作播放消防安全提示片和"紧急情况跟我走"消防安全引导员制度的经验做法。在座谈会上，单景南书记汇报了玄武区通过采取抓安全生产、抓基层基础、抓常态管理的做法，有效地防范各类安全事故，确保安全生产做到正规化、常态化，实现各部门各单位之间安全生产管理无缝对接；通过落实举报奖励制度、明确区委常委负责制，进一步落实责任、加大宣传，实现全区安全生产监督管理的全覆盖、网格化。朱善璐书记充分肯定了玄武区在安全生产方面所取得的成绩，就进一步加强消防安全工作提出要求：一是认真吸取"7·28"爆炸事故经验教训，在原工作的基础上进一步加强安全防范，加强管理，切实提高消防安全意识，杜绝各类事故的发生。二是要切实加大夏季消防安全清查整治力度，由区政府统一组织，组织公安、消防、安监、工商等部门，组成联合检查组，迅速开展消防安全隐患大排查，集中围剿辖区生产、储存、经营、使用易燃易爆危险品的单位和公共娱乐场所的火灾隐患，及时排除发现的消防安全隐患。三是依法依规监管，加大监督检查频次和力度，严厉惩处消防违法违规行为。尤其对易燃易爆单位，坚决做到从严从重从快查处，形成高压态势。

链接

7·28爆燃事故

2010年7月28日10点15分，位于栖霞区迈皋桥已停产的原南京塑料四厂厂区内，由于在进行平整场地过程中，挖掘机械碰断管道，造成可燃气体泄漏爆燃。事故造成22人死亡，120人住院治疗，其中14人伤情危重(包括抢救无效死亡的3人)。爆燃点周边部分建(构)筑物受损，直接经济损失4784万元。事故发生后，省市领导立即赶到现场指挥抢险救援工作。12月7日，省安委会办公室通报经国务院安委会办公室审核同意的调查处理结果，对18名事故责任人依法依纪进行严肃处理，其中7名涉嫌犯罪的事故责任人被移送司法机关处理。

【抓安全生产监管人员培训】 2010年，全区在安全监管方面，要求相关部门保证1名以上兼职安全监管人员，街道安监站配备3名以上专职安全监管人员，社区配备1名以上专(兼)职安全监管人员。进一步推行社区"网格化"安全管理，健全区安全生产监管网络，结合"安全监管保平安、安全发展促和谐"主题，深化学、训、管三位一体队伍建设机制。组织31人次参加省市培训，对全区近200名安全生产监管人员组织3期集(培)训，邀请省市安全生产系统分管领导及有关专家授课，全体监管人员达到"三懂三会"要求，即懂安全生产法律法规、懂安全生产监管程序、懂事故隐患整改；会检查、会取证、会记录。全面提升监管队伍准确应用安全生产法律法规服务企业、保障安全的"五种能力"，即把握安全生产监管工作规律的能力；借助各方优势和综合资源的能力；整体作战能力；组织协调、公关造势的能力；贯彻执行安全生产法律法规、提高行政效能的能力。

【安全隐患大排查取得实效】 7月29日上午，玄武区区委、区政府召开四套班子领导及全区科以上干部参加的全区安全生产工作会议，部署隐患排查治理工作，对查出的隐患实行菜单式管理，确保隐患整改一次到位。7月31日，区委召开常委会专题研究隐患大排查工作。区政府连续召开2次紧急工作会议，区长专题听取前期安全生产隐患大排查工作汇报，并对推进安全生产大排查、大治理进行再动员、再部署，区人大、区政协分别专题听取全区安全生产情况汇报。区委常委、副区长曹曙带队开展检查，并协调、督促解决重难点问题。区机关街道分别成立一把手负责的隐患排查治理领导小组。落实领导干部"一岗双责"制，建立区、街道、社区、企业四级排查责任机制。8月9日通过《南京日报》、《现代快报》等8家新闻媒体向社会公布安全生产隐患举报电话、邮箱，8月10日江苏电视台城市频道做了跟踪报道。在此期间，接到市民举报电话407个，受理并消除属于安全生产隐患27个，对举报查实的给予奖励。对区域内数码港等部分较难整改或市挂牌隐患单位，副区长曹曙带队，区安监、公安、消

副区长曹曙(左二)带队开展安全生产大排查、大治理工作

防、工商、质监、环保、卫生等部门，会同相关街道、派出所组成联合检查组，开展集中检查，现场研究制定解决方案，对隐患大排查中发现的隐患，实行一次整改制，并由区委督查组和区安委会办公室联合跟踪督查，实行“双督查”制，确保隐患一次整改到位。

【深化安全生产执法检查】 南京“7·28”事故后，全区按照“检查不留盲区、排查不留死角、整改不留隐患”原则，全面开展隐患大排查、大治理工作，并建立力量在一线配置、问题在一线解决和双责任、双落实的“两线两双工作法”，着力解决重点行业领域突出问题，最大限度防止各类事故的发生。全年共检查生产经营单位1.3万余家次，“五小行业”7000余家次，发现并消除隐患1.5万余处，有效杜绝违章指挥、违章操作、违反劳动纪律“三违”现象。完成4家市挂牌隐患单位整治任务。春节期间，依法审批许可11家烟花爆竹临时经营单位，同时多层次监管检查，查处烟花爆竹非法销售点13处，依法没收违法销售烟花爆竹150余箱，实现烟花爆竹销售安全、有序、可控。对11处燃气非法销售点开展联合执法，暂扣液化气钢瓶185个，及时消除隐患，规范燃气市场秩序；检查特种设备使用单位175家次，特种设备1308台件，签发“特种设备安全监察指令书”16份；消防检查1870家次，责令当场改正行为766次，发“责令限期改正通知书”、“复查意见书”1030份；下发违章通知书1530余份，取缔各类交通违法行为5万余起；彻底铲除聚集在孝陵卫仓波、余粮地区多年非法使用的14台小锅炉。年内对1980余家责令限期整改隐患单位进行复查，1978家企业按要求完成整改，整改率99.9%。指导1300余家企业规范安全生产管理制度、173家企业完善应急预案。

【提升应急管理水平】 2010年，区安监局依据《安全生产法》、《突发事件应对法》等有关法律、法规，以及省、市《安全生产重特大事故应急预案》，结合全区实际，梳理完善《玄武区安全生产重特大事故应急预案》和街道、系统、有关部门和社区、学校、重点企业等应急预案体系，健全应急管理网络，规范突发安全生产事故的应急管理和应急响应程序，完善突发安全生产事件信息报送流程。初步形成政府统筹协调、群众广泛参与、防范严密到位、处置快捷高效的应急工作机制。突出应急能力提升，组织多层次应急救援演练，全年共组织应急演练22场次，参与演练达5000余人次。

【普及安全文化加强安全教育】 2010年，区安监局在国家安监总局网站发布信息27条，省网站6条，市网站170余条。围绕企业安全生产主体责任落实，开展安全文化建设示范企业评选活动，分片组织4期近500名企业法人、安全管理人员的安全培训。在危化企业、建筑工地及重点单位开展多层次的安全教育培训53场近万人次。在1912街区实行“红马甲”疏散引导员制度。注重把安全文化建设向社区、向校园、向家庭延伸。在红山街道红山社区开展消防工作站试点工作，融宣传、检查、管理、应急于一体，初步形成社区大安全工作格局。全年共组织各类安全知识宣讲活动31场次，制作安全宣传展板100余块、横幅150余条、安全知识竞答题500份，印发企业安全宣传挂图2000余套、社区安全宣传挂图500余套、安全知识宣传册2万余份，发放致全区居民的公开信12.5万余份、致全区各单位的公开信2.6万余份。 (顾建国)

食品药品监督

【概况】 2010年，玄武区食品药品监督管理局（玄武区食品安全委员会办公室）围绕“确保人民群众饮食用药安全”中心工作，树立“以人为本、执政为民、依法行政”科学监管理念，探索食品药品科学监管新路子、新方法，加强干部队伍建设，努力提高执法服务水平，大力开展饮食用药安全社区行活动，促进区域医药产业的健康发展和食品安全。玄武区被授予“江苏省城市社区药品两网建设示范区”称号；区食药监局被评为2010年度全市食品药品监管工作先进集体。截至年底，全区有涉药（器械）单位372家，其中：药品批发经营企业20家；药品零售企业94家；医疗器械生产企业29家；医疗器械经营企业143家；各类医疗机构86家。

9月10日上午，南京市食品药品监督管理局与玄武区人民政府在玄武大厦举行玄武区食品药品监督管理机构交接仪式。南京市食品药品监督管理局副局长何光明和玄武区副区长王静分别代表南京市食品药品监督管理局和玄武区人民政府签署“南京市玄武区食品药品监督管理机构交接协议”，市编办、市食品药品监督管理局人教处及玄武区相关部门领导出席交接仪式。玄武区食品药品监督管理机构从市属垂直管理转变为属地玄武区政府管理。

【玄武区被授予“江苏省城市社区药品两网建设示范区”称号】 2010年，区食药监局牵头，制定《玄武区创建江苏省城市社区药品“两网”建设示范区工作实施方案》。4月6日，召开玄武区创建省级药品“两网”建设示范区动员大会，市食药监管局副局长夏扬应邀参加，副区长王静出席并讲话，创建工作领导小组副组长、食药监管玄武分局局长李力作创建动员。各相关部门及街道分管领导、协管员，各社区卫生服务中心（站）、药品批发企业负责人等55人参加会议。在全区聘请8名街道药品安全协管员，63名社区药

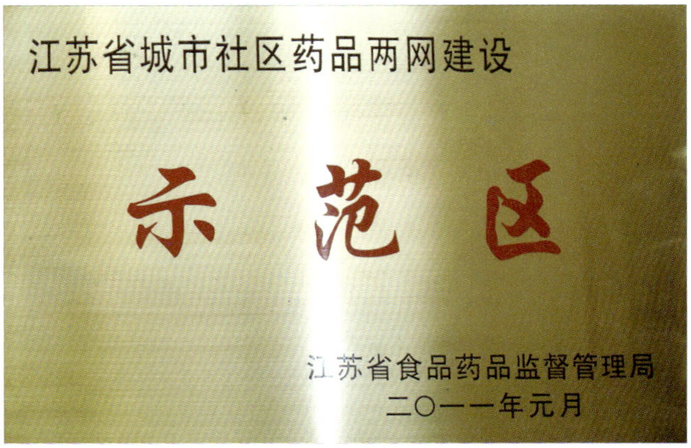

玄武区被授予“江苏省城市社区药品两网建设示范区”称号

品安全信息员，24名药品批发（连锁）企业、社区卫生服务中心（站）药品安全信息员。制作玄武区药品安全网格化管理图，建立全区药品安全信息网上互动平台和手机短信平台，全面构建了区政府、街道、社区三级药品安全监管网络。加强基本药物制度的落实，建立药品供应质量的监督机制，区属社区卫生服务机构全部做到药品采购"六统一"要求，即：统一用药目录、统一经营企业、统一网上采购、统一准时配送、统一核定价格、统一按期结算，确保药品供应安全及时。

【开展食品安全专项整治】 2010年，区食药监局协调区食安委各成员单位，结合节日检查和全年经常性专项整治，强化食品安全监管。抓住节庆期间食品消费集中的特点，在春节、两会、端午节、国庆、中秋节期间，以熟食、水产品、酒类、保健食品、儿童食品等重点品种，以旅游景点、集贸市场、大中型超市、商业网点等为重点区域，加大监管检查力度，确保节日食品安全。在全区范围内组织开展了"做好餐饮服务环节食用油脂安全监管"，在餐饮服务环节开展"一次性筷子监督检查"、"水产品专项检查"、"食用油专项整治"、"彻查问题奶粉专项整治"、"地沟油整治和餐厨废弃物管理"、"小龙虾专项整治"、"一次性塑料餐盒专项整治"、"夏季食品安全大检查"、"玄武区食品安全整顿"、"保健食品生产经营秩序整顿"等12个专项检查整治活动。全年各执法部门共出动执法人员4822人次，检查相关单位10878户次，行政处罚6户次，责令整改771户次。

【药品质量专项整治和监督检查】 2010年，区食药监局开展伪药品、涉外抗肿瘤药品和其他高风险药品（医疗器械）、制售假劣血液制品及生物制品等高危药品、擅自添加药物活性成分药品，以及医疗机构诊断试剂规范性、互联网药品信息和服务网站合理性等10余项专项整治和监督检查行动，全年立案28件，办结26件，涉案金额133万元；受理投诉举报35件，办结满意率100%；检查单位812家次，零售药店现场验收31家，GSP认证21家；出动稽查人员1957人次；完成基本药物评价性抽检80批次，流通药品监督性抽检172批次，查出不合格假劣药品10批次，不合格率5.8%，较2009年不合格率下降1.56个百分点，抽检合格率达94.2%。

【开展饮食用药安全社区行活动】 2010年5月23日，在鼓楼广场举办"为您饮食用药安全护航"暨《安全用药科普系列读物》首发仪式。向前来参加活动的群众发放《安全用药家庭健康科普系列读物》和《食品药品安全知识手册》，展示饮食用药安全展板、识别真假药材、回收家庭过期药品、食品药品相关法律法规宣传咨询、为民测量血压和血糖等。活动共发放宣传资料2000余份，接受咨询500余人次。区食药监局利用"3·15"、"12·4"和双休日，组织区域内8个安全用药服务点和锁金村、红山、后宰门、孝陵卫等街道，在市民广场开展"科学用药、安全用药"主题饮食用药安全社区行宣传咨询服务活动，积极宣传食品药品安全知识，介绍安全、合理地选择药品的方法，解答在食品、药品选用过程中遇到的问题，受到社区群众欢迎。（韩　强）

区食品药品监督管理局召开2010夏季食品安全大检查工作会议

现代服务业

Modern Services

- 商务 · 商贸
- 旅游

商务·商贸

·商　　务·

【概况】 2010年，全区有商贸商务企业11123家，其中新增企业2333家。全年税收完成12.33亿元，同比增长27.50%。现代服务业增加值完成256.36亿元，同比增长13.30%。社会消费品零售总额完成262.24亿元，同比增长17.30%。全区旅游企业达到262家，完成旅游税收1.1亿元，同比增长15%。出口在1亿美元以上企业6家。65家外经贸企业获得电子商务扶持资金113万元。新批注册合同外资8006万美元，达目标72.80%；实际使用外资8757万美元，达目标104.30%；服务外包执行额完成4.23亿美元，达目标105.80%；外贸出口完成18.2亿美元，达目标117.60%；劳务输出营业额完成120万美元，达目标100%，完成年度开放型经济各项目标。全区集贸市场建设，创建市级绿色市场4家。按A类标准，投资600万元升级改造了锁金村农贸市场。

2010年，全区商务系统狠抓基层党建工作，不断提升创新创优能力，各项工作取得显著成绩。区商务局被市商务局评为市级社会消费品指标推进工作先进单位；进香河、香铺营、东箭道、后宰门4家集贸市场被市菜篮子工程领导小组评为市级绿色市场；香铺营集贸市场获"江苏质量诚信AAA级品牌会员企业"称号。

计量惠民工程——南京市集贸市场免费检定服务现场观摩暨启动仪式在后宰门集贸市场举行

【招商引资工作力度大】 2010年，区商务局多次以小分队形式赴北京、上海等地有针对性地进行招商引资。全年新引进外资项目9个，增资项目6个。同时走访企业，帮助企业解决问题，促成特易购增资1000万美元。2010年，区商务局加强对凯润金城、长江路九号、珠江1号等重点楼宇规划引导，引入附加值高、带动力强的国际一线品牌，积极发展综合型、互动型、休闲性商业业态。

【服务外包成绩显著】 2010年，区域内有服务外包企业155家，初步形成以金域医学检测中心为龙头的医学服务外包，以猎宝网络科技为龙头的电子商务服务外包，以以星物流为龙头的航运物流业务流程管理服务外包，以及以嘉腾维新、智达康为龙头的软件服务外包等四大重点行业，积极为江苏集群等5家外包企业申请扶持资金220万元，解决企业资金发展不足问题。提高服务效能,增强政策透明度。所有工作严格执行"首问负责制"、"一次性告知"和"项目限时办结制"。

【德基广场购物中心地位吸引一线品牌】 2010年,德基广场一期7万平方米的购物中心吸引LV、阿玛尼、卡地亚、迪奥、万宝龙等98个一线品牌入驻;德基二期建筑面积16万平方米,一幢9层楼裙楼和一幢68层主楼峻工落成。

【全区商贸服务业有28类大型超市15家】 2010年,全区金融、物流、信息服务等生产性现代服务业发展势头好。按产业分类,全区商贸服务业分有28类,如电子贸易类、咨询、事务所、租赁、大型百货类、生活服务类等。全区拥有3000平方米以上大型超市15家、2000平方米以上大型百货大楼5家。

【培养绿色市场强化食品安全】 2010年,区商务局开展以"培养绿色市场,强化食品安全"为主要内容的食品安全体系建设,加大市场运行监管力度。全区农贸市场100%设立符合规范要求的蔬菜农残检测点,对蔬菜农残超标实行追溯源头制度,在孝陵卫屠宰场、进香河、香铺营、孝陵卫、兴贤佳园农贸市场进行试点。建立完善市场运行监测体系,样本企业不少于95家,发展放心早餐网点6家,完成年计划120%。

【艺风摄影器材公司企业改制】 2010年,艺风摄影器材公司经过评估审计,涉及职工人数205人,评估后总资产845.70万元,净资产298.44万元,剥离后净资产为261.12万元,上交金75.01万元,艺风摄影器材公司企业改制工作完成。截至2010年年底,全区商务系统经营性企业全部完成改制工作。 (周长俊)

·烟草专卖·

【概况】 南京市烟草专卖局(公司)二分局(分公司)辖管南京市鼓楼区和玄武区的卷烟市场。分局位于南京市进香河路33-3号,辖区总面积100.11平方公里,总户籍人口117.37万,拥有在线订货卷烟零售户总计2395户。

分局下设3个科室(客服科、专卖科、综合科),现有干部职工38人,含分局局长(经理)、副局长、副经理各1人,客服科12人、专卖科14人、综合科9人。分局干部职工平均年龄36.2岁。持有各类专业证书33人。

2010年,分局(分公司)强化管理、推动创新,卷烟销量平稳增长,经济运行保持良好态势。坚持市场导向,把握市场动态,规范专卖市场,从严整治市场秩序,获得国家局的通令嘉奖。经济运行分析工作常抓不懈,获上级好评。探索精准营销,实现投放策略的个性化和营销管理的精细化。累计销售卷烟4.2733万箱,实现销售收入13.57亿元,全年的卷烟批发条均价为127.02元/条。分局(分公司)被玄武区预防职务犯罪工作指导委员会和玄武区预防职务犯罪协会评为"2008~2009年度预防职务犯罪先进单位";《关于对烟草专卖行业预防职务犯罪风险源点的调查报告》荣获南京市预指委论文评比二等奖;连续两年被市局(公司)评为"先进集体"。

第三届中国国防服务外包合作大会开幕

【整治烟草专卖市场秩序】 2010年,分局共出动专卖行政执法人员3025人次,车辆488台次,共查处违法违规案件565起,其中万元以上案件17起,查获各类违法违规卷烟205.23件(累计案值217.3万元),其中假烟案件429起,查获假烟34.68件(案值50.68万元),走私烟案件29起,查获走私烟4.48件(案值2.1万元),乱渠道进货案件107起,查获乱渠道进货卷烟166.07件(案值164.52万元),拘留不法烟贩5人,判刑6人。分局成功破获的"7.28"和"11.06"两起符合国标的网络案件,其中"7.28案件"获得国家局的通令嘉奖。

【"7·28网络案件"受国家局通令嘉奖】 2010年,跨越3个年度的重大假烟网络案件"7·28"案件圆满结案。该案查获各类违规卷烟共计20200余条,案值290万余元,判刑3人,拘留10人。主犯林建平被判处有期徒刑12年,并处罚金200万元;同案犯王均霞被判处有期徒刑8年,罚金150万元;案犯王成东被判处有期徒刑3年,缓刑4年并处罚金10万元,此案件是近年来查处网络案件中单起案值最高,主犯判刑最重的一起案件。该案由一条不起眼的举报信息,通过认真研究和分析,强化案件经营意识,深挖案件主脉,为保证做成铁案,期间分局抽调精干人员联合玄武公安干警五上天津,同时南下上海、无锡等涉案地点调查取证,及时将3名犯罪分子抓捕归案,极大打击了不法烟贩的嚣张气焰,有力震慑了辖区涉烟违法犯罪行为。该案的侦破受到国家烟草专卖局的通令嘉奖。

(姚玉三)

·经贸促进·

【概况】 2010年，中国国际贸易促进委员会南京市玄武区委员会（区贸促会）有会员企业14家，非会员企业20余家。该会以服务区域经济和三大产业为核心，立足“贸促”特色，通过服务基层，组织培训，编办刊物，发布信息，协助招商引资，发展会展经济，积极组织会员单位及有关部门广泛参与国家和省市级经贸洽谈活动等形式，致力于促进三大经济增长极和两大特色产业带。区贸促会借力贸促系统与国际间交流渠道优势，挖掘筛选最新、最及时的国内外经贸活动、政策分析、专题热点等方面信息，经过编辑整理，于2010年3月10日出刊第1期《贸促资讯》，全年共编印5期；4月8日出刊第1期《玄武国际商会资讯》，全年共编印6期。

2008~2010年，区贸促会连续三年被评为南京市先进贸促支会，会长杨晓阳、张丽娜被评为“贸促工作先进个人”。

区贸促会组织会员企业及区、街道招商部门，参加“利用中国–东盟自贸区零关税政策，开拓东盟市场实务”培训会

【组织参加“开拓东盟市场实务培训会”】 2010年4月7日，区贸促会组织会员企业及区、街道招商部门14人，参加南京市贸促会、南京市国际商会举办的“利用中国—东盟自贸区零关税政策，开拓东盟市场实务”培训会。参加培训的企业有：南京1912投资集团、南京福中信息产业有限公司、南京中科集团股份有限公司、南京佳汇新型建材制造有限公司等多家涉外企业。

【中国贸促会张伟副会长到玄武考察】 1月3日至2月2日，中国国际贸易促进委员会张伟副会长率中国贸促会驻海外13个代表处首席代表一行21人到玄武区考察，并调研南京市在对外贸易、招商引资现状及企业在经营和开拓国际市场中遇到的困难和问题。2月2日，代表团一行参观了南京徐庄软件园，考察了江苏先声药业有限公司、南京智达康无线通信有限公司，出席由区招商局、区贸促会、徐庄管委会共同承办的玄武区投资环境和项目推介座谈会。张伟常务副会长代表中国贸促总会，对玄武区环境优势、人文优势给予高度评价。

【招商引资与招商引智并举】 2010年，全区招商引资和招商引智工作并举。引进美利莱公司，注册资本200万美元，协助德国DB集团完成迪比信可信息技术服务（南京）有限公司的注册事宜，全程服务TESCO江苏公司8家分店办理报批手续，协调TESCO江苏公司增资1000万美元到位。邀请美国莱特波特（LITE-POINT）公司就设立研发中心等事宜对徐庄软件产业基地进行考察。

【参与系列经贸洽谈活动】 区贸促会参与系列经贸洽谈活动：2010年1月14日，组织福中集团信息产业有限公司、宏图三胞集团有限公司、南京赛马置业有限公司等多家企业，参加香港贸易发展局组织香港私募及创投等相关企业在南京玄武饭店举办的“宁港企业创投合作洽谈会”。3月24日，加拿大驻沪总领事馆商务处、上海加拿大商会、加中贸易理事会以及南京市贸促会，在南京金陵饭店共同举办加拿大（南京）商机推介会。区贸促会组织福中集团信息产业有限公司、智达康无线通信科技股份有限公司、南京佳汇新型建材制造有限公司等企业参会。同时，区贸促会与加拿大商业公司南京代表处首席代表、加拿大驻沪总领事馆商务专员、加拿大依合斯集团、加拿大枫叶能源技术有限公司代表及蒙特利尔银行首席代表进行洽谈。7月3~4日，区贸促会组织区科技局、环保局、工商联及南京佳汇新型建材制造有限集团、苏卓科技发展有限公司等有关负责人参加在南京紫金山庄会议中心举办的2010上海世博南京主题论坛——“环境变化与城市责任”、“产业发展与绿色创新”开幕式和分论坛。8月4日，组织会员企业福中信息产业集团和中科集团股份有限公司参加“第四届中国——拉美企业家高峰会”推介会。9月27日组织会员企业福中信息产业集团、智达康无线通信科技股份有限公司、中科集团股份有限公司参加“第七届中国国际信用和风险管理大会”。9月16日邀请267家企业参加在南京国际博览中心开幕的“2010南京台湾名品交易会”。 （丁再生）

· 投资促进 ·

【概况】 2010年，区投资促进局围绕“将资源整合到最佳，将要素配置到更优，将能力发挥到极致”工作思路，强化招商活动组织，狠抓重点项目推进，投资促进成效显著，成功举办“台湾企业家走进玄武”、“对接世博——玄武之夜”“苏台文化·创意玄武”等招商活动。8月，区投资促进局在原招商局架构上正式成立，增加了外资管理、境外投资审批等职责。全年新引进企业2885户，同比增长36.50%，完成实际利用外资8758万美元，同比增长17.63%；其中，1000万元以上规模企业64户，引进迪比信可、东华软件、爱马仕等世界500强企业及国际知名品牌5家。

【召开全区招商工作会议】 1月26日，全区招商工作会议召开，区四套班子领导，各街道、产业部门，徐庄管委会党政主要负责人及招商工作人员参加会议。会议通报表彰2009年度全区招商先进单位及个人，回顾2009年并部署2010年招商工作，对2010年全区招商工作考核方案作了说明。新街口街道办事处、徐管委、孝陵卫街道办事处3个单位作交流发言。会议强调，要进一步增强招商工作的紧迫感，加强研究，进一步提高招商的成效。围绕产业集聚、产业链，加强产业招商，加大招商的组织力度。各街道加强人员配备，组建专业招商队伍。强化经济干部选拔任用、考核，充分调动全区招商人员的积极性。

【王海宏区长率队赴欧招商】 4月12~21日，区长王海宏一行5人，随市政府赴欧招商。玄武招商分队陪同市长拜访了SAP公司，邀请SAP高层到玄武考察并为其设立分支机构提供便利。王区长一行还拜访了贝塔斯曼集团和德中海外发展有限公司，与德中设在德国莱比锡的欧亚商贸中心建立了联系，就其光伏项目与玄武合作进行了沟通。在市政府举办的德国招商会上，2个研发中心项目落户徐庄，总投资3000万美元。

1月26日，召开全区招商工作会议

【AMD高层一行考察徐庄软件产业基地】 2月26日，AMD全球高级副总裁及AMD大中华区总裁郭可尊女士、全球软件工程副总裁BenBar~Haim先生、Angela Neill女士等一行7人考察徐庄软件产业基地。市委副书记陈绍泽、市政府副秘书长、南京高新开发区管委会主任施卫国、区委书记单景南、省经信委副主任龚怀进等参加接待。AMD高层对徐庄软件产业基地的基础条件及配套环境表示满意，有意向考虑在徐庄设立区域研发中心。

【2010玄武重洽会暨台湾企业家走进玄武专场】 4月27日，2010玄武重洽会暨台湾企业家走进玄武专场，活动在维景国际大酒店举办。台湾电机电子工业同业工会副理事长郑富雄、中华两岸连锁经营协会副会长等多位知名台商，南京市政府副市长陈刚、市发改委副主任张洪源、市台办副主任季斌，玄武区委书记单景南、区长王海宏、区人大主任陆必坤、区政协主席梁广宏等市、区领导约200人参加活动。玄武专场重点向台商推介新街口商贸商务核心区、徐庄软件产业基地、孝陵卫第三增长极和创意中央、曼度嘉年华2个创意产业园，重在加强与台湾金融、科技信息、文化创意、生物医药、高端商贸商务等现代服务业企业对接，加快两岸产业辐射与互补。

【香港思远影业公司吴思远到玄武区考察投资项目】 5月28日，香港著名导演、香港思远影业公司董事长吴思远、省国信集团电影投资总部副总经理杨幸福一行，参观考察南京烟厂老厂房改造项目。南京和雅投资顾问蒋海峰向客商介绍了烟厂老厂房重新改造和规划设想、招商意向及前期进展情况。吴思远先生表达了在此建设UME国际影城的浓厚兴趣，双方就影院建设达成了合作意向。

【“对接世博 玄武之夜”上海招商专场活

动】 6月3日，“对接世博——玄武之夜”专场活动在上海老码头中心广场隆重举行，部分欧洲国家驻沪领事和海外客商，南京市玄武区、上海市黄浦区党政领导等近百人参会。活动抓住上海世博会契机，利用高铁带来的便利优势，打开玄武通向世界的大门。国家级云锦工艺美术大师、非物质文化遗产代表性传承人金文和他的表演团队现场展示了云锦文化。玄武区委书记单景南致辞，区长助理王东作招商推介，现场与法国雅高、海申集团等多个企业达成合作意向。

【国华置业和德意志银行应邀到玄武考察】 6月24~25日，北京国华置业和德意志银行应区招商局邀请，到玄武考察中电熊猫301号地块商谈合作事项。北京国华置业董事长房超、副总裁邬象庞、投资经理王腾和德意志银行董事张潞闽一行，与熊猫电子集团有限公司董事长总经理徐国飞就熊猫厂地块开发进行商谈。国华置业董事长看好项目的商业开发前景，意向打造成南京的“华贸中心”。

【“苏台文化 创意玄武”暨2010年金洽会玄武专场活动】 9月15日，“苏台文化·创意玄武”在垠坤创意中央文化产业园举行。南京市政府副市长王咏红、副秘书长刁仁昌、市委宣传部副部长张俊、市台办副主任季斌、市文化广电新闻出版局副局长谢山以及玄武区领导王海宏、陆必坤、梁广宏、张萍、宋晓辉、孙康龙、刘显平、张蓬、王静、张连春、王东参加了会议。台湾诚品书局副董事长昊洁女士进行了演讲，南京大学张鸿雁教授就“城市文化与创意”作了论述。南京电视台首席主播韩永联和亚太文化创意协会理事长陈立恒、台创中心副执行长黄振铭、南京市社科院副院长李程骅、奥美文化董事长白崇亮互为“对话”，纵论两岸创意产业未来走向和趋势，给人启迪。金洽会期间，区文化创意、高科技信息等20个项目成功签约，签约资金达60亿元，其中外资9000万美元。

【张连春副区长带队赴京、津、沪招商】 10月25~29日，副区长张连春带领区投促局、贸促会一行5人赴京、津、沪招商。在京期间，拜访了特易购公司副总裁庄南滨，双方就特易购选址及增资事宜达成一致。在津期间，考察了滨海新区金融产业，与滨海新区副区长阳世昊就金融业、企业扶持以及招商引资、管理服务等方面进行了交流。在沪期间，拜访了鼎盟资产管理有限公司董事长郭国旗，双方就下一步合作及各自工作进行了交流。

【中国对外经贸信托和上海鼎盟资产公司应邀到玄武考察】 11月9~12日，中国对外经济贸易信托有限公司副总经理窦虔和上海鼎盟资产管理有限公司董事长郭国旗一行5人，专程到玄武考察金融投资与服务环境，并实地调研碑亭巷、雨花巷2个地块项目及东泉产业园、724所。通过考察，窦虔一行意在碑亭巷和雨花巷2个项目打造具有鲜明特色的金融投资与服务平台。 （魏 超 张明亚）

旅 游

【概况】 2010年，全区旅游工作以创新的思路，切实有效的举措，围绕玄武自然、人文资源和旅游产业，在空间布局、品牌打造和融合发展上开创玄武旅游特色发展新局面。截至2010年年底，全区旅游企业262家，全年完成旅游税收1.1亿元，同比增长18%。旅游建设项目碑亭巷文化旅游特色街、苏宁银河诺富特酒店项目被列为全市2010重点旅游建设项目。成功举办第二届南京玄武民国时期美食节，打造“民国故都 休闲玄武”旅游品牌，玄武民国文化游被南京市纳入世博体验之旅4条线路之一。紧紧围绕辖区旅游资源特色，开展各类迎世博旅游促销活动。

【旅游招商引资】 2010年，区旅游局举办4场小分队招商活动，对接海南星级酒店集中群旅游招商，重庆国内旅游交易会招商，对接广深珠三市联合促销招商，到莫斯科、奥地利境外招商。与钟灵街地块、钟山山庄东侧地块2个项目签约，协助梅园街道签约途牛旅游网，引进中青旅（江苏）国际会议展览有限公司等注册资金超500万元以上的旅游企业5家。

【挖掘民国文化内涵】 2010年，区旅游局全力打造旅游节庆品牌。成功举办“第二届南京玄武民国时期美食节”，打造“民国故都 休闲玄武”旅游品牌，挖掘民国饮食文化，举办民国美食与玄武旅游开发研讨会、评选出一批民国特色餐饮示范店。主动对接世博，以世博体验之旅——民国文化游为重点，主动推销玄武民国文化游。

【迎世博体验之旅示范点授牌仪式暨旅游促销策划会同时举行和召开】 1月25日上午，玄武区旅游局召开"长三角世博主题体验之旅示范点"授牌仪式暨玄

1月25日，区旅游局召开“长三角世博主题体验之旅范点授牌仪式暨玄武区迎世博旅游促销策划会

武区景区迎世博旅游促销策划会，邀请区内中山陵景区、总统府景区、玄武湖景区、梅园新村景区进行座谈交流，为迎接世博会献计献策。区委张萍副书记、区政府王静副区长、市旅游局金卫东副局长、市场开发处夏军处长以及各景区主要负责人参加会议。区委张萍副书记、区政府王静副区长代表区委政府将区民国文化游"长三角世博主题体验之旅示范点"铜牌授予了中山陵景区。

【开发旅游新产品】 2010年，区旅游局扩大旅游产品，同时开发旅游新产品。在创意中央产业园区、徐庄软件园等园区进行旅游化开发指导，推介明式家具艺术馆、金陵竹刻博物馆、金文云锦馆及总统府和梅园新村梅艺园艺术品，开发具有浓厚文化内涵的旅游纪念品。

（唐思恩）

·中山陵园风景区·

【概况】 2010年，中山陵园管理局抓住"迎青奥""迎世博"的机遇，促进景区发展。完成各类重要接待120批次。完成紫金山登山道、动植物保护小区建设，推进污水收集系统二期工程建设，完成霹雳沟上游和邵家山2条线路铺设和建设。修订《南京市中山陵园风景区保护和管理条例》，强化景区执法管理基础。稳步推进新一轮文明创建工作，获省、市和城建系统三级文明单位称号。以梅花节、明孝陵文化节和桂花节等为载体，提升景区旅游节庆品牌形象。

【中山陵列入"中国国家自然与文化双遗产"名录】 1月，建设部公布第二批"中国国家自然与文化双遗产"名单，全国仅8处，南京中山陵作为江苏省唯一一处列入其中，实现江苏省在"国家级自然与文化双遗产"方面"零"的突破，并为南京中山陵申报世界自然与文化双遗产奠定基础和提供准入门槛资格。

【中山陵陵寝免费对公众开放】 中山陵陵寝2010年11月12日起向全社会免费开放。中山陵园管理局做好中山陵陵寝免费开放各项准备和运行工作。制定免费开放实施方案及各项应急预案，妥善安排客流管理、车流管理、对外宣传、景观改造等工作。做好景区各类收费项目的报批，调整各类售检票处，做好各类标志、门头、说明牌、公示牌的更新；做好绿地围挡保护，增加卫生保洁人员，增设垃圾箱（筒）和休闲座椅；调整免费后的车辆交通线路，做好停车场建设、道路的拓宽和整修；制定免费开放宣传方案，配合召开新闻发布会。

【玄武门至神策门段城墙开始修复】 南京明城墙玄武门至神策门段长2230米，东侧为风光秀丽的玄武湖。长久以来，玄武门至神策门段城墙不能相通，年久失修，城墙上杂草丛生，汛期城墙出现过坍塌现象。该段古城墙修复后，可连接神策门、玄武湖、台城、鸡鸣寺、九华山、白马公园等诸多景点，全长5.65公里的太平门至神策门段城墙全线贯通。

先期进行的明城墙玄武巷段城墙抢险修复工程于2010年12月9日开工，至2011年2月底完工。按照"修旧如旧"的原则，利用老城砖对破损处进行修补，并恢复损毁的垛口和内侧的女儿墙，使其与玄武门至解放门段的城墙风貌相协调。在保证明城墙主体安全的前提下，不拆除或填堵明城墙上历史遗留的射击孔、防空洞等构筑物，以保留真实的历史信息。对城墙墙体的裂缝，采用注浆的方法修缮，用石灰浆填补城墙顶部的裂缝空隙，堵上渗水口；再向墙体内部注入混合砂浆，对松散的墙心进行固化，增强墙体的结构强度。采用"刚性防水"和"柔性防水"相结合的方法，在城墙顶部铺设防水层。

（鉴　资）

【明孝陵明楼保护工程通过验收】 世界文化遗产明孝陵方城明楼加顶保护工程于2008年5月至2009年7月实施。2010年12月24日，江苏省文物局组织古建筑专家组成验收组，对明孝陵方城明楼保护工程进行竣工验收。专家验收组实地勘查工程现场，对工程材料、施工质量等进行详细查验；仔细审阅工程资料。专家验收组在充分考察和听取汇报后，肯定明孝陵方城明楼保护工程所做的工作，认为明孝陵方城明楼自2009年7月3日竣工以来，总体效果较好，历史风貌得到体现，基本达到预期目标，工程质量合格，通过验收。

（鉴　资）

【中山陵园风景区率先实施"黄标车"限行】 2010年，根据市政府统一部署，中山陵园风景区作为南京城市"绿肺"，1月1日起在风景区范围内推行"黄标车"（是高污染排放车辆的简称，是连国Ⅰ排放标准都未达到的汽油车，或排放达不到国Ⅲ的柴油车，因其贴的是黄色环保标志，因此称为黄标车）限行试点工作，并于3月1日起正式对黄标车实施限行措施。

【建成紫金山西南西北两条登山道】 2010年，中山陵园风景区投资500多万元，历时3个多月，建成紫金山西南（索道停车场至天文台三道湾）、西北（天文台南大门至西马腰）2条登山道，全长2600多米，并设有平台、休息座椅、垃圾桶等设施，同时沿线生态环境得到修复，为游人提供良好的登山环境。

【建立紫金山动植物保护小区】 2010年，为加强紫金山生态系统保护措施，在紫金山北规划建设动植物保护小区——大龙窝自然保护区。该保护区占地约666.67公顷，周长17.7公里，包含18个重点林班。保护小区的建成，缓解无序登山对紫金山的干扰和破坏，有利于野生动植物的生长繁衍，为保存、维护紫金山物种多样性提供保障。

【举办2010中国南京国际梅花节】 2月22日~3月14日，以"赏万株梅花、传博爱精神"为主题的第15届中国南京国际梅花节主会场活动在梅花山举行。2月22日，在明孝陵梅花谷举行盛大的开幕式。梅花节期间，景区举办"梅飞色舞"民族歌舞表演、"金陵风情"民间艺术展演、梅花盆景园展览、梅花国际登录品种展、卢锡武梅花书画展、萧晖荣梅花艺术馆梅花书画雕塑作品展、连善水墨梅花展、陆永才中国画展、梅花雨花石精品展、梅花节美食展销一条街及儿童游乐嘉年华等活动。

【2010世界遗产南京明孝陵文化节】 6月13日~7月11日，在明孝陵举行。开幕

式上，13家文博单位和民间文化传承人联合签署《南京文化遗产保护与发展宣言》。文化节期间，组织"迎世博宾客·展金陵风采"文艺演出、"南京明文化经典之旅"夏令营活动，并特邀中国人民大学教授毛佩琦作客"市民学堂"开讲座，同时举办"明建文帝踪迹图片展"等活动。

【第六次中华民国史国际学术讨论会】 8月21~23日，在南京中山陵召开。中山陵园管理局和南京大学联合邀请哈佛大学、剑桥大学、牛津大学、莫斯科国立大学及东京大学共同主办。国内外140余名民国史学者参加会议，副省长李小敏、省政协副主席陈宝田、南京大学党委书记洪银兴、副市长陈刚等出席会议并致辞。此次会议的主题是"民国时期的中国社会变迁"，议题涉及政治制度转型、经济制度变迁、城市结构与功能的变迁、乡村社会的转型以及转型时代的社会生活与文化生活等内容。 （鉴 资）

【中山陵园风景区与全国49家5A级景区三亚结盟】 2010年3月20日，"2010博鳌国际旅游论坛·中国5A级旅游景区城市联盟会议"在三亚召开，全国49家5A级景区及景区所在城市190位代表共同发起成立"中国5A级旅游景区城市联盟"。南京市副市长陈刚、市旅游局副局长穆耕林及中山陵园管理局副局长康辉平应邀出席。中山陵园风景区作为全国著名的风景名胜区，以此为契机，打造国际化旅游目的地。

【景点选介】 *四方城* 神功圣德碑亭俗称四方城，碑亭建筑平面呈正方形，底边长26.86米，为国内现存碑亭之最，整体采用砖石砌筑，其下部为石质须弥座，高1.46米，束腰处浅雕椀花，须弥座之上为砖砌。四面各开券门一洞，高7.42米、宽5.13米。亭顶部已毁，仅存四壁，内望通天。从须弥座至现存的四壁顶端，残高8.84米。依据遗存结构判断，并结合北京长陵碑亭资料推测，神功圣德碑亭顶部原为重檐歇山式，覆黄色琉璃瓦。亭内正中竖立的"大明孝陵神功圣德碑"碑身高4.80米、宽2.26米、厚0.80米，正面刻朱元璋生平事迹，全文2746字，文由明成祖朱棣所撰，字为书家楷书阴刻，书法优美，具有较高的历史与艺术价值。碑帽高1.90米、宽2.54米、厚1.03米，正反两面雕有蟠龙火珠，气势雄浑，技艺精湛。碑座龟趺高2.08米、宽2.54米、长5.15米，"隆脊而昂首，蟠尾而藏足"。整碑通高8.78米，是南京地区明代碑刻中最大的一块。碑亭南面正门前石阶中央，嵌有陛石一块，长3.60米、宽1.59米，其上浮雕云龙狮球，刻工精细。

石象路 石象路是孝陵神道的第一段，长618米，沿途依次排列六种石兽，共12对24件，六种石兽依次为狮、獬豸、骆驼、象、麒麟、马。每种两对，造型均为一对蹲坐，一对伫立，呈相向排列。每对石兽间的相向距离由2.95米至3.85米不等，前对石兽与后对石兽的相隔距离为29.90米至51.43米不等。这些石兽用整块巨石采用圆雕技法刻成，线条流畅圆润，气魄宏大，风格粗犷，既标识着帝陵的崇高、圣洁、华美，也起着保卫、辟邪、礼仪的象征作用。

音乐台 音乐台的全部建筑，以钢筋混凝土为材料。它的平面为半圆形，圆心处建造舞台，台高3.3米。台背部建弧形大壁，以汇集音浪。照壁长22米，宽13.3米，用水泥假石镶面。壁顶端雕回龙花纹，回纹下有石兽头三具，内导水管，水由兽石喷出，成弧形射线，注入台下池中，景象十分动人。台前边缘有三层波纹形层梯。台下紧围前沿，有一汪月牙形莲花池，池底有伏泉，水甚清澈，终年不涸。池前依坡就势，修整成以50米为半径的半圆形盆状大草坪，放射形直道与半圆形圈道使之分割成12块小扇形的草坪，作为听众席，可容纳3000余名观众。沿草坪外缘绕以钢筋水泥回廊，廊长150米，宽6米，上架花棚，紫藤攀缘，下置石凳，供游人坐憩。整个建筑与周围环境和谐统一，建筑精美，是中山陵重要的纪念性建筑之一，现已成为南京市普及高雅艺术的首选之地。

·玄武湖公园·

【概况】 玄武湖为南京国家级钟山风景区重要组成部分，国家AAAA级旅游区。玄武湖景区总面积472公顷，其中湖面积368公顷，陆地面积104公顷。湖中分布各具特色的五块绿洲：环洲、樱洲、梁洲、菱洲、翠洲，五洲之间，桥堤相通，山水城林相融。

【2010玄武湖意大利灯光雕塑艺术节】 南京的2010玄武湖意大利灯光雕塑艺术节，2月1日于玄武湖景区盛大开幕。由南京市园林局主办，玄武管理处和中国祥宇文化发展有限公司联合承办、龙瑞装饰投资的玄武湖2010意大利国际灯光雕塑艺术节于3月18日结束。艺术节用56万只灯泡组成的75组、13个景观群落的灯光雕塑作品，成为国内首次规模宏大的光雕艺术节。

【玄武湖景区免费开放】 2010年10月1日起，玄武湖免费开放，为方便游人在景区内的消费活动，倡导电子支付，实施"一卡通"系统建设。除了市民卡可直接在景区消费外，玄武湖景区还专门推出面值分别为100元、200元、500元、1000元的贵宾消费卡。首次开通市民卡在玄武湖景区内的充值和消费功能，成为市第一个"智慧旅游"景区。 （鉴 资）

【玄武湖环境综合整治二期工程】 于10月1日全面完成，累计完成投资3.215亿元。工程包含玄武门—太平门、环湖路（玄武门—和平门段）的整治和五洲基础设施改造等工作，并开展三期工程的前期准备工作。拆除违章搭建约7000平方米，拆除或整合各类经营和游乐设施5处，架空杆线下地4500米。完成绿化面积约25万平方米，其中栽植各类乔木、灌木、水生植物约300万株，恢复草坪9.2万平方米。在景区43公顷范围内实施雨污分流改造工程，埋设污水主次干管约4.5公里，建设污水检查井96个，污水泵站1座，新增120立方米/小时污水处理能力。新建滨水木栈道1.1万平方米，改造生态驳岸3公里，调整游船码头布局3个。出新改造沥青路面3.8万平方米、园路7300平方米。出新或新建路灯590盏，新增各类休闲坐椅150个、各类交通和景点指示牌300块、电瓶车停靠站2处、公厕2座，出新改建各类建筑33处。景观亮化工程安装灯具约3万盏，亮化管线铺设约20公里。

（王晓磊）

2010年玄武湖水质主要污染物状况

污染物名称	年平均值(毫克/升)	比上年±%	国家标准(Ⅴ类)(毫克/升)
高锰酸盐指数	3.05	-11.6	≤15
生化需氧量	3.47	57.0	≤10
氨　氮	0.15	-51.6	≤2.0
石油类	0.025	-49.0	≤1.0
总　磷	0.065	-37.5	≤0.2
总　氮	1.87	2.1	≤2.0

【景点选介】 环洲　因洲形屈曲、环抱樱洲而得名，素有"环洲烟柳"之称。洲上古迹众多，童子拜观音石和郭璞亭最为著名。拥有国内规模较大、品种较全的大型水景项目的莲花广场也坐落在环洲。环洲第一景点假山瀑布，众多的太湖假山石堆砌成了形态各异的园林佳作，假山之巅，引瀑布飞流直下，泻入凿地而围的水池。

樱洲　因昔日樱树众多而得名。洲上遍植樱花，还有白玉兰、紫玉兰、笑靥、杏花、金钟、垂丝海棠、茶花等10余种花卉。樱洲长廊建于1954年，初为竹木结构，长达304米。20世纪60年代改长廊为钢筋水泥结构。长廊南侧为一字排开的是世界各国友好城市代表团历年种植的友谊树。荷花园1992年建成。樱洲友谊树林代表中外友谊长青。

梁洲　因传说梁昭明太子曾在此建有"梁园"而得名。每年一度的菊展均在此举行，故有"梁洲秋菊"的美誉。湖神庙、览胜楼、友谊厅等名胜集于此。

菱洲　因这里过去多产菱角而得名。自古有"菱洲山岚"之美名。

翠洲　位于玄武湖东，面积6.59公顷。因洲上修竹亭亭，雪松如盖，翠色浮空，故名翠洲。长堤卧波，绿带缭绕，苍松、翠柏、嫩柳、淡竹，构成了"翠洲云树"的特色，是赏绿的好去处。　　（鉴　资）

·总统府·

【概况】 总统府，位于南京市长江路292号。1949年4月23日南京解放以后，总统府先后成为南京市军管会、南京市文物管理委员会、江苏省省委、江苏省人大常委会、江苏省人民政府、江苏省政协等机关的办公处。1998年在总统府旧址开始筹建南京中国近代史遗址博物馆，至2003年3月建设完成并正式对外开放。总统府景区占地面积约9万平方米，保存有较为完整、风格迥异的近现代建筑遗存，有中式官衙建筑、中式园林建筑、西式建筑以及民国公共建筑等，著名碑碣散布其间。1982年，总统府以太平天国天王府名义被列为全国重点文物保护单位；2004年，被评为国家AAAA级旅游景区。

【"国民政府主席林森旧影展"展出】 2010年3月1日，"国民政府主席林森旧影展"在总统府西厢房展出。林森(1868~1943)，字子超，号长仁、天波，青芝老人。福建闽侯人。中国同盟会早期成员。辛亥武昌起义后，曾任南京临时参议院议长等职。1927年4月南京国民政府成立后，历任国民政府常委、立法院副院长、院长，国民政府代主席。1932年1月出任国民政府主席。抗日战争全面爆发，随府入川。以国府主席名义多次发表讲话，坚持抗战，力主团结御侮，国共合作。1943年8月在重庆逝世。图片展集林森旧影60余幅，客观反映林森作为民国首脑人物面貌和相关历史事件。

【台胞青年夏令营在总统府举行开营仪式】 7月12日下午，2010年江苏省台胞青年夏令营在南京中国近代史遗址博物馆礼堂举行开营仪式。省政协副主席、省委统战部部长周珉，全国台湾同胞联谊会副会长、省台湾同胞联谊会会长胡有清，南京中国近代史遗址博物馆馆长尤伟华，台湾夏潮联合会会长陈福余和台湾华梵大学领队林淑女士出席仪式。

【南京总统府网站获"2010年度优秀旅游景区网站"称号】 11月7日，第三届中国(温州)网络旅游节之"年度中国优秀旅游网站公益评选"活动中，南京总统府网站(www.njztf.cn)获"2010年度优秀旅游景区网站"称号。由国家旅游局信息中心、中国互联网协会组织全国知名的旅游业、信息业专家学者对参评单位进行严格评审。旅游景区网站的建设是旅游信息化的一个重要组成部分，是让旅游信息走入旅游者生活，为广大游客提供便利的信息服务平台。

【景点选介】 大堂　中式建筑，抱厦五间面阔七间，硬山顶单层双檐，与二堂以穿堂相连，呈"工"型殿。原为太平天国金龙殿，又称荣光大殿，相传洪秀全病逝后即葬于此。清兵攻占天京后，大殿被毁，于同治九年（1870）重建两江总督署大堂。1912年1月1日孙中山就任中华民国临时大总统的就职典礼，就在大堂后的西暖阁举行。1927年国民政府定都南京后，作为国民政府的大堂。1929年国民政府部分改建时，将孙中山手书的"天下为公"匾额挂于大堂正中横梁上。以后，大堂先后被国民政府和总统府沿用。

煦园　明朝初年为汉王府花园，以汉王朱高煦名中的"煦"字而得名。清朝为两江总督署花园。太平天国建天朝宫殿时予以扩建。因花园位于宫殿西侧，又称"西花园"，与东花园相对称。清军破城时被毁，曾国藩予以重建。1912年1月，中华民国临时政府成立，孙中山的临时大总统办公室和起居室就在煦园内。以后，又先后作为南京留守府、江苏都督府、督军署等机构的办公处。1927年4月国民政府成立后，国民革命军总司令部、军委会，以及总统府军务局等机构，都曾在园内设有办公处。煦园为典型的江南园林，与总统府连为一体。有诸多著名的遗址景点，如石舫、夕佳楼、忘飞阁、漪澜阁、印心石屋等。

·南京1912街区·

【概况】 南京1912街区位于南京市长江路与太平北路交汇处，由19幢民国风格建筑及“共和”、“博爱”、“新世纪”、“太平”4个街心广场组成，建筑面积4.2万平方米，是南京唯一融餐饮、娱乐、休闲、观光、聚会为一体，集传统风貌、文化品位、时尚潮流于一身的商业街区。南京1912街区是江苏省首批文化产业示范基地，曾获“中国特色商业街”殊荣。

【街区举办地球一小时烛光音乐会】

3月27日下午，南京1912街区为引导市民投入低碳生活，支持倡导“地球一小时”的活动理念，邀请广大市民前往南京1912街区广场体验原始脚踩发电车及万人同签名烛光音乐会。"地球一小时"是WWF(世界自然基金会)应对全球气候变化所提出的一项倡议，在每年3月最后一个星期六20:30-21:30熄灯一小时。

【世界无烟日活动】 5月31日，南京1912街区举办主题为“清洁空气，拒吸二手烟”的世界无烟日活动。街区在4个广场摆放超大禁烟标识。请小朋友到街区参与“以糖换烟”活动，活动中每个小朋友用手中的糖果换取吸烟人手中香烟，同时主动熄灭香烟，通过这一行为来唤醒人们戒烟意识。

【举办创意市集东西会活动】 10月20~24日，南京1912街区邀请全国各地创意人士汇集1912，展示中国创意先锋代表作品，引发大家创意热潮。1912东西会是1912的品牌活动，融合东方特色的创意市集东西荟萃，向人们宣告一种新时代的生活方式。

【景点选介】 星巴克 1号楼（C字楼）初建于1923年，最初主人为北洋军阀时期江苏督军齐燮元。南京国民政府成立后，先后作为国民政府军政部、参谋本部办公用地；抗战胜利后成为南京卫戍司令部所在地，负责保卫总统府的安全。2003采用“落架大修”方式修复，即用原有材料、在原来的基址上，按照历史原貌重建。

茶客老站 2号楼，建于1945年，共2层、10个单元，为民国时期校级军官宿舍，共安置10户居住，每户建筑面积约90平方米。该建筑形式从外观上满足了民国青年迷恋上流社会的心理，又以墙体隔开露台、门厅，实现了各户私生活相对独立的使用功能，堪称国民党青年军官的“经济适用房”。

芳满庭 8号楼，始建于1910年，英式传统半木构建筑，20世纪30年代作为国民政府官员住宅，据说蒋介石年轻时牙齿和头发脱落，他在南京的牙医曾在此居住。1949年接管时，房主为何英祥。2003年被南京市文物局认定为具有较高历史价值的文物保护建筑。 （朱丽娟）

玄武湖黄昏

工业·信息化建设·农业

Industry Informatization Construction Agriculture

- 工业
- 信息化建设
- 农业

工　业

【概况】 2010年,玄武区规模以上工业企业完成产值40.2亿元,完成工业增加值9.86亿元,相较2009年的基数,2010年工业生产总体呈现负增长态势。重工业占据主导,全区生产总量中重工业完成产值35.51亿元,占据生产总量的9成。三资企业经济结构比重攀升,同比增长14.5%,较2009年提高16个百分点。产销衔接较好,全区规模工业企业完成销售产值39.8亿元,工业产品销售率达98.9%,高于全市平均水平0.66个百分点。

2010年,市政府下达玄武区工业投资目标任务1亿元,全年完成工业投资6.37亿元,同比增长75.7%。被南京列入市新型工业化2个重点投资项目,南京福中信息产业集团无菌实验室、江苏省金思维信息技术有限公司工业企业流程管理服务平台项目建成并投入使用。

【落实市创新转型和"千企升级计划"】 2010年,玄武区针对工业经济逐年萎缩,科技信息业增长强劲的实际情况,区政府把促进科技信息业创新升级作为企业创新升级重中之重,及时出台《玄武区加快新兴产业发展实施意见》。结合"千企升级计划",全区确定50家企业为南京市"千企升级计划"重点企业(其中:产值亿元以上企业8家、千万元以上企业25家,规模升级50家、创新升级45家、信息化升级33家、经营管理升级44家、绿色经济升级12家、人才升级45家),以点带面,促进全区企业全面创新升级。

【培育转型创新企业集群】 2010年,玄武区根据产业发展现状,重点围绕生物医药(含生物农业产品)、节能环保、软件(含集成电路)和服务外包、物联网四大新兴产业,按照"规模成长快、经济效益优、科技含量高、体制机制新、发展后劲足"的要求,精心培育,形成以先声药业、柯菲平医药、中科集团等为龙头的生物医药企业集群;以东能环保、东南大学智能、埃森环境和常荣噪声为龙头的节能环保企业集群;以鸿信集成、途牛网、猫宝网、智达康和新创光电等为龙头的软件和服务外包企业集群;以徐庄物联网发展研究中心、国图信息、未来星等为龙头的物联网企业集群。

·南京依维柯有限公司·

【概况】 南京依维柯有限公司成立于1996年3月,注册资本25.27亿元。公司注册地址为玄武区中央路264号,依维柯系列生产地点为南京市黑墨营100号。公司设有12个职能部门、分厂及分公司8个,从业人员6778人。拥有依维柯和跃进两大产品平台及发动机、车桥、变速箱、车身、总装等现代化生产流水线。公司是国内最早具有独立研发能力的商用车公司,依托上海汽车和意大利依维柯公司的技术实力,应用ERP、DMS信息管理系统,配备计算机辅助设计制造CAD/CAE/CAPP/PDM系统,产品自主开发、并行开发、引进开发及联合开发能力和水平均处于国内先进地位,产品开发制造成本低于国内同行,开发周期短。

2010年整车产量11.138万辆,销售11.099万辆,产品销售收入82亿元,利润总额3.330亿元,上缴税费6.570亿元。企业技术开发经费2.912亿元,技术开发经费占销售收入的比重逐年提高,由2008年的3.1%提高到2010年的3.54%。

【重视人才培养建立激励机制】 南京依维柯有限公司重视人力资源的优化组合工作,建立分层分等的岗位体系和专业人才能力素质评价标准,注重人才"H"型职业发展通道建设、后备人才库建设。拓展对外合作领域,深化高水平技术人才的引进工作。近年来,逐步建立外籍专家、国内知名专家技术带头人以及技术骨干为核心的人才队伍,在国内招聘了10余名较高水平技术、管理骨干。完善公司和员工共同发展的培训体系，持续提升技术队伍的整体素质和能力。针对各类技术人员特点，重点围绕“研发、质量、SQE”系统队伍的优化和能力提升，组织各种培训，并实行“导师制”，进行职业生涯跟踪。搭建广阔的激励平台。技术中心实行项目激励管理机制，严格按照立项、实施、评审、奖励等要素实施管理，增强科技队伍的凝聚力和战斗力。

【重视知识产权保护】 南京依维柯有限公司重视知识产权的保护。2002年以来，申请专利近80项。拥有有效专利近60项，其中发明专利2项，实用专利35项。其“跃进牌”后置发动机系列公交底盘开发项目，获2010年度中汽科技进步奖三等奖。近年来，公司把专利工作纳入研发流程，重视研发各阶段的专利申请工作，2010年列入南京市知识产权示范企业；专利申请从2006年6项提升到2010年48项。目前，公司拥有“依维柯牌汽车、车轿、变速器、发动机总成”江苏省名牌产品，具有自主知识产权的“跃进牌”自主品牌产品及完善的企业标准体系。

【产学研合作攻关】 南京依维柯有限公司与多所高校、院所建立良好的合作关系，如清华大学、北京理工大学、南京工程学院、南京信息工程大学、南京理工大学、北京钢铁研究总院、中国北方车辆研究所等。联合清华大学共同研究通过悬架分析提高救护车辆的平顺性。与南京工程学院进行汽车轻量化单片簧材料研究，实现承受应力为1000-1200Mpa，强度水平≥1800MPa且疲劳寿命达10万次的单片簧，以达到产品汽车轻量化的效果。与北京理工大学联合开发依维柯柴电混合动力越野车整车控制器与耦合器，此产品的开发填补国内空白，同时使依维柯柴电混合动力越野车在国内新能源越野车行业中处于领先水平。 （邢四清）

【南京依维柯为巴西制造夹具并交付】 7月28日，南京依维柯汽车有限公司为巴西依维柯公司制造的“车身总焊台”夹具交付。该夹具由“滑动平台”“滑动支座”“龙门架”“中间地板”等几大块组成，包含60多个大型元件，能满足大卡车、小卡车、单排座卡车等多种车身车型的焊接、制造需要。 （鉴 资）

·金思维信息技术有限公司·

【概况】 金思维信息技术有限公司是国内首家实现产品组件化、生产工厂化、服务网络化和运作规范化的大型管理软件和企业信息化整体解决方案提供商，主要面向电力、线缆、汽配等行业提供先进成熟的企业管理软件产品、系统集成和咨询服务。公司被国家科技部认定为“国家高技术研究发展计划成果产业化基地”及首批“国家863/CIMS系统集成和咨询服务公司”，是“中国ERP产业技术联盟”副理事长单位及技术专委会主任单位，已成功通过CMMI3级国际认证。公司受国家标准研究中心委托参与制定ERP系统行业标准，并多次获得全国ERP产品公开评测第一名。被权威部门评为“中国软件行业最具影响力品牌”并获评“中国首届优秀发电企业解决方案提供商”。拥有成功用户5000家，涉及电力、线缆、汽配等行业。

【建立现代企业制度】 金思维信息技术有限公司建立现代企业制度，严格按照股份制公司法则运作，决策层和经理层职责清晰。决策层由股东大会、董事会和监事会组成，总裁负责公司的营运。公司有完善的管理制度，信守“发展自己，服务社会”的经营理念。“以人为本”是金思维公司的用人原则，本着“以能聘人、以事留人、以情感留人、物质精神同步激励”的人才理念，采用全员聘用制，每位员工在自主选择的原则下确定自己的岗位，让员工都能到最能发挥自己作用的地方去；公司职工工资采用岗位工资制，待遇与绩效直接挂钩；公司为技术人员提供自由发展的空间，通过内部立项等形式给技术人员提供展示自己的平台；公司资助想要继续深造的技术人员，通过学习提升自己；另外，还为技术人员提供与各方面进行技术交流的机会，如出国学习、参加各种学术活动等。

【技术人才队伍建设】 2010年底，金思维信息技术有限公司拥有研发人员320余人。其中，高级技术人员40名、中级技术人员80名，享受“国务院政府特殊津贴”专家3名，“江苏省有突出贡献的中青年专家”4名，“江苏省333工程培养对象”10名，“全国劳动模范”1名。公司通过招聘引进、自身培养、合作引用等多种方式持续进行人才队伍建设。通过推荐和人才市场等渠道进行招聘，有计划地对现有员工进行培训，并与高校院所长期合作，利用外部人才资源。以公司培训中心、培训网络为主要载体，加强培训课件建设和知识更新，持续开展职业技术培训，不断提升员工知识结构和业务能力。

【产学研合作创新】 金思维信息技术有限公司与清华大学CIMS工程中心、北京航空航天大学、东南大学、南京大学、南京理工大学、南京航空航天大学、中科院软件所、英国DELFT大学等国内外一批高校院所进行广泛的产学研合作。与清华大学合作，提升自有的工作流建模工具和工作流引擎的整体性能，初步解决了面向服务架构的应用端构建与重构问题。与东南大学合作，解决在线分析和集成体系结构等问题。与西北工业大学、南京航空航天大学合作，提升ERP业务管理与生产工艺设计之间的业务互动。与南京理工大学合作，进行CIMS应用实践并总结集成技术与规范。与北京航空航天大学合作，提炼了企业应用集成中的一些数据交换规范。已获软件著作权35项、国家发明专利申请4项、商标权2项，以及前期承担的一批国家、省部级科技计划项目研究成果和自主创新研究成果。 （邢四清）

信息化建设

【概况】 2010年，全区完成软件业务收入102.2亿元，同比增长173%。新增双软认定企业30家，新引进企业数133家。新增软件产业建筑面积4.2万平方米。新增从业人员4200名，同比增长127%。徐庄软件基地加快建设，2010年，徐庄软件产业基地建设苏宁总部和电子商务中心、苏宁研发中心配套用房、徐庄软件产业基地创业孵化中心、江苏软件园2号地块和建成博士后工作站等项目。新引进世界500强迪比信可以及东华软件、汉王科技、人民网、南瑞研究院等品牌企业10家，引进南京市市民卡公司，江苏银行数据中心等规模企业16家。

集成电路产业较快发展。徐庄国际集成电路设计产业园已入驻企业21家，聚集南京市90%民营集成电路设计企业。拥有国家级高新技术企业6家、国家集成电路设计企业3家。全年实现销售收入达2.8亿元，同比增长30%；实现出口近1000万美元。销售额突破过亿元大关企业1家，销售额达5000万元企业2家。

【物联网产业实现突破】 全区物联网建设按照“打造一个物联网产业化支撑平台，紧抓关键技术突破和重点工程应用两大要点，形成研发核心区、企业孵化区和产业发展区等三个物联网产业积聚区”发展思路，突出示范工程建设，突出企业合作与产业互动，构筑集聚发展的产业基地。由中科院微电子所和区政府合作成立的南京物联网研究与产业化中心，2010年已有无线宽带物联网等3个物联网项目运作。

电子商务企业形成集聚发展 2010年，全区电子商务企业16家，主要集中在徐庄以及梅园、锁金村和新街口街道，其中“途牛旅游网”、“猎宝网络”等在全国行业排名位于前列。

【举办软博会玄武专场】 2010年9月4日，玄武区在南京国际博览中心承办第六届中国(南京)国际软件产品博览会~玄武区云计算峰会论坛，特邀微软中国有限公司、IBM中国有限公司等国际知名公司和工信部、科技部、省市相关领导以及华东地区高新区、软件园等相关人员100多人参会。活动以“软件服务创新与全球资源共享”为主体，突出软件产业联盟的建设，注重专业化、市场化、国际化、品牌化和大众化，通过举办一系列的展示、洽谈和配套活动，峰会参会者获得全球最新云计算发展资讯，借鉴最实用云计算发展案例，获得最有价值云计算理念和市场实战能力；政府通过峰会带动整个南京地区云计算产业发展，为软件企业搭建国际交流与合作的平台。

·福中集团有限公司·

【概况】 福中集团有限公司，成立于1995年12月，总部设在南京市玄武区徐庄软件园，以IT产业为主，同时涉足房地产、医疗器械、文化传媒、战略投资、餐饮连锁等产业，集科工贸于一体的大型民营企业集团。现有员工698人，80%为大专以上学历。高级工程师18人、工程师61人、助理工程师109人，占员工总数的26.2%。科研人员58人，全部是本科以上学历，其中，硕士研究生16人，博士生4人。福中集团总资产216750万元，资产负债率48.6%。2010年实现销售收入93384万元，利润3384万元，福中电脑占全省自有品牌的市场份额46%，占全国自有品牌电脑的市场份额6.1%。福中医疗器械微波治疗仪系列产品市场占有率8.2%。近两年来，福中集团重点投资高科技产业园，福中intel实验室、福中NC网络计算机四百万台电脑生产线、福中微波医疗器械兼有激光、光动力学、纳米生物材料研发和生产基地。基于intel技术，福中先后研发出福中高性能电脑、福中农用电脑、福中液冷电脑、福中税控电脑、福中移动PC、“家用便携一体机”等产品。福中在医疗器械市场也进行了大量投入，运用微波热效应原理，成功研制出新一代微波肿瘤治疗仪、电脑灌肠仪、嵌入式软件系统和水冷针等产品。

【科技创新及信息化建设】 2010年，福中集团科技产品销售额达到12.65亿元。在研发上，坚持“注重科技、着眼未来寻求发展、永不停息”的发展宗旨，以用户需要为研究方向，继续加大对新型高端电脑、农用电脑、网络计算机和微波、生化、光学领域的研发力度，使福中电脑在市场竞争中处于不败之地；在生产中，秉行“超越标准，精益求精”的宗旨，严把公司电脑、微波治疗仪系列产品质量关，使公司电脑、微波治疗仪系列产品的质量得到进一步提升，得到广大消费者的认同；在销售中，严守“诚实经营，优质服务，追求卓越，争创一流”的宗旨，采用先进的经营理念，不断提高公司的销售收入；在服务上，坚持“专一热忱，感动顾客”的服务宗旨，延续福中“3+3”的服务理念。集团通过提高企业机构办公管理效率的基础平台，构建起适合于各企业自身应用特色的办公自动化系统(OA)、网络系统、培训系统等，逐步提高中小企业的工作效率，提升管理质量，从根本上改变传统的人管人的经营管理模式。

【微波医疗器械全国领先】 近年来微波医疗器械行业处于快速发展时期，国内医疗器械行业企业众多，竞争激烈。目前，公司的主导产品微波肿瘤治疗仪系列产品在技术上国内领先，质量第一，销量上已占据全国10%以上的份额。微波医疗器械的技术优势体现在：产品实现智能化，手术安全性增强，图像处理技术使图像显示清晰精确，远程数据传输功能满足了现代医院信息化的要求，电子签名系统，增加系统的安全性，在国内处于行业领先。

·江苏鸿信系统集成有限公司·

【概况】 江苏鸿信系统集成有限公司成立于2007年，省公司现有员工380人，其中研发人员占比50%以上。员工中大学本科以上学历占90%，其中，研究生以上学历占25%。依托于中国电信全国垂直一体化的三级营销服务体系和运行维护体系，凭借中国电信丰富的网络资源及优秀的技术团队，广泛的客户资源和行业知识，致力于电信运营商，为政府机关、金融机构和企业提供网络基础设施建设，网络升级及改造，网络管理服务，网络及设备代维服务，设备租赁，应用软件集成及开发等“一站式”服务。公司生产经营稳步发展，2010年，主营收入3.47亿，软件收入1.724亿。公司获得ISO9001认证证书、建筑智能化设计与施工二级、通信信息网络系统集成甲级、计算机系统集成三级资质证书、CMMI 3认证等各类资质共16项。自主知识产权和科技项目申报成果丰硕，获得软件著作权39项，专利授权2件，专利申请号

6件，软件产品登记13件。

【信息融合及物联网领域的探索研究和产品孵化】　江苏鸿信系统集成有限公司致力于信息融合及物联网领域的探索、研究和产品孵化，经过长期的积累，目前在规范制定、平台建设、终端开发和行业解决方案等方面取得了显著的研究成果，在基于下一代互联网的物联网、SAAS平台、云计算等技术领域进行了前瞻性的研究。2009年至2011年2月，融合中国电信网络及核心能力引擎，挖掘市场需求及业务模式，通过技术创新、能力整合、业务拓展，投入研发经费3300万元完成8个物联网重点产品研发，获得国家级及中国电信集团奖项4项，获得省、市各级项目资助3项，获取软件著作权5项，公开发明专利2项，产品销售收入约8000万元，产生利税约700万元。

【智能交通系统平台】　创新智能交通系统平台，对车辆综合监控管理，集无线通信技术、全球卫星定位技术、地理信息技术、无线视频编码技术和计算机控制技术等当今众多的高新技术为一体，通过对各种技术的融合应用、高度集成，将各项技术有机的结合发挥出最大效用，实现对车辆无地域限制的实时动态监控和信息资讯查询服务。并提供车辆突发事件的精确位置及准确时间信息，增强报警救助信息的快速、准确、可靠传递能力，用先进技术手段为车辆提供安全防范及应急救援、导航服务。目前该产品在全国已有1000多个成功案例，取得软件著作权登记证书1项及公开发明专利1项，并获得中国电信集团2010年产品创新竞赛政企和行业应用类二等奖。　（邢四清）

农　业

【概况】　孝陵卫、玄武湖、红山，3个涉农街道有4个行政村，在籍村民1359户、2997人。耕地面积282.40公顷、果园18公顷、林地面积191公顷、其它农用地51公顷。区农办在第三轮农村办八件实事、防治动物重大疫病、农产品安全监管、合理处置农村集体资产等工作中，较好地完成了各项目标任务。开展全区范围内农贸市场、农资市场、大型超市专项检查和综合检查，并以农药、化肥、蔬菜、畜禽、水产品等为重点进行专项整治工作。2010年，被市委、市政府授予农村八件实事工作先进集体称号；市委农工办授予2009年度先进单位、市农林局授予2009年度农林工作特别奖、市"放心菜"工作领导小组授予2009年度"放心菜"工作先进单位称号。

【实施农村实事工程】　孝陵卫街道沧波门村东方圩圩堤改造及泵站改造。2009年7月7日特大暴雨导致了沧波门村东方圩区域严重受灾，防洪圩堤存在隐患，泵站功能欠佳。区农办与区建设局、孝陵卫街道有关负责人，多次到现场实地查看调研，并决定对东方圩圩堤加固及泵站改造。该项目2010年3月立项，由江苏华辉工程项目管理有限公司负责工程招标代理，5月6日开标，南京兴河市政工程有限责任公司中标，5月10日进场，6月底完成圩堤加固。区审计局审计工程总费用205万元。

【加强农牧业投入品质量监管】　2010年，区农办联合区食品药品监督部门，对全区23家农贸市场，东方城农贸批发市场，双拜巷137号屠宰场，沧波门生猪规模养殖场，采取了"一对一"监管的模式，对农户畜牧"散养户"采取了一户一卡的监管模式。重点监管农资市场，主要是农药、肥料、饲料、兽药等生产、经营、使用各环节。从四个方面整顿了农资市场：一是强化农药市场标签整治，严厉查处随意扩大防治作物和对象、随意更改农药毒性标志、一证多用及假冒或伪造农药登记证等不良行为；二是严格肥料市场准入，规范肥料经营行为，严厉查处复混肥、配方肥、有机肥等未经登记生产销售行为或外包装、有效成分含量不达标等不良行为；三是严格饲料市场准入，规范饲料销售行为，严厉查处无批准文号的饲料添加剂产品，杜绝自配料和动物饮用水中添加违禁药品等不良行为；四是严厉查处无产品批准文号和非法经营、使用禽流感等重大动物疫病防疫生物制品不良行为。

【有效控制重大动物疫情】　2月，区农办按市农林局出台《2010年南京市重大动物疫病强制免疫实施方案》要求，定期开展禽流感、猪、牛口蹄疫、猪高热病等免疫工作，确保免疫密度达100%。为有效控制重大动物疫情，动物卫生监督所认真做好疫情监测、疫情诊断工作，联合区工商局、卫生局、司法局等部门各司其职，保证各项工作有序开展。在资金保障上，争取区政府每年设立重大动物疫情

进行蔬菜检测

防控资金20万元。

【合理处置农村集体资产】 3月，南京市委农工办出台《关于进一步加强和规范农村集体资金、资产、资源管理工作的意见》。区农办同3个涉农街道研究管理对策，按照《南京市农村集体资产管理办法》的规定合理处置农村集体资产。2010年重点对红山村、余粮村、沧波门村征地拆迁的集体资产合理处置。同时，加大支农惠农力度，积极落实省、市关于农资综合补贴政策，坚持“补贴标准测算到户、补贴资金发放到户、补贴结果透明到户”的“三到户”原则，区农办会同区财政局将农资综合补贴资金115,682元及时足额发放到农民手中。

【农业依法行政】 2010年，区农办加大农业行政执法力度，从整顿和规范农业生产资料市场经济秩序入手，严厉查处违法经营行为，维护广大农民的根本利益，保证农业增效、农民增收、农村稳定，促进农业生产稳步健康发展。对3个涉农街道、动物卫生监督所的执法职责及人员安排进行整合，严厉打击经营假冒伪劣农资产品行为，维护广大农民合法权益，保证农业生产安全。全年出动执法人员24人次，检查农资经营门点19个，检查种子、农药、化肥等农资3601吨。

（袁胜宁 唐修来）

中山陵景区

城市建设与管理

Urban Construction and Management

- 道路市政设施建设
- 房产管理与开发
- 市容管理
- 火车站地区综合管理
- 环境保护
- 驻区单位选介

道路市政设施建设

【概况】 2010年，玄武区建设局按照“建设提速、标准提升、水平提高”的总体要求，全年完成区目标任务20项，其中9项为协办；市追加13项，64个子项；共84项。全年办理市区人大建议、政协提案共43件。主要涉及扩建道路、市政设施养护和拆迁等问题，办理结果为90%“满意”，10%“基本满意”。全年接待群众上访，处理信访督办件60余件。全年完成固定资产投资3.7亿元。协助统计局完成第六次全国人口普查相关工作。协助玄武质监分局完成实施名牌和标准化战略，开展“质量兴区”活动并通过考核验收。深化“平安玄武”建设，开展系列平安创建活动。协助区综治办完成相关创建工作。

【完成市政建设工程项目】 2010年，完成总投资4200万元的丰收路（东段）道路建设工程；完成总投资180万元的晏公庙路道路拓宽改造工程；完成总投资120万元的东方城路道路整治出新工程。完成103条街巷整治出新；完成总投资350万元的经五路立交东侧绿地建设工程。完成3个住宅小区雨污分流工程，同时完成市追加项目13项。

【市政设施养护】 2010年，区建设局坚持以市政设施养护长效管理为抓手，实施网格化管理，做到日常维护工作和集中维修工作并举。全年维修路面41926平方米，桥梁维护12座，清疏窨井21240座，清疏雨水井29180座，疏通管道115千米；打捞河道漂浮物41387平方米，清运垃圾12764立方米，清扫岸坡1628千平方米。同时对宁杭路、北门桥等26条道路，东沟桥、胜利村桥等11座桥梁进行集中维修。

【加强工程招投标监管】 2010年，全区政府投资小型工程项目共计41个，主要涉及小区出新和单位办公用房翻建等。每个项目招标中介机构和监理单位均从政府投资项目中介机构代理库和监理机构库中摇号产生，并严格按照网上公示—网上报建—网上抽取中介机构—开标—中标结果公示等流程实施。通过有效的项目监管，未发生一起违规操作现象，杜绝了腐败的滋生。全年为政府累计节约经费400多万元，保证政府投资项目的效益达到最大化。

【防汛工作落到实处】 2010年，区建设局在总结上年防汛经验基础上，全面做实防汛工作。通过完善制度，强化责任分工，提高快速处理险情能力，提升工作人员整体素质，准确掌握汛期汛情，防汛工作取得实效。

【新增绿地】 2010年全区共种植乔灌木219.68万株，绿篱0.35万米，垂直绿化3.77万株，草坪地被10.98万平方米，草花139万株，新增绿地15.33万平方米，其中新增公共绿地10万平方米。全区绿地总面积到达数为665.81万平方米，其中公共绿地为1188.69万平方米，绿地率为57.62%，绿化覆盖率为60.76%，人均公共绿地29.72平方米。新建市绿色社区1个。（吴明霞）

【2项工程获“金陵杯”奖】 2010年，区内邓府巷地块项目园林绿化工程获南京市园林绿化工程“金陵杯”奖；补园8-1A园林景观绿化及铺装道路工程获“金陵杯”荣誉奖。江苏美术馆幕墙工程、江苏烟草科技信息物流中心幕墙工程获南京市装饰装修工程“金陵杯”奖。

【干道环境综合整治】 全年完成沪宁高速公路连接线、黄埔路、解放路、龙蟠路、龙蟠中路、北京东路、清溪路、后宰门街、珠江路、玄武大道、北安门街、明故宫路、富贵门隧道等干道整治，供电电缆下地，各类弱电缆线下地。实施市政道路、市容市貌、园林绿化、交通环境“四位一体”道路环境综合整治，拆违建拆广告、道路病害处置、杆管线下地、优化路幅分配、完善排水设施、增绿强绿、完善交通设施、沿街店招整治、沿街建筑立面出新整治等，达到路面宽度无瓶颈、路面平坦无车辙、管道通畅无积水、井盖平整无凹陷、路牙顺直无缺损、道板平整无坑洼、盲道坡道无障碍、公交港湾改造到位、路灯改造亮度到位、各类附属设施按规划设计科学建设配置到位的“七无三到位”目标。

【市容市貌整治】 市环境综合整治部门按照《景观路立面建设出新导则》进行市容市貌整治，体现不同区域、不同文化背景、不同经营业态的特色，做到一路多样、一路多景。聘请国内外著名景观设计公司和专家，对龙蟠路、龙蟠中路等重点道路及成贤街、碑亭巷等一批特色街巷从概念到色彩、从整体到局部、从设计到材料运用进行规划设计。按照《道路环境整治市容市貌考核办法》，对空调外包机、门头店招等内容作统一要求，采取逐路过堂办法，逐个实施验收。（邓克平）

房产管理与开发

【概况】 2010年，区房产局按照区委“转型发展、创新发展、跨越发展和特色发展”的战略目标和总体要求，全局上下围绕市、区重点项目，全面推进房产各项工作，完成房屋租赁税代征1.75亿元，同比增长17.6%；直管公房租金收缴283万元；三产创收800万元。完成11个小区出新，303幢房屋整治工程；扎口推进玄武湖污水处理厂、玄武大道二期扩建地块、华电三期地块、新隆基广场地块、红山小营村地块、小新庄地块、火车站北广场地块和麒麟科技创新园等12个拆迁项目，其中国有土地项目7个、集体土地项目5个，拆迁住宅1870户，工企单位150户，完成拆迁总面积39万平方米。全年还完成旧钢窗节能改造3400平方米；受理、审核城镇低收入住房困难家庭申请住房保障1879户，发放租赁补贴金额543万元；落实“三房”667套、产权调换房194套。

2010年获省级奖项1项、市级奖项7项，20人次受到区以上奖励。

（张万春　郑岚涛）

【强化房产服务职能】 2010年，区房产局坚持以改善群众住房条件为出发点，摸索房屋安全管理新思路，加大拆改结构的查处力度，强化房屋结构安全管理服务。全年受理房屋结构安全投诉54件，处理53件，结案率达98%。通过建立“24小时房屋报修中心”、“星级化考核机制”和打造基层修缮服务窗口建设等举措，直管公房修缮服务满意率明显提高。投入维修资金113.3万元，完成49处，计12854平方米的大中维修。清理化粪池391座，疏通、改造老化下水道22729米，新换窨井盖102个，清理窨井4183座，老、旧房屋屋面拾漏364处，水电维修1285处，修缮门窗251扇。

（郑岚涛）

【推进物业体制创新】 2010年，区房产局以文明城市创建为切入点，坚持物业管理重心下移，大力规范物业服务行为，完善物业管理协调机制。在全区8个街道全面开展物业体制创新工作，建立健

区房产局召开全区物业管理体制创新培训会议

全“两站一中心”,并接管无人管理的老旧小区37个、面积350万平方米。全年抽查项目300余家，下发整改通知书100余份，指导成立业主委员会15个，创建星级平安小区5家,创市优3个,完成83家企业的数据采集工作,举办大型广场咨询活动2次，发放宣传材料近千份。(郑岚涛)

【规范房屋租赁管理】 2010年,区房产局以房屋租赁管理服务税源经济需要为结合点,加大房屋租赁管理宣传力度,全面开展房屋租赁执法案件排查。全区房屋租赁登记备案在册管理户6380余户，合同备案面积113万平米,总租金11.21亿元。发放流动人口房屋登记备案证明17290份,发证率95%以上;在册合同登记5712件，清查登记未办理的在册户1080余户。落实房产中介经纪机构二级管理职能,建立房产经纪机构管理台账，加大中介市场执法检查，规范全区中介机构管理市场。全区中介机构已管经营户133家,有证执业人员591人,办理房地产经纪机构备案申请12家。(张万春)

【住房保障工作实现应保尽保】 2010年，区房产局围绕群众住房要求，不断扩大住房保障覆盖面，缓解住房保障房源供需矛盾。全年共审核拆迁申购经济适用房、拆迁安置房、产权调换房资料1840套,落实产权调换房194套、廉租房252套、拆迁安置房394套、中低价商品房21套,受理、审核城镇低收入住房困难家庭申请住房保障约1879户、4885人，发放租赁补贴金额563万元。(张万春)

区城管局向人民报告工作接受群众评议

【旧住宅综合整治工程】 全年完成11个小区出新、303幢房屋整治任务，工程进度位于全市前列。其中,锁金五村南苑小区打造成全市示范小区,朱善璐书记、季建业市长、王海宏区长等市区领导先后亲至现场视察。年内完成城际铁路沿线两侧整治75幢(处)新增加任务,克服时间紧、任务重,协调难、资金不到位等困难,确保进度和质量,受到市、区领导的表扬。(郑岚涛)

余粮一期经济适用房奠基仪式

市容管理

【概况】 2010年,区城管系统围绕城市环境“三个提升”的总体目标,更新城市管理和执法理念,创新管理举措,转变管理方式,建立和完善城市管理长效机制，在全市市容长效管理综合检查评比中名列第一。2010年,区城管局被评为“省行政执法先进单位”、区年度“四个建设”考核一等奖;区行政执法大队获“江苏省青年文明号”、“南京市文明单位”、“南京市依法治市法制建设示范单位”、“法治南京建设示范单位”;区环卫所在全市环卫考评中获得总分第一,荣获市“金牌环卫所”称号。

【多项举措深化“五服务”】 2010年,区城管局制发了《玄武区城市管理举报整改实施意见》。接到各类举报1231件,做到件件有回复、分门别类抓落实整改。全年完成省、市、区人大建议和政协提案36件,领导批示件63件。制定了《2010年民主评议政风行风工作实施意见》,聘请10名人大代表、政协委员为行风监督员，公布区城管系统服务承诺和举报电话,召开述职评议大会,区政风行风监督组组织服务对象进行现场测评、现场统计、现场公布测评结果,综合得分96.71分。制发了《关于在区城管系统基层党组织和党员中开展创先争优活动的实施意见》，在区城管系统基层党组织和广大党员中开展以"工作争先、服务争先、业绩争先，全力推进城管事业科学发展"为主题的创先争优活动。

【修订市容长效综合管理考核办法】 2010年，区城管局重新修订《玄武区市容长效综合管理考核意见》，考核对象由8个街道扩展到火车站综管办、行政执法大队、环卫所；考核内容有市容环卫责任区、环境卫生、违建控制和拆除、市容举报处理、疏导摊点、广告亮化、占道经营、队伍建设、农贸市场周边、区数字平台检查问题菜单数量和整改率等10项；考核得分由市考评得分和区考评得分两部分组成，市、区考评得分各占50%；考评结果纳入区"四个建设"考核范围。

【市容环卫责任区管理制度落实】 2010年，区城管局按照"三分四定"管理方式，稳步推进市容环卫责任区管理达标活动，责任书签订率100%，履约率达95%。全年对全区12012个单位和店家中6843家进行星级评定，完成年度计划100%。对40余家小区物管开展专项检查，下发整改单28份；对南京园林物业管理有限公司等不履责或履责不到位的单位进行处罚。市城管局在全市推广玄武的经验和做法。

【加大摊点管理考核力度】 2010年，区城管局对全区申报的867个摊点进行审核，发放经营许可证474个，解决516个困难家庭人员再就业。对摊点实行12分制考核，街道每天检查，区每周检查和每月考核，对东大影壁、东方城等早摊点群违规被扣满12分的36个摊点进行停业整顿处罚。

【完善生活垃圾收运系统】 2010年，区城管局全面推行小区院落环卫精细化管理，完善垃圾收运模式，真正做到垃圾运转全密闭，彻底解决全区采用中转站和压缩车进行垃圾收运产生多点污染源顽症。环卫保洁继续坚持"54321"考核考评，建立分时清扫、快速保洁、当班考核"三位一体"快速保洁法，全年取得环卫行业专项考核月月满分，名列全市第一。制定下发《玄武区小区院落环卫精细化管理"三个六"考核考评方案》，"六无"：无杂物乱堆乱放；无建筑和装潢垃圾；无卫生死角；无积水污水；无散在垃圾、瓜皮果壳、烟头纸屑；无抛洒滴漏、积存过夜垃圾。"六净"：路面路牙净；楼梯扶手净；垃圾桶内外净；绿化带净；立面墙面净；着装衣帽净。"六到位"：清扫楼道卫生必须到位；清洗垃圾桶必须到位；清理杂物必须到位；清理卫生死角必须到位；保洁员工作时间必须到位；保洁员持证上岗、着装必须到位。3月26日下午，在玄武湖街道召开全区小区院落环境卫生精细化管理工作会议，6月上旬组成联合检查组，对社区"三个六"落实情况进行检查。

区城管局向市民发放《城管服务手册》11万册

【环境卫生整治出新工作】 2010年对玄武境内铁路沿线市容环境进行整治。拆除违建1.84万平方米，清理垃圾2.24万吨，广告拆除及出新8100平方米，围墙出新3300平方米，新建围墙和大型户外遮挡3800平方米，更换彩钢板屋顶7500平方米。完成玄武大道、龙蟠路—龙蟠中路、北安门街—明故宫路、北京东路、黄埔路、长江路、珠江路—后宰门街—清溪路、中山门至沪宁高速连接线沿线的道路整治出新。拆除广告牌1420块，面积9.57万平方米；门头店招出新改造1232个，面积2.32万平方米；拆除违章建筑面积9554平方米；围墙出新8685米，新建景观围墙2350米；清除占道书报亭47个；空调外包2630个，更换镂空卷帘门129个；建设和出新橱窗面积1.25万平方米。

【老旧小区管理上水平】 2010年接管老旧小区30个、小区居民6.7万人、面积120.58万平方米，安排200个下岗职工就业。加大对辖区内所有物管小区监管力度，对辖区内物业管理公司进行检查、督促、整改，对拒不整改的依法进行处理。老旧小区百姓对小区生存环境满意度明显提高。

【"迎五一、迎世博"城市环境卫生专项整治】 以主次干道、背街小巷、汽(火)车站、场馆驻地周边、市民广场、繁华地段及窗口地区、旅游景点周边、进出城通道、重要干道和铁路沿线区域为重点，开展了"迎五一、迎世博"及2010年紫金峰会市容环境专项整治。开展临时性户外广告、季节性占道经营等多项专项执法行动，加强查处渣土违规运输，强化工地保洁意识，对重点工地安排协管员定岗监管，全年联合市综合执法队、交警一大队、城市巡逻大队开展集中整治136次，查处工地违章24起。对沧波门地区偷倒、乱倒建筑垃圾情况，进行突击整治，撒网布控。对农用车辆违规运输建筑垃圾现象，执法大队每晚23:00至次日凌晨4:30展开撒网式整治，安排两组执法人员分别在重要地段巡查、守点，查处沿街抛洒滴漏32起，中止违规运行车辆100多辆。（张俭彬）

火车站地区综合管理

【概况】 2010年，南京火车站地区综合管理办公室围绕打造地区“生态休闲旅游区，旅客出行平安区，三个文明和谐区”建设目标，依法管理，文明执法，全力做好“春运”、“五一”、“国庆”期间保障和文明城市创建等多项重点工作。获得平安玄武先进集体、区市容系统先进基层党支部、城管系统新闻宣传先进集体、市容环卫责任区管理三星级单位等多项荣誉。

【举行优质服务竞赛启动仪式】 4月27日上午，省、市文明委在南京火车站广场举办省暨南京市“迎世博讲文明，满意在江苏”优质服务竞赛活动启动仪式。省文明委主任杨新力、副主任曹卫星，市文明委主任叶皓、副主任王咏红，玄武区委宣传部长宋晓辉参加启动仪式。竞赛活动参加对象是全省各市，特别是南京、无锡、常州、苏州、南通、扬州、镇江、泰州等沿江8市的30多个文明参创行业，重点是车站、机场、公交、出租车、旅行社、医院、公安交巡警以及银行、电力、通信、邮政等11个窗口行业。竞赛活动的主要内容包括改善服务环境、讲究服务礼仪、强化便民措施、提高服务效率、优化环境氛围等。

【军民合力扫雪除冰保畅通】 2月14日，大雪造成南京火车站旅客出行不便。面对雪情，火车站综管办迅速启动扫雪防冻应急预案，全体工作人员放弃假日自觉担负起火车站地区扫雪除冰保畅通重任。近百人扫雪应急保障队伍冒雪利用铁锹、大扫帚、木板等除雪工具扫雪除冰，分别在站前广场、二层高架平台、亲水平台及各道路交通节点展开。同时，南京军区临汾旅派出410名官兵，并动用数辆大型机械工程车共同参与扫雪除冰工作。

【推进严打整治行动】 7月1日，为改善沪宁城际高铁开通后南京火车站地区治安环境与社会秩序，强化世博安保工作，切实巩固文明城市创建成果，南京火车站地区综合管理办公室联合韶山路派出所、公安玄武分局治安大队，组织开展“迎高铁、护世博、严打整治再提速”治安整治行动。各参加单位根据分工，针对治安整治行动时间紧、气温高、任务重特点，做好民警的思想发动工作；根据部门特点，加强协作配合，形成打击合力，完善管理机制。为营造出浓厚的整治氛围，各参加单位通过印发宣传品，运用小广播、拉宣传横幅等方式，强化社会面宣传发动。通过此项活动确保火车站及周边地区治安面貌进一步改善。

7月1日，南京火车站地区综合管理办公室联合韶山路派出所、公安玄武分局治安大队，组织开展”迎高铁、护世博、严打整治再提速“治安整治行动广场誓师大会

【委托执法规范有效】 2010年，南京火车站地区交通运输执法工作在市交通运输局、市客管处的指导帮助下，在委托单位派驻执法人员的支持配合下，紧紧围绕全市交通运输执法工作的总体目标和发展要求，坚持依法行政，文明执法，热情服务，全力维护“窗口”地区的交通运输秩序，得到了执法相对人和旅客市民的普遍认可。2010年1月1日至2010年12月9日，共查处出租车站外带客585起，未出现一起行政复议和行政诉讼案件。

【车站广场举办“青奥与文明同行”活动】 8月29日，火车站综管办配合区政府会同市级机关工委、南京体育学院，在南京火车站站前广场开展“青奥与文明同行”群众性广场体育活动。200名市级机关人员表演了健身太极拳；南京体育学院大学生表演了中国传统武术和健身操；玄武区社区腰鼓协会60名大妈表演了自编自演的健身腰鼓、社区空竹协会表演了技巧空竹；300名市级机关人员组成方队表演了广播操。（石树生）

环境保护

【概况】 2010年，玄武区环保局不断创新环保工作机制，在全市率先实行街道办事处主任环保工作目标责任制，开展对8个街道环保工作进行考核评价。绿色社区、绿色学校、餐饮业污染控制示范街等绿色系列创建工作完成市环保局下达指标任务。不断强化环境执法监管，积极开展“规模以上餐饮业整治”和“整治违法排污企业保障群众健康”专项行动，出动400余人次，检查各类企业300余家次，挂牌督办4家存在环境问题的单位，使各类环境违法行为得到进一步遏制，拒批不符合国家产业政策和审批条件项目11家。全年共处理各类环境信访449件，夜间群众投诉1000

区环保局召开街道环保工作推进会

余起，信访件接诉率、查办率均为100%，群众满意率85%。区域环境质量得到改善，全年区域水质达到相应功能区标准，空气质量良好以上级别天数达到85%以上，区域环境噪声和交通噪声分别控制在55分贝和70分贝以下，环境质量综合指数达到市政府要求的80分以上。2010年，区环保局获江苏省精神文明建设先进单位、南京市文明单位、南京市创建绿色社区先进单位，以及区依法行政先进单位等称号。

【主要污染物排放量控制在指标范围内】 2010年，区环保局围绕市政府下达的主要污染物减排任务，严格执行环保各项制度，全力推进工业污染防治与减排目标实现。对全区14家工业企业废水和二氧化硫排放实施定期巡查，确保达标排放；对重点企业污染治理实施升级改造，完成中国医学科学院皮肤病研究所、省肿瘤医院清洁生产审核工作；对清洁能源进行改造和监察，完成10吨以下燃煤锅炉改造，协调促成南空梅园饭店锅炉改造启动，为驻区部队清洁能源改造提供借鉴；对医疗、危险固体废物进行处置，处置率100%。2010年，全区工业主要污染物实现稳定达标排放，其中工业废水排放达标率100%，工业废水中COD排放量和工业废气中二氧化硫排放量达到区长环保工作目标考核要求。

【开展工地扬尘污染专项整治】 2010年，区环保局全面落实南京市城市环境“三个提升”行动计划和“蓝天行动计划”，加强对全区72个建筑施工工地、106个雨污分流市政工地、23个拆迁工地管理，降低施工扬尘污染，确保城市空气质量。在全市“11·6”千人大会后，区政府组织环保、住建、城管、安监等部门和8个街道，采取区政府督察督办、责任部门和街道分头监控方式，大力开展工地扬尘污染专项整治。通过成立“玄武区扬尘专项整治领导小组”，出台《玄武区扬尘污染治理工作方案》，建立督察督办机制，建立联席会议制度，从工作机制和督察推进上确保专项整治高位协调、高效运转。2010年，全区共出动300余人次，对辖区内60余家工地进行多次巡查督察，对存在问题的30家工地下达整改通知书，通过整改，施工工地扬尘控制得到落实，市“三个提升”综合指挥部在《工作简报》上专刊推介玄武做法。

【开展绿色系列创建工作】 2010年，区环保局联合区有关部门积极开展绿色系列创建工作，提升人居环境质量。局与红山街道联合开展墨香山庄市级绿色社区创建工作，历时8个月，通过市级绿色社区创建验收。区环保局、教育局联合开展长江路小学市级绿色学校、锁金二小省级绿色学校创建工作，从校园环境整治、课堂环保教育、环保征文、环保活动等多方面按照标准实施创建，进一步美化校园环境，丰富学生环保知识，提升学生们从小保护环境、爱护家园意识。区环保局、城管局、卫生局、房产局等部门和梅园新村街道联合开展东大影壁餐饮污染控制示范街创建，投入资金110余万元，对东大影壁34家餐饮业进行废水控制、清洁能源使用和油烟噪声控制、“白色污染”控制四个方面进行治理整改，完成餐饮污染控制示范街创建任务。

【“安利环保嘉年华”活动在玄武举办】 5月22日，中华环境保护基金会及安利(中国)日用品有限公司、江苏省环保厅

区环保局与省环保宣教中心等单位联合开展“多样的生物，和谐的家园”环保嘉年华南京站活动

共同创意举办的"2010年安利环保嘉年华活动"在白马公园内广场开幕。活动由省环保宣教中心、玄武区环境保护局、安利江苏分公司、江苏电视台城市频道、《金陵晚报》、西祠胡同网站共同承办。中华环境保护基金会副秘书长徐光、中华环境保护基金会办公室主任龙庆刚、江苏省环境保护厅副厅长于红霞等领导及安利(中国)日用品有限公司江苏分公司总监高晓明出席启动仪式。与会领导为江苏省10位"低碳达人"颁发证书和奖品。来自省内万名儿童和家长参加了"环保嘉年华"游戏互动环节。（洪 俭）

驻区单位选介

·城市公交·

【南京市公交总公司】 简称"公交总公司"。位于中央路258号。至2010年年底，拥有运营线路155条，运营车辆2690台，增加线路5条。全年总行驶里程18.6亿公里，客运收入6.34亿元，日平均载客量137.14万人次。运营线路占全市公交行业的38.3%，其中市区线路占有量58.70%，营运车辆占46%，客运量占51.10%。全年总收入减少1195.14万元，减幅1.85%；客运总量减少1371.38万人次，日均减少3.75万人次。公司努力实现科学化运营，年末，GPS智能调度系统全覆盖总公司155条线路，调度模式由沿用多年的纸制路单、人工调度转变为电子路单、电脑智能调度。

【南京中北(集团)股份有限公司巴士分公司】 简称"中北巴士公司"。位于红山路99号。为中北集团下属分公司。至2010年年底，有员工3556名，运营车辆1055辆，其中空调车756辆、普通车299辆，拥有52条公交运营线路经营权，年客运里程约7400万公里，年客运量约2.1亿人次。3路线被评为市市政公用行业2009年度"优质服务窗口"，28路线、40路线分获省、市级"青年文明号"。将ISO 9002国际质量体系转换为ISO 9001:2000质量管理体系。

【南京中北(集团)股份有限公司的士分公司】 简称"中北的士公司"。位于红山路101号。为中北集团下属全资分公司，有运营车辆1795台、员工3500名。出租车营运量占南京市场近20%的份额，年客运量近6000万人次，年纳税600万元。全年更新745台出租车。2010年，获"全国出租行业企业文化及思想政治工作先进单位"称号，中北服务明星总队获"第二届南京市道德模范群体"、"第三届南京市十大杰出志愿服务集体"称号，的士公司服务明星总队先后获"第二届南京市道德模范群体"和"第三届南京市十大杰出志愿服务集体"称号。

【南京公交雅高巴士有限公司】 位于龙蟠路92号。至2010年年底，拥有经营线路19条；车辆439辆，减少12辆；总行程2922.03万公里，增长2.35%；客运总收入1.216亿元，增加238.39万元；客运量7591.78万人次。调整经营思路，应对"地铁、路堵、油荒"冲击，通过4条大线的创收及控制亏损线路的投入，降低客运损失。10月21日，因柴油荒导致公司60辆车无法正常运营。游1线全部实施IPTS智能调度，率先在业内启用电动公交车。启用杨庄停车场、保修基地。提前报废更新32辆空调车，公司3年以下新车354辆车，车辆一日完好车率91.32%。（鉴 资）

·地 铁·

【南京地下铁道总公司】 位于中山路228号地铁大厦。全称南京地铁控制中心，与南京地下铁道工程指挥部合署。主要负责南京市地铁工程的策划、设计、筹资、建设、运营及与地铁机关的物业开发等。

2010年5月28日，南京地铁二号线、一号线南延线和二号线东延线建成通车，南京地铁进入网络化运营时代，运营里程85公里，跃居全国第四。年内，地铁三号线和十号线过江隧道工程开工，南京站标段全面进场，并进入围护结构施工阶段，全线13个监理标段进驻，各项招投标工作基本结束。5月28日，地铁二号线和一号线南延线开通运营，南京地铁全年运送旅客2.15亿人次，日均网络客运量71.64万人次，其中一号线日均出行量36.73万人次，增长16.4%。全年实现运营收入4.58亿元。12月31日创下安全运送乘客110.12万人次的单日客流记录。

【借"青奥会"主题助推地铁营销】 2010年，借助"青奥会"主题，开展南京地铁营销策划活动，发行"与爱同行"地铁纸票，捐赠玉树震区10万元。同时开展网络化运营的咨询、调研，实施老车改造，更好推进网络化运营。

【一号线南延线首列自主集成创新地铁列车下线】 2010年12月10日，南京地铁一号线南延线自主集成创新项目第一列列车，在南京浦镇车辆有限公司下线。南延线自主集成创新项目研制的地铁列车共4列24辆车，是国家发改委和江苏省、南京市政府第一次购置，并首用政策扶持，通过浦镇车辆有限公司与南京地铁公司合作，历时3年联合ABB公司、法维莱公司等合作研发完成，在调试和出厂前相关试验均告成功后下线。

【二号线东延线途经区境设7座站台】 5月28日，南京地铁二号线东延线建成通车运营。二号线起讫为油坊桥——经天路，途经区境设置大行宫站、西安门站、明故宫站、苜蓿园站、下马坊站、孝陵卫站、钟灵街站计7座站台。

【南京地铁设置4个"公共自行车"租赁点】 2010年9月22日，在地铁二号线仙林中心站启用4个"公共自行车"租赁点。以"绿色交通，低碳生活"为主题的"公共自行车"项目，第一期在仙林大学城设点，分别为学则路站、学则路华润苏果站、仙林中心站、仙林中心金鹰购物中心站，共投放200辆自行车供市民使用，号召低碳出行。市民及周边大学城学生凭借身份证登记相关信息后，即可办理一张公共自行车租赁卡，刷卡租车。（鉴 资）

·铁 路·

【南京火车站】 是上海铁路局直属站，由原南京站、南京西站、南京北站合并整合而成，下辖南京站、南京西站、南京北站、梅桂营站、浦镇站、林场站、东葛站、永宁镇站和高里站等9个自然站和仙林站、宝华山站2个高铁站。管内营运线路总长149.088公里，京沪线、合宁线、宁启线、宁芜线、南京客(货)线、林浦支线、沪宁城际高铁在此汇合。日均接发列车260对，其中既有场旅客列车119.5对，城际场高铁列车65对。全年完成运输收入27.1754亿元，增长4.9亿元，增幅为22.30%，其中客运收入22.8亿元，增长1.8亿元，增幅为27.0%；货运收入4.34亿元。旅客发送量2486.2万人，增长249.0万人，增幅为11.10%；货物发送量248万吨。中时完成6.3小时，停时完成22.1小时，日均保有量1208车。

【安全生产指挥中心建成】 2010年，南京火车站建立集客运、售票、行车、公安为一体的信息化、现代化指挥平台，强化车站应急预案和流程，迅速有效应对各类应急突发事件。截至12月31日，实现安全生产248天。

【沪宁城际铁路开通运营】 2010年7月1日上午，沪宁城际高速铁路通车典礼分别在南京站、上海虹桥站同时举行。沪宁城际铁路起自上海站，终至南京站。正线全长300.209公里，全线大中桥梁139座、195.791公里，隧道5座(含明洞2座)、3.426公里，路基约97公里，桥隧约占线路总长的66.4%。全线设南京、上海等21个车站，其中江苏省境内17个、上海市境内4个，并接入新建的虹桥车站，全线预留10个车站。速度目标值由原设计200公里/小时以上提高到300公里/小时以上，上海直达南京仅需1小时左右。 (鉴　资)

·电　　信·

【中国电信南京分公司】 中国电信股份有限公司南京分公司简称"南京电信"。位于中央路2号。2010年实现运营收入30多亿元。加快移动业务与固话、宽带等业务的融合发展，至年底，天翼移动用户数突破100万，成为南京地区唯一一家固话、移动和宽带用户数均超过百万的电信运营公司。获"江苏省诚信单位"、"服务南京放心消费示范单位"、"江苏省厂务公开民主管理工作先进单位"、江苏省首批"平安企业"等称号。

【3G网络技术应用与信息化建设】 2010年，南京电信加快3G网络建设和技术应用，南京市在全省乃至全国率先进入3G移动互联网时代。同时实现"村村通宽带"，建成信息化示范镇38个，农村综合信息服务点540多个，推进农村信息化发展。建成信息化社区195个，建成星级信息化社区80个。助力政府开通"12345"政府服务呼叫中心，建设南京市政务数据中心。助力"平安城市"建设，完成650所学校安防监控系统建设，实现校园监控图像与派出所联动报警，提高突发事件接警效率；将全市800多个网吧、120多个游戏厅接入公安联网监控系统，提高公安部门信息化监管水平。

【为赴海地医疗队提供通信保障】 2010年1月23日，南京军区南京总医院22名医疗人员赴海地地震灾区医疗防疫救护队启程赶赴海地。南京电信是为医疗防疫救护队唯一提供通信保障单位，调用2套海事卫星通信设备作为保障器材，并抽调技术骨干对医疗队全体成员进行综合培训和实战演练，同时将多年通信应急保障成功经验编制成实用手册送到每一位医疗队员手中，确保队员独立完成应急通信联络保障。

【为南京申办青奥提供通信保障】 作为申办青奥会活动唯一电信运营服务商，南京电信提供的综合通信和信息保障服务，确保申办陈述现场视频信息准确、及时传输回南京，在南京电信提供电信通信保障下，省委常委、市委书记朱善璐通过越洋电话在第一时间通报南京市成功获得青奥会举办权的喜讯。南京电信被南京市委、市政府授予"南京申办2014年青奥会有功单位"。

【中国联通南京分公司】 中国联合网络通信有限公司南京市分公司简称"南京联通"。位于中央路32号。2010年，公司实现主营业务收入7.41亿元、利税2129万元。3月，针对外来务工人群对长途的需求推出"长途半价卡"，月功能费11元、赠送炫铃，市话0.18元/分钟，所有国内长途一律半价优惠，如叠加定向长途，长途只需0.075元/分钟。11月，针对本地市场需求推出"超级市民卡"，月功能费11元、每月赠送100分钟市话和30兆流量，其他执行标准资费。

【推进宽带业务增长】 2010年，公司以超前成本投入和资源重点保障的思路，快速提升营销能力和服务能力，加快宽带接入网的覆盖。梳理、优化前后台管理流程及支撑手段，充分激活社区经理及代理渠道的积极性，压缩"装移维"时限，提升放装、抢修速度及工程质量。加强现有固话的宽带业务渗透率、有线和无线宽带的协同发展。持续推进低渗透率小区提升与圈楼圈地营销，抓住南京数据骨干网建设及宽带扁平化契机，利用充足的宽带出口形成的有利条件，启动新一轮小区宽带圈地工作。 (鉴　资)

·邮　　政·

【南京邮政局】 位于中山路366号。2010年，南京邮政实现业务收入6.89亿元，净增1.1亿元，增长18.77%，为历年之最。金融业务实现收入2.72亿元，增长30%；储蓄余额突破150亿元，全年净增余额34.1亿元，净增额列全省第二；电子商务实现业务收入1390万元，增长52%；函件、集邮均实现两位数增长。全年投入1400万元，对区域内27个二类网点进行高标准改造，全面配置VIP理财专区、专柜，改善用邮环境。2010年12月14日，南京邮政局与南京市旅游园林局联合举行"游客权益保障书"明信片首发式。明确游客权益，告知游客投诉维权的方式，并征求对旅游单位服务的意见和建议。2010年7月17日，南京邮政局开办的省内首批邮政夜间便民服务店开业，夜间便民服务店分别设在鼓楼营业网点、夫子庙营业网点和水佐岗"中邮快购"网络实体店，服务时间是每天18~21时，服务项目有特快邮件收寄，畅销图书及报刊销售，水、电、煤气等各类公用事业性费用的代扣代缴，提供交通票(航空电子客票和汽车票)及商旅服务，各类日常生活用品及网络商品的销售，鼓楼店另有特许礼品的展销。

蝉联全市公共文明指数测评第一名，获"江苏省五一劳动奖状"、"江苏省文明行业"、"南京市文明行业"等称号，发投局、营业局分别获江苏省和南京市文明单位称号。

【推进投递网建设】 推进投递段道集中，强化精品投递与普邮投递间的资源互补，精品中心投递员日均投递、回收账单量提高80%。优化银企账单投递流程，全面实行普通给据邮件封发清单无纸化，实现中心局对校园包裹从收寄到封发的全面前置，开通南京—石家庄往返汽车邮路。投递系统应用范围进一步扩大，完善投递质量监控体系，促进投递质量的进一步提升。

【全能型票务中心建成】 2010年，南京邮政局建成全能型票务中心。票务代理点从上年初的1个发展到9个点，实现地域全覆盖，其中迈皋桥票务中心成为华东地区火车票出票量第二大代理点。突破仅能购买苏锡常线路往返票的局限，实现全国往返车票购买。实现飞机、汽车、火车的全票务代理。

(鉴　资)

出新后的后宰门街32号小区

教育

Education

- 概述
- 学前教育
- 初等教育
- 中等教育
- 高等教育
- 社区教育
- 教师

概 述

【概况】 2010年,全区教育加强学习型组织建设,努力提升教师队伍综合素质。通过推进素质教育,促进学校特色发展;深化课程改革,提高教育教学质量;强化分类分层,促进教育优质均衡发展。玄武区先后被评为"第三届全国亿万学生阳光体育冬季长跑活动优秀组织单位"、"江苏省教育现代化建设先进县(区)"、"江苏省学生阳光体育运动先进县(区)"和"南京市集体幼儿园'提升工程'先进区",并以最高分的优秀成绩通过省政府教育督导考核评估。区教育局、十三中获"江苏省基础教育课程改革先进集体"称号。长江路小学校长宋红斌被国务院授予全国先进工作者称号,北京东路小学附属幼儿园吴绍萍当选全国十大"教书育人楷模",十三中校长王军获得首届全国教育改革创新优秀校长奖,28位校长、教师被评为省特级教师、市名校长、市学科带头人,南京师范大学附属小学阎勤获南京市第二届基础教育专家称号。

【省教育督导考核组对玄武区教育工作督导考核】 6月22~23日,省政府教育督导团副总督学祭彦加带领省政府教育督导考核组一行8人,对玄武区教育工作进行全面督导考核。区委书记单景南、南京市教育局副局长周文海、区委宣传部长宋晓辉、区政协副主席刘显平、区人大副主任杨冬梅、区政府副区长王静等领导,玄武区委办公室及区教育局、财政局、人事局、综治办、国税局、地税局、公安分局、纠风办等部门负责人参加教育工作督导考核汇报会。单景南代表区委、区政府致词,王静作题为《全面推进素质教育,建设现代化强区》汇报。祭彦加对玄武区委、区政府高度重视教育、高度关心教育、高度支持教育感到满意,希望总结好玄武做法,以供全省教育工作参考和借鉴。督导考核组还分别召开部分区人大代表、政协委员和中小学校长、教师座谈会。对区内10所中小学和2所幼儿园进行实地督导考察,同时还实地考察玄武区钟山国际高尔夫球场和徐庄软件园2个综合教育实训基地和玄武区梅园街道的社区教育工作。23日钱炜代表省政府教育督导考核组对玄武区人民政府教育工作督导考核情况进行通报,对玄武区近年来教育工作给予充分肯定。

【教育服务社会为民办实事】 2010年,全年义务教育杂费减免62352人次,计737.28万元;发放家庭困难子女"助学券"805人次,计34.27万元;发放职高、中专困难学生助学金3768人次,计282.6万元;免费提供课本及教科书966833册,计473.9万元;发放大学生生

源地助学贷款24人，计13.52万元。全年接收外来务工人员子女就学5460人，其中公办小学3223人，公办中学1279人，红山外来工学校958人，就学率100%；加大公办学校接纳外来务工人员子女就学力度，关注外来务工人员子女就学情况，外来务工人员子女就学政策得到落实；依法管理外来工子弟学校，努力为外来务工人员子女提供好的教育服务。（张 皞）

【区人大调研推进义务教育均衡发展情况】 10月13日，区人大常委会主任陆必坤带领多位教科文卫工委委员到区教育局调研全区推进义务教育均衡发展情况，听取区教育局局长张利明专题汇报，与部分校长、教师代表座谈，听取推进义务教育均衡发展工作具体举措、工作成效、意见和建议。经人大常委会讨论后，向区政府提出解决建议，努力达到优质均衡发展目标。（李心建）

【素质教育成果显著】 2010年，以上海世博会、南京申办青奥会成功为契机，开展"迎上海世博、迎青奥、讲文明、树新风"未成年人思想道德实践活动和"读书节"主题系列活动。海英小学、红山小学心理健康咨询室被评为"南京市示范心理咨询室"，南师附小、珠江路小学获"南京市学校德育创新优秀奖"，北京东路小学、长江路小学分别被评为首批省级和市级"中华经典诵读基地学校"。全区有320名学生被评为省、市、区"三好学生"，72名学生被评为省、市区"优秀学生干部"，161个班集体被评为市、区"优秀学生集体"，128名区"优秀少先队员"、10名"社区十佳少年"、55名区"优秀大(中)队辅导员"受到表彰。举办区教育系统"五环旗下奥林匹克会旗传递玄武巡展活动"暨中小学生"喜迎青奥，阳光体育行启动仪式"。九中篮球队夺得全国"耐克杯"篮球赛江苏赛区冠军，长小健美操队在全国健美操联赛中获三人操团体冠军，梅园中学男排荣获省十七届运动会排球比赛青少年组冠军，逸仙小学男排获南京市儿童排球比赛冠军，成贤街小学获2010年南京市儿童篮球比赛男子组第一名，逸仙小学、半山园小学分获南京市少儿射击比赛两个项目团体冠军，小营小学足球队获玄武区综合运动会(青少年)足球比赛冠军。区少年宫被命名为"全国模拟运动指导站"。举办玄武区"庆祝六一儿童节暨中小学艺术教育成果汇演"活动，充分展示了玄武区学校艺术教育取得的成绩。九中被教育部表彰为"全国学校艺术教育工作先进单位"，九中民乐团获全国第三届中小学生艺术展演一等奖，宇花小学、长江路小学被评为江苏省第二批艺术教育特色学校。

【教育教学改革成效显著】 2010年，全面启动新一轮"三全"、"五优化"("三全"：全体、全面、全程；"五优化"：优化学习目标、优化问题设计、优化互动生成、优化自主体验、优化评价矫正)课堂教学实践与研究，学校校本课程及综合实践课程特色彰显。南师附小获"全国基础教育课程改革教学研究成果二等奖"。区教育局、十三中获"江苏省基础教育课程改革先进集体"称号。十三中、南师附小、北京东路小学获"江苏省基础教育教学成果奖"特等奖，成贤街小学获一等奖。玄武中专校被认定为第二批江苏省职业教育课程改革实验学校。区教师进修学校、北京东路小学、北京东路小学附属幼儿园被表彰为南京市基础教育课程改革先进集体。南师附小、北京东路小学、十三中、成贤街小学获首届南京市基础教育教学成果特等奖，区教育局获一等奖，北京东路小学附属幼儿园、长江路小学、区进修学校、九中、区教研室教科所获二等奖。全区初中教育质量(中考)、高中教育质量(高考)继续处于全市领先水平。

【"三全""五优化"课堂教学研究与实践】

召开玄武区"区域推进'三全''五优化'课堂教学实践研究"交流研讨会，以教学课例为载体，深入研究课堂教学中优化每一环节的具体教学策略。承办第三届"中国南京—新加坡中小学校长教育论坛"，与新加坡教育代表团深入交流教学质量的管理与评价工作。承办全国"创造自己的高效教学经验"研讨会，介绍玄武区开展课堂教学"三全""五优化"研究经验，全国17个省市有关领导、专家和教师500多人参加。召开全区教育系统"三段一体"教学质量管理工作总结表彰大会，小学、初中、高中分别进行专题交流研讨。北京东路小学被评为"江苏省小学学科基地学校"，十三中锁金分校被评为"江苏省教学资源研发基地"，五十四中被评为南京市推进素质教育示范初中，海英小学、长小分校、珠江路小学被评为南京市第五批"做中学"科学教育项目实验学校。

【发挥教育科研引领作用】 2010年成功申报立项江苏省教育科学"十一五"重点规划课题《深入实施素质教育背景下区域推进"三全""五优化"课堂教学的实践研究》。坚持将课题研究与提炼学校特色相结合，十三中、梅园中学、三十四中、九中震旦申报立项了国家特色高中规划课题；十三中红山校区、北京东路小学分校、海英小学申报立项省文化建设规划课题，以课题研究为抓手，在课题研究中提升学校文化建设的层次和品位。以研促教，扎实抓好个人课题的研究。截至2010年底，全区已有90%以上的教师参与过校级以上个人课题的研究；有70%以上的教师参与过区级个人课题的研究并申报过南京市教师个人课题。

（张 皞）

【"全国'创造自己的高效教学经验'研讨会"在玄武区召开】 11月25~26日，中国教育学会目标教学委员会主办，玄武区教育局承办的"全国'创造自己的高效教学经验'研讨会"召开，相关领导和国内专家、教师400多人参加。中国教育学会目标教学专业委员会副理事长、西安市教育科学研究所所长李夏彬主持，区政府副区长王静致辞，南京市教育局副局长张生，江苏省教育学会会长周德藩，中国教育学会目标教学专业委员会常务副理事长，海南省教科院院长蒋敦杰分别讲话。区教育局局长张利明作题为《加强质量文化建设，促进教育优质发展》专题报告。中国教育学会目标教学专业委员会副理事长、华南师范大学教科院刘良华教授作题为《高效教学的原理与策略》专题报告。25日下午，参会者及南京市各区县教研室的领导与骨干教师分别在锁金分校、三十四中、长江路小学、宇花小学和锁金二小5个分会场观摩课堂教学。（杨向红）

【分类分层推进，促进玄武教育优质均衡发展】 2010年调整与整合后窑门、红山、月苑、太平门、梅园新村地区教育资源，推进学校结对共建战略。九年一贯制孝陵卫中学与九中、九中弘光分校、长江路小学分校等3所学校以玄武东部建设开发为契机结对共建；九年一贯制紫东实验学校与十三中、十三中科利华分校、北京东路小学结对共建；科利华分校小学部与南师附小结对共建。结对学校互派干部取长补短，共同提高管理水平；互派优秀教师进行讲课、评课及科研交流，开展"手拉手"系列教学研讨活动，共享优质教育资源。承办"南京市小学素质教育内涵发展现场会"和"全国小学小班化教育专业标准研讨会"，珠江路小学被评为南京市小班化教育示范小学。

【构筑安全稳定和谐校园】 制订2010年区教育系统安全工作意见，区教育局与各中小学校签订了安全维稳、综治工作责任书。组织各中小学开展以"关爱生命，构筑和谐校园"为主题的校园安全月活动。开展以加强防灾减灾、建设和谐校园为主题的中小学生安全教育日系列活动，以"5·12"纪念日为契机，在洪武北路小学开展社区减灾应急预案演练。妥善处理好部分校园中住家户的遗留问题。十三中、十三中锁金分校、北京东路小学、玄武门幼儿园被评为"江苏省和谐校园"。三十四中、洪武北路小学、樱花小学被评为"江苏省防震减灾科普示范学校"。成立校园保安大队，为全区所有公办中小学、幼儿园配备112名校园专职保安，积极配合区公安及综治部门做好校园安全防卫工作。九中震旦校区、北京东路小学、逸仙小学、珠江路小学、珠小附幼被评为"江苏省平安校园"；十三中锁金分校、十三中科利华分校、九中震旦校区、海英小学、小营小学、北京东路小学、成贤街小学、逸仙小学、长江路小学、珠江路小学、红山小学、北小附幼、珠小附幼被评为"南京市平安校园"。洪武北路小学被评为南京市红十字系统先进集体。（张 皞）

8月30日玄武区校园保安大队成立暨上岗仪式在小营小学举行

【改善中小学办学条件】 2010年共投入1557.85万元用于改善学校办学条件，其中学校自筹264.81万元，装备计划完成率120.28%。有计划逐步加大课堂录播室、数字化实验室、数字地理室的建设步伐。2010年，扎实推进校舍安全工程，按照全区统一安排，维修加固校舍6栋，加固面积10801平方米，投入资金1045万元。原址新建1个、加固5个全部完成投入使用；在建"校安工程"1个。（何 波 张耀斌）

学前教育

【概况】 玄武区学前教育纳入全区教育事业发展规划，学前教育高位普及。截至2010年底，玄武区幼儿园总数为38所，其中，省优质园26所、市优质园4所、标准园8所，优质率达78.9%。幼儿园占地面积229783平方米、建筑面积99537平方米、校舍及办公用房77627平方米。幼儿园教职工总数为1329人，其中专任教师751人，专科以上学历698人。在园班数363个、11072人，其中当年入园人数4054人、离园人数2843人。玄武区先后荣获全国幼教先进区、江苏省幼儿教育先进区，2010年荣获"南京市集体幼儿园'提升工程'先进区"称号。

【玄武区获"南京市集体幼儿园'提升工程'先进区"称号】 1月14日，玄武区被南京市教育局授予"南京市集体幼儿园'提升工程'先进区"称号。自2008年始，区启动集体幼儿园"提升工程"。区政府将集体幼儿园发展纳入教育发展整体规划，成立副区长苏宇红任组长，区教育局工委书记陈燕为副组长，财政、街道、妇联、教育局等相关部门"一把手"为成员的"提升工程"领导小组。全区筹资259万元，全面改善办园条件。（潘 舒）

【南京市第四期教师"个人课题"幼儿园专场培训会在玄武召开】 4月20日下午，区教科所组织幼儿园教师"个人课题"专场培训会，市教科所李洵和徐良现场指导。市级机关幼儿园孟广文副园长、黄玲、赵雪老师介绍她们如何在幼儿园的大课题中选择个人课题研究的做法，对受训者很有启发。（江 群 成 静）

【全区民办幼儿教师技能技巧大赛表彰会】 10月16日，玄武民办教育协会在南京红山幼儿园召开大赛表彰会。樱花双语幼儿园孙明获一等奖；小哈佛双语幼儿园邵颖青、华星艺术幼儿园梁丽娜、沧波门幼儿园罗术碧获二等奖；小哈佛

10月16日，玄武民办教育协会在南京红山幼儿园召开全区民办幼儿教师技能技巧大赛表彰会

双语幼儿园王蓉、玄武乐乐幼儿园刘俐和梁晓玲、月苑幼儿园沈思惠、小太阳幼儿园张小唯、淘淘幼儿园刘伟获三等奖。（陈克俊）

【开展幼儿园自制玩教具比赛】 2010年，区教育局组织全区幼儿园教师开展自制玩教具比赛。区教育、集体、机关院校、部队及民办五片21家幼儿园老师共选送47件参赛作品，内容涉及科学、社会等众多领域。在选送的作品中选出5件一类作品，代表玄武区参加南京市比赛，获得二等奖1个、三等奖3个。

【举行幼儿园结对帮扶签约仪式】 9月15日下午，玄武区幼教系统举行幼儿园结对帮扶签约仪式。对有创建发展要求的幼儿园开展结对帮扶行动，实行"一对一"帮扶。根据约定书要求，认真履行各自的义务，进一步扶持民办幼儿园健康发展。此次三组结对园——珠江路小学附属幼儿园与南京市小哈佛双语幼儿园、南京市锁金新村第二小学附属幼儿园与南京玄武乐乐幼儿园、南京市半山园小学附属幼儿园与南京市玄武区淘淘幼儿园分别签下帮扶约定书，三所公办幼儿园将从园本特色的挖掘、园本文化的培养、教师队伍建设、档案规范化管理以及标准化建设等多方面实施具体帮扶。（潘　舒）

玄武区开展幼儿园自制玩教具比赛

初等教育

【概况】 玄武区小学总数为20所，全部被确认为省级实验小学。小学占地面积228153平方米，校舍建筑面积151003平方米。教职工总数1362人，其中专任教师1316人，专科以上学历1257人，有中学高级教师职称44人、小学高级教师职称778人、小学一级教师职称384人、小学二级教师职称16人。2010\2011学年初，在校班级数545个，小班化占60%；毕业学生数3206人，在校学生数19787人。

【举办小学首届"公民教育实践活动"项目听证展示会】 3月19日上午，玄武区小学首届"公民教育实践活动"项目听证展示会在珠江路小学隆重召开。会上，孩子们从"我们的问题"、"现有的政策"、"我们的方案"和"我们的行动"四个方面对所研究问题进行分析、阐述、答辩。孩子们扎实、认真的研究态度，勇敢参与活动的表现以及活动中体现出来的主人翁精神、社会责任感、小公民意识、维权意识、良好的语言表达能力等都受到了听证员、在座领导和专家及老师们的一致好评。（姚梅　冯凌）

【台北市候用校长储训团到珠江路小学访问交流】 3月26日上午，台北市教育局林信耀副局长任团长的台北市候用校长储训团一行38人来到南京市珠江路小学进行访问交流。林虹校长向来宾介绍了学校的整体情况及小班化"墨韵书人"魅力课程建设。储训团成员对玄武区小班化建设的教育理念及珠江路小学弘扬中华传统文化的教育思想表示认同与钦佩，并就"书人课程的纵横向建构"与学校领导进行了交流。交流会后，候用校长储训团的成员观看了珠江路小学学生独具特色的书法操表演。（赵　丹）

【市委书记朱善璐给小营小学学生回信】 3月21日，小营小学三(3)班段誉同学收到省委常委、市委书记朱善璐给他的一封回信。段誉同学积极参加小营小学开展

3 月 21 日，市委书记朱善璐给小学学生段誉青奥提议回信

的“新年许愿—盼望南京申办青奥会成功”活动，给朱善璐写一封信，提议在南京种植蒲公英，借助蒲公英的花语象征，把“博爱之都”的爱传播四方。朱书记亲自回信鼓励小朋友们与青奥共同成长，充分发扬主人翁精神，做服务青奥会的小志愿者，做传播文明的小天使，做建设美丽新南京的小主人、小先锋。（梁昊旻）

【南京市小学素质教育内涵发展现场会在同仁小学召开】 5 月 13 日，“南京市小学素质教育内涵发展现场会——玄武小班化教育专场”在玄武区同仁小学隆重召开，本次现场会是南京市首次召开区域性小学素质教育内涵发展现场会。南京市教育局副局长周文海，南京市玄武区政府副区长王静，以及各区县教育局领导、省级实验小学校长参加了此次现场会。

【举办中小学艺术教育成果汇演暨庆“六一”表彰会】 5 月 28 日下午，在南京市文化艺术中心举办了“中小学艺术教育成果汇演暨庆‘六一’表彰大会”。玄武区政府副区长王静致祝辞，对玄武区中小学艺术教育所取得的成绩给予了充分肯定。由九中、梅园中学、玄武中专校、区少年宫、北京东路小学、长江路小学、南师大附小、成贤街小学、半山园小学、小营小学的学生们进行艺术教育成果汇演，区委常委、宣传部长宋晓辉，南京市教育局纪工委书记王云霞，玄武区人大副主任杨冬梅，区政府副区长王静，区政协秘书长罗军以及市教育局有关处室、区教育局、区妇联、团区委、区关心下一代协会等部门领导到会祝贺。（张 皞）

【全国(南京)小学小班化教育专业标准研讨会在小营小学举行】 10 月 14 日，2010 年全国(南京)小学小班化教育专业标准研讨会在小营小学举行，来自大连等各地区的 100 多位领导参加了此次研讨会。小营小学毛丽平校长，讲述了学校由“童心教育”特色出发，从环境、备课、课程、管理等多方面展示了学校的具体做法，受到与会者的一致好评。（梁昊旻）

【江苏省“和谐教育理念与实践暨王兰教学文化研讨会”在长江路小学召开】 10 月 28~29 日，江苏省“和谐教育理念与实践暨王兰教学文化研讨会”在长江路小学隆重召开。江苏省教育学会名校文化研究中心小学联盟单位和学术研究基地单位的领导和骨干教师、江苏省教育学会和谐教育专委会会员单位的领导和骨干教师、相关教育局领导、教科研人员和市、区兄弟学校校长以及苏州市平江区教育局陆丽萍局长率全区小学正职校长等 250 多人参加此次研讨会。86 岁高龄的王兰老师就“和谐、本真”课堂教学流派进行了阐述，认为师生关系的和谐是和谐教育的核心；“语言与精神同构共生”是语文教育的新境界；博采众长，让各个流派之长在自己教学工作中和谐共生。和谐教学思想，是她教学文化的核心理念，是她几十年如一日对高超教学艺术和高远的教育境界不懈追求的统一体。（严 莉）

【长江路小学素质教育成果文艺汇报专场演出获好评】 10 月 28 日下午，在紫金大剧院举行南京市“金陵之花”小学艺术教育展演“放飞希望”——长江路小学素质教育成果文艺汇报专场演出。南京市“金陵之花”小学艺术教育展演活动，是由南京市教育局组织的一项活动，旨在搭建一个广阔的舞台，让全市各所学校充分展示特色教育，宣传素质教育成果，是对各校在实施新课程改革过程中

5 月 13 日，“南京市小学素质教育内涵发展现场会——玄武小班化教育专场”在玄武区同仁小学隆重召开，副区长王静致辞

成功经验的艺术化展示。长江路小学奉献了一台充满童真和激情的艺术节目，以“放飞希望”为主题，将长小“和谐”的办学理念展现得淋漓尽致，展现了长江路小学多年来坚持实施素质教育所取得的丰硕成果，演出获得来自各方面的高度评价。（严莉 黄雅云 赵昌竹）

【团中央权益部副部长卢国慧到珠江路小学考察调研】 1月14日，团中央权益部副部长卢国慧、全国政协委员陈凯、梁丽萍、团中央维权工作处副处长王尔东及省市区团委领导一行15人到珠江路小学考察，考察的主题为“互联网时代的青少年生活方式”。卢国慧等在学校观摩一节利用网络高效学习、快乐成长校本实践课，以及网络学习特色展示；在座谈汇报会上，珠江路小学校长林虹就在校学生应用互联网的基本情况作了介绍，家长和老师代表分别就网络运用、监管、引导情况与领导和专家进行交流探讨。考察人员最后表示将对大家讨论中反映的问题进行梳理归纳并作为提案素材。

链接

教育教学成果丰硕

1月，长江路小学、锁金二小、月苑一小5个学生社团被评为2008~2009年度“童趣杯”全国优秀红领巾小社团。

1月，珠江路小学、樱花小学获“南京市青年文明号”称号。

2月24日，北京东路小学、珠江路小学附属幼儿园、逸仙小学、珠江路小学、九中震旦校区、长江路小学、半山园小学、小营小学、红山小学、成贤街小学分校、北京东路小学附属幼儿园、十三中科利华分校、十三中锁金分校等13所学校被评为2009年度南京市“平安校园”学校。

3月，南师大附小11名队员获市“青奥小博士”称号。

4月8日，红山小学被江苏省环境保护厅、江苏省教育厅认定为“江苏省第九批绿色学校”。

4月22日，宇花小学被江苏省教育学会美术专业委员会授予“江苏省美术教育示范学校”称号。

4月9日，北京东路小学、珠江路小学附属幼儿园、逸仙小学、珠江路小学、九中震旦校区被评为江苏省“平安校园”。

4月6日，南师附小被评为“2007~2009年度南京市标兵红旗大队”。

5月3日，北京东路小学、南师大附属小学、长江路小学分校、宇花小学四所学校被评为“中国少年科学院科普教育示范基地”。

6月，红山小学被省环保厅、省教育厅命名为“江苏省绿色学校”。

9月，玄武区少年宫被命名为“全国模拟运动指导站”。

10月，成贤街小学被评为“中国教育学会小学语文教学研究会先进单位”。

12月3日，珠江路小学、逸仙小学、54中、梅园中学被表彰为“江苏省中小学心理健康教育先进单位”。

12月31日，宇花小学被授予“江苏省少儿曲艺活动基地”。

竞赛活动创佳绩

1月，锁金二小学生在新加坡新中友好协会等主办的“少儿双语演讲国际邀请大赛”中，1人获一等奖，2人获二等奖，5人获三等奖。

1月，玄武区少年宫在市少儿棋类比赛中获得围棋和中国象棋两项团体总分第一。

1月，区信息技术教师在市中小学信息技术优质课评比中，取得2个一等奖、4个二等奖、4个三等奖。

3月25日，成小京剧《天女散花》获市中小学生艺术展演暨少儿艺术节比赛活动表演一等奖。

3月，长小分校谈成同学在第八届香港国际武术节中勇夺金牌。

4月16日，在南京市“童心盼青奥，快乐大比拼——争光青奥小博士”校际对抗赛中，南师附小获团体二等奖，宇花小学获团体三等奖。

4月22日，南师附小诵读队获得“七彩语文”杯美诗文诵读大赛城区预赛第一名。

4月28日，长小分校刘俊康同学在市中小学生科技小发明中获得优胜奖。

5月12日，成贤街小学篮球队获市少儿男子篮球比赛第一名。

5月16日，逸仙小学男排勇夺南京市儿童排球比赛冠军。

5月20日，南师大附小、樱花小学、艺术小学以及北京东路小学获南京市第三届“七彩语文杯”美诗文诵读决赛金奖。

5月29日，逸仙小学、半山园小学分获市少儿射击比赛团体冠军。

5月23日，小营小学足球队获区综合运动会（青少年）足球比赛冠军。

6月11日，玄武特教学生在市美诗文诵读比赛中获二等奖。

7月19至23日，在第八届全国中小学信息技术创新与实践大赛中，长江路小学英语组团队获网络教研团队竞赛一等奖。

8月，小营小学邓静仁同学获“爱我中华”全国青少年综合素质展示活动总决赛五年级组比赛金奖。

9月26日，海英小学获市校园集体舞大赛一等奖。

9月，成贤街小学杨博硕同学喜获数学奥林匹克亚洲精英赛银奖。

10月11日，在第十七届江苏省运动会上，长江路小学获3金、1银、2铜，南师附小获5金、5银、3铜，十三中科利华分校获1金、1银、2铜。

10月17日，在江苏省航空模型比赛中，珠江路小学获2金、3银、3铜，成贤街小学分校获5个个人单项奖和1个优秀辅导员奖。

11月，孝陵卫中心小学在南京市第28届“展望杯”田径比赛中获7枚个人金牌并获儿童组团体第2名。

12月，宇花小学在第九届“写作杯”全国文学艺术作品大赛中获6个一等奖、1个二等奖、1个三等奖，学校获“作文强校”奖。

12月6日，成贤街小学分校获“江苏省互动电视征文大赛”南京地区唯一优秀组织学校奖。

12月，中央路小学王婧老师获2010年江苏省第五届体育教学能手比赛一等奖第一名。

中等教育

【概况】 玄武区有5所独立公办初级中学,5所普通高中(独立高中2所、完中3所),1所国家级重点职业学校。普通中学及中等专业学校总占地面积377006平方米,校舍建筑面积238808平方米。教职工总数1568人,专任教师1456人,其中,初中专任教师中研究生毕业学历53人、本科学历696人、专科学历83人,有中学高级教师职称208人、中学一级教师职称373人、中学二级教师职称215人;高中专任教师中研究生毕业学历75人、本科毕业510人、专科毕业25人,有中学高级教师职称274人、中学一级教师职称225人、中学二级教师职称72人。2010\2011学年初在校班级总数421个,其中,初中266个、高中155个。初中毕业学生数3351人、招生数3718人、在校生数10704人。高中毕业学生数2660人、招生数2394人、在校生数7354人。

【校庆活动及对外交流】 3月5日,梅园中学举行纪念周恩来总理诞辰112年暨建校74周年晨会,举行升旗仪式,全体师生向周恩来总理铜像敬献花篮。校领导讲话,周恩来班4位同学配乐诗朗诵《心中的梅园》。5月15日,玄武外国语学校举行建校14周年庆祝活动,并为2010年度"校园十佳"同学颁奖,师生开展"青春携手爱心、爱心点燃希望"义卖活动,筹款14404.1元作为学校"爱心基金会"资金。9月29日,澳中文化交流中心主办、澳大利亚悉尼教育局组织的学生演艺团访问九中,并与九中文艺中心学生同台演出。10月18日,南京市第三十四中学迎来建校60周年,区四套班子领导陆必坤、王海宏、梁广宏、张萍、宋晓辉、刘昱平、井祥和、王静、张发,市教育局副局长周文海应邀出席庆典活动。

(丁　征　奚亚伟)

12月19日,在玄武区第三十四中学举行"共托明天的太阳"大型公益活动

【玄武中专校与法国弗德吉朗日学校签订"友好学校"合作协议】 4月11日下午,玄武中专校与法国弗德吉朗日学校在南京正式签订"友好学校"合作协议。根据该协议,双方将互派教师进修或语言教学;互派学生进行15~20天短期访问交流;在教材、教学软件、管理制度等教学和文化方面进行交流。

(李心建)

法国弗德吉朗日学校师生在玄武中专校开展修学活动

【九中举行"杨德广奖学金"颁奖典礼】 10月29日,南京九中举行"杨德广奖学金"颁奖典礼。区委宣传部部长宋晓辉,市委教育工委副书记朱晓琳,区教育局局长张利明等出席颁奖典礼。杨德广先生是九中60届校友,曾任上海大学校长、上海师范大学校长。在年届七旬时,将自己在上海的住房卖掉,拿出个人稿费、积蓄,向母校九中捐助100万元人民币设立"杨德广奖学金",用以资助更多品学兼优、家庭困难的学生。

(濮　文)

【姜堰市教育局到玄武区学习交流】 12月14日上午,姜堰市教育考察团一行14人到十三中学就教育教学工作、课程设置与开发、教师队伍建设等问题进行广泛交流。十三中副校长徐伯钧重点介绍学生综合社会实践活动模块化、社区服务专题化、校本课程开发特色化等方面的思考及做法,同时十三中张恒柱、徐伯钧和魏昕3位副校长逐一回答考察团的提问。下午,区教育局张利明局长陪同来访者参观了长江路小学分校、九中弘光分校和银城东苑幼儿园。

(陈耀琪)

高等教育

·东南大学·

【概况】 2010年,东南大学确立以创新为主导的研究型大学发展道路,完成"985工程"三期总体规划的制订。实施学部制改革,成立7个学部,承担职称评审论文要求的协调和认定、博士生论文水准的协调和认定、学部及跨学科发展规划的制定和协调、交叉学科建设的协调、跨学科科研项目的合作和协调等。深化通识教育教学改革,遴选出99门课程作为本科通识选修课程建设项目(其中重点项目35项),要求学生毕业时应修满至少10学分通选课程。入选全国优秀博士学位论文1篇。申报国家新型产业相关专业2个,新增国家级高等学校特色专业建设点4个,入选国家精品课程8门,国家级教学团队3个。获国家自然科学基金资助项目241项。申报牵头的国家"973"计划项目3项,获国家科技进步奖二等奖3项。全年科研经费到款超过11亿元,增长20%以上。专利申请1878项,专利授权960项,其中发明专利申请885项,发明专利授权367项。新增"千人计划"国家特聘专家5人。专任教师中具有博士学位比例达60.8%。留学生977人,其中学历生620人;留学研究生189人,占学历生人数的30%以上。

【3项成果获国家科学技术进步奖二等奖】 2010年,由东南大学牵头完成的3项科研成果获国家科学技术进步奖二等奖。3项科研成果分别是能源环境学院肖睿教授等完成的"稠密多相流动与化学反应耦合体系的节能减排关键技术及应用";土木工程学院郭正兴教授等完成的"大跨空间钢结构预应力施工技术研究与应用";计算机学院顾冠群院士(已故)和罗军舟教授牵头完成的"网络教育关键技术及示范工程"。

【城市工程科学技术研究院成立】 6月20日,东南大学举行第一个学术特区——城市工程科学技术研究院揭牌仪式。学术特区建设旨在打破原有院系的界限,集中和优化学校科技创新平台,以及人力资源等优势,探索新的科研和学科建设体制,促进学科交叉、集成和融合。学术特区在人事聘用、考核,以及实验室管理和科研管理等机制上采取全新模式,打造学校高层次人才引进平台。

【江苏省智能电网技术与装备重点实验室成立】 9月,省智能电网技术与装备重点实验室建成,是东南大学电气工程学院联合大全集团有限公司共同申报并获科技部批准成立的。其主要研究方向为新能源发电系统运行与控制,建立可再生能源发电系统数学模型、研究可再生能源发电先进预测技术等,研究智能配用电关键技术与装备及微网规划、运行与控制技术等。该实验室的第一承建单位是电气工程学院,建设地点在东南大学—镇江智能电网研究院(镇江国家大学科技园内)。

【"东南大学—纳米中心"揭牌成立】 10月13日,在东南大学江宁校区"东南大学—纳皮米中心"揭牌成立。中国电子显微学会理事长张泽院士和诺贝尔奖得主艾尔伯·费尔(Albert Fert)及碳纳米管发现人饭岛澄男(Iijima)参加揭牌仪式。该中心是东南大学与电子显微制造领域的领导者美国FEI公司合力打造的亚太地区第一个Titan(泰坦)电镜联合实验室。

(鉴　资)

·南京理工大学·

【概况】 2010年,南京理工大学开展学科专业结构优化调整工作,新组建环境与生物工程学院、设计艺术与传媒学院,以原动力工程学院、材料科学与工程系、外语系为基础,拓展成立能源与动力工程学院、材料科学与工程学院、外国语学院。按学科内涵和相关性,对电气工程、电路与系统等跨学院重复设置的学科,电气工程及自动化、电子信息工程等重复设置专业予以整合,将机械工程学院交通运输工程学科和交通工程专业调整到自动化学院。新增国家级特色专业1个、省品牌或特色专业建设点4个,新增国家级精品课程2门、省级精品课程10门。毕业生年度就业率99.62%(其中本科生99.57%、研究生99.73%)。全年申报基金项目322项,立项59项,立项率18.3%,立项数增长31.1%,资助总经费1563.7万元。新增"长江学者"创新团队1个、国家级和省级教学团队各1个。新增"高层次领军人才"24人,其中"千人计划"2人、"长江学者"讲座教授1人、省"双创人才"1人、"973"首席科学家3人。学校被批准为"江苏省高层次人才创新创业基地",被评为2008~2010年"江苏省师资队伍建设先进高校"。

【2项成果获国家科学技术奖】 2010年,由宣益民教授主持的"纳米流体能量传递机理研究"理论研究成果获2010年度国家自然科学奖二等奖;由汪信教授主持的"酸镧等高性能超细氧化物催化剂的制备和应用技术"获2010年度国家科技进步奖二等奖。宣益民教授课题研究具有广阔的应用前景,可应用于众多涉及热量传递过程与储能系统中。汪信教授主持的研究项目获国家发明专利授权5项,该项目转化产品通过FDA测试、ISO 9001体系认证及可口可乐、百事可乐等用户认证。

【举办第25届国际弹道大会】 2010年5月18~21日,第25届国际弹道大会在北京友谊宾馆举行,此次大会由中国兵工学会与南京理工大学共同主办,30个国家的专家学者约300人参加。南京理工大学教授王中原作为大会执行主席主持开幕式,并代表中国做大会主题报告。大会围绕内弹道、外弹道、发射动力学、战斗部、装备与人员防护、创伤弹道等领域的未来技术发展趋势与突破进行探讨与交流。会议还颁发了4个奖项,其中萨博奖为大会新增奖项。国际弹道大会(ISB)是以常规武器研究为背景的世界公认的最高水平、最具影响力的学术交流盛会。该会议由国际弹道委员会(IBC)主持召开,每18个月召开1次,双数届固定在北美(主要是美国)举办,单数届由其他国家申办。"长江学者计划"特聘教授王中原是亚洲唯一的IBC委员。

【11个博士后科研流动站通过国家综合评估】 2010年11月28日，全国博士后工作会议在北京召开。人力资源和社会保障部通报第三次博士后科研流动站综合评估结果，南京理工大学11个参评的博士后科研流动站：力学、机械工程、光学工程、仪器科学与技术、材料科学与工程、电子科学与技术、信息与通信工程、控制科学与工程、计算机科学与技术、化学工程与技术、兵器科学与技术通过综合评估，其中兵器科学与技术博士后科研流动站被评为全国优秀博士后科研流动站。

【南京理工大学科技园成为首批中国产学研合作创新示范基地】 2010年12月22日，在北京会议中心召开的“2010中国产学研合作促进会年会”上，中国产学研促进会向第一和第二批认定的13家“中国产学研合作创新示范基地”单位授牌。学校大学科技园作为江苏省唯一的全国首批九大示范基地出席会议并接受授牌。学校大学科技园曾获“国家大学科技园”“国家专利产业化试点基地”“大学生科技创新训练基地”等称号。 （鉴 资）

·农业大学·

【概况】 2010年，南京农业大学招新生8000多名，其中研究生2194名、本科生4200名。60.17%的毕业生到基层就业，本科生就业率99.28%，研究生就业率89.58%。申报教育部特色专业建设点2个，江苏省品牌专业2个、特色专业3个。新增国家精品课程5门、国家双语教学示范课程1门、省级精品双语课程10门。新增国家级教学团队1个、省级教学团队1个。获国家级规划教材63部、国家精品教材2部、江苏省精品教材29部。获全国百篇优秀博士学位论文提名奖2篇、江苏省优秀博士学位论文7篇、第二届全国兽医专业学位优秀博士论文2篇。2010年度获各类科技成果奖14项，其中获国家科技进步奖一等奖1项、省部级奖6项。专利授权数超过70项、国际专利1项，获授权植物新品种权8件，登记软件著作权15件。全年三大检索收录论文688篇，实现平稳增长。开展“送科技下乡，促农民增收”活动。建成15个专家工作站，组织10个挂村专家服务团，500余人次进行现场指导、讲座、座谈等，培训地方科技人员、农民1万多人次，推广新品种4.67万公顷，促进农民、企业增收10多亿元。学校获江苏省“科技富民突出贡献先进单位”称号。

【1项科技成果获国家科技进步奖一等奖】 2010年，专门从事作物遗传与种质创新研究的国家重点实验室万建民教授等，其科技成果“抗条纹叶枯病高产优质粳稻新品种选育及应用”，获2010年度国家科技进步奖一等奖。至2010年该粳稻新品种已累计推广908.94万公顷，实现经济效益190.14亿元。此科技成果有效破解南方粳稻区受条纹叶枯病流行危害这一难题，同时对中国粮食安全、农民增收和农业可持续发展起到保障作用。12月17日，该项成果选入“中国高校十大科技进展”，在该校尚属首次。

【农业部转基因植物环境安全监督检验测试中心（南京）】 1月6日通过农业部专家组验收。该项目完成投资350万元，改造和新建实验室、基地工作间、温室、网室等3000多平方米，在建设过程中，受农业部委托，承担并完成孟山都远东有限公司、拜耳作物科学公司的“转基因大豆环境释放安全性检测”任务，参与国家有关部门关于转基因检测方法标准的制定，对江苏省主要粮油加工企业进行农业转基因生物安全的现场检查，为地方政府发放农业转基因生物加工许可证提供重要的技术支撑。

【国际研讨会——中外农学院院长论坛】 9月30日，中国高校农学院院长联谊会主办，南京农业大学农学院承办的“21世纪农业教育机遇与挑战”国际研讨会——中外农学院院长论坛在南京农业大学召开，来自美国康奈尔大学、德国洪堡大学、荷兰瓦赫宁根大学、丹麦奥胡斯大学、日本东京大学等9所国外知名大学和中国农科院、浙江大学、中国农业大学、西北农林科技大学、华中农业大学等31所国内院校的农学院院长、专家学者出席。论坛主题有“作物科学发展未来展望”“高层次人才培养与未来挑战”及“作物科学发展如何应对全球气候变化、低碳经济、食品安全”等。参会代表通过交流和研讨，达成《南农共识》。会议提出人才、科技、教育、合作、投入五大解决众多危机与挑战的途径，为世界农业科技发展、高等农业教育改革、国际多元合作、社会多方投入等提出参考性建议。

【国家信息农业工程技术中心揭牌】 12月18日，国家信息农业工程技术中心，在南京农业大学揭牌成立。国家信息农业工程技术中心是由工信部批准组建的国家级研发机构，专门从事信息农业与精确农业技术创新、系统集成、转化应用，并结合现代信息技术和农业科学，重点围绕农情信息监测诊断、农业生产系统模拟、农业精确管理决策、信息产品研制开发等4个科研方向，培育多学科交叉的信息农业高素质研发与推广团队，依托南京农业大学，建立高水平信息农业关键技术创新研究与工程开发平台。

（鉴 资）

·南京林业大学·

【概况】 2010年，学校有各类全日制在校学生29046人，其中博士与硕士研究生、外国留学生3000余人。招收本科生6472人，毕业本科生3654人。招收研究生986人，毕业研究生665人。教职工1867人，其中专任教师1150余人，有中国工程院院士2人、外聘院士7人、长江学者奖励计划特聘教授1人、全国优秀教师5人、具有副高以上职称483人。学校占地面积466.33公顷，其中玄武新庄主校区83.80公顷、句容下蜀校区291.33公顷、南方学院淮安校区88.47公顷、江宁工程培训中心等2.73公顷。有18个学院及研究生院、体育教育部和公有民办南方学院。有5个博士后流动站、3个一级学科博士点、30个博士点及博士学位授权领域、2个一级学科硕士点、54个硕士点及硕士学位授权领域和22个专业学位授权领域。有1个国家重点学科一级学科、5个国家重点学科二级学科、10个省部级重点学科。2010年，曹福亮教授获“十佳全国优秀科技工作者提名奖”,尹佟明教授获“2010年度江苏省十大青年科技之星”称号。林学博士后流动站被评为全国优秀博士后流动站。成立“江苏环境与发展研究中心”。

【遗传育种学科建成二代高通量DNA测序平台】 9月,南京林业大学林木遗传育种学科建成二代高通量DNA测序平台。该平台尤其适合林木参照基因组信息缺乏的物种的基因组学研究。平台的建成为南林大深入开展林木基因组学研究提供重要平台。

【2010生物质资源化学利用国际学术研讨会】 10月22~26日,2010生物质资源化学利用国际学术研讨会在南京召开,由南京林业大学和中国林学会等单位联合主办。有来自美国、日本、法国等11个国家250余人参会。会议探讨了生物质资源化学利用相关领域研究动态与发展趋势,以及绿色能源开发与发展循环经济。中国工程院院士王涛、宋湛谦,韩国国家能源研究所所长Jin Suk Lee教授等专家分别作了大会主题报告。

【尹佟明教授获“2010年度江苏省十大青年科技之星”称号】 南京林业大学林木遗传与生物技术省部共建教育部重点实验室教授、长江学者奖励计划特聘教授尹佟明获2010年度“江苏省十大青年科技之星”称号。这是江苏省农林系统青年科技工作者首次被评为省青年科技之星。（鉴 资）

· 玄武电大 ·

【概况】 2010年,玄武电大以“文化立校、特色打造、品牌专业、创新发展”的发展思路,坚持“办好人民满意的高职教育”的办学目标和“培养学业合格的社会人才”的培养目标,基本形成了以高等职业教育为学历教育的主体,基本形成了以社区学院各类培训和成人开放教育、非学历证书培训为辅的多类型、多层次的办学形式。目前有在校学生1680人,新街口教学点有五年制高职班19个、专接本班2个,全日制在校学生930人,有开放教育本专科专业6个、成人专科专业1个、教学班17个、业余学生749人,是南京城区内办学规模最大的电大分校之一。

【创新发展生源充足】 2010年,五年制高职共招收新生254人,设有财务信息管理、营销与策划两个专业。继续在06级学生中开展了与南京财经大学“专接本”工作,“专接本”会计专业教学班拒收学生36人。开放本专科共招收新生143人,设有行政管理、工商管理、会计学、电子商务、计算机网络技术及学前教育六个专业。2010届毕业生毕业率100%,毕业生就业率96%。

【非学历教育人次增多】 全年完成非学历教育达3022人次,开办了高新技术、计算机等级证书、英语四六级、普通话、英语应用能力等证书的辅导和考试。其中英语四六级450人、计算机等级考试353人、普通话考试500人,英语应用能力B级考试219人、成人高考辅导1000人、自学考试辅导500人。

【推进“专接本”项目的品牌建设】 2009年学校与南京财经大学开办全日制自考“专接本”,目前已组建05级“专接本”会计班,学生37人,06级“专接本”会计班,学生36人,经过一年的实践,取得了良好的成绩,得到了社会的认可,拉动了五年制招生,出现了就学火爆的场景,学校将以此为契机,从品牌运作战略、品牌内涵建设等方面去推进工作,总结办学成功经验,出台《“专接本”管理及奖励办法》。在管理方式上求创新,教学模式上求变化,学生成绩上求实效,提高学校办学层次,提升学校办学能力。（业 冰）

社区教育

【概况】 2010年,区社区教育以创建示范街道为抓手,进一步完善双十生态式社区教育模式。全区被命名22家精品社区学堂(讲坛)。7个项目成为全国社区教育立项实验项目,7门课程确定为全国社区教育特色课程;编印《玄武区社区教育首批特色课程推介》;评选玄武区第二批社区教育研究成果,产生22项优秀科研成果、18项科研成果,报送15项成果参加全国社区教育近五年成果评选,有13项分别获得各类奖项。梅园新村街道确认为全国数字化学习社区建设实验街道、锁金村街道为国家级示范街道、后宰门街道为省级示范街道。社会教育培训29958人次。其中,文化语言类17662人次,职业技术类2588人次,计算机类2128人次,经管、法律类661人次,科技素质类1326人次。成人在岗培训5511人次,成人非在岗培训4539人次。认真组织实施民办中小学、幼儿园,非学历教育机构和非学历培训备案管理单位共73所办学质量督导评估,全区民办非学历教育机构办学合格率

9月16日,玄武区社区教育工作在梅园新村街道召开推进会

达 96%。与区委宣传部、组织部等共同举办玄武区第九届社区学习节，区学习型城区工作指导委员会、区社区教育委员会命名表彰 22 家玄武区精品社区学堂（讲坛）；确立玄武区第二批社区教育 9 个项目实验项目，其中有 7 个项目被批准为国家级实验项目，梅园新村街道项目被批准为国家级重点实验项目；在玄武区社区教育首批特色课程中，有 7 门课被评为全国社区教育特色课程，上半年编印《玄武区社区教育首批特色课程推介》予以推广，促进社区教育课程建设；加强数字化学习社区建设实验，创新社区教育载体，梅园新村街道年初被确认为全国数字化学习社区建设实验街道，经验材料分别在 10 月 25~27 日在浙江慈溪市召开的第七届“长三角社区教育发展论坛”、11 月 25 日在南京召开的首届“南京—苏州社会教育论坛暨 2010 年南京市全民终身学习活动周”开幕式上作经验交流。加强青少年社区实践基地建设，创建社区与学校互动交流的有效模式，六一节中，评比表彰区十佳少年；开展对玄武区各街道社区教育专项督导，规范社区教育行为；围绕我区“生态式学习型社区建设”加强研究，以“生态式社区教育发展策略”为抓手统领全区社区教育，深化实验、研究、探索，推进社区教育深入发展，推进和谐社区、学习型社会建设，省“十一五”规划课题《以生态式社区教育促进和谐社区建设的实践研究》年底顺利结题；组织评选了玄武区第二批社区教育研究成果，产生 22 项优秀科研成果、18 项科研成果，报送 15 项成果到全国参评，有 13 项获得各类奖项，其中，专著《建设生态式学习型社区的探索——南京市玄武区社区教育发展的实验研究》获得一等奖；论文《南京玄武区构建生态式学习型社区、推进社区教育发展的策略》获得二等奖；另有两篇社区教育论文分获省成人教育研究成果一、二等奖。在 12 月 4 日教育部在杭州召开的全国社区教育工作座谈会上，玄武区社区教育成果受到教育部肯定。

【社区教育成果受到国家教育部领导肯定】 12 月 4 日，在南京召开全国社区教育工作座谈会。玄武区作题为《彰显玄武特色、建设生态式学习型社区》书面交流。会上，教育部副部长鲁昕还特别表扬了几个示范区的成功经验与做法。充分肯定了玄武区社区教育建立的有形平台，实施的“1878 工程”（1 个区级社区进修学院、8 个街道社区学校，七大类教育学习基地，八大类创建活动）。会后，代表们参观了 34 个社区教育示范区的成果展。

教育部鲁昕副部长（右三）视察玄武区社区教育成果展

【命名一批精品社区学堂（讲坛）】 在玄武区第九届社区学习节上，区学习型城区工作指导委员会、区社区教育委员会命名了一批玄武区精品社区学堂（讲坛），它们是：新街口街道：科普学堂；梅园新村街道：养身学堂、崔老师爱心课堂、院士讲坛、百姓大学堂、银发讲坛、社区书记论坛、365 网络视频学堂；玄武门街道：红星学堂、网络义工讲坛；后宰门街道：军民讲坛、将军学堂；锁金村街道：国学社区学堂、社会工作人才学堂、万家帮讲坛；玄武湖街道：少儿国学讲坛、新市民学堂；孝陵卫街道：司法讲坛、假日健康学堂；红山街道：社区巾帼学堂、夕阳红学堂、流动党员学堂。

链接

社区教育课程

全国社区教育专业委员会 2009 年年会上，玄武区有七门课程被评为全国首批社区教育特色课程：

1、《社区居民心理健康教育辅导》区社区进修学院、锁金村街道社区学校

2、《社区居民慢性病自我管理教育》区社区进修学院、后宰门街道社区学校

3、《孤独症儿童与社区儿童合作互动游戏》区社区进修学院、玄武湖街道社区学校

4、《社区气象科普知识课程》区社区进修学院、玄武门街道社区学校

5、《“好家长”家庭教育》区社区进修学院、孝陵卫街道社区学校

6、《学习 365 系列视频课程》区社区进修学院、梅园新村街道社区学校

7、《诗词格律教程》区社区进修学院、新街口街道社区学校

【社区教育研究成果获国家级大奖】 “十一五”以来，玄武区加强社区教育理论研究和实验成果研究，探索出“生态式学习型社区建设”、“双十生态式社区教育模式”等科研成果，形成了一批理论联系实际的研究文章。在全国社区教育近五年研究成果评选中，玄武区报送 15 项成果参评，有十三项分别获得各类奖项。其中，区教育局、社教办专著《建设生态式学习型社区的探索——南京市玄武区社区教育发展的实验研究》获得一等奖；区教育局、社教办论文《南京玄武区构建生态式学习型社区、推进社区教育发展的策略》获得二等奖；梅园新村街道论文《用梅园人文精神创新社区教育》、红山

街道论文《新市民教育的探索》、玄武门街道论文《创新社区青少年素质教育的思路建立社区—学校—家庭相结合的教育机制》获得三等奖；另有8篇论文获得优秀奖。

【数字化学习经验在“长三角”社区教育发展论坛上交流】 10月25~27日，第七届“长三角”社区教育发展论坛在浙江省慈溪市举行。区社教办副主任王信芳、曹苏芳、区社区学院副院长查瑞祥、梅园新村街道社教办副主任詹义春参加大会。梅园新村街道社教办副主任詹义春做了题为《着力推进社区数字化学习形态的跨越发展》的主题交流发言，介绍梅园新村街道在推进数字化学习平台建设以及指导居民进行数字化平台使用方面的成功经验和有效做法。（王信芳）

玄武区召开庆祝第二十六个教师节暨斯霞百年诞辰纪念大会

教　师

【概况】 2010年，斯霞老师百年诞辰，以此为契机，在区教育系统广泛开展“学斯霞，做斯霞”活动。举行纪念著名教育家斯霞老师百年诞辰“童心母爱　薪火相传”系列活动。第二批“玄武区师德宣讲团”深入各中小学进行师德宣讲，通过广泛宣传优秀教师的先进事迹和优秀教学经验不断提升师德师风建设内涵。通过“骨干教师工作室”、“名师签约培养”、“师徒结对”等举措，提高全区教师队伍素质。2010年，有3名教师被评为第十一批“江苏省特级教师”、1名南京市第二届“基础教育专家”、3名中小学校长获得南京市第二届“陶行知奖”、22名教师被评为“南京市学科带头人”、10名教师被评为玄武区第七届“斯霞式人民教师”、155名教师被评为玄武区“优秀教育工作者”。南京师范大学附属小学被团省委表彰为“江苏省青年文明号”，珠江路小学青年教工集体被团市委表彰为“南京市青年文明号”。新招聘中小学幼儿园教师105名，引进教师13名，其中省特级教师1名、大市学科带头人2名。完成2104名教师的教师资格认定，认真落实义务教育阶段教师绩效工资，全部解决教师住房补贴。成立玄武区老园丁志愿者服务基地，搭建老教师服务社会、奉献爱心的平台。三十四中被评为南京市“模范职工之家”，十三中党总支被评为全市“离退休干部先进党支部”。（张　皞）

市委教育工委书记徐传德（右五）看望全国教书育人楷模吴邵萍（中）

【召开“向劳模学习，做学生爱戴，人民满意教师”大会】 5月8日，玄武区教育系统召开“向劳模学习，做学生爱戴，人民满意教师”大会，开展向新当选全国劳动模范长江路小学校长宋红斌学习活动。区宣传部长宋晓辉，区总工会主席杨冬梅，区劳模代表王兰、钱逸瑞、沈美萍、阎勤、孙双金等，以及区各中小学、幼儿园、直属单位中层以上领导出席会议。杨冬梅宣读全国劳模表彰决定，宋红斌介绍2010年全国英模表彰会情况。会上南京师范大学附属小学吴玲老师宣讲斯霞老师的精神。宋晓辉代表区领导对劳模表示慰问并讲话。（吴丹　严莉）

【吴绍萍当选全国十大“教书育人楷模”】 9月9日，北京东路小学附属幼儿园园长吴邵萍，作为全省教育系统和全国幼儿教育系统唯一获得“全国教书育人楷模”代表，在北京受到胡锦涛总书记亲切接见。吴邵萍1983年7月毕业分配到北京东路小学附属幼儿园开始从事幼儿教育工作，先后担任音乐、语言、科学、美术、体育等各学科教师、年级组长、业务园长、园长，曾先后获得"全国优秀教师"、"江苏省优秀教育工作者"、"江苏省特级教师"、"南京市十佳青年教师称号"、"首届南京市优秀青年教师"、"南京市第二届学科带头人"、"南京市千名岗位教师称号"、"南京市名教师"、"玄武区首届中青年拔尖人才"、"玄武区第二届中青年拔尖人才"、"玄武区第三届中青年拔尖人才"等称号；主编2本书，参与编写9本书，在省以上刊物公开发表论文72篇，其中在国家级刊物发表6篇，参加省以上研讨会获奖论文10篇，其中获全国奖6篇。

（张　皞　潘　舒）

【省委书记梁保华教师节前夕看望九中教师】 9月7日，在第26个教师节即将到来之际，江苏省省委书记梁保华在副省长曹卫星、省教育厅厅长沈健、玄武区政府区长王海宏、玄武区区委副书记张萍等领导的陪同下来到南京市第九中学，慰问工作在基础教育一线的教师们。梁保华在九中校长王伏才、特级教师钱逸瑞老师的陪同和介绍下，参观了九中艺体教育展览馆，对学校注重发挥艺术教育的怡情、益智、育德功能和体育教育的健体、培智、育人功能表示赞赏。在教师阅览室，梁保华亲切慰问了正在备课学习的老师们，与教师们一一握手并致以节日的问候。梁保华勉励老师们为教育事业发展做出新的贡献。

（沈　香　潘　舒　濮　文）

【召开第二十六个教师节暨斯霞百年诞辰纪念大会】 9月7日下午，玄武区隆重召开"庆祝第二十六个教师节暨斯霞百年诞辰纪念大会"。区人大主任陆必坤，宣传部长宋晓辉，政协副主席刘显平，副区长王静等领导出席，为获表彰教师代表颁奖，同时为第三届"玄武区师德宣讲团宣讲员"颁发聘书。区各中小学、幼儿园、直属单位负责人及教师代表近600人参加大会。2010年，玄武区教育系统受到表彰的有：获得"全国教书育人楷模"称号的北京东路小学附属幼儿园园长吴绍萍；获得"江苏省特级教师"称号的北京东路小学教师唐隽菁、唐文国，南京师范大学附属小学教师贲友林；获得南京市第二届"陶行知奖"的北京东路小学校长孙双金、南京师范大学附属小学校长阎勤、梅园中学校长屠桂芳；南京市学科带头人20名，区第七届"斯霞式人民教师"10名，区优秀教育工作者155名。

（张　皞）

【加强新教师招聘和教师引进工作】 2010年，按照南京市教育局对新教师的招聘录用要求，组织招聘了41名中学新教师，57名小学新教师，7名幼儿园新教师，合计录用了105名新教师。整个招聘过程完全做到公开、公正、公平，从而保证了招聘的新教师整体高素质。

（钟淑君）

【教师队伍建设工作会议】 3月30日，玄武区召开教师队伍建设工作会议。全区各中小学、直属单位校长、书记参加会议。区教师进修学校校长沈峰代表区教师继续教育领导小组作题为《加强教师队伍建设，促进玄武教育可持续发展》专题报告。玄武区教师队伍建设，采取区校结合、分层推进等措施，通过组织新教师培训、"青蓝工程"、签约培养等形式，促进全区教师队伍整体素质不断提高。

（张　皞）

【"青年教师签约培养"二轮结业与五轮签约】 9月15日，"第二轮青年教师签约培养"结业典礼，同时也是"第五轮青年教师签约培养"签约仪式在紫东实验学校举行。区教育局副局长陈发山、教师进修学校书记左长旭、副校长丁加旗、紫东实验学校校长周波、孝陵卫中学校长张挺武等领导，以及70多位结对教师参加。签约仪式上，一杯清茶、一束鲜花表达了青年教师对指导老师的敬意和虚心求教的心愿。

（黎平智）

【"童心母爱　薪火相传"纪念斯霞百年诞辰活动】 12月10日，由南京市教育局主办，玄武区教育局协办，南京师范大学附属小学承办，纪念著名教育家斯霞老师百年诞辰的专场活动——"童心母爱　薪火相传"在东南大学礼堂举行。中共江苏省委书记罗志军，江苏省政协主席张连珍，中共江苏省省委常委、南京市委书记朱善璐，江苏省委原书记梁保华和教育部基础教育一司分别为该次活动发去贺信。全国政协副主席孙家正、国家督学柳斌等为本次活动题词。省市区各级领导以及来自全国各地的教育专家参加了本次活动。

（张开泉　于　江）

12月10日，纪念著名教育家斯霞老师百年诞辰专场活动——"童心母爱　薪火相传"在东南大学礼堂隆重举行

科技

Technology

- 科技管理
- 高新技术产业
- 知识产权
- 科学普及
- 徐庄软件产业基地
- 珠江路科技街
- 驻区科研院所选介

科技管理

【概况】 2010 年,区科技局抓住南京市科技体制综合改革试点城市建设的有利契机,充分整合利用各类科技创新资源,以推动创新型经济发展为中心,以建立"政产学研金"(即政府、产业、学校、研究院、金融)工作机制为主线,增强企业自主创新能力,加快科技园区和服务平台建设,加大创新创业人才引进,使科技信息业对全区经济发展的贡献再上新台阶。全年区科技经费投入达 5290 万元,争取上级主管部门项目资金 4000 万元,推进重点产学研合作项目 40 项。

2010 年度南京市科学技术进步奖一等奖

序号	项目编号	项目名称	第 1 完成单位
1	20102703	搅拌桩成套创新技术开发与应用	东南大学
2	20107402	基于多网融合技术的 TD-SCDMA 多模终端的研制及产业化	南京联慧通信技术有限公司

2010 年度南京市科学技术进步奖二等奖

序号	项目编号	项目名称	第 1 完成单位
1	20102702	长纤维高速过滤技术研究与应用	东南大学
2	20105803	Datcent DCLive IT 设施运营管理平台软件	南京德讯信息系统有限公司
3	20107103	基于互联网的技术市场管理及税收减免信息系统	南京市科技成果转化服务中心(南京技术市场管理办公室)

2010 年度南京市科学技术进步奖三等奖

序号	项目编号	项目名称	第 1 完成单位
1	20105802	三联疗法治愈脑卒中肌力为 0 级的后遗症	南京市玄武区中医医院
2	20105804	优泰电子签章系统软件	南京优泰科技发展有限公司
3	20105805	城市通卡应用系统建设项目	南京市市民卡有限公司
4	20105807	智达康宽带无线接入设备	南京智达康无线通信科技股份有限公司
5	20107401	新型环保包装成型系统	南京熊猫电子股份有限公司

【科技计划项目在国家、省、市立项46个】 区科技局全年组织企业在国家、省、市成功立项46个，获得经费支持4000万元。其中，国家级科技项目9项，获得资助经费505万元；省级科技项目8项，获得资助经费2650万元。市级科技项目29项，获得资助经费845万元。

国家级科技计划项目

单位：万元

序号	承担单位	项目名称	拨款金额
1	南京睿语捷电子信息技术有限公司	睿语捷交通运输从业人员电子考场软件V1.0	25
2	南京智尚丰软件有限公司	数据整合工具Date_Cross	30
3	南京吉纳波环境测控有限公司	固定污染源烟尘烟气在线连续自动多参数监测仪	30
4	南京智工微光电子产业孵化中心	江苏集成电路设计(南京)公共服务平台	70
5	南京远古科技有限公司	面向3G网络的流媒体系统	70
6	江苏金思维系统集成有限公司	面向行业ERP应用的关键业务控制中间件(简称电厂管控集成中间件RTLINK)	50
7	南京比邻软件有限公司	基于SOA架构的电子行业集成制造执行系统	90
8	江苏东能环保能源科技有限公司	余热发电系统研制	60
9	南京贺林科技有限公司	疫木检疫除害处理设备及远程监控系统	80
	合计		505

省级科技计划项目

单位：万元

序号	承担单位	项目名称	拨款金额
1	南京中科天文仪器有限公司	江苏省企业院士工作站	100
2	江苏柯菲平医药有限公司	江苏省企业院士工作站	100
3	南京徐庄集成电路设计产业园有限公司	江苏省南京集成电路设计公共服务平台	100
4	南京远古科技有限公司	远古Web3G移动流媒体系统研究开发	25
5	南京广嘉微电子有限公司	北斗二代/伽利略/GLONASS多模卫星导航射频芯片	25
6	江苏先声药业有限公司	创新药物研发及孵化基地建设	1500
7	南京通华芯微电子有限公司	小功率节能开关电源集成电路开发及产业化	400
8	南京先正电子有限公司	片式陶瓷度传感元件系列产品开发及产业化	400
	合计		2650

市级科技计划项目

单位：万元

序号	承担单位	项目名称	拨款金额
1	江苏柯菲平医药有限公司	南京生物医药行业创新药物专利专题数据库	50
2	江苏东南大学科技园发展有限公司	南京市创业企业孵化服务公共服务平台	15
3	江苏省计算机技术研究所有限责任公司	南京信息技术科技创业服务中心建设	50
4	南京模拟技术研究所	南京黄埔IT科技创业园	30

续表　单位：万元

序号	承担单位	项目名称	拨款金额
5	南京中科天文仪器有限公司	南京市院士工作站	15
6	江苏先联信息系统有限公司	南京市院士工作站	15
7	南京埃森环境技术有限公司	CEMS无线传感器网络节点模块国际合作开发	50
8	江苏先声药业有限公司	1.1 类创新抗肿瘤分子靶向药物 SIM6802 开发研究	10
9	南京徐庄集成电路设计产业园有限公司	南京国际孵化器建设	40
10	南京一通美企业信息咨询有限公司	2010年微软~南京国际新技术与人才培育峰会	10
11	南京新模式软件集成有限公司	企业标准化信息集成管理平台	60
12	南京长城信息系统有限公司	医学图像三维重建与智能识别的养分技术及其应用	40
13	江苏省金思维信息技术有限公司	中小企业资源协同管理系统研发及服务平台建设	50
14	戈顿三希科技(南京)有限公司	C&M曲嵌入式可编程控制单点 多发数据采集与传输装置	50
15	南京埃森环境技术有限公司	烟气监测传感器与网络技术开发与产业化	50
16	南京市玄武区兰园社区卫生服务中心	三联疗法治愈脑卒中肌力为 0 级的后遗症	5
17	南京源之峰科技有限公司	大功率高亮度 LED(HB-LED)驱动芯片	20
18	江苏先声药业有限公司	分子靶向抗肿瘤 I 类新药 SIM010603 的开发	50
19	南京熊猫信息产业有限公司	城市轨道交通联网收费系统研发及应用	25
20	南京三宝数码科技有限公司	RFID离散型生间流水线柔性管控系统	30
21	南京芯力微电子有限公司	基于物联网和智能电网应用的 DPWM 技术和 BCD 工艺的高效大功率控制系列芯片	20
22	南京城建隧桥经营管理有限责任公司	智能交通信息无线传输系统的研发	15
23	南京国晟科技有限责任公司	矿石与煤炭成分在线实时检测仪器	20
24	南京肯信精密机器制造有限公司	VS655 五轴联动数控铣床	15
25	南京广嘉微电子有限公司	应用于 RF-SIM 射频卡的 2.4GHZ 无线收发芯片	15
26	南京梧桐微电子科技有限公司	单芯片声码器	20
27	赛特斯网络科技(南京)有限责任公司	一体化网络服务质量保障系统	15
28	南京物联网研发与产业化有限公司	南京物联网研发与产业化中心建设	50
29	南京徐庄集成电路设计产业园有限公司	市培育中小企业特色产业集聚发展~社会化服务体系项目	10
	合计		845

【培养和引进高层次创新创业人才】 2010年，区科技局推荐博兰德公司徐明入选国家“千人计划”；先声药业的王鹏团队入围江苏省高层次创新创业团队选拔；广嘉电子叶松、明天种业张平治、博兰德邱阳等三人入围省高层次创新创业人才选拔。

【科技品牌宣传与交流活动】 9月，软博会期间，组织企业参加第六届南京软博会并举办“云计算”高层峰会，陈刚副市长与微软、IBM、谷歌、甲骨文等国际知名软件企业技术专家共聚一堂，同全市200多家软件企业代表探讨云计算的现在和将来。10月，以“创新产学研合作机制与模式，促进创新型经济发展”为主体，举办第十二届玄武科技与发展论坛。11月，全力做好集成电路设计产业宣传工作，相继结合市第三届留学人员交流会、国际技术转移大会，举办集成电路设计专题沙龙和论坛。

（姬　智）

高新技术产业

【概况】 2010年，玄武区充分整合利用各类科技创新资源，以推动创新型经济发展为中心，大力发展高新技术产业，加快培养和引进高层次技术人才，举行高新技术产业论坛等品牌宣传活动。区科技局积极开展高新技术企业认定工作，全区高新技术企业总数达到41家，2010

11月12日科技部靳司长等在先声药业调研

年新增3家。全区2010年高新技术产业销售收入360亿元，税收7.6亿元，同比增长超过18%。

【高新技术企业认定工作】 2010年，区科技局积极开展高新技术企业认定工作。按照国家新的高新技术企业认定管理办法，全区高新技术企业总数达到41家。

【科技信息业税收增长18%】 2010年，全区高新技术产业销售收入360亿元，较"十五"末增长63%，税收7.6亿元，同比增长超过18%。其中，生物医药、科技商贸和科技服务业为科技信息业（高新技术产业）税收贡献前三甲，分别纳税2.4亿元、2.1亿元和1.5亿元。

【徐庄国际集成电路设计产业园被科技部授予"国际科技合作基地"】 11月11~13日，国家科技部国际合作司司长靳晓明一行10人到南京参加"中国·江苏第二届国际产学研合作论坛暨跨国技术转移大会"暨"2010南京国际技术转移大会-低碳技术与产业合作论坛"。12日，靳晓明司长到玄武区向徐庄国际集成电路设计产业园颁发"国家国际科技合作基地"牌匾。13日，靳晓明一行考察了徐庄国际集成电路设计产业园及埃森环境、先声药业、迪比信可、博兰得公司等重点企业。省科技厅、市科委领导陪同考察。靳晓明听取情况介绍后，对南京近年来充分利用国际科技资源，创新国际科技合作思路和实践模式，给予高度评价和认可，对推进国际科技合作基地建设和取得的成效给予充分肯定。 （姬 智）

知识产权

【概况】 2010年，玄武区大力实施知识产权战略，有效提升知识产权创造、管理、运用和保护能力，各项工作取得显著实效。全区专利申请总量达3658件，同比增长78.78%，其中发明1699件，同比增长21.35%；专利授权量1633件，同比增长13.25%，其中发明685件，同比增长34.84%。徐庄集成电路设计产业园被认定为市专利技术产业化基地。区知识产权局被江苏省科技厅、省知识产权局评为"江苏省知识产权工作先进集体"。

2010年玄武区三种专利五类人群专利申请量与授权量构成

单位：件

	发明	实用新型	外观设计	大专院校	科研院所	企业	机关团体	个人	合计
申请量	1699	765	1104	1931	418	307	38	874	3568
授权量	685	583	392	949	194	258	25	191	1633

1、"三种专利"，《中华人民共和国专利法》所称的发明创造是指发明、实用新型和外观设计，被统称为"三种专利"。2、"五类人群"，专利申请人分职务发明人与非职务发明人。职务发明人主要为企业、大专院校、科研院所和机关团体；非职务发明人为个人。对这五类专利申请人统称为"五类人群"。

【发挥知识产权制度作用】 1月7日，玄武区召开知识产权工作领导小组联席会议，明确大力实施企业知识产权战略、培育《企业知识产权管理标准》优秀企业、推进知识产权"四大工程"（创造运用能力提升工程，人才培养工程，保护推进工程，服务能力提升工程）和知识产权联合执法行动等重点工作。重新构建区知识产权局、街道（包括徐庄基地）、相关企（事）业单位三级联络员制度，畅通了各街道、徐庄基地以及相关企业、高校、科研机构及中介服务机构的信息传递渠道。6月2日，在徐庄软件产业基地召开全区知识产权工作大会，表彰2009年度知识产权工作先进集体和先进个人，启动玄武区企业知识产权管理标准贯标工作，举行徐庄软件产业基地知识产权综合服务工作站挂牌仪式。

【营造知识产权良好氛围】 开展"4·26"保护知识产权宣传周广场活动。4月25日在玄武区浮桥市民广场，举办"玄武区隆重纪念第十个世界知识产权日"广场宣传活动。此次活动由江苏省知识产权

4 月 25 日，举办保护知识产权宣传周广场宣传活动

局、江苏省版权局、南京市知识产权局等10家单位联合主办，南京市版权局、玄武区知识产权局承办。广场宣传活动由文艺汇演、展板宣传、电子屏播放、现场竞猜、知识问答、广场咨询等环节组成。省市主管部门领导参加广场宣传活动。组织驻区中小学生参加“2010年南京市中小学生科技小发明展示会”，在全区中小学生中开展知识产权宣传工作。全区有5名同学获科技小发明优胜奖。组织参加第四届中国专利（南京）分会场活动。与东南大学合作举办高校专利技术项目推介沙龙活动。

【培养知识产权专业人才】 6月，区知识产权局与南京理工大学知识产权学院合作开展知识产权管理工程师培训，为企业培训知识产权工作者53名，有43人获得企业知识产权管理工程师证书。举办“知识产权进科技园区”系列专题讲座。区知识产权局和相关中介机构先后在南京农业高新技术企业孵化中心、南京环保高新技术产业园、文化创意园、集成电路设计产业园等科技园举办“知识产权进科技园区”系列专题讲座，培训企事业单位知识产权工作者近1200名。

【专利成果转化】 4月13日，区知识产权局组织召开企业专利成果转化座谈会，专利拥有人介绍成果成功进行转化的经验，提出成果转化中遇到的资金、场地、市场等困难。区知识产权局向专利拥有人介绍知识产权工作相关政策，并为专利拥有人的专利能顺利进行产业化献计献策，受到与会人员好评。在徐庄建成知识产权综合服务平台，设立“徐庄基地知识产权服务工作站”、“徐庄基地知识产权法律援助工作站”、“徐庄基地产品质量、标准、计量服务工作站”和“徐庄基地商标、广告、合同服务工作站”等4个工作站，建立“南京市玄武区人民法院知识产权审判巡回法庭”，为企业提供知识产权、工商、质监以及司法等相关服务。同时在区政务大厅增设知识产权业务服务窗口，提供咨询、专利资助登记等服务。（姬　智）

科学普及

【概况】 2010年，区科协全面落实《科普法》、《全民科学素质纲要》和《南京科普条例》，服务提高全民科学素质，服务科技工作者，为玄武区“三个发展”做贡献。开展公务员科学素质测评。借助全国全民科学素质测评工作开展的契机，在全区机关部门和街道公务员中开展公务员科学素质测评工作。全区1333名公务员参加测评，经中国科普研究所数据分析，玄武区公务员具备基本科学素质比例为25.3%。5月21日，组织街道分管领导、科协秘书长，社区科普站长培训，邀请市科协沈平副主席作专题报告。针对基层科普工作的特点，从科普工作重要性的认识、科普工作的总体要求、基本方法、具体内涵等进行指导，帮助基层提高科普工作业务能力、拓展工作思路。2010年，玄武区获得江苏省科普宣传工作先进集体、南京市科协工作先进集体等荣誉。

【开展青少年科技活动】 2010年，区科协组织青少年航模、电子百拼、机器人等6次冬令营活动。组织中小学生参加市第二届科技小发明展，5名同学获科技小发明优胜奖。4月10日，组织区青少年科技发明成果参加省第二届“知识产权保护与发展先进文化展”，全区22件学生发明作品受到观摩嘉宾、参观市民好评。组织青少年科技夏令营活动，赴上海世博参观。组织市区青少年“信息与未来”电脑编程竞赛活动。

【办好社区科普大学】 2010年，全区12所社区科普大学贯彻以普及低碳生活和节能环保的工作主题，立足社区群众实际需求开设课程，中医保健、计算机知识等课程吸引社区群众参与。在传统教学的基础上，充分利用网络教学手段，把“节约能源资源”、“保护生态环境”、“保障安全健康”、“感受低碳生活”、“走近物联网”、“医疗保健”等各个方面课程，按你点我播的形式开课，得到居民的认可。

【举办科普宣传周活动】 5月15日，区科协举办2010年全国科技活动周暨玄武区第二十二届科普宣传周、2010年全国“防灾减灾日”活动开幕式。突出“坚持科学发展，走近低碳生活”主题，开展科普文艺演出、科普知识竞答，低碳生活、防震减灾知识展版宣传，医疗保健专家咨询，计生知识普及，自主创新、节能环保知识宣传，走近神秘核能、营造健康生活，古生物与人类进化，低碳科技产品展示，青少年科技作品、机器人制作，走进低碳生活签名等多项活动。科技周暨科普宣传周期间，共组织50项丰富多彩、形式多样的科普惠民活动。

【举办低碳生活专题讲座】 5月19日，区科协与省科技干部进修学院联合举办高端科普报告会，特邀中科院老科学家科普演讲团团长，中科院微生物研究所研究员、博士生导师孙万儒教授结合今年科普宣传周活动主题，作“节能减排与低碳经济”专题报告。9 月 19 日，邀请“中国科学院老科学家科普演讲团”和“绿色北京绿色行动宣讲团”成员李皓博士，作题为“低碳生活与社区环境管理”的专题科普报告。举办公务员低碳生活知识竞答活动，向公务员赠送“低碳生活读本”2000 册。 （戚　军）

9 月 18 日举办院士科普报告会

【举办院士科学论坛】 9 月 18 日，区科协与南京古生物博物馆合作举办“地球环境的过去与今天”高端科学论坛。特邀中国地震局地球物理研究所名誉所长、地球物理学家陈运泰院士，中国气象局气候变化特别顾问、气候学家丁一汇院士，中科院南京古生物研究所研究员、地层古生物学家陈旭院士，分别从地震、气候和地质历史环境变化的不同角度讲述了地球环境的过去与今天。

【开展防震减灾宣传与演练】 5 月 10 日，区科协邀请市地震局专家为新街口街道北门桥社区百余名社区群众作防震减灾专题科普报告，重点介绍高层建筑居民在地震发生时，正确避难方法和注意事项，举办防震减灾知识竞赛活动，开展为灾区献爱心等，受到了群众的欢迎。5 月 11 日，区科技局与民政、教育、卫生等部门结合“5·12”全国防灾减灾日在洪武北路小学举行玄武区防震减灾综合演练活动。洪武北路小学周边高层建筑近百户居民和全体师生参加演练。全区 40 多所中小学，开展防震减灾应急避难、疏散演练 57 场。 （姬　智）

徐庄软件产业基地

【概况】 2010 年，徐庄软件产业基地管委会以“招大商、引名企”为主线，打造“生态园区”和“优质服务”两张名片，扎实推进“资金基本平衡、资产保值增值、税收持续增长”三项基本任务。截至 2010 年年底，园区共引进企业 193 家。其中世界 500 强企业 5 家、国内品牌企业28 家、规模企业 38 家、通过双软认证企业 29 家、高新技术企业 17 家、通过 CMMI 认证企业 4 家。软件研发、物联网应用、电子商务、集成电路设计四大主导产业正在快速崛起并迅速释放能量。累计已有约 120 家企业正式入驻办公，园内从业人员达万人。以苏宁为代表的电子商务产业、以中科院物联网中心为代表的物联网产业、以东华、集群、汉王为代表的软件产业、以微盟、通华芯为代表的集成电路产业的园区四大支柱产业格局全面显现；同时，以先声、正大天晴为代表的生物医药研发产业，以及以苏盐连锁为代表的总部型经济正在快速崛起。全年完成总税收 3.5 亿元，其中地方一般预算收入完成 1.5 亿元，比 2009 年增长 55%；全社会固定资产投资完成 11.5 亿元；软件产业销售收入完成 10 亿元；服务外包执行额完成 14000 万美元。

10 月 26 日，第三届中国留学人员南京国际交流与合作大会在南京国际博览中心隆重召开，对徐庄软件产业基地博士后科研工作站等 9 家国家级博士后科研工作站进行授牌

【产业结构持续升级】 2010 年，管委会进一步明确园区四大支柱产业定位，提升软件产业竞争力，优化电子商务产业结构，加速物联网产业成长，壮大集成电路产业规模；引进世界 500 强迪比信可、东华软件、汉王科技、水晶石数字科技、智达康无线通信、中科院物联网中心、人民网等产业链龙头企业，为园区经济增长夯实产业基础。

【中科院物联网中心项目落地徐庄】 6 月 30 日，玄武区政府与中科院微电子研究所签订共建“南京物联网研究与产业化中心”合作协议。经过双方共同努力，

9月4日，南京市物联网研究与产业化有限公司召开第一次董事会暨项目专家评审会

南京市物联网研究与产业化有限公司顺利在徐庄落户，"宽带物联网"、"商品RFID"等产业化项目先后启动。

【苏宁电器集团总部及电子商务中心全面建成】 苏宁电器集团总部及电子商务中心总建筑面积约30万平米，可承担国际化集成管理中心、全球零售人才孵化中心、服务创新研发中心、供应链合作优化中心以及信息数据总部管控等诸多服务功能。可满足8000~10000人的办公与生活需求，年均产值超10亿元。

【人才支撑作用突显】 2010年，园区全年共有3人入选国家"千人计划"，4人入选江苏省"双创引进计划"，1人获省双创人才奖；管委会博士后工作站于2010年8月经国家人力资源和社会保障部批准升级为国家级博士后科研工作站，并拥有企业分站5家；实训中心、先声商学院以及才宝培训中心等多个实训平台，全年培训量近1800人次，园区政产学研合作体系已初步建立。在人才源动力的直接推动下，2010年园区高新技术产值达40亿元，比上年增长21%。

【产业发展环境全面提升】 2010年，软件人才公寓二期、研发一区综合楼、研发三区餐厅等新配套项目近2.5万平方米全面建成；研发一区、三区等企业集中入驻区域以及中心景区近7万平方米景观绿化完成提档。伴随地铁二号线开通的园区小巴士以及50路区间车，实现与仙林大道地铁站、玄武大道快车站无缝对接。为科技人才提供的"食、住、行、娱、购"各项生活配套日益丰富。 （王 磊）

【季建业市长调研迪比信可信息技术服务(南京)有限公司】 7月8日，季建业市长一行到科技型企业迪比信可信息技术服务(南京)有限公司调研。季建业市长在区委书记单景南、区长王海宏及公司有关负责人陪同下，首先视察了公司的研发机构和工作场所，随后与公司领导层进行了座谈，季建业了解了公司的基本情况，对作为世界500强排名177位的DB集团(德国联邦铁路集团)落户南京玄武表示欢迎。

【玄武区一批重大项目集中开工】 1月11日上午，玄武区一批重大项目在徐庄软件产业基地举行集中开工仪式，徐庄开工重点项目为软件人才公寓（二期)。当日开工包括中央266产业园，余粮一期地块经济适用房等项目。标志着玄武加快推动"三个发展"的战略部署启动。区主要领导和各系统、部门主要负责人等200多人参加开工仪式。

【全国政协副主席郑万通视察徐庄软件产业基地】 5月19日，全国政协副主席郑万通率全国政协常委视察团视察徐庄软件产业基地入园企业——先声药业集团，同时，调研园区发展战略性新兴产业工作情况。视察团一行在听取了先声药业集团近年来在药物研发、医疗软件开发等方面工作情况汇报。郑万通指出，生物医药是战略性新兴产业的重要组成部分，希望先声能够继续加大自主研发力度，以现有博士后科研工作站以及联合实验室为平台，不断吸引、集聚高端人才，努力研究开发出更多的新技术，成为中国创新药物开发的领先者；希望园区不断改进对战略性新兴产业的支持方式，将支持的重点放在关键技术和共性技术攻关、公共平台和支撑体系建设方面，营造出有利于战略性新兴产业发展的良好氛围。陪同视察的省市区领导有张连珍、张九汉、包国新、缪合林、沈健、钱继红、王建华、孙惟勤、单景南、王海宏等。

【新加坡贸工部兼人力部政务部长李奕贤考察徐庄软件产业基地】 6月1日，新加坡贸工部兼人力部政务部长李奕贤等到徐庄软件产业基地进行交流考察，考察团先后参观了先声药业的集团总部和徐庄国际集成电路设计产业园。省科技厅副厅长曹苏民、市科委副主任郑加强、副区长张蓬等陪同参观考察。

· 园区企业选介 ·

【赛特斯网络】 赛特斯网络科技(南京)有限公司成立于2008年3月，是一家高科技创新型企业，2009年6月入驻园区。2010年成功入选中组部"千人计划"。截止2010年底，赛特斯有员工100余人，其中研发人员70余人。研发人员中，有硕士及硕士以上学位近40%，大多毕业于世界著名学府。赛特斯突破性技术主要应用于给用户带来一天24小时稳定可靠的网络体验。同时对网络进行实时监测，自动优化网络数据流，提供安全防卫和网络自动恢复，保障不间断的网络运行，进而降低网络运营的成本及故障响应时间。2010年公司实现销售收入3000万元。

【智达康无线通信】 南京智达康无线通信科技股份有限公司成立于2000年8月18日，是国内同行业中的龙头企业，

2008年12月入驻园区。

公司通过ISO 9001质量管理体系、TL 9000通信业质量管理体系、ISO 14001环境管理体系、OHSAS 18000职业健康安全体系，以及中国3C和无委会型号核准证等各项认证。

公司现拥有注册商标10个，实用新型及设计专利9个，软件著作权21个。公司产品先后荣获："中国优秀软件产品"；"江苏省高新技术产品"；"江苏省优秀软件金慧奖"；"江苏省十大技术创新成果"；"南京市名牌产品"；"南京市质量服务奖"；"江苏省服务业名牌"；"南京市科技进步三等奖"等。

智达康坚持创新，连续10年持续、健康成长，在全国"无线城市"和目前的3G/4G网络建设中发挥了举足轻重的作用。智达康产品已经成功应用于2006年上海合作组织峰会、2008年北京奥运会、2010年上海世博会和2010年广州亚运会。特别是在2008年北京奥运会上，智达康产品覆盖了奥运村、媒体区等绝大多数的奥运场馆，取得"零投诉"和"无失误"的优异成绩。

【德国迪比信可公司】 DB Schenker（迪比信可）中文译名为全球国际货运代理（中国）有限公司，是世界500强德国铁路(DeutscheBahnAG简称DB)的子公司。作为一家拥有135年历史的全球领先一体化国际物流服务公司，是世界著名的国际货代公司和第三方物流公司。

迪比信可信息技术服务南京有限公司于2009年10月入驻徐庄，最高管理层由亚太区CIO和中国地方CIO联合管理。公司在徐庄建立的是IT系统支持和开发中心，为总部提供物流软件解决方案。作为地区技术支持中心，该中心是整个迪比信可IT方面的重要组成部分，已用于向国外用户提供IT支持和开发服务，主要支持美国、新加坡、澳大利亚、亚太区总部，以及德国全球总部的业务。该公司现有工作人员120余人，2010年实现软件技术服务收入3000余万元。

【埃森环境技术有限公司】 南京埃森环境技术有限公司是省高新技术企业、省传感网（物联网）产业联盟发起单位，拥有4项发明专利、8项实用新型专利、7项软件著作权和3项高新技术产品，致力于环境保护污染源监测领域智能传感器研发和产业化，2008年7月入驻园区。2010年销售收入5507万元，纳税324万元。 （王　磊）

珠江路科技街

【概况】 2010年，珠江路管委会办公室推进徐庄、珠江路园街一体化发展，走"转型发展，创新发展，跨越发展"之路，加快建设诚信珠江路，促进街区提档升级。以服务发展为切入点，举办中小企业融资对接、珠江路电脑节、学习创新节等活动。全年承担区国民经济和社会发展目标4项，文化建设目标2项，政治建设目标1项。

珠江路科技街党工委加强改进非公企业党的建设，充分发挥党组织和党员作用。截至2010年底，珠江路科技街党工委下设党委1个、总支部1个、基层支部48个，党员766名。

【直选产生雄狮国际E市场联合工会主席】 6月8日，珠江路雄狮国际E总汇召开第一次职工代表大会暨首届职代会，通过竞选演说，采取直选的办法，差额选出市场工会主席。职代会直选产生第一届工会联合会、经费审查委员会、女职工委员会。珠江路管委会、徐庄管委会、区总工会有关领导到会指导，雄狮国际E总汇40余家商户职工代表参加。按照"双措并举，二次覆盖"要求，从3月初，珠江路IT行业工会协助雄狮国际筹建市场工会，通过前期积极筹备，商城管理层与广大商户沟通协调、广泛动员，100多户商家中200余名职工申请登记，加入工会组织。职代会上，市场工会主席代表市场职工与经营户负责人代表签订区域性集体合同和补充合同．积极维护市场职工合法权益。

【推动园街一体化发展】 按照区委提出的徐庄、珠江路"园街一体化"发展的战略目标，珠管办以招商工作为抓手，顺利完成徐庄软件园城中园招商目标，入驻企业46家。协助徐庄软件园引进三才软件、赛佛思通、特宁科技等5家企业注册徐庄发展。在第十二届珠江路电脑节日期间，珠江路管委会办公室、徐庄软件产业基地管委会联合组织园街企业，在《南京日报》开辟12个专版，集中宣传园街品牌及企业，扩大徐庄和珠江路的品牌知名度。9月26日，徐庄软件产业基地管委会、珠江路管委会办公室和珠江路商会联合发起成立"徐庄软件产业基地、珠江路科技街IT人才沙龙"，进一步加强徐庄和珠江路企业的合作，促进园街IT人才自我学习、自我交流，加快园街的对接，区委组织部部长杨乐华，区政府副区长张蓬为沙龙揭牌。

【举办第十二届珠江路电脑节】 9月26日，2010年"华海3C"杯第十二届珠江路电脑节在华海3C广场隆重开幕。江苏省经济和信息化委员会副主任陈为保，中国电子商会秘书长、电子市场委员会主任柳玉峰，市商务局巡视员何俊廷、市工商联副主席纪建军、市科技局副局长郑加强、区人大主任陆必坤、区委副书记张萍，区委常委、宣传部部长宋晓辉，区政府副区长张蓬、区政协副主席张发等省、市、区领导应邀出席，珠江路管委会办公室常务副主任、徐庄软件产业基地管委会副主任李莹、南京新华海科技产业集团董事长段红飚、联想集团大中国区江苏大区总经理罗军，联想、三星、宏基等国内外知名IT厂商代表，徐庄、珠江路IT企业嘉宾共200多人出席。电脑节由玄武区委、区政府主办，华海电脑数码通讯广场股份有限公司、南京市珠江路商会、徐庄软件产业基地管委会、珠江路管委会办公室联合承办。电脑节从9月26日开始到10月7日结束，"十一"黄金周在内，共12天。电脑节以"畅想数字未来，享受低碳生活"为主题，积极倡导低碳生活，大力发展低碳经济，认真履行低碳责任，共同创造低碳环境，全力打造绿色IT街区，珠江路企业在电脑节上发出《珠江路低碳行动宣言》。电脑节期间，珠江路企业举办了"环保E先锋"、"我的低碳宣言"有奖征集、创意环保手工制作大赛，"你身边的低碳生活”公益广告DV大赛等活动，省、市电视台，《南京日报》和珠江路在线等媒体，通过新闻、专题等形式对电脑节进行全方位报导。电脑节期间，珠江路沿街设立分会场8个，各大卖场日均人流量达到1.5万人次以上，商家销售同比增长20%以上。

5月29日，珠江路电脑服务社区行活动走进花红园社区

【加强诚信街区建设】 2010年，联合区物价局，先后走访雄狮国际、华海3C、百脑汇、宏图三胞等10多家电子市场，指导企业建立价格诚信制度，推动商城规范化管理，开展诚信宣传系列主题活动。在“3·15”消费者维权日活动期间，宣传推广雄狮国际E总汇的“买电脑，先查价”、华海3C的“先行赔付”等诚信经营办法；3月31日，联合区国税、地税局举办“诚信兴商、依法纳税、和谐共赢”为主题广场宣传和咨询服务活动，南京经济广播电台101.7频率进行现场直播。

【举办专场融资对接活动】 4月中旬组织举办专场“2010年珠江路中小企业融资对接会”，邀请银行、担保公司等12家金融机构，为珠江路企业提供灵活多样的金融产品，40多家企业进行了对接洽谈。同时组织银行和担保机构为企业举办专场融资对接活动，深化融资对接成果。全年累计促成融资项目十余个，融资额逾2000万元。

【开展电脑服务进社区活动】 举办“珠江路电脑明星服务品牌社区行”系列活动，先后组织宏图三胞“红色快车”、华海广场、雄狮国际电脑医院、惠普金牌服务等明星服务品牌，深入玄武紫鑫城、花红园等社区，免费为群众提供故障诊断、设备检测、软硬件安装调试等服务和IT产品现场展示体验，服务社区居民4000多人次。联合《南京日报》开展“珠江路服务创新品牌”企业推选活动，15家服务理念先进、服务模式科学、服务内涵丰富的企业在珠江路电脑节开幕式上受到表彰，成为珠江路和徐庄企业中特色发展的代表。

4月13日，珠江路管委会在区政府409会议室举办2010年珠江路中小企业融资对接会

【组团参加全国电子专业市场年会】 5月6日，以“与时共进，创新经营”为主题的“2010（第十届）中国电子专业市场年会”在沈阳召开。本届年会由国家工业和信息化部、中国电子商会主办，来自全国各地科技街、电子卖场及国内外IT品牌厂商代表200多人参加年会。会上中国电子商会颁布“2009年度中国电子专业市场金牌榜”，珠江路2家电子市场荣登金牌榜。其中，华海3C广场被评为“中国电子专业市场知名品牌”，雄狮国际E总汇被评为“中国电子专业市场（东部）优秀电子市场”；新华海科技产业集团董事长段红飚被评为“中国电子专业市场十佳经营者”。年会期间，珠江路管委会和珠江路商会作为全国科技街联盟成员单位，出席全国科技街联盟工作会议和年会专题互动论坛，就科技街区的功能演绎与发展趋势，如何加强企业诚信建设，促进科技街提档升级，与北京中关村、深圳华强北、沈阳三好街、成都科技街、武汉洪山路等全国主要科技街代表进行交流和探讨。

【举办第七届学习创新节】 9月14日上午，珠江路科技街党工委、珠江路管委会办公室、华海3C广场联合举办第七届珠江路学习创新节暨低碳行动启动仪式。玄武区委常委、宣传部长宋晓辉，区政府副区长张蓬出席活动并讲话，珠江路科技街党工委书记姚雁，珠江路管委会办公室常务副主任、徐庄管委会副主任李莹、区机关工委书记夏桂萍、区总工会副主席尹征等领导，以及华海3C等各大电子市场负责人和珠江路科技街党员等80余人参加活动。华海3C广场负责人向广大企业发出开展低碳行动倡议书，联合沿街各企业开展"环保E先锋"主题系列活动，积极进行电子废弃物回收，减少电子电器产品给环境及人体健康、安全等方面影响，解决电子产品报废后不当处理问题，主动承担企业应有的社会责任。百脑汇、雄狮国际、苏宁珠江路店等8家企业负责人，逐一在电子互动白板《珠江路低碳行动书》上签名承诺。

（陈振昌）

驻区科研院所选介

·中国科学院南京分院·

【概况】 中国科学院南京分院是中国科学院机关的派出机构，负责联络和协调中国科学院在江苏地区的中科院紫金山天文台、南京地质古生物研究所、南京土壤研究所、南京地理与湖泊研究所、南京中科天文仪器有限公司、国家天文台南京天文光学技术研究所以及中国科学院苏州纳米技术与纳米仿生研究所、中国科学院苏州生物医学工程技术研究所(筹）和江苏省中国科学院植物研究所（双重领导）等单位。

【院地合作向纵深发展】 举办"江苏省各类科技项目立项程序培训研讨班"，有140余名代表参加培训与交流;参与组织南京市政府主办的"南京市科技创新与新兴产业发展推介会"，11个研发平台和合作项目签约;参与主办或协办各类科技活动近30次；组织参加区域外各类科技活动6次。同时为地方提供院成果信息近千条次。组织中科院内单位争取江苏省科技厅各类科技经费超1.5亿元，院、省合作新增销售额突破400亿元。

【发挥院士、专家群体作用】 2010年组织和参与举办近30场科普活动，组织在苏院士、专家在全国各地作科技报告120多场，听众5万人次以上。全年组织南京地区院属单位获省级立项71项，组织院内单位争取江苏省科技厅各类科技经费超1.5亿元。针对南京各所发展空间受限情况，组织研究所争取院、地支持，与南京市签订"关于建设中国科学院南京高新技术创新园的协议"，共建"中科院南京高新技术创新园"。

·中国科学院南京地质古生物研究所·

【概况】 中科院南京地质古生物研究所是全国地质生物综合研究中心，是国务院学位委员会批准的首批博士、硕士学位授予单位之一，是"古生物学与地层学"和"地球生物学"专业博士、硕士研究生培养点，是地质工程硕士研究生培训点并设有博士后流动站。研究所图书馆收藏古生物学与地层学专业图书期刊约28万册（期），其中外文期刊近2000种、约20万册（期），是亚洲最大的古生物学专业图书馆;馆藏标本约20万件，是中国最重要的古生物标本馆，也是世界上古生物标本收藏的重要机构。

2010年，"中国的乐平统和二叠纪末生物大灭绝"研究成果获国家自然科学奖二等奖，"中国中生代植物多样性演变"研究成果获2010年度江苏省科学技术进步奖二等奖。至2010年年底，全院有在职职工150人，其中中国科学院院士4人、中国科学院"百人计划"入选者8人、国家杰出青年科学基金获得者8人。

【举办和参加国际性研讨会】 承办和主办"第八届国际侏罗系大会""第一届定量地层学与古生物学国际讨论会"等5次国际会议，共有20多个国家近200位外宾参会。参加第六届国际腕足动物大会第15届国际寒武系再划分野外现场讨论会、第三届国际古生物学大会等重要会议并在会上作报告或展板展示。在英国伦敦举办第三届国际古生物学大会期间，组织为期2天的"中国分会"，全面介绍中国古生物学研究的最新进展。

·中国科学院南京土壤研究所·

【概况】 南京土壤研究所承担着为中国农业发展和生态环境建设服务的重任，以逐步发展成为在土壤科学领域研究实力雄厚、分支学科齐全并在国际上享有较高声誉的国家级研究中心和高级人才培养基地。至2010年年底，该所拥有中国科学院院士2人、研究员48人、副研究员及高级工程师81人。设有6个博士学位授予点和1个农业资源利用一级学科博士后流动站。2010年提交63项国家自然科学基金项目申请，获批36项，实现基金申请的历史性突破。

【SCI论文及专利申请、授权均创历史新高】 2010年发表SCI论文196篇，其中作为第一完成单位124篇;发表CSCD论文400篇，出版专著5部。申请专利45项(其中发明专利34项、实用新型专利11项)，授权21项(其中发明专利9项、实用新型专利12项)。

·中国科学院南京地理与湖泊研究所·

【概况】 中国科学院南京地理与湖泊研究所是全国唯一以湖泊-流域系统为主要研究对象的综合研究机构。该所设有湖泊与环境国家重点实验室、湖泊生态与环境工程研究中心、区域发展与规划研究中心、湖泊野外观测与数据中心，同时还设有地理学博士后流动站，自然地理学、人文地理学、地图学与地理信息系统和环境科学4个博士学位授予点以及自然地理学、人文地理学、地图学与地理信息系统、环境科学和环境工程5个硕士学位授予点。至2010年底，拥有中科院院士1人、研究员39人、副研究员和高级工程师78人、中国科学院"百人计划"入选者8人、"国家杰出青年基金"获得者2人。全年发表论文356篇，申请发明专利16项。

【启动编制"创新2020"方案】 组织召开"创新2020"学科发展战略高层咨询研讨会等多个战略研讨会，明确研究所"创新 2020”发展思路，突出“流域污染控制与湖泊水质目标管理、湖泊流域水量平衡与调控、湖泊生态灾害控制与水质安全保障、都市密集区可持续发展监测与模拟、湖泊生态系统演变与气候变化影响以及湖泊动力过程与物质循环”6 个创新重点。

【中国唯一湖泊——流域数据集成与模拟中心】 2010 年，中国唯一以湖泊—流域系统为单元，为湖泊—流域科学研究和决策支持提供数据服务与专业分析的综合性大型数据中心，即中国唯一湖泊—流域数据集成与模拟中心投入使用。

· 江苏省农业科学院 ·

【概况】 至 2010 年底，在职科技人员 2320 余名，其中院士 1 名、具有高级职称科技人员 609 人、博士(含在读博士研究生)220 余人。有 44 名专家进入国家现代农业产业技术体系，其中 1 名首席科学家、4 名功能研究室主任、16 名岗位科学家、23 名试验站站长。院部规划设立研究室 57 个、研究项目组 166 个。按专业设有粮作、经作、蔬菜、园艺、植保、畜牧、兽医、生物技术、农业资源与环境、食品安全与检测、农产品加工、农业经济与信息及原子能农业利用等 13 个专业所；按农业生态区划在全省设有徐州、连云港、宿迁、淮阴、沿海、沿江、里下河、南京、镇江及太湖等 10 个农区所；建有国家甘薯改良中心，国家油菜、水稻、小麦和棉花改良分中心，国家兽用生物制品工程中心，国家食品安全重点实验室等一批国家、部省科学研究平台；在南京市溧水县和六合区分别建有植物科学研究基地和动物科学研究基地。全年院投资企业总资产 6.1 亿元，净资产 2.76 亿元；年度销售收入 2.7 亿元，实现利润 3010 万元、增长 23%，同时节省院事业费 800 万元。全年实际派出人员考察、学习 40 批次、77 人次。全年争取中央、省财政相关项目经费 1300 多万元；落实华东创新中心建设资金 7750 万元；落实省农业自主创新资金 5000 万元，增幅 66.67%。

【全年合同经费和到账经费实现双增】 2010 年，转基因生物新品种培育重大科技专项主持 4 项、参加 28 项，合同经费近 3000 万元；争取国家公益性行业科研专项“灰飞虱传播的病毒病综合防控技术研究与示范”，合同经费 2740 万元；争取“十二五”国家科技计划农村领域首批预备项目 4 项；争取国家自然科学基金项目 15 项，合同经费 386 万元。现代农业产业技术体系新增专家 7 名。全年新增各类项目合同经费 2.26 亿元，到账经费 2.67 亿元，实现双增。

【实现专有技术转让重大突破】 2010年有 61 个农作物新品种通过审(鉴)定，其中通过国审的品种 5 个。在公布的国家科技进步奖中，作为参加单位获一等奖 2 项、二等奖 1 项；在省科技进步奖公示中，作为主持单位获二等奖 4 项、三等奖 3 项。全院品种权申请 46 件，授权新品种 30 件；专利权申请量 120 件，授权专利 35 件。兽医所“猪支原体肺炎灭活疫苗”分别与南京天邦等 4 家兽药企业签订实施转让合同，合同成交总额 1072 万元，实现突破。蔬菜所“金陵甜玉樱桃番茄”品种与河北一家种子公司签订开发合同，约定收购价为 2.5 万元/公斤，创省农科院历史上单品单价成交最高纪录。

(鉴　资)

文化·卫生·体育

Culture Health Sports

- 文化
- 档案
- 地方志
- 卫生
- 体育

文 化

【概况】 2010年,区文化局紧紧围绕区委、区政府中心工作,以科学发展观为指导,坚持转型发展、创新发展、跨越发展的文化工作思路,积极开展群众文化活动,加强文化市场管理,落实文物和非遗保护工作,大力推进文化体制改革和文化产业发展,各项工作取得了明显成效。文物执法卷宗获得江苏省一等奖,文化遗产宣传保护获得南京市先进集体称号,法治玄武、文明城市创建、"十二五"规划编制获得玄武区先进集体称号。群众文艺创作获得"金奖"15个、"银奖"8个,获得市级"优秀组织奖"3个。

【加强社区文化阵地建设】 2010年,依托全国文明城市创建、全国先进文化区的创建和全国和谐社区建设示范街区创建的契机,检查、指导全区8个街道文化站和部分社区文化活动室的硬件和软件建设,并从图书藏量、报刊征订数量、文化活动、文艺培训、文化队伍等五方面提出明确要求。全区有3个街道文化站被评为五星级文化站,8个社区被评为示范社区。

【举办第十四届玄武之春广场演出】 2010年,区文化局充分整合利用社会资源,不断创新公共文化服务的形式和内容,丰富和拓展社区文化、校园文化、企业文化、军营文化、广场文化。1月25日,在孝陵卫街道开展"四进社区"、"三下乡"活动。4月2日,在白马公园广场举办第十四届玄武之春"和谐玄武春满园"广场演出活动,玄武区文联开展了"金陵五月风"系列活动。在北极阁举办"鼓韵玄武"广场演出。在长江路文化艺术节活动中,尝试与南京市爱乐乐团合作,将一场精彩的、高雅的交响乐奉献给了市民群众,受到了群众的热烈欢迎,收到了较好的演出效果。

【专项整治1500余家次文化活动场所】

2010年,区文化系统坚持繁荣与管理并重的原则,以净化社会文化环境为宗旨,以服务"三个发展"为职责,先后组织300多人次、10余场次,对文化活动场所1500余家次开展系列专项整治和打击取缔窝点、游商行动。收缴盗版光盘3万多张、非法出版物800多册、涉赌游戏机50多台。发出责令整改通知书20多份,实施处罚近百余起,捣毁珠江路、板仓街、南京农业大学家属区等盗版音像窝

区文化局领导检查娱乐场所的安全

点 12 处，取缔无证摊点 20 处，无证场所 8 家。

【专项整治辖区内境外卫星电视播出秩序】 2010 年，区文化局按照省、市相关文件要求，为确保“世博”期间卫星电视安全播出，对辖区内境外卫星电视播出秩序进行专项整治。对 3 家问题突出单位勒令限期整改，对 4 家宾馆遗留的近 10 余面废止的违法接收装置发出整改通知书要求限期拆除。通过专项整治清查，玄武区境外卫星传播秩序进一步规范。

【做好第三次全国文物普查后续工作】 2010 年，区文化局认真做好第三次全国文物普查后续工作，先后协调并妥善处理古唱经楼、军事档案馆、逸仙村民国建筑等 8 个经济建设与文物保护的难题。协助市文物局做好玄武巷段明城墙的抢险维修工作；协助区党史办开展玄武区革命遗址普查工作；为九华山玄奘塔维修工程争取维修补助经费 6 万元。

【举办第一届文化创意产业发展论坛】 1 月 26 日，由玄武区委、区政府主办，区委宣传部、区文化局承办的首届玄武区文化创意产业发展论坛暨文化企业联席会在南京图书馆举办。省文化厅、省广电网络有限公司、市社科院、南京大学国家文化产业研究中心等单位的代表从不同角度对创意时代文化产业的转型与发展，经济、科技、文化的融合进行交流。省文化厅马宁副厅长、市委宣传部张俊副部长、区委单景南书记、区委宣传部宋晓辉部长等领导出席了会议，区文化产业相关部门、街道、26 家文化企业参加了会议。

【打造徐庄国家级文化产业基地】 9 月 15 日，“苏台文化——创意玄武”暨 2010 年南京金秋经贸洽谈会玄武专场活动在创意中央科技文化园隆重开幕。副市长王咏红、市政府副秘书长刁仁昌、市委宣传部副部长张俊、市台办副主任季斌、市文化广电新闻出版局副局长谢山以及玄武区领导王海宏、陆必坤、梁广宏、张萍、宋晓辉、孙康龙、刘显平、张蓬、王静、张连春、王东等与会。会上，区文化局与南京市文化投资控股集团有限公司签署了合作协议，共同打造徐庄国家级文化产业基地。

【参加 2010 中国南京文化产业交易会】 11 月 21 日上午，2010(第五届)中国南京文化产业交易会在南京国际博览中心开幕，玄武区以“魅力玄武”为主题，推介了 6 个项目，分别是徐庄软件产业基地、百子亭历史文化地标项目、创意中央科技文化园、钟岚里逸仙村项目、曼度·嘉年华项目、南京小蜜蜂乐园网站(www.njxmf.cn)，重点设立了金陵竹刻艺术主题馆，8 个展柜内有 30 余件竹刻艺术精品供观众欣赏品鉴，现场还有工艺大师展示金陵竹刻制作工艺，南京市委书记朱善璐、宣传部长叶浩亲临展区，对金陵竹刻这项江苏省级非遗项目给予了高度评价。在 22 日举行的文化产业重大项目投融资洽谈会暨签约仪式中，玄武区推出 5 个项目包括南京市文化投资控股集团有限公司和玄武区共同打造的徐庄国家级文化产业基地项目；文化部直属单位、中国录音录像出版总社出资组建的江苏中录时空文化发展有限公司；拥有全国最大在线育儿网的南京傅远科技有限公司新落户在玄武江苏矽岸信息科技有限公司；主推呼呼乐园儿童游戏网站；南京鼎轩建筑装饰艺术设计有限公司；以及计划打造成南京首家五星级豪华影院的 UME 国际影院项目。

【举行玄武区文化创意产业发展招商推介会】 5 月 24 日，在厦门举行南京市玄武区文化创意产业发展招商推介会。6 月 7 日，区文化局带领徐庄软件产业基地、创意中央科技文化园奔赴北京开展小分队招商及考察活动，密切了与中关村、北师大科技园、北京创意设计协会、北京文化创意产业促进中心、北京文化发展研究院等单位的联系。

【参与文化产业相关活动】 2010 年，区文化局积极组织文化园区、企业参加南京文化创意和现代服务业人才公益专场招聘会、南京 2010 台湾名品交易会、在台北举行的“南京文化创意产业论坛和交流会”、第五届南京文化产业交易会等文化产业相关活动，开阔文化企业家的眼界，扩大玄武区的影响及文化企业的知名度，加快文化企业走出去的步伐。

（葛　勤）

【7 人被命名为各级非物质文化遗产代表性传承人】 9 月 3 日，江苏省文化厅(苏非遗[2010]1 号)公示：经传承人个人申报，市文广新局推荐，省文化厅组织评审，命名第三批江苏省非物质文化遗产代表性传承人，其中玄武区有 7 位。公示明确“市级非物质文化遗产项目代表性传承人”是指经国务院文化行政部门、省文化厅行政部门、市文化行政部门认定的，承担国家级、省级、市级非物质文化遗产名录项目传承保护责任，具有公认的代表性、权威性与影响力的传承人。

（鉴　资）

【江苏省美术馆落成并开放】 2 月 8 日，江苏省美术馆新馆落成典礼暨美术作品特展开幕式举行。省委书记梁保华、省长罗志军出席典礼并为新馆落成揭幕。特展分体现革命征程与江苏新貌的“走向辉煌”展、展陈新金陵画派和江苏籍书画家作品的“大师大家”展、精选南

玄武区各级非物质文化遗产代表性传承人

姓　名	性别	项目名称	等级
张方林	男	中国剪纸(南京剪纸)	国家级
殷嘉才	男	中国剪纸(南京剪纸)	省级
张林娣	女	中国剪纸(南京剪纸)	市级
赵　荣	女	金陵竹刻	省级
倪小庆	男	仿古牙雕	省级
戴德裕	男	仿古牙雕	市级
冯　敏	男	灵芝传统知识及应用	市级

京博物馆藏品的“传世经典”展三大部分，春节期间免费向社会开放近一个月，参观人数8万人次。6月18日，新馆永久性免费开放。

江苏省美术馆位于南京长江路，包括旧馆和新馆两部分。旧馆建于1939年；新馆为地下2层、地上4层，高度24米，由德国KSP设计事务所设计，南京奥体中心工程建设指挥部承建，占地面积1.06万平方米、建筑面积2.8万平方米。馆内设有7个层厅、4个恒温恒湿库房和1个可容纳320人的多功能学术报告厅。（金文林）

档　案

【概况】 2010年，全区档案工作以科学发展观为指导，强化服务理念，创新服务方式，深化档案资源建设和档案信息化建设，以解放军档案馆刘义权为榜样，以强烈的使命感和工作责任心，忠实履行职责，努力实现档案事业的转型发展、创新发展和跨越发展。基层单位档案工作的规范化、科学化管理水平有了提高，档案室的硬件建设得到了加强。完成了区机关、街道及教育系统等14个单位星级测评及复查工作。加强了对机构改革中撤并单位档案工作的监管。接收区民政局婚姻档案(2008年)9516件，完成档案局网站改版升级。全文数字化扫描处理档案1422卷、14124件、14.4万页。编辑出版了《玄武年鉴(2009)》、《玄武年鉴(2010)》。区档案局增设地方志编研科。

【加强对机构改革撤并单位档案监管工作】 2010年，区档案局根据区委、区政府关于加强对机构改革中撤并单位档案工作的监管的要求，认真做好各项工作。6月，拟定并由区政府办公室转发《关于做好机构改革中档案工作的意见》，8月，根据区委68号文件精神，成立了由主要领导任组长的机构改革档案移交工作领导小组，制定了具体工作的实施意见。举办了相关档案人员的业务培训，组织业务骨干上门实地查看，了解情况，解决实际问题。按规定的时限和要求，完成了涉及机构改革的14个部门档案3863卷、8677件移交与进馆。其中，涉及民生专门档案3836卷。

【完成档案管理软件升级改造】 2010年，区档案局将电子政务档案综合管理系统的升级改造工作列入区社会事业奋斗目标，为此，成立了课题组，拟定工作方案，10月底前，完成了软件研发、调试，并投入运行。升级后的管理软件和区政府资源平台对接，实现电子公文的流转和在线归档。此外，电子签章、数字水印的应用，使电子档案的真实性和安全性进一步增强；多媒体管理功能模块的完善，较好地实现了声像档案的有效、规范管理。

11月29日，区档案局、区信息中心召开档案管理系统研发汇报会

【完善档案利用服务体系建设】 2010年，区档案局不断完善服务民生的档案利用体系。加强政府公开信息查阅场所硬件建设，购置打印机、复印机、传真机及档案柜等设备。认真做好政府公开信息接收和利用工作。3月，召开政府信息公开工作培训会，对政府公开信息送交工作提出要求。5月，政府公开信息查阅中心正式对外开展接待工作。区政府办下发《关于做好政府公开信息送交工作的通知》，将政府公开信息向同级档案馆政府公开信息查阅中心送交工作，列入年度政府信息公开考核目标。至年底，接收了26个机关部门政府公开信息1081份。积极开展以争创“查档利用优质服务示范岗活动”，强化查档接待中心窗口服务的功能，从1月起免收档案利用服务费和工本费。为了满足群众查档快捷、准确的服务需求，工作人员做到查档服务“零差错”、查档过程“零障碍”、服务对象“零投诉”。全年接待查档人员2807人次，调档4107卷次、14124件，出具证明2856份。提供资料利用13人次、24册次。

【做好库房管理和鉴定划控工作】 2010年，区档案局十分重视档案的安全管理和鉴定划控工作。常年坚持做好档案馆库房温湿度控制及档案统计利用分析；馆藏档案按批次消毒；对馆藏破损档案进行修复；认真做好馆藏光盘数据质量检查，并对发生错误数据重新进行了刻录备份；对1959~1960年馆藏满50年的长期档案，逐卷进行鉴定，全部提升为永久保管；对1979~1980年馆藏满30年的永久、长期档案逐卷进行划控。（顾　坚）

地方志

【概况】 2010年，区方志工作依据《地方志工作条例》，紧紧围绕区委、区政府中心工作，在省市方志办的具体指导下，克服人员少、经费紧张的困难，基本完成年

区地方志办领导与编辑人员一起研究工作

初的目标任务。一是完成《玄武年鉴(2010)》的组稿编审工作。树立精品意识和创新意识，强化综合性和实用性，加强对信息资料的筛选加工、整合提炼，优化框架结构，突显了玄武地方特色，《玄武年鉴》的社会功能和社会效益得到进一步提升。二是完成《江苏省市区(县)概况》"玄武区概况"条目组稿任务。三是完成区志资料长编架构编写工作。四是完成市方志办下达的《南京志志》玄武部分的撰稿。

【《玄武年鉴(2009)》3月出版发行】 3月上旬，《玄武年鉴(2009)》正式出版发行。2009年卷《玄武年鉴》根据玄武区经济、社会发展状况，对2008年版类目、分目框架设计作了部分调整。同时，根据2008年大事、喜事、难事多的特点，增设了专记。反映了在中共玄武区委、区人民政府的领导下，团结带领全区广大人民群众抗震救灾、创建文明城市、迎接北京奥运会和共渡金融危机等方面内容。封面设计定格在区委领导全区人民共同走过这一年。

【《玄武年鉴(2010)》12月出版】 全书共设17个类目、124个分目、734个条目，配有40余张统计表和500余幅照片，另有特载、大事记、索引计80万字。年鉴精选了区委、区政府及各个部门资料，对部分重要条目链接相关资料，同时选用了一批驻区单位重要信息资料，以求科学、系统地反映玄武区域内政治、经济、科技、文化、社会、自然等方面的年度情况，为各级领导部门提供决策依据，为社会各界了解和研究玄武提供权威、翔实的信息，同时也为区志的续修积累了材料。

【完成区志资料长编编写框架】 2010年7~12月，玄武区地方志编纂委员会办公室指定专人撰稿，经过半年多时间，《玄武区志资料长编(2000-2010)》架构编写工作完成。内容涉及建制区划、自然环境、人口、城市建设、工业、农业、商业、贸易、交通、政治、经济、军事、社会团体、人物等32编。 (顾　坚)

卫　生

【概况】 2010年，玄武区卫生局以邓小平理论和"三个代表"重要思想为指导，深入贯彻落实科学发展观，各项卫生工作取得了新成绩。全系统以"人文、智慧、创新、务实"四大系统建设为载体，深化创先争优活动。建立局机关科长以上干部挂钩基层单位联系点制度。每季度开展一次卫生行风满意度调查。注重卫生宣传，全年在市级以上媒体正面报道33次，在市委、市局简报，区委及其网站等发稿140余篇。区政府卫生事业拨款10149万元，比2009年度增加223万元；占区财政支出6.43%，与2008年持平。截至12月底，辖区有各级各类医疗卫生机构216家，病床2348张，卫生人员5304人，其中：卫技人员4076人，执业医师1532人，注册护士1547人。全区平均每千人口有床位数4.3张、卫技人员7.5人、执业医师2.83人、注册护士2.86人。2010年，区红十字会积极组织骨髓干细胞采样活动，并得到社会各界响应捐献。区卫生系统被国家卫生部授予"基层医疗

区红十字会组织骨髓干细胞采样得到社会各界响应捐献

卫生单位深入学习实践科学发展观活动指导工作先进集体”，被省文明委评为2007~2009年度江苏省“创建文明行业工作先进行业”，被市委、市政府授予“文明行业”称号。

【疾病预防与控制】 2010年，全年发生甲、乙类传染病807例，年发病率为159.60/10万，与上年同比下降12.42%。调查处置手足口病确诊病例723例，流调率和随访管理率均为100%。调查处理手足口病聚集性病例16起，累计出现场27次，排除疫情人员54人次，发放相关宣传资料13000份，做到托幼机构儿童人手一份，组织中小学和托幼机构保健老师培训各一次。对全区39家中小学开展因病缺课监测网络直报工作。开展8月龄~4周岁儿童“麻疹疫苗”强化免疫，接种儿童12631人。实施11~14周岁儿童补种“乙肝疫苗”737人。全年投入102万元，对6个中心实施了现代化的“计免”门诊改造，通过了“市级预防接种示范区”达标验收。

【卫生应急】 2010年，针对手足口病、甲型流感、肠道传染病开展多次培训，培训对象包括各医疗单位医务人员、中小学保健老师及校长、托幼机构负责人、街道卫生主任及社区负责人等。对全区39所学校、16所幼儿园重点人群进行现场流行病学调查。全年组织开展应急培训5次，培训覆盖率达95%，组织应急演练2次。

【卫生监督】 2010年，办理卫生许可证239户，卫生许可证持有率100%；办理健康证明40000人，健康证明持有率90%。食品卫生、经营性公共场所卫生从业人员健康检查41700人，对餐饮服务、经营性公共场所卫生监督检测833户，餐具抽样检查1062份，合格率93.35%；食品抽样检测249份，合格率86.75%；水质抽样检测223份，合格率100%。全年对食品生产经营单位、医疗机构、公共场所经营单位的卫生监督检查6000户次，印制并发放卫生制度、消毒记录等资料8000余份，监督检查覆盖率100%，实施行政处罚57户次，全区无非法餐饮食品生产经营单位。对餐饮单位、学校食堂监督检查4000户次，立案处罚6户。开展了“地沟油”、一次性筷子、腹泻病、医学美容医师资质等专项检查共10次。

【社区卫生与妇幼保健】 2010年，全面推进社区卫生机构硬件设施建设。投入资金2790万元，建设面积1.5万平方米，新增面积4826平方米，其中红山、同仁、玄武湖、后宰门4家社区卫生服务中心用房面积达到江苏省示范中心标准。在孝陵卫地区增设了沧波门、孝陵卫、银城东苑三个社区卫生服务站。全年投入246万元，升级改造了社区卫生服务信息管理系统，更新了部分网络硬件设施。推进公卫进中心、团队进社区、医生进家庭的服务模式。全年创建市级示范团队4个。全区居民建档264711份；60岁以上居民建档73822份，建档率达99.6%，档案动态管理率达100%。对全区767名精神病患者建立档案并随访。履行对妇幼保健工作的业务指导工作。妇保所门诊量16525人次，孕产妇保健管理3801人，管理率99.87%，无孕产妇死亡，婴儿出生缺陷发生率4.15‰。为3791名孕妇进行产前筛查，产后访视率98.24%；为15270名育龄妇女进行妇女病普查，检出病人数1192人，占7.81%；婚前医学检查6566对。7岁以下儿童保健管理20682人，保健管理率99.45%，5岁以下儿童死亡率3.09‰，婴儿死亡率2.4‰。为12181名儿童进行“六一”体检，体检率100%，检出病儿2931人，检出病儿率24.06%。

区卫生局开展卫生监督检查

【医政管理】 2010年，全面推进医改工作，制定下发了《南京市玄武区基本公共卫生服务项目考核细则》、《玄武区实施国家基本药物制度工作方案》、《南京市玄武区医疗卫生机构绩效考核办法(试行)》等配套文件。7月15日起，全区各社区卫生服务机构全面启动国家基本药物制度，对基本药物和规定范围内的补充药品，全部实行“零差率”销售。在国家、省确定的599个品种和市“基药”目录1228种的基础上，按照“一品二规”的原则遴选出了965条品规纳入全区“基药”目录。自7月15日~12月31日共销售基药1955万元，财政补助600余万元，确保了基药的顺利实施，以及职工队伍的稳定。全年校验辖区内医疗机构198个，其中20个医疗机构进行项目变更。协助完成执业医师注册176人，晋升副高级技术职务17人。强抓医务人员“三基三严”(基本理论、基本知识、基本技能，严格要求、严密组织、严谨作风)培训，区属医疗机构的处方合格率达100%。全年受理投诉举报36件，调查处理率100%。

【中医药管理】 2010年，全面启动全国社区中医药工作先进单位创建工作，各社区卫生服务机构全部设置中医科和中药房，在新改(扩)建的各社区卫生服务中心设立中医馆，聘请省、市名中医定期坐诊。建立名中医“师带徒”制度，13对师承双方通过年度考核。兰园社区卫生服务中心被评为省“中医药特色社区卫生服务示范中心”，同仁街社区卫生服务中心被确定为省“城市中医药特色社区卫生服务中心建设单位”。

【医学科技与教育】 2010年，实施“项目化运作，制度化管理，构筑卫生人才新高地”的人才培养项目，荣获区创新创优工作优秀成果奖。投入50万元年度人才培养经费，引进8名中级职称（或硕士）以上卫生技术人才，选派7名临床新毕业生参加全科医师三年全脱产规范化培训，招聘10名中医专业人才，组织30名社区卫技人员和10名中医药人员到“三甲”医院进修学习。请中大医院负责对社区卫生服务机构45岁以下的医生、护士进行临床技能培训，举办培训班9期，298人参加培训，其中医生154人、护士144人，参加培训的所有人员均通过考核。选送社区卫生服务机构的4名医生参加省厅组织的全科医生规范化培训。举办全科医生、社区护士在职培训达737人次。 （吴 敏）

体 育

【概况】 2010年，区体育局在区委、区政府的领导下，大力实施“全民健身计划纲要”和“奥运争光计划纲要”，全局上下紧紧围绕“创建体育强区”等重点项目，团结一致、密切协作，成功地举办了“玄武区第五届综合运动会”。在全区广泛开展全民健身月活动，组织各类群体活动40项次，直接参加健身活动者超过10万人次。在第十七届省运会上，玄武健儿代表南京市勇夺13枚金牌、位列全省区县排名第一，被市委、市政府评为南京市参加江苏省第十七届运动会先进集体。2010年被省体育局授予“江苏省国民体质监测先进集体”。在2010年度区委、区政府组织的“四个建设”考核中，区体育局被评为一等奖。

玄武区第五届综合运动会成绩

序号	单位	比赛项目及得分				总分	名次
		乒乓球	羽毛球	趣味	射击		
1	孝陵卫片区	25	16	50	10	101	1
2	锁金村街道	4	26	36	33	99	2
3	玄武门街道	14	4	42	30	90	3
4	梅园片区	44	3	18	15	80	4
5	红山片区	3	30	4	34	73	5
6	孝陵卫街道	3	8	54	3	68	6
7	后宰门片区	4	28	28	3	63	7
8	玄武湖街道	14	4	32	8	58	8
9	梅园新村街道	13	13	10	18	54	9
10	红山街道	8	8	16	13	45	10
11	锁金村片区	33	7	0	3	43	11
12	后宰门街道	14	4	22	3	43	11
13	玄武湖片区	13	4	20	3	40	13
14	玄武门片区	4	28	0	0	32	14
15	新街口街道	4	4	16	3	27	15
16	新街口片区	3	12	0	0	17	16

【出新30个区全民健身工程点】 2010年，全面出新30个区全民健身工程点。对唱经楼小区、丹凤新寓、大石桥28号和百子亭26号等30个健身点进行更新、出新，并对这些健身点2001年以前安装的器材进行彻底更换，同时新安装仙鹤门社区、北苑社区和新街口丹凤新寓等健身路径，总投资60多万元。出新工作在11月底全面完成。

【国民体测服务全民科学健身】 5月26日，国家国民体质监测检查组到玄武区检查指导第三次国民体质监测工作。检查组在省体育局群体处、省体科所、市体育局群体处、市体科所等领导的陪同下来到玄武区监测点，对现场测试的组织、测试技术规范、数据检查复测等工作进行检查。南京电视台进行现场跟踪报道。玄武区国民体质监测工作经过近3个月的努力，完成对街道、社区、学校、工厂、企业等单位2500人次的体质测试，圆满地完成了这次体质监测国查任务。在积极开展国民体质测试的同时，完善了玄武区国民体质与健康数据库，形成了一整套国民体质监测和国民体质健康数据管理制度，受到社会各界及广大群众的好评。

【举办玄武区第五届综合运动会】 5月

玄武区第五届综合运动会闭幕式

6日，玄武区第五届综合运动会在区体育活动中心隆重举行。区委书记单景南及市、区有关领导参加了开幕式。运动会共设机关部、驻区单位部、老年人部和青少年部四大部类、20个竞赛项目。机关部、驻区单位部和老年人部以推动群众体育普及、活跃群众文化体育生活、增强人民体质为主，设有乒乓球、羽毛球、太极球、趣味运动等12个竞赛项目。青少年部以青少年为主要对象，以培养、锻炼竞技运动队伍、选拔体育后备人才、提高竞技运动水平为主要目的，设有田径、篮球、足球、模拟飞行等8个竞赛项目。本届运动会共36个代表团、近万名运动员参赛。代表团总数、参赛人数、赛会规模都创区运会历史之最。

【玄武区参赛选手在17届省运会上获13枚金牌】 2010年8月，在常州举行的江苏省第十七届运动会上，全区参赛选手共获得金牌13枚，其中羽毛球3枚，花样游泳4枚，艺术体操1枚，跳水5枚。同时花样游泳、跳水项目还获得“体育道德风尚奖”。在全省区县代表队中排金牌数第一，超额完成市政府下达的11块金牌的任务。

【全民健身月活动】 为庆祝建国60周年和南京成功申办青奥会，唱响“全民健身与青奥同行”的主旋律，在全民健身月期间，区体育局积极举办体育宣传，弘扬奥林匹克精神，普及科学健身知识，促进全民健身活动的开展。举办健身科普讲座、开展体育竞赛、体质监测等各类活动40多汤(次)，协助区委老干部局、区总工会、团委和各类协会举办体育类活动10余次、参与各项活动的市民超过10万人次。

【体育活动进社区建立长效机制】 2010年，结合举办玄武区第五届综合运动会，体育活动直接进社区、工厂和公司，让更多的人参加到健身队伍中去。为机关、学校、工厂和社区2500人进行了体质测试并开出运动处方。积极支持和协助腰鼓、空竹和武术等协会开展体育健身社区行展演活动。开办健身气功培训课。在玄武区体育活动中心广场开展健身训练展示，把健身知识、健身方法送到群众身边，使广大居民了解了自身体质状况，掌握了基本的健身方法，增强了健身意识。

【承办“中国体彩杯”中越象棋对抗赛】 12月22日，中国、越南象棋对抗赛在玄武区珍珠饭店进行了第二轮的争夺，结果中方的四位江苏棋手3胜1和，以较大的优势取得了胜利。中越象棋对抗赛是中越体育文化交流的比赛。江苏省男子象棋队和越南男子象棋队都是有着良好成绩的队伍，都拥有非常优秀的运动员。这次比赛，为两支队伍的相互学习提供了良好的机会。 (卢艳岗)

出新后的全民健身点

社会生活

Social life

- 人力资源和社会保障
- 人口和计划生育
- 民政工作
- 老龄工作
- 残疾人工作
- 民族宗教

人力资源和社会保障

【概况】 2010年，玄武区人力资源和社会保障工作围绕民生“五有”(劳有所得、老有所养、病有所医、学有所教、住有所居)目标，以“民生为本、人才优先”为工作主线，一手抓改善民生，一手抓服务发展，不断创新工作思路，狠抓工作落实，就业创业、社会保障、工资收入分配、人才队伍建设、劳动关系等重点工作均有新突破，人力资源和社会保障工作整体取得新进展。玄武区获江苏省人事系统亮点工作单位，玄武区劳动保障综合服务大厅被评为全省人力资源和社会保障系统2008~2010年优质服务窗口，区人力资源和社会保障局被评为法治南京建设为民办实事先进单位、南京市残疾人就业工作先进单位。

【区人力资源和社会保障局挂牌】 7月29日，玄武区召开机构改革动员大会，原玄武区人事局、劳动和社会保障局合并组建为玄武区人力资源和社会保障局，挂玄武区公务员局牌子，马千山任玄武区人力资源和社会保障局局长。

(苏　勤)

【广开就业渠道确保充分就业】 2010年，玄武区人力资源和社会保障局采取发展经济开发岗位、服务企业筹集岗位、市区联动汇集岗位、中介合作挖掘岗位、公益服务购买岗位、扶持创业增加岗位等多种举措，服务千企、筹集万岗，全区就业局势保持基本稳定。全区新增就业岗位32217个，实现再就业19710人，援助就业困难人员就业2037人。认真贯彻省、市、区促进就业政策，规范各项补贴申报、审核、发放工作。发放用人单位社保补贴2763人次，补贴金额358.5万元；审核发放用人单位岗位补贴1815人，163.3万元；发放灵活就业人员社保补贴1880.6万元，惠及7490人。在街道、社区设立创业指导服务中心(站)，区街社三级联动，开展创业培训1482人，审核发放小额担保贷款426万元，申报珠江路都市经济产业园为南京市示范创业园，扶持成功创业1391人，创业带动就业1004人。整合培训资源，调动社会办学力量参与培训，加大对街道培训工作的投入，引导街道根据失业人员的需求开办相应培训班。全区组织各类职业指导、培训27635人次，其中公务员培训1440人，教育、卫生岗位及继续教育培训12037人次，新生劳动力培训1202人，再就业培训3137人，在职职工培训3022人，组织技能鉴定1768人，其他培训5029人。

第二届玄武创业节暨“创业金陵潮”系列活动启动仪式

【扩大社会保障覆盖面】 2010年，玄武区人力资源和社会保障局坚持广覆盖、保基本、多层次、可持续的方针，把加快社保体系建设作为保障民生的重要着力点，强化责任意识，落实政策措施，社会保险覆盖范围不断扩大，困难人员保障力度不断增强。以扩大社会征缴覆盖面为重点，加大社会保险政策宣传力度，严审基数申报，确保社会保险费应收尽收；加大暂时中止人员缴费跟踪服务工作，对困难人员发放灵活就业人员社会保险补贴，确保其今后老有所养。企业职工基本养老、失业、生育保险净增12741人，灵活就业人员养老保险参保新增8870人；城镇职工基本医疗保险新增11855人，工伤保险新增20218人，征收养老保险基金6.80亿元；城镇居民医保参保率稳定在97%以上。加大就业困难人员救助力度，积极动员社会各方力量，开展"真情相助失业人员"等系列活动，发放失业保险金3.4万人次，2736万元；为100名失业军转干部发放生活补贴209.61万元；落实各类老年居民养老补贴政策，发放"下放、支边、插队人员"生活补贴318人，98.65万元；城镇老年居民生活补贴2177人，407.98万元；老年被征地农民生活困难补贴2248人，661.8万元。丰富退休人员老有所养内涵，定期组织退休干部支部开展支部活动，举办"中老年人益寿延年保健知识"讲座，对18名生病住院的机关退休干部走访慰问。全年新增纳入社区化管理服务6863人。为5万多名企业退休人员免费更换市民卡。按时报销机关退休干部老年大学学费、报刊费，组织50多名机关退休干部赴河南参观疗养，组织企业退休人员开展迎青奥健身表演比赛和庆祝"老人节"活动，丰富老年人精神文化生活。落实市政府出台的老年人乘车优惠政策，为老年人办理市民卡开通乘车功能。

【事业单位职工的岗位设置管理】 玄武区以"创新机制、完善服务"为重点，加强体制创新，搭建服务平台，拓展服务内容，立足区域实际，服务企业、服务人才。帮助徐庄软件产业基地升级为国家级博士后工作站，协助引进3名博士后进站，会同组织部、科技局，组织辖区20名人才参加省双创人才引进计划申报工作。加强专业技术人才队伍的建设，申报评审高级职称103人，中级职称151人，初级职称149人。根据南京市统一部署，稳妥推进人事制度改革。全面完成116家事业单位7000多名职工的岗位设置管理工作，为进一步建立和完善事业单位岗位管理制度、积极稳妥地推进改革打下基础。配合卫生部门开展公共卫生事业单位和基层医疗卫生事业单位人员详细收入调查统计工作，并做好绩效工资实施前的准备工作。

【玄武区部门联动举办重点项目就业专场招聘会】 4月2日，玄武区委统战部、区劳动和社会保障局、区工商联和红山街道针对因沪宁城际铁路北广场扩建工程而失业的人员和被征地农民举办了一场"玄武区部门联动重点项目就业专场招聘会"，现场向失业人员提供近千个工作岗位，为有培训意愿的就业困难人员提供多项免费培训项目及各项优惠政策咨询宣传服务。红山地区近300名有就业愿望的失业人员参加现场招聘，其中因拆迁失业的人员123人。现场达成就业意向143人，培训愿望51人。

【公务员队伍管理】 坚持公务员管理制度创新，在全区公务员的招录、考核、激励、培训、管理等各个环节，夯实制度建设和平台打造，提高公务员执行能力，保持公务员队伍的生机和活力。规范公务员招录工作，坚持"凡进必考"原则，完成2010年度招考的公务员及省委选调生录用手续等，其中引进具有研究生学历的公务员11人。拓展公务员培训方式，利用"中国南京公务员学习网"网络培训平台，加大公务员培训学分制管理的工作力度，鼓励全区公务员主动学习、自主学习，促进公务员自身学习能力的提高。进一步强化机关干部进社区工作，使机关干部在社区一线得到锻炼和提高。强化公务员竞争激励机制，积极推进全区各单位科级干部竞争上岗工作，全年全区75名同志通过竞争新任科长（副科长）职务。探索公务员激励新机制，在全市率先组织三年优秀公务员外出疗养。

【全年受理劳动争议案件537件，结案487件】 玄武区把维护劳动者和用人单位的合法权益、规范劳动力市场秩序，作为促进经济快速健康发展的重要工作来抓，全区劳动关系保持总体上的和谐稳定。强化劳动监察执法，加大劳动保障法律法规宣传工作力度，先后开展农民工工资支付、清理整顿人力资源市场秩序、整治非法用工等专项行动，维护劳动者合法权益。监察巡查用人单位682家，立案受理职工投诉举报424件，结案362件，为430名劳动者追讨工资136万元。加强劳动争议处理工

4月2日，区委统战部、区劳动和社会保障局等部门举办部门联动重点项目就业专场招聘会

作，及时受理劳动争议仲裁案件，设立法律援助服务窗口，引导劳动者合理有序维权，督促企业依法、规范用工。全年受理劳动争议案件537件，结案487件，其中通过调解、撤诉等方式结案的达79.26%。通过调解仲裁，督促用人单位为89名劳动者补缴社会保险，为职工讨回工资、经济补偿、工伤待遇等149万元。规范企业工资集体协商，在推进独立企业平等协商，签订工资集体合同工作的基础上，探索适合玄武特色的区域、行业、市场、楼宇平等协商机制建设，形成多层次、全方位、广覆盖的平等协商、工资集体合同体系。联合区总工会等部门开展“千岗百企工资协商行”活动。

【元旦春节慰问困难职工和失业人员1339人】 2010年元旦、春节期间，玄武区劳动和社会保障局精心组织，扎实开展“迎新春、送温暖”春节慰问活动，对1339名困难职工和失业人员进行慰问，支出专项慰问资金80.34万元。慰问企业退休人员特困家庭605户，金额60.5万元；鳏寡孤独496人，金额24.8万元；企业退休百岁老人1人，金额1000元；在领失业保险金人员3532人，金额143.38万元。

【省市区联动清理整顿人力资源市场秩序】 3月2日，江苏省人力资源和社会保障厅、南京市劳动和社会保障局、玄武区劳动和社会保障局在南京火车站站前广场开展清理整顿人力资源市场秩序专项行动启动暨现场宣传活动。在为期50天的专项行动中，区劳动和社会保障局会同人事、公安、工商部门组成联合执法检查组，以工商企业密集区、流动人口集散地、职业中介机构聚焦地和自发形成的人力资源交易场所为重点，组织开展实地检查和整治。对少数“黑职介”扰乱市场、坑骗求职者等严重违法违规行为，实行部门联合打击和查处取缔，为促进劳动者就业营造良好的社会环境。

【举办企业退休人员迎青奥健身表演活动】 4月15日，区劳动和社会保障局在区体育中心举行玄武区“喜迎青奥、感受春天、快乐健康、展示风采”健身表演活动，区企业退休人员管理中心及来自8个街道的300多位退休老人参加活动。

【举行新进公务员宣誓仪式】 5月11日，区人事局组织60名转业至玄武区公务员队伍的军转干部，在梅园新村纪念馆举行宣誓仪式。区委常委、区委组织部部长杨乐华要求转业到玄武区的同志在今后的工作中，继续保持革命军人的优良本色，以饱满的热情和良好的精神状态，适应新环境，立足新岗位，开创新业绩，为玄武区经济和社会事业发展贡献智慧和力量。区委组织部副部长、区委直属工委书记黄栋林，区委组织部副部长、区人事局局长许恺，区人事局副局长张栩出席了宣誓仪式。

【机关干部进社区工作总结表彰暨动员会】 5月17日，区委组织部、区人事局联合召开“机关干部进社区工作”总结表彰暨动员会，区委常委、区委组织部部长杨乐华，区委常委、区政协副主席、区委统战部部长刘显平，区政府副区长王静，区委组织部副部长、区直属工委书记黄栋林，区委组织部副部长、区人事局局长许恺出席会议。会议对第二批进社区工作进行了总结表彰，对第三批进社区工作进行部署并提出要求。

【举办康定里小区被征地人员专场招聘会】 5月20日，区劳动和社会保障局和孝陵卫街道联合省人力资源社会保障厅、市劳动就业管理服务中心，在孝陵卫街道康定里小区举办针对1999年以来被征地失业人员的专场招聘会，玄武区委书记单景南亲临招聘现场。苏果超市、苏宁电器、金鹰物业公司等73家用人单位到现场组织招聘，提供1500多个就业岗位，招聘会达成就业意向114个。

【办理市民卡26.15万张】 6月1日开始，区劳动和社会保障局及各街道劳动保障所成为“市民卡”办卡受理点。为满足群众办卡需求，在区劳动保障综合服务大厅增加了服务窗口、增派了工作人员、延长了工作时间。全年全区累计办理市民卡26.15万张。 （苏 勤）

人口和计划生育

【概况】 2010年，全区人口和计划生育工作，按照区委十七届四中全会、五中全会精神，解放思想，开拓创新，人口和计划生育各项目标圆满完成，全区计划生育率达99.85%，知识普及率达97%，流动人口管理服务率达93%，信息准确率达98%，政策兑现率达100%。圆满完成“十一五”期间省人口协调发展先进区创建工作的各项考核验收。“世代服务”体系建设实现全覆盖；城市社区人口计生网格化管理服务模式进一步健全；婚育同步管理服务项目进一步充实；“和谐家

园工程”各项任务顺利落实;承办南京市人口计生信息化建设暨阳光政务现场会,代表南京市接受了国家人口计生委城市人口计生综合改革考评组的考核验收,圆满完成省“十一五”期间人口协调发展先进区暨“十一五”期间人口计生工作终期评估组的考核验收。得到国家人口计生委赵白鸽副主任、勾清明纪检组长和省、市人口计生部门领导的好评。全区人口计生工作在全区社会事业综合排名中位列第二。

【各项目标任务圆满完成】 2010年,打造新型生育文明示范社区8个,完成“十一五”期末90%以上的社区达到新型生育文明社区标准的目标;深化“大学生青春教育健康工程”,驻区高校深入开展“青春健康高校行”活动,开展青少年生殖保健知识和艾滋病、性病防治知识专题宣传教育活动16次;深化全区人口早期教育与独生子女培养工作,巩固全国人口早期教育暨独生子女培养示范区创建成果;组织开展纪念中国计生协会成立30周年和《公开信》发表30周年庆典活动,表彰玄武区计生协会“十佳会员”“好会员”及人口和计划生育先进工作单位。

【加强区、街、居三级“世代服务”体系建设】 2010年,全面加强区、街、居三级“世代服务”体系建设。与空军四五四医院合作开展育龄妇女生殖健康服务项目,深入开展孕前危险因素排查与孕前保健指导服务,为育龄妇女实施宫颈癌筛查项目,同时将高龄、高危、病残儿生育史的再生育审批对象全部纳入筛查与指导人群;全面优化“婚、孕、生、养、育、教”优质服务链,“三、九月服务”已婚育龄妇女8145人,出生缺陷干预项目中筛查927名儿童,非目标人群229人。作为江苏省宫颈癌筛查试点区,完成930名育龄妇女宫颈癌筛查任务,活性组织检查80人。全年完成四项手术614人、免费婚检331对、孕前保健筛查904人、阳性转诊29对。

【完成持证企业退休职工一次性奖励登记】 5月26日,玄武区成立了持证退休企业职工“一次性奖励”工作领导小组,各街道、部门、系统主要负责人参加,区政府分管人口和计划生育工作副区长王静任组长,全面启动“一次性奖励”集中登记工作。全区共登记享受一次性奖励的企业退休职工15484人。

【推进计划生育文明执法专项活动】 以开展“阳光计生行动”为契机,把文明执法工作与“阳光计生行动”、政府信息公开、便民维权、有奖举报、行风评议、基层群众自治等活动相结合,进一步规范人口计生文明执法文本。2010年,全区办理再生育审批154例。依法征收社会抚养费,坚持做到事实清楚,用法适当,程序合法,全年共征收社会抚养费35例、61.26万元。全年处理信访案件258件,其中:求决类184件、举报3件、各类咨询68件、其他3件。

【计划生育各项奖励优惠政策及时兑现】 2010年,玄武区为独生子女父母7701人发放奖励金46.21万元;为24名符合农村计划生育奖励扶助条件的家庭发放扶助金1.75万元;为507名符合计划生育家庭特别扶助条件的对象发放扶助金52.15万元。

【流动人口计划生育服务管理得到加强】 按照“寓管理于服务之中、户籍地和现居住地共同负责”的原则,着力推进“统筹管理、服务均等、信息共享、区域协作”的工作机制,突出便民维权,落实流动人口在现居住地享有计划生育服务和奖励优待;实行双项考核,坚持综合管理和流动人口月查制度,按照江苏省流动人口计划生育“一盘棋”工作“三年三步走”的目标要求,2010年,重点推进与安徽、福建、四川、重庆等省市的区域协作,针对不同区域、不同人群、不同情况,积极探索服务管理新载体、新内容、新模式。在红山街道的藤子社区、孝陵卫街道沧波门社区成立流动人口服务管理中心站,进一步做好流动人口的管理和服务工作。

【人口信息化建设速度加快】 2010年,人口信息化建设速度加快。完成与省、市人口计生委软件系统、区信息中心及权力阳光系统数据库的对接工作,改造硬件,有效提高系统的运行速度。对2000年1月1日至2009年10月31日间出生人口基础信息进行核查,核查总数30258人。其中:修正信息2560条,补录信息500余条。4月12日~4月30日,全国人口和计划生育基础信息核查流动人口双向协查,全部完成4475条流动人口信息的核查反馈,反馈率为100%。完成江苏省人口和计划生育综合信息平台(WIS)与江苏省人口管理信息系统和流动人口管理信息系统(PIS)两系统间的数据核对工作。 (殷锦国)

民政工作

【概况】 2010年,玄武区民政局在区委、区政府的正确领导下,在上级业务部门的具体指导下,紧紧围绕全区中心工作,以落实科学发展观为指导,以“三型发展”(基础型、提升型、创新型)为导向,紧扣全年目标,高起点运作、高标准要求、高难度攻坚,狠抓落实推进,圆满完成民政各项目标任务。先后荣获全国老龄工作先进单位、全省民政先进集体等荣誉。

【社会救助】 以实事项目为重点,社会救助工作稳中求进。截至12月底,全区共有低保对象2696户、4751人,其中:城市低保2601户、4590人;农村低保95户、161人,分别占全区城乡总人口的1.02%和2.97%。累计发放最低生活保障金57117人次、1152.84万元,城乡人均补差分别为288.3元和250.94元;全区新增低保304户、462人,退出低保495户、1041人。做到了应保尽保,应出尽出。7月份顺利完成全区低保提标工作(目前低保标准由360元/月提高至400元/月)。同时加大临时救助力度,以综合救助平台为载体,按项目化运作,为全区低保及低保边缘困难家庭中因重病、残疾、子女就学、突发灾害等原因而导致生活困难的8385户家庭办理了临时救助,发放救助金近72.55万元;全区元旦、春节“两节”救助慰问困难群众2.6万余人,共计发放救助慰问金900余万元。

5月11日，区民政局等部门协办首次“南京市暨玄武区社区减灾应急预案演练活动”

【实施社会救助三大工程】 充分发挥街道社会救助服务中心整合资源、扎口管理的综合作用，对困难群众实施项目化救助，3月份正式开始实施，全年运行良好，取得了较好的社会效益。民生暖心工程为全区低保家庭发放“特制爱心苏果券”，发放标准：1人户40元/月、2人户60元/月、3人户80元/月，全年累计发放爱心券25099户次、142.5万元。免费血透工程为全区40位低保尿毒症患者实施免费血透，即在其享受医保救助和低保医疗之后的自负部分给予全部救助，全年累计给予65人次、补贴血透费用6.48万元。生命健康工程为全区低保癌症患者免费定购牛奶每天一瓶。全年累计发放牛奶卡1093人次，6.25万元。

【首次开展社区防灾减灾应急预案演练】 加强全区灾害信息员队伍建设，规范灾情报送制度；指导各街道、社区完善灾害信息员制度。以全国第二个“防灾减灾日”为契机，组织减灾领导小组各成员单位开展了一系列“防灾减灾”宣传教育活动，促进了社会各界防灾减灾意识和能力的提高。5月11日，在全市首次开展了以“减灾从社区做起”为主题的社区减灾应急预案演练活动。通过演练，使居民和学生了解防灾减灾基本知识，提高自救互救能力。同时也检验了街道、社区应对灾害的处置能力、组织能力和管理能力，检验了社区应急预案的科学性、合理性和可操作性。省、市、区相关领导对此次活动给予充分肯定。

【福彩实现总销售量过亿元】 积极谋划，努力拓展市场，扩大市场份额，充分利用社会资源，截至12月底，福利彩票电脑销售和即开型销售总量达8495.5万元，中福在线销售总量达4471万元，总销量过亿元，处于全省领先地位。为福彩公益金投入福利设施建设、老年项目建设、社区各类公益设施建设和资助慈善公益事业、社会救助活动打下坚实基础。

【新增社会组织15家、总数1334家】 按照质量优先的原则积极发展各类社会组织。截至2010年12月，全区新增社会组织15家。目前，全区各类社会组织已达1334家。为促进社会组织建设，整合社会各方资源，打造具有玄武特色的社会组织建设体系，在区民政局的积极倡导下，江苏创业者投资服务集团有限公司出资举办“南京新兴社会组织培育促进中心”，并以此为培育基地，在全区大力扶持发展社会组织，使其成为建设和谐社区、和谐玄武的重要力量，形成社会管理和服务的合力。

【成功进行第九届村委会换届选举】 3~6月，全区第九届村委会换届选举。为搞好选举，成立了由区委书记单景南、区政府区长王海宏为组长的区第九届村委会换届选举领导小组。出台了《关于做好全区第九届村委会换届选举工作的实施意见》（玄委字〔2010〕44号）。6月底，第九届村委会一次性直选成功，参选率达98.4%。

【全年新增16个社区服务项目】 由区民政局牵头制定全年培训计划，利用高校资源优势和部门力量，对社区工作者进行分层分级培训。结合社工实务培训与技能提升，推动社区服务的项目化、职业化运作。发挥社工队伍中专业人才的优势，聘请督导介入项目进行跟踪、指导和扶持，全区全年新增服务项目16个、督导项目3个，且运作良好。

【举办首届“双十佳社区工作者”评选活动】 12月22日，玄武区首届“双十佳”社区工作者评选活动在东南大学留园宾馆报告厅拉开帷幕。此次评选活动由区民政局主办，全区8个街道40名社区工作者参加评选。区政府副区长王静、省民政厅基层政权处处长仲锦、市民政局基层政权处处长常建东、各街道、相关部门领导以及社区群众200余人参加此次活动。《南京日报》、《扬子晚报》、龙虎网等多家媒体跟踪报道。经过激烈角逐，后宰门清溪路社区主任王燕等10人获得“十佳”社区主任头衔；孝陵卫街道铁匠营社区专职社工程思等10人获得“十佳”社区工作者头衔。

【退伍军人安置率达100%】 2010年全区共接收退伍军人161人（退役士兵143人，转业士官18人），其中符合城镇安置条件的退役士兵137人，转业士官18人，农村的6人。自谋职业的退役士兵100人，转业士官11人，自谋职业为71.6%(市局目标任务70%)。第一次安置率达100%。进一步加强了退役士兵的免费职业技能培训，巩固参训率、提高合格率，提高退役士兵的就业能力和社会竞争能力，全年退役士兵应训培训率100%。

【玄武区推进新一轮和谐社区建设现场会】 7月27日上午，在锁金村街道锁三社区召开玄武区“推进新一轮和谐社区建设现场会”。区政协副主席、统战部部长刘显平、副区长王静，各街道办事处主任、民政主任及民政科长，区民政局局长袁芳及相关科室工作人员等30余人参加会议。与会人员首先参观了锁三社区居家养老服务中心、安养庇护所、社区邻里中心，听取了锁三社区“社区民情快递1+3”、“社区议员制”、“车轮菜市场”等特色工作和为民服务项目，大力推行和谐社区建设“四全模式”的工作理念和经验介绍。各街道办事处主任汇报了本单位贯彻落实区委《关于深入推进新一轮和谐社区建设的意见》情况和下一步和谐社区建设的工作计划。袁芳代表区和谐社区建设指导委员会办公室对各街道落实区委文件精神及推行和谐社区建设“四全模式”情况做了点评，对下一阶段工作提出建议。王静、刘显平分别讲话并提出要求。刘显平要求各街道要在“五个加大”上做好文章：一是加大对区委《关于深入推进新一轮和谐社区建设的意见》文件的认识力度；二是加大对“四全模式”的推进力度；三是加大“一街一品”、“一居一特”培育力度；四是加大对和谐社区建设的研究力度；五是加大对和谐社区建设典型的宣传力度。

（马　凌）

区老龄办调研红山街道“全国老年宜居社区”试点工作

老龄工作

【概况】 2010年，全区老龄工作以服务社会、服务老年人为己任，紧紧围绕“老有所养、养有所保，老有所医、医有所优，老有所居、居有所宜，老有所依、依有所靠，老有所教、教有所益，老有所学、学有所获，老有所为、为有所得，老有所乐、乐有所享”的目标，集中精力，超前谋划，突出重点，扎实工作。积极开展省老年精神关爱试点工作，圆满完成全国老年宜居社区试点任务。荣获“全国老龄工作先进单位”称号。区委、区政府表彰34个“老龄工作先进单位”和38名“老龄工作先进个人”。至2010年底，全区60岁以上老年人口为751291人，占总人口16.89%。

【完成全国老年宜居社区试点工作】 以全国老年宜居社区创建为抓手，完成了江苏省地方标准《居家养老服务规范》的起草、修改和评审工作；结合老年宜居社区试点情况，进一步完善了《玄武区老年宜居社区标准》。制订了《玄武区老年宜居社区试点工作方案》，指导街道、社区开展创建工作。2010年6月，全国老龄办在玄武区召开全国老年宜居社区创建工作会议，肯定了玄武区试点工作，宣传和推广了玄武区老年宜居社区的创建经验。11月根据第三方评估，19个社区全部达到老年宜居社区。

区领导慰问百岁老人

【省老年精神关爱试点工作进展顺利】 2010年，玄武区为江苏省老年精神关爱试点单位之一。区老龄委依托街道，致力于精神关爱课题的研究与实践，努力破解“精神养老”滞后于“物质养老”的难题。以玄武区老年精神关爱中心为平台，积极为离岗老人、患病老人、空巢独居老人和高龄老人提供无偿和低偿服务，实施精神关爱。联合河海大学应用心理学研究所，做好“幸福晚年健康指数”研究；开展“老年人幸福观展望”系列论坛，打造精神关爱的特色品牌，实现服务资源的集约化、功能的差异化和效应的品牌化。

【维护80岁以上高龄老人权益】 扩大普惠，维护老年权益。严格按标准发放尊老金，2010年开始，对80岁至90岁老年人开始发放尊老金，全区11390名80岁以上高龄老人发放长寿营养补贴计438.329万元。由政府买单，为全区1335户老人免费安装和使用安康通呼叫系统，为280名符合条件的老人免费提供家政服务，为1610名老人办理人寿民安保险。此外，根据老年人的需求，结合区情实际，积极开展异地休闲养老活动，完成了市老龄办下达的异地休闲养老

1000人的指标要求。

【全区16家养老福利机构床位数达1866张】 在机构床位数上，通过多渠道、多途径及加大落实各项优惠政策，吸引社会资金大力发展养老机构，机构数和床位数在全市依然处于领先地位。截至2010年底，全区共16家福利机构，床位数1866张，全区老年福利机构床位数已达每千名老年人24张床位数目标，提前达超“十一五”末每千名老人拥有22张床位的目标任务。

【省老龄办主任张建平到玄武调研】 4月9日，省老龄办主任张建平一行3人在市区有关领导陪同下，到锁金村街道调研玄武区“老年宜居社区”创建和居家养老服务工作。锁金村街道办事处主任刘秀娟介绍了街道老龄工作整体情况和特色；区老龄办主任朱克明就玄武区居家养老服务工作和创建“老年宜居社区”试点工作进展情况作了汇报。会后，张建平主任等视察了玄武区万家帮居家养老服务中心。 （马 凌 杜亦珉）

残疾人工作

【概况】 2010年，玄武区以科学发展观统领残疾人事业全局，按照区委提出的走玄武特色“转型发展、创新发展、跨越发展”之路的总体要求，进一步推进残疾人社会保障体系和服务体系建设，努力开创全区残疾人工作新局面，实现残疾人事业新跨越。新建区儿童孤独症训练中心社区资源教室、玄武门残疾人托养服务所和南京博爱勤善残疾人服务发展中心。全面开展生活不能自理的困难残疾人护理补贴发放工作，完成全区8个街道残疾人专职委员公益岗位购买，举办玄武区第二届残疾人文艺汇演。在南京市第二届残疾人运动会上，获得12金5银3铜的优异成绩，荣获体育道德风尚奖和优秀组织奖。在首次“全国肢残人活动日”，全市举办的太极柔力球比赛中荣获第一名。玄武区被评为全市残疾人工作先进区，并荣获2010年度残疾人工作特殊贡献奖。

【残疾人康复工作扎实推进】 2010年，全区残疾人康复工作以“人人享有康复服务”为目标，全区残疾人康复服务建档率100%。举办康复指导员、康复医生等各类康复工作培训300多人次，完成白内障复明手术6例，为肢体残疾人捐赠轮椅39辆、免费安装假肢及矫型器3例、发放拐杖56副、盲杖10根、助听器14个，对全区141名精神病患者给予每月一次的免费服药。为全区36名有康复可能和康复需求的0~6岁残疾儿童与12家康复机构签订委托训练协议，实施抢救性康复训练，为7名0~6岁残儿安装了矫型器和制作矫型鞋，为残疾人康复机构配备康复器材13件（套）。全年为32户家庭安装简易训练器材并进行家庭无障碍环境改造。

【建成区儿童孤独症训练中心社区资源教室】 4月2日，玄武区儿童孤独症训练中心在佛心桥社区创新建成专门为学龄期孤独症少儿提供入小学转衔教育的社区资源教室。社区资源教室通过与社区小学生爱心公益托管中心紧密互动、资源共享，全力推进学龄期孤独症儿童与社区正常儿童的全纳教育玄武模式，为构建符合我国国情的融合教育，探索实践之路。市残联刘金荣副理事长、区政府王静副区长共同为资源教室揭牌。

【成立南京博爱勤善残疾人服务发展中心】 3月15日，位于南京市玄武区双拜巷78号的南京博爱勤善残疾人服务发展中心成立，中心面积580余平方米，是一所主要服务于16岁以上的弱智、弱能残疾人的非营利性公益机构。中心还为残疾人提供教育、康复、安养、技能和职业培训、社会实践、庇护性劳动等服务。

【残疾人社会保障取得实效】 2010年，制定出台《玄武区残疾人护理补贴发放暂行办法》等文件，进一步提高对残疾人救助的标准，扩大救助的覆盖面。全区有886名残疾人进入低保，并享受10%~30%的特别优待。对343名无固定收入重度残疾人按低保标准实施生活救助，年救助资金165万余元。为864名“重残、孤残、老养残、一户多残”特困残疾人实施定期补贴，补助资金100多万元。对处于低保边缘、重大疾病和遭遇突发灾害导致基本生活困难的残疾人家庭，实施临时生活救助。在全省率先进行生活不能自理的重度残疾人护理补贴发放工作，全年对200名生活不能自理的重度残疾人发放护理补贴，年补贴资金70余万元。全区建有省、市级残疾人托养服务示范机构各一所，有106名残疾人接受托养服务，区残疾人托养服务中心正式申报国家级阳光家园示范机构。

【残疾人教育就业稳步提升】 2010年，全区有学习能力的残疾儿童、少年入学

玄武区儿童孤独症训练中心资源教室暨佛心桥社区小学生托管中心启动仪式

率达到健全儿童、少年同等水平，通过随班就读和集中进特教学校的方式，对残疾儿童接受免费教育，实行“零拒绝”政策，适龄残疾儿童、少年入学率达100%。为全区13名考取高中以上学校的残疾学生发放助学款1.7万元，给14名高中及高等教育阶段残疾学生发放教育专项补贴3.8万元，资助5名残疾人接受南京市电大远程教育。认真执行《南京市残疾人就业保障金征缴实施办法》，全区残保金征收入库1291万元。通过集中培训、鼓励创业、推荐就业等措施，采取集中、分散、个体就业的不同形式，扶持残疾人就业，提高残疾人的就业率。全年共安置残疾人就业100人(次)，举办残疾人职业技能培训3期，免费为全区有就业需求的残疾人提供培训，参训人数80人(次)。先后为6名残疾人发放2000元的一次性自主创业补助1.2万元。

【残疾人参与社会活动日趋广泛】 5月16日第二十次“全国助残日”，区残联按照“加大扶持与救助力度，帮扶农村贫困残疾人”主题，为玄武湖街道12户郊区贫困残疾人家庭，每户捐助现金1000元，帮助他们排忧解难。联合富贵山社区开展“扶残助残 有你有我”的广场助残活动，提供法律政策咨询、义诊、美发、按摩、电器维修等免费便民服务，组织残疾人现场编织义卖和文艺表演。广泛开展群众性残疾人文化体育活动，先后开展“迎青奥太极柔力球比赛”、“迎青奥庆国庆”第二届残疾人文艺汇演、残疾人代表游世博、赴淮安缅怀周总理等特色活动。

【残疾人合法权益有效保障】 2010年，采取多种形式，大力宣传残疾人事业，反映残疾人生活，宣传现代文明的残疾人观，形成了全社会扶残助残的良好氛围。依托“148”法律服务热线，区残疾人法律援助中心，各街道、社区建立的残疾人法律援助工作站和社区维权示范岗，有效形成区、街、社区三级残疾人法律维权服务网络。健全残联信访机构，畅通信访渠道，全年共接待来电、来访近200人次，办理人大意见和政协提案建议2件。

区残联开展志愿者助残能力培训

【残疾人组织建设更加规范】 6月，按照省市残联、财政、民政、人力资源和社会保障四部门联合下发的《关于认真做好购买残疾人专职委员公益岗位工作的意见》的要求，建立健全区、街、社区三级组织网络，完成了全区8个街道残疾人专职委员选聘工作，专职委员待遇按南京市最低工资标准每人每月960元执行。专门协会工作开展有声有色，智力和精残亲友协会，和美国“五项目机构”建立合作，定期安排美国的著名专家给关心孤独症孩子的家长和老师做公益讲座，影响深远，深受残疾人欢迎。志愿者队伍不断壮大，区残联分别与南京农业大学生命科学院、南京师范大学能源与机械工程学院签订长期共建与志愿服务协议，为残疾人提供各种帮助和服务。

【注册成立南京火凤凰助残中心】 7月，由残疾人和健全人志愿者共同组成，并正式注册成立民办非企业火凤凰助残中心，该中心利用社会资源募集资金20多万元，为多名重病贫困残疾人进行救助，挽救生命，重塑新生。开展残疾人文体活动，组织残疾人参观世博会，开设残疾人家庭课堂，开展职业技能和兴趣教学。火凤凰读书会致力于提高残疾人文化知识水平，多次举办残疾人作家讲座、励志电影观摩、营养学讲座、社会人际交往讲座、志愿者培训、网络商务、电脑视频剪辑、摄影讲座以及经典诗文朗诵、猜谜活动等。 (张宏伟)

民族宗教

【概况】 2010年，玄武区民族宗教事务局以科学发展观为指导，全面贯彻党的民族宗教工作基本方针，深入落实民族宗教事务条例，积极践行民族宗教和谐理念，按照“玄武区民族宗教事务局2010年工作要点”的工作部署和要求，拓宽思路，创新举措，狠抓落实，民族宗教工作取得新成就。

【200余名宗教活动场所管理者接受政策法规教育宣传和引导】 2010年，积极开展政策、法规的宣传，把宗教工作纳入法治玄武的管理体系中。5月在全区“开展民族宗教政策法规宣传月”系列活动，邀请江苏省青年管理干部学院常务副院长米寿江教授对全区各街道、系统、社区及各宗教活动场所管理者200余人进行民族宗教政策法规理论学习辅导。6月，区政协对本区宗教文化宣传工作进行调研，对鸡鸣寺成立“菩萨轩心理咨询中心”，为有心理障碍的人给予对症的疏导、引导；灵谷寺为玉树地震遇难的同胞诵经回向，祈祷生者平安吉祥，逝者往生等活动给予充分肯定。高度重视中小学民族团结教育工作，指导各学校充分利用班会、团队活动、专题讲座、墙报、板报等方式，组织开展民族知识、绘画与手工、民族歌舞等丰富多彩的体验式教学活动。由民宗局牵头，对街道、系统民族

江苏省创建"和谐寺观教堂"现场会在鸡鸣寺召开。鸡鸣寺住持莲华法师带领相关领导视察

宗教工作进行检查考核,对创建"民族工作示范社区"、"平安宗教活动场所"工作予以指导。

【推进民族工作进社区】 落实民族政策,开展对常住少数民族困难户结对帮扶。对流动少数民族人员,重点协调纳入城市管理和享有同城政策优待。在少数民族流动人口的服务上,除与其他流动人口一样对待外,更加注重尊重少数民族的风俗习惯,着重维护少数民族流动人口的合理要求和合法权益。"六一"儿童节,到玄武区红山外来子弟学校,看望并慰问了14名外来少数民族学生。组织流动少数民族人员参与区总工会等组织的各项活动,让少数民族群众充分感受到和谐社会的温暖,共享社会发展成果。

【维护民族团结促稳定】 2010年,区民宗局积极做好城市管理执法中执法者与穆斯林餐饮业主的政策宣传和疏导工作。协助做好南京火车站北广场动迁工作,坚持把维护拆迁中少数民族群众切身利益和拆迁稳定作为重要的工作来抓,多沟通交流,多帮困解难,拆迁范围内27名少数民族群众在规定时间内进行了动迁。10余名新疆少数民族骨干教师到玄武区红山校区、五十四中等学校参加教育实习工作,在为期3个月的实习过程中,学校认真贯彻国家民族政策,融洽新疆教师与全校师生的关系,新疆少数民族教师们积极走进课堂,参加各级教研活动,营造了民族团结一家亲的氛围。

【坚持依法管理】 依法开展对基督教私设聚会点的劝散和取缔。4月,对5处私设聚会点进行了撤并。7月,孝陵卫街道劝散长巷居住小区的一私设聚会点。9月,由区民宗局、街道、派出所等组成的联合检查组,对孝陵卫街99号2单元310室的私设基督教聚会场所进行了取缔。积极推进平安宗教场所的创建工作,坚持"上下联动、条块协同、齐抓共管、整体推进"的工作格局,推动宗教活动场所平安建设。根据《江苏省汉传佛教教职人员资格备案试点方案》的有关要求,会同公安等相关部门对25名拟备案的比丘尼的身份证、户籍证明、戒牒等原件及复印件进行了比对、核查和函调,鸡鸣寺25名尼僧已经审核完毕。

【管理与服务并重】 坚持管理与服务并重,为宗教活动场所解难事、办实事。认真协调、扎实推进吉兆营清真寺的复建工作。调处了玄奘寺与南京绿涛园林公司在建设和发展过程中相互间存在的一些问题。认真做好各宗教活动场所的重大宗教活动及法会等环境整治、安全保卫等工作。积极协助玄奘寺等宗教场所开展元旦撞钟祈福活动。

【发挥宗教在经济发展和社会和谐建设中的积极作用】 找准宗教服务社会的切入点,发挥宗教在经济发展和社会和谐建设中积极作用,教育和引导宗教界人士充分发挥"扶贫济困、服务社会"的优良传统。支持宗教场所春节期间帮助困难家庭、扶助福利院等活动。在青海玉树发生地震灾害后,各宗教活动场所捐款约15万元、棉被300床。毗卢寺向兰州报恩寺慈善功德会筹款10余万元捐建100口水窖。基督教各聚会点广献爱心经常济助困难家庭和老人。辖区内8个宗教活动场所和1个宗教团体,捐资4万元资助全区40名特困家庭学生、困难少数民族学生、困难外来务工学生。毗卢寺成立"南京古都美术馆",并先后举办了"南京古都美术馆国际书法艺术展"和"统一战线迎国庆·颂祖国书画作品展"。

(周　勇)

区宗教事务局举办民族宗教政策法规宣传辅导讲座

街道

Sub-district Office

- 梅园新村街道
- 新街口街道
- 玄武门街道
- 后宰门街道
- 锁金村街道
- 孝陵卫街道
- 玄武湖街道
- 红山街道

梅园新村街道

【概况】 梅园新村街道位于玄武区中心，是市委、市政府和区委、区政府所在地。辖区东起龙蟠中路，西至太平北路，南抵中山东路，北到解放门沿城墙往东至九华山，东西分别与后宰门和新街口街道毗邻，内秦淮河蜿蜒穿过境内，明城墙横亘于街道北部，域内面积2.4平方公里。现辖7个社区居民委员会，在籍居民16919户、98980人。

现梅园新村街道曾是太平天国和民国时期的政治和文化中心，历史文化底蕴深厚。有南京中国近代史遗址博物馆（总统府）、梅园新村等名胜；有九华山、毗卢寺等名刹；有东南大学、南京外国语学校、北京东路小学等名校；有中科院南京土壤研究所、地理与湖泊研究所、南京医学研究所等名科研院所；有珠江路科技街、长江路文化街、“1912”民国风情街等名街；有中科集团、新华海、宏图三胞、东方公司等名企；有10余名两院院士等。

街道在区委、区政府的正确领导下，按照“推进项目带动发展、深化品牌改善民生、机制保障长效城管、增强责任确保稳定、创新形式加强党建、过硬作风做优团队”的工作思路推进各项工作，街道的总体发展实现新的跨越。稳步完成年度考核目标，加快提升经济增长速度。2010年是街道按照“调整、盘活、创新、发展”的思路对区域经济发展重新定位，对产业结构进行大幅度调整的一年。在税收结构上，比较突出的特点是增长型税收上升快，对地方一般收入贡献高的税种所占比例增加。街道环境方面：创新机制，提升管理水平；落实责任，强化管理措施；梅园新村城管保持全市领先，全区第一。社会事业方面：完善新型社会救助体系，将1121户困难群体纳入救助中心管理，共发放民生、暖心工程金额500万元。基层党建方面：开展“六大工程”创先争优活动，召开了“服务群众谱和谐，科学发展谋跨越”的争先创优动员会。文明创建工作持续深化，努力提高公共文明指数。

街道获全国数字化学习实验街道、南京市第二次全国经济普查先进集体、南京市人口和计划生育信息化建设先进集体、南京市社区统战工作先进单位、南京市关心下一代工作先进集体、南京市“生育关怀行动”先进集体、南京市食品安全示范街道、南京市法治先进街道、南京市三星级失业人员之家等20多项荣誉称号。

【经济发展】 2010年，是街道按照区委区政府“调整、盘活、创新、发展”的思路，

10月27日，玄武区推进新一轮和谐社区建设现场会在梅园新村街道召开

对区域经济发展重新定位，对产业结构进行大幅度调整的一年。在税收结构上，比较突出的特点是增长型税收上升快，对地方一般性收入贡献高的税种所占比例增加。企业税收占总收入的90%以上，其中企业所得税、营业税、增值税、个人所得税占总收入比重分别为21%、42%、16%、21%。全年实现地方一般性预算收入21680.60万元；实现服务业增加值215805万元，完成年计划100.12%；实现社会消费品零售总额169403万元，完成年计划132.63%（因宏图三胞与福中转市局直统，调减年计划基数40.25亿元）；实现固定资产投资100003万元，完成年计划100%。1~12月共完成招商480家，完成年任务的143%。

【街道环境】 为进一步解决热点、难点问题，党工委、办事处采取多项措施：一是创新机制，提升城市管理水平。街道在原有片区管理基础上，全面推行“五位一体”（即执法队员、执法协管员、门前三包协管员、清扫保洁员、社区卫生监督员合为一体）的管理模式，充分发挥城管科、执法中队、保洁中队、协管员队伍和居民积极分子的作用，部署市容队员、协管员下社区、片区管理，形成重心下移的网格化管理格局。探寻城市管理综合执法新路，采用“5+5”执法模式（即街道城管、执法中队、保洁中队、门前三包协管员、社区队伍加工商、公安、税务、卫生、防疫5个职能部门的执法队伍），较大的联合执法10余次，打击和取缔了辖区道路乱停乱放、占道违章、无证无照等行为。二是落实责任，强化管理措施。从考勤制度、路段管理等方面入手，对城管队伍严格实行量化考核，保证市容队员和协管员日常在位率达90%以上。强化每日路段巡查，规范和督促市容环境卫生。环卫工作引入“定等级、定路段、定标准、定人员、定处罚”细化管理。地区内的2个农贸市场、个别老旧小区和窗口地区是2010年城市管理的重点和热点，采取增加执法和保洁力量的措施，制定有针对性的方案，将工作任务和责任落实到人。针对1912街区的特点，专门安排1名执法队员3名协管员晚10点至凌晨5点上岗，并适时进行突击整治，确保1912周边秩序良好。筹建“两站一中心”（即物业管理矛盾投诉调解站、物业管理应急维修站、物业服务中心）。完成龙蟠中路、北京东路出新改造。梅园、雍园、桃源精品街区优化整治工作，突出做好长效管理。三是维护稳定工作扎实有效。建立矛盾纠纷排查调处工作机制，实行矛盾纠纷周排查制度，采取提前介入、超前预防、全程督查等方式，构建“纵向到底、横向到边、全面覆盖”的大调解网络，切实为群众排忧解难。政法综治实行“责任、考核、督查”三位一体机制，实行社区干事、社区主任、管段民警“三方同责”制度，保障社会秩序稳定。共排查各类矛盾纠纷40多起，接待来信来访55起，调处各类矛盾纠纷73起。建立排查调处“月例会”制度，调处成功率达98%以上。建立责任目标传导机制。中心组成员与社区挂钩包片，实行双岗双责，实行目标任务全程动态督查。广泛发动社会各界力量和人民群众积极参加“平安建设”和维护社会稳定工作。社区均被评为信访工作“四无”（即无进京非正常上访和重复访、无进京集体访和到省重复集体访、无历史遗留信访案件、无因信访问题引发的有影响事件）社区。重视安全生产，建立街道、社区、企业安全网络，与企业签订责任书2026份，建立企业走访制度，确保安全生产。

【社会事业】 精心打造公教一村社区成为新一轮和谐社区建设示范点。7个社区都有各自网站并与街道网站联接，接受网络民意100多条，初步形成了网络社区模式。

完善“以政府救助为主、社会援助为辅、社区互助为补”的新型社会救助体系建设。将辖区292户低保家庭、76户低保边缘户、“六类”（即70岁以上老人、非义务教育阶段在校学生、一、二级除外的残疾人、大、重病人、丧偶、单亲家庭未成年子女、突发事件中遭受严重损失）家庭、250户低保边缘户一般家庭、450户低收入住房困难家庭、53户中低收入住房困难家庭统统纳入救助中心的管理。围绕日常基础性工作，全年发放优抚对象经费约500万元，报销医疗经费达1600多人次计98万多元。做好春节、端午、中秋等节日的慰问工作，累计发放物品近1000多人次。

开展老年人宜居社区创建。确定公教一村社区和东南大学社区为创建老年人宜居社区，制定创建老年人宜居社区实施方案，成立老年人宜居社区工作领导小组。全年为60位老人安装了安康通，为120位老人办理了政府支付的人身意外伤害保险，在夏冬两季对170名独居老人进行水电气安全检查，并开展防火防盗宣传。为166位老人发放高龄营养费57620元。为283位符合政策的老人办理老年优待证。

【基层党建】 2010年，街道开展“六大工程”，即：先锋工程、品牌工程、基础工程、特色工程、载体工程、文明工程，在创先争优活动中加强和改进基层党建工作。

领导班子认真学习贯彻《廉政准则》。召开“服务群众谱和谐，科学发展谋跨越”的创先争优动员会，各社区展示党员义工服务项目；各级党组织制定创建计划，确定实事项目；发动党员捐款建立社区临时救助基金，在助老、助学、助困、维稳等方面大力开展党员义工服务。大力开展“五型”（即助推发展型、和谐稳定型、吸才引智型、文化指引型、爱心助困型）党组织创建活动。支部通过开展“流动的旗帜”活动，在遍布全国的销售网络中号召党员争创优秀业绩。将社区党建项目分为重点项目和创新创优项目两个部分，方便科学管理。申报创新创优项目15个，集中在党员管理、为老服务、青少年校外教育等方面。

着力提升社区服务，狠抓社区党委班子能力建设，社区干部向党员群众公开述职。打造社区“网上E事厅”，深化社区“网上议事，网下办事”功能。社区“网上E事厅”获区2010年组织工作创新创优优秀成果奖。非公企业党员利用网上会议、先锋QQ群等开展交流。社区组建23支专业义工服务队，获区2010年三星级党员义工服务项目的荣誉。每月举办“社区书记论坛”，开展“满意100先锋行动”，建立先锋短信通平台。以“五型”党组织创建为抓手，成立企业支部书记沙龙；片区化管理非公企业，实现企业党建与社区党建资源共享；以“导师制”方

10月21日，梅园新村街道7个社区书记、各党支部书记参加社区书记论坛，共同探讨社区"E"事厅工作

式发展新党员20人，新建3个"两新"(即新经济、新社会)组织党支部；成立政协街道工委，完善工作制度，创新"一街一品、一居一特"的基层统战特色工作。

构建区域化党建格局。社区党建联席会成员单位积极参与文明创建活动，在人口普查工作中给予社区普查资金支持和人员保障。开展"爱心企业联盟"助学社区行活动，共募集6000多元，分别与所在片区困难学生结对助学。举办党务干部新春联谊活动，增进企业与社区的联系。

【政协梅园新村街道工委挂牌】 8月27日，政协梅园新村街道工委成立，街道党工委副书记鲁中为主任，芮莉为办公室主任；北京东路小学书记陈静，南京脑海科技开发有限公司董事长张平，海尔工贸公司总经理朱新聪，卓越大厦副总经理苏冠睿，东南大学移动通信国家重点实验室教授、博导、南京东南大学移动互联技术有限公司董事长沈连丰，华安会计事务所所长于琪为委员。在街道建立了"政协委员之家"，7个社区建立"政协委员社情民意联系点"。在区政协的指导下，政协梅园新村街道工委紧扣团结和民主两大主题，发挥政协委员智力密集、联系广泛的优势，为地区经济和各项社会事业发展建有据之言、献务实之策。发挥街道政协贴近基层的优势，积极探索基层政协工作的新方法、新途径。

【文明创建工作持续深化】 从"宣传教育、落实责任、检查考核"三个方面入手，努力提高公共文明指数。发挥《梅园报》、南京梅园网站特色传媒作用，大力宣传先进典型。

积极开展文体工作。围绕"我们的节日"，结合街区特色和民俗风情，策划并参与组织了百年"三八"节、"五一"职工大比武等活动；指导各社区分别开展元宵闹春、环保清明、金色中秋、重阳传统节日系列文体活动；加强对民间文体队伍的渗透和辅导，组建了街道民间舞龙队、旱船队，组织14名基层音乐指导员培训和30人舞蹈培训，以"南京申办青奥会成功"为主线，实施全民健身工程。借此系列活动丰富居民的文化生活，陶冶居民情操，受到区委宣传部、区总工会、区文化局好评。 (陈　杰)

新街口街道

【概况】 新街口街道位于玄武区西南部，太平北路以西，中山路以东，中山东路以北，北京东路以南，域内面积2.6平方公里。现辖6个社区居委会。在籍居民26098户、95319人。此处占据南京市最繁华的中心地段，资源更集中，优势更明显，实力更强劲，潜力更巨大。辖区内有5所小学、2所中学、东南大学、江苏广播电视总台、中国工商银行南京支行、南京军区联勤部、南京邮政局、江苏苏美达集团公司、江苏现代快报传播有限公司、金陵图书馆、江苏美术馆等党政军企单位近500家，商业发达、交通便利。

街道党工委、办事处在区委、区政府正确领导下，坚持以科学发展观为统揽，紧扣"促发展、谋民生、保稳定"工作主线，团结和带领广大党员干部，锐意进取，扎实工作，圆满完成了全年目标任务。

2010年，街道获全国社区教育示范街道、全国经济普查先进集体、全国综合减灾示范社区、全国学习型街道示范单位、江苏省工会工作模范街道、市下岗失业小额担保贷款信用街道、南京市殡葬改革工作先进单位、南京市先进人民调解委员会、南京市五四红旗团委、南京市残疾人就业工作先进单位、南京市禁毒工作先进单位、南京市信息人口管理建设先进单位、南京市六好关工委、南京市关心下一代先进集体等全国、省、市、区级荣誉称号58项。

【经济发展】 全年完成地方口径税收92368.40万元，增幅15.30%；完成社会固定资产投资298896万元，实现年规划119.60%。完成服务业增加值629543万元，实现年规划100.13%；完成社会消费品零售总额375766万元，实现年规划109.30%。新注册企业599户，其中，注册资金500万元以上的42户，1000万元以上的17户，世界五百强企业3户，国内知名连锁企业10户，世界一线品牌1家；当年，全口径年纳税500万元以上企业43家。

【街道环境】 城市管理水平有新的提高。制定下发《新街口街道住宅区管理服务实施方案》，以"两站一中心"(物业管理矛盾投诉站、物业管理应急维修站、物业服务中心)为依托，成立物业管理工作领导小组，设立办公室。通过"社区牵头、业主自治，街道扶持"的方法，逐步实现住宅区管理形式的多元化和全覆盖，及时处理住宅区管理中的矛盾和问题。先后完成4个小区业主委员会的换届选举工作，进一步规范了小区管理。全年共投入500多万元专门用于区域环境改造整治和街道重点民生工作，以后每年追加街道新增财力的10%专门用于大幅度提高民生工程的财力保障。紧紧围绕打造“金陵第一街”城市品牌，大力美化市容景观。加强对小街小巷的整治，已完成对52条街巷道路整治，出新门头1260多个，拆违167处，拆除违章设置广告173处。经常性地开展“小区清洁月”、“摒弃交通陋习、倡导文明交通”、“社区是我家、文明靠大家”等主题活动。集中力量对居民反映强烈的鱼市街8号、居安里14号等多个小区进行专项整治，组织劳动累计847批次，参与人数累计6234人次，出动机械累计713台次，清理建筑垃圾和杂物累计1427吨，清刷乱贴乱画累计8463处，出新广告栏累计193处，出新宣传栏累计97处，清除卫生死角累计3428处，完成整治小区数131个，市容市貌大为改观。

召开“新街口地区青年联合会成立仪式暨新街口核心区青年人才座谈会”

【社会事业】 街道始终把民生工作摆在重要位置，统筹区域资源，提升街道民生工作的整体水平，不断提高服务质量，提升辖区群众的幸福感、满意度。专门成立民生工作领导小组，制定了《新街口街道工委关于加强和改进民生工作的意见》，定期召开民生工作例会，加强对工作的统筹协调，有效整合街道层面的民政、城管、综治等专项民生工作，集中力量解决了一批群众反映较大的热点、难点问题。建立社区联系点制度，按照“分管领导负责制、对应科室协调制、管段干部责任制”要求，实现“干部网络化分工，资源科学化整合，工作项目化推进”，形成上下贯通、相互配合，有利于推进民生工作的体制机制。积极加强与用人单位的沟通，全力帮助下岗失业人员再就业；大力培育残疾人民间社会组织——“火凤凰助残中心”，引导残疾人融入社区；建立社区家庭情感驿站，为社区妇女提供交流沟通场所和创业平台；增设“放学来吧”等社区儿童服务项目，帮助解决居民困难。进一步整合社区资源，成立了“七位一体”(家教援助、庇护援助、就业援助、法律援助、医疗援助、食物援助、邻里援助合为一体)的民生综合援助中心，简化办事程序，扩大援助范围，提高帮扶水平。年全年发放低保金3108469元，发放无固定收入重残金317080元，区级临时救助95户、173人、66848.1元，区级大病医疗救助186户、252692元，街道8%临时救助计225042元。

【基层党建】 街道紧紧围绕《玄武区2010年政治建设和党的建设工作目标》，以抓好党组织建设为牵引，促进群众工作和精神文明建设的全面发展。一是“创先争优”活动持续深入。充分发挥街道、社区两级党建联席会的载体作用，不断加强以科学发展观为主要内容的学习教育活动，全力强化党组织和党员的创先争优意识。街道以非公企业“五型”(即助推发展型、和谐稳定型、吸才引智型、文化指引型、爱心助困型)党组织创建活动为契机，全面推广德基广场党支部创建的典型做法，通过以点带面，将街道辖区非公企业“五型”党组织争先创优活动推向深入。二是干部、社工队伍素质整体有新的提升。在全区创新实施“一岗三责”(即本职岗位和重点工作、特色工作和突发性任务三项职责)干部考核管理机制。每季度由街道工委、纪工委对干部、社工队伍进行考核，考核结果与个人利益挂钩。通过实施考核奖罚，促进干部队伍素质提升，调动工作积极性。三是群众性工作基础进一步厚实。在全省率先成立了新街口地区青联、文联，广泛开展结对联谊活动，为辖区社会经济发展出力。在全市率先成立6家民企关工委，促成民企与115名特困家庭进行帮扶结对，市关工委在街道召开现场会并向全市推广，充分发挥他们在社教、文体、科普、创建和治安等工作中的主力军作用。高规格地成立新街口地区文联，促进高端艺术和高端企业联合，积极打造南京市中心文化高地，营造良好的声势和影响。四是党风廉政建设得到加强。年初，纪工委分别与各基层党组织和科室签订了党风廉政建设责任书。深入开展“模范履职、文明执纪”学习教育活动，打牢党风廉政建设的思想基础。街道纪工委加强对街道年度目标实行全方位、全过程监察，对每一个重点建设项目、每一个重点运作环节，都主动邀请区监察、审计部门参与，接受组织监督。

【全国经济普查先进集体】 2010年2月，新街口街道获全国经济普查先进单位荣誉称号。新街口街道区域有60多栋商务楼宇、5000多家企业、3000多家个体工商户，量大面广、情况复杂。在市、区统计局的统一部署下，对6106个普查对象进行了详细地调查，其中，法人单位2461个，产业活动单位541个，个体户3104个。普查达到目的，圆满完成任务。此项工作主要是加强领导，精心组织，做到组织领导、宣传动员、队伍组织、责任落实、经费保障“五个到位”。科学组织培训，要求普查队伍全面掌握各行业普查知识，各有重点，人人成为行业的普查“专家”，提高普查工作质量。严把数据质量关、确保普查质量。实行网格化管理，数据录入过程中，为确保准确无差错，实行双人双机(电脑、电话)操作，保证数据的及时处理、高质量按时上报。严格按照《统计法》和《全国经济普查条例》的有关规定,不泄露调查对象的商业秘密。真正做到严格事前、事中、事后质量的控制、检查,确保每一项普查数据能全面客观反映实际情况。 (薛 婷)

玄武门街道

1月11日,玄武门街道在创意园临界小广场隆重举行中央路266产业园开园仪式

【概况】 玄武门街道位于玄武区西北部,东至玄武湖东岸,东南沿明城墙与南京市政府接壤,南以北京东路为界与新街口街道毗邻,西以中央路与鼓楼区相望,北至中央门立交桥、护城河、神策门公园,内含玄武湖、北极阁山。域内总面积6.22平方公里(含玄武湖4.25平方公里),其中社区面积1.674平方公里。现辖6个社区居民委员会,在籍居民12766户、37288人。

辖区为南京市城区繁华地段之一。交通便捷,南北有地铁一号线横穿而过,设有3个车站,2.66公里长;玄武湖湖底隧道贯通城市东西主干道;境内有10多条公交线路四通八达。域内有南京电信、南京联通、红星国际家居广场等知名企业;有省气象局、省科学技术厅、省卫生厅、中科院南京古生物研究所、南京市规划建设展览馆、江苏省肿瘤医院、南京市口腔医院、南京市第十三中学等文化、教育、卫生单位;还有闻名的自然人文景观——南京明城垣史博物馆、南京古生物博物馆、傅抱石故居、徐悲鸿纪念馆、宋子文公馆等。境内人文荟萃,古迹众多,风光秀丽。有南京的明珠——玄武湖;历经风霜的明城墙、古台城;古木参天,庙宇宝塔林立的古鸡鸣寺;现代高标准的鼓楼市民广场、北极阁风貌区,融六朝、明、清、民国文史于山、水、城、林之间。

2010年,在区委、区政府的正确领导下,玄武门街道以"五好班子"(即领导班子好、干部队伍好、工作机制好、工作业绩好、群众反映好)创建为龙头,充分发挥街道战略主体作用,认真贯彻落实科学发展观,紧扣"保发展、保稳定、保民生"主题,努力克服各种困难,大胆创新工作方法,一心一意谋发展,千方百计保民生,圆满完成各项工作任务。街道获得全国百强街道示范工会、江苏省第二次全国经济普查先进集体、江苏省全民健身工程示范街道、江苏省五四红旗团委、南京市法治建设先进街道、南京市人口和计划生育信息化建设先进集体、南京市食品安全示范街道等多项荣誉称号。

【经济发展】 街道全年实现地方一般预算收入23001.50万元,增长25.30%;实现服务业增加值210778万元,完成年计划100.42%;实现全社会固定资产投资100684万元,完成全年计划143.80%;实现社会消费品零售总额45164万元,完成年计划87.41%;引进注册资金1000万元以上企业10家,新增私营企业170家,个体户269家;完成服务外包执行额2288.9万美元,实际到账外资600万美元;完成软件销售额200万美元。

全力以赴服务项目建设,协调推进,滚动发展。街道盘整了一批近期、中期、远期项目。近期抓招商,中期抓建设,远期抓规划。创意中央、明城汇二期、中央路70号、百子亭等项目有序同步推进。把准定位,打造精致特色的载体形象。街道采取综合手段督促园区、楼宇等项目的业主,按二代都市产业园、精品楼宇的定位,提升项目价值空间,引进优质企业建立载体优势。推动集聚,引进优质成熟的规模企业。通过与园区、楼宇业主的共同努力,抓好重点项目的招商对接,引进泸州老窖江苏销售公司、鑫海联科技等优质企业,带动整个区域的产业集聚。

勤征细管确保财税入库。街道共完成转户企业20多家,新增税收近800万元,为区域经济发展提供了新的增长点。街道牢牢把握建安税征收政策调整契机,盯牢中央路70号、白苑饭店、玄武湖清淤工程等项目,避免"跑冒滴漏",确保"应税尽税"。全年完成建安税收2200万元。密切关注一次性税收。通过协商沟通、争取政策,南京证券、广发证券和长江证券代缴大小非减持的个人所得税800多万元,以及其他各类一次性税收1000多万元,有效支撑街道的税收总量。

千方百计推动招商引企。抓好策划:为整合资源,提升辖区项目吸引力,重新策划、编印了《环玄武湖特色产业带招商手册》,对辖区环境、产业项目整个包装,营造良好宣传氛围。搞好活动:以2010金洽会为契机,协助区投资促进局办好"苏台文化·创意玄武暨南京玄武金秋经贸洽谈会"活动,突出抓好以台商为重点的主题招商活动。与创意中央、明城汇二期等项目一起,开展各类小分队招商活动。选好客商:积极拓展各类招商渠道,与市投资促进委相关处室、驻宁重点商会等加强联系,引进澳洲德佛、香港友力等外商企业,并签定了项目意向合作协议。

【街道环境】 社区环境进一步改善。从与群众生活直接相关的小事做起,改善社区环境。更换垃圾桶113个,开展卫生死角整治活动50余次，清运建筑垃圾2150吨，清除乱张贴300多处，疏通下水道120多米。强化市容市貌常态长效管理，拆除乱设置广告牌、灯箱40个，拆除违章建筑、构筑物200平方米。

社会管理推陈出新。从源头上化解矛盾纠纷，对辖区内存在的不稳定因素进行定期排查分析，集中力量化解了威孚金宁、德汇产业园、天山路老年康复护理院、省肿瘤医院等一批矛盾纠纷。加强学校、幼儿园等重点单位的安全工作，开展了为期2个月的"校园安全整治月"活动，维护校园安全，确保社会平安稳定。对刑释解教人员展开排查和危险性评估工作。全年参加全国"两会""五一"和"上海世博会""中央十七届五中全会"等重大活动的值班任务6次、120人次，集中开展矛盾纠纷和不稳定因素排查16次，受理矛盾纠纷数84起，调解纠纷数84起，受理数100%，调解成功82起，调解成功率97%。

从机制上完善应急管理。全面推进社会稳定风险评估工作，切实从源头上预防和化解矛盾，重点落实征地、拆迁、项目建设等方面社会稳定风险评估。针对秀水街百货市场关闭导致900余名经营户持续上访这一重大稳定隐患，街道及时启动应急处置预案，有效控制势态，通过持续不懈地努力，该问题得到根本性解决。在配合城墙消险、关闭大树根农贸市场过程中，提前开展稳定风险评估，将不稳定因素化解在萌芽状态，疏导69户经营户和5处违章建筑户及时撤出，实现平稳过渡。

从管理体系上强化资源整合。社区全面实施综治网格化管理，融公安、工商、司法、城管、社区、物业为一体，使相对分散且有限的社区综治资源得到有效整合。通过日常工作联动、流动人口联管、治安联防、问题联治、纠纷联调、平安联创等一系列管理体系建设，有效发挥各职能部门的整体合力，为实现"小事不出社区片区、大事不出街道、矛盾不上交"提供有力保障。

强化街道安全生产工作。特别是"7·28"事件以来，在辖区内开展"地毯式"安全隐患排查。在年初签订安全生产责任书1170份的基础上又新签943份、完善646份，排查整改大小安全隐患220处，切实做好源头防范和长效管理。在1~10月全市双考评中名列全市第22位。通过"两站一中心"（即物业管理矛盾投诉调解站、物业应急维修服务站、物业服务中心）的运作加强了对老旧小区的管理，顺利通过市、区主管部门的检查和验收。

【社会事业】 积极促进就业。全年新增就业岗位1605个，其中小区保安等公益性岗位38个。免费为2826人体检，组织各类培训600多人次，发放小额贷款50万元。促进社会保障各项制度"应保尽保"，发放低保金143.7843万元，重残救助金13.8080万元，临时救助金8.5023万元，医疗救助金6.1万元。完成计划生育家庭一次性奖励登记工作，发放失业家庭独生子女家庭奖励金32760元。采取政府投入、社会参与的模式，启动"千门万户大设防、关注民生送平安"行动，免费为社区居民安装首批楼道门24扇。

【基层党建】 1月5日，中央巡视组视察街道和台城花园社区，街道工作得到巡视组领导以及省委副书记王国生的充分肯定。通过推进非公企业"五型"（即助推发展型、和谐稳定型、吸才引智型、文化指引型、爱心助困型）党组织创建，逐步形成非公企业党组织自我发展、服务社会的良性机制。在街道社区开展"满意100先锋行动"，动员100名党组织的负责人在群众中"亮身份"，新吸纳100名在职党员和专业人员加入义工组织，建立了10支100人以上的群众文化活动队伍。

"五好"（即领导班子好、干部队伍好、工作机制好、工作业绩好、群众反映好）班子建设进一步加强。树立标杆、准确定位，查找街道班子在科学发展、破解难题方面存在的问题，全面提升班子精神状态。明确责任机制，完善内部考核，坚持党风廉政建设责任制，塑造务实高效、清正廉明机关形象，全面调动干部积极性。明晰工作思路，制定街道十二五规划，努力提高班子各方面能力水平。坚持民主议事，重大事项均由领导班子集体研究决定，围绕《廉政准则》的落实召开民主生活会，展开批评与自我批评，班子建设水平不断提高。

街道、社区两级组织管理不断规范。在深入推进"分片管理"的过程中，不断完善街道条口之间、条口与片区之间的沟通协作机制，明确各自分工与职能，明确问题菜单化分层解决的模式与途径。实施绩效评估，开展社工培训，加强社工人才队伍培育。实行协管员末位淘汰制，通过协管员述职、民主测评、绩效考核进行综合评分，优胜劣汰，提高协管员队伍整体素质。

基层民主政治建设得到新加强。人大工委紧紧围绕街道中心工作履行职能，充分发挥人大代表在政治经济方面的优势，强化督促检查，积极建言献策，对区域产业结构调整、社会事业协调发展、地区和谐稳定起到助推作用。街道成立政协工委，组织团结各级政协委员和各界人士，帮助党委、政府维护社会稳定，促进决策科学化、民主化。统战工作围绕"三个发展"（转型发展、创新发展、跨越发展），汇集各方力量，为促进地区和谐贡献力量。人武工作紧扣中心，以民兵整组和国防潜力调查为契机，服务街道经济和民生工作。 （倪 明）

后宰门街道

【概况】 后宰门街道位于玄武区东部，玄武湖东南，南自中山门沿明城墙至太平门，西与龙蟠中路相接延伸到中山东路，域内面积5.5平方公里。现辖6个社区居委会，在籍居民17898户，50852人。辖区内有"三河"（玉带河、香林寺河、清溪河）"四街"（后宰门街、北安门街、太平门街、太平门东街）"六路"（中山东路、清溪路、黄埔路、明故宫路、龙蟠中路、珠江路东段）"八园"（明故宫花园、黄埔花园、太平花园、金陵御花园、斯亚花园、半山花园、清溪花园、馨园）。地区特点是部队大机关多、大单位多、院校多。有南京军区"四大部"、军区总医院、海军指挥学院、南京警备区；有总参60研究所、熊猫集团、南京博物院、中国第二历史档案馆、省委招待所。有省青年干部学院、区教师进修学校、三十四中学、五十四中学等10余所大中小学校。

2010年，后宰门街道紧紧围绕区委、区政府的总体要求和奋斗目标，紧扣特色发展主题，按照“围绕一条主线、强化两个基础、彰显三个特色、确保四个到位”的工作思路，在科学发展观的引领下，经济、社会事业、城市管理、党的建设协调发展，人民生活水平不断提高。全年，街道共承担区奋斗目标37项、工作目标9项、重点建设项目8项。年初，街道将各项目标任务层层分解，签订目标责任书，责任到人，为街道各项目标按时推进提供了可靠保障。国家民政部社区建设司、省民政厅城乡社区建设调研组先后到街道进行和谐社区建设调研，对街道的和谐社区建设成效给予了充分肯定。街道全年先后获“江苏省工会工作模范街道”“江苏省基层先进商会”等45项集体荣誉，北安门社区被中华全国妇女联合会授予“全国妇联基层组织建设”示范社区，64人次受到省、市、区表彰。

【经济发展】 街道坚持把发展税源经济作为第一要务来抓，突出经济基础建设主体地位，使经济可持续发展后劲增强。首先注重在服务企业固税、护税上下功夫。年初根据辖区企业实际，对20万元以上的企业重新调整包干领导，将项目按社区属地实行“领导负责制”，使每位分管领导都能更多地了解辖区内企业发展状况和服务需求，为企业提供更优质的服务。街道工委会每月通报领导挂钩企业税收完成进度情况，督促领导帮助挂钩企业解决自身发展需求。其次在提高税收组织上下功夫。建立健全辖区项目资源信息库，对区域内企业信息及资源情况充分掌握，做到心中有数。完成内资注册近2亿元，新办企业150余家，其中注册资金1000万元以上企业8家，北安门都市产业园进行前期招商洽谈工作，在水一方会所、莫泰168酒店、干休所楼宇招商已完成。同时把握抓转户、引税力度和三小税征缴工作。积极追缴建筑、装潢已完工程开票见税工作，房产税在2009年拉网清查的基础上，加大催缴房屋租赁户拖欠税款力度，个体零散税做到应收尽收。三小税在税收额度上完成情况较好。街道实现地方一般预算收入21401.60万元，增长20.70%；实现服务业增加值134471万元，完成年计划100.48%；实现社会消费品零售总额257139万元，完成年计划107%；实现固定资产投资44669万元，完成年计划63.80%。714厂项目、60所综合商务楼、南京博物院配套商业设施等具有发展潜力的项目成为街道经济新的支撑和增长点。

【街道环境】 2010年，按照公共服务的基本定位，明确工作队伍的“八个字”（即目标要“高”、形象要“好”、责任要“清”、反应要“快”、问题要“准”、方法要“活”、考核要“严”、特色要“明”）工作要求。投入精干力量，积极协调各方矛盾，推进各项工程的施工进度，加快城市基础建设步伐，城市面貌得到根本性改善。高标准完成市、区下达的黄埔路、龙蟠中路等7条主干道路整治出新工程，完成4个小区出新任务，出新面积11万平方米。出新后的长效管理工作也在有计划地进行。完成辖区内老旧小区雨污分流工程。加大辖区内老旧小区市容物管工作力度，积极探索创新模式；大力推广“两网合一”，将片区执法人员及协管员的管理网格与社区工作员网格进行对接。注重解决群众关心的民生项目建设，全年处理各类居民举报投诉、信访办件82起，回复82起，回复率100%。文明创建期间，大力开展“三清一查”（即清理卫生死角、清点占道回潮、清市容“六乱”、查违规渣土车）活动，集中整治小区环境，使城市面貌得到较好整治和改善。在二、三季度文明指数测评中，街道名列全区第一，城市长效综合管理也保持在全市前八名。环卫保洁中队甘荣奎经保洁中队、区环卫所和区市容局等单位推荐，被授予省“五一”劳动奖章。

【社会事业】 在标准化服务工作和综合型社会救助工作的推进中提升民生建设的特色。不断完善和强化服务，群众的满意、企业的满意、部队的满意是街道所要达到的第一目标。街道通过“五服务”（即服务企业、服务群众、服务基层、服务项目、服务人才）工作的再深化、再落实、再到位和民意直通车进社区、落实科学发展观长效机制，及时解决群众普遍关心的民生问题。广泛开展结对帮扶工作和献爱心活动，新增结对帮扶困难群众460人。街道主要领导多次深入社区开展调研，国家民政部、省民政厅、区民政局分别在街道召开“老年宜居社区”“和谐社区建设”推进会并进行专题调研活动，对街道的和谐社区建设成效给予充分肯定。2010年，全面推进网格化管理和社区工作“五化”（即打造信息化平台、实行网格化服务、推进实体化建设、开展多样化活动、提升全能化水平），实现了

副区长王静（前排右一）陪同省民政厅城乡社区建设调研组调研后宰门街道和谐社区建设工作

让社区人员“动”起来、服务工作“实”起来、居民群众“活”起来、整个社区“和”起来的目的。区民政局在后宰门街道率先成立综合型社会救助服务平台，全面开展社会救助综合保障。通过“慈善一日捐”和经常性的社会募捐充实救助资金，通过“五化”工作的深入开展，全面掌握居民状况。通过多种救助形式，对救助对象做到了全方位、分类别、广覆盖，真正做到政府救助、社会援助、邻里互助、结对帮助的“四结合”。

全年，街道共发放低保金160余万元，各社区互助社救助1万余元，街道临时救助近10万元，慈善超市救助物品计9万多元；“一日捐”募集资金14万元，为玉树赈灾捐款10余万元；发放生命健康工程牛奶近4000瓶，发放民生暖心工程苏果券近12万元。完成佛心桥精品社区建设任务，开辟“放学来吧”、“助残服务”特色课堂。抓好社会资源的对接，与辖区相关单位签订资源开放协议，不断满足居民文化活动的需求。街道始终坚持把就业再就业培训与失业人员实际需求相结合，与岗位空缺相适应，加大培训力度，提高就业再就业率。完成新增就业岗位429个，实现就业再就业495人，援助就业困难人员再就业164人次，开展各类培训536人次，完成社会化管理服务的退休人员体检7122人次，办理发放市民卡16934个。劳动保障监察网格化管理覆盖面达100%，调处劳资纠纷案件22起。

【双拥共建内涵拓展】 发挥兵街特色，双拥模范街道成果巩固。太平门社区与某部警卫连建立军民讲坛，双方定期进行学习交流；农场巷双拥文化墙建成，完善军地定期互访制度，在部队家属区设立驻区服务点，为他们提供全面周到的服务。半山园社区利用海院优势，设立将军学堂。“军民讲坛”和“将军学堂”被命名为“玄武区精品社区学堂（讲坛）”。

【精神文明建设】 紧紧围绕文化建设又好又快发展思路，以巩固文明城市创建成果、提升市民文明素质和社区文明程度为着力点，以制度建设、活动开展、文化宣传为三大抓手，促进了“四个文明”协调发展，有力地推进了地区和谐建设。制定了《2010年后宰门街道中心组学习计划》、《后宰门街道“实践科学发展、创建五好班子”（即领导班子好、干部队伍好、工作机制好、工作业绩好、群众反映好）活动计划》，积极开展争先创优和创建“五好班子”活动；加强党政校规范化建设，强化党员教育，有效促进良好学风的形成；结合《后宰门街道关于开展机关文明办公竞赛活动的意见》精神，开展“文明科室”竞赛活动，带动和促进“文明单位”、“学习型科室”等文明创建活动。通过举办“第九届社区学习节”，着力提高社区居民的学习创新能力，培育一批学习创新型组织和个人，表彰一批学习创新成果和人物典型；开展教育服务进社区活动，在街道、社区开展义务宣传教育和政策法规咨询，组织开展社科知识进社区和社科知识普及周活动，开展“晴雨三十载、海峡春潮情”科普宣传周和“低碳生活就在身边”科普报告会，不断提升社科研究水平。

2010年，街道党工委加强媒体宣传和舆论引导，加强公共场所公益广告和社区宣传载体建设。整合资源，拓宽渠道，强化对外宣传和网络宣传。积极开展舆论引导和舆论监督，营造积极向上的社会氛围。举办党务干部“网络信息”宣传培训，邀请区委组织部和区政府信息中心的同志进行专题辅导讲座。以“净化社会文化环境活动”和“公共文明倡导月”等为主题，开展“礼仪文化进社区”“公共文明进万家”等系列活动。利用新闻媒体、网站、短信平台等多种渠道展开以公共交往、公共秩序、公共卫生、公共观赏、公共参与等文明意识宣传，着力提高市民公共文明意识，普及礼仪知识。倡导文明行为，引导市民自觉纠正和克服不文明习惯。推进“有序候车、文明让座”“交通文明我先行志愿服务一小时”“假日文明行动”和“清洁家园”等活动不断深化。以“迎世博、迎青奥”为主题，举办了系列活动。在街道党员义工中开展的“喜迎青奥、笑脸同盟”活动，为2014年青奥会征集2014张笑脸，向世界展示南京人形象。全年，在街道网站上发表信息报道近600篇；电视、报刊等媒体报道30多篇次。街道和社区组织广场宣传、服务和文体活动70次；发放各种文明礼仪常识宣传册4000多份；迎世博、迎青奥宣传画1000份；组织党员义工和志愿者1500多人参加交通路口执勤和在车站、游园等公共场所进行文明劝导，使辖区内公共秩序有较大改观。

【强化党建工作】 2010年，街道的党建工作坚持以科学发展观为指导，以强化党员教育和管理、发挥党员先锋模范作用为主要任务；重点突出品牌意识，精心打造党员义工服务新机制，增强党建工作活力；促进义工服务的特色，在基地的不断充实与在机制的不断完善中得到提升。中国药科大学在北安门社区成立了社区药学服务基地。这是全国第一家在社区建立的药学基地，为后宰门街道义工服务注入新的活力，开创一个全新的义工服务项目。依托区特殊教育学校、富贵山老年照料中心等义工服务基地建立固定的义工服务队伍。使义工服务实现了从偶然化到经常化，义工队伍由松散型向组织型和自觉型的转变。经过几年的不懈努力，街道的义工服务队伍已经形成了义工服务的自我组织、自我管理、自我运作的良性局面。街道重点实施“五个一工程”，（即打造一个楼栋支部示范点，培育一个义工服务基地、项目和义工队伍，建立一个社区义工服务对接信息库，树立一批党员示范标兵和五星级党员义工，培养一名入党积极分子）使社区党建工作焕发出新的生机和活力。北安门社区党员义工刘健发起的“笑脸迎青奥”活动和半山园社区按照街道“一居一特”工作思路打造的社区“将军联系点”分别被《东升工作室》《直播南京》和新华日报、扬子晚报、龙虎网等多家媒体宣传报道。街道为各社区筛选出一项创新创优项目，以提升党建影响力，塑造党建品牌。太平门社区的“和谐太平”党员QQ群通过网上发布群信息，多次组织党员活动，吸引了大批年轻在职党员积极参与，受到党员的一致好评。北安门社区开设“亲情零距离”视频工作室，方便空巢、独居老人、侨台属等人群通过网络连接亲情。社区的视频工作室和党员远程教育服务平台已成为解决居民群众日常生活中遇到问题和难题的有效平台。

【王金华司长到街道调研】 9月5日上午，国家民政部社区建设司司长王金华到后宰门街道富贵山社区调研社区建设情况，南京市民政局副局长赵军及区有关领导陪同调研。该街道副主任梁兴贵向王金华介绍了富贵山社区的基本概况和社区从2009年"公推直选"后社区的建设情况，特别是社区"打造信息化平台、实行网格化服务、推进实体化建设、开展多样化的活动、提升全能化水平"的"五化"工作法，通过"五化"工作法提高了社区的工作效率。通过"140"工作法（即网格责任人员每月通过上门入户或巡访等方式至少了解掌握40户社区居民或单位相关服务信息），提高了社工对居民需求的了解，加强了社区与居民的沟通，提高了居民的幸福指数。王金华认真地察看了《社区民情日记》，并询问了社区的工资和待遇情况，尤其对民情日记的记录表示肯定和赞扬。在听说社区图书馆一天能借出200多本书这一情况后表示，形成全民阅读的习惯很重要，有利于加强和谐社区建设。王金华在参观完社区的活动室和书画班后表示，社区居民文化活动也是社区建设的一个重要部分，这么多居民到社区活动是一件好事，一定要坚持下去，把受居民群众欢迎的好事办好，让人民群众得到更多实惠。

【吴洪彪厅长到街道调研】 8月31日上午，省民政厅厅长吴洪彪带领的城乡社区建设调研组到后宰门街道富贵山社区考察社区建设情况。吴洪彪在调研中强调，社区建设是一项复杂的系统工程，涉及到方方面面，搞好社区建设，要重点做到"三个坚持"：一是坚持把建设管理有序、服务完善、文明祥和的社会生活共同体作为社区建设的基本目标；二是坚持把统筹推进城乡社区建设作为社区建设的重要方针；三是坚持把服务居民、造福群众作为社区建设的出发点和落脚点。

【中国药科大学在后宰门建立社区药学服务基地】 7月9日下午，中国药科大学在北安门社区成立了社区药学服务基地。这是全国第一家在社区成立的药学基地。区委常委、政法委书记易兵，中国药科大学商学院党委书记张琪为基地揭牌。中国药科大学国际商学院、共青团南京市玄武区委、街道有关领导以及各社区负责人、社区居民代表、药科大学的志愿者参加了揭牌仪式。新华社、中新社、新华日报、江苏教育电视台等多家新闻媒体进行了采访报道。

7月9日，区委常委、政法委书记易兵（左一）为中国药科大学在后宰门街道北安门社区成立社区药学服务基地揭牌

后宰门街道作为玄武区党员义工的发源地，义工服务已成为常态，利用义工服务居民一直是后宰门街道好的传统与做法。现拥有义工服务队伍50多支、服务项目和实践基地16大类，注册党员义工2000多人。药学基地的建立，必将为后宰门的义工服务注入新的活力，开创一个全新的义工服务项目。据药科大学商学院院长邵蓉教授介绍，国际医药商学院一贯秉承"理论联系实际"的思想，围绕"不唯药、需围药、应为药"的精神，将"应用型、复合型、创新型"理念贯穿到大学生的培养过程中。创办社区服务基地，为大学生提供了社会实践机会，同时也为居民提供用药服务。街道将为基地的发展创造更好的条件，使大学生暑期社会实践基地在实际运作过程中不断发展、壮大、完善，力争在短时间内实现品牌效应。同时，也通过大学生的社会实践为居民群众从服务基地享受到更多更满意的服务，得到更多的实惠，不断提升居民群众的幸福指数和满意度，提高和谐社会建设水平。他们将以这次服务为起点建立长效服务机制，为居民们提供安全用药、合理用药、药事法规和义诊等活动。

【计量器具免费检定服务启动仪式在后宰门集贸市场举行】 3月10日，"关注民生，计量惠民"，"3·15"消费者权益日到来前夕，南京市质量技术监督局，玄武区人民政府在后宰门集贸市场举行了"南京市集贸市场计量器具免费检定服务现场观摩暨启动仪式"。仪式由南京市质量技术监督局、玄武区人民政府主办，后宰门街道及有关单位协办。出席活动的有玄武区人大副主任李永革、市质量技术监督局副局长刘保平及市区有关领导、各集贸市场负责人、市民代表100余人。活动主要有两项内容，一方面以展板形式宣传计量知识，内容实用，通俗易懂，教会消费者利用知识自我保护。另一方面由市质监局技术人员现场为集贸市场商户免费检测计量器具的精确度，现场给出检测鉴定结果和贴标。此次南京市集贸市场计量器具免费检定服务将在全市其他集贸市场陆续展开。

【省纪委党风廉政室主任李苏建调研后宰门街道党风廉政建设】 6月9日下

午，省纪委党风廉政室主任李苏建，在区纪委副书记丁璇及有关领导的陪同下调研后宰门街道党风廉政建设情况。在社区服务大厅，观摩了基层社区的基础设施建设和廉政建设平台触摸屏的操作演示。调研会上，街道纪工委书记方志秀从平台的信息公开、服务民生、监督测评、网络互动、宣传教育和动态管理的六大功能作了详细汇报。街道工委书记张可道从明确责任，提高纪检监察部门主观能动性，增强党员干部勤政廉政的自觉性，提升党风廉政建设的实效性等三个方面汇报了街道党风廉政建设情况。李苏建在听到平台已与外网互联、并开设有百姓论坛栏目时强调指出：互联网的最大特点就是广泛接受群众监督，要下功夫把论坛做好，要将从对人的测评逐步转向对事和对百姓需求的测评上来，真正反映群众呼声，为老百姓办实事、办好事。

【《东升工作室》采访北安门社区党员远程服务平台】 2月1日上午，《东升工作室》走进后宰门街道北安门社区，对市委组织部建立的党员远程服务平台使用情况进行现场采访。2009年6月29日，市委书记朱善璐调研后宰门街道基层党建工作，党员代表提出平时学习教育的材料较少，并希望组织能够更多关注他们的日常生活所需。市委组织部随后建立了“南京市党员远程服务平台”，并于9月下旬在北安门6个社区率先将党员远程服务平台安装到位，便于居民的日常交流所需。自平台开设以来，街道各社区通过党员服务平台共提问1314条，得到专家回复1200余条。内容涵盖了平台中的医疗保健、司法援助、电脑工程师和生活指南等12个板块。通过党员远程教育平台为各社区党员、群众放映电教片57次，共有1590人次收看了平台节目，丰富了辖区居民的精神文化生活。

党员远程服务平台拉近了政府与老百姓的距离，让街道和社区多了一个收集民意、了解民情的渠道；提高了社区工作者的服务能力；平台扩大了服务群体，实现了“你点我播、你问我答”的需求，让各个群体都能受益于平台，真正服务于民。

【《和谐社区报》面世】 由后宰门街道主办的《和谐社区报》与广大居民见面。该报刊反映街道和社区各项主题活动、重点工作，更加贴近老百姓的生活。街道办报的宗旨是坚持以人为本，努力打造成“居民自治、管理有序、服务完善、环境优美、文明祥和、保障有力、治安良好、特色明显”的新型社区。《和谐社区报》共分为4个版面，分别为：新闻动态、社区视窗、义工风采、百味茶馆。

【市委书记朱善璐检查后宰门街道防汛工作】 7月17日，市委书记朱善璐率副市长、市公安局局长徐珠宝及市城管局局长许卫宁等相关部门领导，在区委书记单景南、区长王海宏的陪同下，一行20余人来到后宰门街道富贵山小区检查防汛工作。朱善璐带队实地查看了富贵山小区的防汛设备，并与小区居民亲切交谈，从小区居民口中得知对防汛及环境工作满意后，朱善璐非常高兴。富贵山小区因地势低洼，在夏季汛期经常被淹，为此配置了4台抽水机，采取沙包填埋、阻隔等整治措施。雨季每天安排3人24小时值班。经过几场大雨，富贵山小区、佛心桥小区夏季汛期淹水问题已得到彻底解决。

【市、区人普办领导督导后宰门街道第六次人口普查综合试点工作】 佛心桥社区是区唯一的全国第六次人口普查试点社区，根据普查工作要求，佛心桥社区共划分56个普查小区，70多名普查员和指导员在普查前期上榜公示，并通过全面系统的业务培训。

15日上午，市人普办吴晓红、区人普办副主任王荣及有关领导一行6人来到佛心桥社区与社区普查员一起上门入户，填写人口普查试点《普查表长表》和《普查表短表》。市、区领导表扬了佛心桥社区工作人员认真普查、实事求是、一丝不苟的工作作风，肯定了社区人普办的工作思路与执行情况。同时要求街道、社区人普办进一步完善方案、改进方法、发现问题、总结经验，坚持科学普查、依法普查，把握综合试点的时间和进度要求。街道办事处主任、街道人普领导小组组长郭建军鼓励并要求普查员，以昂扬的工作状态、饱满的工作热情全身心地投入普查工作中，以精益求精、脚踏实地的精神，以高度负责的态度，高质量地完成人口普查试点的各项任务，为探索全区人口普查工作经验做贡献。 (吴建平)

锁金村街道

【概况】 锁金村街道位于玄武区东北部，背靠紫金山，面临玄武湖，依山傍水，集中体现了南京山水城林的优势。街道东靠长途汽车东站，北接南京火车站，玄武湖隧道、312国道、龙蟠路、地铁1号线、宁栖路穿境而过，交通十分便利。域内面积6平方公里。现辖8个社区居民委员会。在籍居民13175户、54893人。辖区内有金思维科技大楼、林产化学工业研究所、南京林业大学、南京人口管理干部学院、南京师范大学紫金校区、江苏文化产业园、江苏省计算机技术研究所、上海铁路分局南京办事处、南京商厦、南京南泰国际展览中心等大单位70余家。

2010年，街道坚持以科学发展观为指导，贯彻落实区委九届二十五、二十六次全委(扩大)会议精神，牢固树立以项目建设推动发展的意识，充分发挥街道战略主体作用，破难前进、抢抓机遇，积极推进地区“三个发展”(即转型发展、创新发展、跨越发展)。街道成立首家环境管理中心，创新管理体制，提升城市综合管理优质化。全年地方一般预算收入增长21.70%，发放民生和暖心工程金额1660024元。完善社会救助体系，共享改革成果。创新党建“三个一工程”，强化政治文明建设。街道荣获“省文明单位”“省社区教育示范街道”“全省社区侨务工作示范单位”“全省城乡社区校外教育辅导站工作优秀辅导站”等称号；被选定为“全省文明城市创建工作推进会”教学参观点，妇联工作被评为江苏省基层组织建设示范点；沙盘游戏入选“南京市群众性精神文明创建工作优秀创新案例”，韩先林工作室被评为“南京市道德模范先进集体”，锁三社区获“南京市人口与计划生育信息化建设先进集体”。

3 月 24 日，锁金村街道在科技广场上举行“万家帮 6868 城市呼叫中心”正式开通暨首批 100 名工作站站长授旗宣誓上岗启动仪式

【经济发展】 街道紧紧围绕“一轴三核三区”的发展战略：即以龙蟠路为轴线，重点打造中央门商业综合发展核、新庄广场商业发展核、大剧院文化休闲旅游发展核，逐步形成以火车站为中心，体现现代城市风貌，形成高低错落的建筑界面和优美天际线景观的高端商务综合服务区；以江苏大剧院为核心的观光旅游和文化休闲等功能，服务南京主城区的文化旅游休闲区；以金思维、好享购和江苏文化产业园为核心，集科研、文化、科技服务等多元功能为一体的科技创意产业发展区。经济建设已形成可持续发展局面。全年目标任务共 39 项，其中奋斗目标 12 项，工作目标 27 项。全年实现地方一般预算收入 15911.50 万元，增长 21.70%；实现服务业增加值 85473 万元，完成年计划 100.20%；实现社会消费品零售总额 207314 万元，完成年计划 133.47%；实现固定资产投资 6454 万元，完成年计划 9.2%。完成引进注册资金 1000 万元以上内资企业 5 家，实际到账外资 1000 万美元，新增私营企业 180 家，占目标任务 100%，新增个体工商户 150 家，占目标任务 100.20%。新庄汽配城地块土方工程、南京邮政枢纽大楼地下工程已开工；江苏大剧院、中铁二十四局总部大楼年底前开工建设；南京商厦扩建二期工程除影院外已完成，商场营业面积扩增万余平方米。组建项目推进、招商、转户、四小税专业组，定期召开企业家联谊会。对新丽都地产、明城地产、江苏国际经济技术合作公司等大公司进行评估。组织“在宁商会走进锁金村”大型招商活动和小分队赴外招商活动，引进各类企业 20 家。

【街道环境】 街道成立全市首家环境管理中心，创新管理体制，提升城市综合管理优质化。在全市考评中均保持前五名次。一是创建省级食品安全示范区及安全用药监督“两网”，建立工商、公安、卫生、环保等多部门联席制度。年内接整改菜单 3491 件，除一些客观因素外，整改率达 98%。二是以解决群众关心的热点难点为重，优化区域环境。完成农贸市场提档升级，完成龙蟠路、玄武大道道路环境综合整治工程。拆除户外广告 7716 平方米；拆除违章搭建 3490 平方米；全面整治铁路沿线环境，清除垃圾 1287 吨。三是以公共文明指数测评为契机，创建长效管理机制。实行街巷院落环境卫生精细化管理。清理垃圾 4480 余吨，拆除违章广告牌 9164.8 平方米，清理“三乱”（乱写、乱画、乱招贴）11000 余处，拆违 9390 平方米，出新围墙 5151 平方米，新接及修复楼道灯 560 余盏，安置居民方便晾晒点 30 处，修剪草坪万余平方米，雨污分流工程接近尾声。组织实施锁四、锁五南院老旧小区出新，新增老旧小区物业管理 48.4 万平方米。

深化“民情快递 1+3”（“1”为居委会角色定位制，“3”为居委会委员坐席接待制、居委会委员提议案制、居委会委员选民回访制），全面启动社区议员制，加快推进和谐社区建设。完成锁三社区邻里中心提档升级工程，首创社工培训学校，开放空间论坛等；万家帮与红旗飘飘城市呼叫平台战略合作，锁三社区与南京红美公司合建“车轮菜市场”，“晓霞癌友俱乐部”与南京交通广播“健康直通车”栏目合作。完善社区管理六项工作制度，新登记民间组织 10 个，全省首家“阳光计生”试点单位，得到上级好评。

防治结合，实现地区平安稳定。街道与辖区两个派出所（锁金村、韶山路）定期召开综治形势分析会。对于扰乱一方的人，坚决予以打击。采取多种预防手段和有力措施，确保校园及周边治安秩序的良好。全面开展排查工作，解决一批老问题，化解一批矛盾，人民调解受理并调解成功 171 起。扎实推进无毒社区创建，成立多层面的帮扶小组，印制戒毒手册，组织“参与禁毒斗争构建和谐社会”为主题的教育活动。与区相关部门联手，建立安全生产责任网络，加大安全生产检查工作力度。辖区刑事案件发案率持续下降。完善街道政法综治功能，整合并发挥地区人民武装工作优势，建立健全完善处置突发公共事件应急预案，实现“矛盾联调、治安联防、工作联动、问题联治、平安联创”五大功能。

【社会事业】 完善社会救助体系。发放低保金 1103114 元，慰问低保户金额 140700 元，慰问边缘户 34800 元，救助重病患者等 67037 元，提供临时救助 10493 元，发放重残金 147480 元。接受单位和个人捐赠物品 1632 份，折合人民币 109400 元，惠及 502 户困难家庭。为老为小服务取得进一步突破。打造锁二、锁三老年人宜居社区，完善锁金护理院、老少照料中心、“万家帮”居家养老服务中心、“金手杖”俱乐部等特色服务项目一体化建设，设立社区老年茶餐厅，举办老年人幸福观展望论坛，打造 365 健康养生俱乐部、银发互助公社、家庭情感驿站等。引进小蜜蜂乐园、发展雨舟画童等项目。劳动和社会保障工作出色。新增就业岗位 510 个，实现就业、再就业 550

5月12日，锁金村街道启动"社工素质提升计划——导师带徒"工作

人，帮扶困难人员再就业177人，南北劳动力交流320人，开展育婴师、电脑等技能培训408人，开展创业培训75人。为21名劳动者讨回清欠工资30多万元。依托"金钥匙"失业人员之家，深入开展心理调适特色工作，举办心理调适受益者交流会等活动。全面落实优抚安置政策。新增南京军区测绘大队为共建单位，举办庆八一军警民联欢会。开展扶残助残系列活动，发放慰问金47000元以及一批粮油物资。承办省社体中心组织的2010姚记杯扑克大赛与区第五届综合运动会暨第三届中老年乒乓球赛。与省体育频道共同举办"全民健身庆青奥环省行启动仪式"。

【创新党建"三个一"工程】 以学习实践科学发展观为出发点，充分发挥人大代表和政协委员的作用，全面破解地区发展难题。在党建工作方面，开展"一个党员一面旗帜，红遍每个社区；一个党员一盏灯，照亮每个楼道；一个党员一粒种子，绿化我们的家园"社区党建"三个一"工程。实施"开心课堂"、"小霞癌症康复工作室"党员义工服务项目，实施"导师带徒"社工人才培育计划；完善社区党组织活动机制，每个季度由2个社区联合承办一次大型活动。街道党工委与区国税局党支部携手举办"同创学习型党组织，共建和谐"活动。在基层民主政治建设方面，在街道成立政协工作委员会的同时，率先尝试在街、社建立两级议员制，组织人大代表、政协工委和街社议员接待居民1896人次，收集意见和建议82条，全部处理到位。统战工作一直处于全省领先水平，组织《国家归侨侨眷权益保护法》颁布20周年广场系列活动。在群团工作方面，组织"迎青奥"青年辩论赛、"与青奥同行　与健康永驻"志愿服务、青年团员户外拓展训练等主题活动。工会、妇联等群众团体的桥梁和纽带作用得到很好发挥。在精神文明建设方面。举办"第一届感动锁金十大人物评选活动"，表彰锁金地区"慈孝之星"和"慈孝家庭"，集中展示慈孝文化，组织"缤纷冬日——道德模范走进社区冬令营"、"党员服务群众、爱心凝聚力量"等，开展各类文明创建活动。举办"迎青奥、全民健身环保行"等近10场广场演出。围绕建党89周年，组织"红歌大家唱"、国庆书画展等系列纪念活动。建立健全文明创建常态长效运作机制，圆满完成国家文明指数测评复查任务。　（王宝麟）

孝陵卫街道

【概况】 孝陵卫街道位于玄武区东南部，中山陵风景区南侧，东起顾家营与栖霞区相接，西至中山门与白下区相连，南至沧波门外秦淮河与江宁区接壤，北至紫金山为分水岭与玄武湖街道毗邻，域内面积约30平方公里。现辖11个社区居民委员会、2个村民委员会。在籍居民23037户，92603人（除在校学生3.2万余人），其中村民984户、2690人。辖区内有南京理工大学、南京农业大学、南京体育学院、江苏省农科院、江苏省地震局、江苏省石油物探所、南京军区政治部文工团、中山陵园管理局、南京奶业集团等高等院校、科研院所、部队和中型企事业单位计50余家。

2010年，街道产业规划实现提档升级，一批特色园区形成规模，实现地方一般财政预算收入增长21.0%。深化文明城市创建，实施和谐社区建设三年行动规划。落实一批小区出新项目，改善基础设施和环境面貌。完善帮扶机制，居民幸福感和满意度进一步提高。利用社区党员远程教育和远程服务两个平台，参与各类学习教育活动1230人次，所提各类问题明确答复率为88.8%，受到群众好评。街道获人口和计划生育、信息化建设、人民调解、殡葬改革4项市级先进荣誉称号；被评为区级工作先进单位、文明单位、平安玄武建设先进集体、信访工作先进单位、2010年度平安街道。

【经济发展】 2010年，实现地方一般预算税收21754万元，增长21.0%；实现服务业增加值225436万元，完成年计划100.21%；实现社会消费品零售总额20009万元，完成年计划100.24%；实现固定资产投资43293万元，完成年计划72.2%；全年引进企业168家，新增注册资金30亿元。注册资金1000万元以上企业8家，合同利用外资53万美元。一是产业规划实现提档升级。根据"一街一区多园"的发展路径，围绕打造第三增长极战略要求，借助市麒麟生态科技创新园项目规划契机，围绕生态特色，将沧波门、余粮地区融入整个项目规划发展。主动对接、协调区发改局和市规划部门，把孝陵卫地区的未来发展融入新一轮市规划中，先后排出项目20个，利用资源近100万平方米，拓展区域发展空间和发展潜力，实现了发展规划的提档升级，勾勒了“十二五”期间发展的宏伟蓝图。二是一批特色园区形成规模。转变发展方式，全力打造十朝文化园、724所、金陵生物医疗科技产业园3个成熟型重点园区；重点推进农科院生态餐厅项目，建设开业君临紫金街区项目，成功签约柳营餐饮街区项目；实施委托招商、分队招商、政策招商，已成功引进国电江苏、北京盈科律师事务所等20多家企业。经济结构有较大调整，发展方式得到转变。

【街道环境】 围绕源头化解与重点时段稳控两项重点，坚持化解为主、稳控为辅的工作理念。创新思路，转变工作方式，把工作侧重点由单一的稳控向化解转变。强化督查，实施了维稳工作“零报告”制度，有效促进多起矛盾解决。2010年受理群众来访800多次、接听群众电访400多次，办结71件信访案件，成功调处各类矛盾纠纷300余起。以深化文明城市创建为抓手，大力实施和谐社区建设三年行动规划。加强基础设施改造，银城东苑农贸市场、晏公庙一条街整治、农科院小区出新等一批项目得到落实，地区基础设施和环境面貌得到改善。全员动员、全员行动、全力投入，重点开展了对地区的安全生产隐患的“地毯式”反复排查，落实安全监管责任，督促安全生产事故隐患整改65个，已整改63个，较好地保持了安全生产稳定的局面。

【社会事业】 以“紫金阳光”、“康定温情”为标志的帮扶机制更加完善，惠及面更广。全年共投入24万元，190名老、弱、病、残、困者得到帮扶，居民幸福感和满意度进一步提高。召开新一轮和谐社区建设工作现场会，制定和谐社区建设发展实施方案和近期目标，共梳理出18个项目。银城东苑农贸市场、宁芜铁路下穿线道路建设、晏公庙一条街和农科院小区的出新改造等12项重点项目已经完成，4项工作正在运转之中，2项工作已纳入工作计划。取缔了孝陵卫、理工大、南农大附近的夜排档。挂牌成立了“两站一中心”，(物管应急维修站、矛盾投诉调解站、街道物业服务中心)，并配备了矛盾调解员、水电维修工、泥瓦工、物业服务人员和办公设施，开展了小区本底资料调查和各项维修服务工作。指导成立了业主委员会和管委会自治组织10家，引进物业服务公司进驻规范管理的小区6个，小区道路和管道维修20多次，为全面落实老旧小区的物业化管理奠定了基础。认真对待居民的各类诉求，共回复举报办理单和批办件160件，整改电话举报反映问题196个。精心组织，顺利完成第六次人口普查工作。审核城市低保户446户、村民低保户95户，年发放保障金3121380元。审核发放临时救助113户，发放救助金59270元。办理大病救助94人，发放救助金227288元。街道临时救助217人，发放救助金近65100元。领取慈善救助物品300人，援助协会救助180人。为105位70~79岁困难老人每人发放2.5公斤鸡蛋，为180位80岁以上老人发放鸡蛋712.5公斤、大米1800公斤。为708位老人办理老年优待证。为街道77位空巢、独居老人购买老人意外伤害险并安装“安康通”。为110位90周岁以上老人发放了营养慰问金共计40920元。落实各项惠农政策，发放农户农资补贴11万元,家电汽车下乡补贴5万元。新增就业岗位893个，实现再就业1199人，援助困难就业人员286人。实现创业培训78人，再就业培训551人，新生劳动力培训100人，在岗农民工培训105人。完成小额担保贷款70万元。新增养老保险人数652人，征收金额54万元。办理离退休人员生存验证4886人，纳入社会化管理服务企业退休人员免费体检853人，企业退休人员社会化管理服务率94%。办理失业金申领620人次，领取被征地农民老年生活困难补助755人，发放社保补贴1007人。办理劳动保障共17家，达成企业工资集体协商17家，工资集体合同覆盖51家企业，劳动保障监察网格化管理100%，劳动关系协调工作进社区覆盖率98%。

【党建工作】 建立社区党建台帐，规范社区党费、党组织活动经费，制定了2010年度社区党建工作经费使用办法等。党员的教育管理水平不断提高。注重发挥社区党员远程教育和远程服务2个平台作用。2010年利用平台参与各类学习教育活动1230人次，利用远程服务平台提出各类问题980条，其中870条得到明确答复，答复率为88.8%，受到群众好评。全面开展社区党组织履职报告评议活动。8月，组织11个社区开展了以“向党员群众汇报请党员群众评判”为主题的社区党组织履行职责情况报告评议活动，有效强化了社区党组织负责人的责任意识，提高了党组织信任度。创新方式，完成了村党组织换届选举。精心布置、严密组织，探索开展了“公推直选”村党组织负责人。街道2名优秀干部通过“公推直选”担任村党组织负责人。始终坚持把加强对困难党员、群众、家庭帮扶作为维护社会稳定、加强地区和谐、促进地区发展的重点工作来抓，不断完善健全党内激励关怀服务机制。在2009年建

沧波门村举行党支部换届选举大会

立"紫金阳光"帮扶基金的基础上,2010年初又在康定里社区建立了"康定温情"帮扶基金。深入开展对处于"低保"的困难家庭、困难党员、困难群众进行帮扶的"牵手行动"。共对76户困难家庭实行了一对一的长期帮扶牵手,76户家庭得到帮扶资金共97800元。按照区委确定的"满意100先锋行动"活动主题,确立了"创先惠民科学发展,争优保稳共建和谐"的活动主题,确定了建成康定里文化活动中心等7个"便民型"项目,开展失地农民帮扶等6个"保障型"项目,完成晏公庙一条街整治等2个"发展型"项目等15个为民办实事项目,已经完成14项。紧扣街道2010年工作大局和和谐社区建设的目标及要求,不断扩大义工队伍,提升党组织的凝聚力。在非公企业中全面开展了党组织创建,进一步深化了非公企业"菜单式"活动。创新形式,开展了"非公企业与社区结对"牵手促和谐的党建工作品牌创建活动,推动了企业党建工作的深入开展。

【机关作风建设】 坚持中心组学习制度和网上自学制度,不断强化理论武装。团结协调,坚持重大事项集体研究。通过创建,街道领导班子全面贯彻落实科学发展观的意识更强,理论水平得到强化、理想信念更加坚定,执政能力和领导水平得到提高,贯彻执行民主集中制的制度更加自觉,班子团结与活力明显增强,引领科学发展的能力不断提高。加强理论武装工作,认真组织中心组、街道党校、各级党组织学习并不断深化。完善议事制度,针对街道各项工作,适时召开工委会、班子会、中层干部会、全体机关干部会等各层级会议,做好科学民主议事,阳光公开议事。同时结对帮扶辖区内50多户生活困难群众,全年共捐助落实帮扶资金约5万元,起到了良好示范促进作用。广泛接受群众监督,邀请人大代表、政协委员参与监督拆迁等重点项目工作,积极开展人大代表向选民述职活动。成立了政协街道工作委员会,配备了人员,建立了制度。

【区委书记单景南走访康定里】 5月20日上午,孝陵卫街道与区劳动和社会保障局联合省、市人力资源和社会保障厅(局)劳动就业管理中心,在康定里社区共同开展了四级联动援助失地人员就业专场招聘会。区委书记单景南等领导亲临招聘会现场,并深入老百姓家中走访慰问。街道工委书记徐春、办事处主任戴康顺等陪同。上午九点,单景南等一行来到康定里小区就业招聘会现场。小区居民得知单书记要来的消息,早早来到小区门口等候,单景南一进小区大门,就立即被盼望已久的小区居民围住,"欢迎您来到我们小区"、"真希望您能经常来",居民们激动地与单书记打招呼,单景南也热情地与居民一一握手,关切地询问他们的生活、工作等情况,同时希望此次现场招聘会能真正解决老百姓就业难的问题。单景南说:"老百姓的事情就是政府的事情,你们的困难就是我们的困难。请你们放心,我们会想尽各种办法、采用各种方式来解决你们的困难。"

【区委常委集体到孝陵卫街道调研和现场办公】 4月9日上午,区委常委莅临孝陵卫街道集体调研和现场办公。现场办公会由区委书记单景南主持,孝陵卫街道全体班子成员列席会议。会议首先由街道党工委书记徐春做工作汇报。徐春从街道当前现状、工作理念、下步打算、几点恳求四个方面向各位常委汇报了街道经济、维稳、城管、民生、党建方面的工作;从园区运作、招商选资、制度建设等方面汇报了街道下一步的工作打算。最后,徐春就街道发展过程中遇到的园区推进、区域发展的扶持政策、区域配套基础设施建设和环境整治、中山陵环境改造遗留问题等恳请常委们给予考虑,帮助协调解决。孝陵卫办事处主任戴康顺针对有关问题做了补充发言。孝陵卫街道责任领导、区委常委、区委组织部部长杨乐华对孝陵卫经济发展、社区建设、维稳机制建立所取得的成绩给予了充分肯定,同时从产业规划和城市发展、项目运作、基础建设、班子建设四个方面给出了意见和建议。针对街道反映的问题,相关区领导和部门负责人现场给予解答,并给街道提出许多中肯的意见和建议。区委常委、区长王海宏高度评价了街道发展所取得的成绩,对街道提出的四个方面问题一一给予了详细解答,并表示予大力支持。最后,区委书记单景南肯定了街道的领导班子是有战斗力的班子,形成了符合孝陵卫发展的工作思路,在体制、机制创新上有大胆构想。单景南要求:孝陵卫街道和全区必须进一步认清孝陵卫作为玄武第三增长极在全区发展中的战略地位;孝陵卫的一些创新办法值得总结,要打破常规,允许孝陵卫作为试点先行;在维护稳定上,赞同街道实行专项考核。对街道提出的工作理念,单景南要求街道在大胆试行的基础上要不断进行完善,总结出一套切实可行的思路和办法。对于街道提出的四个方面问题,单景南当场进行了明确分工,并要求区纪委进行督查。

区委常委集体调研和现场办公会

【王海宏区长一行到南京农业大学考察交流】 2月9日上午，王海宏区长率区人事局、发改局、科技局、财政局等主要领导来到南京农业大学参观、考察、交流。南京农业大学郑小波校长、孙健副校长、周光宏副校长、孝陵卫街道党工委徐春书记、办事处戴康顺主任等陪同考察，参加考察的还有部分企业领导。王海宏区长一行首先参观考察了农业大学国家肉品质量安全控制工程技术研究中心和农作物遗传与种质创新国家重点实验室。随后，与大学和企业各位领导进行了座谈交流。座谈中，周光宏副校长首先向各位领导介绍了学校的发展及取得的科技成果情况。王海宏对学校在学科发展、基础研究和科技开发方面发展迅速并取得卓越的成绩表示祝贺。王海宏动情地说："今天回到母校，倍感亲切、倍感温暖，像回到家一样。"同时，王海宏向各位介绍了区街发展及人才、成果需求状况。王海宏说："当前，市委、市政府提出转型创新跨越发展新要求，要求各级政府要多走访高校科研院所，加大与科研院所合作，加快与南京产业发展对接。今天，我代表全区各部门、街道主要领导到学校来，就是要发掘对玄武乃至南京科技发展产生硕果的信息，按照南京现代化国际人文绿都要求，打造具有玄武特色的标志区。"他说，面对玄武发展压力大，自身定位要求高的现状，玄武必须走内涵式、科技创新式发展，要把玄武地方发展与高校发展相结合，达到共赢目的。王区长还要求，政府部门今后要做到：一是搭建各种平台载体，起到桥梁纽带的作用；二是针对企业、高校提出的各类需求，分出哪些是区级部门可以做的，哪些是街道能做的，充分发挥地方政府的优势；三是加强服务，针对高校科技创新，政府部门要加强服务意识；四是与高校对接方面，在构建玄武特色平台基础上，加快科技转化周期和效率。以后，将通过定期举办联席会等方式，加强与高校信息沟通对接，并持之以恒做下去，从而加快地方与高校在产学研方面合作，推动玄武在科技创新上出亮点，尤其在打造玄武特色发展上出亮点。

【孝陵卫街道人大代表团举行四季度代表集体视察】 12月28日，孝陵卫街道人大代表团举行了四季度代表集体视察。首先，孝陵卫街道办事处主任王玉兰向代表汇报了2010年街道"四个文明"建设情况。王玉兰介绍了724所项目、南机所茶文化产业园、农科院转型发展、柳营餐饮街区、卫桥地铁站招商等街道经济建设热点难点项目的进展情况，得到代表们的一致首肯。王玉兰提到，现阶段，孝陵卫街道经济建设主要继承"一街多园"的发展思路，寻求多方面，多层次，多角度的平衡发展，代表们对此深表赞同，并纷纷发表意见，为街道各项建设出谋划策。王玉兰向代表一一汇报了街道拆迁、维稳、环境整治、惠民工程等一系列工作的工作思路和工作进展，并对2011年的工作安排进行了简要介绍，表达了街道在"十二五"开局之年开好头打好基础的坚定决心。代表们充分肯定了2010年街道各项工作取得的长足进展，并对2011年的工作充满期待。代表们纷纷表示，将在今后的工作中，充分发挥自己作为人大代表的作用，为街道各项工作的开展贡献自己的力量。

（张学应）

玄武湖街道

【概况】 玄武湖街道位于玄武区东北角，东与栖霞区马群街道和尧化门街道接壤，西和锁金村街道交界，南隔紫金山和孝陵卫街道毗邻，北临沪宁铁路与红山街道相望。辖区内312国道、长江二桥连接线、宁沪高速贯穿全境。域内面积11.6平方公里。现辖10个社区居民委员会。在籍居民14986户、41242人。辖区内有南京环境科学研究所、中科院南京皮肤病研究所、南京长途客运汽车东站、中科院天文仪器有限公司等大单位95家，有樱驼花园、东方城、花园路等较大规模的集中住宅小区10处。

2010年，街道地方一般预算收入增长18.50%；其他经济项目考核指标超额完成。新增就业岗位451个，再就业培训413人，发放低保金、救助金共148.70万元。市容环境卫生位列全市先进，文明城市创建成果巩固，物业管理工作考核全市第一，群众性文化活动广泛展开，维护稳定工作常抓不懈。安全生产监督管理、人民调解、法制建设全省先进。街道党工委在开展学习实践科学发展观活动的同时，开展"五好班子"创建、"创先争优"活动；在非工企业开展创建"五型"党组织活动。

街道获得区级以上各级荣誉49项，其中省级荣誉3项、市级荣誉10项。

【经济发展】 2010年，街道优化经济工作队伍，细化工作措施，责任到人，做好为企业跟踪服务，保持税收稳步增长。实现地方一般预算税收20809.30万元，增长18.50%；实现服务业增加值52099万元，完成年计划101.01%；实现社会消费品零售总额141748万元，完成年计划108.02%；固定资产投资101209万元，完成年计划126.50%；实现服务外包执行额1800万美元，软件产业销售收入1200万元。阿英煲连锁店城东分店、天御古典足道、新四方酒店、盛业酒店开业。森林警察学校科技园项目已由南京聚盟科技有限公司完成投资策略报告，投资项目公司办理注册。引进南京交通传媒、江苏中酒置业等注册资金1000万元以上企业5家。新增企业177户，个体经营户169户。加拿大稳信投资有限公司已经完成工商登记，注册外资500万美元手续在办理。

【街道环境】 区域环境明显改善。严格落实"五位一体"管理模式（即执法队员、执法协管员、门前"三包"协管员、清扫保洁员、社区卫生监督员合为一体）和"五位一体"（即联合工商、公安、税务、卫生、防疫5个职能部门的执法队伍）联合检查制度。推进玄武大道及铁路沿线环境整治工作，完成东方城道路整治出新和龙悦山庄、松林谷小区雨污分流工程。推进老旧小区物业管理工作，先后对花园路70号、跃新园、樱铁村等小区实施物业管理。

突出挖掘传统文化内涵，以"我们的节日"为主题，广泛开展群众性文化活动。积极宣传引导，抓好公共文明指数测评工作，巩固文明城市创建成果。

切实做好维稳工作，建立健全信访稳定的长效机制，信访有人员、有经费、有制度、有奖惩，信访工作井然有序，把不稳定因素解决在萌芽状态。对重点人员实行包案责任制，切实维护一方的平安。积极开展平安创建活动，提升治安防范水平。加大人防、技防的投入，对有条件的小区，实行封闭管理，增加电子监控设施。对治安混乱地区进行专项整治，和辖区单位签订治安防范协议，明确目标任务。

【社会事业】 劳动保障全面加强。新增就业岗位451个，实现再就业412人；援助困难人员就业126人次；完成南北劳动力交流337人，其中宁淮劳务协作176人；下岗失业人员再就业培训413人，创业培训58人，外来农村劳动力培训115人。救助力度不断加大，街道共有低保户221户，累计发放低保金1199889元。救助困难群众109人，累计救助金额达28.71万元。玉树地震募集捐款5.8万元，舟曲泥石流募集捐款1.36万元。

社区建设全面深化。出台社区考核方案，开展“三创三争”(即创建学习型社区、争当学习型模范社工；创建服务型社区；争当服务型模范社工；创建全面型社区、争当全面型社工)活动，提升社区建设整体水平。在东方城、板仓、花园路社区建成国家“老年人宜居”社区示范点。在仙居雅苑地区深入开展社区有序积分活动。全面完成仙鹤门地区居民自来水抄表到户工程。

【党建工作】 深入开展学习实践科学发展观活动。根据区委的统一部署和要求，紧扣玄武“破解发展难题、奋力走在前列”的活动主题，结合街道工作实际，在街道、社区、“两新组织”(新经济组织和新社会组织)中认真开展学习实践科学发展观活动，努力实现“提高思想认识、解决突出问题、加强基层组织、促进科学发展”目标。在学习实践活动中，着力破解三方面的问题，即：着力破解街道经济社会发展面临的各类矛盾，加快街道经济社会建设步伐，推动各项经济社会事业发展，努力打造经济繁荣新玄武湖；着力破解一批涉及民生利益的热点难点问题，进一步深化“五服务”(服务企业、服务群众、服务基层、服务项目、服务人才)工作，强化社会管理服务，努力打造稳定和谐新玄武湖；着力破解党员干部党性党风党纪方面存在的突出问题，大力开展党员干部思想政治建设和素质提升行动，努力打造党风优良新玄武湖街道。

开展“五好班子”(领导班子好、干部队伍好、工作机制好、工作业绩好、群众反映好)创建活动。根据区委组织部《关于下发〈玄武区“实践科学发展、创建五好班子”活动实施方案〉的通知》精神，街道认真贯彻落实科学发展观的要求，针对“五好”创建活动特点，着眼全局、统筹谋划，研究制定了符合街道实际的创建活动计划，明确了创建规划、原则、措施，精心组织、扎实推进，按照创建活动计划切实将“五好班子”创建活动不断推向深入。在整个创建过程中，坚持以“抓班子、抓队伍、抓制度”为手段，以创建“五好”党组织为目标，认真制定街道发展的近期目标和中长期规划，同时建立和完善了考核激励机制，充分调动和发挥党员干部在街道经济社会发展中的核心领导作用和先锋模范作用，党组织的凝聚力、战斗力明显增强，各项工作成绩显著。深入开展创先争优活动。街道党工委围绕“当先锋谋发展、争作为促和谐”为主题，以创建先进基层党组织、争当优秀共产党员为主要内容，认真开展创先争优活动。充分发挥基层党组织的战斗堡垒作用，以党员模范行动影响和带领广大群众共同为推动地区科学发展贡献力量。促进和谐社区建设，多为群众办实事好事，实实在在地为人民群众服务。

玄武湖街道党工委充分发挥辖区内非公企业党组织的优势，启动“同在蓝天下”爱心助学活动

【《党建金陵》报道助学项目】 街道党工委充分发挥辖区内非公企业党组织的优势，启动了“同在蓝天下”改善外来工子弟教育环境爱心助学计划项目。项目启动以来，共募集爱心助学金19.2万余元，开展了爱心助学、支教活动，改善学校教学设施等帮扶活动。9月和11月，南京新闻综合频道“党建金陵”栏目专题报道了“同在蓝天下”爱心助学项目活动的实施情况，市委组织部和区委组织部均给予了充分肯定。

【非公企业创建“五型”党组活动】 为提高非公企业党建工作水平，根据《玄武区创建非公企业党组织活动实施方案》，街道党工委认真指导钢加集团、双友化工、金派克等非公企业开展创“五型”(即助推发展型、和谐稳定型、吸才引智型、文化指引型、爱心助困型)党组织活动，围绕企业经济发展，着力抓好重点企业树先进典型，抓好领导班子创“五好”(即领导班子好、干部队伍好、工作机制好、工作业绩好、群众反映好)班子，抓好人才建设建一支团队，抓好硬件建设建活动场所，抓好软件建设建长效机制，使非公企业党组织的创造力、凝聚力和战斗力得到明显提升。

【人才服务站建立】 7月在江苏高信环保科技创业园建立玄武湖街道人才服务站，进一步健全完善政府公共人才服务功能。通过落实人才政策、传递就业信息、组织业务培训、搭建交流平台、办理就业相关手续、提供维权保障等关键环节，营造人才健康成长和创业环境，为地区经济和社会事业全面发展，提供人才和智力支持。 (申留昌)

红山街道

【概况】 红山街道位于玄武区北部，地处城郊结合部，东靠南京长江二桥，西含红山城市森林动物公园，南望紫金山，北抵栖霞区和燕路。域内面积6.9平方公里，现辖9个社区居民委员会和2个村民委员会。在籍居民15862户、43737人，其中村民180户、327人。暂住人口45000人，约占街道总人口的51%。辖区内有华飞、依维柯、中北巴士等省市属企业事业单位20余家。街道始终坚持把经济建设作为中心工作来抓，突出“三围绕，三确保”的具体经济要求——即围绕税源抓目标，确保任务的完成；围绕税源抓经济，确保实力的增强；围绕税源抓项目，确保可持续发展。2010年，主要经济指标及重点考核项目成绩显著。地方一般预算收入增幅35.90%，位列全区街道之首。改善市容环境面貌，打造亮丽红山的城市形象。打造特色社区，形成为人民服务新亮点。全力发挥党员作用，深入开展满意先锋行动。为保障困难群众的基本生活，促进社会和谐稳定，共享改革成果，全年发放民生、暖心工程总金额1649768元。红山商贸建设，拆迁工作已结束，规划要求重新调整，土地储备中心正在进行挂牌前期工作。红山街道全面工作成绩突出，共获区以上先进集体81个、获省级先进个人3名。

【经济发展】 全力以赴发展经济，以促增长求发展为主线，紧紧围绕年初确定的经济发展目标和“顶点定位，全力全速”的总体要求，突出抓好税源普查、重点行业、重点税源监控管理等工作，有效推进了财政税收的增长。全年实现地方一般预算收入23294.90万元，增长35.90%；实现服务业增加值19895万元，完成年计划101.38%；实现社会消费品零售总额130335万元；完成年计划264.11%；实现固定资产投资49313万元，完成年计划123.30%。

全力服务重点税源企业，招商引资工作成效显著。完善了企业财务人员座谈会制度，加强对重点企业服务，帮助企业了解相关政策。针对城际铁路工程、雨污分流工地重点上门跟踪。对红山排挡街、红饰汽配市场，上门帮助企业完善相关证照手续，规范管理。加强招商力量，将专门从事招商工作的人员增加到4名，确保有足够的人力物力从事招商工作；精心组织招商推荐会，联合区招商局等部门，围绕华飞南厂区部分闲置厂房，面向南京、上海、浙江等园区运作商，筹备举办产业园招商会；积极开展专业招商活动，对发达地区的园区运作方和商业地产商进行登门招商。同时对月苑商务楼、墨香路门面房等项目，通过网络、中介等各种渠道，积极推进招商工作，完成江苏浩邦和江苏严和两家注册千万以上企业落户。

【街道环境】 改善市容环境面貌，打造亮丽红山的城市形象。按照“五位一体”(即执法队员，执法协管员、门前“三包”协管员、清扫保洁员、社区卫生监督员合为一体)工作模式，将不同职能部门的管理人员有机结合到一起，通过各层级之间的协作配合，有效拓宽了涉及城管各类问题的搜集渠道和接收来源，形成了分层管理、快捷准确的问题发现机制，使大量城管问题能够得到快速及时处理。对街道营苑南路创业一条街的门头店招重新进行了整治出新、美化亮化、提档升级。清理445幢楼道杂物共352卡车，清理卫生死角326处垃圾共190吨。清理非法占道灯箱、广告牌160余个，取缔非法布幅、充气物等广告26处，通过连续的集中重点整治，辖区内市容市貌得到了明显改观。2010年共接收城管数字平台信息案件4503起，处理4437起，其中街面秩序1360起、市容环境1786起、施工管理1180起、宣传广告177起，结案率达到98.6%。严查辖区内突击抢建违法建筑，重点在行政村。全年共拆除违法建筑53处1100余平方米。完善违法建筑治理机制，建立了街道、社区、村三级网格化监督体系，进一步健全和完善了违法建筑预防、发现、查处和信息联络机制。全面完成营苑南路小游园、玄武体育馆、北苑小区居民广场整治任务。加大农村垃圾和涉农地区生活垃圾集中收运处置力度，为全面完成农村生活垃圾集中收运处置率达100%的工作任务打好基础。街道投入资金建设“两站一中心”

曹后社区组织党员义工和社区志愿者到城市绿肺紫金山捡垃圾

(物业管理矛盾投诉调解站、物业管理应急维修站、物业服务中心),加强对老旧小区的物业管理,解决了很多疑难杂症和实际问题,深受群众的好评。加强户外广告治理,按照市城管局对户外广告设置的有关要求和规划,对辖区内违规设置的户外广告进行清理,共拆除各类违法户外广告牌共127块,同时清除张贴广告、喷涂广告近万处。整改夜景灯饰4处,确保城市亮化,维护良好城市形象。优化市容秩序管理,围绕迎接上海世博会,以市容秩序管理为抓手,就临街店铺的出摊占道、越门经营等问题开展了"市容秩序综合整治"、"农贸市场周边秩序集中整治"、"夜排档集中整治"、"城乡结合部市容秩序整治"等多次集中专项整治行动,特别是对学校周围的市容秩序连续进行了多次集中整治,采取专人值守,错时上下班等方式巩固整治成果,取得了较好的效果。

全面进行铁路沿线整治,确保城际铁路按时通车。街道组织执法队员、环卫人员和30多人的民工队伍对责任区内垃圾实施清理、掩埋,对违章搭建由执法中队逐户实施拆违程序,对辖区内责任管理的单位,如黑墨营苗圃、伊刘苗圃、南汽大全公司等,多次在沿线检查,督促其整改,并向其提供执法保障。先后组织出动1181人次对铁路沿线单位地段进行环境整治,共计落实整改区委督查组下发到红山街道的整改单47件;组织专业队伍并动用机械台班35台/次、车辆227台/次,共清理掩埋垃圾735吨;拆除违建67处,3950平方米;取缔废品收购站13处;新砌围墙并粉刷2500平方米;新砌护栏80平方米,铺设排水管道100米;拆除沿线农田旱厕19处,回填土石方4500立方米用于种植绿化。配合园林实业总公司为黑墨营苗圃、伊刘苗圃清理垃圾2820吨,绿化遮挡2000平方米,拆除违建265平方米。同时配合南京大全公司对下属单位、园林实业对新伊汽配的屋顶进行了出新改造。

全力打造特色社区。街道按照"一街一品牌,一居一特色"的发展思路,结合社区特点和居民群众的实际需求,对社区为民服务项目强化了特色发展和差异化发展的举措,努力在社区为民服务项目形成新亮点上下功夫。如北苑社区侧重开展健康行活动,着力打造"健康北苑";阳光嘉园社区着力打造"阳光驿站"名片;红山公园社区突出红山老年大学建设,以老年大学特色推动社区建设,形成老年宜居社区的文化特色品牌,构建充满活力的"学习型活动型老年宜居社区";月苑、曹后、红山及滕子着力开展清洁家园行动,营苑、墨香山庄社区突出经济适用房小区的稳定管理,结合幸福社区评比活动,努力打造"幸福社区"为民服务新特色。

【社会事业】 全面推进社区建设工作,推动各项社会事业稳步发展。街道始终坚持把社区基础设施建设作为重中之重的工作认真抓好落实:投入近9万元,对营苑旧办公用房进行功能改造,为居民建成活动中心;投入近万元,按社区网格化管理要求,对所属9个社区进行服务功能及其项目展板和标牌的更新制作;针对兴贤佳园二期5380户居民群众的实际需求,结合为民服务和小区管理的实际情况,街道积极与市住房制度改革办公室沟通争取兴贤佳园二期社区管理服务用房,已与街道达成协议,将该小区2573平方米社区管理服务用房移交街道托管使用,其相应的改造装修工程已立项;针对月苑社区办公和活动用房的实际,街道积极联系上级和相关单位,争取支持,已与新月房地产开发有限公司达成协议,拟在月苑六村西侧一处国有土地上,自筹资金新建350平方米两层混合结构建筑,用于社区办公和居民活动用房,该项目已经立项。在社会救助工作方面,街道低保和社会救助工作紧密结合形势任务特点和上级低保工作一系列文件精神,在夯实基础、规范程序的基础上,把重点放在最低生活保障和街道救助平台的打造上,保障了困难群众的基本生活,促进了社会的和谐稳定。在元旦、春节期间,街道共慰问困难户290户,累计金额73000元,"六类"(即70岁以上老人,非义务教育阶段在校学生,一、二级除外的残疾人员,大、重病人,丧偶、单亲家庭未成年子女,突发事件中遭受严重损失的家庭)边缘人员26户,慰问金额15600元。累计发放低保金1237063元,无固定收入重残人员32户,累计发放117400元,街道临时救助发放救助金额21200元,区大重病救助金额发放81745元,民生暖心工程累计为低保户发放苏果券价值金额100260元,为30多个家庭困难的学生募集学费35000多元,为玉树、舟曲灾区的人民群众共募集捐款近16万元。

【基层党建】 充分发挥党员作用,深入开展满意先锋行动。街道党工委把开展创先争优活动作为学习实践科学发展观活动的一个延展和深化,注重培养选拔先进典型,发挥典型示范引领作用,让各

北苑社区党委自制"名片",多角度为创先争优添活力

项活动启动有力，主题突出，目标明确，载体鲜明，为创先争优活动打下了良好基础。把握“两个结合”，不断提高“满意先锋行动”的有效性。一是将“满意先锋行动”与社区党的建设、党建活动有机结合起来，全面提高党员素质和党支部战斗力，以加强党组织自身建设为重点，把党的建设融合渗透到帮扶困难群体中去，融合渗透到各项社会事业建设工作中去，融合渗透到服务群众、为民办实事中去，不断提高“满意先锋行动”的有效性、务实性和特色化。二是将“满意先锋行动”与为民办实事相结合，把“满意先锋行动”当做德政工程和民心工程，实现服务群众的方式、党员干部的作风、困难群体的生活、区域环境的面貌四个方面的转变，使辖区群众的满意度不断提高。解决了汛期曹黄路多年积水问题，以关爱纯老家庭及高龄、困难老人为重点，以全国老年人宜居社区创建工作为主要抓手，不断完善为老服务体系。

【加强管理提高效率】 进一步完善规章制度，围绕建设高效、廉洁的行政环境为目标，深化和拓展规范化服务，制定了《红山街道村集体资产管理制度》《红山街道公章使用规定》《红山街道二级考核实施方案》等规章制度，涵盖了日常管理、业务规范、效能监察、执法程序、奖惩措施等内容。完善运作机制，全面实行网格化管理模式。实施全员覆盖、责任到人、问责督查的网格化服务运作机制，每网格由街道党政副职领导作为责任人，由各科室和社区工作人员组成，将党建、经济、民政、城管、劳保、综治等各项工作任务融为一体，全街上下“条块”结合、而又“经纬”分明的全员覆盖、三级层次管理、网格化服务的运作机制。做到任务与人员对接、要求与责任对接、街道层面与社区层面对接，形成上下整体联动，分层管理、严密高效的工作格局。建立领导干部挂钩社区制度，要求领导班子深入社区推进工作，每名班子成员负责一个社区，主动参加社区各项工作，确保实现各项工作目标，进一步密切联系群众和服务群众，切实帮助社区解决一些实际困难与问题，形成社区建设与发展的整体合力，全面推动了和谐社区的建设。建立健全领导班子和领导干部考核评价体系，开展对街道和社区（村）干部的实绩分析和量化考评工作，切实提高工作实效。 （卞雨华　胡勤阶）

出新后的住宅小区

人物·光荣榜

Characters Honor roll

●新任区领导简介

●全国先进工作者

●全国十大“教书育人楷模”

●新当选“中国好人”

●先进集体

新任区领导简介

许　恺

2010年6月24日，任中共玄武区委常委。

男，1967年12月出生，江苏句容人。1989年8月参加工作，1996年5月加入中国共产党。在职本科学历。1989年8月，任南京市人民中学教师；1995年1月，任玄武区教育局团工委书记；1997年3月，任共青团玄武区委副书记；1998年12月，任共青团玄武区委书记；2000年7月，任玄武区长巷街道筹备组副组长；2001年3月，任玄武区卫岗街道工委副书记、办事处主任；2002年4月，任玄武区新街口街道工委副书记、办事处主任；2005年1月，任新街口街道工委书记；2007年6月任玄武区人事局局长；2008年4月，兼任玄武区委组织部副部长。

张连春

2010年10月9日，在南京市玄武区第十六届人民代表大会常务委员会第二十一次会议上，当选为玄武区人民政府副区长。

男，1970年4月出生，江苏建湖人。1990年8月参加工作，1995年6月加入中国共产党。党校研究生学历，硕士学位。1990年8月，任建湖县近湖中学教师；1992年10月起在盐城市委讲师团工作；1997年1月起，历任盐城市委宣传部文明办副科级指导员、指导监督科科长、综合联络处处长；2003年5月起挂任东台市政府市长助理；2005年10月明确为副县级；2007年2月，任东台市副市长；2008年9月，任玄武区政府区长助理；2009年1月兼任珠江路科技街工委书记；2010年7月，兼任玄武区投资促进局局长，不再兼任科技街工委书记。

王　东

2010年10月9日，在南京市玄武区第十六届人民代表大会常务委员会第二十一次会议上，当选为玄武区人民政府副区长。

男，1967年6月出生，江苏兴化人。1986年10月参加工作，1989年4月加入中国共产党。党校研究生学历。1986年10月，任解放军83526部队战士；1988年9月起任南京军区后勤部工厂管理局办公室机要员、保密员；1989年3月起在玄武区房产经营公司工作；1993年7月，任玄武区城建综合开发公司动迁科科员；1996年6月起历任玄武区开发八公司副经理、南京兴鸣开发公司副经理；2001年3月，任玄武区政府办公室副主任；2002年4月，任玄武区商贸局局长、工委副书记；2005年1月，任玄武区商贸局局长、工委书记；2005年11月，任玄武区发改局局长；2006年5月，任玄武区发改局局长、招商局局长；2009年3月，任玄武区政府区长助理、区发改局局长、招商局局长；2010年7月起不再兼任招商局局长。

全国先进工作者

宋红斌

南京市长江路小学校长，小学特级教师，2010年被国务院授予全国先进工作者称号。

女，1965年8月出生，江苏南京人，中共党员。先后荣获全国优秀校长,全国小学语文研究会先进工作者、中国学校体育科研先进个人、江苏省教育科研先进个人、国家部委级重点课题《活动课程与中小学生科学素质提高》优秀活动课教师、省中小学生金钥匙科技竞赛先进个人、小学心理教育课题研究先进个人、南京市名校长等称号。

1984年从南京晓庄师范毕业，长期担负小学教育教学改革实验工作，深受学生和家长的欢迎，是教职工的榜样，园丁的楷模。她潜心钻研教育教学，率先大胆尝试每周5天上课，为国家新工时制及课程改革的推行提供了重要政策调研参考；1995年，作为中国教育学会“九五”重点课题“教育现代化的实践与研究”子课题“江苏教育现代化的实践与研究”分课题 “江苏省小学语文教学现代化的实践与研究”的课题组主要成员，担任了该课题实验研究中心副主任，具体负责全省50所实验学校课题培训及管理工作。先后有20多篇论文在全国、省、市获奖，有10多篇文章在各类刊物发表。由她担任主编或参与编写的配套教材、教育教学书籍《苏教版小学作文配套教材》、《国旗下的讲话》(晨会教材)、《兰幽香风远》等正式出版发行的已达10本之多，为社会提供了宝贵的教学经验。1995年经过群众推荐、组织考核，刚满30岁的宋红斌走上了校级领导岗位，2000年成为全市首批省实验小学最年轻的校长。她积极开展和谐教育的研究，率先编写长江路小学15年研究成果《和谐教育》正式出版，并被全国教育学会评为一等奖。长江路小学以良好的校风、团结合作的教师群体、教育教学的高质量受到家长和社会的广泛认可，相继为国家输送了奥运冠军肖钦、赵蕊蕊等体育拔尖人才。学校还先后获得全国现代教育技术实验学校、国家级体育传统学校、全国红旗大队、江苏省模范职工之家等荣誉称号。

全国十大“教书育人楷模”

吴邵萍

南京市北京东路小学附属幼儿园园长，2010年9月在教育部联合《人民日报》等10家新闻媒体开展的全国教书育人楷模评选活动中获“全国教书育人楷模”称号。

女，1965年1月出生，江苏南京人，中共党员，中学高级教师。

1983年7月，吴邵萍毕业分配到南京市北京东路小学附属幼儿园开始从事幼儿教育工作，先后担任音乐、语言、科学、美术、体育等各学科教师、年级组长、业务园长、园长（其间：1997年7月，南京师范大学学前教育管理专业本科毕业）。27年来她把所有的情和爱全部倾注在幼儿和幼教事业上，结出累累硕果。先后获全国优秀教师、江苏省优秀教育工作者、江苏省特级教师等称号。主编2本书，参与编写9本书；在省级以上刊物公开发表论文72篇，其中在国家级刊物发表6篇；参加省级以上研讨会获奖论文10篇，其中获全国奖6篇。

新当选“中国好人”

成息红

2010年5月当选“中国好人”。曾获“感动玄武门十佳人物”称号和“南京市第二届道德模范提名奖”。

女，1966年生。1989年成息红嫁到南京，一直没有固定工作，用她勤劳的双手在小区经营早点摊。2007年冬日，婆婆突患重病，成息红二话没说背起婆婆去医院，到达医院已是晚上十一点多，医生说要不是她及时把婆婆送到医院，婆婆可能已经不在人世了。考虑到婆婆经常突然发病，为避免耽误抢救时间，成息红为老人准备了一个应急小包，里面装有病历、医保卡及几百元钱等。十多年来，她一直以一颗善良的爱心对待所有的人，面临着婆婆多病，公公体弱、小叔子痴呆、丈夫在江浦上班的困难处境，她用勤劳、善良和坚强支撑起整个家，每天早起晚睡，用微薄的收入贴补家用；几次将婆婆从死神手里夺回来；悉心照顾生病的公公和患有精神分裂症的小叔子。面对生活的磨难，成息红始终用微笑去面对，不辞辛苦、毫无怨言地以纤弱之躯撑起一片家的蓝天。

李养明

2010年7月当选“中国好人”。曾被评为“优秀公务员”，荣获个人三等功。

男，1955年7月8日生，玄武分局红山派出所藤子社区社区民警。中共党员。李养明所管辖的藤子社区是典型的“城中村”，他以脚踏实地的作风为社区群众服务，摸索出一套房屋出租户和流动人口分层次管理的新路子。雪灾、雨情的危难时刻他总是冲在最前面，帮扶36名困难对象和春风行动对象，为群众做好事、办实事万余件，夯实人口管理，所管社区连续五年在流动人口检查评比中均名列前茅。2009年玄武分局成立“沪宁城际铁路建设工程警务服务队”，李养明作为重点工程拆迁和建设地的社区民警，成为服务队的领头人，主动化解矛盾百余起，为工程建设方提供服务百余件，确保工程拆迁零上访，建设零事故，受到施工方和当地群众一致好评。该警务服务队被评为全市警方服务队先进集体。几年来，李养明主动上门，为群众办理户口600余个，身份证1500余份，帮助辖区群众解决入学、开店、工作和生活事情更是不计其数。辖区内尚成财、吕家财等34户居民曾联名给分局写来表扬信，称李养明是“执法为民好民警”。2010年6月，为在红山滕子社区创新流动人口服务管理，他创建的“李养明新南京人警务服务站”，成为全市第一个以党员民警名字命名的外来人口服务站。李养明其服务社区流动人口、帮扶困难外来务工人员、帮教服刑人员子女等事迹多次被《南京日报》、《江苏法制报》等媒体宣传。

先进集体

国家级先进

全国法治县（市、区）创建活动先进单位

玄武区

第三届全国亿万学生阳光体育冬季长跑活动优秀组织单位

玄武区

全国经济普查先进集体

新街口街道

全国综合减灾示范社区

新街口街道

全国妇联基层组织建设示范社区

后宰门街道

基层医疗卫生单位深入学习实践科学发展观活动指导工作先进单位

区卫生局

中国智慧工程研究会教育培训基地

梅园中学

中国少年科学院科普教育示范基地

宇花小学、长江路小学

第十五届全国中小学生绘画书法比

赛组织工作先进单位

区少年宫、十三中锁金分校、玄武中专学校、宇花小学、海英小学、小营小学、长江路小学分校、珠江路小学、南京师范大学附属小学、昆仑路小学、樱花小学

省级先进

江苏省法治县(市、区)创建活动先进单位

玄武区

全省双拥模范区

玄武区

江苏省教育现代化建设先进县(区)

玄武区

江苏省妇联基层组织建设示范区

玄武区

全省劳动争议仲裁办事机构实体化建设先进单位

玄武区

江苏省学生阳光体育运动先进县(区)

玄武区

江苏省城市社区药品“两网”建设示范区

玄武区

江苏省妇联基层组织建设示范社区

新街口街道、后宰门街道

江苏省工会工作示范街道

新街口街道、后宰门街道

江苏省文明社区标兵

梅园新村街道

江苏省第二次全国经济普查先进集体

玄武门街道、玄武区经济普查办公室

江苏省五四红旗团委

玄武门街道

江苏省全民健身工程示范街道

玄武门街道

江苏省基层先进商会

后宰门街道

江苏省社区教育示范街道

后宰门街道

全省城乡社区校外辅导站工作优秀辅导站

锁金村街道

全省社区侨务工作示范单位

锁金村街道

省妇联基层组织建设示范街道

锁金村街道

江苏省绿色社区

红山街道

全省法院新闻宣传工作先进集体

区法院

2007~2009年度江苏省群众性精神文明建设先进单位

新街口街道、玄武门街道、区环保局

2009年江苏省全民健身活动优秀组织奖

区体育局

江苏省国民体质监测先进集体

区体育局

江苏省科普宣传先进集体

区科技局

江苏省创建文明行业工作先进行业

区卫生局

全省民政工作先进集体

区民政局

全省人事系统亮点工作

区人社局

全省医疗、工伤、生育保险经办工作先进单位

区人社局

全省共青团工作创新创优成果三等奖

团区委

江苏省推动厂务公开民主管理工作先进单位

区总工会

全省人民调解工作、诉调对接工作先进集体

区总工会

全省侨务工作先进单位

区统战部

江苏省文明行业

区物价局

江苏省基础教育课程改革先进集体

区教育局、十三中

江苏省基础教育教学成果特等奖

十三中、北京东路小学、南京师范大学附属小学

江苏省基础教育教学成果一等奖

成贤街小学

江苏省第十届中学生作文大赛优秀组织奖

区教育局

江苏省和谐校园

十三中、十三中锁金村分校、北京东路小学、玄武门幼儿园

江苏省平安校园

九中震旦校区、北京东路小学、逸仙小学、珠江路小学、珠江路小学附属幼儿园

江苏省第二批艺术教育特色学校

宇花小学、长江路小学

江苏省了绿色学校
红山小学

江苏省青年文明号
南京师范大学附属小学

江苏省防震减灾科普示范学校
三十四中、洪武北路小学、樱花小学

全国定向锦标赛(江苏赛区)初中女子组接力团体第一名、初中接力团体第五名
三十四中

2009~2012江苏省体育传统项目学校
南京师范大学附属小学

江苏省语言文字规范示范学校
珠江路小学

江苏省优秀少先队集体
珠江路小学、孝陵卫小学

江苏省职业教育课程改革实验学校
玄武中专学校

江苏省少先队"英雄中队"
红山小学

江苏省"周恩来班"
梅园中学、长江路小学

首批省级中华经典诵读基地学校
北京东路小学

第二十一届江苏省青少年科技创新大赛一等奖
九中弘光分校

江苏省节水单位
中央路小学

第二十二届江苏省金钥匙科技竞赛先进集体
区少年宫

市级先进

2007~2009年度市级文明单位
新街口街道、玄武门街道、锁金村街道

南京市民主法治社区
锁金村街道

第二次全国经济普查先进集体
梅园新村街道、后宰门街道

市法制先进街镇
梅园新村街道

市级文明社区
梅园新村街道、后宰门街道

南京市文明行业
区卫生局

2007~2009年度文明单位
区建设局
区物价局

江苏省第十七届运动会先进集体
区体育局

和谐玄武春满园

南京金海设计工程有限公司

南京金海设计工程有限公司成立于 1992 年 7 月，是江苏省首家中外合资的综合性建筑设计单位，2005 年公司完成企业改制工作，成为股份制企业。公司拥有建筑工程设计甲级、人防工程设计乙级、电力行业（送电工程、变电工程）设计丙级资质证书，并通过 ISO9001 质量管理体系认证。公司现有职工 160 人，各类专业技术人员 140 人。

公司自成立以来，先后承接了数百项从规划和建筑方案设计起始、至初步设计、施工图设计到后期服务全过程的工程项目设计，涵盖了办公、商业、酒店、住宅、公寓、别墅以及集多种功能于一体的城市综合体等建设项目。

公司始终以“设计创造价值”为核心理念，追求设计作品的高品质。公司擅长城市空间和生活形态的营建，为客户提供技术领先、经济适用、安全可靠的设计产品。公司设计的作品多次获得项目所在地颁发的奖项，2007 年公司荣获中国建筑规划设计行业江苏地区十强影响力品牌机构，2008 年被评为江苏省工程勘察设计行业“诚信单位”。

公司坚持以科学管理、精心设计、优质服务为指导方针，坚持以技术先进、质量第一和优质服务为工作核心。公司严格执行符合 ISO9001-2000 要求的全面质量管理体系程序，建立并形成了完整而行之有效的全过程控制设计质量、建设成本控制与管理体系，保证各项设计工作高效、优质、有序进行。公司建立了专业的客户服务机构，为客户提供强有力的后期服务保障。同时还以客户需求为导向，在传统设计范围之外，提供结构经济性研究，设计产品的品牌系列创建、设计装修一体化、产品定型设计、标准化研究等特色服务，赢得了广大客户的赞誉。

经过近 20 年的发展，公司的综合实力不断增强，先进的管理思想、有效的知识管理平台建设在业内获得了广泛影响，公司已成为众多知名开发商的战略合作伙伴。

今后，公司将始终坚持自己的设计理念，充分发挥自身优势，以创新促发展，以品质与服务打造和强化公司品牌，为社会的发展和人民不断提高的需求，提供美好而丰富的生活环境与工作空间而不懈探索！

统计资料

Statistics

- 综合
- 教育 · 科技
- 人口
- 人民生活

综　合

地区生产总值完成情况

单位：亿元

评价口径	本期止累计	可比价±%	完成年计划%
地区生产总值	281.54	13.2	104.3
第一产业	0.13	-10.7	
第二产业	25.05	12.5	
工业	9.73	0.9	
规模以上工业	8.3	1.4	
规模以下工业	1.43	-1.2	
建筑业	15.32	22.1	
第三产业	256.36	13.3	
交通运输仓储业	17.59	-2.2	
信息传输、计算机服务业	7.29	18	
批发和零售业	62.2	18.6	
住宿和餐饮业	13.34	22.8	
房地产业	24.02	-19.8	
其他服务业	131.92	18.7	

备注：绝对值按现行价格计算，增长速度按可比价格计算。

全区服务业增加值完成情况

单位：万元

街道名称	年计划	本期止累计	同比±%	完成年计划%
全区合计	1569457	1573500	13.29	100.26
梅园新村街道	215550	215805	13.13	100.12
新街口街道	628706	629543	13.15	100.13
玄武门街道	209888	210778	13.48	100.42
后宰门街道	133834	134471	13.54	100.48
锁金村街道	85305	85473	13.22	100.20
红 山 街道	19624	19895	14.57	101.38
孝陵卫街道	224973	225436	13.23	100.21
玄武湖街道	51577	52099	14.15	101.01

三大产业税收完成情况

单位：万元

产　　业	2010年完成数	增幅（%）
商务商贸	123258	27.47
文化旅游	43200	19.38
科技信息	76487	18.37
合计	242945	23.01

全社会固定资产投资完成情况

单位：万元

指标内容	本期止累计	同比±%	完成年计划%
合 计	915957	13.4	101.8
其中：工业投资	63586	75.7	
民间投资	638808	33.6	
城镇固定资产投资	365121	2.5	
房地产开发投资	550836	22.0	

房地产开发投资完成情况

指标内容	计量单位	本期止累计	同比±%
房地产开发投资额	万元	550336	22.0
配套工程投资	万元	8582	44.4
1.按工程用途分			
住宅	万元	361907	24.7
办公楼	万元	28222	-5.1
商业用房	万元	67793	17.8
其他	万元	92914	25.6
2.房屋建设面积			
施工面积	平方米	3240832	-36.8
其中：住宅	平方米	1898641	-42.7
竣工面积	平方米	516385	-80.3
其中：住宅	平方米	357531	-82.3
3.商品房销售面积	平方米	437811	-40.8
其中：住宅	平方米	355378	-49.6
4.房屋销售额	万元	683489	-21.1
其中：住宅	万元	579673	-26.8

注：商品房销售面积包括现房销售面积和期房销售面积；销售额同指。

各部门固定资产投资完成情况

单位:万元

部门名称	年计划	本期止累计	完成年计划%
全区合计	900000	915957	101.8
其中:梅园新村街道	100000	100003	100.0
新街口街道	250000	298896	119.6
玄武门街道	70000	100684	143.8
后宰门街道	70000	44669	63.8
锁金村街道	70000	6454	9.2
红 山 街道	40000	49313	123.3
孝陵卫街道	60000	43293	72.2
玄武湖街道	80000	101209	126.5
建 设 局	30000	27020	90.1
教 育 局	1200	370	30.8
房 产 局	50000	0	0
徐庄管委会	90000	117382	130.4

社会消费品零售总额完成情况

单位:万元

项　　目	本期止累计	上年同期	同比±%
社会消费品零售总额	2622366	2235618	17.3
一、按行业分组			
(一)批发和零售业	2119056	1842491	15.0
其中:限额以上企业	1226715	941254	30.33
(二)住宿业	61602	53354	15.46
其中:限额以上企业	51448	47856	7.51
(三)餐饮业	142396	106178	34.11
其中:限额以上企业	72798	67014	8.63
(四)市局分割连锁企业	299312	233595	28.13
二、按登记注册类型分			
(一)国有经济	109900	96616	13.75
(二)集体经济	179406	152410	17.71
(三)私营经济	933568	804508	16.04
(四)个体经济	346898	297680	16.53
(五)联营经济	81512	70719	15.26
(六)股份制经济	611008	526777	15.99
(七)外商投资经济	6920	6045	14.47
(八)港澳台投资经济	8106	7332	10.56
(九)其他经济	45736	39936	14.52
(十)市局分割连锁企业	299312	233595	28.13

备注:本表数据产业活动单位按在地划分。

各部门社会消费品零售总额完成情况

单位：万元

	年计划	本期止累计	同比±%	完成年计划%
合　计	2559460	2622366	17.3	102.46
梅园新村街道	127727	169403	13.5	132.63
新街口街道	344644	375766	20.5	109.03
玄武门街道	51670	45164	-15.1	87.41
后宰门街道	240321	257139	25.3	107.00
锁金村街道	155328	207314	52.9	133.47
红山街道	49348	130335	86.4	264.11
孝陵卫街道	19962	20009	14.5	100.24
玄武湖街道	131225	141748	21.6	108.02
区直报、连锁及限下企业	1439235	1275488	8.4	88.62

备注：梅园新村街道因宏图三胞与福中转市局直统，调减年计划基数40.25亿元

外向型经济完成情况

单位：万美元

	年计划	本期止累计	同比±%	完成年计划%
实际到账注册资金	8400	8757	25	104.3
协议注册资金	11000	7150	32	65
外贸出口额	155000	182331	34.4	117.6
对外劳务输出营业额	120	120		100
服务外包执行额	40000	42310		105.8

人　口

玄武区2010年末户籍人口

地　区	总户数(户)	总人口(人)			性别比	2009年人口
		合计	男	女		
玄武区	140741	514914	265767	249147	106.67	515237
玄武湖街道	14986	41242	20515	20727	98.98	40282
后宰门街道	17898	50852	24452	26400	92.62	50927
梅园新村街道	16919	98980	53541	45439	117.83	98380
锁金村街道	13175	54893	27585	27308	101.01	57012
孝陵卫街道	23037	92603	48529	44074	110.11	92561
新街口街道	26098	95319	50351	44968	111.97	96820
玄武门街道	12766	37288	18658	18630	100.15	37423
红山街道	15862	43737	22136	21601	102.48	41832

教育 科技

玄武区 2010/2011 学年初幼儿园班级、学生数、办学条件基本情况

学校名称	班数（个）	入园人数（人）	在园人数（人）	离园人数（人）	幼儿园占地及校舍面积（平方米）				户外活动场地（平方米）	图书（册）
					占地面积	建筑面积	教学及辅助用房	行政办公用房		
总计	363	4054	11072	2843	229783	99537	67924	9703	68963	108756
一、教育部门办	73	816	2185	618	27625	21687	14865	2246	13290	26476
北京东路小学附属幼儿园	9	83	292	74	2997	3247	1890	160	2000	4000
半山园小学附属幼儿园	7	60	209	31	1410	1179	794	385	716	550
长江路小学幼儿园	8	85	228	114	1722	1913	1410	100	492	4500
逸仙小学附属幼儿园	7	103	195	64	1339	1093	911	79	762	10000
锁金村第二小学附属幼儿园	10	107	303	81	3603	1516	1271	147	1600	3126
珠江路小学附属幼儿园	11	113	354	106	4554	4260	3858	402	4017	
玄武门幼儿园	9	102	239	73	3670	3020	1720	780	650	2100
孝陵卫中心小学附属幼儿园	7	80	216	56	3813	2495	1618	86	1500	2000
北京东路小学附属幼儿园分园	5	83	149	19	4517	2964	1393	107	1553	200
二、民办	66	689	1738	397	20006	15441	10569	1768	9374	10025
行知实验幼儿园	6	47	168	50	2000	713	353	100	1500	1840
华星幼儿园	4	22	66	13	2800	2706	1156	850	2000	500
小哈佛双语幼儿园	10	109	250	61	2100	1700	1445	50	450	1000
沧波门幼儿园	5	34	104	26	580	770	530	40	230	670
淘淘幼儿园	11	92	280	86	1300	900	885	15		1000
樱花双语艺术幼儿园	8	63	238	61	2644	1517	1277	30	1324	2500
南京红山幼儿园	12	245	364	3	5582	4135	3226	528	1970	1215
南京玄武乐乐幼儿园	10	77	268	97	3000	3000	1697	155	1900	1300
三、集体办	44	803	1485	413	16629	10118	7824	331	8309	14290
长江路小学附属银城双语幼儿园	9	112	317	105	7100	3450	2590	120	2950	3200
锁金新村第一小学附属幼儿园	9	94	284	84	2500	925	805	20	1250	3000
如意幼儿园	8	101	291	94	1925	2286	1701	93	1668	3890
钟山幼儿园	7	234	234	56	1563	863	657	18	791	2000
花红园幼儿园	5	188	188	46	1057	637	487	50	450	1500
锁金村第一幼儿园	6	74	171	28	2484	1957	1584	30	1200	700
四、其它部门办	180	1746	5664	1415	165523	52291	34666	5358	37990	57965
南京理工大学附属幼儿园	16	139	487	148	7000	3550	2207	176	1947	5500
东南大学后勤服务集团幼儿园	17	127	493	121	6460	3941	3413	100	4420	3280
南京体育学院附属幼儿园	5	66	158	51	3285	1200	694	13	1850	420
南京农业大学附属幼儿园	12	108	353	119	3078	3300	2473	199	2050	3589
海军指挥学院政治部幼儿园	12	60	356	108	5000	2800	2678	92	3500	5311

续表

学校名称	班数（个）	入园人数（人）	在园人数（人）	离园人数（人）	幼儿园占地及校舍面积（平方米）				户外活动场地（平方米）	图书（册）
					占地面积	建筑面积	教学及辅助用房	行政办公用房		
73610部队香禾幼儿园	9	103	253	65	3240	3224	1012	1182	2040	650
南京军区南京实验幼儿园	15	169	508	150	103405	5108	2715	620	5713	6000
南京前线幼儿园	7	72	238	70	1880	2067	1537	60	1160	2300
南京军区空军后勤部机关幼儿园	12	158	391	62	1866	3892	1670	126	1350	3300
南京军区空军直属机关幼儿园	16	131	508		7452	5183	2894	594	1665	3670
南京军区政治部小天鹅幼儿园	16	201	542	147	7500	6700	5560	414	5900	12000
73681部队幼儿园	9	58	242	53	3770	1975	1485	80	1795	2200
南京市市级机关幼儿园	16	152	512	146	5163	4295	3949	170	2600	3745
熊猫集团御道街幼儿园	12	123	418	89	4800	3956	1534	1362	1400	4500
熊猫集团后宰门幼儿园	6	79	205	86	1624	1100	845	170	600	1500

玄武区2010/2011学年初幼儿园教职工数、专任教师学历和职称情况

	教职工	专任教师	专任教师按学历分					专任教师按职称分					
			研究生毕业	本科毕业	专科毕业	高中阶段毕业	高中阶段毕业以下	中学高级	小学高级	小学一级	小学二级	小学三级	未评职称
总计	1329	751	9	250	439	53		1	269	234	54	8	185
一、教育部门	207	138	4	77	53	4			89	34	7		8
北京东路小学附属幼儿园	27	19	2	15	2				8	7			4
半山园小学附属幼儿园	22	15		9	6				12	3			
长江路小学幼儿园	26	16	1	7	8				12	2	1		1
逸仙小学附属幼儿园	23	14		14					12	2			
锁金村第二小学附属幼儿园	27	20		4	15	1			13	5	1		1
珠江路小学附属幼儿园	34	21	1	13	7				17	4			
玄武门幼儿园	23	15		6	8	1			10	5			
孝陵卫中心小学附属幼儿园	20	14		7	5	2			5	6	3		
北京东路小学附属幼儿园分园	5	4		2	2						2		2
二、民办	229	129		18	81	30			10	24	22		73
行知实验幼儿园	20	16		3	13						6		10
华星幼儿园	14	8		1	7					2	6		
小哈佛双语幼儿园	47	22		5	15	2			5	4			13
沧波门幼儿园	10	5		2	1	2							5
淘淘幼儿园	27	22		1	7	14				7	8		7
樱花双语艺术幼儿园	32	16		2	11	3			5	6	1		4
南京红山幼儿园	48	24		2	21	1				5	1		18

续表

	教职工	专任教师	专任教师按学历分					专任教师按职称分					
			研究生毕业	本科毕业	专科毕业	高中阶段毕业	高中阶段毕业以下	中学高级	小学高级	小学一级	小学二级	小学三级	未评职称
南京玄武乐乐幼儿园	31	16		2	6	8							16
三、集体办	133	84		14	61	9			26	34	2	3	19
长江路小学附属银城双语幼儿园	38	19		10	9					10			9
锁金新村第一小学附属幼儿园	19	15		2	12	1			11	4			
如意幼儿园	20	16		2	11	3			8	4	1		3
钟山幼儿园	27	13			8	5				7			6
花红园幼儿园	14	10			10				1	8	1		
锁金村第一幼儿园	15	11			11				6	1		3	1
四、其它部门办	760	400	5	141	244	10		1	144	142	23	5	85
南京理工大学附属幼儿园	66	33		7	26				17	9	1		6
东南大学后勤服务集团幼儿园	71	34		18	14	2			7	11	13		3
南京体育学院附属幼儿园	17	10			7	3			4	3			3
南京农业大学附属幼儿园	45	23		3	20				2	3			18
海军指挥学院政治部幼儿园	51	25		5	18	2			5	17			3
73610部队香禾幼儿园	32	21		3	18				3	18			
南京军区南京实验幼儿园	58	34		13	21				25	9			
南京前线幼儿园	31	17		3	14					5	4	5	3
南京军区空军后勤部机关幼儿园	64	26		16	8	2			10	8	2		6
南京军区空军直属机关幼儿园	80	32		16	16				15	9			8
南京军区政治部小天鹅幼儿园	82	39	3	32	4				19	12			8
73681部队幼儿园	34	18		3	15				1	7			10
南京市市级机关幼儿园	73	50	1	18	31			1	26	22			1
熊猫集团御道街幼儿园	34	25	1	3	20	1			4	9	2		10
熊猫集团后宰门幼儿园	22	13		1	12				6		1		6

玄武区2010/2011学年初小学学校班级、学生数情况

单位：人

学校名称	班级数(个)							毕业学生数(人)	在校学生数(人)						
	计	一年级	二年级	三年级	四年级	五年级	六年级		计	一年级	二年级	三年级	四年级	五年级	六年级
总计	545	95	91	96	90	87	86	3206	19787	3319	3218	3395	3369	3367	3119
南京市锁金新村第一小学	18	3	3	3	3	3	3	114	551	82	69	87	103	109	101
南京市锁金新村第二小学	20	3	4	4	3	3	3	127	614	84	97	100	96	111	126
南京市宇花小学	17	3	2	3	3	3	3	83	365	78	51	51	55	63	67
南京市海英小学	32	4	4	6	6	6	6	232	811	105	112	135	150	158	151
南京市小营小学	24	4	4	4	4	4	4	116	694	118	113	118	113	118	114

续表

学校名称	班级数(个)							毕业学生数(人)	在校学生数(人)						
	计	一年级	二年级	三年级	四年级	五年级	六年级		计	一年级	二年级	三年级	四年级	五年级	六年级
南京市北京东路小学	36	6	6	6	6	6	6	290	1784	271	286	301	317	327	282
南京市成贤街小学	26	4	4	5	5	5	3	175	1089	148	176	216	197	217	135
南京市逸仙小学	18	3	3	3	3	3	3	84	464	72	74	77	82	85	74
南京市长江路小学	31	6	5	5	5	5	5	197	1503	273	237	245	266	248	234
南京市长江路小学分校	31	7	6	6	5	4	3	113	1460	310	265	261	253	222	149
南京市洪武北路小学	19	3	3	3	3	3	4	87	404	57	53	55	67	76	96
南京市珠江路小学	18	3	3	3	3	3	3	49	392	75	61	75	67	56	58
南京市同仁小学	18	3	3	3	3	3	3	71	379	75	58	65	50	68	63
南京师范大学附属小学	36	6	6	6	6	6	6	269	1658	283	277	278	276	277	267
南京市中央路小学	18	3	3	3	3	3	3	88	458	80	53	84	89	86	66
南京市昆仑路小学	18	3	3	3	3	3	3	99	408	39	60	70	68	83	88
南京市孝陵卫中心小学	26	4	4	4	4	5	5	221	1066	150	166	163	179	211	197
南京市樱花小学	24	4	4	4	4	4	4	156	1016	167	167	183	179	159	161
南京市红山小学	18	3	3	3	3	3	3	121	726	108	129	113	126	135	115
南京市月苑第一小学	28	5	4	5	5	4	5	175	1213	187	186	216	218	191	215
南京市北京东路小学阳光分校	7	2	2	2	1				232	78	67	60	27		
南京市成贤街小学分校	13	3	3	3	2	1	1	18	500	131	131	110	82	26	20
南京市玄武红山外来工子弟学校	18	3	3	3	3	3	3	142	958	120	140	169	167	179	183
南京市第十三中学科利华分校小学	6	2	2	2					132	61	47	24			
南京市紫东实验学校小学部	13	3	2	2	2	2	2	107	527	103	81	84	78	90	91
南京市孝陵卫初级中学小学部	12	2	2	2	2	2	2	72	383	64	62	55	64	72	66

玄武区 2010/2011 学年初小学学校教职工基本情况

学校名称	教职工数(人)	专任教师数(人)	专任教师按职称分(人)						专任教师按学历分(人)				
			中学高级	小学高级	小学一级	小学二级	小学三级	未评职称	研究生毕业	本科毕业	专科毕业	高中阶段毕业	高中阶段毕业以下
合计	1362	1316	44	778	384	16		94	41	836	380	58	1
南京市锁金新村第一小学	45	45	3	27	14			1	1	25	18	1	
南京市锁金新村第二小学	47	47	1	24	19			3	1	36	9	1	
南京市宇花小学	45	44	1	26	16			1	1	28	13	2	
南京市海英小学	87	86		56	22	1		7	2	50	27	7	
南京市小营小学	62	61	3	44	13			1	1	42	17	1	
南京市北京东路小学	94	93	6	63	22			2	6	65	19	3	
南京市成贤街小学	66	59	2	41	10			6	2	29	23	5	

续表

单位：人

学校名称	教职工数（人）	专任教师数（人）	专任教师按职称分（人）						专任教师按学历分（人）				
			中学高级	小学高级	小学一级	小学二级	小学三级	未评职称	研究生毕业	本科毕业	专科毕业	高中阶段毕业	高中阶段毕业以下
南京市逸仙小学	51	48	2	35	11					18	27	3	
南京市长江路小学	73	69	4	45	14			6	3	51	12	3	
南京市长江路小学分校	61	61	1	23	28			9	4	51	6		
南京市洪武北路小学	49	48		38	8			2	1	23	22	2	
南京市珠江路小学	43	43	2	25	14			2	1	30	9	2	
南京市同仁小学	45	45	2	29	10			4		27	15	3	
南京师范大学附属小学	94	90	10	63	15			2	4	66	19	1	
南京市中央路小学	45	45	1	29	11			4	1	27	13	4	
南京市昆仑路小学	47	45		33	11			1		24	19	2	
南京市孝陵卫中心小学	72	68	2	46	20					42	24	2	
南京市樱花小学	61	61	1	39	12			9	2	29	26	4	
南京市红山小学	47	46		16	28			2	1	35	10		
南京市月苑第一小学	60	60	2	26	20	1		11	1	41	17	1	
南京市北京东路小学阳光分校	13	13	1	1	9			2	2	11			
南京市成贤街小学分校	38	29		5	18			6	4	25			
南京市玄武红山外来工子弟学校	43	36		6	8	14		8		21	13	2	
南京市第十三中学科利华分校小学	14	14		9	4			1		10	4		
南京市紫东实验学校小学部	34	34		18	13			3	2	13	14	5	
南京市孝陵卫初级中学小学部	26	26		11	14			1	1	17	4	4	

玄武区2010/2011学年初小学办学条件基本情况

学校名称	占地面积（平方米）	校舍建筑面积（平方米）					图书（册）	计算机（台）	体育运动场地面积（平方米）	固定资产总值（万元）	
		计	教学及辅助用房			行政办公用房				计	仪器设备
				普通教室	实验室						
合计	228153	151003	90897	68315	10466	12797	583249	3827	77688	19205.14	2878.76
南京市锁金新村第一小学	6365	3429	2113	1841	80	470	21027	187	1800	349.19	10.68
南京市锁金新村第二小学	7175	3999	3419	3029	110	300	26330	165	5071	507.48	142.55
南京市宇花小学	9414	6239	5008	3860	200	641	22144	130	3500	1297.72	163.71
南京市海英小学	7389	6810	5850	5185	242	620	29662	156	3627	814.00	118.00
南京市小营小学	15600	6362	4237	2658	1154	306	30000	193	4050	890.00	110.00
南京市北京东路小学	8020	13111	6655	3010	2565	1400	53580	274	2900	2687.38	509.00
南京市成贤街小学	9467	7594	7244	6725	115	164	33134	202	2568	839.00	258.00
南京市逸仙小学	7511	6958	2379	1912	89	434	20855	143	2100	1011.75	211.43

续表

学校名称	占地面积(平方米)	校舍建筑面积(平方米)					图书(册)	计算机(台)	体育运动场地面积(平方米)	固定资产总值(万元)	
		计	教学及辅助用房			行政办公用房				计	仪器设备
				普通教室	实验室						
南京市长江路小学	9467	5030	3259	2489	190	1109	50495	253	4500	764.58	5.60
南京市长江路小学分校	18000	9424	6009	2691	2721	1542	11582	260	2172	2193.00	176.00
南京市洪武北路小学	8603	7400	6250	5599	88	294	31000	160	4351	444.27	85.88
南京市珠江路小学	5800	3778	1824	1364	140	420	25000	120	2371	129.00	12.90
南京市同仁小学	6641	6880	6680	4120	282	100	30000	145	1400	250.13	82.00
南京师范大学附属小学	18247	10020	6979	6289	210	660	32810	145	4867	1997.20	210.00
南京市中央路小学	4719	7487	3124	2464	160	100	18000	208	2960	648.00	18.40
南京市昆仑路小学	4601	4730	4060	3712	110	420	21877	166	3900	607.00	84.61
南京市孝陵卫中心小学	13872	6175	3312	2590	155	402	32676	208	5239	668.80	12.60
南京市樱花小学	17729	9562	3711	2874	270	1147	23000	228	5406	735.00	282.00
南京市红山小学	11350	10040	2767	2009	345	620	17876	196	4342	420.60	157.00
南京市月苑第一小学	12000	7193	2082	1650	240	450	24500	100	3200	463.04	85.40
南京市北京东路小学阳光分校	15000	6524	2485	1264	800	850	4621	42	4914	1200.00	10.00
南京市成贤街小学分校	11183	2258	1450	980	200	348	3080	88	2450	156.00	67.00
南京市玄武红山外来工子弟学校							20000	58		132.00	66.00
南京市第十三中学科利华分校小学											
南京市紫东实验学校小学部											
南京市孝陵卫初级中学小学部											

注：红山外来工子弟学校校舍情况统计在樱花小学；十三中科利华分校小学部、孝陵卫初级中学小学部、紫东实验学校小学部等三所学校办学条件统计在初中。

玄武区 2010/2011 学年初普通中学及中等专业学校班级、学生数情况

学校名称	合计	班级数(个)								毕业学生数(人)		招生数(人)		在校学生数(人)								
		初中				高中				初中	高中	初中	高中	合计	初中				高中			
		计	一年级	二年级	三年级	计	一年级	二年级	三年级						计	一年级	二年级	三年级	计	一年级	二年级	三年级
总计	421	266	92	91	83	155	51	53	51	3351	2660	3718	2394	18058	10704	3718	3618	3368	7354	2394	2471	2489
南京市第九中学	65	30	10	11	9	35	12	12	11	420	612	421	605	2998	1267	421	465	381	1731	605	571	555
南京市第九中学震旦校区	16					16	5	6	5		127		195	602					602	195	216	191
南京市第九中学弘光分校	24	24	8	9	7					326		362		1062	1062	362	416	284				
南京市第十三中学	40					40	12	14	14		790		622	2143					2143	622	766	755
南京市第十三中学锁金分校	34	34	12	11	11					428		530		1450	1450	530	418	502				
南京市第十三中学红山校区	32	32	10	11	11					459		467		1504	1504	467	551	486				
南京市第三十四中学	38	18	6	6	6	20	7	6	7	128	397	177	303	1387	560	177	194	189	827	303	208	316
南京市人民中学	44	18	6	6	6	26	8	9	9	182	466	133	323	1643	442	133	140	169	1201	323	434	444
南京市梅园中学	32	14	5	5	4	18	7	6	5	154	268	196	346	1374	524	196	171	157	850	346	276	228
南京市第五十四中学	22	22	8	8	6					208		229		634	634	229	209	196				
南京玄武外国语学校	24	24	8	8	8					327		352		1039	1039	352	357	330				
南京玄武红山外来工子弟学校										60												
南京市第十三中科利华分校	32	32	12	10	10					480		609		1564	1564	609	478	477				
南京市紫东实验学校	11	11	4	4	3					89		145		407	407	145	140	122				
南京市孝陵卫初级中学	7	7	3	2	2					90		97		251	251	97	79	75				

注：含具有独立法人资格学校的分校区。

玄武区 2010/2011 学年初普通中学及中等专业学校教职工基本情况

学校名称	教职工（人）	专任教师（人）	初中专任教师（人）										高中专任教师（人）									
			按职称分					按学历分					按职称分					按学历分				
			中学高级	中学一级	中学二级	中学三级	未评职称	研究生毕业	本科毕业	专科毕业	高中阶段毕业	高中阶段毕业以下	中学高级	中学一级	中学二级	中学三级	未评职称	研究生毕业	本科毕业	专科毕业	高中阶段毕业	高中阶段毕业以下
总计	1568	1456	208	373	215		49	53	696	83	12	1	274	225	72		40	75	510	25	1	
南京市第九中学	239	224	26	43	23		2	1	82	10	1		62	43	19		6	13	113	4		
南京市第九中学震旦校区	73	62											28	24	5		5	6	54	2		
南京市第九中学弘光分校	76	72	20	24	19		9	8	57	7												
南京市第十三中学	194	179											79	57	21		22	36	135	7	1	
南京市第十三中学锁金分校	110	102	31	48	16		7	6	86	10												
南京市第十三中学红山校区	91	90	10	28	39		13	13	73	4												
南京市第三十四中学	154	143	16	26	13			1	50	4			44	34	10			2	79	7		
南京市人民中学	168	155	21	31	12		4	3	52	12	1		29	44	9		5	8	78	1		
南京市梅园中学	130	116	10	28	11		2	8	36	7			32	23	8		2	10	51	4		
南京市第五十四中学	86	77	30	33	11		3	9	65	2		1										
南京玄武外国语学校	64	61	3	29	25		4	2	52	7												
南京玄武红山外来工子弟学校																						
南京市第十三中科利华分校	108	105	31	55	18		1	1	88	11	5											
南京市紫东实验学校	40	36	2	13	17		4	1	26	4	5											
南京市孝陵卫初级中学	35	34	8	15	11				29	5												

玄武区2010/2011学年初普通中学及中等专业学校办学条件基本情况

<table>
<tr><th rowspan="3">学校名称</th><th rowspan="3">占地面积（平方米）</th><th colspan="5">建筑面积（平方米）</th><th rowspan="3">图书（册）</th><th rowspan="3">计算机（台）</th><th rowspan="3">体育运动场地面积（平方米）</th><th colspan="2">固定资产总值（万元）</th></tr>
<tr><th rowspan="2">计</th><th colspan="3">教学及辅助用房</th><th rowspan="2">行政办公用房</th><th rowspan="2">计</th><th rowspan="2">仪器设备</th></tr>
<tr><th>计</th><th>普通教室</th><th>实验室</th></tr>
<tr><td>合　　计</td><td>377006</td><td>238808</td><td>119411</td><td>70050</td><td>19989</td><td>26793</td><td>697777</td><td>4912</td><td>131399</td><td>96182.07</td><td>5687.02</td></tr>
<tr><td>南京市第九中学</td><td>37044</td><td>28516</td><td>11505</td><td>6035</td><td>1408</td><td>6500</td><td>81984</td><td>819</td><td>18528</td><td>4412</td><td>1205</td></tr>
<tr><td>南京市第九中学震旦校区</td><td>41333</td><td>16410</td><td>10809</td><td>4746</td><td>1420</td><td></td><td>69000</td><td>225</td><td>10000</td><td>71828.5</td><td>910.5</td></tr>
<tr><td>南京市第九中学弘光分校</td><td>28380</td><td>16925</td><td>13125</td><td>5665</td><td>5600</td><td>1670</td><td>9572</td><td>210</td><td>9520</td><td></td><td></td></tr>
<tr><td>南京市第十三中学</td><td>41671</td><td>31921</td><td>11912</td><td>8678</td><td>1516</td><td>1534</td><td>80000</td><td>500</td><td>15700</td><td>4698.69</td><td>53.78</td></tr>
<tr><td>南京市第十三中学锁金分校</td><td>19079</td><td>11505</td><td>4545</td><td>2640</td><td>1174</td><td>1994</td><td>47503</td><td>246</td><td>6400</td><td>1244</td><td>340</td></tr>
<tr><td>南京市第十三中学红山校区</td><td>33174</td><td>24977</td><td>11054</td><td>4745</td><td>1150</td><td>3935</td><td>26891</td><td>260</td><td>11800</td><td></td><td></td></tr>
<tr><td>南京市第三十四中学</td><td>23670</td><td>22411</td><td>12963</td><td>6100</td><td>1607</td><td>1790</td><td>80660</td><td>476</td><td>8000</td><td>3764.4</td><td>477.1</td></tr>
<tr><td>南京市人民中学</td><td>27105</td><td>24870</td><td>19571</td><td>16528</td><td>1522</td><td>871</td><td>69387</td><td>586</td><td>9602</td><td>1989</td><td>917</td></tr>
<tr><td>南京市梅园中学</td><td>14338</td><td>19683</td><td>7300</td><td>4500</td><td>1280</td><td>2005</td><td>68743</td><td>390</td><td>3770</td><td>2150</td><td>305</td></tr>
<tr><td>南京市第五十四中学</td><td>16170</td><td>9909</td><td>3631</td><td>1881</td><td>610</td><td>1284</td><td>53256</td><td>260</td><td>7004</td><td>904</td><td>257</td></tr>
<tr><td>南京玄武外国语学校</td><td>17207</td><td>6437</td><td>1820</td><td>1080</td><td>320</td><td>700</td><td>16465</td><td>131</td><td>7000</td><td>1410</td><td>341.74</td></tr>
<tr><td>南京玄武红山外来工子弟学校</td><td></td><td></td><td></td><td></td><td></td><td></td><td></td><td></td><td></td><td></td><td></td></tr>
<tr><td>南京市第十三中科利华分校</td><td>11309</td><td>9151</td><td>4192</td><td>2871</td><td>814</td><td>2800</td><td>47186</td><td>380</td><td>5397</td><td>1837</td><td>396</td></tr>
<tr><td>南京市紫东实验学校</td><td>50692</td><td>9920</td><td>3763</td><td>2332</td><td>1020</td><td>808</td><td>22776</td><td>222</td><td>14090</td><td>1603.62</td><td>319.83</td></tr>
<tr><td>南京市孝陵卫初级中学</td><td>15834</td><td>6173</td><td>3221</td><td>2249</td><td>548</td><td>902</td><td>24354</td><td>207</td><td>4588</td><td>340.86</td><td>164.07</td></tr>
</table>

注：红山外来工子弟学校校舍情况统计在樱花小学；玄武中等专业学校办学条件未统计在合计中；十三中红山校区固定资产情况统计在十三中。

玄武区2010/2011学年初特殊教育学校基本情况

<table>
<tr><th rowspan="2">学校名称</th><th rowspan="2">校数</th><th colspan="4">学校情况</th><th colspan="6">学生情况</th></tr>
<tr><th colspan="2">学校类别</th><th colspan="2">学校办别</th><th colspan="2">班数</th><th colspan="2">毕业生数</th><th colspan="2">学生数</th></tr>
<tr><td rowspan="8">玄武特殊教育学校</td><td>1</td><td colspan="2">弱智学校</td><td colspan="2">教育部门</td><td colspan="2">4</td><td colspan="2">2</td><td colspan="2">26</td></tr>
<tr><td rowspan="3">教职工数</td><td colspan="10">教师情况</td></tr>
<tr><td colspan="5">按学历分</td><td colspan="5">按职称分</td></tr>
<tr><td>计</td><td>研究生毕业</td><td>本科毕业</td><td>专科毕业</td><td>高中阶段毕业</td><td>中学高级</td><td>小学高级</td><td>小学一级</td><td>小学二级</td><td>未评职称</td></tr>
<tr><td>10</td><td>10</td><td></td><td>7</td><td>3</td><td></td><td>1</td><td>3</td><td>4</td><td>0</td><td>2</td></tr>
<tr><td rowspan="3"></td><td colspan="10">办学条件</td></tr>
<tr><td colspan="2">占地面积（平方米）</td><td colspan="2">建筑面积（平方米）</td><td colspan="2">教辅用房（平方米）</td><td colspan="2">行政用房（平方米）</td><td>图书（册）</td><td>教学用录音录像带</td></tr>
<tr><td colspan="2">1132</td><td colspan="2">2269</td><td colspan="2">200</td><td colspan="2">77</td><td>2326</td><td>100</td></tr>
</table>

2010年全区高新技术企业

序号	企业名称	认定年份
1	南京远古科技有限公司	2008
2	江苏东南大学鸿基科技有限公司	2008
3	南京东南大学能源环保科技有限公司	2008
4	南京恒电电子有限公司	2008
5	南京京华生物工程有限公司	2008
6	江苏紫金万成自动化控制设备有限公司	2008
7	南京常荣噪声控制环保工程有限公司	2008
8	南京道及天软件系统有限公司	2008
9	南京依维柯汽车有限公司	2008
10	南京德讯信息系统有限公司	2008
11	南京理工大学科技贸易公司	2008
12	南京智达康无线通信有限公司	2008
13	南京熊猫电子股份有限公司	2008
14	南京肯立科技有限责任公司	2008
15	南京中科天文仪器有限公司	2008
16	江苏柯菲平医药有限公司	2008
17	南京通华芯微电子有限公司	2008
18	金陵药业股份有限公司	2008
19	南京福中信息产业集团有限公司	2009
20	南京微盟电子有限公司	2009
21	南京中科药业有限公司	2009
22	南京文采科技有限责任公司	2009
23	江苏通驰自动化系统有限公司	2009
24	南京长城信息系统有限公司	2009
25	江苏先联信息系统有限公司	2009
26	南京南汽模具装备有限公司	2009
27	南京埃森环境技术有限公司	2009
28	南京安正软件工程技术有限公司	2009
29	江苏东奇信息科技有限公司	2009
30	南京优泰科技发展有限公司	2009
31	南京国图信息工程有限责任公司	2009
32	南京公用事业IC卡有限公司	2009
33	江苏瑞福智能科技有限公司	2009
34	南京熊猫信息产业有限公司	2009

续表

序号	企业名称	认定年份
35	煤炭科学研究总院南京研究所	2009
36	南京正大天晴制药有限公司	2009
37	江苏兰德数码科技有限公司	2009
38	南京嘉腾维新软件有限公司	2009
39	南京芯力微电子有限公司	2010
40	南京肯信精密机器制造有限公司	2010
41	江苏省金图科技有限责任公司	2010

人民生活

城镇居民生活情况

	本期止累计	同比±%	完成年计划%
城市居民人均可支配收入(元)	30495.4	10.1	100.08
城市居民人均消费支出(元)	21835.3	26.2	~
恩格尔系数(%)	32.7	~	~
文教娱乐支出比重(%)	18	~	~
人均住房建筑面积(含偶尔居住房平方米)	31.55	~	~

玄武湖一角

附录

Appendix

- ●获市级以上称号及奖项名录
- ● 2010 年重要文件目录
- ● 2010 年文件选编
- ● 2010 年新闻媒体报道题录

获市级以上称号及奖项名录

表

名誉称号	姓 名	工作单位及职务
新闻人物	黎介寿	南京军区南京总医院副院长
国家科技进步一等奖	万建民	南京农业大学教授、博士生导师
全国劳模	吴 捷	南京商厦有限公司计算机中心主任
	周长省	南京理工大学教授、博士生导师
全国先进工作者	宋红斌	南京市长江路小学校长
全国先进工作者(体育竞赛优胜者)	肖爱华	南京体育学院击剑自行车系主任
全国教书育人楷模	吴邵萍	北京东路小学附属幼儿园园长
中国医师奖	邱海波	东南大学附属中大医院副院长、教授、博士生导师
省五一劳动奖章	徐国飞	熊猫电子集团有限公司总经理、高级工程师
	严 晏(女)	金陵药业股份有限公司南京金陵制药厂组长、助理工程师
	甘荣奎	玄武区环境卫生管理所保洁员
市五一劳动奖章	张蓉军	南京市公交总公司驾驶员
	杨明华	南京市口腔医院科主任、主任医师
	葛德祥	南京卫岗乳业有限公司第一牧场场长、助理兽医师
	高 波	南京地下铁道有限责任公司建设分公司高级工程师
	何亚东	南京依维柯总装厂组长、高级工
	胡 静(女)	玄武区总工会科长
	张春喜	玄武区机关大楼管理服务中心高级工
当选"中国好人"	成息红	玄武区玄武门街道大树根社区居民
	李养明	南京市公安局玄武分局红山派出所藤子社区民警
"感动南京"年度人物	谢培军	南京邮政报刊发投局水佐岗投递分局投递员
第九届"南京好市民"	代晓乐	江苏广播电视总台城市频道主持人
	宋红斌	南京市长江路小学校长
	张乃余	南京中北的士公司出租车驾驶员
	李养明	南京市公安局玄武分局红山派出所藤子社区民警
	束敏轶	南京地铁运营分公司站务工长
	沈洪	玄武区少年儿童图书馆馆长
	邵广田	南京中北的士公司出租车驾驶员
	居秀华	玄武区新街口街道大石桥社区居民
	龚乐年	东南大学退休协会理事长
	董惠莉	玄武区玄武门街道台城花园社区居民
	谢培军	南京邮政报刊发投局水佐岗投递分局投递员
	韩先林	玄武区锁金村街道锁三村社区居民
	解成龙	南京市地方税务局玄武税务分局职工

2010年重要文件目录

区委文件

1月22日 玄委字〔2010〕4号 关于印发《2010年玄武区人才工作目标》的通知

1月22日 玄委字〔2010〕12号 关于表彰2009年全区3个文明建设先进集体、先进个人的决定

1月31日 玄委字〔2010〕18号 关于表彰2009年度武装工作先进单位和先进个人的决定

2月22日 玄委办字〔2010〕5号 关于转发《玄武区革命遗址普查工作实施方案》的通知

2月25日 玄委字〔2010〕24号 关于印发《玄武区进一步加强和改进区管领导班子和领导干部日常监督管理的意见(试行)》的通知

3月1日 玄委字〔2010〕25号 关于表彰第二届"感动玄武"十大人物的决定

3月3日 玄委字〔2010〕26号 关于印发《区委常委会集中调研和现场办公制度(试行)》的通知

3月9日 玄委办字〔2010〕9号 关于表彰2009年度建议提案办理工作先进单位、先进工作者的决定

4月14日 玄委字〔2010〕36号 关于深化文明城市建设提高地区公共文明指数工作的意见

4月15日 玄委字〔2010〕9号 关于进一步转变发展方式，加快转型发展、创新发展、跨越发展的意见

4月26日 玄委字〔2010〕41号 关于转发《2010年玄武区机关作风建设工作意见》的通知

5月11日 玄委字〔2010〕44号 关于做好全区第九届村委会换届选举工作的实施意见

5月25号 玄委字〔2010〕48号 关于深入推进新一轮和谐社区建设的意见

5月31日 玄委办字〔2010〕19号 关于印发《玄武区开放型经济工作考核办法(暂行)》的通知

7月12日 玄委办字〔2010〕21号 关于印发《2010年玄武区垂直管理部门考核办法》的通知

7月12日 玄委办字〔2010〕22号 关于印发《玄武区2010年招商专项考核办法》的通知

7月12日 玄委办字〔2010〕23号 关于印发《玄武区2010年招商奖励办法》的通知

7月21日 玄委字〔2010〕68号 关于南京市玄武区人民政府机构改革的实施意见

8月16日 玄委办字〔2010〕27号 关于在全区开展信访热点难点问题集中排查化解活动的实施意见

8月16日 玄委办字〔2010〕29号 关于组织开展排查基层基础薄弱环节工作的实施意见

8月16日 玄委办字〔2010〕30号 关于开展安全大排查的实施意见

8月23日 玄委字〔2010〕90号 关于印发《2010年度玄武区经济、社会、政治、文化建设目标考核奖励办法〈试行〉》的通知

8月24日 玄委字〔2010〕91号 关于表彰2010年南京市玄武区优秀教育工作者的决定

8月25日 玄委字〔2010〕93号 关于在全区党的基层组织和党员中深入开展创先争优活动的实施意见

9月30日 玄委办字〔2010〕32号 关于印发《玄武区安全生产管理责任网络》的通知

10月8日 玄委字〔2010〕104号 关于表彰2009~2010年度老龄工作先进单位和先进个人的决定

10月26日 玄委字〔2010〕116号 关于成立"玄武区督察工作办公室"的实施意见

12月16日 玄委字〔2010〕140号 中共南京市玄武区委关于制定玄武区国民经济和社会发展第十二个五年规划的建议

12月30日 玄委字〔2010〕147号 关于进一步加强社区统战工作意见

区政府文件

1月5日 玄府办字〔2010〕1号 关于表彰2009年度玄武区电子政务建设先进单位的决定

1月7日 玄府字〔2010〕2号 关于表彰2008~2009年玄武区绿化工作先进单位、先进个人的决定

1月20日 玄府办字〔2010〕10号 关于表彰玄武区行政服务中心先进窗口和先进个人的决定

1月22日 玄府办字〔2010〕13号 关于表彰2009年度行政后勤工作先进个人的决定

1月28日 玄府字〔2010〕17号 表彰2009年度征兵工作先进单位的决定

2月8日 玄府字〔2010〕28号 关于印发2010年《政府工作报告》任务分解落实方案的通知

3月1日 玄府办字〔2010〕24号 关于转发区物价局、发改局《关于组织实施2010年价格调控和治乱减负目标责任制的意见》的通知

3月2日 玄府办字〔2010〕26号 关于印发《玄武区2010年电子政务工作评分标准》的通知

3月22日 玄府办字〔2010〕32号 关于印发《玄武区2010年街巷整治出新实施方案》的通知

4月6日 玄府办字〔2010〕44号 区政府办公室转发市食药监局玄武分局《关于创建省级城市社区药品"两网"建设示范区意见》的通知

5月27日 玄府字〔2010〕122号 区政府关于印发《玄武区2010年开放型经济工作指导意见》的通知

6月25日 玄府办字〔2010〕58号 关于转发区档案局《关于做好机构改革中档案工作的意见》的通知

7月5日 玄府办字〔2010〕62号 区政府办公室关于印发《玄武区加强住宅物业管理工作实施意见》的通知

8月20日 玄府字〔2010〕178号 关于表彰南京市玄武区教育系统“第七届斯霞式人民教师”的决定

10月19日 玄府办字〔2010〕88号 区政府办公室关于转发《玄武区扬尘污染治理工作方案》的通知

11月29日 玄府办字〔2010〕115号 区政府办公室转发工商玄武分局《玄武区商标战略实施意见》的通知

2010年文件选编

中共南京市玄武区委关于制定玄武区国民经济和社会发展第十二个五年规划的建议

(2010年12月7日中国共产党南京市玄武区第九届委员会第二十九次全体会议通过)

中国共产党南京市玄武区第九届委员会第二十九次全体会议，根据党的十七届五中全会、省委十一届九次全会精神和市委相关决策部署，深入分析形势，紧密结合实际，讨论了制定玄武区国民经济和社会发展第十二个五年规划的问题，审议并通过如下建议。

一、率先基本实现现代化，建设现代化国际性人文绿都标志区

(1)“十一五”时期玄武经济社会发展取得显著成就。“十一五”时期是玄武经济社会发展经历挑战最多、经受考验最多的五年，也是结构调整力度最大、发展质量提升最快的五年，是发展更加协调、群众得益更多的五年。面对国内外环境的复杂变化和各种压力挑战，我们以科学发展观统领全局，紧紧围绕建设现代化国际性人文绿都标志区的总体定位，统筹推进经济、政治、文化、社会以及生态文明建设和党的建设，加快经济社会建设向发展型、民生型、生态型转变，胜利完成“十一五”规划确定的主要目标和任务，各项事业实现新突破，迈上高平台。综合实力显著增强，预计到“十一五”末，全区地区生产总值达275亿元，年均增长13%以上；地方财政一般预算收入达26.46亿元，年均增长17.8%。转型升级取得重大进展，以新街口(玄武片区)为核心的高端现代服务业快速崛起，以徐庄软件产业基地为龙头的高新技术产业迅速发展，总部经济、特色经济的发展水平显著提高，发展规模、质量与效益大幅提升。人民生活更加富裕，建立与财力增长相适应的民生投入自然增长机制，建成区级综合救助平台和街道综合社会救助中心，城乡居民实现低保同标，城镇居民基本医疗保险实现全覆盖，全区城镇居民可支配收入达30470元。城区协调发展水平明显提高，实施文明城市建设三年行动计划，构建常态长效的“大城管”机制，全面提升城区管理精细化、数字化、智能化水平，东部城郊结合地区城市化步伐加快，区域面貌明显改观，功能更加完善。各项事业蓬勃发展，法治玄武、平安玄武、文明玄武建设深入推进，和谐社区建设整体提升，教育、科技、文化、卫生等社会事业高位突破，多项工作全省全国领先，社会保持和谐稳定，谱写了科学发展的新篇章，为玄武“十二五”乃至更长时期的发展奠定了坚实基础。

(2)“十一五”时期积累了宝贵的发展经验。主要是：坚持以科学发展观统领全局，根据党的十七大精神，结合区情实际，开展深入学习实践科学发展观活动，不断丰富现代化国际性人文绿都标志区的时代内涵，优化玄武特色的转型创新跨越发展的思路战略。坚持以解放思想引领发展，把解放思想作为永恒主题，推动思想真解放、针对性解放、全过程解放，积极用改革的思路和创新的办法抢抓机遇、破解难题，形成了超常规发展的共识，提升了服务大局的能力，增强了破难前进的本领。坚持以转型升级提升素质，紧扣较快增长、结构优化与产业升级三个重点，抓牢资源整合、项目运作与招商选资三个关键，充实项目带动、投资促动、创新驱动三个动力源，深入实施“一点两轴”发展模式，经济发展步入又好又快的良性上升通道。坚持以改革创新增添活力，深入推进区街财政体制、权力运行机制、投融资机制等改革，实施责任、督查、考核“三位一体”机制，健全无缝衔接、传导有序、科学高效的责任链，积极构建有利于科学发展、有利于增强执行力、有利于激发创造性的体制机制。坚持将幸福和谐贯穿始终，把经济发展与保障和改善民生紧密结合起来，积极响应居民群众的新需求新期待，强化群众参与、群众评价、群众受益“三位一体”的工作理念，以更高标准全面落实民生“五有”要求，和谐社区软件与硬件建设“五年任务三年完成”，让群众更多分享了玄武发展的成果。这些经验对玄武“十二五”乃至更长时期的发展具有重要指导意义。

(3)“十二五”时期面临的新形势。当前，玄武经济社会发展已经进入综合实力的稳定上升期、转型升级的快速推进期、人民生活由小康向富裕的跨越增长期，发展面临难得的历史机遇。世界经济进入后危机时代，全球新一轮科技革命和产业革命加快推进，国际先进资本、创新产业、高端人才加速流动。我国加快经济结构转型，现代服务业和新兴产业成为战略重点。长三角区域一体化进入资源要素和体制机制并行整合阶段，对外开放与跨区域融合纵深发展。省、市加大结构调整和转型升级力度，南京国家创新型城市试点、国家科技综合体制改革等重大制度创新活动全面推进，南京以举办“青奥会”为动力，加速推进国际化和现代化进程。我区经济基础更加巩固，产业高端特色日益鲜明，三个增长极提速发展，环玄武湖、环紫金山地区商务环境日趋成熟，集聚和承载高端现代服务业的能力不断提升。我们必须准确把握宏观趋势，自觉立足发展全局，充分利用各种有利条件，更加主动地抓住用好机遇，更好更快地推动玄武特色的转型创新跨越发展。

同时，我们也要看到，宏观环境的不确定因素仍然较多，围绕市场、资源、人才、技术等要素的竞争将更加激烈。玄武经济社会发展结构性矛盾尚未根本解决，资源空间约束、发展成本上升等现实难题仍然存在，提升经济质量、优化环境品质、促进民生民富、维护和谐稳定的任务更为艰巨。我们必须始终保持清醒头脑，强化危机意识和忧患意识，积极应对各种风险和挑战，切实解决突出矛盾和问题。

(4)"十二五"时期是玄武率先基本实现现代化的重要时期。"十二五"时期，玄武经济社会发展将面临更为复杂的局面，呈现新的阶段性特征。我们必须牢固树立强烈的历史责任感，按照省委、省政府和市委、市政府的部署要求，继续坚持被实践证明行之有效的思路、战略和举措，大胆创新符合时代要求、发展趋势和群众期待的新思路、新办法，进一步转变发展观念，明确发展方向，优化发展模式，彰显发展特色，为率先基本实现现代化、建设现代化国际性人文绿都标志区打下坚实基础。

二、加快转变经济发展方式，开创玄武特色的转型创新跨越发展新局面

(5)制定"十二五"规划的指导思想和基本要求。制定我区"十二五"规划，必须高举中国特色社会主义伟大旗帜，以邓小平理论和"三个代表"重要思想为指导，深入贯彻落实科学发展观，以坚持科学发展、奋力走在前列为主题，以加快转变经济发展方式、推进玄武特色的转型创新跨越发展为主线，以促进民富区强为主旨，大力实施项目带动、创新驱动、高端攀升、品质提升、优质均衡五大战略，促进经济长期平稳较快发展和社会和谐稳定，全面提升玄武综合竞争力，力争通过五年左右时间的努力，率先基本实现现代化，为建设现代化国际性人文绿都标志区打下具有决定性意义的基础。

"十二五"时期，要紧紧围绕提升综合竞争力的战略目标和建设现代化国际性人文绿都标志区的总体定位，加快打造具有国际水准的高端服务业集聚区、充满活力的科技创新领先区、古今交融的历史文化彰显区、秀美和谐的生态宜居示范区。

——具有国际水准的高端服务业集聚区。大幅提升对外开放水平，积极承接国际服务业转移，加快形成顶级品牌、领先业态与总部企业集聚发展的态势，打造以高端服务业为支撑的城区服务经济体系，显著提升经济集聚辐射能力和竞争力。

——充满活力的科技创新领先区。以抢占新一轮发展制高点为战略取向，以整合创新资源、优化创新环境为突破口，充分利用南京建设创新型城市的政策优势、市场优势和制度优势，完善以企业为主体、以市场为导向的产学研创新体系，形成科教资源、高端人才、创新载体和高新企业集聚融合的格局。

——古今交融的历史文化彰显区。深入挖掘深厚的历史人文底蕴，充分利用丰裕的现代文化资源，精心保护历史风貌和传统肌理，大力繁荣文化事业和文化产业，全面提高区域文明程度，建设全国文化先进区，打造文化软实力。

——秀美和谐的生态宜居示范区。以清新生态、精致空间、人性管理、幸福宜居为方向，充分发挥山水城林集中、公共服务优质、社区和谐幸福的优势，建设资源节约型、环境友好型、社会和谐型城区，显著提升城区功能品质，实现经济发展与环境改善相得益彰，人与自然和谐相处。

贯彻上述指导思想，必须把握好以下要求：

——必须突出坚持科学发展、奋力走在前列的主题。坚持发展是硬道理的本质要求，坚定不移地走科学发展之路，更加注重提高经济发展的质量和效益，更加注重以人为本、改善民生、促进民富，更加注重历史文化保护和生态环境改善，更加注重增强发展的全面性、协调性和可持续性。瞄准国内先进同类城区，树立更高的目标追求，推进战略路径的适应调整和发展模式的适时转型，整体提升玄武的经济发展质量、社会建设水平、综合服务功能和人文生态品质，努力在新一轮科学发展中走在同类城区前列。

——必须突出加快转变经济发展方式、推进玄武特色的转型创新跨越发展的主线。加快转变经济发展方式既是落实科学发展观的必然要求，也是加快推进玄武特色的转型创新跨越发展的必由之路，必须贯穿于经济社会发展的全过程和各领域。坚持把特色发展作为玄武经济社会发展的总揽，牢牢把握发展趋势和区情实际，优化以特色发展为总揽，以集成集约为原点，纵向推进产业高端攀升、横向推进创新要素集聚的经济建设"一点两轴"模式，着力提升集聚、配置、转化各种资源的能力，调结构、促转型、快升级、上水平，加快实现粗放增长向集约发展转变、规模增长向内涵发展转变、物质资源依赖向创新要素支撑转变，促进我区发展素质和综合实力的全面提升。

——必须突出项目带动、创新驱动、高端攀升、品质提升和优质均衡五大战略。坚持项目带动战略，把项目作为实现又好又快发展的关键，坚持工作项目化、项目目标化、目标刚性化，突出抓好事关长远发展的龙头项目，积极抓好事关民生民富的重点项目，以项目促进转型升级、改善民生质量、提升发展水平。坚持创新驱动战略，把科技与人才作为核心要素，以企业为主体，以市场为导向，完善创新型经济发展机制，全方位推进政产学研合作，引进和培育一批创新型高端人才，大幅提高科技进步对经济增长的贡献率。改变传统的经济运行模式、城市建设模式和社会管理模式，推进发展理念、方法措施、体制机制等各方面的创新，使创新成为经济社会发展的主要驱动力。坚持高端攀升战略，强化总部经济和特色经济两大主攻方向，加快发展外向型经济，重点打造带动强、潜力大、附加值高的高端现代服务业，加快发展战略性新兴产业，抢占未来发展的制高点。坚持品质提升战略，充分挖掘利用丰富的山水城林资源和历史文化遗存，突出城市建设的文化内涵和生态特质，全面提升城区功能与宜居品质，建设与最佳人居环境城市要求相一致的、历史文化与现代文明交相辉映的现代化中心城区。坚持优质均衡战略，全面提升教育、卫生、社区建设等社会事业建设标准和发展目标，加快推进基本公共服务均等化，促进社会事业优质均衡发展。加快东部城郊结合地区城市化与产业现代化进程，构建"湖山为心、组团发展、三极崛升、全区统筹"的老城新区优势互补、互动发展的格局，提升发展的全面性、协调性和可持续性。

——必须突出以民生民富为重点的社会建设。要以和谐发展为总揽，以民生民本为原点，纵向不断提升群众富裕度，横向不断增强居民幸福感，构筑社会建设“一点两轴”模式，最大限度地满足群众日益增长的新需求新期待。把以人为本、执政为民内化为具体的实践行动，更加注重人均发展指标，更加注重群众现实需求，更加注重居民实际收入增长，建立健全民生工作的普惠机制和长效机制，使民富成为经济社会发展的根本标尺。整体提升民主法治、平安稳定、和谐社区、生态文明等各项建设的水平，不断满足群众的精神文化需求、宜居生活需求、民主参与需求，切实增强幸福感、安全感、舒适感，促进社会公平正义和人的全面发展。

(6)“十二五”时期经济社会发展主要目标。我区“十二五”发展规划要具有战略性、指导性、前瞻性，与市“十二五”发展规划紧密衔接，与“三个发展”总体部署紧密衔接。综合考虑未来五年的发展趋势和基础条件，今后五年我区经济社会发展的主要目标是：

——经济实力显著增强。地区生产总值年均增长13%以上，地方财政一般预算收入年均增长15%以上，发展质量和效益明显提升，到2015年地区生产总值突破500亿元，一般预算收入突破50亿元，实际利用外资累计突破6亿美元。

——产业层次明显提高。主导产业形成新的竞争优势，新兴产业比重大幅提高，现代服务业增加值占全区GDP比重达65%以上。

——创新能力走在前列。全社会研发投入占GDP比重达6%，科技进步贡献率达60%，2015年专利申请量达4000件以上，培育一批拥有自主知识产权和知名品牌、国际竞争力较强的创新型企业，科技综合实力和创新能力居全国同类城区前列。

——城区功能品质全面优化。全区绿化覆盖率达62%，人均公共绿地面积达30平方米以上，人均拥有道路面积达10平方米以上，环境质量综合指数达85分以上，景观环境、城区品位和文明形象明显提升，文化底蕴和人文内涵充分彰显，高端要素集聚、产业发展配套和综合服务功能不断增强。

——人民生活大幅改善。居民收入普遍较快增长，城镇居民人均可支配收入达54000元以上，为2016年实现翻番奠定基础；社会就业更加充分，社会保障体系更加完善，五大保险覆盖率动态保持在99%以上；基本公共服务在全覆盖和均等化的基础上进一步优化，群众满意度和幸福感普遍提升。

——社会建设整体提升。教育、卫生等各项社会事业实现高位突破，法治玄武、平安玄武建设再上新台阶，社会管理机制更加完善，市民文明素质不断提高，和谐社区建设走在全国前列。

经过全区上下的共同奋斗，到2015年，全区经济实力、创新能力、综合竞争力和可持续发展能力显著增强，率先基本实现现代化，努力展现一个经济高端高效、又好又快，区域功能完善、品质优良，社会文明和谐、安定有序，人民生活富足、幸福安康的新玄武。

三、全面推进转型升级，增创主导产业竞争优势

放大我区高端产业先行先试、优质要素比较丰富和服务功能日臻完善的优势，推动现代服务业高端化、快速度发展，新兴产业集群化、跨越式发展，形成附加值高、知识含量高、开放度高、带动力强的产业结构。

(7)大力发展高端服务业。高端服务业是现代服务业的核心，具有技术密集、知识密集、资本密集、高附加值、高聚集性、低资源消耗、低环境污染等特点，已成为衡量一个区域综合竞争力和现代化水平的重要标志之一。要把大力发展高端服务业放在更加突出的战略地位，顺应产业转移趋势，深入研究中心城区产业发展方向和高端服务业发展动态，全面突破发展瓶颈束缚，推动我区服务业向高端转型升级，促进现代服务业发展提速、比重提高、结构提升。坚持把高端商贸和高品质商务作为我区服务业升级的主要方向和经济发展的重要支柱，抓住南京及周边区域消费全面升级的机遇，加快新街口商贸商务核心区和红山商贸地块、聚宝山商业项目等核心区域和重大项目建设，重点发展商业综合体和各类精品店等高端商贸业态，加快发展与观光旅游、商务会展、休闲度假相关的特色餐饮、娱乐等业态。依托珠江壹号、德基广场等一批已建和在建高品质楼宇，充分发挥国际知名中介机构的影响力，大力发展金融、物流、信息和商务办公等现代商务服务业，吸引国内外知名企业的地区总部、研发中心、采购中心、营销中心入驻玄武，提升商务业国际化水平。加快洪武北路金融产业集聚发展，积极引进银行、保险、证券等各类金融机构，培育一批保险代理、租赁公司等非银行金融机构，大力促进民营投融资机构及载体建设，扶持有发展潜力和有实力的企业上市。完善创意产品自主研发、制作、销售体系，推动建筑与规划设计、广告与咨询策划、文艺创作与表演、知识产权服务等领域的发展，加快传统文化创意产业和软件、互联网技术的融合，打造一批特色鲜明的创意产业园区，努力把文化产业培育成为支柱产业。

(8)跨越式发展新兴产业。抓住国家扶持战略性新兴产业的难得契机，大力发展软件与信息服务、生物医药、物联网、环保节能等新兴产业，抢占高新技术及其产业化的制高点，确立产业竞争新优势。依托徐庄软件产业基地和一批软件骨干企业，形成嵌入式软件及软件服务、工业软件研发应用、软件服务外包等相关领域的软件及信息服务业企业的集群优势，并大力发展软件服务、信息增值服务和网络服务等信息服务业。到2015年，软件收入达200亿元，销售收入超亿元的软件企业10家。紧盯“三网融合”契机，及时跟进广电和电信、联通等网络运营企业，依托中科院、东南大学、南京理工大学、南京农业大学等高校科研院所的重点实验室，形成以中科院南京物联网研究与产业化中心为核心的物联网产业发展格局。力争到2015年，全区物联网产业销售收入达30亿元。依托先声药业等龙头企业的带动作用，重点引进化学药物、生物制品、现代中药、医疗电子设备研发和销售类企业，培育一批具有自主知识产权的生物医药企业。到2015年，生物医药产业销售收入达60亿元。依托现有骨干企业和高校院所的技术优势，在环境监测、水污染治理、噪声控制等领域形成特色优势，加大绿色产品研发和品牌推广力度。到2015年，环保节能和低碳产业销售收入达到15

亿元。

(9)突出发展总部经济特色经济。发展总部经济、特色经济是中心城区提升经济质量、优化产业结构、带动区域产业升级的必然选择。要加快建设一批高品质商务办公楼宇和临山滨湖的生态型总部办公区,全面提升发展载体的整体品质,为世界知名企业入驻创造优质环境。加大民营企业扶持力度,培育一批龙头型、骨干型本土总部企业,规划建设一批特色街区和都市产业园,推动已建和在建特色产业集聚区规模化发展,形成一批定位合理、特色鲜明、竞争力强的经济板块。提高利用外资的层次,建立规范化、国际化的招商服务体系,积极引进与我区产业升级相关的国外研发机构、高技术企业、领军人才团队和高端服务业企业,培育一批具有国际竞争力的本土企业,在更大范围、更广领域和更高层次上参与国际国内经济合作。

(10)优化产业空间布局。坚持统筹兼顾、突出重点、区域联动、整体发展,根据资源环境承载能力和发展基础、发展潜力,进一步明确"三极两环"的功能定位和发展目标,构建集聚度高、辐射作用强的产业空间布局和特色功能区块。全力发展新街口核心经济区、徐庄软件产业基地和孝陵卫科技创新基地三个增长极,推动总部企业向核心区域集中,先进资本向潜力板块流动,创新要素向产业园区汇聚,形成产业集群和规模经济,到2015年,三大增长极对全区经济发展的贡献率达到80%以上。有效释放增长极对全区经济的辐射带动作用,充分利用紫金山、玄武湖的生态优势,加快重点功能板块和重大项目建设,大力发展新兴产业和特色产业,形成融山水城林于一体、经济发展与生态环境和谐共生的特色产业带。

(11)强化科技创新和人才战略。紧紧围绕南京建设国家科技创新中心城市的新定位,积极发挥我区创新企业众多、创新平台完善、科教资源丰富、人才工作领先的优势,大力整合区域科教与人才资源,深入实施自主创新战略,着力把科技人才潜优势转化为经济发展显实力。放大徐庄软件产业基地创新辐射效应,建设孝陵卫科技创新基地,加快建设一批都市科技创新载体,加速集聚一批自主品牌和创新型企业。进一步完善企业为主体、市场为导向的产学研创新体系,建立健全高校科研院所与企业之间创新资源的集成整合机制,深入推进科研院所、专业促进机构、企业园区的技术合作与协同创新,鼓励各类创新主体大幅度增加投入,引导和支持创新要素向企业集聚,重点扶持和培育100家创新型骨干企业和成长型科技企业,最大限度提高创新效率和科技成果转化率。坚持把人才战略作为创新驱动的主导战略,以更大力度推进人才升级、人才开发和人才共享,着力培养和引进一批创新型学科带头人及团队、青年科技和学术骨干、海外留学人才和知名企业家等高层次创新创业人才,努力为人才提供创业融资、创新扶持、创优推荐等全景式服务,构建与国际接轨的人才环境。

四、大力提升功能品质,营造人与自然和谐共生的生态城区

坚持以人为本、彰显特色、促进发展的理念,突出提升中心城区的市容环境、功能品质、人居质量,充分彰显玄武人文、生态、宜居的特色,不断增强区域承载力、资源聚集力和环境竞争力。

(12)完善城市基础设施。依托城市总体规划,结合南京地铁等重大工程建设,以道路交通快捷化、公用设施优质化、住宅小区舒适化、排水防洪标准化为目标,大力推进孝陵卫、红山等地区的市政路网建设,进一步完善主城区次干道系统。完成主城雨污分流工程,建立较为完善的排水、引水和污水处理体系,形成排水畅通、水清岸绿、景观和谐、人水相亲的城市水环境。实施城市危旧房和背街小巷整治工程,将危旧房改造、背街小巷整治与经济发展、城市功能完善、居民生活环境提升相结合,大力推行老旧小区物业长效管理机制,提升居民生活品质。

(13)优化城区宜居环境。按照建设生态型城区的总体要求,与南京"城市中央公园"建设同步,整体提升我区生态环境。完成明城墙风光带北段等重点项目建设,建成以"一山一湖"为核心,以广场为节点,以道路为主线,多小区连片的点、线、面相结合的城市绿色生态系统,确保城市建成区绿地率、绿化覆盖率、人均公共绿地等指标在全国同类城区继续保持领先水平,在全市率先建成生态园林城区。全面改善主要河流水质,打造一批沿河环湖的生态休闲广场。大力倡导绿色节能建筑、绿色交通出行和绿色消费等低碳生活观念,强化全民节约意识和环保意识,减少污染物排放,加强各类废弃物的分类回收和循环利用,构筑人与自然和谐相处、可持续发展的生产生活环境。

(14)突出城市人文内涵。高品位的城市人文内涵不仅能丰富城市形象,而且是一个城市的灵魂所在。玄武是南京建设世界历史文化名城的核心区域,要充分保护好明朝、民国文化遗迹,挖掘十朝文化资源,展现历史风貌,凸显人文内涵。坚持中心城区旧区改造、道路、广场等实体建设与人文内涵建设的有机统一,加快建设一批标志性历史文化街区和开敞式适宜居民休闲、交往的活动空间。

(15)加强城区现代化管理。环境优美、生态优良、城市文明,是玄武作为中心城区的宝贵资源,也是实现可持续发展的重要基础。要坚持建管并举、常态长效的方针,全面实施数字化、精细化、智能化管理模式,及时把成功做法转化为标准、固化为制度,确保各项管理保持高水平,各项工作保持高品质,打造更精致、更舒适、更宜人的城市空间。

五、整体推进社会建设,筑牢和谐玄武的根基

全面推进以改善民生、促进民富为重点的社会建设,大力发展社会事业,创新社会管理,稳定社会秩序,建设幸福和谐城区。

(16)率先实现教育现代化。继续巩固教育发展成果,保持教育领先地位,提前5年完成《江苏省中长期教育改革和发展规划纲要2010-2020》的发展目标,在全省率先实现教育现代化。推进教育优质均衡发展,逐步实现义务教育阶段的学校配置标准统一、教师队伍配置标准统一,把玄武建成全省乃至全国的高水平教育样板区。探索实施"3+9"免费义务教育,健全15年基础教育全过程、普惠型、多层次扶困助学通道。完善教育资源服务与应用系统,促进全社会学习资源的整合与共享,建设开放、灵活、方便的全民学习、终身学习平台,不断提高全民文化素质。

(17)完善卫生服务体系。按照保基本、强基层、增质效的要求，提高公共卫生服务均等化水平，让更多群众享受更优质的医疗卫生服务。深化医药卫生体制改革，健全基层医疗卫生服务体系，强化全科医生培训，提高医护人员素质和社区卫生服务信息化、网络化水平。坚持中西医并重，支持中医药事业发展，全面构筑社区中医网络。深化人口与计划生育管理综合改革，继续稳定低生育水平，保持人口、资源与环境的可持续发展。

(18)发展文化体育事业。深入挖掘丰富的科教文体资源，构建文化创新体系和公共文化服务体系，最大限度满足广大群众日益增长的精神文化需求。加强新伦理新道德建设，大力弘扬以爱国主义为核心的民族精神和以改革创新为核心的时代精神，传承中华传统美德。坚持存量盘活和资源整合，完善公益性文体设施网络，扩大公共文化产品和服务的有效供给，全面提高群众文明程度和身体素质，进一步巩固文明城市建设成果。净化社会文化环境，保护青少年身心健康。认真抓好非物质文化遗产保护工作，提升非物质文化遗产保护的科学化、规范化、制度化水平。

(19)强化富民优先导向。把扩大就业作为民生之本，把充分就业作为经济社会发展的优先目标，加大对困难群众、特殊群体的就业帮扶力度，突出在落实就业政策、开辟就业岗位、提高劳动者素质、健全劳动保障、完善服务体系等环节上下功夫，努力构建就业工作长效机制，全面动态消除零就业家庭。充分发挥创业带动就业的倍增效应，建立健全政策扶持、创业服务、创业培训“三位一体”的工作机制，深入开展“四创”活动，强化创业培训后续服务，提高初始创业成功率和稳定运营率，让更广泛的社会成员在参与发展中致富。积极构建和谐劳动关系，落实最低工资标准和企业工资集体协商制度，建立区域性、行业性平等协商和工资专项集体合同机制，完善事业单位奖金福利二次分配集体合同制度，努力实现职工工资与企业效益同步增长、居民收入与经济发展同步提升。

(20)健全社会保障救助体系。加强社会保险、社会救助、社会福利的衔接和协调，不断提高社会保障的待遇和水平，城镇职工基本医疗保险、失业保险、工伤保险、生育保险五大保险覆盖率均达99%以上，城镇居民基本医疗保险覆盖率达95%以上，努力建设与经济社会发展水平相适应的社会保障体系。继续完善最低生活保障，充分发挥区级综合救助平台和街道综合社会救助中心的作用，大力发展公益慈善事业，突出特困群体、低收入群体、边缘群体的保障和帮扶，深化养老和助残事业建设。加快经济适用住房、中低价商品房等保障性住房建设，扩大廉租住房覆盖面和受益面，较好地解决全区拆迁安置房需求和低收入家庭住房难题。

(21)深入推进和谐社区建设。按照“居民自治、管理有序、服务完善、治安良好、环境优美、文明祥和”的总体要求，推进“全面知情、全程参与、全体受益、全域满意”的和谐社区建设“四全”模式，打造具有玄武特色的“幸福社区”。加快提升社区软硬件功能，努力做到社区硬件条件全市领先，社区管理服务水平全国领先。探索多层次、多结构的社区自治体系，实现社区的议事决策与执行分离，建立政府与社区合作的新型社区治理模式。积极培育和发展各类公益性民间社区组织，通过政府购买服务等各种方式，增强中介组织的自我造血功能。大力倡导社区志愿服务，推动区、街、居“三级志愿服务”网络建设，提升玄武社区志愿者服务品牌。

(22)建设平安法治玄武。把维护群众合法权益作为正确处理新时期社会矛盾、促进社会安定和谐的出发点和落脚点。落实社会治安综合治理各项措施，深入推进社会矛盾化解、社会管理创新、公正廉洁执法三项重点工作，加强和改进对流动人口、特殊人群、虚拟社会、两新组织的服务管理，加大社会治安重点地区综合治理力度，依法打击各类刑事犯罪活动，维护社会安定。完善社会稳定风险评估、预警、研判机制和社会矛盾纠纷排查调处长效机制，健全利益协调机制、诉求表达机制和权益保障机制，加强信访工作和“大调解”工作，引导群众依法、合理表达诉求，切实把矛盾化解在基层和萌芽状态，不断巩固和发展和谐稳定的大局。完善危机“预防、应急、善后”管理体制，实现应急资源有机整合与优化配置，全方位提高应对各种风险和突发公共事件的能力。深入推进法治玄武建设，拓宽法律援助渠道，建立健全社工服务指导、衔接帮教、日常管理、生活救助等社区矫正工作机制，稳妥推进司法体制改革，促进文明执法、廉洁执法，提高群众对法治建设的满意度。加强党对人民武装工作的领导，开展全民国防教育，进一步抓好基层规范化建设，巩固民兵组织调整改革成果，提升国防后备力量遂行非战争军事行动的能力。建设地下人防指挥所，完善疏散预案和指挥机制。

六、紧密团结各方力量，为实现“十二五”规划而努力奋斗

顺利实现我区“十二五”规划，必须调动一切积极因素，团结一切社会力量，形成推动改革发展的强大合力。

(23)不断加强和改进党的建设。党的领导是实现“十二五”时期经济社会发展各项目标的根本保证。要以执政能力和先进性建设为主线，以改革创新的精神，全面加强党的思想、组织、作风、制度和反腐倡廉建设，充分发挥党的领导核心作用，提高新时期领导经济社会发展的能力和水平。全面推进学习型党组织建设，加大干部培训和教育力度，注重实践锻炼，不断提高各级党员干部的思想政治水平和综合素质。进一步深化干部人事制度改革，完善干部选拔任用机制，健全领导班子和领导干部考核评价制度，不断加强各级领导班子和干部队伍建设。以“满意先锋行动”为统领，有计划、有步骤地推进创先争优活动，不断深化“五型”党组织创建，切实抓好党的工作在传统领域的巩固提升和在新的经济社会领域的延伸拓展，充分发挥基层党组织的战斗堡垒作用和共产党员的先锋模范作用。认真贯彻党风廉政建设的各项规定，严格落实干部监督四项制度，建立健全与新形势相适应的教育、制度、监督并重的惩治和预防腐败体系，以良好的形象带领广大群众推动经济社会又好又快发展。

(24)积极推进社会主义政治文明建设。坚持和完善人民代表大会制度和共产党领导的多党合作、政治协商制度，切实加强和改进党对人大工作、政协工作的领导，支持人大、政协履行职能。认真贯彻党的民族、宗教和侨务政策，充分发挥民主党派、工商联、无党派人士和工会、共青团、妇联、残联等群众团体的重要作用，健全党委政府与企业、市民的信息沟通和反馈机制，调动社会各方面的积极性。有序扩大基层民主，进一步健全基层民主管理制度，切实保证人民群众的知情权、参与权、表达权和监督权。

(25)切实加强政府执行力建设。完善行政管理体制和运行机制，全面提高政府依法行政的能力和水平。加强公务员队伍建设，积极开展公务员基本素质能力培训，牢固树立群众观念，倡导务实的工作作风，完善教育、监督和约束机制，切实提高执行落实效能。深入建设责任政府、法治政府、服务政府和诚信政府，创造良好的法制环境、政策环境和市场环境。

全区各级党组织和广大党员干部群众，要高举中国特色社会主义伟大旗帜，全面贯彻落实科学发展观，坚定不移地走玄武特色的转型发展、创新发展、跨越发展之路，解放思想，开拓创新，求真务实，合力拼搏，为率先基本实现现代化、奋力走在新一轮科学发展前列而努力奋斗！

中共南京市玄武区委员会

2010年12月16日

关于在全区党的基层组织和党员中深入开展创先争优活动的实施意见

根据《中共中央办公厅转发<中央组织部、中央宣传部关于在党的基层组织和党员中深入开展创先争优活动的意见>的通知》(中办发〔2010〕12号)和省、市委组织部、宣传部要求，结合我区实际，现就在全区党的基层组织和党员中深入开展创先争优活动提出如下实施意见。

一、充分认识深入开展创先争优活动的重要意义

党的十七大提出在党的基层组织和党员中深入开展创先争优活动。党的十七届三中、四中全会对开展创先争优活动作了进一步强调。深入开展创先争优活动，是巩固和拓展深入学习实践科学发展观活动成果的重要举措，是党的建设一项重要的经常性工作。组织实施这项活动，对于进一步抓好全区范围内学习实践活动整改落实后续工作、完善长效机制，推动学习实践科学发展观向深度和广度发展；对于激发全区各级党组织和广大党员的生机活力、提高党的执政能力，引导各级党组织和党员增强先进意识、把握先进要求、树立先进形象，保持和发展党的先进性；对于促进全区各级党组织和广大党员更好地联系和服务群众、始终保持党同人民群众血肉联系；对于全区党的建设更好地围绕中心、服务大局、推动具有玄武特色的转型发展、创新发展、跨越发展，都具有十分重要的意义。全区广大基层党组织和党员要充分认识深入开展创先争优活动的重要性和必要性，切实增强政治责任感，主动参与、积极投身到活动中来。

二、准确把握深入开展创先争优活动的总体要求

深入开展创先争优活动，要认真贯彻落实党的十七大和十七届三中、四中全会精神，以邓小平理论和“三个代表”重要思想为指导，深入贯彻落实科学发展观，以“服务群众解难题，创先争优促发展”为主题，立足本地区本单位实际，坚持继承与创新相结合，务求实效，统筹推进党的建设其他经常性工作，充分发挥基层党组织战斗堡垒作用和共产党员先锋模范作用，在推动科学发展、促进社会和谐、服务人民群众、加强基层组织的实践中建功立业，在推进“三个发展”的进程中铸造新的辉煌，为玄武新一轮科学发展提供坚强的政治和组织保证。

推动科学发展，就是要求基层党组织认真履行职责，切实贯彻落实党的路线方针以及本地区本单位科学发展规划、思路、举措，进一步解决好影响和制约科学发展的突出问题，自觉推动经济发展方式转变；党员要以模范行动影响和带领广大群众努力完成各项工作任务。

促进社会和谐，就是要求基层党组织和党员要及时了解群众思想动态，有针对性地做好引导工作；积极践行社会主义核心价值体系，推动形成良好社会风气；主动排查矛盾纠纷，做好化解工作，理顺情绪，凝聚人心；在急难险重任务和重大突发事件面前，立场坚定、旗帜鲜明，迎难而上、敢于负责，坚决捍卫国家、集体和人民利益。

服务人民群众，就是要求基层党组织和党员认真贯彻党的群众路线，充分尊重群众，紧紧依靠群众，认真倾听群众呼声，及时反映群众意愿，主动关心群众疾苦，帮助群众解决生产生活中的实际困难；组织党员开展义工服务，精心打造党员义工服务项目，积极为群众提供政策、信息、技术、法律、困难救助等方面服务，多为群众办实事办好事，进一步密切党群干群关系。

加强基层组织，就是要求基层党组织优化组织设置，扩大组织覆盖，创新活动方式，积极推进学习型党组织建设，增强党员队伍的生机活力，培养造就高素质的基层党组织带头人队伍，充分发挥基层党组织的战斗堡垒作用；通过基层党组织建设，带动其他各类基层组织建设。

三、明确深入开展创先争优活动的主要内容

深入开展创先争优活动，以创建先进基层党组织、争当优秀共产党员为主要内容。

先进基层党组织的基本要求是，学习型党组织建设成效明显，出色完成党章规定的基本任务，努力做到“五个好”：一是领导班子好。领导班子能深入学习实践科学发展观，团结协作，求真务实，勤政廉洁，有较强的凝聚力和战斗力。二是党员队伍好。党员素质优良，有较强的党员意识，能够充分发挥先锋模范作用。三是工作机制好。规章制度完善，管理措施到位，工作运行顺畅有序。四是工作业绩好。本地区本单位各项工作成绩显著，围绕中心、服务大局事迹突出。五是群众反映好。基层党组织在群众中有较高威信，党员在群众中有良好形象，党群干群关系密切。

优秀共产党员的基本要求是，模范履行党章规定的义务，努力做到“五带头”：一是带头学习提高。认真学习实践科学发展观，自觉做到真学真懂真信真用，自觉坚定理想信念；认真学习科学文化知识和技能，成为本职工作的行家里手。二是带头争创佳绩。具有强烈的事业心和责任感，干事创业意识和能力强，爱岗敬业、埋头苦干，开拓进取、乐于奉献，在本职岗位上作出显著成绩。三是带头服务群众。宗旨意识和群众意识强，积极

帮助群众解决实际困难，自觉维护群众正当权益。四是带头遵纪守法。自觉遵守党的纪律，模范遵守国家法律法规。五是带头弘扬正气。发扬社会主义新风尚，敢于同不良风气、违纪违法行为作斗争。

各级党组织在坚持以上基本要求的前提下，可结合本地区本单位实际，进一步明确先进基层党组织和优秀共产党员的具体条件，力求充分体现基层党组织和党员岗位的特点，做到简洁可行、好记好评。

四、坚持分领域分行业深入开展创先争优活动

各级党组织要按照有利于党组织开展活动、有利于党员参加、有利于活动取得实效的原则，紧密结合本地区本单位的实际情况和党员的岗位特点，紧紧围绕中心工作和重点任务，精心设计特色鲜明、务实管用的争创主题和活动载体，分类提出开展创先争优活动的具体要求，提高活动的针对性和实效性。

街道社区党组织要积极开展“满意先锋行动”主题活动，集中力量为群众办一批实事、好事。到2012年7月前，全区面上力争解决100个群众身边的难点热点问题，力求群众对党组织和党员的满意度达到100%。力促我区市级以上和谐社区覆盖面达到100%，并建成一批国家、省级和谐社区建设示范社区。区委从党建基金中拿出100万元给予支持。让群众在创先争优活动中得到实惠，让街道社区党组织的地位得到提升。

机关党组织要把开展创先争优活动与开展“五服务”有机结合起来，继续深化“双学”活动(向一流学习，向一线学习)，深入推进机关效能建设和党员干部作风建设，完善群众评议机关制度，通过设立党员先锋岗、党员示范窗口等发挥党员作用，切实改进机关作风，提高机关效能。继续做好机关党组织与社区党组织的“双结对、双促进”活动。

教育、卫生等事业单位党组织要围绕做好职工思想政治工作、促进事业发展、服务经济社会建设设计载体，通过开展争当“党员师德标兵”、“党员医德标兵”等活动发挥党员作用，努力提升工作质量和服务水平。积极配合街道社区开展“满意先锋行动”主题活动，整合党组织和行政资源，在解决民生问题上做出新的成绩。

非公有制经济组织党组织要着眼破解党组织作用难发挥的问题，深化拓展项目化菜单式活动，围绕“五型党组织”创建，引导非公有制经济组织遵守国家法律法规，团结凝聚职工群众，维护各方合法权益，促进非公有制经济组织又好又快发展。

社会组织党组织要围绕诚信建设设计活动载体，组织开展以“塑诚信文化，塑党员形象”为主要内容的“公信力工程”，倡导“公平执业、弘扬正气、诚实守信、服务至上”的良好风尚，着力加强行业自律、提升社会公信力，更好地服务经济社会发展。

五、认真落实深入开展创先争优活动各项举措

根据中央、省、市委要求，这次创先争优活动从2010年4月开始，着重围绕迎接中国共产党成立90周年开展。在搞好宣传动员的基础上，各基层单位要坚持抓好学习实践活动整改落实后续工作，切实兑现向群众作出的承诺，建立健全深入学习实践科学发展观的长效机制；引导基层党组织切实履行职责，共产党员立足本职争创一流业绩，掀起创先争优活动高潮。2012年“七一”前，区委将专项表彰2010—2012年创先争优活动先进基层党组织、优秀共产党员，以及开展创先争优活动成绩显著的先进党工委。各基层单位党组织要从自身实际出发，围绕中心工作设计主题，把广大党员吸引到创先争优活动中来。要紧紧围绕确定的主题，认真落实各项措施，扎实推进创先争优活动的深入开展。

(一)公开承诺。基层党组织制定开展创先争优活动实施方案，党员提出参加活动的具体打算，并通过党支部向党员报告工作、召开会议、网络发布等方式向群众作出承诺，接受群众监督。承诺内容注意与年度工作相结合，与岗位职责相匹配，具体实在、便于考核。

(二)领导点评。上级党组织负责人适时对基层党组织和党员开展创先争优活动情况进行点评，实事求是肯定取得的成绩，指出存在的问题和努力方向。

(三)群众评议。上级党组织对基层党组织、基层党组织对党员开展创先争优活动情况，适时组织党员、群众进行评议，并公开评议结果。

(四)评选表彰。上级党组织对基层党组织、基层党组织对党员开展创先争优活动情况进行考核。在此基础上，适时评选表彰创先争优活动中涌现出的先进基层党组织和优秀共产党员。评选表彰要注重工作实绩和社会公认度，广泛听取党员和群众意见。

六、切实加强对深入开展创先争优活动的组织领导

(一)落实领导责任。这次创先争优活动的领导关系，按照党组织隶属关系确定。各党(工)委负责本单位创先争优活动，构建党委统一领导、组织部门和宣传部门共同负责、相关部门参与指导的工作机制。区委成立创先争优活动领导小组，由区委组织部、宣传部牵头，下设办公室负责日常工作。区级机关有关部门要加强对相关领域(行业)创先争优活动的具体指导。各单位也要成立相应的领导和工作机构。各党(工)委要切实担负起本单位开展创先争优活动的领导和指导责任，主要负责同志要担任领导小组组长，认真履行第一责任人职责，带头建立联系点，深入基层调研指导；党政领导班子其他成员也要建立联系点，帮助和指导基层开展活动。党员领导干部要带头参加所在党支部的创先争优活动，充分发挥示范表率作用。基层党组织具体负责活动的组织实施。在开展活动过程中，要注重发挥党建工作指导员和大学生社工在创先争优活动中的作用，要以基层党组织和党员的创先争优活动带动工会、共青团、妇联等群众组织开展创建先进集体、争当先进个人活动。

(二)吸收群众参与。要广泛吸收群众积极参与创先争优活动。制定创先争优活动意见、方案，要采取适当方式听取群众意见，充分汲取群众智慧，鼓励基层创新，不断丰富活动内容和形式；活动进展情况要及时向群众通报，让群众知情，请群众评议；评选表彰先进要请群众参与推荐，向群众公示，受群众监督，让群众认同；活动效果要由群众评判，接受群众检验，形成群众有序参与、监督有力、客观评价的机制。

(三)强化舆论宣传。充分利用报刊、广播、电视、互联网以及现代远程教育、党员电化教育、党建信息网和手机短信平台等作用,采取基层党员群众喜闻乐见的方式,扩大宣传的覆盖面和影响力,大力宣传开展创先争优活动的重要意义,宣传各行各业先进基层党组织和优秀共产党员的先进事迹,引导基层党组织和广大党员以先进典型为榜样,创建先进基层党组织,争做优秀共产党员,努力在全社会形成学习先进、崇尚先进、争当先进的良好风气,为创先争优活动的顺利开展营造良好氛围。

(四)加强督促检查。采取分领域分行业召开座谈会、专题调研、交流研讨、经常性督查、随机抽查等方式,了解活动进展,通报活动情况,及时总结交流经验,定期研究解决问题。对创先争优活动思想上不重视、工作上不得力的,有关党组织要及时提出批评,要求限期整改。

各单位要依据中央和省、市相关意见要求,以及本实施意见,结合实际制定具体的实施意见和办法。要把抓好创先争优活动与做好当前工作紧密结合起来,切实做到两手抓、两促进,以创先争优活动推动各项工作,以各项工作的新进步检验创先争优活动的成效。

中共南京市玄武区委员会

2010年8月25日

玄武区安全生产管理责任网络

为切实加强全区安全生产管理工作,进一步明确管理责任,特制定玄武区安全生产管理责任网络。

一、责任目标管理

1、根据管生产必须管安全,谁主管谁负责的原则,认真落实安全生产责任制,行政主要负责人和企业法人代表是安全生产工作的第一责任人,对安全生产负有全面领导责任。

2、分管安全工作的副职协助主要负责人管理安全生产工作,对分管范围内的安全生产工作负有直接领导责任,分管其它工作的副职对其分管工作中涉及安全管理内容的承担直接领导责任。

3、各生产经营单位依法设置安全生产管理机构或者配备安全生产管理人员,负责日常安全生产的现场管理、事故隐患的检查整改。

4、区政府与各相关部门、街道办事处、徐庄管委会签订安全生产责任状,各街道办事处与各社区(村)、辖区内生产经营单位签订责任状;范围内各相关部门、徐庄管委会与管辖生产经营单位签订责任状,建立一级抓一级,层层抓落实的安全生产管理责任网络。

二、区委、区政府领导安全生产职责

1、区委常委对联系街道的安全生产工作负有领导责任,定期听取街道安全生产工作情况汇报,指导、督促街道开展安全生产监管检查工作,协调解决重难点问题。

2、政府副区长对分管范围内的安全生产工作负有领导责任,定期听取分管行业、领域安全生产工作情况汇报,指导、督促开展安全生产监管检查工作,协调解决重难点问题。

三、各街道办事处、徐庄管委会安全生产职责

1、负责组织贯彻落实本辖区各级安全生产目标管理责任制和各项安全生产管理规章制度,并对本辖区内的安全生产工作负有全面领导责任。

2、负责建立健全本辖区安全生产管理机构,配备专职安全管理人员,落实人员编制、办公场所、办公设施、办公经费等。

3、负责组织开展安全检查活动,定期排查事故隐患,对事故隐患的危险源进行监控,并督促有关单位限期整改,对重大安全隐患情况须及时上报区安委会办公室和有关行政管理部门。

4、配合区各有关部门对辖区内生产经营单位(如:工矿企业、公众聚集场所、商场、文化娱乐场所等)进行安全生产检查工作,依法制定并落实对违规企业的查处和事故隐患的整改措施。

5、负责制定本单位安全生产应急救援预案,并定期进行演练。

6、完成区安委会交办的其他任务。

四、各相关部门安全生产职责

(一)共同职责

1、负责制定本行业、本系统的安全生产管理制度、管理目标、安全技术规范标准等,层层落实安全生产责任制,并按有关规定认真履行行政审批职责。

2、负责贯彻执行本行业、本系统安全生产法律法规,组织开展安全生产检查工作,并按管理权限对违规企业进行行政执法处罚。

3、负责制定本单位安全生产应急救援预案,并定期进行演练。

4、完成区安委会交办的其他任务。

(二)各部门具体职责

区安全生产监督管理局:

1、承担区安委会办公室职能。研究提出安全生产政策和措施的建议;组织全区安全生产大检查及专项督查;参与研究有关部门在产业政策、资金投入、科技发展等工作中涉及安全生产的相关工作;承办区安委会召开的会议和重要活动,督促、检查区安委会会议及决定事项的贯彻落实情况。

2、综合管理全区安全生产工作。定期分析和预测全区安全生产形势,组织协调全区隐患排查治理工作,研究解决安全生产中的各类重特大隐患。

3、负责全区危险化学品、烟花爆竹的安全生产监督管理工作。

4、负责组织协调生产安全事故的调查处理工作和重特大事故应急救援工作,会同有关部门监督事故查处的落实情况。

5、组织开展生产经营单位安全生产监督管理工作;依法监督工矿商贸生产经营单位贯彻安全生产法律、法规情况及其安全生产条件和有关设备(特种设备除外)、材料、劳动防护用品的安全管理工作。

6、负责职责范围内新建、改建、扩建工程项目的安全设施与主体工程同时设计、同时施工、同时投入生产和使用的安全监督检查工作;组织开展生产经营单位作业场所职业卫生的监督检查和重大危险源控制监控、重大事故隐患整改等工作;组织对不具备安全生产条件的生产经营单位的查处工作。

7、监督检查、指导协调区有关部门和各街道办事处、徐庄管委会的安全生产工作;负责全区安全生产管理的考核工作。

8、组织全区安全生产宣传教育工作;组织全区安全生产监督管理人员的培训、考核工作;组织特种作业人员(特种设备作业人员除外)、生产经营单位安全管理人员、负责人的安全资格考核工作;监督检查生产经营单位安全培训工作。

区监察局:

1、依法对负有安全生产监督管理职责的街道办事处、徐庄管委会和部门及其工作人员履行安全监督管理职责实施监察。

2、参加全区生产安全事故调查处理工作,负责对事故有关责任人员违反行政纪律的行为进行调查并提出处理建议,同时对事故调查工作进行监督。

区发展和改革局:

1、负责将安全生产工作纳入国民经济与社会发展总体规划。

2、负责全区化工企业的安全生产专项整治工作。

区住房与建设局:

1、宏观指导区权管辖范围内工程建设阶段质量安全监督工作。

2、组织、协调有关部门起草、修订全区建设工程安全生产管理的规章制度。

3、组织开展区权管辖范围内建设工程安全生产监督管理及施工现场管理,总结交流安全生产管理经验。

4、负责全区公共场所房屋的安全检查、危险房屋的监督治理,组织重大险情房屋的排险、抢险工作,建立房屋安全管理档案。

5、负责全区房屋安全许可项目的申请受理、初审和材料报送,受理住宅房屋安全管理咨询和投诉,监督许可项目的拆改活动。

6、负责全区房屋建筑施工队伍和相关建筑企业的行业安全管理。

7、负责检查、指导全区房屋建筑工程劳务分包市场的管理;负责全区建筑行业和建筑市场行政执法监督工作。

8、组织和参与建筑工程生产安全事故的应急救援工作;协调配合有关部门做好生产安全事故及突发事件的应急处置工作。

区科学技术局:

1、积极支持科研机构联合生产企业共同开展安全生产技术攻关,推动安全生产科技进步。

2、组织开展地震预防工作;配合有关部门做好防震减灾工作。

区商务局:

1、负责本系统商品市场、商业网点、农贸市场、再生资源管理公司等方面安全生产管理工作。

2、负责对辖区内旅游饭店、旅行社和旅游定点单位安全管理的监督检查;配合有关部门指导、监督旅游景区(点)游乐设施的安全工作。

区城市管理局:

1、负责景观灯光、户外广告的安全监管工作。

2、负责拆除违章建筑、清除非法渣土场等安全管理工作。

区人民防空办公室:

负责人防工程的安全管理工作;配合有关部门指导、监督人防工程使用单位的安全生产工作。

区文化局:

1、履行全区文化系统的行业安全管理职责。组织开展文化经营场所、文物保护单位、图书馆、文化馆等场馆的安全检查,指导、督促排查治理各类隐患。

2、配合开展网吧、歌舞厅、音像等文化市场经营场所的消防安全专项整治工作。

3、制定本系统的突发事件应急预案,并组织演练;参与有关重特大生产安全应急救援和调查处理工作。

区卫生局:

1、负责用人单位职业卫生健康监护的监督管理和开展职业病防治的宣传,普及职业病防治知识。

2、负责组织、协调事故伤害人员的医疗抢救和技术、设备支援工作。

3、指导全区卫生系统做好安全管理工作,指导各类医疗机构做好医疗废物、医院污水、放射性物品安全处置管理工作。

4、编制全区突发公共卫生事件应急预案,并组织演练。

5、负责职业中毒等突发公共事件的医疗救治,协助有关部门对重特大事故现场实施紧急处置、救治及防疫处理。

6、履行全区卫生监督管理职责,承担食品安全、综合协调职责,协助开展食品安全风险监测和评估、食品安全风险评估和警示、重大食品安全事故处理信息的发布,组织开展食品安全事故查处工作。

区教育局:

1、履行全区教育系统安全监督管理职责。根据全区学校安全状况,制定防范事故的措施和对策,加强安全检查,监督学校履行安全管理责任。

2、指导、督促各学校将安全教育列入日常教育重要内容,组织师生员工开展事故警示教育活动,普及安全法律法规和事故防范知识,增强师生自我保护能力。

3、严格学生校外社会实践活动安全管理。指导、督促各学校制定完善各类活动应急预案,落实事故防范措施。

4、参与全区教育系统重大安全事故应急救援和善后处理工作。

区环境保护局:

1、履行全区放射性同位素和射线装置污染防治环境安全监督管理职责。

2、履行全区废弃危险化学品和危险废物处置环保安全监督管理职责;负责调查重大危险化学品环保污染事故和生态破坏事件。

3、指导、监督有关单位严格执行建设项目环境影响评价和环境保护"三同时"制度,依法查处污染和破坏环境的违法行为。

4、制定重特大环境污染事故应急预案,并组织演练;参与危险化学品重特大事故应急救援工作。

区人力资源和社会保障局:

1、依法查处损害女工、未成年工劳动健康行为,依法查处生产经营单位使用童工的违法行为。

2、监督检查生产经营单位执行工伤保险政策情况,督促各类企业依法参加工伤保险,监督生产经营单位按规定履行对事故伤害者或者职业病患者的医疗救治和经济补偿义务。

区总工会:

1、组织基层工会积极开展群众性安全生产宣传教育工作,协助有关部门开展安全技能竞赛活动,教育广大职工依法行使法律赋予的安全生产权利,履行安全生产义务。

2、组织基层工会配合执法部门认真开展群众性安全生产监督检查工作,对生产经营单位不履行安全生产职责,违反安全生产法律法规,侵犯从业人员合法权益的行为提出纠正意见。

3、参与生产安全事故的调查、处理工作,依法维护职工合法权益。

工商分局:

1、按照有关法律、法规规定,做好涉及安全生产事项的市场准入工作。

2、配合安全生产监管部门查处取缔未经许可从事危险化学品生产、储存、经营的行为。

3、配合有关部门开展安全生产专项整治,对有关部门认定不具备安全生产条件的,并予以关闭的,有关部门依法吊销相关许可证件后,依法吊销其营业执照或取消相关经营范围。

质监分局:

1、负责辖区内锅炉、压力容器、压力管道、电梯、起重机械、厂内机动车辆、游艺游乐设施等特种设备的安全生产工作,定期开展专项检查。

2、受理特种设备的投诉、举报,组织依法查处特种设备和事故责任单位违法行为。

3、根据《特种设备现场安全监督检查规则(试行)》要求,对辖区重点监控设备、气瓶充装单位和在用特种设备制定年度巡查计划。

4、对发现严重违规操作、存在安全隐患的特种设备,督促其整改到位。

5、负责特种设备相关的统计、调查、分析、报表和报告;制定特种设备应急预案,按职能分工组织或参与特种设备事故应急救援。

公安分局:

1、履行区消防安全监督管理职责。根据全区消防安全形势,提出防范火灾事故的措施和对策,组织、指导、监督全区公安消防机构依法履行安全监督管理职责。

2、履行全区剧毒化学品公共安全管理职责。对相应持证单位及个人购买、运输、储存、使用剧毒化学品的督促加强安全防范,并对其执行法律法规的情况进行监督检查。

3、履行对全区民用爆炸物品公共安全管理及特种许可行业的安全监管职责。履行民用爆炸物品、烟花爆竹道路运输、销售、燃放环节的安全监督检查职责。负责对制造、配售及配置民用枪支企业的安全监督管理工作。

4、按照有关规定负责各类大型活动的安全监督管理工作。

5、依法查处涉及安全生产的刑事案件和治安案件,协助配合有关部门对较大以上事故进行前期处置和应急救援等工作,参与事故的调查处理工作。

消防大队:

1、履行全区消防安全监督管理职责。

2、组织开展消防安全宣传教育和培训工作。

3、组织开展消防安全监督检查工作,依法纠正和查处违反消防安全法律法规的行为。

4、负责组织实施全区公共聚集场所、高层和地下建筑、钢结构建筑和消防车通道等消防安全专项整治工作。

5、建立健全应急反应机制,制定和完善火灾应急救援预案。

6、统一组织指挥火灾的扑救工作,参与其他事故灾难抢险救援工作;组织火灾事故调查处理工作。

交警一大队:

1、履行全区道路交通安全监督职责。根据全区道路交通安全形势,提出防范重特大道路交通事故的措施和对策;组织实施全区道路交通安全专项整治;会同有关部门深入开展道路交通隐患排查治理工作。

2、组织、指导和监督全区各级机构履行道路交通安全管理职责,依法查处道路交通违法行为,维护道路交通秩序和公路治安秩序;负责全区道路交通安全事故综合统计、分析、报告及信息发布工作。

3、组织、指导全区有关部门开展道路交通安全宣传教育活动,增强宣传教育的针对性和有效性。

4、组织编制全区道路交通重特大交通事故应急预案,并组织演练;组织指挥重特大道路交通事故应急救援及事故现场处置工作;参与重特大道路交通事故调查处理工作。

五、各级分管安全生产工作副职的职责

1、认真贯彻执行国家和省、市有关安全生产的法律、法规及有关规章制度,具体负责实施本地区、本部门、本单位的安全生产工作长远规划和年度计划。

2、督促建立健全本系统、本单位安全生产管理规章制度。

3、定期主持召开安全生产工作例会,研究部署安全生产工作。

4、具体负责组织安全生产的综合协调和综合监管工作,做到预防为主,强化整改,督查有效。

六、各街道办事处安监站、徐庄管委会以及负有安全生产监管职责部门的专职安全员职责

1、认真贯彻执行国家有关安全生产工作的方针政策、法律法规和上级部门有关安全生产的各项规定,协助本部门领导做好安全生产工作。

2、督促建立健全安全目标管理、安全生产责任制、安全规章制度、教育培训制度、事故报告制度等各项安全生产规章制度，健全各类安全工作台帐，及时上报安全生产突出问题及有关报表资料。

3、协助领导利用多种形式开展安全宣传和教育活动。

4、协助领导组织开展本部门、本辖区安全生产检查活动，对查出的事故隐患和不安全因素，积极督促有关单位及时整改，消除隐患。

5、参加编制年度安全生产管理措施计划，并协助领导按计划实施。

6、具体负责落实建设项目备案工作。

7、指导部门内部、辖区内各生产经营单位和社区(村)安全员开展各类安全生产管理活动。

8、按规定及时上报安全生产各类事故，并协助领导组织救援工作。

七、各社区(村)负责人职责

1、作为本社区(村)安全生产工作第一责任人，对安全生产工作负有全面责任。

2、认真贯彻执行国家有关安全生产工作的方针、法律、法规和有关规定，落实各项安全生产规章制度。

3、参加区、街道组织召开的各类安全生产工作会议，及时汇报本单位安全工作情况。

4、督促安全员做好本单位的安全生产工作，及时消除安全事故隐患。

5、及时、如实向上级部门报告生产安全事故，并协助做好事故处理工作。

八、企业法人职责

1、作为企业安全生产工作第一责任人，对安全生产工作负有全面责任。

2、建立健全本单位安全生产责任制。

3、组织制定并实施本单位安全生产规章制度和操作规程。

4、确保本单位安全生产投入的有效实施。

5、督促、检查本单位的安全生产工作，及时消除生产安全事故隐患。

6、组织制定并实施本单位的生产安全事故应急救援预案并定期进行演练。

7、及时、如实报告生产安全事故，并协助做好事故处理工作。

玄武区商标战略实施意见

为贯彻落实《国家知识产权战略纲要》和《江苏省知识产权战略纲要》，充分发挥商标注册、运用、保护和管理能力，鼓励和引导企业争创驰名商标和著名商标，积极发展品牌经济，加快培育自主品牌，打造“品牌玄武”，促进全区经济更好更快发展，现结合我区实际情况，制定如下实施意见。

一、指导思想

深入贯彻落实科学发展观，以提高我区自主创新能力和产业竞争力为核心，以“政府主导、工商牵头、企业主体、社会支持”为原则，以建设“国家商标战略实施示范城市”为契机，激活老商标，用好现商标，培育新商标，按照“本地知名，全省著名，全国驰名”的梯次发展思路，运用“定点联系、跟踪指导、滚动培育”办法，加大对驰、著名商标扶持力度，增强企业注册、培育、经营商标的意识，进一步提升企业竞争力，促进全区经济又好又快发展。

二、主要目标

各街道办事处，区政府各有关部门及各直属单位要将商标工作列入年度考核目标，有计划地推动商标战略的各项工作，基本建立商标发展的政策体系、制度体系和服务体系，形成政府主导、企业主体、社会各界联动的商标工作机制，建立完善的品牌宣传、培育、发展和保护机制，形成一批知名度高、影响力大、具有自主知识产权和明显竞争优势的品牌产品和品牌企业，使品牌经济成为我区经济社会发展的重要支柱，实现“品牌强区”的目标。

三、主要措施

(一)加强组织领导，高度重视商标品牌战略的重要性

成立实施商标品牌战略工作领导小组，领导小组办公室设在区工商分局，负责实施商标品牌战略的组织、协调和策划工作，加强对实施商标品牌战略工作的整体规划和组织领导，协调解决工作中遇到的重大问题。区各有关部门要深化对商标品牌的认识，明确商标品牌是企业科技水平、管理水平和核心竞争力的重要标志，是企业参与市场竞争的重要手段。商标品牌的总体发展水平是一个地区经济实力和综合竞争力的具体体现，也是我区形成优势产业集群、优化产业结构、转变经济增长方式、增强经济发展后劲的客观要求。

(二)制定商标品牌发展规划，切实推进发展战略

制定出台《玄武区商标品牌发展规划》，并制定年度发展目标，纳入《玄武区国民经济和社会发展计划目标》，分解落实，加强考核，切实增强全区商标品牌发展的计划性、科学性、实效性；区各有关部门要根据全区商标品牌发展的总体目标，结合部门实际，制定出台本部门品牌培育发展的总体规划、阶段目标和工作计划；各重点企业要进一步增强主体意识，将商标品牌建设纳入企业发展总体战略，制定切实可行的创牌计划及实施步骤，确保区商标品牌发展工作再上一个新台阶。

(三)健全宣传机制，提高商标战略认知度

1、深入开展商标战略普及宣传。坚持长期宣传与动态宣传相结合，以“4.26 世界知识产权日”、“3.15 消费者权益保护日”为固定宣传节点，以主要街道、主要干道户外广告为常设宣传栏目，广泛宣传商标知识和商标战略的意义，增强市民商标意识，提高全社会对商标战略的认知度。

2、开展驰、著名商标展播。利用政府网站和城市公共媒体等资源，设立驰、著名企业光荣榜，集中宣传我区企业商标品牌形象，引导公众主动使用驰、著名商标产品，提升驰、著名商标企业的市场竞争力。

3、结合我区实际情况，区各有关部门对各领域内的商标资源(如旅游局对旅游景点资源、教育局对知名院校资源、文化局对文化产业资源等)进行梳理，摸清家底。各街道更要加大对商标注册、运用、保护和管理的投入力度，在辖区内开展“老字号”商标注册情况的调查摸底工作，对未注册的要协助、指导其注册，维护其合法权利；对国有改制企业，要指导其正确、规范使用原有商标，完善许可备案制度，防止商标的闲置和流失。由工商玄武分局牵头，区各相关部门配合，按照梯次发展思路，对资源进行整合和利用，并提供政策指导和业务咨询，利用政府网站和媒体等资源，设立驰、著名企业光荣榜，集中宣传我区企业商标品牌形象，引导公众主动使用驰、著名商标产品，提升驰、著名商标企业的市场竞争力。

(四)完善激励机制，加强政策引导和扶持

商标战略实施奖励标准及经费使用规定。对新获得“中国驰名商标”(行政认定)的企业一次性奖励100万元，对新获得“江苏省著名商标”的企业一次性奖励10万元，对新获得“南京市著名商标”的企业一次性奖励5万元。(具体按照宁政发[2010]197号文规定执行。)

(五)发挥企业主体作用，打牢品牌发展基础

企业是实施商标战略的主体。要通过宣传引导，使企业充分认识到商标在市场竞争中的作用，增强通过注册商标保护品牌的意识；鼓励和引导企业争创驰名商标和省级著名商标，帮助企业培养商标管理人才，指导企业成立相关组织机构，建立商标管理制度，落实商标创牌工作责任制，提高创牌能力和品牌运作水平。

(六)依法加强监管，打击商标侵权假冒行为

保护驰名商标、著名商标和知名商标，是实施商标品牌战略的重要环节。工商玄武分局、质监玄武分局、区卫生局等部门要充分发挥自身职能，强化协调，形成合力，加大注册商标专用权保护力度，严厉打击商标侵权假冒等行为。对我区的“中国驰名商标、江苏省著名商标、南京市著名商标”实施跟踪保护，加强对我区市场经营网点的日常商标监管，为实施商标品牌战略创造良好的环境。各职能部门要加强对企业实施商标品牌战略的指引和服务，及时发现和纠正企业商标使用中的不当行为。

关于组织实施2010年价格调控和治乱减负目标责任制的意见

区各有关单位：

为全面落实科学发展观，认真贯彻党的十七大和十七届四中全会精神，进一步加强价格调控和治乱减负力度，切实减轻企业和群众负担，保持价格总水平基本稳定，促进我区经济又好又快发展，根据市物价局、市发展和改革委员会《关于组织实施2010年价格调控和治乱减负目标责任制的通知》(宁价综[2010]30号、宁发改经贸[2010]67号)精神，现对我区组织实施2009年价格调控和治乱减负目标责任制提出如下实施意见，请认真组织实施。

一、总体目标

(一)价格调控目标：全市居民消费价格指数(CPI)控制在103%左右。

(二)治乱减负目标：各项收费管理规定及收费减免优惠政策落实到位；国家、省、市宣布取消、暂停的收费项目和降低收费标准执行到位；全年无违法、违规收费行为发生。

二、目标责任内容及责任单位

(一)具体目标任务

1、围绕全市价格调控和治乱减负总目标，结合实际情况，各责任单位要分解制定本部门本单位落实目标的具体工作措施和目标责任制。

2、全面落实价格调控，认真履行价格监管职能，积极应对市场价格波动，确保政府价格政策措施落实到位。畅通主副食品等居民生活必需品的供货渠道，确保市场粮、油、猪肉、蔬菜、鸡蛋等主副食品供应不断档、不脱销、保持价格稳定。

3、建立健全明码标价制度，全面推行价格诚信经营，整顿和规范市场价格秩序，全年无重大价格欺诈、价格垄断等违法、违规行为发生。

4、贯彻落实国家和省、市有关收费管理规定，全年本部门本单位无擅自立项、超标准、超范围、搭车收费等行为发生。

5、落实市政府关于减轻企业负担的有关规定，取消、暂停的收费项目，降低收费标准和实行减免优惠的政策要落实到位。落实下岗失业人员再就业、大学生创业和低保对象等弱势群体的各项收费减免优惠政策。

6、规范本地区教育收费，落实免费义务教育政策，加强幼儿园和民办学校收费管理；继续执行公办高中“三限”政策(限分数、限人数、限钱数)，执行率达10%。

7、监管本地区房地产开发企业商品房销售价格全面执行“一价清”制度，实行商品房明码标价(含经济适用房)，标价率达100%。

8、落实本地区药品价格和医疗服务收费政策，落实基本药物限价政策。落实医疗收费减免政策，规范收费公示，公示率达100%。

9、加强本地区旅游价格监管，净化旅游市场价格环境，倡导旅游阳光行，促进旅游业的发展。规范旅行社明码标价行为，标价率达100%。

10、监管本系统本部门收费单位建立健全收费公示和收费清单制度，公示规范、醒目，公示率、准确率达100%。收费标据开具规范，收费项目、标准准确无误。

(二)责任部门

区劳动局、环保局、市容局、商务局、人防办、旅游局、教育局、民政局、建设局、房产局、卫生局、农办、珠管办、工商玄武分局、公安玄武分局、质监玄武分局。

三、落实措施

(一)价格调控和治乱减负目标责任制列入区经济发展奋斗目标考核，凡在年度里有下列情形之一的实行评优评先“一票否决”：

(1)因价格或乱收费问题,引发群众聚集、群访等恶性事件的;

(2)因重大价格违法、违规行为或乱收费问题被举报并查实的;

(3) 对价格违法、违规行为或乱收费问题未能及时予以纠正,造成恶劣影响的。

(二)各部门实行"一把手"责任制,签定目标责任书。细化目标责任二级分解,确保国家和省市宣布取消的收费项目和降低收费标准,以及各项收费减免优惠政策执行到位,全年无擅自立项、超标准、超范围、搭车收费等乱收费行为发生。

(三)建立"一局一档"制度,强化日常管理和监督检查,区物价局结合专项工作开展检查与指导服务。适时组织召开座谈会,交流工作经验。

(四)各责任部门认真做好基础性工作,按时报送目标任务二级分解责任书、总结材料等。全区两个目标责任制执行情况年底将接受市相关部门的考核。

南京市玄武区加强住宅区物业管理工作的实施意见

根据市政府宁政发〔2009〕284 号《南京市加强住宅区物业管理工作的实施意见》、市城管办宁管字〔2009〕11 号《南京市城市管理考核办法》(试行)和宁管字〔2010〕1 号《南京市住宅区管理工作考核暂行办法》等文件精神,为建立玄武区住宅区管理考核长效机制,进一步巩固住宅区文明创建成果,夯实和谐玄武建设基础,现根据我区住宅区老旧小区多、低收入家庭多的特点,提出如下实施意见。

一、指导思想及原则

加强住宅区管理的指导思想是:以科学发展观为指导,以体制创新为核心,建立"统一领导、分级负责、条保块管、综合协调"的住宅区管理新体制。在区委、区政府统一领导下,充分发挥街道办事处和社区居委会在住宅区管理中的主体作用,将住宅区管理纳入街道办事处城市综合管理体系, 强化住宅区管理,促进物业管理行业社会化、市场化、专业化、规范化发展,逐步实现住宅区管理形式多样化和全覆盖,及时化解住宅区管理领域的各类矛盾问题, 不断推动社区稳定和谐与社会文明进步。

加强住宅区物业管理,应遵循以下原则:

(一)统一领导、综合协调的原则

住宅区物业管理(包括市场化物业管理及老旧小区基本物业管理两个部分)作为现代城市管理的重要组成部分,纳入城市管理的大平台,实行统一领导、统一协调、统一考核。各街道办事处要将住宅区物业管理工作纳入辖区城市管理工作范畴统筹考虑,综合协调解决住宅区物业管理中遇到的各类问题。

(二)分级负责、属地管理的原则

住宅区物业管理工作的重心在街道和社区, 各街道办事处必须充分发挥综合管理的工作优势,积极采取有效措施,进一步整合管理资源,明确责任主体,落实管理责任,强化协调服务和考核监督, 真正将各类住宅区的物业管理工作职责落到实处。

(三)权责统一、保障到位的原则

区各行政主管部门要按照权责相统一的原则,科学划分住宅区物业管理的职责和义务,尽可能下放相关管理职权,积极为街道办事处综合管理协调创造条件,为街道办事处做好住宅区物业管理工作提供保障。

二、管理机构及职责分工

(一)区政府成立住宅区物业管理工作领导小组,负责辖区内住宅区物业管理工作的领导和组织工作,落实综合协调管理职责,并根据工作实际,制定本区物业管理相关政策措施。并将其纳入全区城管平台进行统一检查和考核。

(二)区房产局具体负责辖区物业服务行业的指导监督、物业管理工作的业务指导和人员培训,物业管理工作绩效考核等相关工作。并按照市城管办下发的《南京市住宅区管理工作考核暂行办法》, 参与对各街道办事处住宅区管理相关工作情况的考核和指导。

(三)街道成立住宅区物业管理工作领导小组,负责本辖区内住宅区物业管理的领导和组织工作。街道、社区作为住宅区物业管理工作的实施主体,主要负责将住宅区物业管理工作纳入社区居委会工作的重要内容,融入社区综合管理;建立投诉受理和联动协调机制, 受理调解本辖区物业管理方面的投诉;参与辖区物业管理招投标、物业服务企业资质审核、物业管理区域划分,续筹与审核物业维修资金使用情况,检查考评物业服务质量,监管物业管理项目交接等工作;牵头组织业主大会召开和业主委员会选举,备案业主委员会选举结果,指导和监督业主大会、业主委员会日常运作,并对暂不具备市场化条件的住宅区提供基本的有偿物业服务。

(四)区市容局负责指导协助街道做好住宅区卫生保洁工作, 住宅区垃圾转运和处理, 查处和治理住宅区内的占道经营、饲养家禽、毁绿种菜、倚门开店、违法搭建等影响市容的违法行为。

(五)玄武工商分局负责加强企业登记审查,协助街道做好对物业企业的行政管理;经常开展对住宅区内摊点违法经营进行专项整治。

(六)区体育局负责住宅区内建设健身场地,健身设施设备设计拼装,现有器械维修养护。

(七) 区物价局负责对住宅区内物业收费标准进行审批和备案,对物业管理活动中的各项收费进行检查和管理,对超标准和超范围收费进行查处; 受理物业管理收费价格咨询及投诉,协调解决因物业管理收费引发的矛盾和纠纷。

(八) 区环保局负责对住宅区及周边的污染源依法实施监督管理,对违反环保法律法规的行为依法进行查处;对空调安装、住宅区开饭店排放油烟等涉及环保的投诉和纠纷进行调查处理。

(九)区建设局负责协调住宅区内路灯、道路、排污设施的新增和维修，负责协调住宅区内绿化管理工作的指导和移树修枝、绿地变动的审批。

（十）玄武公安分局负责指导住宅区的治安管理和秩序维护，督促各派出所协助街道、社区管好住宅区的治安秩序，协助做好住宅区的联合执法和群体性事件稳控工作。

（十一）交警一大队负责指导和协助各街道办事处物业服务中心对住宅区内的停车位划线；对住宅区内严重阻塞交通、阻碍消防通道、乱停乱放等行为采取强制措施。

（十二）区委宣传部、区财政局、区地税局、区劳动和社会保障局、区司法局、区信访局等相关部门按照各自职责，分工协作，密切配合，共同做好住宅区管理的相关工作。

三、工作机制

物业管理既是城市管理的重要内容，也是社会管理的重要组成部分，在目前"两级政府、三级管理"的工作体制下，各街道要进一步加强和完善街道办事处体制创新工作建设，将住宅区物业管理工作纳入街道办事处工作范畴，明确街道分管领导和责任科室，并根据辖区规模和工作量，落实相应的管理人员和工作经费。

（一）区政府根据全区物业管理发展规划和相关法规，制定本辖区物业管理行业发展计划和扶持措施；建立物业管理工作联席会议和综合协调制度、监督管理和矛盾调解制度、老旧住宅区财政补贴制度等长效工作机制，进一步提高相关管理服务水平，逐步实现住宅区管理高效率和全覆盖。

（二）按照宁政发〔2009〕284 号《市政府关于印发〈南京市加强住宅区物业管理工作的实施意见〉的通知》规定，街道办事处应设立由分管主任牵头的物业管理办公室，并分别设立"两站一中心"：

1、设立街道物业管理矛盾投诉调解站。调解站主要是在市物业管理行政主管部门审定后，聘用专职人员，受理物业管理方面的投诉。物业管理矛盾投诉调解站依托街道司法所开展工作，其日常工作经费由市、区两级政府统一安排；相关工作纳入街道大调解工作序列，接受市、区司法、房产部门业务指导。

2、设立街道物业应急维修服务站。各街道根据实际，在辖区内选择若干信誉好、实力强的物业服务企业或房产经营有限公司的房产维修中心作为维修加盟单位，为辖区内无物业管理住宅区的房屋排险、下水管道堵塞、水电故障等突发情况，提供有偿应急维修。

3、设立街道物业服务中心。该中心为保本微利的服务企业，依托洁安序物业公司开展工作。主要是向暂不具备市场化物业管理条件或无人管理的住宅区提供有偿的基本物业服务。基本物业服务的内容主要包括公共秩序维护、清扫保洁、绿化养护、共用部位、共用设施设备日常维护管理、下水道疏通、化粪池清理等。"两站一中心"符合条件的，可享受相应的财税、就业扶持政策。"两站一中心"具体组织实施办法按宁住管[2009]1号《关于印发<南京市街道物业管理矛盾投诉调解站实施方案>、<南京市街道物业应急维修服务站实施方案>和<南京市街道物业服务中心实施方案>的通知》的文件精神执行。

（三）因地制宜，实行分类管理。街道办事处必须对辖区内住宅区进行全面调查摸底，并根据实际情况，因地制宜地实行分类管理；逐步实现辖区内住宅区物业管理全覆盖，物业费收缴率平均达 90%以上。

1、已实施市场化物业服务的住宅区，应强化对物业服务企业的监管措施，指导业主大会和业主委员会规范运作。

2、通过整治出新、具备市场化物业管理条件的旧住宅区，应按照相关程序选聘物业服务企业，实行专业化的物业管理。

3、自管房住宅区，相应管理单位要切实担负起物业管理责任，并接受街道办事处对住宅区的日常监督指导，不断提高管理服务水平。

4、原产权单位无力托管、业主无法自行管理、也暂不具备市场化物业管理条件的旧住宅区，统一由街道物业服务中心提供基本物业管理服务，逐步向市场化过渡。

5、实施业主自行管理的住宅区，业主可向街道"两站一中心"申请物业管理矛盾投诉调解和应急维修服务。

6、经济适用住房作为政府保障性住房，原则上统一由街道物业服务中心提供物业管理。按规定配套建设的商业用房经营收益，可用于补贴经济适用住房小区物业服务的亏损。

（四）建立联席会议制度，协调化解各类矛盾纠纷。区、街道办事处、社区居委会分别建立由相关部门和单位参加的三级联席会议制度，进一步加强住宅区物业管理联动协调机制，解决本区域住宅小区物业管理中存在的问题和矛盾，真正实现齐抓共管和综合治理。

四、保障措施

（一）为顺利开展住宅区物业管理工作，各相关职能部门应及时调整、下放行政职能，形成权责相统一的工作机制。

（二）区房产局结合住宅区物业管理体制创新工作，继续推进全区旧住宅小区的整治出新工程，将符合条件的老旧小区分批列入全市小区整治出新工作计划，逐步改善居住环境，完善基础设施，为实施物业管理全覆盖创造条件。

（三）根据宁价房〔2009〕326 号《关于加强街道物业服务中心物业服务收费管理的实施意见》的文件精神，老旧小区物业服务费收费标准为每月每平方米 0.20 元-0.40 元。小区服务企业与业委会或管委会签订服务合同，明确收费标准后，到区物价局进行备案。为保障困难户和低保户的利益，各街道在民政部门的协助下，对困难户和低保户采用先征后返的方式，进行补贴。

（四）为解决部分老旧小区和经济适用房小区物业费收缴标准较低、困难人群"先征后返"造成的经费不足问题，根据宁房物[2009]235 号《南京市老旧住宅区物业管理效能考核和市级财政补贴办法》的文件精神，市、区、街三级根据年度管理效能考核情况，分别给予适当的财政补贴。市级财政自 2010 年起，分三年对考核达标的小区给予补贴，区政府根据我区经济发展情况给予补贴并适时调整区、街补贴标准。2010 年区政府拿出 350 万元对考核达标的小区给予补贴，街道暂按每年每平方米 0.5 元标准给予补贴。

（五）各街道应通过多种形式，加大物业管理法规的宣传力度，引导住户树立"花钱买服务"的消费理念，协助服务企业收取物业服务费，破解长期欠缴问题，形成良好的物业管理氛围。

五、考核管理

(一)考核对象

各街道办事处

(二)考核方式

按照宁管字〔2009〕11号《南京市城市管理考核办法（试行）》和宁管字〔2010〕1号《南京市住宅区管理工作考核暂行办法》，住宅区物业管理工作考核，采用“市、区、街”三级考核模式，对各街道实行百分制量化考核。考核分值分配如下：住宅区管理考核60%（体制机制运作30%，住宅区管理规范30%）；问题菜单整改率30%；督查菜单10%。该考核分值占城市管理考核体系中行业管理考核分值的15%。

(三)考核内容

体制机制运作30分，问题菜单整改40分（问题菜单整改30分，督查菜单10分），住宅区管理规范30分，具体考核评分细则见附表。

(四)考核要求

1、市政府委托市住建委房管局牵头、区房产局参加，每月对各街道的住宅区管理实效以抽查、暗访的方式进行考核。

2、区政府定期对辖区内街道办事处、社区居委会住宅区物业管理工作的实施情况及矛盾纠纷的处理情况进行检查考核。街道办事处、社区居委会负责对辖区内住宅区物业服务企业和其他管理单位进行日常检查考核。

3、区城管办将住宅区管理工作效能的月度考核情况纳入《南京市城市管理考核办法》的考核体系中实施奖惩，对各街道进行考核，严格奖惩兑现。

本意见自发布之日起施行。

玄武区扬尘污染治理工作方案

当前，我区城市建设处在快速发展阶段，城市各类施工建设不断增多，施工工地、渣土运输和道路扬尘已成为城市环境空气中可吸入颗粒物居高不下的主要原因之一。根据区委、区政府建设现代化国际性人文绿都标志区的要求，结合我区扬尘管理工作现状，进一步明确责任、落实管理，切实改善我区大气环境质量，制定玄武区扬尘污染治理工作方案。

一、指导思想

以党的十七大精神和科学发展观为指导，以《南京市大气污染防治条例》和《南京市工程施工现场管理规定》为依据，以有效控制城市扬尘污染、改善空气环境质量为目标，采取强化组织领导、强化监管责任、强化监测监控、强化督察考核等措施，形成长效管理机制，使扬尘污染的防控措施得到切实落实，扬尘污染对城市空气环境质量影响得到有效降低。

二、组织领导

城市扬尘污染治理是城市管理的重要方面，涉及到房屋拆迁、建筑工地施工、道路施工、渣土运输、企业堆场等扬尘污染。为便于统一指挥调度，实时收集污染投诉信息，及时处置扬尘污染，根据市委市政府“三个发展”、“三个提升”所明确的职能分工，成立扬尘污染治理领导小组，分管副区长担任组长，区环保局、区城管局、区住建局等部门相关负责人担任副组长。扬尘污染治理领导小组下设办公室，办公室的任务为：明确部门职责和分工，督察考核扬尘污染控制工作；通报扬尘污染状况和控制工作成效；协调部门联动；公布举报监督电话，接受群众投诉，及时掌握扬尘污染信息，根据举报情况督促相关部门处理。

三、职责分工

依据《中华人民共和国环境保护法》、《南京市大气污染防治条例》和《南京市工程施工现场管理规定》规定，地方人民政府对环境质量负责。区相关职能部门分工如下：

（一）区环保局负责对本区大气污染控制进行统一监督管理，负责组织扬尘污染专项监测，具体负责企业扬尘污染控制的监督管理，征收扬尘排污费。

（二）区住建局负责对本区建筑工程施工现场、市政公用工程施工现场及园林工程施工现场扬尘污染控制进行监督管理。

（三）区城管局负责对本区工程施工产生的建筑垃圾、工程渣土的处置和运输途中的扬尘污染控制进行监督管理。

四、工作要求及标准

各工地主管部门必须严格落实工地源头管理的关键环节，督促所有工地必须落实“四有两不”（有围挡、有硬化、有冲洗设施、有保洁人员，落实车轮车身不带泥、装载不超高）措施和要求后方能从事建筑垃圾、工程渣土运输。

(一)区环保局

1、目标防治措施

堆放易产生扬尘污染物料的堆场和露天仓库地面进行硬化处理，并采用混凝土围墙或考天棚储库，配备喷淋或者其他防治扬尘措施；采用密闭输送设备作业的，在落料、卸料处配备吸尘、喷淋等防尘设施，并保持防尘设施的正常使用；在工地出口处设置车辆清洗的专用场地，配备运输车辆冲洗保洁设施；划分料区和道路界限，及时清除散落的物料，保持道路清洁。

2、部门监管举措

督促企业采取有效措施，做到有覆盖、有喷淋，控制工业企业扬尘污染；督促责任单位落实市城管平台交办的扬尘污染事件的整改；在全区范围内开展扬尘污染专项监测，每月发布监测结果。

3、考核标准

目标防治措施落实，部门监管举措到位；企业各类堆场无扬尘产生；施工现场出口处有清洗车辆的专用场地，配备车辆冲洗保洁设施，无扬尘产生。

(二)区住建局

1、目标防治措施

建筑施工工地四周设置不低于2米的硬质密闭围挡，围挡下方不允许渗排污水，施工作业层外侧使用密目安全网进行封闭；施工工地进出口道路硬化并保持清洁，出口处设置冲洗设施以及配套的排水、泥浆沉淀设施，施工及运输车辆驶出施工现场前对车箱、车体及车轮进行冲洗；施工工地内堆放水泥、灰土、砂石等易产生扬尘污染物料的，有遮盖或者在库房内存放；

建筑垃圾、工程渣土应当在48小时内完成清运，不能按时完成清运的，应在施工工地内临时堆放并采取围挡、遮盖等防尘措施，不得在施工工地外堆放建筑垃圾和工程渣土；在建筑物、构筑物上运送散装物料、建筑垃圾和渣土的，应采用密闭方式清运，禁止凌空抛撒；不得在施工现场搅拌混凝土；闲置3个月以上的施工工地，应对其裸露泥地进行临时绿化或者采用铺装等防尘措施；工程项目竣工后，应平整施工工地，并清除积土、堆物，不得使用空气压缩机清理车辆、设备和物料的尘埃。

2、部门监管举措

落实市政公用工程施工现场扬尘污染治理责任主体；将扬尘污染治理纳入文明施工措施考评及竣工验收，落实扬尘污染治理措施费；强化对市政养护工地的环境管理，减少土方开挖面积，尽可能缩短施工时间，尽快清理施工渣土，将扬尘污染控制在最低限度；加强对市政工程工地扬尘防治工作的监管，加大检查频次，督促责任单位落实市城管平台交办的扬尘污染事件的整改。

3、考核标准

目标防治措施落实，部门监管举措到位；市政公用工程施工现场无扬尘产生；施工现场无混凝土搅拌和燃烧沥青；施工泥浆未经处理不得排入城市管网；工地内堆放的物料采取喷洒、覆盖等，做到无扬尘；施工现场出口处有清洗车辆的专用场地，配备车辆冲洗保洁设施，无扬尘产生。

（三）区城管局

1、目标防治措施

运输建筑垃圾、工程渣土（泥浆）的车辆实施全密闭运输；全区道路采用机械化洒水清扫或高压水冲洗；违章建筑拆除，落实相应扬尘污染控制措施。

2、部门监管举措

落实“五巡一快”扬尘控制管理制度，即每日对主次干道实施早巡查和日间巡查各一次、每日对施工工地实施巡查、每周对城郊结合部实施巡查、对渣土弃置场地实施高频巡查，快速处理已形成的污染，有效控制渣土在装载、运输和弃置过程中产生的扬尘污染；采取全区统一整治与区域联合整治相结合、定期整治与突击整治相结合、专项整治与综合整治相结合等措施，每月组织一次渣土运输专项整治行动，规范渣土运输行为，对渣土运输车辆行驶路线和渣土弃置地点实施全程监控，控制渣土运输途中产生的扬尘污染；严格实施建筑垃圾处置作业信用考核办法。

3、考核标准

目标防治措施落实，部门监管举措到位；渣土运输车辆外观清洁、不超载漫溢，行驶途中无抛洒滴漏、无扬尘产生；渣土堆场无扬尘产生；全区道路（街巷）路面保持清洁，清扫过程无扬尘产生，无焚烧垃圾现象；违章建筑拆除现场无扬尘。

（四）各街道办事处按照属地管理原则积极配合职能部门做好扬尘污染控制工作。

五、督察考核

扬尘污染控制是一项持续性、长期性工作，需要各部门常抓不懈才能取得成效。

（一）各责任部门、单位要制定扬尘污染控制工作方案，明确职责分工，健全长效管理体制机制，组织督察考核，督促落实监管责任，确保辖区扬尘污染控制在优良标准以上。

（二）区环保、住建、城管等部门要切实履行法律法规赋予的扬尘污染监管职责，将扬尘污染治理工作列入本部门日常工作计划之中，做到有计划、有措施、有督察、有考核。将扬尘污染治理成效与施工单位的验收和评比相挂钩，对控尘不力的企业延期验收、责令整改并取消相关评比资格。

（三）区环保局作为全区扬尘污染监督管理的牵头部门，承担全区扬尘污染的组织协调、监测、督察和考核的职能，保证每天对辖区内各类工地和堆场进行巡查。对发现的问题，要向施工单位下达《环境监察意见书》，对问题突出的要以整改菜单的形式上报市大气质量整治领导小组办公室。

（四）根据南京市城市管理委员会办公室《关于调整行业管理考核内容的通知》，扬尘污染控制已纳入区城市管理的考核内容，考评成绩也作为年度区长环境保护工作目标考核内容。市环保局将每月向市城市管理委员会报告全市及各区扬尘污染监测结果、扬尘污染事件查办结果及各区县和市相关职能部门的考核成绩，按《南京市城市管理办法（试行）》规定落实奖惩。全区各责任部门、单位要高度重视扬尘污染治理工作，区监察、环保等部门将组成联合督查组，对相关职能部门落实本实施方案情况进行督查，对行政不作为的，追究有关领导和直接责任人的责任。

关于表彰第二届“感动玄武”十大人物的决定

各街道、系统，区机关各部门：

为引导广大市民自觉践行社会主义核心价值体系，努力形成学习先进典型、崇尚先进典型、争当先进典型的热潮，以先进人物的高尚精神感召人、引领人、激励人，经各街道、系统推荐，广大干部群众投票评议和区文明委审核，现授予唐万东等第二届“感动玄武”十大人物称号并予以表彰。

希望受到表彰的个人珍惜荣誉，再接再厉，充分发挥模范带头作用。全区广大干部群众要以先进人物为榜样，学习他们的高尚品格和道德情操，继续发扬“感动玄武”各类典型的精神，为全区“三个发展”做出新贡献。

附：第二届“感动玄武”十大人物名单

第二届“感动玄武”十大人物名单

一、敬业奉献类

唐万东（玄武门派出所民警）

王　婷（海英小学数学教师）

王修小（区环卫所环卫工人）

马宁玲（新街口街道香铺营社区主任）

朱丽玲(锁金村街道锁三社区主任)

二、助人为乐类

胡文凯(新街口街道成贤街社区居民)

杨　俐(江苏龙者科贸发展有限公司董事长)

汪乃钰(梅园街道兰园社区居民)

刘永苑(后宰门街道半山园社区居民)

三、孝老爱亲类

成息红(玄武门街道大树根社区居民)

关于表彰南京市玄武区教育系统“第七届斯霞式人民教师”的决定

各街道、系统,区政府各部门:

为大力弘扬斯霞老师的精神,区教育系统十几年来坚持在全区教职工中深入开展“教师学斯霞”活动,教师队伍中涌现出一大批爱岗敬业、教书育人的先进典型。为进一步促进师德师风建设,区教育系统组织了“第七届斯霞式人民教师”评选活动。通过民主推荐、网上投票、评审、公示等程序,经区政府研究,决定授予屠燕雁等十名同志南京市玄武区教育系统“第七届斯霞式人民教师”的光荣称号。

希望受到表彰的同志戒骄戒躁,再接再厉,将斯霞精神发扬光大。希望各校(园)扎扎实实开展学习先进的活动,加强教师队伍建设,引导教师以打造让社会、家长、学生满意的优质教育为出发点,模范遵守教师职业道德规范,为构建和谐玄武,推进教育现代化强区建设做出新的贡献。

附:南京市玄武区教育系统“第七届斯霞式人民教师”名单

南京市玄武区教育系统“第七届斯霞式人民教师”名单

南京市第九中学	屠雁燕
南京市梅园中学	章　磊
南京市人民中学	钱　敏
南京市紫东实验学校	张德敏
南京市半山园小学	徐朝峰
南京市海英小学	汪劲松
南京市长江路小学	林　艳
南京市珠江路小学	郭晓露
南京市锁金新村第二小学	杭海燕
南京市北京东路小学附属幼儿园	马　骏

2010年新闻媒体报道题录

新华日报

1月9日　北京东路小学举行新年吟诵会图片(李月宁)

1月14日　南京市玄武区有个爱心万人团队——党员义工:热了自己暖了群众(刘艳元　庾康)

3月4日　大石桥社区的党员群众踊跃报名参加志愿者活动图片(张安福)

3月5日　南京玄武区房产系统组成党员义务服务队图片(肖勇)

4月21日　南京长江路小学舞蹈团训练图片(李月宁)

5月5日　南京玄武区:“五型”为抓手提高非公企业党建水平

6月3日　南京一中学将课本搬上舞台(李月宁)

6月8日　南京月苑小学孩子们喝上安全、健康的直饮水图片(李月宁)

6月12日　全国首个社区消防工作站挂牌(高景峰　曹勇兵　窦礼念)

6月21日　全省检察机关先进工作者名单

7月2日　玄武区园林工人头顶烈日为街头花卉松土图片(葛讯)

10月27日　南京地税局玄武分局干部走进徐庄软件园解读《纳税指南》(张葳)

10月28日　“限高令”显威力　一老赖速还钱(曹旭超　王晓映)

11月27日　南京长江路小学小朋友们参与“温暖寒冬”捐赠活动图片(张安福)

南京日报

1月6日　玄武工商截获假“丰田”汽配(玄经　周爱明)

1月7日　机关结对社区解决群众难题(徐翠茹　赵子慧)

1月11日　玄武居家困难残疾人将有护理补贴(刘必军　汪顺培　赵子慧)

1月14日　玄武:拆迁现场有了《监察通告》(吴春风　张志国　许震宁)

1月19日　玄武警方连续四年资助溧水乡村(杨维斌)

1月19日　玄武地税分局组建纳税服务小分队图片(刘伟　张葳)

1月19日　老党员捐奖金发起成立“温情基金”(陈玉梅　赵子慧)

1月21日　为申办青奥会加油图片(徐琦)

1月21日　玄武区“四进社区、三下乡”活动启动——礼仪服务送到居民身边(汪顺培　王茸)

1月22日　“玄外”报名打响小升初择校“大战”第一枪

1月26日　首届“社区双十佳”今起公示(施惠宇)

2月4日　玄武非公企业争相“点菜”(毛庆　张浩)

2月5日　道德模范走进社区谈体会——“做被需要的人是快乐的”(赵子慧)

2月22日　玄武地税分局辅导财务人员所得税汇算清缴(张葳)

2月23日　玄武区教育局局长张利明——率先发展、胜景沓至的玄武教育

2月23日　玄武地税分局推进数字化纳税服务图片(张葳)

2月27日　玄武区给领导干部离任交接“定规定”(毛庆　江涛)

3月1日　玄武成立爱心基金资助民工子弟上学(汪顺培　赵子慧)

3月2日　玄武地税分局干部走进企业征求意见建议(余蕊　张葳)

3月3日　拍摄2014张笑脸祝福青奥会(朱永超　谢登梅)

3月10日　执法人员打假,商户关门躲避(姚远)

3月16日　玄武地税分局广泛开展纳税服务图片(张葳)

3月16日　珠江路创建诚信街区(陈振昌)

3月17日　无物管的樱铁村小区实现“物业管理”(杨维斌　徐涛)

3月19日　幸福社区评选　居民争晒幸福(汪顺培　姚文玮　赵子慧)

3月20日　玄武首试社区服务项目“公益创投”(侯锦阳)

3月22日　民警献血救受害人感动嫌犯父母(徐涛　杨维斌)

3月22日　小区保洁好不好　社区参与考核(姚文伟　赵子慧)

3月23日　南京首单集合票据“玄武一号”将发行(侯锦阳)

3月23日　2010年度物业管理先进单位名单(宁建新)

3月24日　占道卖水果图片(王成兵)

3月25日　南京市2009年“慈善一日捐,济困送温暖”活动

3月29日　与青奥共成长图片(姚远)

3月29日　玄武地税分局制作宣传橱窗入驻72家社区图片(张葳)

3月31日　玄武民国文化游再添新内涵(志芹　谢臻　刘蒙丹)

4月3日　迎世博强巡防千名保安誓师图片(杨维斌　王成兵)

4月7日　明城墙下添新游园图片(高沁　崔晓)

4月8日　十大群众性文明创建优秀案例揭晓(施宣)

4月8日　奇特的球形显像仪图片(徐琦)

4月15日　趣味运动迎青奥图片(徐琦)

4月15日　玄武警方向居民“报平安”(杨维斌　徐涛)

4月20日　小老外青睐中国画图片(吴彬)

4月20日　玄武区“招商大戏”紧锣密鼓(宋晓辉　汤浩　赵子慧)

4月22日　将军到社区义务讲课(方志秀　李金虎　赵子慧)

4月23日　玄武区:推进经济实力向国防实力转化(王林军　董荣)

4月23日　高起点加快经济发展方式转变,实现玄武区科学发展的新跨越(李冀)

4月27日　职工技能大比拼图片(吴彬)

4月27日　玄武:打造宁台合作平台,推动产业转型升级(左斌)

4月28日　重洽会玄武专场,宁台交流氛围浓(左斌　张明亚　赵子慧)

5月10日　用服务“对接”发展——玄武工商服务“三个发展”纪实(王小飞)

5月10日　清洁环卫,美好家园——玄武区环卫工作创新之路系列报道一(杨鸿新　赵子慧)

5月11日　机械化作业,让保洁更高效——玄武区环卫工作创新之路系列报道二(杨鸿新　赵子慧)

5月11日　玄武:新任领导干部须进行廉政考试(杜宏亮　宁纪研　许震宁)

5月12日　小区院落精细化管理,让家门口天天都干净——玄武区环卫工作创新之路系列报道三(杨鸿新　赵子慧)

5月12日　外地锁匠来宁“开门”行窃(徐涛　杨维斌)

5月13日　共享清洁环卫成果,保洁员首次住上公寓——玄武区环卫工作创新之路系列报道四(杨鸿新　赵子慧)

5月17日　破解外部协调难题,实施整体作业方案——玄武区环卫工作创新之路系列报道五(杨鸿新　赵子慧)

5月17日　南京卷烟厂老厂房地块打造“慢生活”(汤浩　赵子慧)

5月17日　玄武:扶残助残　有你有我(庄宏伟)

5月18日　干部带头,造就拉得出打得响的环卫铁军——玄武区环卫工作创新之路系列报道之六(杨鸿新　赵子慧)

5月19日　旧住宅区管理体制创新的“南京样本”

5月19日　住户认可,体制创新逐步走向深入

5月20日　玄武工商:温馨提醒及时年检(玄工)

5月20日　直升机空中警戒,近千大要案犯安全转押(徐涛　宁公宣　陆楚)

5月21日　玄武区选拔青奥志愿者形象大使(汪顺培　赵子慧)

5月21日　“青奥进校园”走进十三中红山校区(朱永超)

5月21日　享受与孩子一起成长的幸福——长江路小学校长宋红斌当了26年“孩子王”(赵子慧　汤浩)

5月26日　重视民情　反映民意　集中民智　改善民生

5月28日　步行10分钟就有社区服务站(王荣　汪顺培　赵子慧)

6月2日　“学习节”提升社区文明程度(汪顺培　赵子慧)

6月3日　26个社区当选“绿色社区”(徐小坫　邵艺　刘远)

6月5日　自动加热饮水台进校园(吴彬)

6月6日　玄武区走进上海对接世博(赵子慧)

6月7日　"江""湖"汇聚　共襄盛举——"对接世博.玄武之夜"上海招商专场活动掠影(汤浩　汪顺培　杜景南　赵子慧)

6月7日　玄武区奖励著名商标企业(玄工)

6月9日　九中学子踏上520天"火星之旅"(美芳)

6月11日　南京7校成省级"经典诵读基地"(华中文　谈洁)

6月11日　新街口地区成立青年联合会(陆海燕　赵子慧)

6月13日　税徽在玉树灾区绽放异彩——记南京地税玄武分局青年志愿者解成龙抗震救灾事迹(孙军　戚宁炫　尹志鹏)

6月17日　南京市民心中的"口碑名校"——记南京市人民中学(李鸣　武英江)

6月18日　玄武区将建18个"老年宜居社区"(邢建峰　杜亦珉)

6月18日　保洁员义务照顾社区残疾居民(杨鸿新　赵子慧)

6月22日　地税玄武分局深入1912街区企业开展服务(张葳)

6月27日　自编社区"百科全书",服务新南京人(杨维斌　徐涛)

6月29日　社区老党员义务教唱歌7载(李静　金虎　赵子慧)

6月30日　玄武区开展"文明交通进社区"活动(汪顺培　王成兵)

7月1日　"最帅交警"刘宇获评优秀共产党员(徐涛　马婉霜　许政　王瑰杰)

7月2日　居民不出家门可享社区服务(汪顺培　赵子慧)

7月7日　徐庄将建全市高层人才服务分中心(陆丛林　赵子慧)

7月8日　玄武警方开通户政办理网站(杨维斌　徐涛)

7月9日　在有限的空间里做出大文章(刘晓)

7月11日　药大在宁成立社区药学服务基地(吴婧　孙琳)

7月12日　玄武工商半年新增注册资本38亿元(玄工)

7月12日　玄武工商分局局长王志坚率工作组走访区重点企业(玄工)

7月13日　玄武地税分局为税收征文获奖中学及个人颁奖(张葳)

7月14日　名为卖"黄碟"实则敲诈勒索(王晓华　李民　朱晓露)

7月18日　一诺千斤(葛妍　张颖)

7月19日　物联网研究与产业化中心落户徐庄(汤浩　陈楠　赵子慧)

7月19日　"手佳"志愿者服务队成立(汪顺培　陈楠　赵子慧)

7月20日　擅自挖掘道路遭城管重罚(李奇鸣)

7月20日　玄武团委为大学生提供暑期实习岗位(谢登梅　王茸　邓木子)

7月29日　劳模巧手排堵化解邻里纠纷(武旭昶　马淑红)

8月2日　我市11个区县获省双拥模范称号(张新民　练红宁　杨逸　许琴)

8月9日　玄武工商分局印发5000张明信片宣传"放心消费创建"

8月13日　查处小锅炉(杨维斌　王成兵)

8月13日　火车站附近4家"黑旅馆"被查封(杨维斌　徐涛　王璇)

8月17日　单身男女配对包饺子考验默契(陈楠　赵子慧)

8月18日　消防演练(杨维斌　王成兵)

8月18日　十三中选手全国电脑大赛拔头筹(玄宣)

8月22日　竟在天然气管道上盖违建(王健　奇鸣　于萍)

8月23日　出新道路,10个路段"扛红旗"(王健　宁成贤)

8月23日　锁金三村,老小区展现新面貌(陈楠　赵子慧)

8月23日　少儿跆拳道也精彩(李星杰　王成兵)

8月27日　"除四害"不力,7街道被处罚(王健　宁成贤　叶昊)

8月30日　舞动起来迎青奥(李天安　王成兵)

8月31日　玄武地税携手南京餐饮协会走进纳税人之家(张葳)

9月1日　六城区最新公共文明指数测评结果公布　(徐涛)

9月2日　美好心愿献青奥图片(吴彬)

9月4日　徐庄软件园争创"全国版权保护示范园区"(赵子慧)

9月4日　老问题一再出现,"一把手"要被问责(陈楠　赵子慧)

9月5日　徐庄软件产业基地,"智慧园区"呼之欲出(赵子慧)

9月5日　牛皮癣清理不彻底,墙上留下大花脸(江瑜)

9月5日　推出公共晾晒区,解决居民晾衣难(江瑜)

9月7日　用"童心母爱"育就芬芳桃李(吴丹　张皞　赵子慧)

9月8日　清洁月活动已覆盖90%小区(赵子慧　徐涛)

9月10日　第十二届珠江路电脑节9月26日开幕(孙敏　陈振昌　李新国　宋冰)

9月10日　玄武区民政局婚姻登记处100多对青年男女申领结婚证(王成兵)

9月11日　"只有全心爱孩子,才能当个好老师"(陈燕　吴丹　赵子慧)

9月11日　多项法律服务一个窗口搞定(朱晓露　周艳红)

9月13日　玄武工商助老企业焕发新活力(王小飞)

9月13日　小区清洁月,10天清出3万余吨杂物(徐涛)

9月14日　年底前七十个小区完成出新图片(徐琦)

9月16日　苏台顶级创意专家"智慧对决"(杜景南　罗薇薇)

9月16日　台湾成品书局落户玄武(汪顺培　张明亚　赵子慧)

9月16日　南京市玄武区统战部组织医疗专家为群众送上

保健知识宣传册(张安福)

9月17日　珠江路启动低碳行动(陈振昌　李新国)

9月29日　玄武区"六项制度"构建安全防火墙

9月29日　中华中学、十三中新校长上任(钱红艳)

10月19日　玄武地税分局宣讲《纳税指南》图片(张葳)

10月21日　5位孝老爱亲模范走进玄武宣讲事迹(王子吕娟　赵子慧　王茸)

10月22日　"文交会"一批特色项目落户玄武(汤浩　赵子慧)

10月24日　创业人员可获四种补助(顾雯　苏勤)

10月25日　玄武法院首发"限高令"禁止"老赖"坐高铁

10月28日　整治报刊亭并非"一律移除"(查金忠)

10月29日　开创社会建设工作新局面(许琴)

10月31日　玄武区纪检监察机关实施"正名制"(吴春风　吴桂红　许震宁)

11月1日　玄武区启动"号岗联动、牵手助困"活动(毛庆　秦洁　韩斌)

11月2日　长江路小学应征作品近千幅(朱永超)

11月3日　地税玄武分局建成税收文化教育基地图片(张葳)

11月6日　玄武门环境整治一新(崔晓)

11月7日　街巷出新图片(崔晓)

11月18日　就业与升学并重　玄武中专创新求发展(钱红艳)

11月22日　玄武区工商分局设立12315联络站和青少年维权教育基地(王小飞)

11月22日　责任在心　奉献于行——记南京市玄武区人大代表宋红斌(刘必军　姚宇军　胡晓鹏)

11月25日　玄武设立社区公益金解决群众生活小难题(许琴)

11月26日　东大社区有个院士服务站(吕娟　王茸)

11月29日　沈洪和她的"小实习蜜蜂乐园"(侯锦阳　汪顺培)

11月29日　麒麟科技创新园玄武片区拆迁启动(侯锦阳)

11月29日　玄武工商编织校园食品安全网(王小飞　常征)

12月2日　富升大厦消防设施瘫痪多年至今不能用(孙琳)

12月3日　夯实基础　强化检查　树立全员安全理念(郝丽君　张恺)

12月4日　深化领导干部学法用法

12月6日　我市举办大学生"青春健康"主持人赛(殷锦国)

12月7日　我市建成726家社区工会(工萱)

12月8日　玄武区16家菜场摊位费减半(侯锦阳　沈斌)

12月9日　老总开奔驰见女网友，遭"色诱抢劫"(杨维斌　徐涛)

12月11日　我市纪念斯霞老师百年诞辰(钱红艳)

12月15日　南师附小老师观展重温斯霞精神(张开泉　李鸣)

12月16日　玄武警方捣毁多个盗版碟窝点(杨维斌　王成兵)

12月20日　"三个提升"在玄武——

A问需于民　问计于民

B充分挖掘历史文化内涵，一批街巷成为特色文化街

C有绿有景有历史文化，城区新添4条景观大道

D夜间保施工白天保交通，整治出新用上多种新工艺

12月20日　出新后，玄武区多条街巷文化气息浓(汤浩　李天安　侯锦阳)

12月20日　11个老旧居住区换"新装"

12月22日　国际科技合作助推创新型经济发展(姬智　侯锦阳)

12月23日　警方明晚武装巡逻1912街区(杨维斌　徐涛)

12月24日　玄武：力争科技综合实力居全国同类城区前列(汤浩　汪顺培　侯锦阳)

12月24日　4名大学生入选玄武区"十佳社工"(汪水华　侯锦阳)

12月27日　徐庄软件园20余家民企喜迎"财神"(侯锦阳)

12月27日　玄武区半年办成60多件惠民实事(毛庆　秦洁)

12月27日　玄武工商打假维权出重拳(李晓伟)

扬子晚报

1月4日　寒潮挡不住小读者换书热，主办方用交通护栏"设防"

1月4日　书法操图片(宋峤)

2月4日　她请路管所"违规"装路灯(董婉愉)

2月26日　九中民乐团全国展演获奖(濮文　王璟)

3月1日　大学生社团模式引进中学(王璟)

3月9日　十多年她一直悄悄献血(董婉愉)

3月23日　南京54家企业上市，玄武区将促企业融资(董婉愉)

3月27日　玄武环卫工下月能"8小时工作制"了(李奇鸣)

3月31日　与青奥共成长图片

4月1日　玄武区发放2万多册《城管服务手册》(王晓　孔小平)

4月8日　社区老人学会网聊淘宝(赵有莉　董婉愉)

4月9日　为低保户修房(宋峤)

4月17日　心理受过伤，少盘会知道——锁金二村开了个心理诊疗室，为社区孩子"无语疗伤"(董婉愉)

4月24日　长江路小学"九小丫"，将上世博舞台"数鸭蛋"(严莉　王璟)

5月7日　南京首家民办学校实行"绩效工资"(张琳)

5月14日　小学生享受"研究生待遇"(王璟)

5月22日　教授研发产品如何闯市场？(董婉愉)

5月31日　社工做得好也能拿奖状(王璟)

5月31日　北安门社区老党员义务教群众唱歌7载(李金虎

宋峤)

5月31日　南师附小号召同学们参与"六一"社会实践活动图片(陆艳)

6月7日　爬山捡垃圾图片(王路宪)

6月8日　南京玄武门街道百子亭社区举办"吟童谣缝香包话端午"图片(吴萍　董婉愉)

6月10日　玄武区一半社区明年实现"老年宜居"(邢建峰　杜亦珉　戚燕)

8月12日　玄武区为居民免费安装防盗门图片(宋峤)

8月28日　玄武区112名校园保安新学期上岗(王璟)

8月31日　110名保安走进玄武校园(杨维斌　罗双江)

9月7日　北京东路小学附属幼儿园吴邵萍获"全国教书育人楷模"荣誉称号

9月27日　游泳世界亚军史欣回长小母校(严莉　王璟)

10月13日　争当"四好少年"图片(盛伟　薛玲)

10月14日　癌友获赠骑行装备图片(陈广宏)

10月22日　社区"小扬主任"辞职了(余阳　董婉愉)

10月23日　玄武区出新,又要拆除街巷书报亭(王亚楠)

10月23日　玄武区举办第二届"创业节"图片(苏勤　董婉愉　郑婕　宋峤)

10月23日　1912街区办广场音乐会(汪顺培　董婉愉　宋峤)

10月25日　法院"限高令"贴到老赖家门上(陈珊珊)

10月26日　一群女大学生身着古装唱"昆歌"——扬子社区行开到孝陵卫铁匠营社区

10月27日　自掏稿费办"图书漂流"(杨彦)

10月29日　讲台"常青树"讲授"和谐一课"(王璟)

10月29日　你拆掉的不仅是报亭更是城市的心灵(李军)

11月1日　梅园打造"四全三博两宜"社区(余阳　董婉愉)

11月10日　人口普查今天收尾(余阳　董婉愉)

11月20日　"孙悟空降伏无良小贩"图片(薛玲)

11月23日　玄武区引进创业人才每位可获5万元~10万元购房补贴(余阳　王卫庭　董婉愉)

11月23日　7000多位各类技术人才落户徐庄软件园(余阳　王卫庭　董婉愉)

12月8日　南理工与孝陵卫中学结对(冷静)

12月10日　小学生养菊评"花王"(朱晓菲　王璟)

12月13日　"扬子小记者"首站北小挂牌(王宛璐　杨彦　王璟)

12月14日　洪武北路小学学生参观"人民防空创立60周年"图片展(薛玲)

12月21日　梅园新村街道要求居民楼下的餐饮店逐步搬走(曹卢杰)

12月22日　成功破获锁金村砸车案,玄武警方2万元重奖专案组(杨难斌　罗双江)

12月23日　爱管"闲事"的保洁员(黄佩诗　薛玲)

12月25日　玄武十佳社工选出80后大学生占4席(董婉愉)

12月25日　银行信贷服务送到创业园(董婉愉)

12月28日　小偷谎称"出新"偷走50多扇防盗门(梅建明)

12月29日　扬子小记者"校园招募"火了,中小学生抢着"面对面"初选(王宛璐　王璟)

12月30日　玄武区明年推广社区图书馆(盛兰玲　杨娟)

金陵晚报

1月26日　十佳社区居委会主任名单公示

1月29日　5少年一天密谋两起命案(杨维斌　王海峰)

8月9日　5位南京人当选7月份"中国好人"

8月14日　整顿小锅炉(杨维斌)

11月6日　和朋友去领证　一句你结婚了雷倒小情侣(钱建芬)

12月20日　长江路汉府街即将动工,先雨污分流再"扮靓"(倪敏)

12月20日　南师附小增挂斯霞小学校牌(刘颖)

现代快报

3月31日　才出新的后宰门街怎么路面又裂了?

1912夜景

索引

Index

说 明

一、本索引采用主题分析法编制，按汉语拼音顺序排列，同音字按声调排列，音调相同按笔画排列，音调形相同则按下一字的音序排列。

二、主题词后的数字表示内容所在的页码。

三、特载、专记、大事记、统计资料、附录及概况条目不收入索引，不注栏别。

A

B

C

D

E

F

G

H

J

K

L

M

N

P

Q

R

S

玄武区发展和改革局

12 月 4 日，局长张仲全在科级干部竞争上岗演讲会上做动员

12 月 11 日，局长张仲全在全局干部会议上讲话

2010 年，玄武区发展和改革局充分发扬“牵头抓总勇担当、务实创新谋发展”的发改精神，真抓实干、大胆创新，为全区经济社会又好又快发展做出了贡献。按照工作职能，发改局主要承担全区目标制定、考核、规划编制、项目推进、金融工作、企业服务、软件工作、体制改革、农业管理等工作。始终坚持项目为本，围绕目标狠抓落实，切实加强市区目标的组织实施力度，强化目标执行中的预警预测，定期召开项目推进会，建立项目联系制度，做好项目全程跟踪，及时掌握目标进度，加大滞后项目推进力度，确保全年各项目标和主要指标圆满完成；始终坚持规划为纲，引领玄武未来发展，组织编制区“十二五”规划纲要、区总规，加强府校合作，充分利用顾问和专家委员会的智库作用，围绕重点片区编制重大专项规划，以规划、资源盘整和重大课题研究为抓手，切实发挥区委、区政府的参谋助手作用；始终坚持企业为核，不断强化服务意识，了解企业动态，做好跟踪服务，帮助企业积极争取政策和资金扶持，积极协调处理好企业改制中出现的多种疑难问题。在夯实基础工作的同时，对区域资源进行了 3 轮拉网调查，摸清了底数，并建立了资源信息库，同时，成功举办了重治会、金治会及徐庄（北京）专场推介会，招商工作取得积极进展。

物联网项目

金陵生物科技产业园

11 月 13 日，科技局局长徐劲松（右一）接受“国际科技合作基地”牌匾

举办“校企联盟”对接活动

玄武区科技局

XUAN WU QU KE JI JU

举办南京市“信息与未来”夏令营

2010 年，区科技局抓住南京市科技体制综合改革试点城市建设的有利契机，充分整合利用各类科技创新资源，增强企业自主创新能力、加快科技园区和服务平台建设，加大创新创业人才引进，使科技信息业对全区经济发展的贡献再上新台阶。全年区科技经费投入达 5290 万元，争取上级主管部门项目资金 4000 万元，推进重点产学研合作项目 40 项。

区科技局全年组织企业在国家、省、市成功立项 46 个，获得经费支持 4000 万元。其中，国家级科技项目 9 项，获得资助经费 505 万元；省级科技项目 8 项，获得资助经费 2650 万元。市级科技项目 29 项，获得资助经费 845 万元。

5 月 15 日，科普宣传周文艺演出

玄武区司法局

区委书记单景南（左二）调研司法行政工作

玄武区司法行政系统创先争优先进事迹演讲会

3月10日，在浮桥广场开展以“双促双助”为主题的广场咨询活动

2010年是全国司法行政系统恢复重建30周年，是“五五”普法最后一年。9月8日，玄武区司法行政服务中心正式揭牌成立并启动。中心总面积1200平方米，设有80平方米接待大厅，是法律服务和社区矫正等多功能综合性服务窗口。全年开展有关法律服务活动60余次，不断提高“法律服务夜市”的影响力；整理汇编《玄武法制宣传》宣传册，扩大法制宣传的覆盖面。

围绕区委区政府中心工作，做好法律服务和法律保障，为行政强拆办理证据保全62件，上门办证30次，为困难群众减免费用4.2万余元。全年共调解纠纷3419件，调解成功3368件，调处成功率98.5%，无一起因调处不及时而导致的民转刑案件发生；收刑释解教人员236名，帮教率100%，就业安置率98.9%；10家律师事务所与8个街道，以及63个社区、4个行政村分别建立服务共建联系制度。

开展党员义工法律咨询活动

玄武区人力资源和社会保障局

XUAN WU QU REN LI ZI YUAN HE SHE HUI BAO ZHANG JU

2010年，区人力资源和社会保障工作围绕民生“五有”目标，以“民生为本、人才优先”为工作主线，一手抓改善民生，一手抓服务发展，不断创新工作思路，工作整体取得新进展。全区新增就业岗位32217个，实现再就业19710人，援助就业困难人员就业2037人。落实政策援助就业。对1339名困难职工和失业人员进行慰问，支出专项慰问资金80.34万元；慰问企业退休人员特困家庭605户，金额60.5万元；鳏寡孤独496人，金额24.8万元；企业退休百岁老人1人，金额1000元；慰问在领失业保险金人员3532人，金额143.38万元。

区劳动保障综合服务大厅被评为全省人力资源和社会保障系统2008~2010年优质服务窗口，区人力资源和社会保障局被评为法治南京建设为民办实事先进单位、南京市残疾人就业工作先进单位。

区企业人力资源管理沙龙暨徐庄人力资源部长联席会

人力资源和社会保障局机构改革大会

述职评议大会

企业离退休人员迎青奥

玄武区机关离退休干部新春联谊会

玄武区物价局

XUAN WU QU WU JIA JU

11 月 14 日，南京市委书记朱善璐视察区进香河集贸市场经营和农副产品价格情况。

区物价局局长林宁（前右一）带队开展《价格法》宣传活动

省、市领导检查区市场主副食品价格稳定情况

2010 年，区物价局针对以农副产品为主的生活必需品价格持续上涨，坚持“稳价格、促发展、惠民生”为工作主线，落实国家及省市政府稳物价、保民生各项政策措施。加大农贸市场价格管理力度，落实“摊位费三个月减半征收”政策，对 30 多个主副食品价格实行日测日报监测制度，建立价格联席会议和市场巡查机制，规范农贸市场明码标价，公布主要副食品全区平均价，为群众的“菜蓝子”提供良好、有序、透明的价格环境。围绕“依法行政、文明执法、优质服务”文明行业创建主题，找准“服务发展、关爱民生、促进和谐”基层价格工作定位，抓学习、抓活动、抓作风、抓制度，全面加强队伍建设，提高价格服务水平和能力。获省价格工作先进单位、省文明行业、市文明单位、市价格调控和治乱减负目标责任制优秀单位、市“三信三优”竞赛活动先进集体等称号。

林宁局长走进社区办讲座

玄武区召开价格调控和治乱减负目标签字会

玄武区安全生产监督管理局

XUAN WU QU AN QUAN SHENG CHAN JIAN DU GUAN LI JU

副区长曹曙(左二)带队开展安全生产大排查、大治理工作

3月31日至4月2日，组织全区安全生产监管人员培训班

玄武区消防大队、玄武区安监局、公安玄武分局等单位在新世纪百货公司组织以“全民关注消防、生命安全至上”为主题的突发事件应急演练

2010年，玄武区安全生产工作在市安委会的关心指导下，紧紧围绕市安全生产工作意见和区委、区政府的各项工作任务，紧扣“转型发展、创新发展、跨越发展”的工作要求，以预防为主、加强监管、落实责任为重点，进一步深化、拓展和落实安全生产执法、治理、宣传教育“三项行动”和法制体制机制、保障能力、监管队伍“三项建设”各项工作措施，扎实推进安全生产形势持续稳定好转，实现全年生产安全责任事故零起数、零死亡，为全区经济社会又好又快发展提供更加良好的安全保障。

玄武区四套班子领导带队组成安全生产检查组

玄武区在大行宫广场举办“安全生产咨询周”启动仪式及广场咨询活动

玄武区人口和计划生育局

XUAN WU QU REN KOU HE JI HUA SHENG YU JU

区人口计生局 2010 年度目标责任签字仪式

2010 年是“十一五”人口计生事业发展的收官之年，区人口计生局全体干部，团结拼搏，克难奋进，圆满完成全年省、市和区人口计生工作目标任务。在省、市“十一五”人口计生目标任务评估和省“十一五”人口协调发展先进区考核验收中，综合排名位居全市 13 个区（县）之首。全区“世代服务”体系建设实现全覆盖；城市社区人口计生网格化管理服务模式进一步健全；婚育同步管理服务项目进一步充实；“和谐家园工程”各项任务顺利落实。承办了南京市人口计生信息化建设暨阳光政务现场会，代表南京市接受了国家人口计生委城市人口计生综合改革考评组的考核验收，国家人口计生委赵白鸽副主任、勾清明纪检组长和省、市人口计生部门领导对玄武区“十一五”人口计生工作给予高度评价。玄武区获省“十一五”人口协调发展先进区称号，全区人口计生工作在全区社会事业单位综合考核排名第二。

人口计生局党支部与营苑社区党支部结对共建

玄武区人民防空办公室

举办人防民防知识教育专题讲座

2010年，为配合市人防“准军事化”建设达标考核，新修订各项规章制度，更换办公设施，整体面貌得到改善。积极推进区地下指挥所建设。全面落实价格调控和治乱减负工作。按照区物价局要求，在保留的收费项目中，不乱收取费用，坚持持证亮证收费，全年未发生被举报、遭投诉情况。对照标准完善台账和相关资料，获2010年江苏省人防工作先进单位荣誉称号。

认真抓好防空警报器维护管理，对全区19台警报器做全面普查，提升全区防空警报管理队伍能力。组织工程使用和警报器维护单位的人员参加市人防办组织的专业培训，管理人员的业务水平和能力得以提高。举办一期人防、民防知识教育专题讲座，在继续做好常规性的教育外，在区教育局支持下，所有公办初级中学配齐人防教师。

开展广场宣传咨询活动

组织南理工大学生学习人防知识

玄武区人民政府法制办公室

XUAN WU QU REN MIN ZHENG FU FA ZHI BAN GONG SHI

区法制办主任 郭镰（左一）聘请万永松等为区法制办法律咨询委员

区法制办郭镰主任（右二）在区体育局进行案卷评查

2010 年，区政府法制办由区政府办合署机构调整为区政府工作部门，行政职能由原先的六大类调整为十大类，新增法律咨询委员会、行政执法监督员、政务公开、行政权力阳光运行等 4 项管理职能。先后被市法制办评为南京市政府法制信息工作先进集体、省法制办命名为“县级政府法制工作规范化建设示范单位”。

实行规范性文件备案审查制，规范审查程序，执行区政府法制办前置审查、区政府常务会议研究制度，并对区所有现行规范性文件进行清理。玄武区以“优秀”成绩顺利通过江苏省行政权力网上公开透明运行考核验收。完成 772 名行政执法（监督）人员执法（监督）证的换发工作。

副区长曹曙、区法制办主任郭镰视察行政执法人员培训考试现场

区法制办郭镰主任（左一）在南通参加全省政府法制工作座谈会，玄武区法制办获县级政府法制工作规范化建设示范单位称号

玄武区体育局

XUAN WU QU TI YU JU

区委四套班子领导参加元旦长跑活动

玄武区第 5 届综合运动会

9 月 29 日，区机关干部参加世界步行日活动

2010 年，区体育局在区委、区政府的领导下，以十七大重要思想为指导，大力实施“全民健身计划纲要”和“奥运争光计划纲要”，在全区广泛开展全民健身月活动，组织各类群体活动 40 项次，直接参加健身活动者超过 10 万人次。全年全面出新 30 个区全民健身工程点，并对 2001 年以前安装的器材进行彻底更换，总投资 60 多万元。区体育局被省体育局授予“江苏省国民体质监测先进集体”；在区委、区政府组织的“四个建设”考核中，区体育局被评为一等奖。

“冬锻三项”长跑比赛

省十七届运动会区获跳水金牌运动员和教练员合影

玄武区人民法院

市法院院长周晖国（右一）、区委政法委书记易兵（左一）到锁金村法庭视察慰问

举行“限制高消费令发布”媒体通报会

评选五好法官

2010 年，区法院围绕全区工作大局，深入贯彻落实科学发展观，紧紧围绕“社会矛盾化解、社会管理创新、公正廉洁司法”三项重点工作，充分发挥审判职能作用，服务经济社会发展。被评为全省法院系统新闻宣传工作先进集体；孝陵卫法庭被评为全省廉洁司法示范庭。

全年共受理各类案件 9097 件，审结 8411 件，同比分别上升 1.9%、2.7%，结案率 92.5%，较 2009 年同期上升 0.8 个百分点。其中，审结刑事案件 594 件，判处犯罪分子 803 人；审结民商事案件 5909 件，解决争议标的约 9.5 亿元；审结行政案件 64 件；执结各类案件 1543 件，执结率 98.6%。对疑难复杂、矛盾尖锐、社会影响较大的案件，综合运用法律、经济、行政、教育手段，协调相关部门合力化解。全年办结各类涉诉信访案件 185 件，办结率 98.4%。区法院调配刑事、行政、民事法官组成合议庭，共同审理各类知识产权案件，提升专业化审理水平，全年审结各类知识产权案件 101 件。

玄武法院承办最高人民法院 2010 年重点调研课题（部分）中期检查汇报会

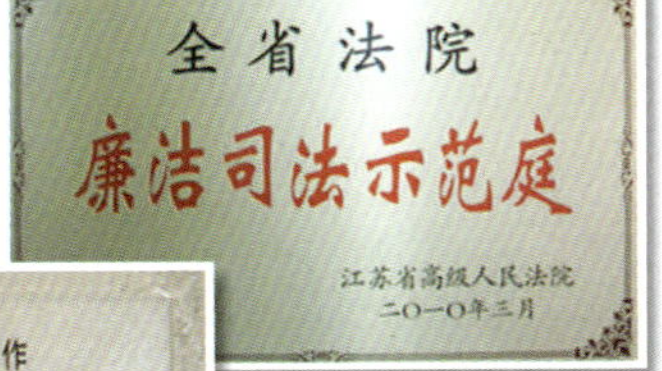

玄武区人民检察院

XUAN WU QU REN MIN JIAN CHA YUAN

王少华检察长走上"玄检论坛"讲台主讲基层院如何实践科学发展观

民行科积极发挥民事行政检察职能，促进争议双方当事人达成协议、息诉和解

针对发生的一系列校园惨案，院干警在南师大附小开展校园安全主题教育活动，提高该校学生自我保护能力

2010年，区检察院认真贯彻落实党的十七届四中、五中全会精神，以科学发展观为统领，以服务全区转型创新跨越发展为导向，以深入推进三项重点工作为主线，努力践行"强化法律监督，维护公平正义"检察工作主题，认真履行检察职能，大力加强队伍建设，各项检察工作取得新进展，为推进玄武科学发展作出了新贡献。先后获得南京市检察机关"社会治安综合治理、平安南京建设"先进集体、玄武区文明创建工作先进集体、玄武区法治玄武建设先进单位、玄武区平安玄武建设先进集体等荣誉称号，34人次获得区级以上表彰。

检察官深入南京市质监玄武分局，以讲座的形式对相关人员进行廉政警示教育

玄武区残疾人联合会

XUAN WU QU CAN JI REN LIAN HE HUI

7月4日，“美国五项目”来访者与精残、智残人及其亲友联欢

区残联开展“迎青奥 庆国庆”活动

2010年，玄武区以科学发展观统领残疾人事业，进一步推进残疾人社会保障体系和服务体系建设。新建成区儿童孤独症训练中心社区资源教室、玄武门残疾人托养服务所和南京博爱勤善残疾人服务发展中心。全面开展生活不能自理的困难残疾人护理补贴发放工作，在南京市第二届残疾人运动会上，获得12金5银3铜的优异成绩，荣获体育道德风尚奖和优秀组织奖。在首届“全国肢残人活动日”，全市举办的太极柔力球比赛中荣获第一名。玄武区被评为全市残疾人工作先进区，并荣获2010年度残疾人工作特殊贡献奖。全区残疾人康复服务建档率100%。举办康复指导员、康复医生等各类康复工作培训300多人次，全年为32户家庭安装简易训练器材并进行家庭无障碍环境改造。

制定出台《玄武区残疾人护理补贴发放暂行办法》等文件，进一步提高对残疾人救助的标准，扩大救助的覆盖面。在全省率先进行生活不能自理的重度残疾人护理补贴发放工作，全年对200名生活不能自理的重度残疾人发放护理补贴。通过集中培训、鼓励创业、推荐就业等措施，采取不同形式，扶持残疾人就业，提高残疾人的就业率。全年共安置残疾人就业100人(次)，举办残疾人职业技能培训3期，免费为全区有就业需求的残疾人提供培训。先后为6名残疾人每人发放2000元的一次性自主创业补助。

大力宣传残疾人事业，形成了全社会扶残助残的良好氛围。依托148法律服务热线，区残疾人法律援助中心，各街道、社区建立的残疾人法律援助工作站和社区维权示范岗，有效形成区、街、社区三级残疾人法律维权服务网络。

5月8日，区精残协会组织孤独症孩子游玩红山动物园

火凤凰志愿者帮助残疾人游览梅花山

举行“做生活的强者，创生命的奇迹”助残公益活动

南京市公安局玄武分局

NAN JING SHI GONG AN JU XUAN WU FEN JU

市长季建业(左二)视察指导玄武湖景区国庆安保工作

市委常委、市政法委书记杨植(左二)深入红山派出所调研指导工作

玄武区副区长、公安玄武分局局长胡士宁(中)检查指导火车站地区国庆安保

2010年,公安玄武分局围绕“调结构、促转型、抓创新、上水平”工作大局,为全区社会经济跨跃发展提供良好的综合环境。人民群众安全感显著提高,分局在机关作风评议中得到98.8%的满意度。全年圆满完成“两会”、上海世博会“环境变化与城市责任”主题论坛等大型活动以及各类警卫安保任务478批次。全年破获各类现行案件3518起,破八类案件141起,八类案件破案率91.6%。抓获刑事作案成员2051人,逮捕475人,比2009年分别上升21.3%、5.1%,直诉172人,劳动教养257人,打击恶势力团伙3个,摧毁涉恶团伙14个。全年查处各类治安案件5288起,查处涉赌、涉娼、涉毒人员3321人次,进一步严密治安阵地管控。

分局被评为玄武区平安建设和信访工作先进单位,刑警大队荣立集体三等功,涌现出南京市第八届好市民唐万东,春风使者白光银、献血救人110标兵民警王勤等一批先进典型。中央、省、市级新闻媒体224篇次报道分局的业绩和经验。

新学期之始112名保安走上护学岗

玄武区社区消防工作站启动

玄武区国税局

Xuan Wu Qu Guo Shui Ju

区国税局局长刘许鹰(右一)为受聘的外部“智囊团”成员颁发聘书

区国税局组织党员到中国金陵廉政文化教育馆进行廉政教育

总结珠江路电子行业二期整治工程税收工作

2010年,区国税局围绕“凝心聚力、振奋精神、开拓进取、再创辉煌”工作目标,更新治税理念,创新工作机制,圆满完成全年各项工作任务。全年组织市级收入170709万元,同比增收24868万元,增长17.05%,超年度计划8.73个百分点;组织区级收入221875万元,同期增收42651万元,增长23.8%,首次突破22亿元大关,并超额完成区政府下达的期成指标。通过专业化团队运作,汇算清缴审核查补所得税174万元,查账征收企业亏损申报、零申报和微利申报面为34.3%;实现非居民企业所得税收入1660万元,同比增加1180万元,翻了两番。在珠江路区域举办“诚信兴商 · 依法纳税 · 和谐共赢”电台直播活动,与地税玄武分局、新街口街道联手搭建“纳税人之家网络服务平台”等活动,切实服务纳税人。以文化建设稳步推进队伍建设,开展“四个再如何认识”系列主题教育活动,与全国“先进基层党组织”锁金村街道工委联手同创学习型党组织,切实提高税务干部的综合素质,推动各项工作开展。在市局系统年度考核中位居前列,获南京市国税系统“争创无职务犯罪先进单位”等多项称号。

税务干部深入零售企业了解情况,为企业送政策、办实事

税务干部在指导纳税人进行发票开具

区局领导带队开展“牵手活动”慰问困难群众

干部队伍建设被省总工会列入学习型组织首批13家示范点之一

南京市地税局玄武分局

NAN JING SHI DI SHUI JU XUAN WU FEN JU

解成龙（右二）向同事们汇报赴西宁抗震救灾情况

全省首个政府网上“纳税人之家”在南京成立

走访家电企业

2010 年，地税玄武分局各项工作以“服务发展，勇争一流”为主题，组织收入为中心任务，强化税源监控、规范税收执法、创新纳税服务和激发队伍活力为重点。全年实现税收收入 353603 万元，同比增长 21.25%。其中入库省级收入 40339 万元，同比增长 8.69%，完成年度计划的 100.27%；入库市区级税收收入 313264 万元，同比增长 23.08%，完成年度计划 105.8%；入库市区级一般预算税收 242716 万元，增长 19.05%；入库市级一般预算收入税收 53562 万元，同比增长 24.1%。全面完成区政府税收收入任务。

地税玄武分局被评为“南京市文明单位”、“南京市巾帼文明岗”、“南京市残疾人工作先进单位”、“全市统计工作先进集体”等；获得“玄武区预防职务犯罪先进单位”、“全区人口和计划生育工作先进集体”称号。征收所解成龙被授予第九届“南京好市民”称号。

“联社区系群众，我报告您评议”活动

“纳税人学堂”解读活动

南京市质量技术监督局玄武分局

NAN JING SHI ZHI LIANG JI SHU JIAN DU JU XUAN WU FEN JU

局长薛华珍（右一）在南京火车站对特种设备安全进行专项检查

副局长毛建新（左一）在食品企业生产车间检查

2010 年，质监玄武分局强化食品、特种设备“两个安全”监管工作，努力打造服务型质监；组织专家上门宣传、辅导，培育，帮助企业争创省、市质量奖和各级名牌产品；设立“质监工作站”，开辟“绿色通道”，为企业提供全方位服务。积极创新办案“全程说理”和“三堂初审”机制，提高办案质量，强化执法规范性、严肃性，全年没有出现一起行政复议案件。

全年新增名牌产品 9 个，新获质量奖企业 7 家。形成国家、省、市名牌及质量奖培育三个梯度，累计创中国名牌 1 个，省名牌 19 个、市名牌 42 个，省质量奖 4 个，市质量奖 25 个。名牌和省、市质量奖数量均位居全市前列。

向群众发放电梯安全知识手册

特种设备安全宣传

电梯安全知识宣传

电梯安全知识进社区宣传活动

玄武区环境卫生管理所

XUAN WU QU HUAN JING WEI SHENG GUAN LI SUO

全市环卫工作现场会

玄武区面积75.46平方公里，常住人口51.49万人，辖区内机关院校林立，风景名胜众多，可谓：聚党政军机关于一地，集山水城林特色于一体。特别重要的位置、特别优美的环境，也对玄武环境卫生管理工作提出了特别高的要求。玄武环卫人超前思维、大胆创新：2004年率先推行环卫“一家管、二班运、三清扫、全天保”的运作模式；2005年重点推进“五位一体”网格化管理模式；2006年全面实施环卫每周“54321”督查考评机制；2007年实行环卫保洁规范化管理；2008年引进智能化垃圾压缩收运体系；2009年实行“三位一体”快速保洁法；2010年执行小区院落规范化保洁“三个六”考核考评方案；2011年开始探索网格化巡防机制。同时提出“清洁环卫”的理念，这个理念就是不仅要让这个城市变得更加清洁，并且要让环卫工人在更加清洁的环境中愉快地工作。

保洁员骑快速保洁车作业

智能化垃圾压缩收运

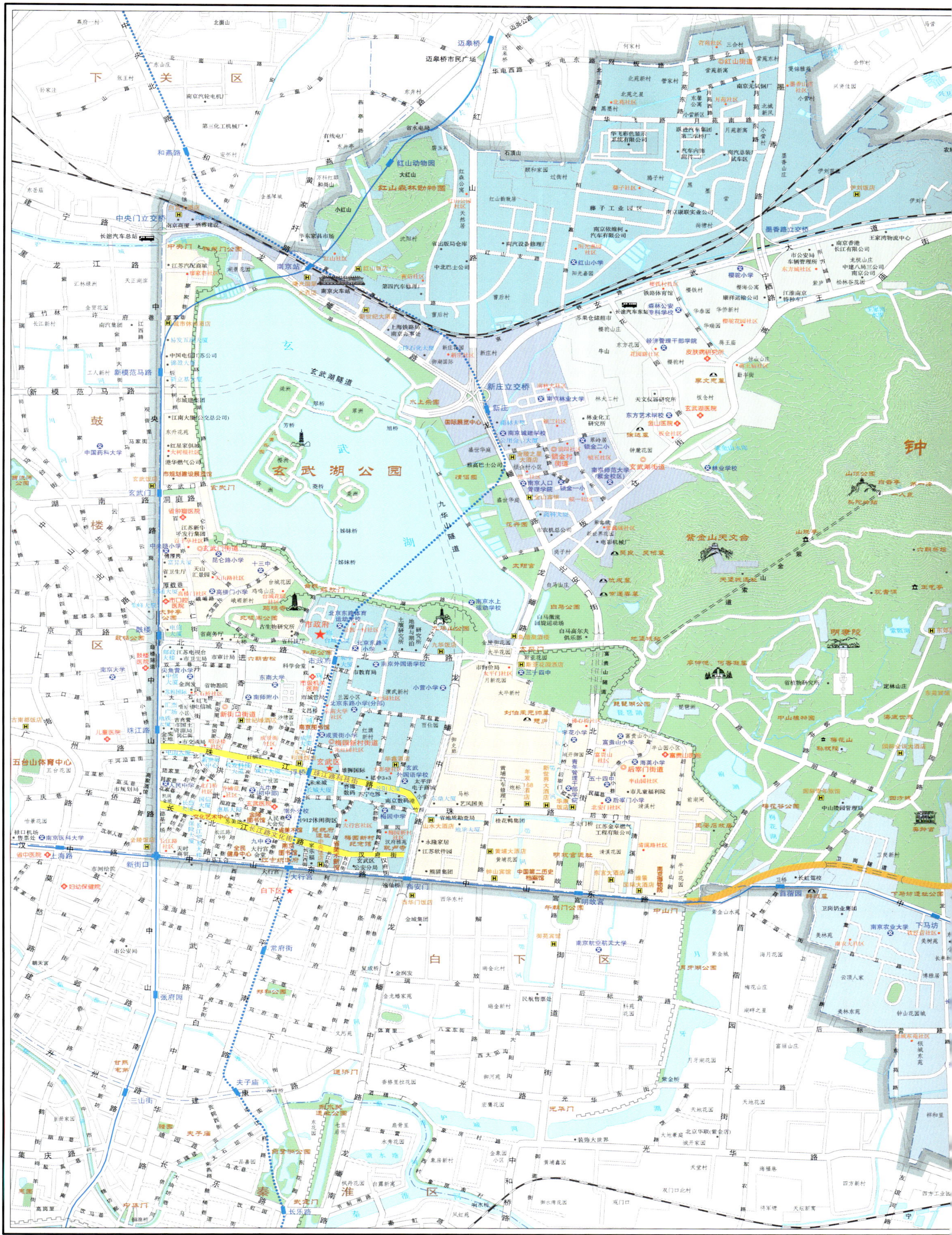

下关区
鼓楼区
玄武区
白下区
秦淮区
钟山
玄武湖公园
玄武湖
红山森林动物园
紫金山天文台
明孝陵
中山陵
南京站
南京火车站
迈皋桥
迈皋桥市民广场
中央门立交桥
新庄立交桥
新模范马路
中央门
玄武门
鼓楼
市政府
珠江路
新街口
大行宫
西安门
明故宫
中山门
卫桥
苜蓿园
下马坊
常府街
张府园
三山街
夫子庙
武定门
长乐路
上海路
汉中路
中山路
中山东路
北京东路
北京西路
中山北路
龙蟠路
太平北路
解放路
龙蟠中路
建康路
白下路
长江路
洪武路
中华路
南京大学
南京师范大学
东南大学
南京农业大学
南京航空航天大学
南京林业大学
玄武湖隧道
九华山隧道
九华山
鸡鸣寺
北极阁公园
台城
长江路文化街
珠江路科技街
梅园新村
总统府
中山门
午朝门公园
南京博物院
月牙湖公园
五台山体育中心
白鹭洲公园

玄武区地图

玄武区地图
至长江二桥
栖霞区
沪宁高速铁路
东杨坊立交桥
仙林大学城
徐庄软件园
钟山国际体育公园
山风景区
紫金山
中山陵
灵谷寺
马群立交桥
沪宁高速公路
至上海
马群
马群广场
万家楼立交桥
钟灵街
孝陵卫
钟山医院
南京理工大学
五百户立交桥
南京理工大学科技园
绕城公路
栖霞区
江宁区
金马路
仙鹤门
学则路
至长江三桥
图例
政府驻地
街道办事处
社区
学校
医院
宾馆、饭店
企事业单位
铁路及车站
高速公路
城市主干道及高架桥
隧道
地铁一、二号线及站点
地铁三号线及站点（在建）
区界
街办界
审图号：苏S(2011)117号
南京市测绘勘察研究院有限公司 编制
资料截止期：2010年12月31日